蔣廷黻

從史學家到聯合國席次保衛戰的外交官

TSIANG TING-FU

江勇振

著

獻給 麗豐

人生似夢，有緣一同來此走一遭

目錄

照片目錄

表格目錄

前言

　　胡適 1933 年 12 月 26 日在北大的一個演講裡說中國的傳記文學不發達有五個原因：一、沒有崇拜大人物的風氣；二、多忌諱；三、文字上的障礙；四、材料的散亂缺失；五、不看重傳記文學。[1]胡適所說的這五個原因當然很有可以商榷的地方。其中，最諷刺的是他說中國沒有崇拜大人物的風氣。他自己本人就是一個最雄辯的反證。中國改革開放以後三十年間所出現的胡適熱，成因當然很多；崇拜大人物的風氣，就是其中的一個。中國沒有崇拜大人物的風氣嗎？1930 年代的胡適也許真的認為沒有。然而，晚年的他，眼看著中國、台灣，一左、一右的造神運動，恐怕就不會說得那麼滿了。二十世紀下半葉以及二十一世紀的中國人恐怕更是不能苟同的了。中國不崇拜大人物則已，一崇拜就往往是盲目的崇拜。由於中國崇拜大人物往往是盲目的，其結果就是造神；造神運動之下的傳記，不是傳記，而是四不像的神話。

　　現代的造神運動當然可以被歸罪於政治。在極權與專制的體制之下，所有的媒體都被動員成為造神的工具，無孔不入地貫徹到社會上的每一個角落。事實上，即使在民主的社會裡，資本以及境外勢力也可以利用特定的媒體或社群網路（social media）操作造神的運動。然而，把現代的造神運動一味地歸罪於政治，卻又有為個人開脫之嫌。不管是在什麼樣的政治體制之下，個人參與政治，甚至是參與造神的運動，都牽涉到個人在政治、經濟、社會，或文化利益上的盤算。換句話說，如果胡適錯了，如果現代中國確實存在著盲目崇拜大人物的風氣，政權固然要負很大的責任，但個人也不是完全能夠開脫其所應負

1　《胡適日記全集》（台北：聯經出版公司，2004），6.734-737。

的責任的。

　　造神的對立面就是禁錮。胡適在世的時候所經驗到的是新聞檢查，例如，個別卷期的《新月》被沒收、扣押。到了他去了台灣以後，《自由中國》被扣以及最終的被禁，是他在世時候所見到的最嚴厲的新聞封鎖。他所開始見識到但還沒有意識到其威力的，是全面的封鎖，乃至於把思想與意識形態上的敵人從一個國家的集體的歷史記憶裡剔除的作法。在這一點上，胡適自己也是一個典型的代表。從 1950 年代的胡適思想批判運動以後，胡適從中國的集體記憶裡消失，一直要到 1980 年代改革開放以後方才被准許恢復一席之地。

　　胡適所說的其他四個中國傳記文學不發達的原因，有三個無需特別討論。第三個原因，文字上的障礙可以不用費辭，因為那是他一貫反對文言文的說法，亦即，文言文是死的文字，不能表情達意。第四個原因，材料的散亂缺失也可以表過不談，因為這是所有歷史研究，包括傳記研究所經常要面對的問題。第五個原因，不看重傳記文學。這跟學術研究的潮流有關。胡適的時代如此，現在還是如此。

　　第二個原因，多忌諱，則是值得略作省思。這個忌諱的傳統顯然由來已久。胡適在《中國哲學史大綱》裡批評《春秋》的筆法說：「只可惜《春秋》一書，有許多自相矛盾的書法。如魯國幾次弒君，卻不敢直書。於是後人便生出許多『為尊者諱，為親者諱，為賢者諱』等等文過的話，便把《春秋》的書法弄得沒有價值了。」為「尊者」、「親者」、「賢者」諱，是人情之常，東西方皆有。每一個寫過文章，甚至是只寫過斡旋或規勸信的人，都一定領略過下筆斟酌的滋味。換句話說，不同形式、不同程度的「諱」一直是存在於日常生活以及學術論辯的實踐裡。然而，學術與日常生活不同的所在，在於「諱」不能凌駕了「求真」的原則，否則那就成了胡適所謂的「文過」了。「諱」雖然是傳統，但它不能成為一種文化上的藉口來妨礙「求真」，更何況傳統文化裡除了「諱」以外，也有「蓋棺論定」的傳統。更重要的是，「諱」的濫用通常是夾雜了其他的因素，偶像崇拜就是其中重要的一個。「為親者諱」，只要無關學術，可以一笑置之。而「為尊者諱」、「為賢者諱」的傳記，寬容地說，是在寫「聖賢傳」；嚴厲來說，是在為傳主塗脂抹粉。在從事學術研究的時候，如果「諱」的壓力與「蓋棺論定」的要求產生衝突，「蓋棺論定」必須

成為第一原則。

胡適並不是唯一一個一度從現代中國的集體記憶裡消失的人。蔣廷黻是另外一個典型的例子。跟胡適一樣，蔣廷黻從現代中國的集體記憶裡消失的一個重要原因也是政治。這也就是說，他是中共政權在政治上的敵人。蔣廷黻的問題比胡適嚴重，因為他擔任過國民政府行政院政務處長、駐蘇聯大使、駐聯合國常任代表，以及駐美大使。更嚴重的是，他在聯合國以及駐美大使任內最重要的雙重任務是在阻止中國進入聯合國，以及阻止美國承認中國。

然而，政治的問題並不能完全解釋為什麼蔣廷黻重新出現在中國的集體記憶裡的時間比胡適晚了將近二十年。另外一個重要的因素是中國學術界以及公知對蔣廷黻的定位。首先，蔣廷黻沒有胡適有名。其次，他從政的生涯是他作為學者的兩倍半。他的學術生涯在他 1935 年從政以後就已經結束了。最重要的是，胡適是中國改革開放以後嚮往民主自由的人眼中的先知。蔣廷黻則不然。他作為政論家的形象一直被錯誤地定型在他 1930 年代「民主與獨裁」論戰裡的獨裁的擁護者。作為獨裁的擁護者，蔣廷黻自然不可能成為中國嚮往民主自由人士眼中的寵兒。中國改革開放以後會有胡適熱，而沒有蔣廷黻熱的最主要的原因就在於此。

中國改革開放以後沒有蔣廷黻熱，還有兩個特別的原因。首先，研究中國近代史必須把中國放在世界，或至少是經由東亞折射的世界的脈絡之下來審視。這已經是一個常識。要從世界的脈絡來研究中國近代史，研究者就必須有世界的視野以及必須具備的語文素養。其次，蔣廷黻所留下來的資料有很多是用英文寫的。許多喝過洋墨水的近代中國人常會用英文寫下不可為國人道也的祕密。胡適如此，蔣廷黻也如此。祕密用英文寫，最重要的原因當然是為了自保。蔣廷黻在日記裡批評蔣介石的話如果是用中文寫的，而且如果在大使任內就流傳，他的命運至少一定會跟葉公超一樣，被召回而且軟禁。

祕密用英文寫，這是對研究者的一大挑戰。研究者必須先知道有那些資料的存在以及要去什麼地方找。研究蔣廷黻的困難之一，就是從 1944 年到 1965 年他過世以前二十二年的日記是用英文寫的。不但是用英文寫的，而且用的是草寫。他所用的是印好的精美的日記本，一天一頁。二十二年之間，他相當有恆地逐日記著，一直到他過世前幾年才稍微有些鬆懈。

　　這二十二年的日記，蔣廷黻的幼子蔣居仁（Donald Tsiang）在 1989 年捐贈給哈佛大學。蔣居仁夫人的姪女 Michele Wong Albanese（黃愛蓮）當時是「費正清東亞研究中心」（Fairbank Center for East Asian Research）主任的助理。她在 1988 年 9 月 2 日寫信給費正清提起蔣居仁有意把蔣廷黻的日記捐贈給哈佛大學。[2]這對費正清來說是如獲至寶。他立時跟哈佛大學圖書館負責人聯繫，並向蔣居仁致謝。[3]由於大家都認識到這批日記的珍貴性，於是立即著手處理，在 1989 年 5 月完成了捐贈的手續。

　　蔣居仁在接下去的二十年當中陸續把蔣廷黻的資料捐贈給哈佛大學，最後一次是 2018 年所捐贈的照片。所有這些都是由 Michele Albanese 居間聯繫的。薛龍（Ronald Suleski）在《哈佛大學費正清東亞研究中心：五十年史，1955-2005》（*The Fairbank Center for East Asian Research at Harvard University: A Fifty Years History, 1955-2005*）一書裡，形容這是 Michele Albanese 投入了十五年的心血所完成的一個工程。薛龍用詞貼切，只是他在 2005 年成書的時候完全沒能預想到這最終會是一個長達三十年的工程。

　　2004 年，哈佛大學特地在「教授俱樂部」舉辦了一個午宴，慶祝蔣廷黻檔案捐贈給哈佛大學。出席的，除了當時已經出任哈佛大學文理學院院長的柯偉林（William Kirby）、哈佛燕京圖書館主任鄭炯文（James Cheng）、Michele Albanese 以外，還有蔣廷黻住在美國的三個孩子：蔣居仁、蔣志仁（Lillian）[4]、蔣壽仁（Marie）。[5]這就是陳紅民、傅敏主編的《美國哈佛大學

2　Michele Wong to John Fairbank, September 2, 1988. Michele Albanese 提供，特此致謝。

3　Lawrence Dowler to John Fairbank, November 1, 1988; John Fairbank to Donald Tsiang (draft), n.d. Michele Albanese 提供，特此致謝。

4　很多人都把「志仁」的名字寫成「智仁」。我根據蔣廷黻 1938 年所立的遺囑裡所寫的名字判斷應當是「志仁」。Lillian 在 2020 年 8 月 6 日的電話裡告訴我「志仁」是對的。

5　Ronald Suleski, *The Fairbank Center for East Asian Research at Harvard University: A Fifty Years History, 1955-2005* (Fairbank Center for East Asian Research, Harvard University, 2005), p. 210. 疫情當中，圖書館關閉。我感謝 Michele Albanese 設身處地為我著想，掃描了該書裡有關的描述，電郵寄給我。在此特別向她致謝。

哈佛燕京圖書館藏蔣廷黻資料》所根據的檔案。[6]

　　我自己很晚才知道有蔣廷黻的日記。我知道有蔣廷黻日記是我開始撰寫《舍我其誰：胡適，第三部：為學論政》與《第四部：國師策士》的時候。我當時知道原件藏在哈佛燕京圖書館。幸運的是，台北中央研究院近史所的圖書館藏有一份複印本。我就利用夏天回台北作研究之便到近史所使用。

　　我到近史所使用蔣廷黻日記是從一件小糗事開始的。那充分說明了先入為主的成見的可怕。我先入為主的成見是：蔣廷黻的日記想當然耳是用中文寫的。因此，我一直納悶為什麼他的日記沒廣為學者所引用。我在圖書館查了書號以後，就到書庫去找書。當我把那書脊朝上厚厚的一本從架上拉出來的時候，看到上面印的是英文字，我連看也沒看就把它推了回去。我下樓到櫃檯對館員小姐說我找不到我要的書。館員小姐請一位工讀生上去找。他不到一分鐘就走了下來，手裡拿著的就是我剛才抽出來又推回去的那本暗粉色的巨帙。我一面很尷尬地接了過來，一面向那位工讀生與館員小姐致謝。我心裡暗自責備我那麼容易就被先入為主的成見蒙蔽，到了連書脊上印的字瞧都不瞧的地步。

　　蔣廷黻這二十二年的日記是研究他壯年到晚年不可或缺的資料。我很驚訝陳紅民、傅敏主編的《美國哈佛大學哈佛燕京圖書館藏蔣廷黻資料》沒有收入蔣廷黻資料裡最最重要的日記。當然，我可以了解這套資料集已經皇皇 24 冊。如果再加上 22 冊日記，恐怕沒有一個出版社會願意注入那麼大的資本。

　　陳紅民說蔣廷黻日記：「全部是用英文手寫，潦草難辨識。對於英語不是母語的人來說，閱讀難上加難，故鮮見中國學者將日記運用在研究中。」所幸的是，香港中文大學的劉義章教授已經組織了一個團隊在從事翻譯。陳紅民說等中譯本出版以後，學者可以通過日記了解蔣廷黻最後二十餘年的思想與活動，「何愁對其晚年做不出精采的研究。」

　　我自己就深得劉義章教授的幫助。他在 2014 年慷慨地把蔣居仁先生的美國好友 Ann Salazar 所打字整理出來的 1944 到 1962 年十八年間的日記提供給我。蔣居仁先生在電話上告訴我 Salazar 女士現在已經把蔣廷黻二十二年的日

6　陳紅民、傅敏主編，《美國哈佛大學哈佛燕京圖書館藏蔣廷黻資料》（桂林：廣西師範大學出版社，2015）。以下以《蔣廷黻資料》作為出處徵引。

記全都打字出來了。[7]我在此要特別表揚 Salazar 女士對這個浩大的工程所奉獻出來的心力與時間。她所作的辨識工作，特別是用打字稿的方式呈現出來，讓研究者便於閱讀，這真的是功德無量。然而，必須指出的是，由於 Salazar 女士所作的是初步的辨識工作，研究蔣廷黻的學者如果有幸能夠使用必須再作進一步核對的工作，因為除了日記裡的中文名字與名詞她無法辨識以外，還有辨識錯誤、闕漏、甚至她也許因為認為英文畢竟不是蔣廷黻的母語而善意地替他改正——結果是誤解了——的所在。

　　言歸正傳。承蒙劉義章教授在提供我 Salazar 女士的打字稿以後，又邀請我參與他所組的團隊。由於我發現打字版辨識錯誤之處所在多有，劉教授又把 1944 到 1946 年日記的掃描本提供給我，以便作翻譯前的核對工作。當時我已經開始寫作《為學論政》與《國師策士》。我用教學與寫作之餘的時間開始核對，一天核對十則日記。在核對完 1944、1945 兩年日記以後，我就發現那會是一個曠日長久的浩大工程。我一天核對十則日記，需要 36.5 天次才能核對完一年。如果能夠持之以恆，核對二十二年的日記，需要 36.5x22＝803，亦即 803 天，也就是 2.2 年。而這還沒加上翻譯所需的時間。我一天可以核對十則日記，但不可能翻得出十則。翻譯所需的時間，我估計要數倍於核對的時間。這是一個需時十年以上的工程。因此，我在核對了兩年份的日記以後，就自知我沒有時間與精力同時教學、寫書、又參與這個工程。承蒙劉教授海涵，讓我退出了他的團隊。

　　從學術研究的角度來看，研究者一定要使用原件。蔣廷黻的日記既然是用英文寫的，研究者就必須看他的英文日記。沒有一個嚴肅的研究者會使用中譯本。原因很簡單：翻譯是否正確？是否有闕漏？文意是否適切地轉譯出來？言外之意是否捕捉到了？

　　研究者不使用原件就會以訛傳訛，蔣廷黻在哥倫比亞大學所作的《口述自傳》（*The Reminiscences of Tsiang T'ing-fu*）的中譯本就是一個最好的鑑戒。[8]

7　2020 年 8 月 4 日，Donald Tsiang 在來電中所說。

8　"The Reminiscences of Tsiang T'ing-fu," "Chinese Oral History Project," East Asian Institute of Columbia University, 1974.

這麼多年來，研究蔣廷黻的人用的都是謝鍾璉所譯的《蔣廷黻回憶錄》。[9]大家習以為常，彷彿用中譯本是學術研究約定俗成的章法。於是，沒有人認為有必要去使用原本，甚至對比一下。問題嚴重到不是把原件束之高閣，備而不用，而是根本就沒有。就以台灣為例，全台灣居然沒有一個圖書館藏有蔣廷黻《口述自傳》的原本！殊不知謝鍾璉的中譯本不但譯得不夠精確，而且錯誤百出，往往曲解了原意。

蔣廷黻的《口述自傳》是一個精心設計、琢磨、篩選之下的成品。就像所有的口述自傳一樣，蔣廷黻的《口述自傳》必須批判地使用。雖然這本《口述自傳》是用英文寫的，但作為一個在政壇三十年的人，蔣廷黻下筆極為謹慎，幾乎沒有透露出任何機密。我們光從他《口述自傳》所涵蓋的時期，就可以領略到他謹慎的程度。他從 1946 年秋天開始口述到 1947 年初，完成了十七章，從出生口述到抗戰時期為止。雖然不是全傳，但它是夫子自道的前傳。他從 1964 年再度開始修訂他的《口述自傳》，一直到他從駐美大使卸任接受哥倫比亞大學的口述訪問，完成的還是這十七章。

我們固然可以說如果他不是早逝，他也許可以完成一個完整的《口述自傳》。然而，這二十年反覆的琢磨，總是到抗戰時期就截止。這完全是有意的。他 1947 年 1 月 30 日日記的一句話是關鍵：「再看一遍第十六章。送出去打字。**決定寫到日本投降，把『行政院善後救濟總署』留到第二冊，否則這本稿子就得封存十年**。口授兩個鐘頭，完成第十七章。」我用粗體字標示出來的這句話就說明了為什麼他的自傳只口授到抗戰，甚至還不是到日本投降。因為他在「行總」將近兩年的仕途已經牽涉到許多政府高層的祕密與敏感問題，是不可能出版的。如果蔣廷黻對他在「行總」的階段都有意避開，更何況是他一生中最敏感的最後的二十年了——如何肩負起阻止中國進入聯合國，以及阻止美國承認中國的重任。

蔣廷黻這個琢磨了二十年，卻總是只完成前傳的作法，跟我在《國師策士》裡所指出來的，胡適同樣是在哥倫比亞大學所作的《口述自傳》的作法完全同一個模式。這兩個好朋友，面對在政治上的顧忌的作法，真可謂此心同、

9　謝鍾璉譯，《蔣廷黻回憶錄／蔣廷黻英文口述稿》（台北：傳記文學出版社，1979）。

此理同。

　　其實，何止是蔣廷黻謹慎，他的第二任夫人沈恩欽（Hilda）一樣地謹慎。從蔣廷黻發現罹癌到過世，時程很快。哥倫比亞大學的「中國口述史計畫」扼腕這麼高品質的《口述自傳》只完成了一半。由於蔣廷黻《口述自傳》計畫的經費沒有用完，哥大希望能夠先用剩餘的經費把蔣廷黻所留下來的文件借去拍攝作成微卷，然後再找一位學者利用這口述完成的前傳，配合蔣廷黻所留下來的文件，寫成一本傳記。哥大於是透過蔣廷黻生前的私人律師李格曼（Harold Riegelman）跟 Hilda 商洽。根據哥大方面所得到的消息，Hilda 想要自己找人寫蔣廷黻傳。[10]哥大所希望能夠得到的文件包括蔣廷黻的日記以及他在駐聯合國大使任內的機密電報。他們希望得到全部的文件，而不是「篩選、審查過後」的文件。[11]

　　幾經交涉以後，Hilda 先透過李格曼律師表示她願意把蔣廷黻留下來的文件借給哥大拍攝，但必須是在她先過目審查以後。Hilda 自己在 1966 年 2 月 17 日給哥大的信裡，也確認她會在審閱過後把文件送出。[12]哥大「中國口述史計畫」的韋慕廷（Martin Wilbur）立即寫了一封道謝的信。他向 Hilda 保證說：「我想妳可以信任哥大會很審慎。我們不會為任何政治立場作辯護，而純然是尊重歷史事實。我們會在傳記裡公平地分析蔣博士。在尋覓一位合適的傳記作者的過程中，我們一定會與妳諮商。」[13]

10　Martin Wilbur to Harold Riegleman, November 18, 1965, "Chinese Oral History Project Collection, 1914-1989," Series 2, "Interviewee Files, 1914-1989," Box 24, "Tsiang Tingfu, Correspondence, 1963-1974" Folder.

11　Martin Wilbur to Grayson Kirk, January 19, 1966, "Chinese Oral History Project Collection, 1914-1989," Series 2, "Interviewee Files, 1914-1989," Box 24, "Tsiang Tingfu, Correspondence, 1963-1974" Folder.

12　Mrs. T.F. Tsiang to Martin Wilbur, February 17, 1966, "Chinese Oral History Project Collection, 1914-1989," Series 2, "Interviewee Files, 1914-1989," Box 24, "Tsiang Tingfu, Correspondence, 1963-1974" Folder.

13　Martin Wilbur to Mrs. T.F. Tsiang, February 22, 1966, "Chinese Oral History Project Collection, 1914-1989," Series 2, "Interviewee Files, 1914-1989," Box 24, "Tsiang Tingfu, Correspondence, 1963-1974" Folder.

　　然而，兩個月以後，Hilda 透過李格曼律師提出了一個新的條件：她要對傳記是否可以出版保有最後的裁決權。[14]哥倫比亞大學當然不可能接受這個條件。哥大有其必須堅持的學術標準與原則。韋慕廷和 Hilda 在李格曼律師的事務所進行了談判。顯然他們沒有達成共識。不但蔣廷黻的文件沒借給哥大拍攝，蔣廷黻傳的計畫也無疾而終了。

　　Hilda 的兩個堅持：堅持在她把蔣廷黻的文件交給哥大拍照作微卷以前先過目審查；堅持她對哥大請人所寫的蔣廷黻傳記可否出版保有最後的裁決權。這兩個堅持提醒我們即使所謂的第一手材料的檔案也是經過篩選的。今天庋藏在哈佛大學燕京圖書館的蔣廷黻資料如此，《美國哈佛大學哈佛燕京圖書館藏蔣廷黻資料》也是如此。

　　蔣廷黻的《口述自傳》本身已經是經過篩選、琢磨的產物。謝鍾璉的《蔣廷黻回憶錄》中譯本則是二度琢磨的產物。這琢磨所指的不只有在字句、概念翻譯上的推敲，還特指因應政治審查的考量而所作的斟酌。這本中譯本是1979 年出版的，是台灣白色恐怖的晚期。先說單純在翻譯上的錯誤。這本中譯本錯誤百出，已經到了不勝枚舉的地步。由於《蔣廷黻：從史學家到聯合國席次保衛戰的外交官》是傳記，不是翻譯，不可能一一指出謝鍾璉翻譯錯誤的所在。然而，有些比較嚴重的錯誤，我雖然沒指出，但在需要徵引的時候，會特意在本書裡把原文翻譯出來，以便讓讀者知道蔣廷黻的原意。

　　有些錯誤，因為我們無法去問譯者了，也許是錯譯，也許是不得已的曲筆。如果是單純的錯譯，那就是因為譯者對概念不熟；如果是曲筆，那就是因為要通過政治審查。其中，最重要的一個例子，是蔣廷黻回憶他在哥倫比亞大學政治理論教授丹寧（William Dunning）的一句話。丹寧教授，謝鍾璉譯為鄧寧。那句話他譯為：

　　　他認為：如果學生肯考慮他所提出的看法，加以深思的話，他們一定會

14　Martin Wilbur to Franklin Ho, April 20, 1966, "Chinese Oral History Project Collection, 1914-1989," Series 2, "Interviewee Files, 1914-1989," Box 24, Tsiang Tingfu, "Correspondence, 1963-1974" Folder.

了解政治學說的最終問題是政權的性質問題，政治家的最終目的是保護政權。

這句話不只是翻得不正確，根本就是徹底地扭曲了原意。丹寧教授誠然保守，但他還不至於是一個「保護政權」的理論家。這句話正確的翻譯是：

他認為如果學生能接受他的看法並深入去研究，他們就會得到結論說：政治理論所處理的最終問題是政治權威（political authority）；治國之術（statesmanship）的最終目的在於維護公權力（public authority）。

「政治權威」、「公權力」不等同於「政權」；「治國之術」也不等同於「政治家」或「政客」。這真的是差之毫釐謬以千里！

即使蔣廷黻在《口述自傳》裡是拿丹寧教授的這句話來澆他自己的統一建國理念的塊壘，蔣廷黻的話也沒像謝鍾璉的譯文一樣，赤裸裸地為鞏固政權辯護。謝鍾璉的譯文是：

從那時起，我就感到有些國家的人民，連最低限度的穩定都做不到，而穩定政權，建立秩序乃是一國政治的基點。若干年後，我越發認為鄧寧教授的見解是高明的。

比較精確的翻譯是：

從那以後我常常在想：為什麼許多民族都無法在其國家裡作到最低限度的政治穩定與秩序？我同時也體認到政治權威與秩序的建立有助於國家生命體的誕生（beginning of state life）。我年紀越大才越發體認到丹寧教授的睿智。

即使是在 1930 年代曾經主張專制建國，在壯、晚年在美國為蔣介石政權辯護的蔣廷黻，仍然能夠守住分寸。他說的是「國家」的建立，而不是「政

權」的鞏固。

　　除了或者因為錯譯或者因為政治安全的考量而曲筆，因而把概念譯錯以外，謝鍾璉的中譯本在用字遣詞方面也因為白色恐怖的關係，必須遵守欽定的反共詞彙，即使蔣廷黻的原文並沒有使用。最好的例子，請參見我在下一段所舉出的簡體字版刪除的三段。

　　更能夠反映出那個白色恐怖時代的氛圍的例子，是謝鍾璉自動把可能冒犯了蔣介石及蔣經國的幾句話從譯文裡刪除。這個段落出現在第十六章〈出使莫斯科，1936-1937〉。在該段落裡，蔣廷黻回憶宋美齡希望他能勸蔣經國從蘇聯回中國。謝鍾璉刪削過後的譯文說：

　　　　當我赴莫斯科前，委員長夫人曾告訴我說委員長希望他滯留在俄國的長公子經國能回國。他的長公子於 1925 年赴蘇，自那時開始，他便一直留在蘇聯。

蔣廷黻的原文如下：

　　　　在我離開中國到莫斯科以前，蔣夫人告訴我說委員長非常希望他的兒子蔣經國回國。少爺在 1925 年去了蘇聯。1927 年國共合作分裂以後，他發表了一篇聲明控訴他的父親。從那以後他便一直留在蘇聯。蔣夫人說蔣經國有一個童年的好友，他也許會願意跟我一起到蘇聯去勸他回國。我想了以後覺得最好是讓我先試探情況以後再決定是否派那個朋友去莫斯科。

　　有趣的是，等謝鍾璉的譯本出簡體字版的時候，它又經過了第三度的刪削。就舉一個最明顯的例子。第十三章〈九一八事變與《獨立評論》〉的最後三段簡體字沒有。這三段，謝鍾璉譯本的文字如下：

　　　　西方作家看中國這一段歷史可以說完全是受了共黨的影響，認為中共從江西流竄到延安是「長征」。「長征」一詞具有英雄氣概。即使他們的**逃竄**有幾分英雄色彩，但是西方作家卻不該忽略了他們的「長征」乃是中央

軍**追剿**的結果。其**流竄**一事就政治觀點說有兩點值得注意。第一，中央政府因為**追剿共匪**而擴大控制和影響區域，包括中國的西南部。第二，以西南為根據地，使中央能夠對日長期抗戰。

在這段時期中，有一段時間共匪暫時控制了我的家鄉湖南省地區。從我弟弟的信中獲悉在我家鄉**叛亂**的詳情。地主的土地被沒收分給沒有土地的人。鄉人暫時沒有抵抗。結果因革命而得到好處的都是其他省份的外鄉人，沒有一個是附近的人。本地人，無論是地主或佃農都沒有得到好處。他們認為他們是被征服，是被外地人騎在頭上作威作福。最後，地主和佃農聯合起來，以本鄉人反對外來人的心情，把共匪的措施又恢復原狀。一切事又和過去一樣。地主收回他們的土地。鄉下人認為革命是一場**惡夢**。

在我與蔣委員長多次談話中，我曾向他建議，在**剿匪**時應該向農民明白表示，如果他們需要自己有土地，中央政府一定可以幫助他們得到。但是如果農民在土地要求外一定要支持共匪的話，中央一定不能容許。事實進展的比我們計畫的快，**共匪**在江西的軍事組織在中央尚未採取任何解決土地問題的措施前已經崩潰了。**共匪**離開後，地主回來，農民對他以前的地主說：「大叔，我真願意你回來，你走以後我一直小心照管著你的地。」

這三段譯文不夠精確，但無關宏旨，沒有重譯的必要。重點是我用粗體字標示出來的：「共匪」、「逃竄」、「流竄」、「追剿」、「叛亂」、「剿匪」、「惡夢」等等。這些都不是蔣廷黻所用的字眼。他用的是「共產黨」（Communists）、「撤退」（retreat）、「追擊」（pursuit）、「革命」（revolution）、「反共鬥爭」（anti-Communist struggle）、「仲夏夜之夢」（a mid-summer night's dream）。他用的基本上都是中性的名詞。

蔣廷黻的一生是燦爛的。他是一個優秀的學生、卓越的學者、傑出的政論家、盡職的官員、成功的大使；他敢愛、敢恨、有見識、有擔當。然而，要知道他是如何的優秀、傑出、敢愛、敢恨、有見識、有擔當，我們必須看他自己是怎麼說的——不管是用中文還是英文——而不是看別人轉譯說他是怎麼說的。

＊　　＊　　＊　　＊　　＊

　　《蔣廷黻：從史學家到聯合國席次保衛戰的外交官》是我 2019 年 4 月底到了台北以後開始著手準備的，因為我所需要的最重要的三份資料，台北有兩份。研究蔣廷黻有三種重要的資料：英文版的《口述自傳》、他 1944 到 1965 年的英文日記，以及《美國哈佛大學哈佛燕京圖書館藏蔣廷黻資料》。《口述自傳》我先前就已經在哥倫比亞大學的檔案館複印了。英文日記以及《蔣廷黻資料》則完全是靠三位好友大力的幫忙。

　　先說蔣廷黻的英文日記，因為它的故事較為曲折，而且也決定了我的研究與寫作的策略。在日記方面，第一位幫忙我的，是我在前文已經提到的香港中文大學退休的劉義章教授。劉教授慷慨地把 Donald 的美國好友所整理出來的 1944 到 1962 年十八年間的打字版的日記提供給我。雖然那個打字版辨識錯誤的地方不少，但它讓我能夠快速地把它拿來跟劉教授提供我的 1944 到 1946 年日記的掃描本作核對的工作。第二位給我極大幫助的是中研院台史所的謝國興教授。謝教授在 2015 年提供給我他和同人去哈佛燕京圖書館帶回台灣的 1944 到 1955 年的日記的照相本。這對我的幫助極大。劉教授的掃描本可能是由微卷翻拍的，有些頁數烏黑，辨識困難。謝教授的照相本非常清晰，大大地省了我的眼力。由於我已經有了 1944 到 1955 年日記的照相本，我所需要補全的就是 1956 到 1965 年的日記原件的複印本。因此，我 2019 年 4 月底到了台北以後就用了大部分的時間複印中研院近史所所藏的 1956 到 1965 年的日記。只可惜近史所所藏的日記顯然也是從微卷翻拍出來的，烏黑的頁數頗多，有再回近史所核對的必要。

　　這最後十年日記不夠清晰，必須再作核對的工作。這就決定了我倒吃甘蔗的研究、寫作策略，亦即，從蔣廷黻一生最後的十年開始寫起。我當時已經知道我在 2019 年 12 月到 2020 年 1 月中又會有台北行，可以利用那個機會再到近史所去核對不清楚的部分。於是，我在 6 月回到美國以後，就從 1956 年的日記開始核對起。一面核對，一面開始寫作。2020 年 1 月中我回到美國以後，就先把蔣廷黻一生最後的十年的部分寫完，然後回去寫 1944 到 1955 年的部分。等我在利用日記寫完了蔣廷黻一生最後的二十二年以後，我才回過頭來

用他的《口述自傳》作基礎，寫他從出生到抗戰的階段。

　　第三位給我極大幫助的好友是中研院近史所的張淑雅教授。《美國哈佛大學哈佛燕京圖書館藏蔣廷黻資料》是研究蔣廷黻另外一個最重要的資料寶庫。舉凡所有《蔣廷黻資料》裡我所需要的資料，她全部慷慨地提供。如果沒有這三位好友的幫助，《蔣廷黻：從史學家到聯合國席次保衛戰的外交官》的研究與寫作絕對是不可能進行得這麼順利的。

　　我 2020 年 1 月中回到美國以後，學校很快地就開學了。開學以後，我一面教學，一面繼續寫作。沒想到在這次全球疫情之下，美國是全世界最嚴重的災區。我們學校在 3 月底春假以前就關閉了。春假以後的課程全部改為遠距教學。接著，學校所在的小鎮也進入封閉狀態。原來我在辦公室裡寫作的習慣，就轉移回到家裡來了。

　　5 月上旬學期雖然結束了，但卻沒有結束的感覺，因為旋律變調了，節奏打斷了。往常學期最後的一堂課，都是在教室裡跟學生說了再會以後，跟三兩個學生邊說話、邊走出教室。這學期視訊上的最後一堂課，在跟學生互道珍重以後，看到的是一扇扇視窗的關閉，一直到剩下那單獨在螢幕上跟我兩相對望的自己。往常學期結束的高潮是畢業典禮。缺少了畢業典禮，沒有那珍重再見的儀式，就彷彿音符仍然兀自在那兒旋繞著，在等待那一直還不出現的休止符一樣。驀然間，我領悟到本書的完成，就是為我替這個學期的結束畫上了最個人、也是最真實的休止符。

　　《蔣廷黻：從史學家到聯合國席次保衛戰的外交官》的完成，讓我私自慶幸，至少對我個人而言，2020 年沒有因為疫情的肆虐而成為失落的一年。結果，疫情終究還是影響了我。首先，本傳雖然完稿，卻不能定稿。這是因為我必須等到取得了蔣廷黻的照片以後，才能確定每張照片在書稿裡放置的位置。由於疫情的關係，所有圖書館都關閉了。我一直等到 6 月底才跟哈佛燕京圖書館聯繫，詢問有關申請使用蔣廷黻照片的事宜。我所得到的兩個消息都令我失望。第一、哈佛燕京的「蔣廷黻資料」檔裡沒有照片，雖然目錄裡說有十一張；第二、哈佛大學的圖書館要在 8 月底才計畫要重新開放，屆時他們會幫我調閱查看有無照片。這意味著說，即使哈佛燕京如期在 8 月底重新開放，我希望能找到蔣廷黻照片的期待還是可能落空的。

　　就在我求照無門的時刻，又出現了兩位給本書極大幫助的人。第一位就是我在上文提到的蔣廷黻的幼子蔣居仁先生。因為我曾經參加過劉義章教授翻譯蔣廷黻日記的團隊，我有蔣居仁先生的郵電地址，但一直覺得會很冒昧而沒跟他聯繫。然而，在求照無門之後，我還是只好跟他聯繫了。我很欣喜蔣先生在收到我的信以後就立時回了信。後來，他又介紹我跟他夫人的姪女 Michele Wong Albanese、鄭寶南的女兒鄭安世，以及他的大姐 Lillian 聯繫。更重要的是，他還多次打電話給我，回答我用電郵問他的問題。第二位在這個最後階段給我極大幫助的人，就是蔣居仁先生夫人的姪女 Michele Albanese。Michele 擔任過「費正清東亞研究中心」主任的助理、柯偉林在哈佛歷史系的祕書。柯偉林出任哈佛大學亞洲中心主任的時候，他又請 Michele 去擔任他的主任助理。Michele 告訴我的最重要的資訊是蔣居仁先生在 2018 年捐贈給哈佛燕京圖書館蔣廷黻的照片。我上網查詢，一共有 510 張。Michele 除了掃描資料給我以外，而且非常熱心地幫我跟費正清從前的祕書調出信件，更熱心地幫我跟哈佛燕京圖書館的鄭炯文館長聯繫。

　　可惜因為疫情的關係，我終究還是無緣使用哈佛燕京所藏的 510 張蔣廷黻的照片。鄭炯文館長在 8 月 17 日回信告訴我說，哈佛大學所有的圖書館在秋季學期將繼續閉館。兩個月的等待終於以失望告終。

　　幸運的是，就是有那麼多的好人伸出了援手。除了 Donald、Michele 大力的幫忙以外，還有下列四位。9 月上旬，我偶然間在網路上看見了哥倫比亞大學中國口述史的網頁上有一張蔣廷黻的照片。我於是寫信向哥大檔案館詢問是否可以申請使用。哥大檔案館立即把我的申請交給該館的 Yingwen Huang（黃穎文）小姐處理。我在網頁上只看到了一張蔣廷黻的照片。黃小姐很熱心地從檔案裡找出了六張讓我選擇，我選了三張。蔣廷黻的大女兒 Lillian 在《中美週報》上的結婚照，我本來是要請哈佛燕京圖書館掃描。由於燕京圖書館仍然閉館，我轉請哥倫比亞大學東亞圖書館中文部主任王成志幫忙。可惜，哥大東亞圖書館雖然半開放，但掃描部分仍然關閉。承蒙王先生幫我跟上海圖書館《全國報刊索引》海外部戴夢菲主任聯繫，幫我取得了高清晰的掃描本。此外，我還得到了中央研究院近史所的徐兆安教授，以及聯經出版公司編輯部全力的幫忙。本傳終於還是找到了十八張照片。在此特向他們致謝。

　　《蔣廷黻：從史學家到聯合國席次保衛戰的外交官》在全球疫情爆發之前開始，在美國疫情仍然持續燃燒之下完成。費時大約一年。我要感謝我的妻子麗豐所給我的所有的協助、關愛、與照顧。謹獻上此書。

＊　　＊　　＊　　＊　　＊

　　《蔣廷黻：從史學家到聯合國席次保衛戰的外交官》所依據的最主要的資料裡有：一、蔣廷黻在哥倫比亞大學所作的未完成的《口述自傳》；二、他1944 到 1965 年間的英文日記。如果一一註明，不但繁瑣，而且會造成注釋號碼以及注釋布滿頁面的割裂感，更不用說其所必須用去的篇幅了。其次，由於《口述自傳》是編年的性質，容易查核，引用日記之處更有日期可以索驥，我在本書裡引用這兩個最主要的資料的地方就不一一註明了。所有其他資料，包括《美國哈佛大學哈佛燕京圖書館藏蔣廷黻資料》，則完全遵照一般學術徵引的格式。

序幕

　　廷黻先生的方面很廣。他在學術上有貢獻，而最大的成就還是在事業上。在華盛頓雙橡園，我快要離開的時候和他談天。我就問他：「廷黻，照你看是創造歷史給你精神上的快樂多，還是寫歷史給你精神上的快樂多？」他沒有回答我的話，反問我一個問題。他說：「濟之，現在到底是知道司馬遷的人多，還是知道張騫的人多？」我覺得這是他的外交辭令。我想他很難答我的問話。他兩邊說都不大好，因為他兩邊都有貢獻。他對學術歷史有貢獻，而在事業上更有成就。所以他不願意說，大概是這個意思。這是我的推測。實際上，我想無論怎麼樣，就現在的讀書人來說，像廷黻先生能在學術上有他的基本貢獻，我所說的基本貢獻是指觀念上的貢獻，而又在事業上能有他輝煌的成就，像他這樣的人，恐怕找不到很多。[1]

　　考古學家李濟在 1965 年 2 月到美國華盛頓去開第二屆「中美科學合作會議」。這段話是他回憶他當時跟蔣廷黻在「雙橡園」的一次談話。顯然這不是唯一一次蔣廷黻和朋友談起學術和事業孰重的問題。陳之邁在紀念蔣廷黻的文章裡也說：

　　過去我和廷黻曾多次討論過濟之所提的問題。我以為濟之誤會了廷黻答案的意思。其實廷黻並沒有避免直接答覆濟之所提的問題。我想廷黻的看

1　李濟，〈廷黻先生對學術界的貢獻與關切〉，《傳記文學》，第 29 卷第 5 期，1976，頁 10。

法是古人之所謂立德、立功、立言。其目的就在讓後世的人「知道」他，所謂的名垂青史……廷黻以司馬遷和張騫為例，在我看來，他的意思是，在兩者不可得兼的情形下，他覺得寫《史記》比出使西域好，因為他估計後世知道司馬遷的人比知道張騫的人多……廷黻既治學又從政。他的願望是兩者可以得兼，亦即是他希望在退出政府工作後他能有機會把那本中國近代史寫出來，使後人知道他既是外交鬥士，同時也是一代學人。[2]

李濟曾經是蔣廷黻在南開與清華的同事；陳之邁跟蔣廷黻共事更久，從清華、「聯合國善後救濟總署」、到聯合國，一共共事了三十年。毫無疑問地，他們都了解一般人所不可能知道的蔣廷黻，特別是陳之邁。比如說，陳之邁知道蔣廷黻有色盲，不能辨別顏色，特別是紅綠兩色。因此，他不能開車，因為不能辨別紅綠燈；穿衣服、打領帶、穿皮鞋，也常常顏色搭配得不調和。陳之邁也知道蔣廷黻喜歡飲酒、西餐、跟吃館子（本書引文內中括號〔〕皆為作者注）：

讲到飲酒，他的酒量、酒德都不錯。在國內時喜歡鬧酒，但從不飲醉。美國很少鬧酒的機會，他改而嗜好各種混合的雞尾酒。對於 Martini〔馬丁尼〕（胡適之最喜歡這一種。自稱配對有祕方，為全美第一，但也收了幾個門徒，以便傳世）、Manhattan〔曼哈頓〕、和 Daiquiri〔德貴麗〕特別喜愛。廷黻喜歡吃西菜，常約朋友吃小館子，品嚐各國風味，對於瑞典式的自助餐有其偏愛。[3]

然而，知人是一件困難的事。每一個人都是多面的，而且不見得會把每一個面向都對別人敞開。知蔣廷黻如陳之邁，他還是不知道蔣廷黻的許多面向。

2　陳之邁，〈蔣廷黻的志事與平生（六）〉，《傳記文學》，第 9 卷第 2 期，1966 年 8 月，頁 31。

3　陳之邁，〈蔣廷黻的志事與平生（五）〉，《傳記文學》，第 9 卷第 1 期，1966 年 8 月，頁 27。

比如他說：

> 廷黻對於美術既先天的不能充分欣賞，他對於文藝和音樂也沒有多少興
> 趣。他是極愛看書的。他所看的，大都是他本行的書，中外歷史和國際政
> 治，幾乎沒有純文學的作品。紐約百老匯林立的劇院也很少有他的足
> 跡。[4]

這些都是錯的。蔣廷黻愛好藝術、音樂、文學、戲劇，包括陳之邁所熟知
的運動。有關這些，都是這本傳記所希望呈現的面向。

李濟提出來的治學與從政的兩難，或者是陳之邁所謂的「立德」、「立
功」、「立言」之間孰重的問題。他們兩位在最後似乎都回到了蔣廷黻是希望
兩者可以得兼的結論。李濟比較客氣，他說蔣廷黻既在學術上作出了基本的貢
獻——觀念上的貢獻，也在事業上能有他輝煌的成就。陳之邁則說蔣廷黻在成
為「外交鬥士」以後，就無法締造他「一代學人」的地位了。

其實，李濟和陳之邁都問錯了問題。對蔣廷黻而言，「治學」與「從政」
並不是兩難，而是先後的問題。用傳統的話語來說，就是「學而優則仕」。
1936 年 8 月底，蔣廷黻被任命為駐蘇聯大使。一位記者，可能是他從前在南
開所教過的學生，在《立報》上寫了一篇祝福他走向外交征程的短文：

> 這裡我記起他十多年前在南開大學對學生講的一句話。他以歷史教授的
> 資格說：「我希望諸位現在研究歷史，將來創造歷史。」由這句話裡，可
> 以看出他是有絕大的抱負的。現在全國的輿論確是希望蔣大使為中國民族
> 解放史上創造光明的一頁。雖則國策決於政府，但就蔣大使言，已該是
> 「創造歷史」的時候了。[5]

---

4 陳之邁，〈蔣廷黻的志事與平生（五）〉，《傳記文學》，第 9 卷第 1 期，1966 年 8 月，頁
   26。
5 近伊，〈想起蔣廷黻的一句話〉，《立報》，1936 年 10 月 27 日，第 6 版。

　　「現在研究歷史，將來創造歷史。」這句話就一語道破了蔣廷黻學而優則仕的抱負。

　　蔣廷黻學而優則仕的開始是在 1935 年 11 月當蔣介石拔擢他為行政院政務處長。有關蔣廷黻在南京從政生涯的點滴資料很少。幸運的，有一篇他被任命為駐蘇聯大使以後的訪問稿，描述了他在南京生活的一面：

　　　　他住在新住宅區寧海路十一號。這所小洋房占地約在四畝以上，是前鐵甲車隊大隊長蔣鋤歐的私產。蔣廷黻氏自己在中華門曾買有十幾畝地，本來即預備舉工建築住宅的。現在只好暫停進行了。他居京一年多，就是借住在蔣鋤歐的這所宅子。

　　　　由一個門役兼侍者的中年人，將我引進會客室……

　　　　蔣氏這時赴友人的夜宴去了……很久很久還不見他回來。於是又與那位侍者閒談一陣。從他口中得知關於蔣大使的種種生活情形。

　　　　……京寓的生活很簡單。夫婦二人及子女四人。用有門役一、汽車夫一、女僕一、廚師一。平日除赴行政院辦公外，大部分的時間俱手不釋卷的讀書。娛樂方面，他愛馳馬，曾加入首都騎射會。每星期一三五的下午，勵志社旁廣場上，我們常可以看見他的快馬加鞭疾馳的豐姿。

　　記者等到十點多鐘，蔣廷黻夫婦從夜宴回來：「醺醺然地面孔上浮現著一層桃色的醉意。」記者問他在牯嶺一個多月夏季辦公的生活是否愜意，他答說：「非常愉快哩！」接著，記者問了他一些問題，包括他出使蘇聯的外交基調。最後，記者問他從政是否實現了在野的主張：

　　　　「先生從政一年來，是否實現了在野時——在《獨立評論》與《大公報》上——所發表的政治主張？其間有無感到與現實情況相牴觸及窒礙難行的地方？」

　　　　「一年前我主張內政為國防問題的最重要者，雖然我個人對於國際問題非常有興趣。這一年多以來我完全潛心於此。在今日所表現的成績，並未使我失望。我絕不怕認錯。什麼人都有錯誤的。這一年多的事實，證明了

我先前的主張並未錯誤。」[6]

「學以致用」、「學而優則仕」的理念，我們恐怕很難找到另外一個比蔣廷黻在這個訪問裡更正面的肯定。

李濟說像蔣廷黻那樣能在學術上作出基本貢獻，而又能在事業上有輝煌的成就的人不多。這句話是有深意的。蔣廷黻在仕途上的成功是有他的道理的。這個道理就是他懂得如何當主管。主管不可能事事親躬，而必須懂得授權，善用其團隊。跟他在美國共事最久的陳之邁，描述蔣廷黻在聯合國代表團裡如何授權的作法：

> 聯大的議程每年有八十項至一百項之多。其中錯綜複雜關係，討論過程中不測的變化，絕非團長一個人所能照顧得來的。而且事前團長作了硬性的指示，到時也許不能適用，甚至於說錯了話，投錯了票。所以每年在聯大開幕之時，廷黻先生例必以議程上各個項目分配給一位或數位代表、副代表、或顧問。外交部對於各重要事項自然都有政策上的指示。聯大開會期間，每天上午都有團務會議〔這似乎是言過其實，蔣廷黻日記並沒有每天開會的記錄〕，檢討各項討論的進程及我國代表策應的方略。廷黻先生主持此項會議也一向只就重點有所指示，實際的策應仍然由出席代表負其責任。就是對各項議案發言的內容以及投票，也都由代表根據外交部的指示自行斟酌。統觀我國參加聯合國二十年來，參加幾千件議案的討論與表決。無論在發言上或投票上未曾有過錯誤（其他國家就有不少有過錯誤）。廷黻先生領導的明智是令人深致佩敬的。[7]

嚮往學而優則仕的人很多；能學而優則仕的人是少數；但能像蔣廷黻那樣學而優「能」仕的人更是少數中的少數。

6　少夫，〈新任駐俄大使蔣廷黻訪問記〉，《汗血週刊》，第 7 卷第 13 期，1936，頁 258-259。

7　陳之邁，〈蔣廷黻其人其事〉，《傳記文學》，第 7 卷第 6 期，1965 年 12 月，頁 15。

第一章

從學生到教授，1895-1935

　　蔣廷黻是湖南寶慶府邵陽縣人。他出生在清光緒二十一年 10 月 21 日，換算成西曆是 1895 年 12 月 7 日。有趣的是，他在哥倫比亞大學留學的時候，因為沒有萬年曆可以查對，他在 1919、1921 年秋季學期的註冊單上寫他的生日是 1895 年 10 月 21 日，可謂中西參半；在 1920 年的註冊單上則只寫 1895 年 12 月。[1]

　　他們在邵陽這一支，大約是在十七世紀下半葉從江西的吉安遷徙過去的。許多家庭都有昔年榮華富貴的傳說。蔣廷黻的家族也不例外。他說他小的時候，家裡最喜歡說的故事，就是邵陽這一支在十八世紀的時候有一個祖先極為富裕，擁有超過 1,280 英畝的土地。蔣廷黻的《口述自傳》是用英文寫的，是寫給外國人看的。用他在《口述自傳》裡 1 英畝＝6.5 畝的公式來換算，這等於是 8,320 畝的土地，大到這位祖先可以走一整天都不會踏到別人的土地的地步。蔣廷黻留美歸國以後曾經作過調查，認為這個傳說可能是真的。第一、他家附近的寺廟、塔、橋所勒的石碑上的捐款名單，這位祖先通常都是名列第一。第二、離他家三英里處，有一棟壯麗堅實的房子，是這位祖先在十八世紀初葉所蓋的。那棟屋子在蔣廷黻小的時候已經落到另外一個家族的手裡。他的

---

[1]　Andrew Greenwald to Martin Wilbur, March 15, 1972, "Chinese Oral History Project Collection, 1914-1989, Series 2, Interviewee Files, 1914-1989," Box 24, "Tsiang Tingfu, Correspondence, 1963-1974" Folder.

二伯為了緬懷祖先買回了一半。蔣廷黻在滿足了自己對這個家族傳說也許屬實之餘不禁自問：一個人怎麼有可能擁有超過八千畝的土地？他認為這一定是因為當時邵陽仍然是屬於邊陲，人煙稀少的緣故。對於這一點，他也有他推論的根據。他們家族一直到十九世紀末葉才建有祠堂。這說明了這位祖先在世的時候，由於族人太少，沒有建造祠堂的必要。[2]

　　蔣廷黻出生的大房子是他曾祖父為他的兩個兒子蓋的。這棟大房子分有南北兩個耳房，有一樓半的結構，上面罩著人字型的屋頂及其尾端上挑的屋簷。把這兩個耳房串起來的是中間一層樓的大祠堂。因此，這棟房子從遠處看過去就像是兩個串在一起的大帳篷一樣。祖父一家人住在南耳房，叔祖一家住在北耳房。隨著子孫增加，這南北耳房又陸續擴建。到了蔣廷黻十歲的時候，他祖父這一房已經超過二十口了。祖父生了三個兒子、一個女兒。三個兒子一共生了十四個孩子。蔣廷黻的父親是老么，有一個女兒、三個兒子。住在北耳房的叔祖生了四男、四女。至於他有多少孫輩，蔣廷黻說他不確知。

　　像許多十九世紀末年出生的中國近代知識分子一樣，蔣廷黻在很小的時候就由媒妁之言而訂親了。1900 年春天，他才四歲出頭，家裡就來了一個媒婆。當天，母親把他打理得乾乾淨淨，並穿上最漂亮的衣服。媒婆來了以後，把他從頭到尾徹底地打量過後，說他跟四英里以外一個跟他年紀相仿的何家（Ho）的小女孩很相配。幾個星期以後，這個親就訂了。

　　蔣廷黻的母親在他六歲的時候就大概是因為肺結核而過世了。父親在接受了蒙學教育以後就跟著祖父到離家 130 英里的靖港去作生意了。祖父的三個兒子裡，大伯沉溺於鴉片，顯然無所事事。二伯讀書較多，曾經立志於功名。然而他科場不利，幾試均不中，於是棄文從商。祖父所留下來的家業雖然因為三個兒子而分成三股，但生意是由二伯跟蔣廷黻的父親經營。他們兩人輪流，一年在靖港作生意，一年回鄉休息。在靖港的生意是五金行。除了店鋪以外，他們在靖港也有一間鑄鐵廠，專門製造廚房所用的鍋子與水壺等等。後來生意作

2　本傳第一、二章有關蔣廷黻的生平，除非另有註明以外，是根據"The Reminiscences of Tsiang T'ing-fu," "Chinese Oral History Project," East Asian Institute of Columbia University, 1974（《口述自傳》）。

得成功，兩兄弟又開了第二家五金行。這兩家店除了賣五金以外，也賣鴉片。蔣廷黻說賣鴉片的利潤比賣五金高許多。

從私塾到教會學校

二伯是改變了蔣廷黻一生命運的第一個人。1901 年是輪到二伯在鄉的一年。他在該年春天請了一位王先生成立了一個家塾。這個家塾的學生除了蔣廷黻和他哥哥以外，還有其他五個，都是堂兄弟。第一本背誦的書就是《三字經》。背熟了四句，再繼續背下四句。在背誦《三字經》的同時，王先生還教蔣廷黻寫字。在他寫《口述自傳》的時候，蔣廷黻回憶說雖然他當時並不解《三字經》字句的意思。然而，由於每句才三個字而且又押韻，他覺得朗誦起來滿有趣的。他認為《三字經》是一本了不起的書。它涵蘊了儒家基本的倫理思想，教導人修身、做人的道理。除此之外，《三字經》還教導了中國史地的概略，而且提供了一些常見的動植物的知識。

二伯時常到家塾去看大家學習的情形，特別關注蔣廷黻及其哥哥。二伯自己生有一子四女。遺憾的是，他的獨子對讀書沒有興趣，經常逃學。不管他怎麼教訓他，就是沒辦法讓他一心向學。有一次，在盛怒之下，二伯要僕人把兒子綁在一個梯子上，然後把他丟到池塘裡。兒子驚恐的叫聲驚動了祖母。祖母命令把他鬆綁。在了解了原因以後，她當然是責怪這個孫子自己不對。然而，沒有人能夠改變他不喜歡讀書的性向。

由於蔣廷黻背書背得最好，字也寫得好，家裡的人，特別是對自己的獨子失望透頂的二伯，對他寄予厚望。家裡的人也說他將來會成為一個翰林。就像童年的胡適一樣，蔣廷黻在被視為是一個「讀書人」以後，大家對他的要求也就提高了。比如說，他不應該和其他孩子一樣只知道嬉耍；穿著要比其他孩子整潔；對長輩要更加有禮貌；說話要更得體。

蔣廷黻跟他哥哥在自家的家塾裡讀了一年書以後，由於二伯認為王先生不夠好，他說服了鄰近的趙姓大地主在他家辦一個私塾。這個趙家私塾有十幾個學生，絕大多數是趙家的子弟，外加蔣廷黻和他哥哥以及其他幾個外姓的子弟。這個私塾離家大約有兩英里。蔣廷黻和他哥哥就住在趙家，彷彿跟寄宿學

校一樣。家裡的僕人每五、六天會送米肉蔬菜過去，讓廚子煮給他們吃。新老師姓容（Yung），教蔣廷黻和他的哥哥念《四書》。他的教法跟王先生的不同。他先要蔣廷黻指出他不認得的字，再教他念，然後再解釋句子的涵義。蔣廷黻說雖然這樣的教法能幫助記憶，但有時候容先生的解釋並不見得比原文好懂。

在趙家私塾讀了兩年以後，二伯又有了新的想法。他說服了附近開煤礦發財的鄧姓財主辦了一個私塾。鄧家私塾的老師姓蔣，是同宗。對於蔣老師的教法，蔣廷黻並沒有多著墨，只是強調他管教很嚴。

蔣廷黻跟他的哥哥在趙家私塾與鄧家私塾裡各讀了兩年的書，一共四年。在這四年裡，他所學的主要集中在三個範圍。第一、記誦。《五經》裡，除了《易經》以外，全都背了下來。此外，他還背下了許多古文和詩詞，而且也讀了司馬光的《資治通鑑》。第二、作文。為了要練習作文，他要背誦許多古文。作文的題目不是《四書》裡所選出來的一個句子，就是歷史人物。前者在於闡明孔子的微言大意；後者在臧否歷史人物。蔣廷黻說他作文作得不錯。老師常把他的作文念給年長的學生聽，說他們都不如蔣廷黻。除了作文以外，蔣廷黻說他也開始試著作詩。常到私塾去檢視蔣廷黻的成績的二伯為之滿意，更加深了他認為蔣廷黻將來必會有成的信心。第三、寫字。蔣廷黻說蔣老師的字蹩腳。可是，常到私塾來視察的二伯在鄉里裡是以寫字有名。他會指導蔣廷黻，並且給他字帖臨摹。

蔣廷黻的私塾教育在 1905 年告終。那年，清廷廢了科舉。把蔣家的希望放在蔣廷黻兄弟身上的二伯，決定送他們兄弟倆到長沙去接受新式教育。1906年農曆新年過後，二伯安排由一位遠親帶著蔣廷黻兩兄弟從家鄉徒步到長沙。這段路程大約有 120 英里。蔣廷黻說他們一天平均走 20 英里。所以他們大概走了六天的時間。

到了長沙與二伯會合以後，二伯在次日就帶他們到明德小學報到。由於他們兄弟倆只念過私塾，必須從最低年級念起。明德小學有四百個學生。學生都穿制服。進教室、食堂、宿舍，都要像軍隊一樣列隊行進。一個星期上五天半的課，星期天休假，可以自由活動。蔣廷黻那班有三十多名學生。他所學習的課程有中文、算數、修身、繪畫、和自然。每天晚上在自習課以後，他們還必

須列隊行進到食堂聽副校長的訓話。訓話的內容不外乎是要愛國。在長沙的這幾個月的時間裡，蔣廷黻見識到了各式各樣的東西洋貨品：從鐘錶、煤油燈、玻璃製品、膠鞋、到汽水等等。

結果，蔣廷黻兩兄弟只在明德小學念了一個學期。暑假期間，二伯又作了一個新的決定。他認為明德小學虛有其表，班上人數太多，英數的教學不夠好。他認為要新式教育，就是要學英文和數學。而要學英文、數學這些來自西方的學科，最好就是去上洋人辦的學校。於是，二伯就把他們兄弟倆送到湘潭長老教會所辦的學校。

二伯在 1906 年秋天帶蔣廷黻兩兄弟到湘潭長老教會林格爾夫婦（William and Jean Lingle）住所的客廳去面試。這個初次見面的印象，仍然烙印在幾十年之後作口述自傳的蔣廷黻的心裡：

> 林格爾先生身高過六英尺，留著濃密的八字鬍和滿腮的鬍子。雖然我看不出他有什麼不對的地方，但我對他就是有成見，只是放在心裡不說而已。林格爾夫人金髮，有著最迷人的白中透出粉紅色的皮膚，而且不吝於時時對我們笑著。我們用中文交談。雖然他們的中文說得不是很典雅，但聽得懂。接見我們的客廳裡有中國家具、牆上掛著一些字畫。這讓我感覺這些美國人多少還算是有些教養的。

面試通過以後，蔣廷黻兩兄弟就進入了益智學堂了。蔣廷黻在益智念了五年，是他在中國念得最久的學校。當時益智學堂有三十到四十個學生。蔣廷黻說他班上的學生有四到五個。益智所開的課程其實不多。中文與歷史是由一位王老師教的。蔣廷黻說他的教法相仿於明德小學的教法。在王老師和學生起了衝突以後，益智辭退了他，改聘二伯所推薦的從前鄧家私塾的蔣老師。數學是由一位長老教會在山東所設的大學畢業的中國老師教的。他學了算數、代數、幾何。英文課在開始的時候是林格爾先生教的。最後的三年則是由林格爾夫人教的。在文法方面，她用的是當時在中國通商口岸的學校廣為人使用的《納氏文法》（Nesfield Grammar）；在閱讀方面，她用的也是當時廣為流傳的華盛頓・伊爾文（Washington Irving）所著的《伊爾文見聞錄》（The Sketch

Book）。林格爾夫人除了教英文以外，也教西洋史。她用的教科書是胡適在澄衷所讀的邁爾斯（Philip Van Ness Myers）所著的《通史：大學高中教本》（*General History for Colleges and High Schools*）。蔣廷黻說他所用的，是由山西的教會大學所出的中譯本。他說這本《通史》讓他對希臘、羅馬、中古時代、文藝復興、宗教改革，到法國革命、美國革命這段歷史有了一個概括的認識。

在益智的五年裡，蔣廷黻寒假有時候是在靖港的店裡過的，但大部分是留在學校。暑假則一年回到鄉間，一年住在店裡。由於益智是一個教會學校，它並沒有受到當時逐漸開始蔓延的革命氣氛的感染。蔣廷黻說林格爾夫婦訂了兩份從上海寄來的報紙。他們不知道那是革命黨辦的。王老師欣賞其社論，會用紅筆作句讀，並圈點出他特別認為精采的字句。蔣廷黻說他看了一些，但並不太了解其意思。1908 年 11 月，長老教會的一位傳教士告訴蔣廷黻及其同學說慈禧和光緒皇帝死了的消息的時候，蔣廷黻對自己說：「這是一個大消息。」然而，究竟有多重要，他說他當時其實也不清楚。然而，有意味的是，他居然在不久以後大膽地把他的辮子給剪了：

　　1908 或 1909 年夏天裡有一天，我在靖港的店裡，在家人以及夥計們佩服我的勇氣的眼光之下，我把我的辮子給剪了。辮子是滿清人強加諸漢人身上的。那原來是向滿清表忠的象徵。到了清朝末期，那已經變成了是恥辱的象徵。我必須說我在當時並不真正了解辮子的意義。我剪掉辮子，只是要表明我希望作為一個自由的人。

1911 年春天蔣廷黻生了好幾個星期的病。生病期間，林格爾夫人像護士一樣地照護了蔣廷黻。雖然蔣廷黻的病在學期結束以前早就好了，但林格爾夫人向二伯建議讓蔣廷黻在夏天的時候跟她到洋人避暑的牯嶺去休養。蔣廷黻說他在牯嶺的時候聽到了許多名人的佈道，也受到了極大的壓力要他信教，特別是來自林格爾夫人的壓力，但他就是沒有接受。

武昌起義是蔣廷黻人生一個重要的轉折點。在武昌起義一個星期多以後，長沙響應。接著，湘潭也發生了騷動。林格爾夫人認為革命以後會有很長一段

混亂的階段，因此決定把學校關閉。她要所有的學生回家，自己也要回美國。當時蔣廷黻才快要滿十六歲。他臨時動念問說他是否可以跟她到美國念書。林格爾夫人問說：「你家人會同意你跟我到美國去嗎？他們能供給你所需的費用嗎？」蔣廷黻回答說他會到靖港店裡徵求家人的同意並取得所需的錢。

該年秋天，碰巧二伯和他父親都不在店裡。主持店務的是二堂兄。蔣廷黻向他提出請求。二堂兄問說要多少錢。蔣廷黻說 300 銀元。四、五天後二堂兄說他已籌到 190 銀元，約合 120 美元。蔣廷黻就帶著那些銀元回到湘潭。幾天後，他就跟著林格爾夫人順江而下到上海去了。

蔣廷黻在牯嶺沒有成為基督徒。然而，他後來卻很快地受洗。他在《口述自傳》裡敘述到他留美前夕的時候，彷彿是突然間想到，或者是覺得回憶錄應該秉筆直書一樣，加了一個尾巴敘述他為什麼會成為基督徒。他沒說明確切的時間，但我認為就是在林格爾夫人答應讓他跟她去美國念書的這一個關鍵時刻：

　　在思想上，十六歲的我對基督教的教義了解不多，而那一丁點的了解也不足夠讓我願意接受基督教。然而，我在湘潭觀察長老教會的傳教士已經有了五年的時間。〔他們〕……特別是林格爾夫婦讓我感動的地方，在於他們的熱情以及他們對中國老百姓的福祉的關懷。我想一個可以對人類的生活影響那麼深，能夠感召這些傳教士的宗教一定是一個好的宗教。在作過了這樣的推理以後，我終於告訴我開始稱之為林格爾媽的林格爾夫人說我願意受洗。這就是我為什麼成為基督徒的原委。

就在蔣廷黻取得了護照、簽證、定做了洋服、買了船票以後，林格爾夫人卻改變了主意。她說革命已經完成了，她要回湘潭，並建議蔣廷黻跟她一起回去。蔣廷黻覺得他留學的路已經走了一半，決定繼續走下去。林格爾夫人說蔣廷黻身上的錢不夠用。她向湘潭長老教會醫院的醫生借了 80 美金，並請一個基督教青年會的祕書在旅途中照顧蔣廷黻。

蔣廷黻在 1912 年 1 月中搭乘「波斯」（Persia）號郵輪前往舊金山。他搭的是最便宜的統艙。

留美生涯

蔣廷黻坐統艙橫渡太平洋的經驗當然是迥異於後來坐頭等艙去美國留學的清華留美生。他說除了統艙齷齪的空氣讓人不快以外，離開上海以後，他就因為風浪太大而昏了過去。不知昏睡了多久以後，他隔壁鋪位的人搖醒了他，給他一個橘子。他說那甜美的橘子讓他甦醒了過來。統艙裡的其他乘客都是廣東人。由於他不會廣東話，他們無法溝通。但他們都知道他要去美國留學，因此都對他很客氣。過了日本以後，風平浪靜。蔣廷黻常到統艙的甲板上看海浪與海鷗。他最受不了的，是從頭等、二等艙甲板上往下張望統艙那種可憐甚至是帶有優越感的眼光。郵輪停泊在檀香山一天，讓蔣廷黻得以第一次嚐到鳳梨以及椰子牛奶的味道。看到夏威夷人的快樂、友善、活潑，以及街道建築的宏偉，蔣廷黻覺得夏威夷是一個人間樂土。

「波斯」號郵輪在 1912 年 2 月 11 日抵達舊金山。他在統艙裡等到被點名以後，才上去甲板上接受檢查。移民官說話太快，蔣廷黻害怕他如果沒過關就會留學夢碎。因此，他打起勇氣告訴移民官說如果他說慢一點，他也許可以聽得懂。移民官一聽大笑說：「你可以入關了。」蔣廷黻回到統艙等挑夫來幫他提行李。等了許久沒人來。後來一個廣東服務生對他說美國沒有苦力，每個人都必須自己扛行李。他幫蔣廷黻拿起鋪蓋，蔣廷黻自己提著藤製的行李箱。走下了步橋以後，他把蔣廷黻的鋪蓋放在碼頭上，說聲「再見」就走了。

蔣廷黻呆坐在鋪蓋上，不知道下一步該怎麼作。當天是星期天，碼頭上來往的人似乎都很友善。過了一陣子以後，一位廣東紳士走了過來。蔣廷黻說他不能確定他們是否聽懂彼此說的是什麼。然而，那個人提起蔣廷黻的行李，叫蔣廷黻拿起鋪蓋跟著他走。他們坐了電車到了一個教堂。教堂的牧師跟他說了什麼，他也是聽不太懂。但他帶了蔣廷黻去青年會。

在青年會，蔣廷黻對那很有愛心的祕書說了他的故事。他說他是來美國念書的，但沒有多少錢，必須找到一間可以讓他半工半讀的學校。他說林格爾夫人告訴他說密蘇里州派克維爾鎮（Parkville）有這麼樣的一間學校。祕書說他知道那間學校，而且說他會給該校打電報幫蔣廷黻申請入學許可。接著，他就幫蔣廷黻安排住在樓上的一個房間。服務生帶他走到一個看起來好像是鐵籠子

的東西。他說他當時並沒有害怕，因為還有其他人也在裡面。原來，那是一架電梯。服務生帶他到了他的房間，也告訴他洗手間的位置。房間裡的家具很簡單：一桌、一椅、一床。蔣廷黻很仔細地檢查了房間裡的每件東西。床上整齊地鋪著被單、被子、床單、枕頭。他不知道應該睡在哪一層裡。然而，反正也沒有人會知道他是怎麼睡的，他也就不去想了。

第二天早上下樓的時候，蔣廷黻想他最好不要冒險搭那個鐵籠子，於是他走樓梯下去。還好，他只是在五樓。祕書告訴他吃早餐的地方，也告訴他閱覽室的所在。早餐過後他出去散步。為了怕迷路，他直走直回，連一個彎都沒轉。回到青年會以後，他到閱覽室看報。那是他生平第一次讀美國的報紙和雜誌。他雖然看不太懂，但因為無事可做，也就只好繼續看下去。當天下午，祕書告訴蔣廷黻說，派克學堂（Park Academy）已經准他入學。這位祕書不僅幫他買票，而且送他上車廂。蔣廷黻上了車才知道他坐的是豪華艙的臥鋪。

蔣廷黻不知道他走的路線是什麼，只記得風景很美。火車上山下山，然後經過了大平原。不知道過了幾天，他到了堪薩斯市（Kansas City），然後再換當地的火車到八英里外的派克維爾鎮去。到站以後，有一個體格龐大名叫桑姆（Sam）的黑人去接他。桑姆拿起行李帶蔣廷黻到學校的辦公大樓註冊。付完費以後，蔣廷黻發現他還剩下十幾塊錢。

派克維爾鎮位於密蘇里河畔。當時的人口大約一千。這一千人包括派克學院（Park College）和派克學堂的四百名學生。鎮上沒有電影院和酒吧。有兩家冰淇淋店，是兩個醫生開的。蔣廷黻說他沒見過乞丐，也沒聽說過有什麼犯罪的事情；沒有窮人，可是也沒有多少富人。大部分人步行，只有少數人坐馬車。

蔣廷黻自己說派克學院和派克學堂在學業上是屬於中下水準的學校。派克學院現在還在，在 2000 年改名為派克大學。派克學堂，顧名思義，就是派克學院的附屬高中。這兩個學校都是長老教會創辦的。因此學生都必須作禮拜以及參加教會活動。許多畢業生在畢業以後都從事聖職工作、到國外當傳教士、或者基督教青年會的祕書。

在派克學堂，蔣廷黻最記得的課程是英文和數學。數學對他而言不難，作業只要幾分鐘就作完了。難的是英文課。他們讀司各特（Walter Scott）的《薩

克遜英雄傳》（*Ivanhoe*），每次十頁。他用一本英漢字典查生字，把生字寫在一本小冊子上，中英對照。十頁的文章，他居然有三百多個生字。問題是，生字是查了，可是他還是不知道司各特在說什麼。上課的時候，他從來沒有舉手答問，也沒問問題。整節課對他來說就是全是不知所云的生字。

英文課難，但最讓他困擾的是上食堂跟作工。住宿的男生要到女生餐廳去吃飯。蔣廷黻說他不知道該如何跟女生應對與交談。眼看著其他男生都能夠跟那些漂亮的小姐談笑自若，他卻手足無措。為了不出錯，他吃飯的時候從不說話，連要鄰座的女生傳給他麵包、鹽、或奶油也不敢。

如果在女子面前手足無措是文化上的問題，作工就是文化加上階級的問題。在家鄉是養尊處優的蔣廷黻，現在要靠作粗工來換取生活費。然而，這不只是作粗工的問題，而且還是作他在自己的社會裡所沒見過的粗工。蔣廷黻去工讀部報到的時候，負責人連正眼都沒瞧他，說：「去騾棚套一組騾子，到火車站把煤拖到發電廠去。」他到了騾棚。看著那些又高又大、前所未見的騾子，他不知道應該是從前面、旁邊、還是後面去推牠們。他繞著牠們走著，端詳著牠們，但不敢碰牠們。最後，名叫哈利（Harry）的男生不耐煩地說：「你怎麼了？你不知道怎麼套騾車嗎？我教你。」哈利幫蔣廷黻上了第一課，教他如何把騾子套上。把騾子套到騾車以後，蔣廷黻不知道接下去該作什麼。哈利跳上車去教蔣廷黻怎樣握韁繩指揮騾子。蔣廷黻說要筆直地站在騾車上不容易，要轉彎也不容易。哈利讓蔣廷黻笨手笨腳地試了一陣子以後，就乾脆自己駕車，直驅火車站的運煤車。接著，就是用鐵鍬把煤從煤車鏟進騾車裡。蔣廷黻決定在這件事上不輸給哈利，於是就賣力地鏟著。只是，由於他不知道要帶上工作用的手套，他的雙手都起了水泡。

蔣廷黻在派克學堂開始的一段日子就像在煉獄裡度過一樣：上課聽不懂，用餐時手足無措，作粗工的時間長。他沒有可以訴苦的人，而他也不願意讓人知道他有困難。有些同學想幫他，但他要他們不要費心。他心想他們不能替他上課、吃飯、作粗工。他只有自己去面對，誰都幫不了他。

哪知道第一個學期都沒上完，4月間，蔣廷黻就因為得了流行性傷寒症而住院。顯然他的病情嚴重，醫生把他隔離到一間單人病房。護士還給他紙和筆，說他應該寫信告訴父母。蔣廷黻說：「我知道你認為我可能會死。我告訴

你，我不會死。」護士笑了起來，說他會康復的。她說：「我好奇你為什麼那麼有把握你不會死？」蔣廷黻說他一直記得很清楚他的答覆：「我千里迢迢來美國留學。還沒開始，我怎麼能死呢！」

等他病情好轉以後，他們把他轉回大病房。在養病期間他想讀書讓英文進步。護士問他想讀什麼？蔣廷黻想起了《伊爾文見聞錄》。這本書他在益智學堂讀過，但並不全懂。他想藉這個機會複習。現在他發現這本書很有意思。他不再查生字，就一直讀下去體會故事的大意。讀完了《伊爾文見聞錄》，他又請護士幫他找類似的書。於是他一本接一本地讀了好幾本伊爾文的小說。

奇蹟出現了。彷彿像芝麻開門一樣，他突然間對英文開竅了。蔣廷黻開始可以用英文思考了。護士以及其他同病房的男同學所說的話全都變得易懂而有趣。這次住院讓蔣廷黻學到了英文成語。詞彙和文法，他在益智學堂的五年已經打下了基礎。困難的地方是捕捉住語言的感覺（swing）。蔣廷黻覺得他在住院的十個星期裡領略出了其中的三昧。

康復以後，蔣廷黻告訴主治醫師安德伍（Underwood）說他付不起醫藥費，因為他是一個工讀生。醫生的回答讓他畢生難忘：「不要擔心醫藥費。先好起來。什麼時候有錢什麼時候還。」

蔣廷黻出院的時候，學期已經結束了。他在 1912 年 2 月進派克學堂的時候是二年級的學生。由於他念不到一個學期就住了院，他擔心學校要他重讀二年級。如果他重讀二年級，他就還需要讀三年才能畢業。按照規定，他必需要讀四年的拉丁文才能畢業。唯一能縮短畢業年限的方法，就是跳級學拉丁文。出院以後的暑假，他就開始自學拉丁文。出乎他意料的是，他發現拉丁文的文法既簡單又合邏輯。一個暑假，他就無師自通學好了一年級拉丁文。

秋天註冊的時候，他堅持要求註冊組讓他註冊為三年級的學生。註冊主任要他得到拉丁文老師的同意。拉丁文老師在給他測驗以後，發現他可以上二年級的課。問題是，如果他上二年級拉丁文，那就意味著說他還是需要三年才能畢業。因此，他向老師力爭，請她同意讓他也修三年級的拉丁文課。這也就是說，他同時讀二年級要讀的凱撒（Caesar）和三年級要讀的西塞羅（Cicero）。他說如果他跟不上，他願意降級。拉丁文老師最後同意。蔣廷黻說他自從對英文開竅了以後，他在派克學堂一點困難也沒有了。他的拉丁文讀

得很好，得到高分。除了拉丁文課以外，蔣廷黻提起他後來還選了幾何和德文。他幾何的程度顯然很高。在課堂上還可以幫忙老師跟其他同學講解。

　　派克學堂在蔣廷黻念書的時代沒有體育課，也沒有什麼社交生活。課外活動只有演說和辯論。蔣廷黻三年級的時候，也就是他在派克學堂的第二年，參加朗誦比賽。他的英文老師幫他選了一個很戲劇性的小故事，訓練他的發音。男生宿舍後面是一片樹林，蔣廷黻每天一大早就去那兒對著樹林練習朗誦。比賽結果他得了第二名，一夕之間成為小鎮上的名人。

　　朗誦比賽得名意外地幫蔣廷黻開了一個財源。他在派克學堂作粗工是抵學費和膳宿費。其他的開銷就必須另想辦法。朗誦比賽得名以後，蔣廷黻開始被邀請到教堂和民間團體去作演講。每次演講可以得到二到五元的演講費。他演講的題目大多是有關他的家庭或者他在中國讀的學校。

　　他演講費賺得最多的一次是在堪薩斯市的長老教會。他原來只是被邀請去那兒作一個主日學的演講。他到的那個星期六晚上，長老教會的一個長老到他住的青年會找他，請他次日除了主日學以外，也主持禮拜，因為他們的牧師突然間生病了。在幾經謙讓以後，蔣廷黻答應了，但要求另有人主持祈禱與唱聖詩的儀式。當晚，他修改了原來要在主日學講的講稿，把它改成兩個部分，每個部分各加一段引言和一個結論。他說他居然能夠吸引住教友的注意力。當天，他賺了 20 美金。

　　除了上課、偶爾演講以外，蔣廷黻繼續作粗工。他初到派克學堂被派駕騾車去火車站取煤的故事一定是一個讓他永誌不忘的經驗。從那以後，他在校園裡所作的粗工各式各樣。出工的時候，常常是跟當初去車站接他的桑姆一起。他說桑姆身材魁梧，力大如牛，沒有什麼東西是他扛不起的。他說他扛起路上的巨石，就像是蔣廷黻拾起鵝卵石一樣。他們一起修路、整理花園和果園。他說他一生當中第一次經驗到腰痠背痛，就是在派克學堂。蔣廷黻很自傲地說，近代中國知識分子裡，很少有人從事過體力的勞動。他是一個特例。儘管他後來的興趣是在理論方面，但他深信他在派克學堂這一段體力勞動的經驗幫助他能夠腳踏實地看問題。

　　蔣廷黻的經濟情況在 1913 年丕然翻轉。該年初，二伯寫信要他申請湖南省的官費。他向學校申請了一份成績單，並請所有的老師幫他寫推薦函。他在

該年 4、5 月間收到了他獲得湖南省官費的通知，每個月 80 美金——跟清華的官費一樣多。更讓他驚喜的是，官費是從 1913 年 1 月算起。因此，當他收到留美學生監督第一次寄給他的支票的時候，面額是高達 400 美金。一夕之間，他成了富翁。他在拿到官費以後作了三件大事。第一、他寫信要他的哥哥也來美國留學。他說他可以用工讀的方法在美國留學。這每個月 80 美金的官費足足供他們兄弟倆在美國念書。該年夏天，蔣廷黻的哥哥也到了派克維爾。秋季開學的時候，他們兄弟倆就同在派克學堂上學了。第二、他去訂做了一套西裝。第三、他和同學們在 1913 年組織了一個俱樂部。學校給了他們一個房間作為開會與活動的場所。蔣廷黻為這個會所捐了一架鋼琴。

　　1913 年還有一件大事，那就是威爾遜（Woodrow Wilson）到堪薩斯市去作總統競選演說。威爾遜曾任普林斯頓大學的教授和校長。學者參選總統，這對浸潤在學而優則仕的文化傳統裡的蔣廷黻而言完全是一個典範。不只是個人的典範，更是國家的典範。他說：一個能夠尊崇學者的國家，在文化上一定是很進步的。他和同學們徒步走了八英里到堪薩斯市去聽演講。威爾遜當晚說了什麼他完全不記得了，但蔣廷黻對威爾遜的尊崇始終如一。

　　由於派克學院屬於中下的水準，蔣廷黻兄弟倆在派克學堂畢業以後沒有升入派克學院。他的哥哥想要以農學報國，決定去念阿拉巴馬理工學院（Alabama Polytechnic Institute），亦即現在的奧本大學（Auburn University）。蔣廷黻自己想要申請哈佛。但是他的拉丁文老師認為那會是一個錯誤的決定，因為哈佛太大了，他會迷失方向。她建議他應該去一個能得到老師個別的關照的小型學校。她建議蔣廷黻選擇她的母校歐柏林學院（Oberlin College）。於是，蔣廷黻在 1914 年秋天揮別了他工讀兩年半的派克學堂，進入俄亥俄州的歐柏林學院。

　　歐柏林學院是美國頂尖的小型人文學院，從前就是，現在還是。可惜的是，蔣廷黻在他的《口述自傳》裡對歐柏林學院著墨不多。我在第三章以及〈幕落〉一章裡會分析他的《口述自傳》在二十年間數易其稿。結果，就像哥倫比亞大學「中國口述史計畫」的負責人何廉所指出的，他最後所作的定稿裡有關歐柏林學院的敘述仍然是太過簡略了。他在歐柏林四年，但在他《口述自傳》裡所占的篇幅居然略小於他念了兩年半的派克學堂。

　　蔣廷黻對歐柏林學院的敘述過於簡略的原因，有可能是因為他初到美國的新鮮感已經消失了，震撼也已經減低了許多。然而，也有可能是因為他寫到這個階段的時候，他的省思多於回憶。他在歐柏林的四年正好就是第一次世界大戰。大戰激發了他從軍報國的夢想。他在大二的時候參加了歐柏林的「預備軍官訓練團」（Reserve Officers' Training Corps）。他甚至動念要去美國軍營接受訓練。校醫勸他不要，因為他的視力不好。1916、1917 年間有一些同學到法國去加入醫護團，讓他非常的羨慕。歐洲戰場沒去成，他寫信給中國駐美公使施肇基，請他推薦進「西點軍校」。施肇基回信問他要醫生的體格檢查報告，他才知難而退。蔣廷黻說他後來逐漸理解到這個從軍報國的夢想不但主要是在滿足他自己的虛榮心，而且把國事看得太過狹窄、太過簡單化了。

　　除了省思他從軍報國的衝動以外，蔣廷黻也用了相當多的篇幅來描寫他的經濟狀況逆轉以後的掙扎。1914 年，反袁世凱的「二次革命」失敗以後，湖南都督譚延闓被袁世凱免職，由其親信湯薌銘繼任。湯薌銘認為所有湖南留美的學生都是革命黨，所以把他們的官費都取消了。這時候，林格爾夫人又出手幫忙蔣廷黻。她找了紐約州的一個朋友幫蔣廷黻付學費。生活費方面，蔣廷黻搬進了由二十名中國同學會所組成的會所。他在會所裡負責打掃以及烹飪以換取膳宿。

　　暑假期間，他先在歐柏林附近的幾個城市作過沿門推銷員賣書。這個工作失敗後，他偶爾以演講維生。他說他記得演講費拿的最多的一次是 20 美元。此外，他著墨最多的就是在餐館打工。他說他第一次接一桌六個客人點菜的時候，不懂得要分次序。他一口氣就把他們點的湯、生菜沙拉、主菜、咖啡、甜點全都一齊點了。等到他們喝完湯以後，主菜全都冷了。他們抱怨，蔣廷黻當然不免被主廚臭罵一頓。他也提了兩件因為文化上的不同讓他覺得尷尬的事情。第一件是碰到教授。由於中國人有「有事弟子服其勞」的觀念，他覺得收他們小費是很不應該的一件事。心理系的主任對他說收小費在美國是一件理所當然的事。第二件讓他尷尬的是有一年畢業典禮的時候，他的女朋友跟她母親去他工作的餐廳吃飯。其他侍者都是他的同學。他們知道那是蔣廷黻的女朋友跟母親，故意全都迴避，讓他一個人去招呼。女朋友的母親留給他五塊美金的小費。蔣廷黻非常尷尬。他說等他們下次約會的時候，女朋友一定會取笑他是

用她母親給的小費請她的。

　　在半工半讀兩年以後，蔣廷黻申請到清華的半公費。他的哥哥因為不滿意阿拉巴馬理工學校，也轉學到歐柏林。他們兄弟倆不但又作了同學，而且一起半工半讀。

　　蔣廷黻在歐柏林所接受到的是一個人文素養的教育。雖然他敘述得很簡略，但點出了其全面性。在自然科學方面，他學了化學、生物、樹木學，以及心理學。這是他第一次接觸到自然科學。從前他在中國的教育是背五經、使用演繹法、用儒家聖賢的格言作為立論的基礎；他在歐柏林的老師則堅持他必須用自己的眼睛和雙手去找事實。他必須去觀察試管裡的分子以及顯微鏡下的細胞。他說他自然科學的課程的成績都很好。化學老師希望他主修化學，生物老師要他主修生物，樹木學的老師要他主修植物學。他對樹木學特別有興趣。他是樹木學老師實驗室裡的助手。他研究歐柏林所有的樹木，辨識其種類。這門學科對他的影響很大，使他一輩子都對樹木有興趣，並且把他這個興趣引介給他的孩子，在他們成長的過程中教他們辨識樹木。

　　在人文科學方面，他選了歷史、英國文學、德文和法文。他覺得歐柏林的歷史課教得不好。但從他自修所讀，他備受德國與義大利的統一運動的感動。他景仰俾斯麥、崇拜義大利統一運動裡的三傑：加富爾（Cavour）、馬志尼（Mazzini），加里波底（Garibaldi）。英國文學的課，他選修了「經典翻譯」以及「維多利亞的散文」的課。維多利亞的散文，他讀了卡萊爾、拉斯金（John Ruskin）、阿諾德（Matthew Arnold）、紐曼主教（Cardinal Newman），以及佩特（Walter Pater）的散文。他覺得德文很容易，學得也很好。德文課讓他懂得欣賞歌德和席勒（Friedrich Schiller）。他覺得他在歐柏林學法文讓他終身受益無窮，讓他得以欣賞法國的文學以及歷史著作。在社會科學方面，蔣廷黻只簡略地提到了經濟學。

　　1918 年初夏，蔣廷黻從歐柏林畢業。畢業當天，校長在他的官邸接待了畢業生。從來不苟言笑的金（King）校長當天跟他們有說有笑的。蔣廷黻說當天校長說了一句話讓他終身受用。校長說他們那一屆從歐柏林畢業的時候，大家都擔心沒有他們帶頭，學校怎麼可能往前進呢！校長輕笑一聲接著說：「結果呢！沒有了我們的學校反而更加蓬勃！」蔣廷黻說他真高興聽到金校長那一

席話，因為那也正是他們那一屆畢業生的想法。從那以後，每當他妄自尊大的時候，他就會以金校長那句話來警惕自己。

對他在歐柏林學院所受的人文素養的教育，蔣廷黻總結說：

> 歐柏林是一個好的學院。我不能說我在那四年裡有什麼傑出的表現或得到了什麼確切的信仰。然而，我可以真心地說它打開了我的眼睛，讓我看到了從前所不知道的東西，而且也讓我的心智敏銳。在接受了歐柏林的教育以後我還是不算成熟，但我向成熟又邁進了一步。

就在蔣廷黻畢業的前夕，他終於解決了他媒妁之言的終身大事。蔣廷黻在四歲出頭的時候，父母就幫他跟鄰村何家的小女孩訂親了。這件親事，蔣廷黻長大以後作如何想法他都一直沒說過。1913 年夏天他接他的哥哥到派克學堂念書的時候，哥哥說他已經成婚了。他哥哥要出國以前，祖母和父親堅持要他先回家一趟。他完全沒想到他們要他回家的目的是要他成婚。蔣廷黻媒妁之言的對象是何小姐；他哥哥的則是趙家私塾的女兒。哥哥雖然不願意，但屈服在措手不及的壓力之下。

蔣廷黻說他哥哥到了派克學堂以後，只擠出了幾個字說了這件事情。他意識到對哥哥而言，那是一個不可言喻之痛。為了不重複他哥哥所遭遇到的悲劇，他下定決心請他父親讓他解除婚約。他父親當然震怒拒絕，並且動員了親戚寫信勸他。蔣廷黻意志堅決。他的弟弟寫信告訴他說他也很想到美國來念書。然而，他父親說不能讓他最小的孩子也受到美國的污染，不准他來留學。蔣廷黻沒說他為這件事情奮鬥了多久。他只說就在他歐柏林畢業的前夕收到父親的來信說婚約解除了。

蔣廷黻在歐柏林念書的時候豔羨他的同學能到歐洲戰場去服務。沒想到他並不是不會有機會，只是時候未到。中國在 1917 年 8 月對德國和奧匈帝國宣戰以後，派遣了將近十五萬的華工到西歐戰場服務。為了照顧這些華工並促進他們的福利，基督教青年會在美國招募中國留學生到法國去為華工服務。中國青年會的全紹文（James Chuan）在 1918 年春天到歐柏林去招募志願者。蔣廷黻報名參加。

　　畢業典禮過後，蔣廷黻就到紐約接受一個星期的訓練，然後在 7 月間橫渡大西洋到法國去。在法國，他先後被派駐在兩個不同地方的軍工廠。第一個是在當時里昂郊區的聖芳斯（Saint Fons）的軍工廠。該軍工廠有大約七百名從山東去的華工。蔣廷黻為那個軍工廠的華工設立了一個茶館、開法文和中文班、教他們一些簡單的遊戲、放唱片、幫他們寫家信、並幫忙他們匯款回家。他被派駐的第二個軍工廠在樂魁索（Le Creusot），是休戰以後在 1919 年初去的。該廠有 1,500 名從山東去的華工。他在那家軍工廠最大的成就是成功地把電影投射器組裝起來放電影給華工看。

　　蔣廷黻充分地利用了他在法國的一年。青年會發給每個工作人員一輛腳踏車。他在里昂的時候，就跟他的工作夥伴史義瑄（Hsi I-hsuan）騎腳踏車沿著龍河（Rhone）往南旅行，一直到了 230 公里以南的亞維儂（Avignon）。他們沿途經過了許多鄉鎮，見識了法國鄉村樸實之美。此外，他也從西南的比亞里茨（Biarritz）坐火車，一路往東經過盧爾德（Lourdes）、波城（Pau）、到馬賽（Marseilles）。在盧爾德，他參觀了教堂以及當地有名的傳說能治百病的泉水。

　　雖然蔣廷黻在法國的兩個工作站都是法國的軍工廠，但他後來有一個機會去參觀法國北邊一個英國軍營裡的華工營區。他從英法兩國對待華工態度的不同，從而冥思其民族性的差異。他說英國軍官硬邦邦的、嚴肅。除非有公事，他們不會跟華工交談。英國軍營裡的華工營區比法國的整潔。華工的薪資與配給準時分發。寫信、匯款回家都沒問題，甚至可以收到家人的回信。法國軍官會跟華工混在一起、說笑話、講故事、有時候還會跟他們一起吃東西。然而，華工抱怨說他們無法固定和家人通信，不知道家人是否收到津貼，也不能確定他們是否收到他們匯回家的款項。

　　蔣廷黻在法國的後半年，也正是巴黎和會召開的時候。除了看報紙以外，他有好幾次的機會到巴黎去，而且也有朋友在中國代表團裡。跟所有其他中國人一樣，他震驚巴黎和會決定不把山東交還中國，而是給予日本。那揭櫫民族自決的原則的威爾遜居然會違背他自己的原則，他說他難於置信。然而，他說他願意暫緩判斷，因為威爾遜也許有他不足為他人道也的理由。

　　另外一件蔣廷黻在巴黎所見證的大事是中國平民教育運動理念的誕生。在

他離開法國之前，他參與了青年會召集了所有為華工服務的工作人員的會議。這個會議的目的在討論他們在法國為華工服務的經驗是否可以適用在中國。他說，這個會議討論所得的結論就是後來晏陽初所領導的「中國平民教育運動」。這個運動從識字開始，後來會演變成為一個全面性的掃除中國人的愚、窮、弱、私的毛病的鄉村建設運動。

蔣廷黻從法國回到美國以後，在 1919 年夏天進哥倫比亞大學研究所。他對哥倫比亞大學求學經驗的回憶是他描寫他留美生涯最精采的一段。在中國留學生反省其留學經歷的回憶裡，沒有一篇比蔣廷黻回憶哥倫比亞大學這一段更為精采、坦白、與犀利。他在《口述自傳》裡用了宗教的語言來形容他初進哥倫比亞大學時的心境：

> 在我的想像裡，一個現代的朝聖者跟我在 1919 年夏天進哥倫比亞大學時的心境是一樣的。當時的我，抵達了我們中國人稱之為西洋世界作長期教育朝聖的終點站。當時有大約 150 名中國學生就讀於哥倫比亞。他們也都是教育的朝聖者。

蔣廷黻到他這個朝聖的終點站所學的是什麼？他在《口述自傳》裡說的是一個一波三折的故事：

> 我在 1919 年夏天進哥大的時候有一個奇想（strange notion），認為我應該學新聞。我想我如果能成為中國報界的領袖，我即使不能掌控中國的政界，也能夠左右它。我知道這個國家的報業集團，還有英國的。我也當然知道有名的主編所寫的社論對輿論有著極大的影響力。我的夢想是要在我國的政界扮演這樣的角色。因此我註冊進了新聞學院。
>
> 然而，那個夏天的經驗讓我感覺到新聞工作者對一國政治的了解可以只停留在表面。新聞記者沒有時間去撥開表象，因此只能隨波逐流，迎合潮流。在政界要有影響力，就必須了解政治；要想了解政治，就必須學政治學。我於是在 1919 年秋天從新聞轉到政治學。
>
> 然而，不久我就領悟到政治學也有其局限。首先，政治學討論的是抽象

的理論與計畫。我不相信實際政治家會遵循任何既定的原則。由於政治學家的政治學是抽象的，沒有觸及到問題的根源，我要如何才能獲得實際政治是如何運作的知識呢？我的結論是：歷史是唯一能讓我們了解實際政治的學科。我已經從新聞學轉政治學了。現在我又從政治學轉歷史了。

　　蔣廷黻這個一波三折尋求專攻領域的故事一定是可信的，特別是從政治轉到歷史，不但他自己這麼說，而且我們有哥大註冊組的資料證明。我們唯一欠缺證據的是他說他到哥大的時候原先想學的是新聞。早在 1972 年，哥大「中國口述史計畫」的負責人韋慕廷（Martin Wilbur）就想要有佐證。他在該年 3 月寫信給註冊組，希望他們能提供資料證明蔣廷黻 1919 年夏天進的是新聞學院。[3]可惜，哥大註冊組既沒有蔣廷黻申請哥大博士班的申請書，也沒有他 1919 年夏天選課的記錄。原來註冊組沒有蔣廷黻念書那個階段的政治學院的資料。[4]蔣廷黻說他到哥大求學是他到美國朝聖的終點站。這種具有里程碑意義的回憶不太可能出錯。所以他這個在哥大一波三折以後才決定領域的故事應當是可信的。

　　蔣廷黻會用「朝聖的終點站」這樣富有宗教意義的字眼來形容哥倫比亞大學，就在在說明了哥大在他以及當時中國留學生心目中的地位。然而，也正由於《口述自傳》是他晚年作的，他同時也對這種「朝聖」的心態作了一個批判：

　　　　學生會到外國大學念書通常都是被那些大學裡的大學者所吸引。這確實是為什麼中國學生會到哥大留學的原因。在我們去以前，我們已經聽說過在那個有名的學府裡教書的泰斗。很自然地，我們既然到了哥大，就不可

3　Martin Wilbur to Andrew Greenwald, March 9, 1972, "Chinese Oral History Project Collection, 1914-1989, Series 2, Interviewee Files, 1914-1989," Box 24, "Tsiang Tingfu," "Correspondence, 1963-1974" Folder.

4　Andrew Greenwald to Martin Wilbur, March 15, 1972, "Chinese Oral History Project Collection, 1914-1989, Series 2, Interviewee Files, 1914-1989," Box 24, "Tsiang Tingfu," "Correspondence, 1963-1974" Folder.

能不會去選那些我們認為有名、卓越、被奉為大師的教授的課。問題是：一個人要在國內成名需要很長的一段時間；要在國際上揚名需要更長的時間。等到一個人在國際上成名以後，那個人常常是已經過了他的巔峰期。當外國學生來拜在他門下成為其弟子的時候，那位大師已經是在吃他從前所立下的名聲的老本了（living on his past reputation）。本地的學生因為地利之便了解最新的發展，根本不在意那名聲。另外還有一個理由可以說明名聲不是一個可靠的指標。一個學生到外國大學註冊入學以後，可能會發現一些在他們出國以前未聞其名的好老師。我們可以說，這些是讓人欣喜的意外的發現。

就像其他到哥大求學的中國學生一樣，蔣廷黻也去選了一些已經在吃「從前所立下的名聲的老本」的大師的課。他的第一個例子是穆爾（John Moore）。穆爾是一個世界級的大師。蔣廷黻說沒有一個哥大政治學院的學生不會去選穆爾教授所開的國際法的課。他自己就是一個例子。表 1.1 顯示了蔣廷黻在 1919 年秋季班以及 1920 年春季班，也就是他在哥大研究所的第一年，就選了穆爾教授一整年的課。中國學生特別喜愛穆爾教授，因為他常去參加中國學生的活動，特別是「雙十節」的慶典。穆爾教授如何講課呢？

作為課堂上的教授，穆爾教授的講課的方式一成不變。每學期開始他會發課程進度表，以及從他〔1906 年出版的八大冊巨帙〕《國際法摘要》（Digest of International Law）裡所選出來的指定書單。每一堂課開始的時候，他會說他在第幾冊、第幾頁裡討論了某個問題。他會問學生是否念了，是否有問題或者有意見。十次有九次沒有問題，因為學生大概都沒念。然而，如果有一位好學生問問題，穆爾教授就會用很長的時間從各個角度去作分析。這可以是很具啟發性，同時也是有趣和新鮮的。有時候他會說：「很顯然你還沒念我指定的讀物，但我在該書裡說到了這點，我希望你去注意。」然後，他就會翻到那一頁開始念起來。他會告訴我們他去參加這個或那個國際委員會的經驗。我必須說在這種教法的教室裡坐一整年是一件相當乏味的事。

社會學大師吉丁斯（Franklin Giddings）是蔣廷黻點名的第二位吃「從前所立下的名聲的老本」的大師。蔣廷黻在 1919 年秋季班選了他的「文明為何」（What Civilization Is），在 1920 年春季班選了他的「民主為何」（What Democracy Is）兩門課：

> 他在課堂上所念的，篇篇都是優美的演說辭。他從來不會信口發言。他不是講課；他是說教（pontificated）。有時候，我們希望能有機會問問題、或者批評他對歷史以及文明發展的觀點。但他從來沒有給我們機會。
>
> 有一次，吉丁斯教授從墨西哥度假回來。講課之前，他宣布說他旅行愉快，心神一新。然後，他就接著宣稱他的一個基本理論在墨西哥之旅中得到了驗證，亦即，文明是從下開始的。他說他站在墨西哥的街頭上的時候，不免會去注意到墨西哥女性穿著各式各樣的衣服。然而，如果她們能穿上絲襪的話，那不就可以證明說文明是從下開始的了嗎！那是吉丁斯教授那年在課堂上最接近幽默的一句話。

蔣廷黻點名的第三位吃「從前所立下的名聲的老本」的教授，是財政學大師塞利格曼（Edwin Seligman）。蔣廷黻在 1920 年春季班選了他的「公共財政」。可惜，可能因為塞利格曼教授中途生病請假，蔣廷黻沒有什麼特別讓人失笑的故事：

> 在財政的領域裡，哥大有塞利格曼這位大師。他的「公共財政」是一門名課。我看得出來他是公共財政的權威，也是一個能言善道的教授，雖然我一直不了解為什麼。他整節課都可以讓學生聽得入迷。他因為生病未能上完他第二學期的課，而由另外一個大學請來的教授教完下半學期。學生的出席率以及聽課專心的程度明顯下降。

蔣廷黻點名的哥大第四位吃「從前所立下的名聲的老本」的大師，是美國史與政治理論教授丹寧（William Dunning）。然而，他回憶丹寧的部分跟他回憶前三位「過氣」的大師的部分稍有不同。他在回憶前三位「過氣」的人師的

時候，是充滿著調侃的語氣。蔣廷黻特別指出丹寧出版了三鉅冊的《政治理論史》（*The History of Political Theories*）。對於同情美國南北戰爭以前的蓄奴的南方、極端保守的丹寧，蔣廷黻似乎顯示出他在哥大念書的時候並不特別覺得，但年紀越大以後越覺得他睿智的感覺。他在回憶丹寧的時候，是把他與當時在「社會研究新學院」（The New School for Social Research）授課的拉斯基（Harold Laski）作對比。他說他當時是上午在哥大聽丹寧的課，下午去「社會研究新學院」聽拉斯基的課。他說丹寧和拉斯基在理論以及講課方面是兩個極端：

> 丹寧一點都不武斷。他只指出不同的看法。他認為如果學生能接受他的看法並深入去研究，他們就會得到結論說：政治理論所處理的最終問題是政治權威；治國之術（statesmanship）的最終目的在於維護公權力（public authority）。一個在政治穩定的國家的大學裡教書的教授，一直強調政治穩定的重要性，這似乎是沒有必要的。然而，從那以後我常常在想：為什麼許多民族都無法在其國家裡作到最低限度的政治穩定與秩序？我同時也體認到政治權威與秩序的建立有助於國家生命體的誕生（beginning of state life）。我年紀越大才越發體認到丹寧教授的睿智。

在哥大留學的時候，蔣廷黻顯然比較欣賞拉斯基：

> 跟丹寧教授對比之下，拉斯基教授則用他滔滔不絕的口才折服了我們大家。他有天賦異稟的記憶力。在課堂上，他幾乎可以一字不漏地徵引柏拉圖、亞理斯多德、聖奧古斯丁、阿奎那（St. Thomas Aquinas）、法國革命大哲的話。而且，他可以不停地說。我們都被他的口才吸引到忘我的地步。我甚至懷疑連他自己都被吸引到忘我的地步。在當今世界裡，這也就是說，這五十年來，拉斯基在紐約、在「倫敦政經學院」講課所造成的巨大的影響力，散布到世界上的許多地方，包括英國、亞洲、特別是印度。

表 1.1 蔣廷黻在哥大所選的課程[5]

學期	課程（教授）
1919 暑	新聞學
1919 秋	經濟 101: 公共財政（Edwin Seligman） 教育 441: 教育哲學（William Kilpatrick） 歷史 179: 政治理論史，上古和中古（William Dunning） 公法 223: 國際法（John Moore） 社會 255: 文明為何（Franklin Giddings）
1920 春	經濟 102: 公共財政（Edwin Seligman） 歷史 158: 大英帝國歷史與政府（Robert Shuyler） 歷史 180: 近代政治理論史（William Dunning） 公法 224: 國際法（John Moore） 社會 256: 民主為何（Franklin Giddings）
1920 暑	英文 s1c: 短篇小說技巧（Blanche Williams & Shirley Long） 德文 s7: 近代德國散文（H. H. Schulze）
1920 秋	歷史 153: 近代西歐社會史，十八世紀中到 1871 年（Carlton Hayes） 歷史 169: 歐洲的擴張（William Shepherd） 歷史 357: 1884 年以來的英國社會政治（Carlton Hayes） 社會 317: 社會理論（Alvan Tenney）
1921 春	歷史 154: 西歐社會史，1871 年到現在（Carlton Hayes） 歷史 170: 歐洲的擴張（William Shepherd） 歷史 358: 1884 年以來的英國社會政治（Carlton Hayes） 社會 154: 社會問題的心理因素（William Ogburn） 社會 318: 社會理論（Alvan Tenney）

5　"Course Descriptions and Instructions for Tingfu Fuller Tsiang," March 15, 1972, "Chinese Oral History Project Collection, 1914-1989, Series 2, Interviewee Files, 1914-1989," Box 24, "Tsiang Tingfu," "Correspondence, 1963-1974" Folder.

1921 秋	經濟 113: 社會主義史（Vladimir Simkhovitch）
	經濟 119: 經濟史（Vladimir Simkhovitch）
1922 春	經濟 114: 馬克思與其後的社會主義（Vladimir Simkhovitch）

　　蔣廷黻留美回憶的可貴，在於他能勇於自省，能夠坦然地承認自己和當時許多中國留學生一樣，趨附名師，結果拜到的是吃「從前所立下的名聲的老本」的過氣大師。然而，他也同時指出，如果一個人能不為名聲所惑，他也許能意外欣喜地發現一些在他出國以前未聞其名的好老師。他在哥大所意外欣喜發現的好老師有兩位。一位是薛普（William Shepherd）。這位薛普教授就是蔣廷黻在 1920 年秋季班與 1921 年春季班所選的「歐洲的擴張」（The Expansion of Europe）這門分兩學期上完的課的老師。

　　顧名思義，「歐洲的擴張」這門課所討論的，就是歐洲從十六世紀到十九世紀在美洲、印度、非洲的殖民與瓜分：

　　　在擴張的過程中，歐洲國家把歐洲的文明，從政治、經濟、到宗教帶到了歐洲以外的大陸。同時，在接觸了這些歐洲以外的世界以後，也讓歐洲人開始比較了解自己。在歐洲以外的世界，歐洲人接觸到了新的動物、植物、和社會，各有各的傳統、生活方式；有些比歐洲差，有些不相上下。因此，在歐洲的思想領域裡，就產生了把世界上所有的原料與人種的事實與現象拿來作比較、綜合的可能性。沒有歐洲的擴張，近代科學就不可能會產生。如果歐洲人沒有跟其他——原始以及古老的——社會接觸，甚至連法國的革命哲學也不可能出現。

　　蔣廷黻說在他的記憶裡，薛普教授從來沒用過帝國主義這個字眼。他不知道薛普教授個人對於歐洲的擴張有什麼道德上的判斷。他認為薛普教授所措意的只是那個世界性的擴張的過程。蔣廷黻有所不知，薛普教授對歐洲的擴張並不是沒作出道德上的判斷；他有。蔣廷黻對薛普教授在課堂上的講授的回憶是正確的：「沒有歐洲的擴張，近代科學就不可能會產生。」薛普在他所發表的

一篇論文裡，確實是分析了歐洲的擴張與近代學術與科學的形成，從地理、歷史、考古學、國際法、人類學、語言學、到各種自然科學，例如：動物學、植物學、地質學、生物學等等。[6]然而，歐洲的擴張，在薛普的定義裡就是世界的歐洲化。這個世界歐洲化是正面的。在其過程中，薛普用「勇敢」、「英雄」來描寫歐洲人；「猛獸」、「野蠻人」來描寫非歐洲世界的人。即使他描寫到亞洲文明古國的時候，他用來對比的形容詞與名詞是歐洲人具有「活力」、「靈巧」、「世界主義」，而亞洲的古文明「停滯」、「保守」、「欠缺世界眼光」。[7]

　　然而，薛普教授雖然沒有在課堂上討論帝國主義的問題，蔣廷黻說他自己很自然地會去思考：「因為中國曾經或者至少是被視為是歐洲帝國主義的受害者，我在聆聽他講課或閱讀他所指定的讀物的時候，就不免會想到歐洲的擴張對歐洲以外的世界究竟是好還是壞的問題。」

　　由於是《口述自傳》，這段回憶自然是在晚年思想建構之下的回憶。然而，他對帝國主義的想法有他的一致性，而且雷同於胡適那種無視於結構性的權力不對稱的一廂情願的想法：

　　　　中國的問題是去改革它自己的生活方式，把欠缺效率、不夠有效的東西拋棄，以便讓較新、較有效的東西來取代。我不認為近代世界的殖民過程全都是有害的。歐洲人到世界各地的所作所為，有些是蓄意行善，有些是蓄意行惡。只是成天在那裡叫喊著「打倒帝國主義！」卻不知道去提升自己的生活水準。我說這是自我作賤（self-condemnation）、懦弱。換句話說，帝國主義或殖民的受害者有權去扭轉劣勢，把形勢逆轉，或至少是用平等互惠的關係來取代一方宰制另一方的關係。

　　當我離開美國回中國去的時候，我一直思索著薛普教授的課。在中國處

6　William Shepherd, "The Expansion of Europe III," *Political Science Quarterly*, 34.3 (September 1919), pp. 392-412.

7　William Shepherd, "The Expansion of Europe I," *Political Science Quarterly*, 34.1 (March 1919), pp. 43-60.

在最激昂地反對帝國主義與不平等條約的時刻，我就是沒有辦法像我的許
多同胞那樣激起狂熱痛恨列強的情緒。

蔣廷黻在哥大所意外欣喜發現的第二位好老師是海斯（Carlton Hayes），
也就是他後來的論文指導教授。海斯教授是他選得最多課的老師，一共四門。
1920 年秋季班兩門：「近代西歐社會史，十八世紀中到 1871 年」（Social
History of Western Europe from the Middle of the 18th Century to 1871）、「1884
年以來的英國社會政治」（British Social Politics since 1884）；1921 年春季班
兩門：「西歐社會史，1871 年到現在」（Social History of Western Europe from
1871 to the Present）、「1884 年以來的英國社會政治」（British Social Politics
since 1884）。他總結他從這些課程所學習到的要點：

　　海斯教授很清楚地告訴我說，隨著工業革命的發展，社會本身巨幅地改
變。工業革命前的社會與工業革命以後的社會屬於兩個截然不同的種類。
工業革命以前的放任主義在工業革命以後的社會根本就不能適用了。國家
必須干預。我認為他也清楚地說明了德國首相俾斯麥以及後來英國首相羅
伊德‧喬治（Lloyd George）所推行的社會立法政策是不可避免的。我可
以說海斯在哥大任教的時候的立場是中間偏左，雖然這個字眼當時還沒出
現。

薛普、海斯這兩位蔣廷黻在哥大意外欣喜發現的好老師，是蔣廷黻在《口
述自傳》裡說幫他決定博士論文題目的人。他在他當年博士論文成書出版的致
謝辭裡還提到了吉丁斯教授──顯然當時的蔣廷黻還不覺得吉丁斯是一個在吃
「從前所立下的名聲的老本」的教授！他謝謝吉丁斯教授在一系列的演講裡教
他歷史演進裡的階級和地區性鬥爭的因素。蔣廷黻的博士論文的題目是：《工
黨與帝國：1880 年以來英國工黨──主要以國會為代表──對英國帝國主義
的反應的研究》（Labor and Empire: A Study of the Reaction of British Labor,
Mainly as Represented in Parliament, to British Imperialism since 1880）。
在《口述自傳》裡，蔣廷黻只簡短地說他的博士論文所分析的，是英國工

黨的外交與內政政策。他說他欣喜萬分地發現在最工業化、最帝國主義的國家裡的英國工黨，對國際組織揭櫫了一個新途徑。工黨對未來的展望是：英國在將來可以用合作的觀念來取代宰制的觀念，而仍然可以保持英國的偉大和繁榮。蔣廷黻在此處沒提到他論文題目裡的另外一個名詞：帝國主義。原因可能是因為他已經在回憶薛普教授的時候提到了他對帝國主義的立場，沒有必要重複。另外一個原因可能是因為他在《工黨與帝國》一書裡對帝國主義的立場，跟他在《口述自傳》裡的完全一致。兩者寫作的時間相差三十年，其一致性相當可觀。

在《工黨與帝國》的〈導論〉裡，蔣廷黻說他完全是在敘述的意義之下來使用「帝國主義」這個名詞，完全沒有褒貶的意思。他也同樣是在敘述的意義之下使用「英國帝國主義」這個詞，完全沒有貶抑的意思。他對帝國主義的定義及其運作的理解如下：

> 帝國主義所指涉的是什麼呢？第一、為了母國的人民與國家在政治或經濟上的利益——無論只是想像中的或者是真實的——在別的人民與國家身上取得——無論是部分或完全的——政治控制的過程。第二、違反被控制的人民的意願，把持這種控制的過程。取得以及把持這種控制的對象可以是當地的土著也可以是敵對的列強，也可以兩者皆是；其方法可以是透過戰爭或外交的手段，也可以是兩者兼用。第三、「帝國主義」意味著在海陸上增強軍力、組成外交上的聯盟、協議、與和解，以便擴張或維持帝國。

純粹從邏輯的角度來引申，蔣廷黻認為帝國主義與民族主義的界線是模糊的：

> 如果一個內陸國家因為缺乏出海口而無法生存，如果要取得出海口就一定要用武力從其他國家取得，則這種取得出海口的行為究竟是民族主義還是帝國主義？如果以必要作為藉口可以使這種行為被界定為民族主義而不是帝國主義的話，則大英帝國的形成可以說是民族主義的結果。

　　當然，來自於弱國的蔣廷黻不會只是用邏輯的觀點來看帝國主義與國際關係。他當然也是希望國際關係是經由和平、互助的方法來經營的。因此，他最後還是指出了帝國主義的缺點：

　　在現代的經濟條件之下，幾乎沒有一個國家可以不需要域外所製造或擁有的物品。我們的選擇不在於要不要滿足這些需求，而是在於用不同的模式來滿足它們。這些需求可以用獨占它國的領土與人民的方法來滿足，也可以用普通的商業交換來滿足；在供應不足的情況之下，可以用與其他國家協議的方式之下來滿足。從這個角度來看，帝國主義是一種侵略性的民族主義，是世界主義的反面。[8]

　　回憶錄和口述自傳的優點在於它是傳主的夫子自道。沒有人比傳主更清楚其一生所作所為的動機與底細；也沒有人會有傳主所專有的類似全景的視角來回顧其一生並賦予其意義。然而，也正由於回憶錄和口述自傳是傳主是晚年所作的夫子自道，它是經過篩選、調整之下的產物。換句話說，回憶錄和口述自傳是傳主或者為了要因應晚年所面對的政治環境，或者是為了要把自己在歷史上定位所建構出來的產物。因此，回憶錄和口述自傳往往會把一生中某些事件放大、縮小、甚至完全剔除。當然，回憶錄和口述自傳裡不實的記錄並不一定是全都是刻意斧鑿的結果，有些純粹是回憶錯誤的結果。

　　蔣廷黻留美的回憶自然也是刻意建構之下的產物。先說一個無關大要的小錯誤。蔣廷黻在《口述自傳》裡說中國留學生在「華盛頓會議」召開期間組織了一個委員會監督中國代表在會議當中的表現。他是這個學生委員會的委員之一。他說由於這個原因，他把寫論文的時間延緩了一個學期。他作為學生委員會委員無庸置疑，但他說因為如此而延遲了一個學期寫論文卻並不正確。「華盛頓會議」召開的時間是從 1921 年 11 月 12 日到 1922 年 2 月 6 日。根據表1.1，他 1921 年秋季到 1922 年春季還在哥大選課。1921 年秋季班選了兩門

8　Tsiang Tingfu, *Labor and Empire: A Study of the Reaction of British Labor, Mainly as Represented in Parliament, to British Imperialism since 1880* (New York: Columbia University, 1923), pp. 25-27.

課：「社會主義史」（History of Socialism）和「經濟史」（Economic History）。1922 年春季班選了一門課：「馬克思與其後的社會主義」（Marx and Post-Marxian Socialism）。換句話說，在「華盛頓會議」召開期間他還在選課。即使他一邊選課、開始寫論文，又一邊來回於紐約、華盛頓之間監督中國代表團，那並不等同於把寫論文的時間延緩了一個學期。

根據哥大註冊組的資料，蔣廷黻的博士論文是在 1923 年 4 月 2 日提交的。[9]等《工黨與帝國》這本書在該年由哥倫比亞大學出版社出版的時候，他已經在南開大學任教。該書扉頁上在作者的名字下印著：「天津南開大學歷史系講師」的字樣。

從蔣廷黻擔任中國留學生監督「華盛頓會議」中國代表的學生委員會的委員這件事來看，我們就可以看出他在留美的時候是一個很活躍的學生。這個面向是蔣廷黻在《口述自傳》裡淡化的部分。有關這個部分，他只在《口述自傳》裡提起說他是「美東中國留學生聯合會」1921 年在康乃狄克州（Connecticut）的雷克威爾村（Lakeville）舉行的夏令營的主席。其實，這只是他留美時期所扮演的活躍的角色裡的一個。

蔣廷黻是中國留美學生裡一個活躍分子。1916 年他在歐柏林學院讀書的時候參加了「美國中西部中國留學生聯合會」（the Midwestern Section of the Chinese Students' Alliance of the Eastern States）該年 9 月在歐柏林學院所舉辦的夏令營。在那個夏令營裡，蔣廷黻參加了英文演說比賽，得了第一名。他演說的題目是：〈真正的「少年中國」〉（The True "Young China"）。「少年中國」是二十世紀初年留學生最喜歡用來形容辛亥革命以後的中國的用語。蔣廷黻沿用，胡適也沿用。除了「少年中國」以外，當時的留學生也喜歡用「醒獅」來描寫「新中國」。他們愛用「醒獅」這個詞來描寫「新中國」，因為傳說拿破崙說過：「中國是一隻沉睡的獅子。就讓它睡，因為它一醒就會撼動世界。」至於究竟中國這隻睡獅為什麼會醒來？很少人去問。在近代中國留學生

9　Andrew Greenwald to Martin Wilbur, March 15, 1972, "Chinese Oral History Project Collection, 1914-1989, Series 2, Interviewee Files, 1914-1989," Box 24, "Tsiang Tingfu," "Correspondence, 1963-1974" Folder.

裡，只有胡適最清楚地說出他的答案。胡適不喜歡用「睡獅」這個比喻來比喻中國，他最愛用的是「睡美人」，而吻醒這個「睡美人」的王子是現代西方。

蔣廷黻在〈真正的「少年中國」〉這篇得獎的演講裡就是用「睡獅」甦醒了這個比喻來形容中國。除了胡適以外，蔣廷黻是少數中國留學生裡解釋這隻「睡獅」為什麼會醒來的原因的一個。他的解釋很簡單。人有成長的過程，國家亦然：「並不是透過魔棒一點，也不是經由人為命令。每一個國家都是經過年輕的階段，然後漸次成熟。中國也是如此。說英語的國家的朋友就很貼切地把它稱之為『少年中國』。」蔣廷黻從「醒獅」這個比喻一轉而用英語國家所熟悉的「少年中國」是一種辯論上的策略，因為他要找一個論敵當箭靶，然後再提出自己的反證。這個論敵就是當時包括胡適在內的中國留學生最痛恨的英國「中國通」濮蘭德（J.O.p. Bland）：[10]

濮蘭德——一個住在北京、自稱他鑽研出古老中國所有的奧祕的英國記者——把「少年中國」描寫成：「以擁有西方知識驕矜自滿，擺脫儒家道德的制約，侈言外來的民主觀念，沒有受到那幫助中國度過了無數的難關的傳統哲學的正面影響。」他告誡我們說：「英國統治印度不是靠知識而是靠道德的力量，靠白人在道德上的優越以及其意志。」

我要用歷史的事實來回答濮蘭德。

1911 年 10 月 10 日那天，我們的總統呼籲全國所有的愛國志士起來為共和奮鬥。一省接著一省響應。戰鬥激烈；每一個革命軍都勇於犧牲；秩序良好；對外國宣布新的共和政府會維持前政府與外國簽訂的條約並保護所有在中國的外國人。從宣布獨立到滿清退位，有誰能找到一丁點暴民統治的跡象？有誰能在我們的革命史上找到一件違反國際法律的事件？那絕不是青少年的暴力行為，而是一國的百姓用穩健、莊嚴的方式表達他們的憤慨。不是要劫掠，而是要去保護生命與財產，不讓異族剝削；不是要像〔從前侵略羅馬帝國的〕蠻族（Huns）一樣去侵略世界，而是要去恢復

10　請參見我在《舍我其誰：胡適，第一部：璞玉成璧，1891-1917》（台北：聯經出版公司，2011），頁 399-400 的分析。

自由，讓國家能得以正常的發展。那一頁歷史對中國人而言，是神聖和激勵人心的，一如美國獨立革命對美國人的意義。

真正的「少年中國」是一股強勁的洶湧而下的波濤。[11]它沖垮專制的老巢，掃除無知的障礙，為古老、停滯的國家帶來活力與生氣。所有這些都是外國的報章所不去措意、不去觀察、不去報導的。[12]

這篇〈真正的「少年中國」〉用的是當時中國留學生典型的論述，把辛亥革命跟美國獨立革命相比擬。而且把辛亥革命說得彷彿是一個最神聖、崇高、正義的革命。這種論述用蔣廷黻後來喜歡用來批判人的詞語來還治當時的他，就是「sophomoric」，直譯是「大二生的調調」，就是浮誇的意思。當時他正好念完大二，還頗貼切的。聰明、有批判力如蔣廷黻、如胡適，在當時都不免落入這種浮誇的論述，可見當時留學生希冀中國能夠一舉而臻民主樂園的氛圍有多麼的強烈；即使他們知道那只是海市蜃樓，他們還是選擇相信。

從 1916 年開始，蔣廷黻逐漸在中國留學生團體裡扮演重要的角色。等他在 1919 年進入哥倫比亞大學以後，他轉而活躍在「美東中國留學生聯合會」。1919 學年度他出任《中國留學生月報》（*The Chinese students' Monthly*）的副編輯；1920 學年度，他是《中國留學生月報》所設的「公開論壇」的主編之一。一如我在前文所說的，1921 學年度，他不但是「美東中國留學生聯合會」的會長而且也是該年「美東中國留學生聯合會」夏令營的主席。

如果蔣廷黻在《口述自傳》裡還留下了他在「美東中國留學生聯合會」裡的活動的鱗爪，他則是把他在「北美中國基督徒留學生協會」（the Chinese Students' Christian Association in North America）裡活躍的角色完全給剔除了。

11　蔣廷黻用的字是「undercurrent」，亦即，潛流。「潛流」不比「波濤」，削弱了他論述的力道。然而，也許這正是他用字精準的地方，因為他意識到這確實只是個潛流，在潛流之上有著保守、甚至是反動的逆流。

12　T.F. Tsiang, Prize Oration at the Mid-West Conference [1916], "The True 'Young China,'" *The Chinese Students' Monthly*, XII.1 (November, 1916), pp. 27-30.

我們記得蔣廷黻回憶到他在上海等船到美國留學的時候，突然間冒出了一段他受洗的經過，把它作為他在益智學堂生涯回憶的結束。然而，我們有理由相信他在離開益智以前受洗是真心相信的結果。因為他是真心相信了基督教，所以他留美的時候參加了「北美中國基督徒留學生協會」。1919 年夏天他從法國回美國進哥倫比亞大學念研究所。該年秋天，他就出任該協會出版的英文雜誌《留美中國基督教月刊》（*The Chinese Students' Christian Journal*）1919 學年度的主編。緊接著，他擔任了「北美中國基督徒留學生協會」1920 學年度的會長。

蔣廷黻出任《留美中國基督教月刊》主編所發表的第一篇社論是反對留學生跳舞。這篇題名為〈跳舞之於中國社會〉（Dancing in Chinese Society）的社論，一定會被後來喜歡跳舞的他叱為假道學：

> 在中國社會裡，兩性關係的準則到現在為止仍然是極端清教徒式的（Puritanic）。男女不可以公開走在一起；他們在大眾面前不可以表現出親熱的樣子。我們要在上等社會（cultivated and influential circles）裡取得尊敬，就必須嚴格地遵守這些準則。我們的社會看到跳舞，第一個反應一定會說是驚世駭俗。那一定會讓他們全盤反對新文化（new order）。這就會增加我們要引進必要的社會改革的困難。最重要的是，那會讓我們歸國留學生在國民心中失去威信。我相信舞迷們不至於會認為跳舞的裨益大到可以為了引進這項技藝而導致我們在社會上失去影響力的程度。
>
> 如果歸國留學生跳舞是一件不智之舉，則我們在美國的時候跳舞是否是明智之舉呢？事實俱在，有些歸國留學生跳舞，受到大眾的譴責。這些歸國留學生是誰呢？不就是那些留美的時候跳舞的男女同學嗎？
>
> 在我們國家的這個關鍵時刻，我們怎能為了一個微末的技藝與享受，而犧牲我們在政府、工業、教育、與道德領域裡的影響力？我們對事情要作出正確的判斷。我們要有正確的眼光。[13]

13　[T.F. Tsiang], "Editorials: Dancing in Chinese Society," *The Chinese Students' Christian Journal*, VI.1 (October, 1919), p. 7.

作為 1920 學年度「北美中國基督徒留學生協會」的會長，蔣廷黻在上任之初發表了一篇「會長致意辭」（Message of the President），題名為〈「北美中國基督徒留學生協會」的中心任務〉（The Central Task of the C.S.C.A.）。他在這篇演講裡，就用協會的名稱引申出協會的四個中心任務。第一個任務是：「本協會是中國的。它從一開始就是中國的，現在還是，將來也會是；在理論上如此，在事實上也是如此。」蔣廷黻要特別強調「北美中國基督徒留學生協會」是中國的，因為它是隸屬於「北美基督教青年會」之下接受其資助與指導的。「北美中國基督徒留學生協會」是中國的有什麼重要性呢？蔣廷黻說：

> 「北美中國基督徒留學生協會」是中國的，這是一件很幸運的事。日益明顯的事實是：中國民族主義的浪潮是不可能容忍任何外來的帝國主義的，不管是政治上的，還是經濟上的，或是宗教上的。如果我們中國人都會變成基督徒，那全然是因為我們認為基督教可以增強我們的國民性並提升我們的國民道德；那絕對不會是因為基督徒化就意味著外國化，不管是美化還是歐化。
>
> 宗教是一個國家人民最深層的內在（intimate）之一，不可能不加調整就浮面地加諸一國之民，就好像一個黑人婦女臉上敷上白霜看起來就是不自然一樣。因此，中國基督徒被賦予的任務，就是從基督教裡揀選出對中國人民有益的成分，用中國的角度去重新詮釋，然後把它們融入我們的國民生活裡。其他不重要或者有問題——這確實是有的——的成分，我們可以忽略掉。

「北美中國基督徒留學生協會」的第二個中心任務是要認清這是一個學生的組織：

> 如果其眼光狹隘、心胸閉鎖，或者胸襟狹窄，它就不配作為一個學生組織。它必須從四方追求知識，不能以優越自居。即使我們急切地想要為大家服務，我們必須先自問是否真的有值得貢獻給我們在此的留學生以及國

內的人民的東西。這並不意味著說我們必須為我們的信仰賠罪；也不意味
著說我們必須說所有的信仰都是一樣的好；它意味著開放、理性的容忍；
它意味著對宗教採取一種演化、相對的態度。

「北美中國基督徒留學生協會」的第三個中心任務是要體認到這是一個基
督教的組織：

　　它相信宗教滿足了人性一些根本、正當的需求，並且相信基督教是所有
宗教裡最符合進步的原則而且最能夠激發活力的。同時，它認為中國深受
那些斲喪元氣、殘害人生、對人間的痛苦與邪惡視而不見、無能為力的宗
教的危害極深。它以鼓勵在四方培養耶穌崇高的道德原則為己任。它要求
其會員與幹部都努力地以奉獻的精神作為準則來得到我們的同胞的感動與
興趣。

「北美中國基督徒留學生協會」的第四個中心任務是要認識到這是一個組
織：

　　我們的協會的性質與組織就說明了其中心的任務在大家協同努力以便把
中國基督教化，並同時把基督教中國化。這兩個需要是清楚的。我相信本
會是一個有能力達成這雙重任務的組織。讓我們努力透過它來為我國人民
祈求並獲得真理與生命。[14]

　　「把中國基督教化，並同時把基督教中國化。」這是一個虔誠同時也擁有
強烈的民族自尊心的基督徒才會喊出來的口號。
　　蔣廷黻並不只在《留美中國基督教月刊》上發表他要「把中國基督教化，
並同時把基督教中國化」的理念。就在他發表〈「北美中國基督徒留學生協

14　"The Central Task of the C.S.C.A: Message of the President," *Christian China*, VII.1 (November, 1920), pp. 23-25.

會」的中心任務〉這個演講的同時，蔣廷黻也在《中國留學生月報》所設的「公開論壇」裡發表了分四期連載的〈中國的宗教問題〉（China's Religious Problems）一文。他在這篇文章裡強調宗教是人類心靈最深層的需要，是從有人類就有的，而且是隨著文明的發展而改變的：「從人類在地球上一開始出現到現在的機械、理性思考時代，宗教一直在改變著。宗教是一種生理（biologic）的需要，其形式則是受到文化的影響。」[15]然而，並不是所有的宗教都能夠與時俱進的。比如說，蔣廷黻就認為基督教要遠比儒、釋、道更能幫助中國近代化：

> 　當我們想到中國的時候，一個極為重要的問題就出現了。我們難道不應該利用本國舊有的宗教——而不是用引進一個新宗教的方法——來維護道德嗎？我們可以重新詮釋舊有的宗教；如果必要的話，我們可以把新的理想注入那些舊宗教裡。那些宗教已經存在，有其傳統。毫無疑問地，儒、釋、道的教徒有責任重新詮釋他們的宗教，以因應國家的需要。他們那樣作會對中國作出貢獻。然而，我認為在釋放出能量以及引導那些釋放出來的能量的能力這些方面，基督教遠比任何中國舊有的宗教都要優越。今天的中國人更大的責任，是去研究基督教，並把它塑造成為一個適合中國情況的需要的宗教。我相信改造基督教為中國所用，較有長遠的效用，而且要比改造儒、釋、道更能夠裨益我們的道德與精神生活。[16]

　蔣廷黻留美時代這段「把中國基督教化，並同時把基督教中國化」的心路歷程，他在《口述自傳》裡完全沒提。這表示他在作《口述自傳》的時候已經完全不信基督教了。我甚至推測他留美結束回國以後就已經不信基督教了。蔣廷黻在天津出生的長女 Lillian 說她不認為她父親相信基督教。她說她完全不

15　T.F. Tsiang, "China's Religious Problems," *The Chinese Students' Monthly*, XVI.1 (November, 1920), p. 79.

16　T.F. Tsiang, "China's Religious Problems (Continued)," *The Chinese Students' Monthly*, XVI.3 (January, 1921), p. 245.

知道她父親曾經是「北美中國基督徒留學生協會」的會長。她在成長的經驗裡也不曾見過她父母上過教堂，也不認為她父親信基督教。她說她母親在 1940 年代搬到紐約以後是成為一個虔誠的基督徒。[17]蔣廷黻的幼子 Donald 告訴我說，他在重慶長大的時候就沒看過他父親上教堂。他跟 Lillian 都說他們在中國沒見過教堂。Donald 說他到了紐約以後，記憶中他父親有一兩次帶他去過教堂，但都是參觀與訪友的性質。Donald 說他父親的看法是：重要的是要做一個好人，有沒有宗教信仰並不重要。[18]在蔣廷黻一生最後二十二年所寫的英文日記裡會提到他去參觀教堂。然而，就像 Donald 說的，那是去參觀其藝術與建築。在那二十二年的日記裡，他一次都沒提起去教堂作禮拜的事。

　　蔣廷黻在他留美的回憶裡還剔除了他人生當中的一件大事，那就是他的戀愛與結婚。蔣廷黻跟他戀愛結婚的元配死纏活打的離婚糾紛，可能是中國近代知識分子當中歷時最久、同時也是最為高潮迭起的。可能也正由於他的第一次的戀愛與婚姻是他一生當中最讓他不堪回首的往事，他在《口述自傳》裡就完全不去回顧了。這是相當可惜的一件事，因為喜歡文學與詩詞的蔣廷黻有他自詡為羅曼蒂克的一面。缺了從他墮入愛河到結婚這一片，青年時代的蔣廷黻的拼圖就遜色了許多。

　　蔣廷黻在美國認識的唐玉瑞是上海人，1895 年 8 月 14 日生，比蔣廷黻大四個月。她是 1914 年第一批考取庚款專科十位女生中的一名。可惜因為她留美前生了病（另一說是在搭電車的時候摔傷了腿），[19]她一直要到 1918 年才放洋。根據美國布林莫爾學院（Bryn Mawr College）的資料，唐玉瑞 1916 到 1918 年之間讀南京的金陵女子大學（Ginling College）。1918 年她赴美進入麻省的史密斯女子學院（Smith College），主修社會學，1920 年畢業。史密斯女子學院畢業以後，唐玉瑞又去費城的布林莫爾學院念了一年以後，再轉到哥倫

17　2020 年 8 月 4 日，Lillian Mark 在電話訪問中的回憶。

18　2020 年 8 月 4 日，Donald Tsiang 在來電中的回憶。

19　王曉慧，〈1914 年清華學校首批留美專科女生考略〉，《江蘇師範大學學報：哲學社會科學版》，2018 年第 3 期，頁 1-9，https://www.1xuezhe.exuezhe.com/Qk/art/667639?dbcode=1&flag=2，2020 年 4 月 13 日上網。

比亞大學。她在 1923 年拿到碩士學位，論文題目是《費城與紐約的中國家庭的生活》（*Chinese Family Life in Philadelphia and New York*）。

　　唐玉瑞跟蔣廷黻一樣都是活躍的留學生與基督徒。在史密斯女子學院，除了基督徒團契以外，她參加「哲學社」與「社會學社」。1920 學年度蔣廷黻擔任「北美中國基督徒留學生協會」會長的那一年，唐玉瑞是該協會所出版的《基督中國》（*Christian China*）月刊「婦女部」的編輯。蔣廷黻在進入哥大的第一年就已經認識了當時大四的唐玉瑞，據說已經成為固定的男女朋友。[20]「華盛頓會議」召開的期間，留學生組織了一個學生委員會去監督中國代表。蔣廷黻是委員。根據羅家倫的回憶，唐玉瑞也是委員之一。他們兩人戀愛的程度，可以從蔣廷黻論文扉頁的獻詞看出：「獻給玉瑞」（To Nyok Zoe）。

　　蔣廷黻在 1923 年 3 月初趕回中國到天津南開大學任教。唐玉瑞是在該年暑假才返國的。愛戀唐玉瑞的蔣廷黻作了一個最為羅曼蒂克的舉動。他不但打了一個電報向唐玉瑞求婚，而且專程從天津到橫濱去接她。所以他們結婚的地點是在日本。只可惜這件羅曼蒂克的結婚日期，卻是在二十四年以後以申請離婚填寫資料的方式揭露的。1947 年 11 月 18 日，蔣廷黻寫信給美國德州一名律師請他辦理他跟唐玉瑞離婚的事宜。他說：「我妻子與我是在 1923 年 7 月 10 日當天或其前後在日本橫濱結婚的。」[21]

　　蔣廷黻的父親是在他到橫濱去跟唐玉瑞結婚那年夏天過世的。我們不知道婚事、喪事，哪件事在先，但我們從《口述自傳》知道他並沒有回家奔喪。喪事是由他的哥哥與弟弟辦理的。他自己是一直要到農曆大年初一，也就是 1924 年 1 月 24 日，也就是他離家足足十二年以後，才第一次從天津返抵家門探親。

20　有關蔣廷黻與唐玉瑞認識經過的點滴，參見湯晏，《蔣廷黻與蔣介石》（台北：大塊文化，2017），頁 424-425。

21　Tsiang Tingfu to Sylva Lang, November 18, 1947，《蔣廷黻資料》，1.212。

南開大學

1922 年 11 月號的《中國留學生月報》有一則極有意味的報導：

> 「美東中國留學生聯合會」前任會長蔣廷黻將在 11 月 23 日搭乘「俄國皇后號」（S.S. *Empress of Russia*）郵輪回中國。蔣先生會先教幾年書，然後進入他主要野心所在的政界。他要到天津的南開大學擔任政治學教授。[22]

這則報導最明顯的錯誤是蔣廷黻到南開的職稱。他不是政治學教授，而是西洋史教授。然而，重點是：「蔣先生會先教幾年書，然後進入他主要野心所在的政界。」換句話說，蔣廷黻在留美的時候已經志在政界，而且是廣為人所知的。

蔣廷黻在 1923 年春天到南開的時候，南開的大學部還跟中學部在一起。他說大學部有兩百個學生、十九名教授。然而，校長張伯苓已經在前一年在離天津城外兩英里遠的八里台租到了一塊八十英畝的地。這就是南開大學的新校地。蔣廷黻說張伯苓用挖河渠、闢荷塘，再利用挖出來的土當作建築物的地基的方法，把這塊原來半是泥沼、半是麥田的地脫胎換骨地建成了一個美麗的校園。只是：「在某一方面來說是相當宏偉。但再怎麼宏偉，就是無法擋住周遭村落傳過來的糞肥、沼氣、豬隻，以及驢子的臭味。張〔伯苓〕博士對那一點都不以為意。那現代與中古的混合就是 1920 年代中國的表徵。」

當時南開這十九名教授泰半都是歸國留學生。許多在美國留學的時候就已經相識。他們搬到八里台新校區以後所住的「百樹村」教授宿舍區裡有一間教授俱樂部。這個俱樂部裡有一個小撞球台，還有一個插電的咖啡機跟美國進口的 M.J.B.品牌的咖啡。他們自己以及來訪的外國朋友可以在俱樂部裡喝咖啡、綜論國事天下事、打撞球及其他例如棋局等遊戲。宿舍區裡還有一個鋪著草皮的網球場。

　　這些喝過洋墨水的教授跟張伯苓在相互尊重之中帶著些許緊張的關係。北洋水師出身的張伯苓，可能會覺得這些教授所沉溺於其中的抽象理論與研究華而不實，而且是不食人間煙火。比如說，他完全不能了解耶魯大學畢業的何廉為什麼一定要用編製指數的方法，來記錄國內外市場價格的波動這種瑣碎的現象。有一天，他詰問何廉：

　　「你要這些數字作什麼？你想要了解什麼？」
　　何廉回答說：「我的統計調查可以幫助中國的科學建設。」
　　「你的作法讓我覺得是在用顯微鏡來找大象。如果你想要知道我們能在中國作些什麼事業，眼前就有許多，不須花那麼多的精力去編製指數。比如說，我們有必要先去作統計，才能知道我們需要從城裡開一條公路到校園來嗎？」

　　同樣地，哈佛大學畢業的李濟當時熱中於人體測量學，四處量人的頭顱。張伯苓也不以為然。他有一天問李濟人類學有什麼用處。李濟很反感，回說人類學一點用處也沒有。他在次年就離開南開轉任清華。蔣廷黻說剛從美國回去的他，覺得張伯苓的南開實在是太土氣（earthy）、太保守了。他說他已經習於在美國所享有的高智性的生活，看到張伯苓對高智性的生活如此欠缺興趣，不免使他及其同伴常有「想反叛的時刻」。

　　張伯苓的眼光也許確實像那些歸國留學生所指摘的，有過於講求實效之嫌。然而，反過來說，他們的批評也可能是一種自衛機制的反射，暴露出他們自己覺得是屈居南開的挫折感。畢竟南開既沒有北大的名聲，也沒有清華的優渥。[23]

　　蔣廷黻是一個極具自省能力的人。他理解到他到了南開以後必需要用中文授課，而他的中文只有當時中學的程度。他留美的時候連中學都還沒畢業，而

23　有關早期南開大學的氛圍更詳細的分析，請參見拙著 Yung-chen Chiang, *Social Engineering and the Social Sciences in China, 1919-1949* (Cambridge, UK: Cambridge University Press, 2001), pp. 82-87.

且離開中國有十一年之久，中文都生疏了。因此，他到南開以後的第一件事就是重修中文。他說他用的教材就是他六歲入塾所讀的書。他從讀《四書》、《五經》開始。只是，他不再用背書的方法。他說他一再大聲朗讀以後，那些經書裡的章句差不多都又回到他的記憶裡頭了。讀完《四書》、《五經》以後，他開始讀他在私塾裡讀過的司馬光的《資治通鑑》以及古文和詩詞。

　　然而，中文也改變了。在蔣廷黻留學以前，他所學的、寫的是文言文。到他 1923 年回國的時候，在課堂上、在報章雜誌上，白話文已經取代了文言文。從文言到白話，這個調適並不是如想像中那麼簡單的：「乍看之下，這個改變似乎使文字教育變得比較簡單、容易。對初學讀與寫的人而言，白話毫無疑問地比文言簡單。然而，要講究筆調與意味（expressiveness），白話文也是需要下琢磨的功夫的。」

　　除了中文以外，蔣廷黻也體認到他對自己的國家與社會所知非常有限。他的作法是從了解南開的周遭地區開始。1924 年 4 月 26 日的《南開週刊》刊載了一篇蔣廷黻率領學生從事實地調查的文章：

〔近世歐洲〕經濟史班蔣廷黻博士為提倡學生實地調查，熟悉工人情形起見，特分全班為兩組。一組擔任調查八里台村平民生活狀況；其第二組調查裕源紡紗廠，並印有格式紙多張，以備填寫……第一組已起首調查矣。禮拜三日下午一點，復由蔣先生率領第二組學生乘汽車往裕源紗廠一行，至晚才歸……至關於八里台調查所得，將來已擬刊布。且每隔二、三年必有一次報告。俾後來可成一部八里台史。其對於社會學、經濟學之貢獻當非淺鮮也。[24]

　　裕源紗廠的調查，《南開週刊》在 5 月份有另外一篇報導：「其所調查的事項，如工人的生活、工人的數目、工人的家庭、工人的工資、工作的時間、工人的教育、工人的衛生、工人的遊戲、工人的年齡及工人的死率。聞該團要

24　〈平民生活調查〉，《南開週刊》，第 91 期，1924 年 4 月 26 日，王文俊等選編，《南開學校史資料選（1919-1949）》（天津：南開大學出版社，1989），頁 284。

將所調查的結果，用科學的方法組織排比，登諸報端，貢獻社會。」[25]

八里台的調查，蔣廷黻在《口述自傳》裡作了描述：

我叫學生到村裡跟村民打交道，了解他們每天賺多少錢、怎麼賺、怎麼過活、住什麼樣的房子、吃什麼食物、穿什麼衣服。學生回來說沒有進展。村民不願意跟他們說話。他們跟村民彼此不了解對方在說什麼。我覺得很奇怪，於是決定自己帶幾個學生去。我發現有些學生比我還天真。他們手裡拿著紙筆下鄉。雖然他們沒有用問卷，但有著一連串要村民回答他們的問題。他們想要把答案整理出來製成表格，撰寫一篇大學課堂上的報告。這當然引起村民的懷疑。這些年輕人來作什麼？他們是來要徵稅的資料？還是間諜？我告訴學生不要帶紙筆。就到鄉下隨便走走，到茶店就坐下來泡一壺聊天。看到了人力車夫或是農人，就試著跟他們聊聊。這樣子跟他們磨蹭一段時間以後，我們就可以逐漸地略知村裡的梗概。我不認為我們對八里台的經濟和社會有了一個全盤的了解，但對某些事物我們是得到了極為清楚的認識。比如說，村民的生活迥異於大學生的生活。村民就只管一件事，那就是賺錢過活。至於怎麼幹活兒，他們完全習於祖先傳下來的方法。

天津、八里台只是蔣廷黻就近了解中國社會的起點。在南開的六年裡，他遊歷了全國好幾個地方。離天津最近的北京是他最常去的地方。北京宏偉，有城門、城牆、故宮、寬廣的街道。他說如果一個文明可以從其建築來管窺的話，北京體現了中國文明所重視的和諧、平衡、對稱、與正直。然而，北京宏偉，因為它從前是帝都。由於它是帝都，它講究皇與民的界線。在天朝帝制之下，既然整個中國都屬於王土，整個北京莫若天子的宅邸。他認為每一個中國人都必須自問：以北京作為表徵的這種文明是否可以或應該繼續保存下去？

蔣廷黻形容北京是一個深藏不露、臥虎藏龍的所在：「你必需要進入四合

25　《南開週刊》（學生生活號），第 5 期，1924 年 5 月 20 日，《南開大學校史資料選（1919-1949）》，頁 283。

院裡，才能一瞥其可愛之處；你必需要和人閒談良久以後，方才能知道眼前之人不是等閒之輩。」他說有一次一個北京的同鄉請吃晚飯。主人與客人們上天下地聊著，就是不見晚餐的蹤影。原來主人還在等一個客人。這個客人出現的時候，看起來就是一個上了年紀的小店東。頭髮凌亂、黑色緞馬褂上滿是污垢、藍色的長袍之下還穿了一件黑色棉袍、其露出來的下襬比外邊的藍色長袍超過了足足有一個半英寸。蔣廷黻鄙視他的外表與舉止。上菜以後，餓得發昏的他只顧吃。突然間，他發現那個「小店東」在發表高論，從雅典的「衛城」（Acropolis）、古希臘、羅馬的異同、明陵、談到西安；話題一轉，談到音樂。「小店東」說，他認為世界上最好的歌劇院是米蘭的「斯卡拉大劇院」（La Scala）。他還告訴大家說孔廟的樂器應該如何演奏，以及為什麼中國音樂單調而哀戚。蔣廷黻佩服得五體投地。晚餐後他刻意留下來問那位是何方神聖。原來他是曾國藩的孫子曾廣鈞。

　　1925 年，陝西省長劉鎮華邀請蔣廷黻等十六位教授到西安大學教授暑期班。這就是蔣廷黻陝西之旅的由來。他們一行先坐隴海鐵路的火車到當時西端的終點站陝州。從陝州到潼關他們溯黃河而上。這六十英里的行程，他們走了四天五夜的時間。每一艘船由九個縴夫走在黃河河床裡拉著船逆流而上：「河水裡的泥沙在有些地方稠到根本就是泥漿的地步。沿岸的村落與村民貧窮的程度非筆墨所能形容。我完全不能想像中國有窮到在光天化日之下赤身裸體的人。」陝西之旅觸動他思古之幽情：「北京能把中國偉大的過去投射到現在。在陝西，我們卻只能用想像力去說服我們它曾經是中國歷史上幾個偉大的朝代首都的所在地。」唯一讓他覺得可以一窺昔日榮華的是西安的城牆和鼓樓，有皇城的規模。此外，西安的大街，寬而直，有大都的氣派。

　　1927 年春北伐軍打到了長江下游，定都南京。蔣廷黻跟他南開的同事何廉到上海、杭州、南京一遊。他對南京的印象是一幅破敗的景象。上海、南京充斥著革命的宣傳。報紙上滿載著口號以及宣傳三民主義的文章。蔣廷黻說他想聽聽他在黨部和政府的朋友說說農村改革、工業建設、銀行國有化，以及孫中山建立民主與民生的中國的政策。然而，所有這些都彷彿只是在報紙上談論的問題。他們一點都沒興趣。這種口號治國的傾向連即將出任外交部長的王正廷都不能免。蔣廷黻說他和何廉去拜訪他的時候，問他的外交政策為何。他回

答說：「很簡單，就是廢除不平等條約和打倒帝國主義。」蔣廷黻總結他的上海、杭州、南京之行說：「就推翻那繼承了滿清皇帝的北洋軍閥這個意義上來說，到了 1927 年夏天，革命是大致完成了。然而，就統一中國、為國家奠立一個新的政治體制，以及實現孫中山博士建立一個民主、民生的中國的夢想這幾個目標而言，則連邊兒都還沒碰到。」

滿洲是蔣廷黻在南開時期最後一個旅遊考察的地點。1928 年夏天，南開校長張伯苓組織了一個滿洲調查團。他們參訪了瀋陽、吉林、長春、哈爾濱、齊齊哈爾幾個大城。滿洲之行，蔣廷黻除了描寫鐵路建設、大豆出口貿易、日本的野心以外，他著墨最多的是他與張作霖的副手楊宇霆的談話。楊宇霆告訴蔣廷黻說，不要以為只有關內的人愛國，關外的人一樣。他們身在關外，面對著日本的武力，必須與之周旋，避免衝突。關內的人只知搖旗、喊口號。但如果日本開打，關內是沒有能力救關外的。關外不是沒有想法與計畫。他們是要用競爭的方法，用關內移民關外的人口優勢，用長期漸進的方式取得上風。

蔣廷黻在南開大學前後教了六年的書，可惜他在《口述自傳》裡不但沒說他教什麼課，而且也沒提起他教課的感受以及學生的反應。對於當時是初為人師的他而言，這似乎有點不可思議。然而，《口述自傳》是在事過境遷二十多年以後作的，再新鮮、再震撼的往事到了那個時候也已經鈍了。更重要的是，等他開始作《口述自傳》的時候，他已經學而優則仕做官去了。他的整個人生價值與視野都已經不同了。因此，他在對他的一生作回顧的時候，著重點也就自然有所不同了。

從蔣廷黻博士論文成書的扉頁，我們知道他初到南開任教的時候的職稱是西洋史講師。由於他在《口述自傳》裡對這一點完全空白，我們不知道他在南開六年教學的情況。幸運的是，我們從其他地方所得到的零星資料，讓我們得以管窺他那六年教學生涯的幾個面向。

首先，蔣廷黻說他是在 1923 年春季學期開始在南開授課的。他在《口述自傳》裡說：「當我回到中國的時候，我已經離家十一年了。我理應回家探訪我的家人。我理應從上海直接回湖南去看我的祖母、雙親、伯伯、嬸嬸、兄弟、妹妹，以及無數的親友，但我必須趕去南開上第二學期的課。」雖然蔣廷黻沒說他回到中國確切的時間，但我們有可以以資推測的根據。《中國留美學

生月報》報導他是搭乘 1922 年 11 月 23 日的郵輪回國的。[26]然而，這很可能是他原先的計畫，後來又延期了。這是因為他一直要到次年 3 月初才到南開報到。當時從美國搭船回中國不需要三個月的時間。更何況他在《口述自傳》裡說他到了上海以後完全沒有停留，立即就搭火車趕去天津。

1923 年 3 月 10 日的《南開週刊》刊載了歡迎蔣廷黻到校授課的消息。[27]該年 3 月 2 日星期五是元宵，是傳統農曆新年結束之日。我們可以推測該年南開春季學期大概是在 3 月 5 日星期一開始的。由於該期《南開週刊》是在 3 月 10 日出刊的，我們可以推測即使蔣廷黻沒在開學第一天趕到，也不會晚太多天。如果這個推算正確，他應該是在 2 月初離開紐約的。這是因為當時從舊金山到日本的航程是兩個星期。除了這兩個星期的時間以外，我們還必須算入他從美國東岸到西岸的旅程、日本到上海的航程，以及他從上海坐火車到天津的時間。唯一跟我所推算的他離開紐約的時間點不符合的，是他提交論文的日期。根據哥大註冊組的資料，蔣廷黻的博士論文是在 1923 年 4 月 2 日提交的。然而，這不難解釋。當時哥大規定畢業生必須繳交一百本出版的論文方才可以取得學位。因此，1923 年 4 月 2 日應該是這一百本論文提交給哥大的日期。蔣廷黻可以請朋友提交，他本人並不需要在場。

其次是蔣廷黻在南開的教學情形。蔣廷黻在 1923 年 3 月初到校。該年秋季學期，他還兼任「文科主任」。[28]當時南開大學初創。從蔣廷黻說他到校的時候只有十九名教授的回憶來看，南開的規模非常小。雖然可以美其名曰麻雀雖小、五臟俱全，但它的系是小到一個教授獨當一面、獨撐一系的地步。以文科為例，除了國文系與外國語言系以外，所有其他系都是由一個教授在唱獨角戲。歷史系是蔣廷黻、政治系是徐謨、經濟系是蕭遽、哲學系是湯用彤、教育心理系是黃鈺生。雖然歷史系在 1924 年增聘了擁有哈佛大學碩士學位的劉崇

26　"Personal News," *The Chinese Students' Monthly*, 18.1 (November, 1922), p. 68.

27　《南開週刊》，第 56 期，1923 年 3 月 10 日，《南開大學校史資料選（1919-1949）》，頁 175。

28　《南開週刊》，第 68 期，1923 年 9 月 21 日，《南開大學校史資料選（1919-1949）》，頁 184。

鋐。[29]然而，他只在南開教了一年，在次年就轉任清華。

　　這種唱獨角戲的現象顯然延續了好幾年。1927 年秋，教育心理系的黃鈺生就指出這種單打獨鬥的教學法的缺點，並建議應該把各系課程連貫起來：

> 　　南開文科暫分五系（政治、經濟、哲學、教育心理、歷史）。教授少，力量分散；學生少，各系所開課程只顧一系。五系之間毫無貫串。每系學生只得一系狹義之學問，裂成片段，使學生如坐狹井。夫文科各系本有公同之對象（生人社會之過去、現在、與未來），極應聯絡，以作一致之前進。今則戰線過長，兵力過薄。甲壘與乙壘之間，往往隔絕而無往來。總之，文科所授各課，必須有銜接與貫通。[30]

　　那麼，蔣廷黻在歷史系唱的是什麼獨角戲呢？1923 年「文科課程」在歷史系欄裡所列的課程如下：「西洋通史」、「一百五十年來之歐洲」、「英吉利通史」、「美利堅合眾國通史」、「近世歐洲經濟史」、「歐洲列強擴充他洲史」、「歐洲文藝復興及宗教改革史」。[31]我們不知道這是蔣廷黻計畫開的課程，還是他實際上教的課程。

　　1925 學年度〈文科學程綱要〉裡所載的歷史系的課程綱要是最詳細和寶貴的。它列出了蔣廷黻在該學年度所開的四門課以及指定的教科書。這四門都是上下學期、一整年的課：

　　一、「歷史 A—B：西史大綱」（預科必修課程）：

　　本學程起自古石器時代，止於戰後之新時局。注重西洋文化沿革，並各時、各民族之文化發展之原由及環境。

29　《南開週刊》，第 96 期，1924 年 5 月 30 日，《南開大學校史資料選（1919-1949）》，頁 176。

30　黃鈺生，〈採集中精力政策以振興文科計畫書〉，《南大週刊》，第 40 期，1927 年 10 月 17 日，《南開大學校史資料選（1919-1949）》，頁 203。

31　〈文科課程：歷史學〉，1923，《南開大學校史資料選（1919-1949）》，頁 184。

課本：James Robinson and James Breasted, *Outlines of European History*, Vol. I.〔《歐洲史大綱》，第一冊〕

二、「歷史三——四：歐洲近代史」：

本學程研究自「維也納會議」〔1814-1815〕迄今百餘年間，歐洲外交經濟社會等及其相互之影響，以期於歐洲今日之各重要問題及與其之關係，可了然梗概。

課本：Hayes, *Social and Political History of 19th Century*〔可能印錯。應該是 Carlton Hayes, *The Political and Social History of Modern Europe*；《近代歐洲政治社會史》〕

三、「歷史五——六：法蘭西革命史」：

本學程分革命前法蘭西之政治及社會等三段討論。

課本：Edward Lowell, *The Eve of the French Revolution*〔《法國革命前夕》〕；Louis Madelin, *The French Revolution*〔《法國革命》〕

四、「歷史十一——十二：歐洲勢力擴充史」：

本學程討論近世歐洲列強在他洲政治及經濟之發展，並於發展歐洲文化及他洲之影響。〔沒列出課本〕[32]

我們可以看得出來，蔣廷黻在 1925 學年度所開的這四門課，除了「西史大綱」以外，都是他在哥倫比亞大學所上過的課，特別是他跟薛普教授——「歐洲的擴張」與海斯教授——「西歐政治社會史」所上過的課。「歐洲近代史」甚至是用海斯教授所著的書。從這個角度來說，他在南開授課可以說是駕輕就熟的工作。

然而，從一開始蔣廷黻就志不在教西洋史。他更大的興趣是在作研究。1927 年到南開教政治學的蕭公權回憶說，他們住在「百樹村」教授宿舍的教授們，在晚飯之後都會到教授俱樂部去「喝咖啡、談天，或做各種遊藝，借以稍紓一天工作的疲勞。」他說這種晚餐之後的休閒活動：「大約一個鐘頭左右，我們盡興而返，回家去繼續作研究工作（如廷黻兄），或加緊預備教材

（如我自己）。」[33]

蔣廷黻當時在作什麼研究呢？他在 1939 年發表的一篇文章就非常明確地回答了這個問題：

> 我在二十四年〔1935〕冬未入政府以前，差不多有十五年的功夫專門研究「百年的外交」。這文〔〈百年的外交〉〕的內容，用不同的方式向南開大學的學生講過三遍，向清華的學生講過五遍，向北大的學生講過兩遍。[34]

這篇〈百年的外交〉的論點必須留待後來分析，因為那是他學而優則仕以後的產品，必須放在他學而優則仕以後的脈絡之下來分析。雖然蔣廷黻說他在南開的時候對學生講過三遍，但他後來還在清華講過五遍、北大講過兩遍。不只如此，他 1939 年寫那篇文章的時候，他不但已經從政，而且還當過了駐蘇聯大使。換句話說，〈百年的外交〉的論點不但經歷了至少十年的演練與演進的歷程，而且也受到了他從政的經驗與立場的影響，完全不能用來代表他在南開時候的看法。此外，我也還沒找到他在南開時期所做的有關中國百年外交的演講的記錄。

與此處的分析相關的，是他說「我在二十四年〔1935〕冬未入政府以前，差不多有十五年的功夫專門研究『百年的外交』」這句話。1935 年倒數回去十五年是 1920 年。乍看之下，這個時間似乎大有問題。1920 年的時候，蔣廷黻還沒去南開任教，他還是哥倫比亞大學的研究生。然而，如果他在《口述自傳》裡所說的兩段話不全然是晚年建構的結果的話，他顯然在哥大的時候就已經對中國近代外交史有興趣了：

> 我在美國念書的時候，很自然地就已經對中國外交〔史〕產生了興趣。當時有關這個問題的權威著作是莫爾斯（H.B. Morse）所著的三卷本的

33　蕭公權，〈南開東北燕京五年半〉，《南開大學校史資料選（1919-1949）》，頁 69。

34　蔣廷黻，〈再論近百年的外交〉，《新經濟》，第 1 卷第 7 期，1939，頁 180-181。

《中華帝國的國際關係》（*The International Relations of the Chinese Empire*）。這本著作是建立在堅實的研究基礎之上。英國的藍皮書和美國對外關係史料是莫爾斯先生的主要依據。就英、美方面的資料來說，這本著作是無懈可擊的。然而，沒有一個人可以單靠一兩個國家的資料來寫外交史。因此，莫爾斯這本書是片面的。莫爾斯筆下參與鴉片戰爭、英法聯軍談判的中國人像幽靈一樣。他們對當時的問題的看法如何？他們是否有贏的勝算？十九世紀的中國人對外交的看法為何？這些是我開始在南開教書時縈繞著我的問題。我想要找中國方面的資料，從中國的角度來研究中國外交史上無數爭議性的問題。

前面這一段話說的是他對中國近代外交史產生興趣的由來，以及他對搜集中國方面的史料的想望。接下去的一段話，就觸及了史料以及他在哥大所學到的分析史料的方法學：

　我一開始搜集支持中國立場的資料，就發現那是一個無止境的歷程。讓我喜出望外的是，史料果然很豐富。就像我們在找資料時會經驗到的，一件會引出另外一件；已出版的史料會引出尚未出版的史料。例如奏摺會引出非官方的史料，如朋友間的來往信函、家信等等。雖然我在哥大讀書時就立志要學好方法學，但我最終所要作的是研究中國史。現在，我發現有那麼多精采（interesting）的問題與豐富的史料，就更堅定了我的原有的志向。

蔣廷黻說等大家知道他在搜集晚清史料以後，各種鑑賞家與收藏家都來找他兜售史料。在這期間他最大的發現是《籌辦夷務始末》——晚清外交史料的

寶庫。他首先發現的是王彥威、王亮父子接續完成的抄本。[35]由於王亮要價三千銀元，南開的圖書館買不起而作罷。等他後來轉任清華大學以後，他在故宮博物院發現了原本。他說在他的建議之下，故宮把其所藏的《籌辦夷務始末》影印出版，每套售價一百銀元。在《口述自傳》裡，他很自豪地總結了他在南開六年搜集中國近代外交史料的成績：「六年扎扎實實地從事搜集外交史料的結果，不但使我成為這個領域的開拓者，而且也成為一個權威。」

蔣廷黻這個總結，是他晚年作《口述自傳》回顧他一生時所作的一個後見之明的論斷，並不是當時的他所能預見的。在南開的六年，是他沉潛的時期。他成為中國近代外交史領域裡的權威是他到清華以後的事。

事實上，蔣廷黻自己在《口述自傳》裡所說的另外一段話，就最確切地說明了他在南開的六年是沉潛學習、蓄勢待發的階段：

> 我熱切地想要認識並了解我自己的國家。為了這個目的，我在剛回國的幾年之間到中國各地旅行。我也關注著各種討論國事的出版品，我熱切地想要提供一己之見，但我體認到我離開國家那麼久，特別是我離開的時候才十六歲，一下子提不出什麼有價值的意見。因此，我在南開的那幾年主要是研究的時光。然而，到了我在南開的末期，我已經再也不能克制自己了。我寫了我在南開當教授時所寫的第一、也是唯一一篇文章，發表在由北京、天津的教授所編輯並撰稿的《現代評論》上。

其實，這篇 1926 年發表在《現代評論》上的〈統一方法的討論〉，既不是蔣廷黻在南開時期所發表的第一篇文章，也不是唯一的一篇文章。這篇文章顯然他到了晚年還是相當滿意。因此，他不但說這是他當時所寫的唯一一篇文

35　蔣廷黻在《口述自傳》裡隱去了王亮的名字。然而，他在〈《清季外交史料》序〉裡講到這個故事的時候，則是用了他們父子的字號「弢夫」、「希隱」指出了他們的真實身分。他在〈1860 年的中國、英國、與俄國〉（China, England and Russia in 1860）一文裡也說了這個故事（見下引）。他用了王亮的字號說出了他的身分。他沒提王彥威的名字，但說他卒於 1904 年。

章，而且還特別在《口述自傳》裡摘述了其立論基礎及主旨：

> 我所討論的是中國統一的問題。我提出了兩個基本但非常重要的觀念。第一、統一是中國興起的第一步。我們必需要把全國大部分的地區統一，方才可能從事其他的事業。不統一，所有的資源都會浪費在內戰。第二、中國的統一，像其他國家一樣，可以透過政治和武力的結合來達成。沒有一個國家和民族可以單靠武力來完成國家的統一。同時，沒有武力作後盾，沒有一個國家能建立起一個讓全國各地都尊重的中央政府。

結果蔣廷黻發現他居然是孤芳自賞：

> 我以為我說的只不過是普通的常識。然而出乎我意料，我在學界的同事大都認為我過分強調用武力來統一中國。我的朋友都熱切地希望用召開國民會議以及裁軍會議的方法來和平統一。在這點上，雖然我知道我是少數派，但我堅信中國必須學習如何用把適切的政策和適切有效的武力結合在一起的方法來統一中國。

蔣廷黻說得不錯，《現代評論》甚至在蔣廷黻的文後加了一段「記者誌」來強調他們不同意他的觀點：

> 蔣先生此文，主旨在認定武力統一為可能。雖然與本社同人的意見顯有出入〔《現代評論》主張用召開國民會議的方法來統一〕，但討論少數黨成功的條件，很可提醒中國一小部分人做少數黨專制的迷夢。故急為刊布，以待國人盡量的討論。[36]

事實上，蔣廷黻有所不知，與其說《現代評論》不同意他的觀點，不如說《現代評論》只是借用他文章裡的一個觀點來澆其塊壘。《現代評論》的編輯

36　記者誌，蔣廷黻，〈統一方法的討論〉，《現代評論》，第 3 卷第 65 期，1926，頁 10。

說得很清楚，他們之所以「急為刊布」蔣廷黻這篇文章的原因，是因為它「很可提醒中國一小部分人〔亦即，廣東的國民黨〕做少數黨專制的迷夢。」蔣廷黻認為《現代評論》誤解了他的主旨。他明明說的是必需要靠政策與武力兩相結合的方法來統一中國，《現代評論》的編輯卻認為他是主張純用武力來統一中國。其實，蔣廷黻不能怪《現代評論》，因為他在這篇文章裡所凸顯出來的主旨並不是他在《口述自傳》裡所勾勒出來的主旨。這很有可能是因為他才開始用中文寫長文，在如何鋪陳論述方面還不能得心應手，而造成了主幹被枝葉喧賓奪主的結果。

蔣廷黻這篇〈統一方法的討論〉裡開宗明義地說：[37]

統一中國的方法，大概可說有三種：我們試驗過一種、計畫過一種、還有一種正在醞釀之中，還沒有經過充分的公開的討論。試驗過的是武力統一，就是一軍閥打倒其餘諸軍閥。計畫過而未試驗過的是國民會議的統一。

蔣廷黻還沒說第三種方法是什麼，卻就離題而分析起前兩種統一的方法的優劣了：

軍閥統一國政，自然以武力為主，以民意副之；國民會議統一國政，自然以民意為主，以武力副之。愚以為定二法之優劣，當以其可能性之多少為標準。若然，則武力統一自較民意統一為優。

為什麼用民意來統一中國的方法行不通呢？第一、軍閥割據；第二、民意薄弱；第三、提倡國民會議的人，是政客而不是真正的國民。國民會議只會淪落成為政客利用的工具而已。

至於認為武力統一行不通，蔣廷黻說那是不知國家統一的艱難以及對武力的誤解：

37　蔣廷黻，〈統一方法的討論〉，《現代評論》，第 3 卷第 65 期，1926，頁 8-10。

第一個誤會在於不識國家統一的艱難。中國土地比德意志及義大利的土地大十餘倍。德義二國之統一尚費三十餘年的時日，而中國的統一的試驗不過十年而已。第二個誤會在於「武力」二字的解釋。我們不要把這二字看的太死，以為用武力統一就是用槍用炮而不用腦力。實則武力不過政策之利器。政策可比主人，武力可比僕役；僕役功效一半在於他的技術，一半在於主人使用之得法不得法。十年來軍閥的失敗，有因軍隊不精者，有因政策不良者。所謂武力的失敗，實際上或為政策的失敗。德義兩國的統一何嘗不是並用武力與政策呢？中國幾千年來的開國君主，哪一個不是兼用文武呢？愚故謂武力的統一——廣義的武力——有可能性。

無怪乎蔣廷黻的主旨會被人誤解。武力與政策並用誠然是他的主旨，但它完全被淹沒了，淹沒在文章一開始的兩段裡就已經重複了三次的「武力統一較民意統一為優」、「武力統一較國民會議統一為優」、「武力的統一——廣義的武力——有可能性」的結論之下。蔣廷黻在這篇文章的問題，不只在論述上犯了喧賓奪主的錯誤，而且就主旨而言，他也只點到為止。一直到這篇文章結束，他再也沒有重拾他武力與政策並用的主旨。

在比較完了武力的統一與國民會議的統一的方法以後，蔣廷黻終於提出了還在醞釀的第三種統一的方法：「新近更有人在上述兩種統一方法之外，提倡第三種方法，即少數黨專制的統一。」這少數黨指的是誰呢？蔣廷黻說：「現今國內所醞釀的少數黨，其黨員與非黨員至多不過作一與百之比例，少則一與數萬之比例。質言之，中國有了一個幾萬人或幾十萬人的團結就能統一國政嗎？」

少數黨專制統一的例子，蔣廷黻說中國歷史上沒有，但可以舉西方歷史上三個成功的例子來作借鏡：一、英國十七世紀清教派的獨裁者克倫威爾（Oliver Cromwell）；二、法國革命激進的「山岳黨」（Mountain Party）；三、蘇聯。他說這三個成功的例子都具有三個條件：一、三黨都有黨軍。這黨軍指的不只是武力，而且是「黨與軍的精神化一」。二、三黨均有宗教式的熱忱。「三黨各以其黨綱為聖經，以其領袖為師表、為先覺。」因為如此，「三黨均能革除官場及社會一切的腐敗，而建立起來清高的精敏的政府及團體。」

三、三黨均能作應時的改革。由於他們能大改革：「雖其政策有人民所關心者或反對者，人民亦樂其暫執政柄。惟其如是，少數黨始能有大建設。」

在舉出了西方歷史上三個少數黨成功的三個條件以後，蔣廷黻反問中國是否有這三個條件。第一個條件：黨軍。雖然：「黨軍已實現於廣東〔國民黨〕，並且部分的也實現於西北〔馮玉祥〕。」但蔣廷黻仍然強調會很困難。第二個條件：宗教式的熱忱。蔣廷黻說「絕不能達到」，原因是中國人雖然迷信，但其迷信多帶著與神交換條件的色彩。中年人為名利所累，遇事畏首畏尾。青年當中，優秀的尚且散漫，窳劣者甘心作為他人的傀儡。第三個條件：應時的改革。蔣廷黻說這端賴黨員是否有足夠的眼光。他說，如果少數黨的黨員能毅然而起以平內亂、禦外侮，則或許還能有所作為。反之，如果他們：「以社會革命為黨旗，則國人將視之或如仇敵，或如新式洋奴，或如風馬牛之不相及。」值得注意的是，這是現在找得到的蔣廷黻中文裡最早的反馬克思主義的一段話。總之，在評斷當時中國的缺乏少數黨成功的三個條件以後，蔣廷黻說：「中國現在有發生少數黨的時會，但沒有組織少數黨的人才。故吾人可預料中國無少數黨統一的可能。」

在三種統一的方法裡面，國民會議以及少數黨這兩種方法既然都被蔣廷黻證明是不可能的，則唯一可行的結論就是武力統一的方法了：

> 民意統一、少數黨統一、武力統一。此三者若有同等的可能性，吾人自當首從民意統一，少數黨統一次之，武力統一又次之。此三者若其可能性有高低，則吾人似宜擇其可能性之最高者。吾人研究此問題，斷不可以一己的願望或憎惡抹煞事實的真面目。

蔣廷黻實在不能怪罪《現代評論》的編輯誤解了他這篇文章的主旨。「武力統一」這個詞，他從文章啟首到結論重複了無數次。儘管他在作最後的結論的前一段裡在武力之後加了「廣義的武力」那個限定詞，但讀者已經不太可能記得他所謂的「武力」是必須與「政策」相配合的「廣義的武力」了。

蔣廷黻之所以會在《口述自傳》裡特別提到〈統一方法的討論〉這篇文章的原因，可能是因為它闡述了他一生對中國統一之路的基本的理念，亦即，建

國必須先統一國家，而要統一就必須靠武力，但不是單純的武力，而是必須有良好政策與之配合的武力。

　　〈統一方法的討論〉不是蔣廷黻在南開六年所發表的第一以及唯一的一篇文章，而是我目前找到的十四篇文章裡的一篇。當然，其他十三篇並不都跟〈統一方法的討論〉有同等的分量。比如說，最早的一篇，我們只有篇名：〈中國能否保存國粹並同時輸入泰西文化〉，是他 1923 年 3 月 24 日才剛到南開教書的時候在天津青年會的晚宴上所作的演講。[38]同樣地，他該年在南開慶祝雙十節所作的〈民國十二年的歷史〉的演講基本上是為應景而作的。他講中國在精神、經濟、政治方面所得到的進步，是一篇簡短的演講記錄。[39]

　　1925 年有兩篇。一篇是〈評陳衡哲的西洋史〉的書評。可惜我目前只找到上半篇；[40]第二篇是長文，是該年 12 月在《清華學報》第二卷第二期上所發表的〈現今史家的制度改革觀〉。[41]這篇學術論文主要在分析歐洲從十八世紀到十九世紀後半葉三個史學的潮流：第一個潮流是受到伏爾泰——蔣廷黻譯為福耳特耳——與盧梭所影響的「唯理派」、第二個潮流是強調文化沿革與各民族特性的「浪漫派」、第三個潮流是受到社會革命、馬克思主義與達爾文主義影響的「唯實派」。毫無疑問地，蔣廷黻所服膺的是「唯實派」的史學。其原因不只是因為他認為前兩個潮流都是玄學的、第三個潮流才是科學的，而且是因為他認為科學的史學在躋身成為社會科學以後，可以偕同其他社會科學成為一種「社會工程學」，可以裨益政治家，讓他們藉以搖身一變而成為「社會工程師」來改造社會。值得指出的是，這是蔣廷黻一生中絕無僅有楬櫫科學的史學可以成為「社會工程學」的概念的一次：

　　　　以前史家對於制度的改革，有以政治開明不開明為標準者（福耳特耳

38　〈本埠各團體開會彙誌〉，《大公報》，1923 年 3 月 18 日，第 2 版。

39　蔣廷黻講、C.C.筆記，〈民國十二年的歷史〉，《南開週刊》，第 71 期，1923，頁 8-10。

40　蔣廷黻，〈評陳衡哲的西洋史（下期續完）〉，《京報副刊》，第 29 期，1925，頁 7-8。

41　蔣廷黻，〈現今史家的制度改革觀〉，《蔣廷黻選集，第一冊》（台北：文星書店，1967），頁 1-20。

派）；有以天賦人權為標準者（盧梭派）；有以民族個性為標準者（浪漫派）。唯實派對於制度的改革，則以經濟衝突、環境變遷、社會心理為標準。「政治開明」、「天賦人權」、「民族個性」——此三者皆為空虛的、不可度量的觀念。此三者皆為事實的、客觀的、可度量的觀念。制度改革問題，從玄學界一移而至實學界。唯實派的史學固然尚在幼稚時代，但與其用玄學的思想法，不若用幼稚實學的思想法。且史學一上實學的途徑，就有成科學的希望。或者將來科學的史學偕同其他社會科學，能產生一種社會工程學。那時的制度改革問題，將變為社會工程問題，而政治家就是社會工程師。

其他九篇裡的五篇，不管題目是有關帝國主義、世界、或西方國家，都是直接或間接地涉及到中國統一的問題。以發表的時間順序來排列，第一篇是用英文寫的，〈西方的激進派與中國的外交關係〉（Western Radicalism and China's Foreign Relations），發表在 1923 年 10 月出版的《中國社會政治學評論》（*The Chinese Social and Political Science Review*）上。這篇文章是他哥大的博士論文《工黨與帝國》涉及中國部分的濃縮版。《工黨與帝國》的主旨在於反駁馬克思以及考茨基（Karl Kautsky）工人無祖國的說法，特別是馬克思所說的，在共產社會裡：「就像一個社會裡各階級之間的對立消弭於無形一樣，國與國之間的敵對也將不復存在。」蔣廷黻以英國的「工黨」為個案，來證明即使以在社會政策上激進的「工黨」為例，其成員對英國帝國主義的政策並沒有扮演著什麼阻遏的角色。他慨嘆說：

　　從我們所臚列出來的直接證據來看，很明顯的結論是：西方的激進派對西方帝國主義在中國的所作所為毫不關心……如果過往的歷史可以拿來作為中國未來處理外交關係的借鑑的話，從直接的證據來看，中國最好是完全不要寄望於西方的激進派。

在文章的結尾，蔣廷黻對中國應該如何對待西方的激進派提出了以下的建議：

　　一、西方的激進派不會支持，更不會要求西方侵略中國。

　　二、在一般的情況之下，西方激進派不會積極或有效地反對西方侵略中國。

　　三、如果中國希望在外交關係上利用西方激進派的國際主義，就必須作兩件事情。第一、必須學習如何在西方人面前戲劇性地展現出我們的奮鬥。要作到這點，我們就必須頑強地抵抗侵略，像〔南非的〕波爾人以及愛爾蘭人，而且要懂得如何在西方國家作宣傳。如果我們像韓國那樣屈服〔日本〕，則我們就不要妄想得到西方的幫助。第二、我們必須展現我們關心勞動階級。中國的貧富不均會間接地妨礙到西方國家的財富分配。只要英國的工人認為中國的工人在跟他們作不公平的競爭，他們就會對列強在中國的侵略視而不見。

　　四、在廢除治外法權方面，中國可以期望從西方的激進派得到的同情，會遠大於關稅自主。

　　五、任何大放厥詞說要重振祖先的雄風的亞洲霸權夢的作法，都會失去西方激進派的同情。然而，如果我們在西藏、新疆、蒙古、滿洲能有開明的殖民政策，我相信我們不用擔心西方的激進派會反對。[42]

　　第二篇是〈帝國主義的分析〉。這篇跟〈統一方法的討論〉一樣是在1926 年發表的。這篇文章原來是一個演講記錄。後來經由蔣廷黻自己改寫，分期刊登在《南大週刊》上。[43]一共應該有八節：一、帝國主義的類別；二、商業與帝國主義；三、實業與帝國主義；四、金融與帝國主義；五、農業與帝國主義；六、地理與帝國主義；七、西洋反帝國主義運動；八、中國應如何抵

42　T.F. Tsiang, "Western Radicalism and China's Foreign Relations," *The Chinese Social and Political Science Review*, VII.4 (October 1923), pp. 68-87.

43　蔣廷黻，〈帝國主義的分析〉，《南大週刊》，第 31 期，1926，頁 9-14；〈帝國主義的分析（續）〉，《南大週刊》，第 32 期，1926，頁 25-32；〈帝國主義的分析（續二）〉，《南大週刊》，第 33 期，1926，頁 14-20；〈帝國主義的分析（續三）〉，《南大週刊》，第 34 期，1926，頁 1-9。

抗帝國主義。只可惜蔣廷黻沒有時間作完，《南大週刊》只刊載了前四節。[44]
這篇長文雖然只比〈統一方法的討論〉晚幾個月發表，但其行文的流暢、立論
的清晰遠非〈統一方法的討論〉可比，充分顯示出他白話文寫作的能力突飛猛
進。

〈帝國主義的分析〉是一篇力作，是蔣廷黻用了心力，把他在哥大所學、
南開課堂上所教的歐洲列強對外擴充史的資料摘要整理出來的報告。他開宗明
義就說：「帝國主義為現今中外共同有的最大問題之一。就中國說，此刻最大
的政治問題有二：一即統一政權，二即抵抗列強的侵略。」同時，他也精闢地
釐清了許多人對帝國主義的誤解。首先，他說沒有什麼新、舊帝國主義之分。
帝國主義古已有之。以中國來說，匈奴、五胡、契丹、女真、蒙古、滿人，屬
於游牧帝國主義。西方，從古代的希臘、羅馬，到十五世紀以後的葡萄牙、西
班牙，到十七八世紀的英法、十九世紀以後的德美義奧日等等，也都是帝國主
義。其次，所謂舊的帝國主義是政治的、新的帝國主義是經濟的，也是不正確
的分法。他說，從中外古今的歷史，我們可以知道所有的帝國主義都是政治
的，也是經濟的，因為都是用政治的方法——武力或外交——來達到經濟的目
的。最可惜的是，他沒把這篇演講稿改寫完成，特別是第八節：中國應如何抵
抗帝國主義。我認為他在那節裡的論點，一定是引申他從哥大薛普教授「歐洲
的擴張」課裡所領悟出來的道理。用他在《口述自傳》裡跟胡適異曲同工的話
來說，就是：「中國的問題是去改革它自己的生活方式，把欠缺效率、不夠有
效的東西拋棄，以便讓較新、較有效的東西來取代。」

第三篇也是在 1926 年發表的，而且也是一篇演講記錄。該年 11 月 29
日，天津教育界在南開女中舉辦了一個學術演講會。當天有兩位演講的人。一
位是女子師範校長齊璧亭，講演〈歸國後之感想〉；另一位是蔣廷黻，講演
〈畢士麥與德意志統一〉。演講之前除了主席致辭以外，還有蔣廷黻夫人唐玉
瑞與南開女中的劉菊淡老師表演鋼琴演奏。

〈畢士麥與德意志統一〉的演講記錄雖然短，但它麻雀雖小五臟俱全地彰
顯了蔣廷黻在〈統一方法的討論〉一文裡所點而未破的兩個重點：第一、一個

44　〈帝國主義的分析（續二）〉，《南大週刊》，第 33 期，1926，頁 1。

國家統一的重要性：「凡一國國際地位穩固，全靠本國強盛。而本國之強盛須視本國能統一以後。如英國在十五世紀以後，始能成為一大國。德法亦如是。故一個國家不能統一，世界上不能立足。一種民族不能統一，世界文化上不能有其地位。」第二、國家統一的要素。德國統一成功有四個原因：一、軍隊強；二、內政修；三、外交得法；四、武力與政策並用。中國可以從德國統一所得到的教訓是：中國無論是要解決軍閥割據的問題或者是要實行憲法、解決勞工的問題，都非先統一不可。而想要統一，就非得有很好的軍隊以及讓老百姓能夠服膺的政策。[45]

　　第四、五篇都是 1927 年發表的。第四篇是演講記錄：〈國家主義之真意義〉。這篇演講也是借西方的歷史經驗來澆中國的塊壘。他從希臘羅馬的城邦觀念、中古時代的普世觀念，說到文藝復興、宗教改革、十七八世紀以後國家的興起。他說國家主義的原料到當時都已經齊備了，所欠的只是國家主義哲學的東風。而這個東風就在十九世紀出現了。蔣廷黻講國家主義的目的，其實還是為了闡述他統一的理念。他說很多人都以為國家主義的目標在於打倒帝國主義、廢除不平等條約。他說這是只見其一不見其二：「國家主義不但可用以對外，同時也可以對內。對內怎麼用呢？用以結合民族的團結力。」他以蘇聯為例：

　　　俄國有個共產黨，以少數人的力量，統治那麼大個蘇俄。中國有個國民黨，也想以一黨的力量來統一中國。國民黨的組織與所採步驟，都仿效共產黨，而結果則不能成功。這又是什麼緣故？也是國民的國家主義觀念太淺、團結力太薄弱的緣故。所以說國家主義有如三合土〔混凝土〕，可以使極大的一個團體有極堅固的團結力。[46]

45　〈蔣廷黻講演記：畢士麥與德意志統一〉，《大公報》，1926 年 11 月 29 日，第 6 版。

46　蔣廷黻講、樂永慶記錄，〈國家主義之真意義〉，《大公報》，1927 年 11 月 4 日，第 6 版；〈國家主義之真意義（續）〉，《大公報》，1927 年 11 月 5 日，第 6 版。

　　第五篇〈世界大局與中國的統一〉，也是一篇力作。[47] 它所反映的已經不只是他在哥大所學、南開課堂上所教的，而且是在南開沉潛所得的。顧名思義，他這篇文章雖然分析的是世界大局，但最後還是歸結到中國的統一。為什麼談中國的統一，就必須分析世界大局呢？這是因為中國要統一，就牽涉到列強。不管是從軍閥割據所造成的商業與傳教上的糾紛，還是關稅自主、收回租借等等問題，都是必須和列強交涉的。以他最心儀的德國俾斯麥和義大利的加富爾為例：「往日德意志的統一，畢士麥的功勞居多。義大利的統一，加富爾的功勞居多。畢氏、加氏均以外交見長，足證一國的統一，不分中外，均含有重要的國際關係。」因此，蔣廷黻用了很長的篇幅分別分析中國與美、英、法、日、俄五國的關係。

　　在分析完了中國與這五個列強的關係以後，蔣廷黻提出了他的新外交政策的理念：一、實行門戶開放政策，使中國的經濟與世界的經濟相連貫、互利互助。利用外人的經濟力以抗外人的政治力。二、運用世界的輿論。竭力減少反華的輿論，增強親華的輿論。在運用世界輿論這個理念之下，他提出了三個入手的作法：1）維持治安，使中外人民無生命財產之虞。2）寬容外人在華的文化事業。3）善待勞工。因為外國同情中國的多半是左派分子。

　　最後，他用了幾乎是「以夷制夷」的語言來總結他的新外交政策（粗體字部分，原文是用特大號字）：

　　總之，我所建議的外交政策，從小處言，第一步是**利用甲國**的**經濟力**以抗**乙國**的**政治力**。第二步，利用**甲國**的**進步分子**以制**甲國**的**頑固分子**。從大處深處說，這政策是**引導全世界的經濟趨勢、政治趨勢、精神趨勢，入利我之途，使其助我樹建你我所同望的新中國**。這政策是可能的，因為它不是反世界潮流，它是順此潮流而為之開一利己利人之道。全世界近百年的發展根本是可以助中國在中國史上，甚至在世界史上，開一新紀元。我們土有富藏，而終日叫窮。國際有時機可乘，而常嘆國運之日厄。其過同

47　蔣廷黻，〈世界大局與中國的統一〉，《南開大學週刊》，第 44 期，1927，頁 1-6；〈世界大局與中國的統一（續 46 期）〉，《南開大學週刊》，第 48 期，1927，頁 1-8。

在我們自己身上，我們不知利用而已。

　　1928 年的兩篇都是演講記錄。在寫作的動機上跟他先前所發表的九篇文章完全一致，都是為了統一。然而，在使用的資料上則已經不同於前面的九篇。其所代表的，是他在南開沉潛、用中國的史料來研究中國外交史的開始。一篇是〈中日俄與東三省〉；[48]另外一篇是〈二十一條的背景〉，[49]顧名思義，第一篇講的是日本與俄國在東北的侵略與經營；第二篇講的是日本從甲午戰爭以後在滿洲的擴張與經營。

　　值得指出的是，蔣廷黻在南開時期所發表的十三篇文章，第一篇跟最後兩篇都是用英文寫的。更重要的是這三篇英文論文所反映的意義，這三篇論文代表了他學術生涯上的兩個里程碑。第一篇〈西方的激進派與中國的外交關係〉是他哥大博士論文一部分的濃縮版，標示了他嘗試把他研究英國外交史的方法移植嫁接到中國外交史研究的土壤上的開始。他在南開六年所寫的最後兩篇文章，則標示了他已經成為中國外交史領域的開拓者。

　　這兩篇標示了蔣廷黻學術生涯上的新里程碑的文章都是論史料的文章。而這些史料就是他從在南開的時候所看到的王彥威、王亮父子接續完成的《籌辦夷務始末》的抄本裡選出來的。第一篇的題目是：〈1860 年的中國、英國、與俄國〉（China, England and Russia in 1860），發表在 1929 年的《劍橋史學季刊》（*Cambridge History Journal*）上。[50]這一篇文章屬於史論的範疇。他說：「近代中國史上似乎存在著一個週期律：每在中國被列強逼到牆角的時候，它就向俄國求救。」第一次是 1860 年英法聯軍。中國認為在俄國的幫助之下，英法兩國同意簽約並撤軍，於是跟俄國簽訂了《北京條約》，割讓了整個吉林省濱海的部分，包括海參崴。第二次在 1896 年。李鴻章為了感謝俄國

48　蔣廷黻講、樂永慶記錄，〈言論：中日俄與東三省〉，《南開大學週刊》，第 63 期，1928，頁 11-17。

49　蔣廷黻講、張毓鵬筆記，〈餘墨：二十一條的背景〉，《國立清華大學校刊》，第 19 期，1928，頁 2-3。

50　T.S. [F.] Tsiang, "China, England and Russia in 1860," *Cambridge History Journal*, 3.1 (1929), pp. 112-121.

主導「三國干涉還遼」，在他出席俄皇尼古拉二世（Nicholas II）加冕典禮的時候，跟俄國簽訂了《中俄密約》，等於是把滿洲拱手奉送給了俄國。這個週期律第三次出現反映在 1923 年孫中山的聯俄容共政策。他說還好後來英國政府的政策證明了所謂英國的帝國主義並不是那麼可怕，蔣介石用清共的方法終止了這個政策。

　　蔣廷黻說這個週期律所帶來的是兩個必然的結果：一、俄國所索求的保護費高昂。幸好孫中山與越飛（Adolf Joffe）的協議中途中止，否則俄國一定會再次索取極高的保護費。二、中國會找俄國都是病急亂投醫的結果。有意味的是，蔣廷黻在這裡實在是用詞不當，因為他實際上是倒因為果。然而這不是重點。重點是他所要問的問題：如果孫中山如此，甲午戰爭以後的李鴻章如此，則再往前推回去，1860 年時的中國是否也是如此呢？他所用來證明的史料是從《籌辦夷務始末》裡所選出來的三件：1860 年（咸豐十年）2 月間，伊犁將軍扎拉芬泰以及參贊大臣法福禮的兩個奏摺以及咸豐皇帝的一道上諭。在這兩個奏摺裡，扎拉芬泰等報告俄國領事，建議中國可以用進攻英國殖民地印度的方法來牽制英法，避免其聯軍再度進逼大沽。扎拉芬泰等人認為「俄夷與我久睦」，不妨將計就計，「慫恿俄夷率偏師以攻印度之東南〔應該是西北〕」，同時「嘉獎廓〔爾喀；Gurkha〕夷出奇兵以搗印度之西北〔應該是東北〕」，讓英國處於四面受敵之困。如此，「中國不發一兵，不費一餉」，以夷制夷，迫使英國跟中國訂定和約。咸豐皇帝在上諭裡否決了扎拉芬泰等人所獻之策。他曉諭扎拉芬泰「在外已久」，不了解夷務，誤以為「俄夷與我倍睦於前」。同時，中國並沒有兵力進攻印度。即使勝利，印度將為俄國所得，中國並不能得享其利。

　　蔣廷黻的結論是：一、扎拉芬泰等人想要當的就是李鴻章與孫中山的先驅；二、咸豐皇帝雖然在 2 月的時候否決了扎拉芬泰之策，但九個月以後，等英法聯軍進了北京，他就接受了——「因此這三個文件完全證明了這個週期律的第二個結論。」

　　蔣廷黻在南開所發表的最後一篇英文論文是 1929 年 10 月發表在《美國歷史評論》（*The American Historical Review*）上的〈中國在 1959 年 6 月 25 日大沽戰勝之後〉（China After the Victory of Taku, June 25, 1959）。這篇論文就

完全是一篇講史料的文章。他說，在近代中國外交史上，英法聯軍之役是最不為當時的學界所了解的一個事件。其實何止英法聯軍，整個近代中國外交史還是一個有待開拓的領域。美國學者戴尼特（Tyler Dennett）就說過：不要說史實的詮釋眾說紛紜，連基本的史實都還有待釐清。戴尼特說，如果中國發表外交文書的話，整個歷史都會被改寫。蔣廷黻於是在該文裡披露了三個提到了美國公使的文件：咸豐九年 7 月 14 日僧格林沁的一個奏摺以及咸豐皇帝的兩道上諭。蔣廷黻這篇文章純粹只是提供他所新發現的史料。他述而不論，或者說，譯而不論。[51]

　　《劍橋史學季刊》一年出四期。〈1860 年的中國、英國、與俄國〉發表在該季刊 1929 年的第一期上。該期出刊的時候，蔣廷黻可能還在南開。發表在《美國歷史評論》上的〈中國在 1959 年 6 月 25 日大沽戰勝之後〉是在該年 10 月出刊的。當時，蔣廷黻已經離開南開了。該年 5 月間，蔣廷黻接受清華大學校長羅家倫的邀請轉任清華並出任歷史系系主任。

清華大學

　　清華大學 1930 年介紹歷史系的一篇短文裡徵引了一句據說是蔣廷黻常說的話：「入本系的〔學生〕，所抱志願應是寧作一個成一家常為人徵引的 footnoter〔在註腳裡出現的人〕，不必作一個舉世知名、時見報端的 headliner〔頭條人物〕。」[52]

　　這真是此一時也，彼一時也。從 1929 年夏天到他在 1934 年夏天被蔣介石延攬從政為止，清華的五年是他學術生涯的高峰。然而，學而優則仕以後的蔣廷黻，已經不再甘於作為一個默默沉潛於檔案，把浩瀚的資料鐵杵磨成針以後

51　T.F. Tsiang, "Documents: China After the Victory of Taku, June 25, 1959," *The American Historical Review*, 35.1 (October, 1929), pp 79-84.

52　〈文學院概況：歷史學系〉，《消夏週刊》，第 6 期，1930，頁 43-48。這篇文章雖然冠名蔣廷黻為作者，但他顯然只是掛名而已，因為蔣廷黻這句引文後面加了括弧說：「這是本系蔣先生常說的。」

只「在註腳裡出現的人」，而是自視為一個從高處來盱衡國事與世局的「頭條人物」。因此，他《口述自傳》裡有關他在清華五年的故事的主軸在於他在清華所扮演的領袖角色。

這領袖的角色分別表現在大學以及歷史系上。在大學方面，他所扮演的領袖角色在於把清華建設成為一個中國的大學，而不只是美國的複製品。這又分成兩個方面，一方面在校園的規畫。清華在經費上，可以說是當時中國大學裡的天之驕子。除了政府所撥給的經費以外，它每年有美國所退還的 40 萬元的庚款。這鉅額的經費使清華得以蓋圖書館、實驗室、教室、宿舍、教授宿舍，送學生出國留學，並聘請知名的外國學者到清華任教。抗戰以前的清華有的是擴充的機會。然而，蔣廷黻說：

　　那個機會也多少被濫用了。年輕的教授朝思暮想的是美國的名校，一心想把它們複製到中國。作為對這些計畫案握有最後決定權的評議會會員，我常常反對新的建設計畫。在某些案例上，我反對增建；在某些案例上，我建議兩三個系共用一棟大樓。我常提醒我清華的同事說，我們是在建設大學，不是在造宮殿。幸而學生人數的增加用去了經費，而不是用在建設上。

蔣廷黻在大學規畫方面所扮演的第二個領袖角色，是人文社會科學的中國化。他說：

　　以政治課程為例，從美國留學回來的學生對政治哲學、比較政府、和地方政府都有相當的基礎。優秀的歸國留學生，可以教英國、法國、德國、或義大利的政府的課，而且不比美國教授遜色。然而，他們沒有一位能夠教中國是如何治理的課程，因為美國大學沒有這門課。以市政為例，當時清華有一位教授教倫敦、巴黎、芝加哥、和紐約的市政，但他對天津、北京、上海等市的情形一無所知。在政治哲學方面，有一段時間裡，清華有三位教授可以教從柏拉圖到拉斯基的政治哲學的課，但沒有一個能講授或指導學生中國政治哲學是如何演進的。換句話說，就以這些課程來說，清

華是在訓練中國學生如何去當美國、而不是中國的領袖。

為了矯正這種荒謬的情況，蔣廷黻說他們給清華的建議是：任何想要改教跟中國相關的課程的教授都可以在幾年之間減少授課的時數、獲得圖書、實地考察，以及研究助理的經費補助。

如果推動人文社會科學中國化是蔣廷黻在大學的層級所扮演的領袖的角色，他在歷史系所扮演的角色則是反其道而行。他在歷史系所推動的是史學的西化。他在《口述自傳》裡說，西方的史學在經過了幾個世代科學方法的研究以後，已經積累出了一個能為大家所接受的歷史知識庫。反觀中國，空有浩瀚的資料，卻除了人名與日期以外，沒有一個大家所能共同認可的綜合敘述。中國沒有通史學者，只有皓首窮經專研一朝或一書的專家。每一個作研究的人都是從零開始，沒有積累的效果。他舉例說：

> 在清華，一開始的時候我想找一位能教漢史的學者。我一提到漢朝，大家都公認楊先生〔楊樹達〕是漢史最高的權威。他通曉《漢書》和《後漢書》的各個版本。他對章句真偽的鑑定或詮釋，無出其右者。他是這兩本古書的權威。但教了一年以後，如果〔注意：他用的是假設語氣〕有人問他：「楊教授，你能給學生和我扼要地講一下漢代四百年間發生過什麼大事嗎？有什麼根本的政治、社會、經濟變化呢？」他會回答說：「我從沒想過這些問題。書中沒有討論過這些問題。」考據原來的目的是要去整理出一個定本。一本書的價值在於它能提供我們某一個歷史階段或面向的資料。然而，這個目的逐漸被人給忘了。大家為研究版本而研究版本，為研究古籍而研究古籍。這種歷史研究法不能在現代世界裡繼續下去。我們中國不能再繼續把所有的時間都投入這種餖飣之學（erudition）。

中國歷史研究法需要西化，蔣廷黻說得極為直接與迫切。比如說，他在1932年就用「死的幻燈片」和「活的電影」來類比中西史學方法的異同：

> 我們的史學家缺乏時代觀念，好像我們的繪畫家缺乏立體的觀念。照我

們的史籍，好像三代的人所說的話與明清的人一樣的。我們從各種史籍可以知道各朝代許多史實，但是究竟某一朝代在中國全民族史上占什麼地位，我們的史籍就不能告訴我們了。歷史應該成為活的電影，不應該成為死的幻燈片。中國以往史學的成績，不過產生了許多幻燈片。近年有許多的時髦的史學家以為講文化史就是新史學。殊不知也要看文化史是怎樣的講法。許多講文化史的人，不過放棄了二十四史的本紀和列傳，反又把二十四史中的天文志、地理志、食貨志和職官表等機械式的湊合起來就算了。大毛病在不知道、不實在了解兩個根本觀念：一個是沿革或演化、或源流；一個是環境。前一個觀念教我們歷史是先後連環的；後一個觀念教我們生活的方方面面──飲食、風俗、思想、氣候、政治等等──是互為環境的。簡單來說，中國的史學是未受過達爾文學說洗禮的。因此清華的史學課程想要培養一種新史學。為達此目的，史學方法及史學哲學併為一課，為史系同學所必修的。[53]

中國的史學方法的問題不只是平面、像「死的幻燈片」一樣，不像西方的史學方法立體、像「活的電影」一樣。中國的史學方法根本就是近代以前的：

> 中國史學不及西洋史學，正像中國的政治學、經濟學不及西洋的政治學、經濟學。一種學術要想出類拔萃是萬難的。普通總是與其他同環境的學術相伯仲。西洋的史家現在都到了 Post-Baconian〔培根以後〕和 Post-Darwinian〔達爾文以後〕的時期，中國史家除少數偉人具了培根治學的精神以外，不但是 Pre-Darwinian〔達爾文以前的時代〕，而且還是 Pre-Baconian〔培根以前的時代〕。換句話說，在史學方法的分析方面──如考據校勘等等──我們的史家確有能與西洋史家比擬的人；但在史學方法的綜合方面，我們的史學簡直是幼稚極了。
>
> ……清華的歷史學系一定要學生兼習西史，學到能領會西洋史家大著作的程度。同時我們也希望每門西史課程就是史學方法的一個表演和一個練

53　蔣廷黻，〈歷史學系〉，《清華暑期週刊》，第 2/3 期，1932，頁 17-18。

習。[54]

從蔣廷黻的角度來看，如果中國的史學方法仍然還停留在培根以前的時代，遑論達爾文以前的時代，則歷史系的改革就意味著教授必須汰舊換新：

> 我逐漸體認到我必須裁汰舊學者。我把他們供為導師（tutor），讓他們留在系裡，方便諮詢，但讓年輕人來教歷史。在一段時間以後，這些年輕人就可以告訴我們中國歷史的起源、發展、與結果了。就這樣子，我不動聲色地罷黜了舊學者，引進了新人，完全沒有在系裡造成任何糾紛。

蔣廷黻《口述自傳》裡這段把舊學者供為備而不用的導師、而讓年輕教授來教學的汰舊換新之法，他在 1933 年所寫的〈清華大學歷史學系近三年概況〉裡，是用了非常圓通、技巧、又專業的話語表達出來：

> 自二十二年〔1933〕起，雷海宗教授講授民族生活變遷之線索，以所編之史料選錄激發學生對舊籍之興趣，並引導學生於史實中探討史理，並以分組討論拉近師生之間關係，通史一門才算進入軌道。陳寅恪先生在本系教授之蒙古史料、唐代西北石刻等，因為學生程度不同，頗難引進。近年繼續更改，現分為兩級，第一級有晉南北朝史及隋唐史，第二級有晉南北朝史專題研究及隋唐史專題研究。前面為斷代史性質，以一時代為對象；後面為 Seminar（研討會）性質，以圖引導學生用新史料或新方法來修改或補充舊史。[55]

---

54 蔣廷黻，〈歷史學系的概況〉，《清華週刊》，第 41 卷第 13/14 期，1934，頁 22-24。

55 蔣廷黻，〈清華大學歷史學系近三年概況（民國十九年至二十二年）〉，「清華大學檔案館：國立清華大學全宗 1-2:1-19」，轉引自〈史從何來？檔案中所見之民國大學歷史系——以北大、清華、聯大、央大、中大、燕大為中心〉，http://news.ifeng.com/a/20170609/51222371_0.shtml，2020 年 4 月 27 日上網。

陳寅恪不是唯一被蔣廷黻供為備而不用的「導師」的一位學者，他在《口述自傳》裡所提到的楊樹達就是另外一位。陳寅恪在 1929 年夏改為清華大學歷史、中文、哲學三系合聘；楊樹達從 1932 年起為中文、歷史系合聘教授。他們兩人從 1933 到 1936 年之間，在中文與歷史系指導了七位學生的畢業論文與考試。[56]

除了參與大學的規畫、推動人文社會科學中國化，以及歷史系的西化以外，蔣廷黻也培養了下一代的歷史工作者。他說他一向不鼓勵學生主修歷史，因為沒有出路：「至於說歷史可以作為從政的預備，我認為是太不切實際的（highly speculative）想法。中外歷史上確實有個別的歷史家在政治上作出了特出的貢獻，但那是特例。」然而，當他發現傑出又對歷史有興趣的學生的時候，他會鼓勵他們繼續研究。當時，中國沒有研究日本、俄國、蒙古、西藏、泰國、越南的專家。因此，只要有可造之材，他就會在他們讀大學的時候鼓勵他們學習相關的語文與課程。成績好的，他會幫他們拿到獎學金到國外深造。在這方面，他舉出了三個例子：留日的王信忠、留英的朱謙雲，以及留法的邵循正。雖然王信忠與邵循正都曾經在西南聯大教過書，但除了邵循正繼續從事歷史教學與研究以外，因為戰亂與政局變化的關係，王信忠與朱謙雲後來都離開了歷史的領域。朱謙雲在戰時曾任「中央通訊社」駐莫斯科特派員；王信忠 1949 年以後在日本經商。

有關他個人與家庭在清華的時期，蔣廷黻在《口述自傳》裡著墨極少。唐玉瑞他絕口不提，完全可以理解，因為他開始作《口述自傳》的時候，他們已經形同離異了。然而，即使他在清華的友朋與家庭生活，他也惜墨如金。他只在清華那一章將近結尾的時候用一長段的篇幅略述了他在清華的生活：

> 清華給予了我充分的資源和安逸從事研究工作，也給予了我極大一批和藹可親、能啟發我的朋友和同事。我每年所教的學生也都成為我生活中的一部分。除此之外，坐落在西山腳下的清華，是一個運動郊遊的好所在。

---

56 王川，〈陳寅恪與楊樹達學術交往略論〉，《澳門理工學報》，2020 年第 1 期，頁 186-187。

我們打網球、游泳、溜冰、騎馬、打獵，特別是郊遊野餐。我們從校園騎驢或腳踏車，很快地就可以到頤和園、玉泉山、南苑、和八大處。9、10月間，每天都是風和日麗，我下午都會帶孩子們到這幾個地方去玩。我最大的孩子大保有長姊之風而且溫婉；二保多愁善感；三保好玩，像脫韁野馬一樣，不受父母管教。由於他身體健壯，他出去野一整天，除了筋疲力盡以外，都可以沒事地回來。四保認為他被寵是理所當然的。牽我的手、要我抱，是他的權利。我徜徉於寶塔、白楊、玉泉山的清泉、圓明園的長廊、廟裡慈祥、凶狠的神像之間所得到的樂趣，不亞於它們帶給我的孩子們的。

在《口述自傳》裡，蔣廷黻說清華教授住在三個院落裡，他住在北院。根據浦薛鳳的回憶，蔣廷黻家住十六號，浦薛鳳家住四號。蔣廷黻說：

> 七號葉企蓀和陳岱蓀的住所變成一個非正式的俱樂部。他們的一些朋友在那兒搭伙，例如，哲學系的金岳霖、政治系的張奚若和錢端升、物理系的薩本棟和周培元。我常和其他人在飯後到那兒去聊天。

這些教授們茶餘飯後不只聊天、談論國家大事，他們也打球運動。浦薛鳳說他跟蔣廷黻有兩個共同的嗜好：

> 一為運動，即打網球，每週二、三次，均在下午四時許舉行。偶或預備冰淇淋一桶，置球場傍，吃吃打打。一為消遣，即玩橋牌。每於週末晚飯後開始，只計分數，有勝負而無輸贏。經常參加打網球與玩橋牌者，吾倆以外，計有陳岱蓀（總）〔陳岱蓀的原名〕、（蕭）叔玉、（王）化成、（陳）福田諸位。蔣、浦兩家同住清華北院（十六號與四號），相去咫尺。廷黻大嫂（唐）玉瑞與內人（陸）佩玉時相過從，且常與（北院五號）王文顯夫人，三位並坐，一面編織毛線衣帽，一面細話家常。兩家兒

女亦常來往，回憶清華生活真是黃金時代。[57]

　　雖然蔣廷黻說他每年所教的學生也都成為他生活中的一部分，但他在《口述自傳》裡也幾乎都沒提到他們。作《口述自傳》時的他真的是站在高處俯瞰。在他的視野裡已經沒有個人，而只有黑壓壓的一片。他說：

　　我 1929 年到清華的時候，清華有大約五百名學生。五年以後，學生人數增加了一倍。每年錄取的學生只占報考人數的十分之一。學生的智商和成績自然很高。除了極少數——不會超過百分之二、三——的例外，學生都很認真，意識到他們對國家的責任，以及他們能到清華讀書是何其榮幸。

　　話鋒一轉，蔣廷黻提起學生運動。他說：

　　中國大學的教授很難給學生政治上的建議。他是該建議熱血的青年犧牲一切去推翻政府或黨派？還是該告訴他們說救國是長遠的工作，他們應該為自己未來的事業打好基礎？在當時中國混亂的情況之下，這些問題是不可能有一個簡單的答案的。

　　有趣的是，蔣廷黻提出了一個公式。他說一個學校越好，它捲入學生運動的可能性就越低；反之，就越高：

　　中國大學是否淪為外在勢力影響之下的政治舞台，端賴兩股力量孰強孰弱來決定。如果一個學校能滿足學生的求知慾，它就會產生一種力量，讓該校的學生不受外界的干擾而安心求學。反之，他們就會被每一個運動掃到。因此，一個中國大學在政治風潮上所扮演的角色，就是那個學校的好壞的指標。由於這個原因，中國最危險的大學就是我們所稱的「野雞大

57　浦薛鳳，〈十年永別憶廷黻〉，《音容宛在》（台北：臺灣商務印書館，1984），頁 113。

學」，亦即那些不教書，卻用煽動、演說、運動去擁護這個、打倒那個的學校。當我們在報上看到學生在某地鬧風潮的時候，我們可以假定那些一定是「野雞大學」的學生。

即使是他主掌的歷史系，蔣廷黻在《口述自傳》裡也主要是點出他領導之下的大方向，而不及於個人。他回憶他如何把歷史系西化，如何汰舊換新。然而，究竟歷史系有哪些教授？他們都開了些什麼課？他連提都沒提。他連他自己在清華究竟都開了些什麼課也完全沒提。我們從別處的報導知道蔣廷黻在1930 學年度所教的課是：中國外交史、中國外交史專題研究、法國革命史。[58]他很自豪他在清華歷史系所作的改革。然而，他說的仍然只是他領導的結果，而不及於其細節：

> 如果有人好奇去比較一下清華 1929 年與 1937 年的課程表，他不可能不會注意到其迥異的所在。我認為那是對中國教育的一個大貢獻。我很高興我在這方面略盡了綿薄。

最值得令人玩味的是，清華五年是蔣廷黻學術生涯的巔峰，理應是他最自豪的一章。然而，他在《口述自傳》裡也是點到為止。連他如何在故宮抄檔案，他所強調的也是他領導的角色：「對我個人而言，清華五年是我最快樂的歲月。我能就近利用故宮博物院的檔案。有一段時間，我有一個團隊在故宮抄錄尚未出版的重要檔案。」除了有一個團隊在故宮抄檔案以外，蔣廷黻也蒐購舊書與史料：

> 一開始的時候，我常去琉璃廠舊書店去搜尋我要的書。漸漸地，書店的老闆知道我是一個好主顧，就開始到清華來找我。很快地，我訂出了一個買書的規程。每星期三，從上午九點到十二點，我接待琉璃廠的書商。他們按序進入我在圖書館的研究室。每個人都先給我一張作者及書名的目

錄，讓我從中挑出我有興趣的。如果我覺得其中有一本可能對我有用，我就讓圖書館審查。走廊上站著成排的書商，每人手上捧著一堆書。這是當時清華的一景。當他們知道我所要的是什麼種類的書以後，他們會寫信給全國的同行幫我找書。

找檔案、搜書是一大樂趣，堪可與作學問、寫文章相比擬：

　　我在清華的五年是讓人興奮的時光。我可以說我是在探索一個新大陸：我國的近代史。我努力地工作著。有時候我會有耀眼的發現的喜悅，有時候也會有意想不到的困難所帶來的失望。我繼續研究中國外交史，出版了兩本史料〔《中國近代外交史資料輯要》〕。我的興趣後來又擴大到包括近百年來的社會及經濟變化。

然而，蔣廷黻說《口述自傳》不是講這些枯燥無味的學術研究的細節的地方。他只要說一些跟他研究相關的回憶。結果，他說的還是找史料的一些回憶。唯一點到他研究的成果的只有一處：

　　研究歷史會修正公認的觀點。清朝最後一百年掌理中國事務的領袖，滿漢在內，有些並不像過去的書籍所說的那麼好，有些則不是那麼壞。當我在雜誌上發表我研究的結果的時候，反應不一。有的人認為我太偏袒滿清，有人說我不敬，膽敢批評英雄，或者長久以來被視為英雄的人物。在國民革命的高峰，去指出事實和情況，去指出錯並不全是在外國人身上。這是一件吃力不討好的事。然而，我認為中國早期與列強之間的談判泰半屬於錯中錯的範疇〔援用莎士比亞劇名「Comedy of Errors」〕，亦即，誤解的結果。

蔣廷黻為了避談枯燥無味的學術研究的細節，結果是說出了一段空泛到等於什麼都沒說的話。事實上，他更措意的是他從政以後所寫的應景文章所造成的反響：

　　當我只是教授的時候，我寫的東西在政界所造成的反響頂多只是些漣漪
而已。等我後來從政以後，我偶爾會讓自己享受一下，對歷史問題作些演
講或寫些文章。其結果常常帶給我很大的麻煩。就舉一個例子。1942 年
是終止了鴉片戰爭的南京條約簽訂一百週年。我為這個場合所作的演講的
中英文講稿在重慶發表。雖然這篇演講得到立法院長孫科的讚許並徵引，
有一個跟他決裂了的部下在〔國民〕黨的會議裡攻擊我是在為英國帝國主
義作辯護。這件事被送到蔣委員長那裡。他裁決說：作為一個學者發言寫
作，我應該可以有我的自由，黨不應該對我的演講作評斷。

　　自詡為歷史家的蔣廷黻在作《口述自傳》的時候，沒有利用那個機會來回
顧省思他在一生學術巔峰時期所作的歷史研究的成果，卻反而更措意於他應景
的演講在政治上所造成的反響。這在在反映了他的心態與視野已經遠離了學術
界。他從出生寫到抗戰時期為止的《口述自傳》一共有 239 頁，清華五年只占
了 14 頁，而有關他當時的學術研究成果的描述只占了一段，遠比他回憶他應
景的演講在政治上所造成的反響還要短和空泛。
　　我們可以看出一個模式。他在南開至少發表了十三篇文章。然而，他在
《口述自傳》自傳裡說他只發表過一篇文章。那篇文章談的是統一的問題，既
是屬於學術，但更接近政治，可以說是介於學術與政治之間的範疇。他在清華
五年所發表的學術文章遠多於他在南開六年所發表的，而且更扎實、更具有學
術性。中文方面，就以他在《清華學報》上所發表的為例，就有三篇長篇論
文。英文方面，有八篇論文、一篇回應論文、十二篇書評。結果，他在《口述
自傳》裡更有興趣談的，仍然還是學術與政治交錯的所在。這就是他學而優則
仕的心態下的模式。
　　沒有人能預見自己的未來。即使蔣廷黻一直就是一個相信學而優則仕的
人，他到清華任教之初，並不可能預見那真會成為事實。他在《口述自傳》裡
說得好：「我在清華的五年是讓人興奮的時光。我可以說我是在探索一個新大
陸：我國的近代史。」類似的話他在晚年不只說過一次。他為 1949 年台灣版
的《中國近代史》──改名為《中國近代史大綱》──所寫的序裡也說：「我
在清華教學的時候，原想費十年功夫寫部近代史。」換句話說，在他學而優則

仕以前，蔣廷黻自視為一個學術拓荒者。當時的他用來自況的話是一個學術新大陸的墾荒者。這是他 1932 年用來勉勵歷史系學生的用語：

> 中國史學界可作的事太多了。處處是史料，處處是問題。我嘗說我們在史學界的人好像是墾荒的。可墾的地，必須墾的地，有如一個新大陸，全是日人所謂處女之地。我們做教員的並不是已經把這大陸都開闢了，城市、鐵路都修好了，我們只應領導同學去遊玩了。不是的。教員們不過知道前面方向的大概。有了一點開墾的經驗，而請諸位同學一道去占領這新大陸去。一道去出汗、去受苦。[59]

這個學術的新大陸，蔣廷黻在回憶他在南開的歲月的時候還稱之為中國外交史。然而，等他到了清華以後，他已經把外交史視同為一般史了：「外交史，雖然是外交史，仍是歷史。研究外交史，不是做宣傳，也不是辦外交，是研究歷史。」[60]這也就是為什麼蔣廷黻從那時候開始認為他的研究領域是中國近代史的原因。

蔣廷黻在這個學術新大陸的墾殖，從南開開始，在清華開花，在 1938 年結果；果實就是他在該年出版的《中國近代史》。這個果實是他學而優則仕三年以後一個意外的產品。他在 1935 年 12 月出任行政院政務處長，1936 年底出任駐蘇聯大使，1938 年初大使卸任回到中國。這本《中國近代史》是他在 2 月底抵漢口到 5 月間復任行政院政務處長這段賦閒期間所寫出來的一本小通史。

毋庸贅言，《中國近代史》是蔣廷黻在南開與清華十二年的沉潛的結晶。從他 1923 年留美歸國到 1935 年從政這十二年之間，他沉潛於中國近代外交史料的收集、咀嚼、與寫作。他在《近代中國外交史資料輯要》中卷的序裡說：「初稿是七年前〔1927〕編的，南開曾油印發給同學。」因此，即使他是到了南開一兩年以後才開始搜集資料，他在這個領域裡的耕耘前後加起來也將近有

59　蔣廷黻，〈歷史學系〉，《清華暑期週刊》，第 2/3 期，1932，頁 18。

60　蔣廷黻，〈《近代中國外交史資料輯要》上卷自序〉，《蔣廷黻選集第一冊》，頁 45。

十年的歷史。

《中國近代史》是蔣廷黻在南開與清華前後耕耘十年之久的結晶。最好的證據就是他在清華時期所發表的文章。書評、政論、演講、論辯不計，蔣廷黻在這個時期所發表的學術論文，中文有四篇，英文有八篇。這十二篇論文幾乎全都是以所謂的第一手史料作基礎寫成的。唯一完全沒有用第一手史料作基礎所寫的論文只有兩篇。這兩篇都是發表在《清華學報》上：〈最近三百年東北外患史〉以及〈中國與近代世界的大變局〉。〈最近三百年東北外患史〉的前半段泰半利用了英法德三種語言所寫的著作，後半段則利用了中國的通志以及《籌辦夷務始末》。[61]〈中國與近代世界的大變局〉最奇特的地方是：雖然它發表在《清華學報》上，但注釋極少。前三分之二敘述的是從葡萄牙、西班牙、荷蘭的東來，俄國的西伯利亞經營，到乾隆時期英國馬戛爾尼（Lord McCartney）的使華，用的都是二手材料。俄國經營西伯利亞的部分，徵引的就是他自己所寫的〈最近三百年東北外患史〉。後三分之一講到道光、咸豐的情況，雖然沒有注釋，但用的史料是《籌辦夷務始末》。[62]

其他十篇論文完全是利用第一手史料。其中有一篇用的是「故宮博物院」所出版的《史料旬刊》第 35 期（清道光朝密奏專號）上所發表的耆英的一個密奏：〈南京條約以後建設的困難〉（Difficulties of Reconstruction After the Treaty of Nanking）。[63]此外，有九篇用的全是《籌辦夷務始末》。依其發表的順序如下：

1.〈琦善與鴉片戰爭〉[64]
2.〈中國外交的新資料〉（New Light on Chinese Diplomacy）[65]

---

61 蔣廷黻，〈最近三百年東北外患史〉，《蔣廷黻選集第二冊》，頁 177-249。

62 蔣廷黻，〈中國與近代世界的大變局〉，《清華學報》，第 9 卷第 4 期，1934，頁 783-827。

63 T.F. Tsiang, "Difficulties of Reconstruction After the Treaty of Nanking," *The Chinese Social and Political Science Review*, XVI.2 (July 1932), pp. 319-327.

64 蔣廷黻，〈琦善與鴉片戰爭〉，《清華學報》，第 6 卷第 3 期，1931，頁 1-26。

65 T.F. Tsiang, "New Light on Chinese Diplomacy," *The Journal of Modern History*, 3.4 (December, 1931), pp. 578-591.

3.〈總理衙門的起源〉（Origins of the Tsungli Yamen）[66]

4.〈俾斯麥與國際法輸入中國〉（Bismarck and the Introduction of International Law into China）[67]

5.〈咸豐八年的「內定辦法」〉（The Secret Plan of 1858）[68]

6.〈南京條約簽訂後的最惠國待遇條款〉（The Extension of Equal Commercial Privileges to Other Nations than the British after the Treaty of Nanking）[69]

7.〈政府與廣東的公行〉（The Government and the Co-Hong of Canton）[70]

8.〈道光朝籌辦夷務始末之史料價值〉[71]

最後一篇，第九篇，〈中日外交關係，1870-1894〉（Sino-Japanese Diplomatic Relations, 1870-1894）用的史料最多種，共有五種：吳汝綸編，《李文忠公全書》；《籌辦夷務始末》；王彥威、王亮編，《清季外交史料》；故宮博物院出版的《清光緒朝中日交涉史料》；王芸生輯，《六十年來中國與日本》。[72]

蔣廷黻這種用中國的史料來重建中國近代外交史的努力，其目的就是在矯

---

66 T.F. Tsiang, "Origins of the Tsungli Yamen," *The Chinese Social and Political Science Review*, XV.1 (April 1931), pp. 92-97.

67 T.F. Tsiang, "Bismarck and the Introduction of International Law into China," *The Chinese Social and Political Science Review*, XV.1 (April 1931), pp. 98-101.

68 T.F. Tsiang, "The Secret Plan of 1858," *The Chinese Social and Political Science Review*, XV.2 (July 1931), pp. 291-299.

69 T.F. Tsiang, "The Extension of Equal Commercial Privileges to Other Nations than the British after the Treaty of Nanking," *The Chinese Social and Political Science Review*, XV.3 (October 1931), pp. 422-444.

70 T.F. Tsiang, "The Government and the Co-Hong of Canton," *The Chinese Social and Political Science Review*, XV.4 (January 1932), pp. 602-607.

71 〈道光朝籌辦夷務始末之史料價值〉，《清華週刊》，第 37 卷第 9/10 期，1932，頁 5-14。

72 T.F. Tsiang, "Sino-Japanese Diplomatic Relations, 1870-1894," *The Chinese Social and Political Science Review*, XVII.1 (April 1933), pp. 1-106.

正當時西洋學者只用西洋的史料來寫中國近代外交史的弊病。就像他在《口述自傳》裡所指出的，莫爾斯所著的三卷本的《中華帝國的國際關係》是建立在英國的藍皮書和美國對外關係史料上的。雖然就英、美方面的資料來說，那本著作無懈可擊，但單靠一、兩個國家的資料寫出來的外交史是片面的。他在《近代中國外交史資料輯要》上卷〈自序〉裡說得好：「外交史的特別在於它的國際性質。一切外交問題，少則牽連兩國，多則牽連數十國。研究外交史者必須蒐集凡有關係的各方面的材料。根據一國政府的公文來論外交等於專聽一面之詞來判訟。」[73]

這個片面的問題，蔣廷黻強調並不是只有西洋學者才犯的：「關於中國外交的著作，不分中外，大部分就犯了這個毛病。西人姑置不論，中國學者所寫的中國外交史有幾部不是以英國藍皮書為主要資料呢？」這原因很多。最簡單的就是使用資料不便以及不給資料使用：「著書若在外國，就近〔究竟？〕中國書籍不多；若在中國，圖書館的設備又不完善。且中國外交部從來無公文的系體發刊。私人文書已出版的雖已不少，但多半零散，不易披閱。至於未出版的公文，一則因為政府不許學者研究，二則因為編目不得法，學者多半畏難而止。」

同樣重要的是，矯正這個片面問題的目的並不是去為中國說好話、去為之作辯護。蔣廷黻說得好：「研究外交史不是辦外交，不是作宣傳；是研究歷史，是求學問。二者不可混合為一。你如拿歷史來作宣傳，你不是歷史家，是宣傳家；你的著作不是歷史，是宣傳品。」[74]

蔣廷黻要矯正這個片面問題的目的，完全是從學術的立場出發的。他所楬櫫的目的有兩個面向：中國人如何能夠一方面用中國的史料為中國近代外交史的研究作出貢獻，同時在另一方面也利用外國的史料來研究中國近代外交史。這兩個面向在時間上有其分水嶺存在。他在《近代中國外交史資料輯要》上卷〈自序〉裡對這兩個面向及其分水嶺說得最為透澈：

73　蔣廷黻，〈《近代中國外交史資料輯要》上卷自序〉，《蔣廷黻選集第一冊》，頁 45。

74　蔣廷黻，〈外交史及外交史料〉，《大公報：文學副刊》，1932 年 10 月 10 日，第 2 版。

　　就中國外交史現在的學術狀況而言，前途的努力當從兩方面下手。甲午以前，我們當特別注重中國方面的資料。因為中日戰爭以前，外國方面的史料已經過相當的研究；又因為彼時中國的外交尚保存相當的自主：我們若切實在中國方面的資料上用一番功夫，定能對學術有所貢獻。

　　甲午戰爭之前的階段，中國有豐富的史料可資學者利用；甲午戰爭以後的階段，中國外交史的研究者就必須仰賴外國的史料了：

　　甲午以後，中國外交完全喪失了自主權。北京的態度如何往往不關緊要。關緊要的是聖彼得堡、柏林、巴黎、華盛頓及東京間如何妥協或如何牽制。加之近數年來西洋各國政府及政界要人對於歐戰前二十餘年之外交，多有新材料的貢獻。內中有關中國而未經過學者的研究的頗不少。這種工作正待余人的努力。[75]

　　「甲午以前，我們當特別注重中國方面的資料。」這就一語道破了蔣廷黻在南開、清華所從事的研究的重點。就正因為當時一系列甲午戰爭以前的史料已經出版了，蔣廷黻立意要用這批史料為中國近代外交史的研究作出貢獻。
　　我們可以在《中國近代史》裡看到蔣廷黻在南開時期所寫的有關帝國主義文章的影子，特別是〈第四節，士大夫輕舉妄動〉。然而，我在此處的重點是指出新史料與他的新史學之間的關聯。因此，我要用蔣廷黻在清華所發表的九篇用第一手史料寫出來的論文其中重要的幾篇，來勾勒出他的論點以及其與《中國近代史》的關聯。這九篇文章裡的三篇：〈琦善與鴉片戰爭〉（1931年 10 月）、〈中國外交的新資料〉（New Light on Chinese Diplomacy）（1931 年 12 月），以及〈道光朝籌辦夷務始末之史料價值〉（1932 年 5月），雖然題目不同，發表的時間略異，其實是在內容上是重疊的。〈琦善與鴉片戰爭〉是從〈道光朝籌辦夷務始末之史料價值〉所衍生出來的一個個案研

75　蔣廷黻，〈自序〉，《近代中國外交史資料輯要上卷》（台北：臺灣商務印書館，1958），《蔣廷黻選集第一冊》，頁 46。

究；〈道光朝籌辦夷務始末之史料價值〉又是〈中國外交的新資料〉的中文版。從這個角度來說，這三篇等於是一篇半。更重要的是，這三合一，或者更正確來說，一分為三的文章奠定了蔣廷黻詮釋鴉片戰爭時期的中國外交的基調。

　　雖然〈琦善與鴉片戰爭〉出版的時間比〈中國外交的新資料〉早兩個月，但由於〈中國外交的新資料〉是在美國有審查制度的學術期刊出版的，它定稿的日期應當是早於〈琦善與鴉片戰爭〉。顧名思義，〈中國外交的新資料〉所討論的是道光朝《籌辦夷務始末》對鴉片戰爭時期的中國外交史所提供的新資料。蔣廷黻在通論了道光、咸豐、同治三朝的《籌辦夷務始末》的編排、形式，及其缺憾以後，就把重點放在道光朝的《籌辦夷務始末》。道光朝的《籌辦夷務始末》有什麼特別的史料上的價值呢？就讓我徵引他中文版〈道光朝籌辦夷務始末之史料價值〉裡的字句：

> 　　茲舉道光二十一年為例……大量的刊印諭旨工作此乃第一次。同樣，奏摺的大量刊印，此亦為創舉。其重要程度較上諭為尤甚……所以此書中大部分的奏稿都是新的材料……許多奏章上面有皇帝的親筆旁批，如同德皇威廉的 marginal remarks〔眉批〕，在學術界完全是新的東西。還有那些外交照會，雖然很少，也都是中國學者從未看見的。雜類文件也都是新的材料。[76]

　　蔣廷黻甚至認為《籌辦夷務始末》對西洋學者的價值，要高過於對中國學者：「假設現在所出版的《夷務始末》能把它譯成英文或法文，那麼對西洋學者的價值，或竟比以往〔刪此二字文意方通〕原文對中國學者的價值還大一些。」

　　道光朝《籌辦夷務始末》可以改變以往對鴉片戰爭的許多詮釋。就舉蔣廷黻四個比較重要的新詮釋。第一、穿鼻之戰不是因為義律（Captain Charles

---

76　以下討論蔣廷黻有關鴉片戰爭的分析的引文除非另有註明，都是取自〈道光朝籌辦夷務始末之史料價值〉，《清華週刊》，第 37 卷第 9/10 期，1932，頁 5-14。

Elliot）拒絕交出殺害林維喜的兇手，而是因為義律禁止英國商船具甘結繼續貿易。雖然〈中國外交的新資料〉裡所用的字句與語氣不盡然同於〈道光朝籌辦夷務始末之史料價值〉裡的，我決定用蔣廷黻在後者裡用的字句：

外人的記載都說穿鼻之戰起於關天培向英船要求林維喜的兇手。林文忠〔林則徐〕知道道光帝對此兇殺案老大的不高興；同時他又堅執將英人一切貿易無論是否合法皆與停止。倘若穿鼻之戰實在是因索討兇犯而起，林文忠就可照實在情形出奏而博得道光帝的歡心。他計不出此：反謂穿鼻之戰起於中國海軍保護英國商船⋯⋯林文忠如要造偽，也應不至如此自害。同時義律確有造偽的必要：因為說穿鼻之戰是起於拒絕交兇，這樣他可以博得英國政府及人民的贊同。如說穿鼻之戰是起於禁止英商入廣州貿易，這是違犯英政府訓令的。

在〈中國外交的新資料〉裡，蔣廷黻沒有說得那麼絕對。他說：「除非有新的證據能提出反證，穿鼻之戰起於關天培索討兇手的說法就必須被駁回。」第二、打破林則徐的神話。蔣廷黻說：

不幸他對西方情形不了解，因而沒有找到合適的方法⋯⋯更可惜的是他完全錯看了對方的戰鬥實力。他想英國人一到陸地就好比魚之離水。所以甚至懿律統帥（Admiral George Elliot）以較多之舟師陷舟山，林氏尚對皇帝吹牛說英人不敢在廣州向他挑戰，乃攻擊其他海岸。由此他的朋友與他創出了一個「林則徐萬能」的神話。其不利於中國歷史猶如拿破崙神話之有害於法國一樣。

關於林則徐萬能的神話如何有害中國，他後來在提到琦善的時候說得更為尖銳：

當時的中國有一句自慰的話：「與英國賽球的時候，我們的球隊教練把我們的大將叫出場外。」假設東西洋之戰必須發生，那麼林則徐是東方當

然的隊長。因為林未為隊長，所以舊中國並不能說她不行，因為她的理想代表人物未得施展其能力。由此，中國遂又繼續睡了二十年，直至遇到1860年的當頭棒喝才驚醒。

第三、為琦善「開門揖盜」的歷史罪名翻案。首先，他稱讚琦善有自知中國力不敵英國的眼光：

> 琦善觀察事物獨具隻眼。第一、他看透了中國決不能與英敵。由此乃著手為和平努力。自彼與義律及懿律接見起，他就雙管齊下：一方面他用最生動的筆法為皇帝描寫英國礮船之利，一方面他想用外交手腕籠絡英人。換句話說，就是同他們「講理」。

琦善如何用「講理」的方法跟義律及懿律辦外交呢？他說，琦善從英國外相帕默斯頓（Henry Palmerston）〈致中國宰相書〉找到了一個方便的插手點：「各歷史家似乎對這件奇特的公文都不曾充分的去研究。在實質上這公文是很強硬的；但從表面看來卻非常謙遜，致自身限於誤解」：

> 因為 Palmerston 對中國的一切要求皆以林則徐在廣州之動作為中心根據。中英的衝突實際上是許多事實造成的。這樣一來，卻變為英國政府控告林則徐的一篇訴狀。〔蔣廷黻翻得不夠精確，應該是：那實際上是由許多問題所造成的中英之間的衝突，卻被這封信說成彷彿是英國政府跟林則徐之間的訴訟。〕中國的譯文也就加重了這一點。當時的中國人也就祇會讀這篇譯文。原文：「demands satisfaction and redress」〔索取賠償與補救〕，中譯文說她在請求伸冤〔「求討皇帝昭雪伸冤」〕。琦善自己也就以為懲辦林則徐足以使英國滿意。在他，這就是「正理」。所以在他與義律等在大沽談判的終了，他對一切要求皆予拒絕，但允許查辦林氏並斟賠焚煙的損失……在中國方面以為此問題算解決了。

等琦善到了廣州以後，他才發現英國不但要求賠償，而且仍然堅持其他賠

款與割地的要求：「雖然英人是『不可理喻』，但琦善以為除退讓外，別無法想，因為他總覺得和平尤比『正理』重要。」然而，雖然琦善認為「和平尤比『正理』重要」，蔣廷黻在〈琦善與鴉片戰爭〉裡強調琦善並不是像當時的主戰派所攻擊的是「開門揖盜」、「散漫軍心」、「陷害忠臣」。他說英軍從大沽返回廣州以後，沿海七省撤防的命令是道光皇帝下的。其次，琦善到了廣州以後，還特別作了「激勵士氣」、派員前往虎門作了「妥為密防」的工作。[77]他說：「琦善所演的一段，完全是一幕悲劇。不僅對他自己如此，對中國也是如此。他的失敗直接增高了林則徐一派的氣焰。」琦善的悲劇，從蔣廷黻的角度來看，完全是因為他主和。他知道廣州的防衛是：「虎門礮台，無要可扼，軍械之無利可恃，兵力不固，民情不堅。」他主和更重要的原因是他愛國愛民：

> 即使皇帝因穿鼻條約重治彼罪之時，彼仍為和平辯護。這一個辯疏是他一生最悲壯的作為。他說：無論或戰或和，在他自己是難逃法網的。但是不戰而和，國家之損失較少，既戰而和，國家的損失便多了。

琦善的這個「他一生最悲壯奏摺」，蔣廷黻在〈琦善與鴉片戰爭〉裡徵引了：

> 奴才再次思維，一身所繫猶小，而國計民生之同關休戚者甚重且遠。蓋奴才獲咎於打仗之未能取勝，與獲咎於辦理之未合宸謨，同一待罪。餘生何所顧惜，然奴才獲咎於辦理之未合宸謨，而廣東之疆地民生猶得仰賴聖主洪福，藉保乂安。如奴才獲咎於打仗之未能取勝，則損天威而害民生，而辦理更無從措手。[78]

蔣廷黻用「悲劇」、「悲壯」的字眼來形容琦善，因為他認為琦善是被冤

77　蔣廷黻，〈琦善與鴉片戰爭〉，《清華學報》，第 6 卷第 3 期，1931，頁 7-12。
78　蔣廷黻，〈琦善與鴉片戰爭〉，《清華學報》，第 6 卷第 3 期，1931，頁 25-26。

屈的歷史人物，他要為他翻案。他在〈琦善與鴉片戰爭〉裡不但推崇琦善為中國第一個有外交家態度的官員，而且尊稱他為中國第一任外交總長：

> 在此〔鴉片戰爭〕三年半內，惟獨琦善主政的半年曾有過外交相對的局勢。在此期之初，英國全權代表雖手握重兵，然英政府的訓令是叫他們先交涉而後戰爭，而二代表亦以迅和以復商業為上策。訓令所載的要求雖頗詳細，然非完全確定，尚有相當伸縮的可能。在中國一方面琦善的態度是外交家的態度。他的奏摺內，雖有「諭英夷」、「英夷不遵勸戒」字樣，但他與英人移文往來，亦知用「貴國」、「貴統帥」的稱呼。且他與英人面議的時候，完全以平等相待。至於他的目的，更不待言，是圖以交涉了案。故琦善可說是中國近九十年大變局中的第一任外交總長。[79]

琦善不但是蔣廷黻眼中中國第一個有外交家態度的中國第一任外交總長，而且是取得了外交「大勝利」的外交總長：

> 琦善的草約是當時時勢所許可的最優的條件，最少的損失。我們倘與《南京條約》相較，就能斷定《穿鼻草約》是琦善外交的大勝利。《南京條約》完全割香港；《穿鼻草約》尚保留中國在香港收稅的權利。《南京條約》開五口通商；《穿鼻草約》仍是廣東一口通商。《南京條約》賠款二千一百萬元；《穿鼻草約》賠款只六百萬元。我們倘又記得義律因訂《穿鼻草約》大受了巴麥尊〔外相帕默斯頓〕的斥責，我們更能佩服琦善外交了。[80]

蔣廷黻一意要為琦善翻案。早在 1935 年陶元珍就寫了一篇同樣引用《籌辦夷務始末》的史料、令人折服的書評，從軍事、對政府的態度、對外人的態度、對敵方的認識、對屬員的認識各方面一一批駁了蔣廷黻的論點。軍事方面

79　蔣廷黻，〈琦善與鴉片戰爭〉，頁 3。
80　蔣廷黻，〈琦善與鴉片戰爭〉，頁 25。

且不提，陶元珍批駁蔣廷黻溢美琦善的外交成就方面，有兩點最為令人絕倒。第一，蔣廷黻說琦善的奏摺內，「雖有『諭英夷』、『英夷不遵勸戒』字樣，但他與英人移文往來，亦知用『貴國』、『貴統帥』的稱呼。且他與英人面議的時候，完全以平等相待。」陶元珍批評說，琦善對外人的態度與其說是平等，不如說是卑躬屈膝。同時，琦善對敵方的認識其實是一無所知。比如說，他形容英國：「是固蠻夷之國，犬羊之性。初未知禮義廉恥，又安知君臣上下。且係年輕弱女（指英女王），尚待擇配。則國非其國，意本不在保茲疆土。」第二、蔣廷黻說《穿鼻草約》是琦善外交的大勝利。陶元珍一針見血地指出：「《穿鼻草約》是小敗後所訂的約，《南京條約》是大敗後所訂的約。其損害程度當然不同。」他更絕妙地把它拿來跟袁世凱的《二十一條》交涉來相比擬：「如果《穿鼻草約》可說是琦善外交的大勝利。真無怪民四〔1915〕中日交涉的結果有人為袁世凱提燈慶祝。」[81]

其實，何止蔣廷黻說「《穿鼻草約》是琦善外交的大勝利」是溢美之詞。他說琦善是「中國近九十年大變局中的第一任外交總長」不但溢美，而且根本就不符合歷史事實。用他自己在〈總理衙門的起源〉（Origins of the Tsungli Yamen）裡的話來說，由於中國朝貢制度的傳統，當時的中國沒有近代外交的觀念：

　　一直到 1858 年，英、法、美、俄共同致中國宰相的國書都沒有獲得直接的答覆。問題是兩方面的：中國仍然不承認對等的待遇，而且中國在《南京條約》簽訂以後並沒有在體制上作出任何因應這個外交事務的新因素的改革。當時唯一所作的，就是在兩廣總督的頭銜之外再加上管理各國通商事務欽差大臣的頭銜。在《南京條約》與 1858 年英法聯軍之役之間，耆英、徐廣縉、葉名琛就是用這個頭銜相繼處理中國的外交事務。[82]

81　陶元珍，〈讀《琦善與鴉片戰爭》〉，《大公報：讀書副刊》，1935 年 5 月 2 日，第 11 版。

82　T.F. Tsiang, "Origins of the Tsungli Yamen," *The Chinese Social and Political Science Review*, XV.1 (April 1931), p. 92.

按照蔣廷黻自己在此處的描述，則「中國近九十年大變局中的第一任外交總長」不是琦善，而是耆英。

無獨有偶的是，蔣廷黻在〈中國外交的新資料〉與〈道光朝籌辦夷務始末之史料價值〉這兩篇中英文雙行版的論文裡第四個重新詮釋鴉片戰爭的重點就是耆英。蔣廷黻對琦善溢美，對耆英亦然。他描寫耆英施展其高超的外交手腕，游刃有餘地周旋於中國高漲的民氣與英國戰勝之餘的驕矜之間，在在地展現了他的文學素養。〈中國外交的新資料〉是寫給洋人看的。中國的民氣與英人的驕矜，他用的比喻是希臘神話裡的「錫拉」海怪（Scylla）與「克里布迪斯」險灘（Charybdis）；〈道光朝籌辦夷務始末之史料價值〉是寫給中國人看的，他用的比喻是「三峽」：

> 〔鴉片〕戰爭善後的重任都落在耆英身上。在當時也祇有他可以膺此巨艱。在險水中行舟。他的武藝很不錯，因為自中國民氣洶湧的「瞿塘峽」至英商趾高氣揚的「灩澦堆」，其間波濤之險惡，是無人能否認的。耆英演這一劇角色很合適。

耆英對英夷高超的外交手腕，蔣廷黻用他 1844 年給道光皇帝的一篇奏摺來形容。這篇奏摺，蔣廷黻先解釋說：「外人常有會餐的風俗。他為創造會議〔談判〕的良好客氣起見，不得已也加入盛會」：

> ……夷俗重女，每有尊客必以婦女出見。如咪夷帕駕（Parker）、咈夷喇哷呢（Lagrené），均攜有番婦隨行。奴才於赴夷樓議事之際，該番婦忽出拜見。奴才踧踖不安，而彼乃深為榮幸。此實西洋各國，不能律以中國之禮。〔蔣廷黻略去了以下彰顯出其兩面手法的三句：「倘驟加訶斥，無從破其愚蒙，適以啟其猜嫌。」〕

除了參加洋人的宴會以外，耆英也跟他們交換禮物。蔣廷黻說耆英對道光皇帝解釋說：「其儀雖微，其意卻篤。如遇此種情形，他也覺得拒之不恭，並且自己也回敬一些東西，僅表謝意而已。」蔣廷黻接著用耆英 1844 年那篇奏

摺來總結其外交手腕的意義：

> 文體辭藻用起來狠討厭，但在中國於 1860 年以前仍舊應用。有些地方用的更為長久。不然，公文看起來或沒有那樣的文質彬彬。總之，此奏摺為一變相的辯護，說中國應該放棄體制，對西洋少事遷就。在現時看來這是一個進步的公文。然而也就因此唯一公文使他於 1858 年在天津碰了李泰國（Horatio Nelson Lay）的釘子。

也許為了不要凸顯出耆英的天朝心態與當時的士人不相上下，這一段話蔣廷黻在中文版裡把它譯得委婉到簡直不知所云的地步。比較精確的翻譯如下：

> 他〔描寫洋人〕所用的形容詞輕蔑，但那些是中國官場到 1860 年為止——在有些場合到更晚以後——的慣用語。不用那些形容詞，讀起來就是文氣不夠（in good literary form）。整個說來，這篇奏摺就是在婉轉地乞求〔皇上〕捐棄舊觀念（fundamentalism），對洋人少事遷就。以他那個時代的標準來說，這算是一個進步的文件。只是，這就是 1858 年他在天津談判的時候被李泰國（Horatio Nelson Lay）用來將了他一軍〔原文是「nail him down」，「down」是衍字，用錯了成語〕的文件。

就像蔣廷黻說琦善跟洋人談判的時候完全以平等相待的說法一樣，他說耆英參加濮鼎查的宴會、跟他交換禮物、乞求皇帝捐棄舊觀念是進步的。他完全不顧琦善跟耆英所玩的根本就是兩面手法的證據：琦善跟洋人打交道的時候，稱對方「貴國」、「貴統帥」，可是一轉過身來就鄙夷他們是「蠻夷之國，犬羊之性」。耆英何嘗不是如此。蔣廷黻徵引耆英 1844 年的奏摺。可是他只徵引中間一段，略去了前後各一段鄙夷洋人的話。前一段說：

> 惟念咪夷自二十二年〔1842〕七月就撫〔這是阿 Q 的語言。明明鴉片戰爭戰敗，卻說成是「就撫」〕，咪、哖二夷又於本年夏秋接踵而至。先後三年之間，夷情變幻多端，非出一致。其所以撫綏羈縻之法，亦不得不

移步換形。固在格之以誠，尤須馭之以術。有可使由不可使知者。有示以
不疑方可消其反側者。有加以款接方可生其欣感者。並有付之包荒，不必
深與計較方能於事有濟者。緣夷人生長外番，其於天朝制度多不諳悉，而
又往往強作解事，難以理曉。

後一段說：

　　此等化外之人，於稱謂體裁，昧然莫覺，若執公文之格式，與之權衡高
下，即使舌敝唇焦，仍未免褎如充耳，不惟無從領悟，亦且立見齟齬，實
於撫綏要務甚無裨益，與其爭虛名而無實效，不若略小節而就大謀。

　　無怪乎耆英去天津跟英法聯軍談判的時候，會受到他一生最大的羞辱。原
來英法聯軍在 1857 年底攻占廣州以後，在衙門所取得的文件裡就有耆英 1844
年這篇奏摺。蔣廷黻說耆英碰了李泰國的釘子。這是直譯，不正確，不足以形
容耆英所受到的羞辱的萬分之一。羞辱了耆英的不只是李泰國，還有另一個翻
譯威妥瑪（Thomas Wade）。他們把耆英這篇奏摺拿出來，讓參與談和的欽差
大臣花沙納大聲朗讀。他們就這麼徹底地將了耆英一軍，暴露出他的兩面手
法。耆英在被羞辱之餘，擅自離開天津回到北京。由於耆英擅離職守，他被下
獄議罪正法。後來咸豐皇帝賜其自盡。
　　〈琦善與鴉片戰爭〉、〈中國外交的新資料〉、〈道光朝籌辦夷務始末之
史料價值〉這三篇一分為三的文章奠定了蔣廷黻對鴉片戰爭的詮釋的基調。他
的《中國近代史》第一章裡的敘述泰半都來自於這三篇文章。更重要的是其詮
釋的基調。他在《中國近代史》的〈總論〉的結論裡說：

　　近百年的中華民族根本只有一個問題，那就是：中國人能近代化嗎？能
趕上西洋人嗎？能利用科學和機械嗎？能廢除我們家族和家鄉觀念而組織
一個近代的民族國家嗎？能的話我們民族的前途是光明的；不能的話，我
們這個民族是沒有前途的。

他以日本、俄國、土耳其接受近代的科學、機械及民族主義的歷史為例，說研究近代史就是：「我們要注意帝國主義如何壓迫我們。我們要仔細研究每一個時期內的抵抗方案。我們尤其要分析每一個方案成敗的程度和原因。」

既然近代化，亦即，接受科學、機械與民族主義是中國唯一的出路，則中國對鴉片戰爭的反應與反省就成為其試金石了：

鴉片戰爭的失敗的根本理由是我們的落伍。我們的軍器和軍隊是中古的軍隊，我們的政府是中古的政府，我們的人民，連士大夫階級在內，是中古的人民。我們雖拚命抵抗終歸失敗，那是自然的，逃不脫的。從民族的歷史看，鴉片戰爭的軍事失敗還不是民族致命傷。失敗以後還不明瞭失敗的理由力圖改革，那才是民族的致命傷。

從這個標準來看，以林則徐為代表的「剿夷派」就是第一輪的罪魁禍首了。在〈中國外交的新資料〉以及〈道光朝籌辦夷務始末之史料價值〉裡，他說由於「林則徐萬能」的神話，「中國遂又繼續睡了二十年，直至遇到 1860 年的當頭棒喝才驚醒。」在〈琦善與鴉片戰爭〉裡，「林則徐萬能」這個神話作了第一次層累的引申：

林文忠的被罷是他的終身大幸事，而中國國運的大不幸。林不去，則必戰，戰則必敗，敗則他的聲名或將與葉名琛相等。但林敗則中國會速和，速和則損失可減少，是中國的維新或可提早二十年。鴉片戰爭以後，中國毫無革新運動，主要原因在時人不明失敗的理由。

「林文忠的被罷是他的終身大幸事，而中國國運的大不幸。」到了他寫《中國近代史》又作了第二次的層累的引申：

林則徐實在有兩個，一個是士大夫心目中的林則徐，一個是真正的林則徐。前一個林則徐是主剿的，他是百戰百勝的……所以士大夫想中國的失敗不是因為中國的古法不行，是因為奸臣誤國。

　　真的林則徐是慢慢的覺悟了的。他到了廣東以後，他就知道中國軍器不如西洋，所以他竭力買外國炮，買外國船，同時他派人翻譯外國所辦的刊物。他在廣東所蒐集的材料，他給了魏默深。魏後來把這些材料編入《海國圖志》。

　　問題是，真的林則徐雖然終於覺悟了，但他怕清議的指摘，不敢公開提倡改革。他在被謫戍伊犁途中致友人書裡有一段說：

　　彼之大炮遠及十里內外，若我炮不能及彼，彼炮先已及我，是器不良也。彼之放炮如內地之放排槍，連聲不斷。我放一炮後，須輾轉移時，再放一炮，是技不熟也，求其良且熟焉，亦無他深巧耳。不此之務，即遠調百萬貔貅，恐只供臨敵之一哄。況逆船朝南暮北，惟水師始能尾追，岸兵能頃刻移動否？蓋內地將弁兵丁雖不乏久歷戎行之人，而皆覿面接仗。似此之相距十里八里，彼此不見面而接仗者，未之前聞。徐嘗謂剿匪八字要言，器良技熟，膽壯心齊是已。第一要大炮得用，令此一物置之不講，真令岳韓束手，奈何奈何！

　　蔣廷黻抨擊這個「真的林則徐」寧願犧牲國家的利益來保護自己在清議派裡的清譽：

　　這是他的私函，道光二十二年九月寫的。他請他的朋友不要給別人看。換句話說，真的林則徐，他不要別人知道。難怪他後來雖又作陝甘總督和雲貴總督，他總不肯公開提倡改革。他讓主持清議的士大夫睡在夢中，他讓國家日趨衰弱，而不肯犧牲自己的名譽去與時人奮鬥。林文忠無疑的是中國舊文化最好的產品。他尚以為自己的名譽比國事重要，別人更不必說了。士大夫階級既不服輸，他們當然不主張改革。

　　毫無疑問地，「剿夷派」與「撫夷派」相比，蔣廷黻同情的是「撫夷派」。君不見他溢美琦善是「中國近九十年大變局中的第一任外交總長」，說

「《穿鼻草約》是琦善外交的大勝利」。他也溢美耆英，說他外交武功高明到可以周旋於「中國民氣洶湧的『瞿塘峽』」與「英商趾高氣揚的『灩澦堆』」之間。

　　道光、咸豐之際的「剿夷派」的世系是林則徐、徐廣縉、葉名琛，都是漢人；「撫夷派」的世系是琦善、伊里布、耆英，都是滿人。在〈中國外交的新資料〉以及〈道光朝籌辦夷務始末之史料價值〉裡，他說：

　　林則徐、徐廣縉、葉名琛是傳統思想的繼承者，結果造成了 1860 年的大禍；而琦善、伊里布及耆英是另外一派，或可稱為改進主義（唱低調）的擁護者。當時附和傳統主義（唱高調）的都是漢人，附和改進主義（唱低調）的都是滿人。

這滿漢的分野促使蔣廷黻作了一個歷史的冥想：

　　造成南京條約的那一個戰爭已經使滿洲的帝祚動搖了。耆英之嚴懲廣州民眾更廣招眾怨。道光皇帝覺得必須於民夷二者之中擇一結好。假使挑選的結果是外人當選，而民眾的利益被壓迫，則民眾將起而推翻清室天下。那麼外國人能替他保住帝統麼？假設挑選的結果是民眾當選，不許外人攀求他們的權力及成見，那麼朝廷須得妥為護衛，民眾還會出來抵禦外患。凡留心讀道光朝《夷務始末》最末兩卷的人，都會看到當前的歧路，或彼或此總須擇一條走去。

　　然而，「撫夷派」的琦善、伊里布、耆英終究還是讓他失望的，因為他們未能把他們在外交上的進步的見解擴展到內政的自強。他在〈琦善與鴉片戰爭〉的結論裡說：

　　琦善與鴉片戰爭的關係，在軍事方面，無可稱讚，亦無可責備。在外交方面，他實在是遠超時人，因為他審察中外強弱的形勢和權衡利害的輕重，遠在時人之上。雖然，琦善在中國歷史上的地位不能算重要，宣宗以

後又赦免了他，使他作了一任陝甘總督，一任雲貴總督。他既知中國不如英國之強，他應該提倡自強，如同治時代的奕訢、文祥、及曾、左、李諸人，但他對於國家的自強竟不提及。林則徐雖同有此病，但林於中外的形勢實不及琦善那樣的明白。[83]

蔣廷黻對「剿夷派」與「撫夷派」的看法也是層累造成的。在〈琦善與鴉片戰爭〉，他還只是扼腕「撫夷派」的琦善雖然知道中國在軍事上不如英國，但「對於國家的自強竟不提及」。到了他寫《中國近代史》的時候，「剿夷派」、「撫夷派」他全都批判：「在道咸時代，一般士大夫不明天下大勢是可原諒的，但是戰敗以後而仍舊虛驕，如附和林則徐的剿夷派，或是服輸而不圖振作，不圖改革，如附和耆英的撫夷派，那就不可救藥了。」

幸好「剿夷派」在第二次英法聯軍之役以後全面崩潰。「撫夷派」再次抬頭。蔣廷黻在同樣也是滿人的奕訢、文祥身上找到了既在外交上有進步的眼光，也能在內政上尋求自強的「撫夷派」第二代的繼承者：

奕訢與文祥在元首逃難，京都將要失守的時候，接受大命。他們最初因無外交經驗，不免舉棋不定。後來把情勢看清楚了，他們就毅然決然承認外人的要求，與英法訂立《北京條約》。條約簽定以後，英法退軍，中國並沒喪失一寸土地。咸豐六年的《天津條約》和十年的《北京條約》是三年的戰爭和交涉的結果。條款雖很多，主要的是北京駐使和長江通商。歷史上的意義不外從此中國與西洋的關係更要密切了。這種關係固可以為禍，亦可以為福，看我們振作與否。奕訢與文祥絕不轉頭回看，留戀那已去不復回的閉關時代。他們大著膽向前進，到國際生活中去找新出路。我們研究近代史的人所痛心的就是這種新精神不能出現於鴉片戰爭以後而出現於二十年後的咸末同初。一寸光陰一寸金，個人如此，民族更如此。

值得在這裡指出的是，蔣廷黻才剛在《中國近代史》裡對林則徐、琦善、

「剿夷派」、「撫夷派」作了一次層累的引申。結果，一年之間，他又在詮釋上作了一個新的修正。這就是他在《新經濟》上所發表的〈百年的外交〉。[84] 在這篇文章裡，他把一百年來所有對外辦理交涉的人，從早期林則徐所代表的「剿夷派」、琦善所代表的「撫夷派」，中期的曾國藩、李鴻章，到民國時期的袁世凱、段祺瑞、張作霖，以及他沒有指名的當代人物，全部都統稱之為大家可以引以為榮的愛國者：

　　我們這個國家是士大夫階級執政的國家。自宋以來，士大夫是極端注重氣節的。最近這百年並不是例外。無論我們是研究這百年初期的外交家，如林則徐、琦善、耆英、桂良、花沙納，或是中期的外交家如奕訢、文祥、曾國藩、李鴻章、郭嵩燾、曾紀澤、薛福成，或是最近期的袁世凱、段祺瑞、張作霖及當代人物，我們不能發現一個人不竭盡心力，掙扎又掙扎，而後肯對外人有所退讓。百年來負外交責任者，若論他們的世界知識，誠有可批評的。若論他們的愛國心，不但無可疑問，且可引為民族的及士大夫階級的光榮。

就以早期最為時人所非議、為後世所不諒解的琦善為例。他說：

　　琦善體察中英的形勢，決定《穿鼻條約》是當時我國外交所能得的最優的條約。故無論時人怎樣罵他，造他的謠言；無論朝廷怎樣指責他，他不顧一切依照他的良心作下去。至於顧全一己的名譽而犧牲國家的利益，老於世故的琦善未嘗不知道。卻是到了民族緊急的關頭，他毅然決然不作這種滑頭的事情，這才算得真正愛國。

琦善是真正地愛國。那麼，他要把林則徐放在什麼地位呢？從他清華時期開始發表清末外交史的文章一直到寫《中國近代史》為止，前者是「撫夷派」，後者是「剿夷派」。現在，他賦予他們兩個新的標籤：「林則徐是鴉片

84　蔣廷黻，〈百年的外交〉，《新經濟》，第 1 卷第 4 期，1939，頁 2-7。

戰爭的英雄；琦善是鴉片戰爭的政治家。」然而，英雄與政治家是高下有別的：「作英雄不易，作政治家尤難。」

琦善是鴉片戰爭的政治家，袁世凱是民國時期的外交天才：

> 近期的外交家中受人攻擊最多的莫過於袁世凱。此人的內政和人品如何，將來的歷史家自有定論，不在本文的討論範圍之內。至於他的外交，我們可以說從他協助李鴻章辦理高麗案件起，到他末年主持二十一條的交涉為止，他沒有作過為國謀而不忠的事情。以先我們最不滿意他的是民四〔1915〕的對日交涉。但自王芸生先生發表《六十年來中國與日本》大著以後，學者始知袁世凱那次與日本的奮鬥可謂作到鞠躬盡瘁了。我們如仔細研究他應付日本二十一條的親筆批示，並記得日本當時因歐戰關係在遠東所處的優越地位，我們不能不感激他的用心之苦並佩服他的外交天才。日本人知道袁世凱是他們的勁敵。

如果琦善是鴉片戰爭的政治家，則那些頑固、執意要閉關自守，批評琦善的清議雖然愛國，就根本是誤國者了：

> 如果僅靠激昂慷慨的愛國心就能救國，那麼我們的知識階級早把國家救好了，絕不至有今日的嚴重國難。不過士大夫的傳統思想多不合於近百年的大變局。到了十九世紀，他們仍不承認閉關自守、獨自尊大的時代已成過去而絕對無法挽回。同時他們對於西洋的知識缺乏，使他們不能了解如大膽的向國際生活中去找出路，我國能得著新的光榮。所以他們愈信念我國的古老文化，他們就愈反動，以致阻塞民族的出路。他們不是賣國，他們是誤國。

為什麼說士大夫誤國呢？因為從鴉片戰爭到英法聯軍之役，士大夫不但一直愛國不得其法，而且根本是為了錯誤的目標而抗戰：

> 他們為什麼要抗戰呢？為拒絕簽訂不平等條約嗎？不是的。他們不反對

治外法權，因為他們覺得讓夷官按照夷法去管理夷人是最省事的辦法。他們不反對協定關稅，因為他們以為海關收入無補於大國的財政，不值得我們去與夷商計較區區稅則。咸豐末年，他們竟有人提議我們完全不收海關稅。他們也不反對租借，因為他們想為夷人特闢居住區可以免得華洋雜處。在道光年間，他們所反對的是五口通商和北京駐外國公使。我們今日如再讀他們的議論，我們一方面仍能為他們的激昂所動，卻同時我們又不能不痛哭他們見解的糊塗。可惜在我們這個社會裡，糊塗的見解用激昂的文詞發表出來，有誤國的能力。

在〈百年的外交〉一文裡，蔣廷黻著墨最多是李鴻章，特別是士大夫階級裡的清議派就中日琉球問題、中俄伊犁問題、中法戰爭，以至於中日在韓國角逐到甲午戰爭之間對李鴻章百般掣肘的經過。他稱讚李鴻章是同光年間少數對十九世紀的新局勢有相當認識的政治家：「其中見解最透澈、魄力最大、主政最久的是李鴻章。」他說李鴻章的「救國方案」分為治本、治標兩個部分。治本的方案是「努力西化」：「他認定中日兩國將來國力的比較必決定於兩國西化速度的比較。」他治標的方法則是「主張在西化工作未成熟以前，努力維持和平，結納友邦。」不幸的是，「士大夫一面反對李鴻章的治本方案，同時卻又主張採用強硬的、積極的外交政策。」

結果，中國在甲午戰爭慘敗：「中日甲午之戰決定了遠東的領袖地位。在一整個歷史階段之中，將不屬於我而屬於日。甲午以前，我們只受西洋帝國主義的壓迫，以後則同時受西洋與日本的侵略了。」蔣廷黻說：

我們的失敗是軍事的，也是外交的。軍事失敗的原由，大概的說，有兩層。第一、中國西化的水準低於日本，這一層的責任應由士大夫負擔。第二、中國彼時的軍政太腐化了。這一層的責任應由李鴻章負其大半。至於外交失敗的根由也可以分好幾層來說。第一、李鴻章不應專憑一個外國〔俄國〕公使的談話來決定軍國大政……第二、假使當時我國駐日和駐俄的公使深知所在國的國情，又假使他們知無不言又無不盡，再假使李鴻章和其他主政者對他們的報告加以相當的考慮和信任，那我們甲午之役的外

交或者能兼顧利害和力量……外交必須知己知彼。這種工作，惟獨健全的外交機構始能負荷。

在李鴻章這一節，蔣廷黻的結論是：「當時李雖不能濟事，仍超人一等。至於一般士大夫的言論，除激昂慷慨以外，別無足取，不過空言與高調而已。」

〈百年的外交〉並沒有改變蔣廷黻對中國近代外交史詮釋的基調，改變的是他的用詞。他仍然直指「剿夷派」以及其後的士大夫階級誤國。然而，他現在願意承認他們還是愛國的，雖然他們因為愛國不得其法，而導致誤國的惡果。

蔣廷黻在清華的努力，特別是他利用《籌辦夷務始末》來寫道光、咸豐時期的外交史的努力，其目的就是在矯正當時西洋學者只用西洋的史料來寫中國近代外交史的弊病。除了〈琦善與鴉片戰爭〉、〈中國外交的新資料〉、〈道光朝籌辦夷務始末之史料價值〉這一分為三的文章以外，他還有我在前文所列出來的五篇短文：〈總理衙門的起源〉、〈俾斯麥與國際法輸入中國〉、〈咸豐八年的「內定辦法」〉、〈南京條約簽訂後的最惠國待遇條款〉，以及〈政府與廣東的公行〉。這五篇較短，因為都是針對著特定的專題。所有這些論文，無論長短，全都是用英文寫的事實，就在在說明了他的目的是要用中國的史料來矯正西洋學者只用西洋的史料來寫中國近代外交史的弊病。

為了要矯正西洋學者在使用史料偏頗的弊病，蔣廷黻認為他必需要保持超然的立場，以便取得公信力。為了要保持超然的立場，他就決定讓事實自己說話，或者說，套用十九世紀德國史家蘭克的名言：「如實記述」。

這個保持超然、如實記述的立場，最顯著地表現在他 1933 年所發表的一生中——除了博士論文以外——寫得最長的一篇論文：〈中日外交關係，1870-1894〉。這篇論文從 1870 年寫到甲午戰爭的前夕。而且也是他所引用的史料最多種的一篇：《李文忠公全書》、《籌辦義務始末》、《清季外交史料》、《清光緒朝中日交涉史料》以及《六十年來中國與日本》。

他在該文的〈前言〉裡呼籲學者必須保持超然的立場：

　　中日外交關係的研究有其困難。過去六十年來中日之間發生那麼多孳生了偏見與怒氣的衝突，那不但扭曲、而且甚至遮蔽了學者的眼光。目前的滿洲爭議〔九一八事變〕使得情況更加惡化，連中立國家的學者都很難採取公正的態度。有人想幫中國或日本說話，以歷史研究為名，以古諷今，而行宣傳之實。第一次世界大戰對歷史撰述的影響殷鑑不遠。世界上所有的學者都應該竭盡全力地不讓戰爭心態的毒液侵入遠東外交史的領域。

接著，他指責西方學者可以不用中日的史料而逕自對中日關係作出論斷的狂妄自大的心態：

　　中日外交關係史必須首先是建立在中日的史料之上。在西方，沒有一個研究法德關係的學者會不去檢視法德的史料。而過去卻有西方的學者可以不用中日的史料而逕自對中日關係作出論斷。那就彷彿是說他們認為歷史研究的基本規律到了蘇伊士運河以東就不適用了一樣。然而，這也不能全怪學者，因為第一手史料出版不多，而且很少檔案是開放的。其中，日本外務省公布得最少。

然而，中國的情況不同：

　　在中國，雖然政府在這方面一樣的糟，但某些社會傳統以及政治條件幫助了學者。社會上對文字與祖先的尊崇，驅使偉人的後代為其立下文字的紀念碑。因此，不管政府的想法如何，非常重要的政府文件常出現在偉人的文集裡。辛亥革命以後，清政府的文件移交到故宮博物院。已經出版的中國史料的數量恐怕是超出了所有其他國家所出版的。過去三年中國所出版的外交史料，其速度之快、數量之龐大，把這整個領域開放給了學者，所有舊有的有關中國外交史的說法都必須重新改寫。

問題是，中國就是出版了再多的外交史料，那還是一造之詞。就像蔣廷黻自己所強調的：「一切外交問題，少則牽連兩國，多則牽連數十國。」「研究

外交史者必須蒐集凡有關係的各方面的材料。」蔣廷黻如何能為自己作辯護，辯護他這篇〈中日外交關係，1870-1894〉幾乎完全只利用中國的史料呢？蔣廷黻已經說日本方面公布得最少。英國方面，蔣廷黻說從 1870 到 1894 年間的檔案還沒被整理出來。至於美國的《外交文書》，他說從崔特教授（Payson Treat）新近出版的著作來看，並不完整。他說美國駐北京、東京、首爾的外交人員並沒有報告整個中日關係的問題。即使報告了，也有很多錯誤。德國方面，德國的外交文書雖然涵蓋了這個階段，但是不及於遠東，一直要到甲午戰爭結束的時候才觸及到。法國方面的資料還沒出版。俄文方面，蔣廷黻說文字上的困難以及資料的缺乏，迫使學者只能作揣測的工作。

　　蔣廷黻為什麼在說美國的史料並不完整的時候特別要指名道姓提起崔特教授呢？原來他是「項莊舞劍，意在沛公」。崔特是美國史丹佛大學的教授，蔣廷黻所指的其近作是：一、《美日外交關係，1853-1895》（*Diplomatic Relations between the United States and Japan, 1853-1895*）；[85]二、〈早期中日外交關係〉（Early Sino-Japanese Diplomatic Relations）。[86]崔特是一個親日、反中的學者。無怪乎蔣廷黻在注釋裡用很重的話批評他：一次說他的說法是「狡猾的宣傳、拙劣的史學」；一次說他「宣傳家激切之情讓人嘆為觀止」。[87]

　　可惜蔣廷黻除了在注釋裡諷刺崔特以外，完全沒有指出他究竟錯在什麼地方。這有好幾個原因。第一，中日外交史大概是蔣廷黻最弱的一環。他既不懂日文，又不知道日文的史料在何處。第二，蔣廷黻只使用中國的資料，完全違背了他自己所立下來的原則：「研究外交史者必須蒐集凡有關係的各方面的材料。」他唯一能為自己辯護的是：他只是單純作敘述，而且是批判地檢視了所有他所使用的文件。然而，他還是必須承認：「由於我主要用的是中國的史

85　Payson Treat, *Diplomatic Relations between the United States and Japan, 1853-1895* (Stanford University Press, 1932).

86　Payson Treat, "Early Sino-Japanese Diplomatic Relations," *Pacific Historical Review*, I.1 (March, 1932), pp. 18-35.

87　T.F. Tsiang, "Sino-Japanese Diplomatic Relations, 1870-1894," pp. 28n47, 33n51.

料，我不能把我的視為定論，因為其他國家的說詞必須得到相同對待。」第三、他唯一能為自己所作的辯護是他「批判地檢視了所有他所使用的文件」。這也就是說，他是根據他批判檢視過後的文件如實記述。蔣廷黻既然只是單純作敘述，如實記述，這就讓崔特不但無須回應蔣廷黻，而且得以在他後來所寫的兩篇論文裡使用蔣廷黻所提供的史料，繼續作他親日的歷史論述，並順便調侃蔣廷黻了解不深、詮釋錯誤的所在。[88]崔特後來發表的兩篇文章，第一篇是在 1934 年 12 月，第二篇是在 1939 年 6 月。第一篇發表的時候，蔣廷黻剛開始從政。這兩篇他是否都讀了？或者讀了可是早已志不在此？可惜我們沒有這些問題的答案。

《籌辦夷務始末》成就了蔣廷黻在清華所作的外交史的研究。然而它也反映出了蔣廷黻研究的局限，亦即，他並沒有蒐集「少則牽連兩國，多則牽連數十國」的「凡有關係的各方面的材料。」沒有人比蔣廷黻自己更意識到這個局限，而且力圖突破它。最觸發他想要去看其他國家的檔案的渴望的，是蘇聯在 1922 年以後所開始公布的《赤檔》（*Krasnyi arkhiv*）。《赤檔》公布了帝俄與西方國家在戰前所簽署的祕密條約，其目的不言可喻是在揭發西方國家的虛偽。蔣廷黻選輯了《赤檔》裡一些跟中國相關的文件，中譯由張祿翻譯發表在《國聞週報》上。他自己又把它們英譯發表在《中國社會政治科學評論》上。[89]從 1931 年開始，他又陸續在北平「中國社會政治科學學會」的圖書館裡看到了從莫斯科「中央檔案局」的檔案裡所選輯翻譯出版的德譯本《帝國主義時代的國際關係，1878-1917》（*Die internationalen beziehungen im zeitalter des imperialismus. Dokumente aus den archiven der zarischen und der provisorischen regierung, 1878-1917*; *International Relations in the Epoch of*

---

88 尹媛萍，〈中美學界關於甲午戰爭起因的早期爭論——以蔣廷黻與魁特為例〉，《中國近代史》，2018 年 4 月，頁 115-124。其實蔣廷黻對崔特只有點到為止的「爭」而沒有「論」。

89 中文方面，請參見：蔣廷黻選、張祿譯，〈帝俄與蒙古（1913-1914）〉，《國聞週報》，第 10 卷第 45-50 期，1933，頁 1-8；英文方面，請參見：X, tr., "from Krasny Archiv: Europe and China," *The Chinese Social and Political Science Review*, 16.2 (July, 1932), pp. 307-318; "Russia and the Chinese Revolution," 16.1 (April, 1932), pp. 11-42; "Tsarist Russia and Mongolia, 1913-1914," 16.4 (January, 1933), pp. 652-688.

Imperialism. Documents from the Archives of the Tsarist and Provisional Governments, 1878-1917）。這一部史料集到 1934 年已經出版到了第五集。

　　所有這些都激發了蔣廷黻希望到國外去看檔案的渴望。幸運的是，民國時期在清華大學任教有一個其他學校都無法與之相比的優點，那就是它有休假的制度。教授每教滿五年可以申請休假一年。1934 年暑假，蔣廷黻在清華任教滿五年。他獲准得到清華的補助到歐洲去看檔案。他在出發以前作好了萬全的準備。他向蘇聯駐中國大使鮑格莫洛夫（Dmitry Bogomolov）申請，給他一張明細表，列出了他想在蘇聯「中央檔案局」看的咸豐、同治年間的檔案：一、木里維岳幅（Nicholay Muraviev）在黑龍江流域（Amur River）的活動；二、普提亞丁（Poutinatine；應該是 Yevfimiy Putyatin？）在天津的交涉；三、伊格納特業幅（Nicholay Ignatiev）1860 年在北京的活動；四、伊犁問題的文件。[90]

　　可惜天不從人願。蔣廷黻是在 1934 年 8 月 16 日晚從北平動身的。從他 8 月底抵達莫斯科到 11 月 10 日晚搭火車離開莫斯科，將近三個月的時間，「中央檔案局」使用的是拖延戰術，不讓蔣廷黻看檔案。蔣廷黻所申請要看的四種檔案裡，最不要緊的是第二種，因為咸豐八年的中俄天津條約毫無特別。結果，蘇聯「中央檔案局」給他看的就恰恰是第二種：「其餘一紙一字都沒有拿出來。」他認為他們不給看的原因是因為蘇聯有所顧忌，怕中國人會根據歷史來試圖收復黑龍江北岸及中亞細亞。[91]這第二種檔案不重要，「因為均係英、法、美三國來往的函件，無一件為重要的。」最可笑的是，蔣廷黻隨手略作的筆記，根據蘇聯「中央檔案局」的規定：「均須受檢查後，才能發還。直到現在〔1935 年〕，此種筆記我還沒有得到手呢。」

90　蔣廷黻，〈歐游隨筆（七）：在蘇聯最後的感想〉，《獨立評論》，第 133 號，1934 年 12 月 30 日，頁 14-15。在《口述自傳》裡，蔣廷黻列出的有五項：一、關於 1850 年繆拉維耶夫（Nicholay Muraviev）在黑龍江（Amur River）一帶活動的資料；二、關於義納鐵耶夫（Nicholay Ignatiev）1860 年在北京的資料；三、1870 至 1885 年有關中亞的各項資料；四、有關 1885 至 1894 年朝鮮的資料；五、1900 至 1901 年間有關我國東北的資料。

91　蔣廷黻，〈歐游隨筆（七）：在蘇聯最後的感想〉，《獨立評論》，第 133 號，1934 年 12 月 30 日，頁 14-15。

蔣廷黻在蘇聯幾乎毫無所獲。遺憾的是，他在柏林的運氣同樣不好。他想看的檔案是有關 1895 年以前的中德關係。德國的中央檔案庫有二：「普魯士檔案館」以及「帝國檔案館」。他先去規模最大的「普魯士檔案館」。可惜：「主管人說兩三年以前是可以公開的，現在不公開了。所以兩館的檔案除通商部分外，都沒能看到。」[92]

蔣廷黻 1934 到 1935 年的尋求檔案之行注定是失望的，連他抱著最大希望的英國也是如此。也許因為所得不多，他在《口述自傳》裡只輕描淡寫地點到為止：

> 我在 1935 年 3 月初到了英國。我主要的目的是研究及抄錄英國尚未公開的有關中國的資料，特別是 1885 年到 1895 年間的文件。藏有這些檔案的「英國檔案局」（Public Record Office）是一個絕佳的機構。負責人給予我各種的幫助。可惜的是，英國外交部的資料只公開到 1885 年。我希望能把公開的期限展延到 1895 年。好幾位英國歷史學家試圖幫我的忙，但都沒有成功。有關 1885 年以前的階段，「英國檔案局」藏有不少尚未公開的英國駐中國外交及領事的報告，相當重要。所以我每天都用了好幾個小時抄錄並申請複印。我一共為清華的圖書館複印了大概三百個文件。後來，因為怕戰爭會爆發，我把這些資料連同我為清華購買的其他歷史文獻送到漢口去保存。戰爭爆發以後，學校當局又把這些資料運到距重慶約 45 英里的北碚。不幸的是，日本飛機的一顆炸彈就剛好命中了清華的倉庫。

這是蔣廷黻最後一次從事學術研究。1935 年 9 月他回到清華任教。該年 11 月，蔣介石在南京召見蔣廷黻，旋即任命他為行政院政務處處長。留學時期就志在政界的蔣廷黻，終於如願以償。

92　蔣廷黻，〈歐洲幾個檔案庫〉，《國立北平故宮博物院十週年紀念卷》，1935，頁 55-58。

第二章

從政論家到進入政壇，1932-1943

　　蔣廷黻在《口述自傳》裡說他在進哥倫比亞大學念研究所的時候就希望在回國以後做一個政論家：「我在 1919 年夏天進哥大的時候有一個奇想，認為我應該學新聞。我想我如果能成為中國報界的領袖，我即使不能掌控中國的政界，也能夠左右它。」從某一個角度來說，從他到南開大學任教開始，他已經開始扮演了政論家的角色。他 1923 年 3 月 24 日剛到南開教書的時候在天津青年會的晚宴上所作的〈中國能否保存國粹並同時輸入泰西文化〉的演講就是一個最好的例子。他在南開六年所發表的十三篇文章裡，有六篇都跟中國統一的問題有關。只是，這些早期的政論文章都屬於理論的層次，試圖以西方民族國家形成的歷史作為借鑑，來指出中國統一所必須走的道路。

　　「九一八事變」是一個轉捩點。日本對滿洲的野心及其布局，關心時局的知識分子不可能不會擔憂。然而事變的發生，恐怕仍然是在他們的想像之外。胡適在次日日記裡的記載可以作為代表：「此事之來，久在意中。8 月初與在君都顧慮到此一著。中日戰後，至今快四十年了。依然是這一個國家。事事落在人後，怎得不受人侵略！」[1]

　　在事變發生的當下，不管大家在政治立場以及處世原則上的歧異有多大，一致對外是一種本能的反應。「北平市各界抗日救國會」在 1931 年 10 月 2 日成立了一個「國際宣傳委員會」，由北平著名學者及在國際上有聲望者組成，

1　《胡適日記全集》，6.607-608。

目的在「將日軍暴行向國際宣傳」。委員負責的工作有編譯與撰稿兩個主要的部門。蔣廷黻與胡適是負責撰稿的五位委員中的兩位。[2]緊接著，《北平晨報》1931 年 10 月 16 日在《北晨學園》上刊載了陳寅恪與傅斯年等合寫的〈二十年武力屬行對日經濟封鎖〉。這篇文章署名的有七個人。除了陳寅恪、傅斯年以外，還有顧頡剛、黃子通、蔣廷黻、馮友蘭、吳其昌。

　　以蔣廷黻的政治立場與處世原則來說，他會作為這篇文章的署名人之一是一件相當不可思議的事。他可以同意這篇文章的前提：「日本之必欲吞併東省，以苟延其經濟脈絡之殘喘，此殆為世界上人人所公認者。」他也一定可以同意這篇文章要制裁日本的立論基礎：「今日生存自衛工具對日武力經濟封鎖政策，即可整個借用當日對英武力經濟封鎖政策之辦法，但易二年為二十年耳。」問題是制裁的辦法，特別是十四條中的第二條：

> 凡：一、販賣日貨之商人，二、為日工廠作工者，三、在中國境內接濟日人糧食者，四、在中國境內受日人雇用，及雇用日人者，五、乘坐日人所辦之火車輪船者，六、在中國境內，與日人在一切任何性質之貿易者（如醫院、照相館、娛樂場、飲食店等），七、入日本在華學校肄業者，一律以危害民國緊急治罪法，由民眾團體治以極刑罪。[3]

　　這種極端的懲罰辦法不太像是蔣廷黻所能接受的，至少不符合他三年以前處理「濟南事件」以後天津抵制日貨運動的方法。蔣廷黻在《口述自傳》裡說，1928 年日軍殘殺國民政府派去濟南談判的蔡公時及其他外交人員以後，天津在南開大學學生的領導之下發起了抵制日貨運動。他們要所有販賣日貨的商店關門。蔣廷黻認為這對從事合法生意的商人是不公平的。他建議採行兩種

2　〈國際宣傳委員會昨成立〉，《大公報》，1931 年 10 月 3 日，第 4 版。

3　周運，〈「九一八」之後陳寅恪等人的抗日救亡立場——民國報章中的往事〉，《文匯報》，2019 年 12 月 6 日，http://www.tsinghua.org.cn/publish/alumni/4000382/14036853.html；劉克敵，〈《申報》有關陳寅恪報道與其學術地位及公眾形象演變〉，《關東學刊》，2019 年 5 期，http://m.fx361.com/news/2019/1202/6080468.html，2020 年 5 月 16 日上網。

作法：第一、學生到賣日貨的商店清點貨品；第二、在繳付了「愛國捐」以後，可以出售日貨，條件是再進的貨不能是日本貨。蔣廷黻說不只是南開的學生，全國各地的學生都接受了他的建議。他說光是天津所徵收到的「愛國捐」就有五十萬銀元。蔣廷黻建議用這筆「愛國捐」來成立一個「工業研究所」以便研究改進國貨的方法。他以醬油與造紙為例，責成這個「工業研究所」用化學研究來縮短醬油釀造以及紙漿製造的時間。這應該就是《大公報》所報導的1929 年 5 月 8 日在天津所成立的「國貨研究所」。根據該報導，蔣廷黻是在當天成立大會上致詞的董事會代表。[4]可惜這個「國貨研究所」的命運並不長。蔣廷黻在《口述自傳》裡說，後來國民黨天津黨部決定用那筆資金買下天津一個毛紡廠。他說結果那個毛紡廠的煙囪一天都沒冒過煙。他自己 1932 年在《獨立評論》上所發表的文章則說是：「開辦僅一個月，天津黨部借名查帳去令停辦。今年夏季始復業。」[5]

　　蔣廷黻對「國貨研究所」的回憶是可信的，因為有當時的旁證。《北平晨報》在 10 月 22 日刊出蔣廷黻的〈經濟絕交的根本辦法〉的文前有主編瞿冰森的按語：

　　　自從陳寅恪、顧頡剛、蔣廷黻等七位先生發表了〈二十年武力厲行對日經濟封鎖〉以後，很引起了不少人的注意。有許多人寫信來問對日經濟絕交的具體辦法。蔣先生對於這個問題有實際的經驗，原來自他回國任南開大學教授時，適日本強占濟南，天津反日會辦理經濟絕交，蔣先生對此擬有極切實之辦法。簡單說，經濟絕交不在單純的抵制日貨，而在奪取日貨在華的市場。[6]

「經濟絕交不在單純的抵制日貨，而在奪取日貨在華的市場。」這句話就

4　〈「國貨研究所」昨開成立大會〉，《大公報》，1929 年 5 月 8 日，第 11 版。

5　蔣廷黻，〈提倡國貨的治本辦法〉，《獨立評論》，第 25 號，1932 年 11 月 6 日，頁 19。

6　引自周運，〈「九一八」之後陳寅恪等人的抗日救亡立場——民國報章中的往事〉，《文匯報》，2019 年 12 月 6 日。

捕捉住了蔣廷黻建議成立「工業研究所」或「國貨研究所」的用意。換句話說，抵制只是治標的辦法；發展「國貨」——奪取日貨在華的市場——才是治本的方法。用蔣廷黻在《獨立評論》所發表的〈提倡國貨的治本辦法〉裡的話來說，抵制日貨是治標，只「偏重了〔對〕消費者的勸勉」。而真正有效的：「提倡國貨的治本須從製造及推銷——工業及商業——同時下手。」這就是為什麼蔣廷黻要一再提倡成立國貨研究所的原因。[7]

　　單純抵制日貨的效果不大，丁文江提供了最雄辯的數據。1932 年，中日貿易的總額是 500,497,000。其中輸出是 206,442,000，輸入是 294,055,000，入超達 87,613,000！這些數字包括東三省。丁文江說即使扣除了東三省的數字，中國本部對日貿易的總額仍然有 262,946,000；入超的數額仍然達 55,000,000：「我們去年抵制日貨的成績太可憐了。」真正的問題還不在於抵制的成績不好，而是在於中國抵制日貨的運動對日本的影響微不足道。日本對外貿易的數額是 2,700,000,000。這也就是說，中國本部（東三省除外，香港在內）對日的貿易還不到日本對外貿易的 10%。即使中國抵制日貨完全成功，中日貿易完全消失，日本對外貿易仍然有 2,700,000,000－262,946,000＝2,437,054,000 之多：「由此看起來，雖然抵制日貨可以使日本受相當的損失，然而決不能制日本的死命，決不能使日本交還我們的失地。」[8]

　　即使抵制日貨的效果不大，丁文江仍然認為那「是應該做的，是可以做的，是能使日本受相當損失的，但是不能制日本的死命的」。也許是基於同樣的道理，雖然蔣廷黻認為抵制日貨只是治標的辦法，雖然他不會認同那種嚴厲制裁與日本合作的國人的方法，雖然他認為奪取日貨在華的市場才是「經濟絕交的根本辦法」，但在國難的當下，他還是願意簽署那篇〈二十年武力厲行對日經濟封鎖〉的文章。

　　蔣廷黻在《口述自傳》裡說到「九一八事變」的時候，先作了歷史的發展來分析事變發生的原因：一、中國的國力趕不上中國老百姓民族意識甦醒的速率；二、日本的擴張主義。日本認為它並不是從中國，而是從俄國的手裡取得

7　蔣廷黻，〈提倡國貨的治本辦法〉，《獨立評論》，第 25 號，1932 年 11 月 6 日，頁 16-19。
8　丁文江，〈抗日的效能與青年的責任〉，《獨立評論》，第 37 號，1933 年 2 月 12 日，頁 3。

滿洲的。中國人在甲午戰爭被他們一向瞧不起的「倭奴」打敗，對日本在滿洲的擴張更是忍無可忍。又加上中日兩國都欠缺具有遠見的政治家來制定出一個對雙方都有利的經濟發展藍圖。於是情況就越發不可收拾了。蔣廷黻在《口述自傳》裡說得好：

> 說到這裡〔九一八事變〕，我必須注意，不能把後見之明當成是先見之明。我並沒有預見到「事變」發生的時間和地點。它發生的時候，我跟其他人一樣的震驚。我也必須說，對於應該如何調整中日的關係，我當時並沒有任何明確的方案。我仍然在摸索著如何可以讓雙方都獲益的方案。

蔣廷黻這段具有歷史意識的自戒——不能把後見之明當成是先見之明——說明了當時的他也不免隨波逐流。然而，在「九一八」的震撼所帶來的本能的反應過後，政治立場與處世原則上的歧異就會開始浮現出來。12 月 4 日，他在燕京大學演講的時候，就主張採用設立中立區的方式來解決衝突。他支持國民政府不戰亦不宣，反對眾人以通電宣言或請願的方式要求政府宣戰的作法：「戰爭並非兒戲，如謂不宣不戰是丟臉，宣而不戰則更為丟臉。所以我們知識分子，在這國家危急之秋，決不應隨意發言。試看我們近數十年來，每次與外國打仗，大都是一般士大夫，空口唱高調，主戰。自己對於戰爭，一點不懂，只是空口言戰，都是很明顯的例子。」蔣廷黻認為要解決東三省的問題，只有用「經濟合作之方式」。[9]

他在燕京所作的這個演講，蔣廷黻在《口述自傳》裡也提起了。他當時的看法已經不同於 10 月中簽署〈二十年武力屬行對日經濟封鎖〉，而是拖延戰術，因為他認為時間是站在中國那邊：

> 在那種想法之下，我的想法可以說是一廂情願的。我在北大、燕京、清

9　〈昨日燕大愛國運動週請蔣廷黻講演《我國對日外交》〉，《世界日報》，1931 年 12 月 5日，「教育界」版，轉引自周運，〈「九一八」之後陳寅恪等人的抗日救亡立場——民國報章中的往事〉，《文匯報》，2019 年 12 月 6 日。

華的演講的基調都是要把九一八事變局部化。

　　1931 年冬天，外交部長顧維鈞博士提議把南滿錦州附近地區劃為中立區，隔開中日雙方的軍隊。我贊成這項提議，讓衝突不致蔓延。當燕京大學校長司徒雷登請我到燕大演講時，我找出了各種理由來支持這項提議。我講完以後，燕大名教授陸志韋起立代表教授學生聯合委員會作了一個報告。他在作了簡短的說明以後，提了一個動議要燕大師生通電全國反對設立中立區。政治系主任徐淑希附議，司徒校長交付表決。我從台上看到一片手海，心頭不禁一沉。我清楚地體認到我是在跟抗戰熱打一場苦戰。

《獨立評論》

　　也許就因為蔣廷黻「清楚地體認到我是在跟抗戰熱打一場苦戰」，他意識到他需要有一個發言的平台。這就是《獨立評論》的緣起。蔣廷黻說他是《獨立評論》的發起人。他在《口述自傳》裡說，雖然他任教的清華大學位在城郊，但他當時在北大也兼一門課，每星期上課一次。同時，他當時也是英文《中國社會政治學評論》（*Chinese Social and Political Science Review*）的編輯，所以常常進城，跟北平的知識分子往來。「九一八」發生以後的一個晚上，大家在「清華俱樂部」聚餐。參加的有胡適、丁文江、傅斯年、翁文灝、陶孟和、任鴻雋、陳衡哲、張奚若、和吳憲。話題談開了以後，大家很自然地談到了知識分子在國難期間能作什麼的問題。蔣廷黻提議辦一個政論性的週刊。陶孟和是第一個潑冷水的人。主編過《現代評論》的他，形容辦雜誌是一件吃力不討好的事，勸大家不要輕易下水。胡適也不贊成。他以辦《努力週報》的經驗為前車之鑑。既然連大家引為龍頭的胡適都反對，蔣廷黻就暫時打了退堂鼓。

　　過了一週以後，任鴻雋夫婦請大家在他們家晚餐。蔣廷黻又提出他的想法。出乎他意料之外的是，丁文江建議不妨先考驗大家的意願。他建議大家每月捐出固定收入的 5%。丁文江說如果能夠籌到至少 800 元，那就表示大家的意願足夠，那就辦。丁文江的挑戰，大家接受。只是，蔣廷黻認為 800 元未免

太高了一點。從那以後，他們這幾個朋友就每週聚會，繼續討論國事，也討論出刊的問題。丁文江說這個刊物要有一個能經理財物的人，他建議了竹垚生。至於刊名，蔣廷黻說最後的選擇是《獨立評論》，是胡適提出的。

蔣廷黻在回憶裡沒有確切地說明他們聚餐的時間。所幸的是，「胡適檔案」裡存有一本〈獨立評論社捐認資本分戶賬〉。[10]骨幹成員在 1932 年 1 月 31 日以前就交出了第一個月的認捐款項。蔣廷黻在 1 月 28 日就交出了，胡適則是 2 月 3 日。從這本〈捐認資本分戶賬〉的資料來看，蔣廷黻所說的那個挑戰大家意願的聚餐的時間，至遲應該是在 1 月下旬。我們從胡適的日記裡也可以找到佐證。1 月 28 日的日記：「擬了一個辦週報的計畫，送給聚餐會的朋友們看。蔣廷黻也擬了一個大政方針。」[11]2 月 13 日的日記：「獨立社聚餐。」[12]從胡適在日記裡的用字遣詞來看，顯然他和他的友朋已經認定「獨立社」是成立的了。

這本〈捐認資本分戶賬〉提供了另外兩個資訊。第一，我們如果以 1、2、3 月份實收的認捐數為準，他們已經收到了 570 元。如果我們把胡適、丁文江的美國朋友克羅澤將軍（William Crozier）在 4 月 15 日所捐的 300 元加入，則已經超過了丁文江挑戰他們的 800 元的基準。一年以後，1933 年 5 月 6 日，實收的認捐總數已達到了 3,375 元。由於《獨立評論》不付稿酬，當時的印刷費用又低，這個數目是綽綽有餘了。根據蔣廷黻的回憶，竹垚生說每期的印刷費用只需要 50 元。《獨立》第一期印了 2,000 本，第二期就印了 3,000 本。《獨立》每期每本的零售定價是四分錢。如果每期能銷售出 80%，創刊的收入就足以打平。更何況是《獨立》的銷路扶搖直上。不到一年，銷路已達 8,000 本。不到兩年，銷路更達到了 15,000 本。事實上，在出刊半年以後，竹垚生就表示社員已經沒有認捐的必要了。根據胡適在 1935 年所寫的〈又大一歲了〉一文，「獨立社」社員的捐款總數後來達到了 4,205 元。等到《獨立評論》銷路增加以後，成員的認捐的百分比就降到了 2.5% 的比率。一直到《獨

10　〈獨立評論社捐認資本分戶賬〉，「胡適紀念館」，HS-JDSHSC-0550-009。

11　《胡適日記全集》，6.628。

12　《胡適日記全集》，6.629。

立》出版將近兩年以後，因為刊物已經能夠完全靠銷路支持，社員的捐款方才完全停止。[13]《獨立評論》從 1932 年 5 月 22 日創刊，一直到 1937 年 7 月 25 日，因為中日戰爭全面爆發而停刊，總共出刊 244 期。

為什麼蔣廷黻所倡議的這個政論刊物的刊名要叫做《獨立評論》呢？胡適在 1932 年 5 月 22 日《獨立評論》創刊號的〈引言〉裡，如此形容他們創刊的理念：

> 我們八、九個朋友在這幾個月之中，常常聚會討論國家和社會的問題。有時候辯論很激烈，有時議論居然頗一致。我們都不期望有完全一致的主張。只期望各人都根據自己的知識，用公平的態度，來研究中國當前的問題。所以儘管有激烈的辯爭，我們總覺得這種討論是有益的。
>
> 我們現在發起這個刊物。想把我們幾個人的意見隨時公布出來，做一種引子，引起社會上的注意和討論。我們對讀者的期望，和我們對自己的期望一樣：也不希望得著一致的同情。只希望得著一些公正的，根據事實的批評和討論。
>
> 我們叫這刊物作《獨立評論》，因為我們都希望永遠保持一點獨立的精神。不依傍任何黨派，不迷信任何成見，用負責任的言論來發表我們個人思考的結果。這是獨立的精神。[14]

《獨立評論》是否獨立？這當然不是當事人自己說了就算的，即使是胡適說的。沒有一個人是超然的。每一個人都是在其所屬的族群、階級、性別的制約下的產物。當然，這中間會有個別差異。這個別差異是進一步由個人的教育、性情、性向，以及意識形態等等因素造成的。然而，整體而言，《獨立評論》是由一群在族群、階級、性別、教育、性情、性向，以及意識形態各方面都同質性極強的朋友所編輯發行的政論刊物。

蔣廷黻在政治上是中間偏右、在經濟政策上中間偏左。至於胡適，我在

13　胡適，〈又大一歲了〉，《胡適全集》（安徽：安徽教育出版社，2003），22.291-292。

14　胡適，〈《獨立評論》引言〉，《胡適全集》，21.457。

《舍我其誰：胡適，第三部：為學論政，1927-1932》裡指出他在 1929 年就已經公開走向保守、與蔣介石妥協。從這個角度來看，《獨立評論》所自詡的自由獨立是必須接受檢視的。我們把當時在報章上的幾則報導，比對胡適在《獨立評論》醞釀出版時的幾則日記，就可以嗅出《獨立社》社員保守意味的蛛絲馬跡。1932 年 1 月 29 日《申報》報導：

> 胡適、丁文江、翁文灝等〔1 月 27 日〕邀請在平一部國難會員傅斯年、周詒春等數十人會餐，討論對國難會議態度。議定：一、被邀會員應赴京出席；二、國議不能限專議外交、職權範圍、應由國議本身自定；三、定三十〔日〕邀集平津國難會員全體，在平銀行公會開談話會，交換意見，決定態度與方針。[15]

胡適在當天的日記裡所表達的態度則軟弱多了，請注意我以粗體字所標明的：

> 在君、咏霓和我同宴請國難會議的北方熟人。到者有：周作民、王叔魯、湯爾和、蔣廷黻、徐淑希、陳博生、傅孟真、周寄梅、〔任〕叔永、林宰平、李石曾，共十四人。大家交換意見，都以為這會議不當限於討論中日問題，**但也不應對國民黨取敵對的態度。當以非革命的方法求得政治的改善。**[16]

同樣也在北平，但不在胡適等人所邀約之列的青年黨的曾琦，就說得強烈得多了。根據《申報》的報導，曾琦說：

> 余被邀為國難會員，事前毫無接洽。一、召集國難會議，是否取消一黨專政，何以無明令？二、予與李璜君等，皆另有黨籍。如國民黨承認黨外

15　〈國難會員平津會員意見〉，《申報》，第 21126 期，1932 年 1 月 29 日，第 8 版。
16　《胡適日記全集》，6.628。

有黨，則出席人選，應由數黨自定。何能指派？三、國難會議是否專議外
交，不談內政？凡非國民黨人，對宗教化之讀遺囑、拜遺像，皆難同意。
如出席，此儀式是否廢除？若停止黨費，可省五千萬，能購飛機五百
架。[17]

　　這國難會議，顧名思義，就是「九一八」以後所促成的。[18]原來，國民黨
在 1929 年 6 月所召開的三屆二中全會通過的〈訓政時期之規定案〉提出，
「訓政時期規定為六年，至民國二十四年〔1935〕完成」。然而，在「九一
八」以後，要求國民黨立即取消訓政、實行憲政的呼聲雲起。1931 年 11 月，
蔡元培在國民黨的四全大會上，提出了組織國難會議，以期集思廣益，共濟時
艱的緊急動議。12 月，孫科、何香凝、李烈鈞等人又在國民黨四屆一中全會
上提出數個提案，要求提前結束訓政，籌備憲政。就在這次全會上，國民黨通
過了「召開國難會議、國民救國會議及國民代表會，縮短訓政，實行憲政
案」。次年 1 月，行政院公布了 188 名被國民政府聘請為國難會議會員，胡
適、蔣廷黻、和陳寅恪都名列其中。[19]

　　同樣都簽署了〈二十年武力屬行對日經濟封鎖〉的陳寅恪和蔣廷黻對這個
國難會議的態度就截然不同。1932 年 3 月 3 日，陳寅恪、容庚、吳宓、葉崇
智（葉公超）、俞平伯、吳其昌、浦江清等七名清華、燕京的教授致電洛陽的
國民政府：「滬戰連日退卻。傳說原因不一，是否政府實行妥協？今日之事，
敵兵在境，豈可作城下之盟，置東省失地，淞滬犧牲於不顧。政府對日，當有
一貫主張。不主妥協，即主抵抗；不用岳飛，即用秦檜。若用秦檜，即請斬蔡
廷楷以謝日本。萬勿陽戰陰和，以欺國人。家國飄搖，生靈塗炭，瞻望京洛，
哀憤交並。」3 月 13 日，陳寅恪在吳宓住處與學生見面時，表示不參加國難
會議：「國難會議列吾名，不擬出席。今日當對日斷交，以便用政府之力為經

17　〈國難會員平津會員意見〉，《申報》，第 21126 期，1932 年 1 月 29 日，第 8 版。

18　有關這個國難會議的分析，請參見鄭大華，〈「九一八」後的民主憲政運動〉，《求索》，
　　2006 年第 3 期，頁 200-204。

19　〈行政院公布國難會議名單〉，《申報》，第 21119 期，1932 年 1 月 22 日，第 3 版。

濟斷交，可見效。」[20]

　　與之成為截然對比的是「獨立社」的胡適與蔣廷黻的態度。胡適對這個國難會議興致勃勃。他不但在 1 月 27 日跟丁文江、翁文灝宴請了一部分在北平的會員，他而且參加了 30 日在北平銀行公會召開的平津國難會議會員餐會。根據《申報》的報導，參加者有三十餘人。[21]只可惜胡適在 2 月 15 日因為盲腸炎住進北平協和醫院，一直到 4 月初才出院。因此，他錯過了該年 4 月 1 日在洛陽召開的國難會議。這段時間胡適的日記空白，《獨立評論》也還沒出刊，所以我們不知道他對國難會議的看法如何。

　　蔣廷黻在《獨立評論》的創刊號上發表了〈參加國難會議的回顧〉。[22]然而，奇特的是，他在那篇文章的啟首就已經聲明：「國難會議發表之初，我對它就不抱甚大的希望，因為我根本不信任何會議能救國。」接著，他用了五分之四的篇幅談會前各黨派的算計與猜疑。會議期間的議案，他唯一提到的是國民黨梅思平所提的國民代表會議。他說這個國民代表會議的職權有二：監督財政、審查條約。他嘲諷梅思平提案裡的選舉法不承認一人一票的基本原則。只是，他嘲諷得語焉不詳，不知詳情的人只能猜測他是在嘲諷梅思平違反民主常規的行徑，但不會知道他的重點何在。一直到文章的最後一段他才對國難會議作出了他嚴厲的蓋棺論定：

　　　政府對國難會議的態度全不一致，連行政院就不一致。外交部、軍政部、財政部，倘以它們對會議的報告為標準，顯然是無誠意的。汪精衛先生則又當別論。他的人品和演說就是誠懇的象徵。他是天生的民眾領袖。長期抵抗的戰爭一開始，他就是我們的 Gambetta〔甘比大（Léon Gambetta）。「普法戰爭」巴黎被圍後，乘氣球飛越普魯士封鎖線離開巴黎，組織軍隊準備繼續抵抗〕。他的政治前途恐須靠與民眾接近。這或者

20　〈平教育界痛陳利害〉，《北平晨報》，1932 年 3 月 5 日，轉引自周運，〈「九一八」之後陳寅恪等人的抗日救亡立場──民國報章中的往事〉，《文匯報》，2019 年 12 月 6 日。

21　〈平津國難會員聚餐〉，《申報》，第 21128 期，1932 年 1 月 31 日，第 4 版。

22　蔣廷黻，〈參加國難會議的回顧〉，《獨立評論》，第 1 號，1932 年 5 月 22 日，頁 9-12。

就是在洛陽民意機關所以能產生的緣故。

有意味的是，蔣廷黻在國難會議結束之後的回顧裡稱讚汪精衛演說誠懇，同時把他比擬成中國的「甘比大」。然而，同樣說的是洛陽的國難會議，他在《口述自傳》裡卻對汪精衛作了一個完全相反的評價：

　　作為一個人物，汪精衛非常有魅力。雖然他主持洛陽的會議而且說了好幾次的話，但我就是不知道他想要說的是什麼。我知道他反對跟日本作戰。然而，在他仍然在野還沒出任行政院長以前，他派人在全國四處煽動學生要求抗戰〔亦即，作中國的「甘比大」〕，讓政府難堪。我了解要爭取權力的政客必須使用各種奇怪的方法，但用和戰的問題來玩政治（political football），則是完全不可原諒的作法。

當然，這前後的矛盾，蔣廷黻是可以用日久見人心來為自己辯護的。在國難會議的時候，汪精衛的「人品和演說」看起來「就是誠懇的象徵」；當時他認為主張長期抗日的汪精衛簡直就像是中國的「甘比大」。十年以後，在蔣廷黻開始作《口述自傳》的時候，抗戰不但已經結束，而且汪精衛還在抗戰期間在南京組織了日本的傀儡政權。蔣廷黻可以說他終於看清了他原來是一個「玩政治」的漢奸。

我們有足夠的資料來重建胡適、蔣廷黻，以及《獨立評論》同仁保守的政治態度與哲學。胡適 1932 年 1 月 28 日的日記說：「擬了一個辦週報〔《獨立評論》〕的計畫，送給聚餐會的朋友們看。蔣廷黻也擬了一個大政方針，分三項：一內政，二外交，三人生觀。這方針不甚高明。」[23]幸運的是，《胡適來往書信選》的編者發現了一篇很可能就是蔣廷黻所擬的這篇「大政方針」：

　　一、內政：首重統一，次建設，次民治。1、現在統一問題雖與歷代不同，然中心人物及武力亦不能免，在二、三十年內，一方式的專制——一

人的或少數人的，公開的或隱諱的——是事實所必須。2、無統一絕不能
有大建設，因財力將費於軍事，且治安不能保全。但統一不必中央集權。
要在外交由中央主持，軍隊須聽中央節制，而國稅及省稅須有詳確的劃
分。3、民治在中國之不能實行，全由中國無適宜於民治之經濟、社會及
智識。倘統一能完成，建設即可進行。而適於民治之環境自然產生矣。短
期之專制反可成為達到民治之捷徑。目前在中國大倡「天賦人權」、「主
權民有」等理論不但無益，而且有損……二、人生觀：1、提倡事業的人
生觀……2、提倡科學的思想方法……3、提倡康健的文藝。三、外交：
1、帝國主義不限於某一時代或某一種的社會經濟制度。民族競爭是用不
能免的。中國不應作任何主義之世界革命之犧牲品。2、倘國際大戰不發
生，則東北問題之解決如上次宣言二、三十年內，中國需以親日為用，自
強為體。仇日派只可在野活動，且不可過烈。[24]

　　我們很容易理解為什麼胡適會認為蔣廷黻這篇「大政方針」「不甚高
明」。胡適最不能接受的，就是蔣廷黻認為「民治在中國之不能實行，全由中
國無適宜於民治之經濟、社會及智識。」這就是後來他們在「民主與獨裁」的
論辯裡最根本的分歧點。胡適既然不同意蔣廷黻對「民治在中國之不能實行」
的觀點，他當然也無法同意蔣廷黻在內政發展的次第：「首重統一，次建設，
次民治。」對胡適而言，這些都是可以齊頭並進的。

　　然而，胡適雖然不同意蔣廷黻在內政上發展的次第，在「首重統一」這一
點上，他與蔣廷黻的看法是一致的。他在 1932 年 2 月 13 日的日記裡記：

　　獨立社聚餐。談內政問題。方式為「怎樣建設一個統一的國家」，結論
大致是：
　　一、應漸漸由分權的名義上的統一做到實質上的統一。
　　二、應努力做到物質上的統一基礎。完成幹線的鐵路網。

24　〈獨立評論編輯方針（稿）〉，《胡適來往書信選》（香港：中華書局香港分局，1983），
　　III.574-575。

　　三、應有健全的政府組織，從「革命的政治」走上法治的軌道。

　　四、應做到全國和平不打內戰。

　　吳憲君問：政權應如何分配？討論的結果是：

　　一、應取消「黨內無派」，使國民黨自己分化成政黨。

　　二、應取消「黨外無黨」，使國民黨以外能有政黨發生。

　　三、國民黨此時的專政，是事實上不能避免的。

　　周炳琳君對於國民黨的前途甚悲觀。其餘皆非黨員，卻承認黨外的政治團體更無希望。[25]

　　胡適在這則日記裡說「結論大致是：」、「討論的結果是：」。這只能意指說他所記錄的是「獨立社」社員的共識。這些共識的重點有五：第一、統一為首要之務。第二、統一與建設必須雙管齊下：「應努力做到物質上的統一基礎。」第三、必須接受國民黨專政的事實。第四、希望國民黨能讓自己分化成幾個政黨，同時並允許其他政黨出現。雖然這是一個幻想，但胡適會繼續幻想到 1950 年代。第五、國民黨雖不能令人滿意，但其他政黨更不成器。更有意味的是，非國民黨員的「獨立社」的成員，比國民黨員的周炳琳對國民黨還有信心。

　　胡適這則日記的缺點是強調「獨立社」社員的共識，而抹殺了他們之間歧異的所在。事實上，即使像「獨立社」這種同質性極強的團體，社員之間的歧異仍然是存在的。蔣廷黻在《口述自傳》裡說：「雖然同仁深切體認到我們之間的異同，但外界總是把《獨立評論》視為一個意見一致的團體。有些人甚至推測我們是要成立一個新的政黨。這種臆測當然是毫無根據的。然而，外界人士的想法也是對的。比起我們之間的共識而言，我們之間的歧異是比較不重要的。」

　　就以胡適和蔣廷黻為例。他們之間的同自然是多於異。如果蔣廷黻在政治上中間偏右、在經濟政策上中間偏左；胡適則不論是在政治上和經濟上都偏右，而且是越老越如此。蔣廷黻在《口述自傳》裡從三個方面勾勒出了他和胡

25　《胡適日記全集》，6.629。

適異同的所在。

　　第一、民主的理念以及統一的途徑。蔣廷黻說：

　　我認為他對自由議會政治的信仰太過天真。他拒絕去檢視許多國家在民
主的表象之下的貪污、浪費、無能、與漠不關心。從第一次世界大戰之前
就開始，在兩次世界大戰之間更是風起雲湧的一波波批判十九世紀自由主
義的浪潮，所有這些對他而言是不存在的。就在北京，國會議員把選票賣
給了無知、無恥的曹錕，選他作中國的總統。湖南在趙恆惕擔任省長時候
頒布了湖南省憲法。省議會把時間跟精力都浪費在空言以及爭權奪利上。
它讓人民厭惡的程度到了等它壽終正寢的時候，他們覺得是解脫了。這些
事實對胡適沒有任何意義。他對所有這些批評的回答是：民主的弊端只能
用更民主的方法來解決。

　　與民主的理念息息相關的，是統一的途徑。蔣廷黻說：

　　《獨立評論》上刊載了許多討論中國統一問題的文章。在這個問題上，
我跟胡適也有不同之處。他似乎認為中國可以、而且應該用國民會議的方
式來統一；我則認為除非我們已經有了最低限度的統一的基礎，這種會議
不會有什麼成果。我們之間的不同，在於武力在國家的發展上所扮演的角
色。我認為國家的統一一直都是藉由武力和政策的配合而成功的。如果我
對他的了解正確的話，他則認為武力是無用的、不必要的。

　　胡適在《獨立評論》所發表的政論裡，最讓人瞠目結舌、最為人所誤解
的，就是他在「民主與獨裁」的論戰裡所說出來的「民主政治是幼稚園的政
治」的名言。我在《舍我其誰：胡適，第四部：國師策士，1932-1962》裡提
出了兩個要點：一、胡適的「民主政治是幼稚園的政治」的理論是跟他當時所
提倡的「無為的政治哲學」連結在一起的；二、「民主政治是幼稚園的政
治」，只不過是胡適一個政治理論的上聯。它的下聯是：「專家政治是研究院
的政治。」這上、下兩聯合在一起才構成胡適完整的政治哲學。所謂「無為」

也者，是因為胡適認為當時的國民政府根本不配談建設，不如與民休息，從幼
稚園的民主政治開始學步。而「專家政治」，在當時胡適的理解裡，是只有蘇
聯和美國才有資格談論的。

　　「民主與獨裁」的論戰，是由蔣廷黻在 1933 年 12 月 10 日第 80 號的《獨
立評論》的〈革命與專制〉所牽引出來的。蔣廷黻在這篇文章裡的結論完全是
胡適可以接受的：

> 　　各國的政治史都分為兩個階段：第一是建國，第二步才是用國來謀幸
> 福。我們第一步工作還沒有作，談不到第二步……中國現在的所謂革命就
> 是建國的一個大障礙……統一的勢力是我們國體的生長力，我們應該培
> 養；破壞統一的勢力是我們國體的病菌，我們應該剪除。我們現在的問題
> 是國家存在與不存在的問題，不是個哪種國家的問題。

　　蔣廷黻這種以統一為先、革命是建國的障礙的論點，跟胡適是完全一致
的。問題是，蔣廷黻在申論的過程中，以英國、法國、俄國的歷史進程為例，
說明這些國家都經過了專制的錘鍊。以英國來說，「在十五世紀末年，亨利七
世統一了英國而起始所謂頓頭朝代（Tudor Dynasty）百年的專制。在這百年
內，英人得到休息生養，精神上及物質上成了一個民族國家（nation
state）。」法國則是在「布彭朝（Bourbon）的亨利四世收拾了時局，建設了
二百年布彭專制的基礎。經過路易十四光明專制之後，法國也成了一個民族國
家。」俄國亦復如此：

> 　　經過羅馬羅夫朝三百年的專制，然後列寧及杜落斯基始能造成他的偉
> 業。世人徒知列寧推倒了羅馬羅夫朝代，忽略了這朝代給革命家留下了很
> 可貴的產業。第一，俄國在這三百年內，從一個朝代國家（dynastic
> state）成長為一個民族國家，革命就不能有割據的流弊。第二，專制的羅
> 馬羅夫朝養成一個知識階級能當新政權的中核。第三，專制時代提高了俄
> 國的物質文明，使援助白黨的外人無能為力。

　　「專制的羅馬羅夫朝養成一個知識階級能當新政權的中核。」這句話如果作進一步的解釋就可以把意思說得更為清楚。蔣廷黻在 1934 年底所寫的一篇〈歐游隨筆〉裡比較了中國與蘇俄之間的異同。他問說：為什麼「蘇聯一般人民之落伍、農民之愚蠢與懶惰反在中國之上」，卻可以當強權，不像中國是一個弱小國家呢？他說：

> 　　此中主要的緣故不是別的，是帝俄和蘇聯有個小小的統治階級，其知識和辦事能力都比得上歐西的統治階級。蘇俄接收的遺產，最寶貴的：是科學家、工程師、文人、美術家、軍官及他們所創造的知識標準、建設標準、意態標準。我們看看滿清遺留給民國什麼人才的產業。在民國元年國內有幾個工程師、科學家、文人、美術家、軍官，其成績到達了歐西的水平線？我們國家的落伍是統治階級的落伍。俄國的人民雖落伍，但統治階級不落伍，所以俄國有辦法。我們的人民落伍，統治階級也落伍……所以我們追不上時潮，應付不了時局。我們的任務還是大膽的、不顧後的、猛進的西歐化。[26]

　　蔣廷黻以英國、法國、俄國這三個國家從「朝代」、到「專制」、到「民族國家」的歷史進程為例，說那不但為這三個國家建立了政權的中心階級，而且造成了民族國家的基礎。事實上，胡適完全可以接受蔣廷黻所說的專制政權建立了其政權的「中心階級」的說法，因為這「中心」與我在《國師策士》裡所分析的胡適所希冀的社會政治「重心」是同樣的東西。唯一讓胡適不能接受的，就是蔣廷黻從這三個國家的發展歷史所演繹出來的公式：朝代→專制→民族國家→革命→現代國家。與之相對的，蔣廷黻說滿清政府從來就沒有從朝代過渡到專制。更可悲的是，就是清朝已經滅亡，中國還是一個朝代的國家。換句話說，當時的中國連專制的階段都還沒走到，遑論革命？遑論現代國家？

26　蔣廷黻，〈歐游隨筆（七）：在蘇聯最後的感想〉，《獨立評論》，第 133 號，1934 年 12 月 30 日，頁 18-19。

中國現在的局面，正像英國未經頓頭專制，法國未經布彭專制，俄國未經羅馬羅夫專制以前的形勢一樣。我們現在也只能有內亂，不能有真正的革命。我們雖經過幾千年的專制，不幸我們的專制君主，因為環境的特別，沒有盡他們的歷史職責。滿清給民國的遺產是極壞的，不夠作革命的資本的。第一，我們的國家仍舊是個朝代國家，不是個民族國家。一班人民的公忠是對個人或家庭或地方的，不是對國家的。第二，我們的專制君主並沒有遺留可作新政權中心的階級。其實中國專制政體的歷史使命就是摧殘皇室以外一切可作政權中心的階級和制度。結果，皇室倒了，國家就成一盤散沙了。第三，在專制政體之下，我們的物質文明太落伍了。我們一起革命，外人就能漁利，我們簡直無抵抗的能力。[27]

胡適先寫了〈建國與專制〉批評蔣廷黻的歷史公式。他說：一、專制不是造就一個民族國家的必經階段；二、從歷史文化、文字、政治制度方面來看，中國從漢朝以來就已經是一個民族國家了。至於蔣廷黻的「專制建國論」，他在 1933 年 12 月 18 日專門寫了〈再論建國與專制〉一文來辯駁。胡適說他反對各種專制政體的理由有三：第一、當時的中國沒有能專制的人，或能專制的黨，或能專制的階級。第二，當時的中國欠缺可以號召全國人在某個領袖、某黨、或某階級的領導之下的新式專制的局面。第三、民主憲政是一種幼稚的政治制度，最適宜於訓練一個缺乏政治經驗的民族。[28]

這場為時一年多的「民主與獨裁」的論戰，沒有任何的結果是不難理解的，因為那根本是秀才紙上談兵，說了等於沒說。當時胡適最感到挫折的，是所有參加論戰的朋友對他這個「民主政治是幼稚園的政治」的理論一點興趣也沒有。他在一年以後的回顧裡說：「這一點似乎最不能引起學者的注意。這大概是因為學政治的人都受了教科書的蒙蔽，誤信議會式的民主政治需要很高等的公民知識程度，而專制與獨裁只需要少數人的操縱。」[29]事實確實是如胡適

---

27 蔣廷黻，〈革命與專制〉，《獨立評論》，第 80 號，1933 年 12 月 10 日，頁 2-5。

28 胡適，〈再論建國與專制〉，《胡適全集》，21.699-702。

29 胡適，〈一年來關於民治與獨裁的討論〉，《胡適全集》，22.203-204。

所抱怨的。丁文江就直截了當地說：「這句話是不可通的。」[30]蔣廷黻則把胡適這句話當成笑話：「你那一段議論簡直是笑話，不值得討論。」[31]

雖然蔣廷黻和胡適是好朋友，但他們互相的了解相當有限。胡適不了解蔣廷黻跟他一樣，是把民主作為目的的。他的專制建國論只是達到民主的方法而已。同樣地，蔣廷黻也不了解胡適。從他在《口述自傳》裡批評胡適「對自由議會政治的信仰太過天真」這句話看來，我們可以知道他一直繼續誤解胡適。他不知道胡適這個「民主政治是幼稚園的政治」的理論，是他從 1920 年代初期就開始用心思索的想法。它只是胡適一個政治哲學的上聯。它的下聯是「專家政治是研究院的政治」。這上下兩聯合在一起才構成胡適完整的政治哲學。

蔣廷黻在《口述自傳》裡所點出來的他跟胡適之間的第二個異同點是在經濟政策：

> 雖然馬克思的經濟史觀是太過極端，但胡適則是幾乎完全漠視了經濟的問題。對我來說，中國人的貧窮問題迫切、悲慘的程度是已經到了必須立即從經濟方面下手而等不及政治民主的發展的地步。我認為經濟應該先於政治。我所謂的經濟有兩個要項：一、用現代的科學和技術從事生產和運輸；二、社會化或財富的公平分配。我們是否有憲法和議會是次要的問題。中國是否能創造更多的財富並把它公平分配才是最重要的。我從不認為胡適會反對從福利國家的方向發展經濟。同樣地，我也希望他不認為我是反對政治民主的。我倆之間的不同不在於原則，而是在於孰重孰輕的問題。

這不是蔣廷黻第一次說胡適漠視了經濟的問題。早在 1934 年 12 月 28 日他清華休假一年人在德國的時候，他就已經在給胡適的一封信上說：

> 你對我的政治偏右不贊成，對我的經濟偏左也不贊成嗎？《獨立》的政

30　丁文江，〈民主政治與獨裁政治〉，《獨立評論》，第 133 號，1934 年 12 月 30 日，頁 5。
31　胡適，〈再談談憲政〉，《胡適全集》，22.557。

治主張已經夠灰色了，經濟簡直沒有主張。投經濟稿子的人似乎更帶書氣，更不敢有所主張。我們因此喪失一個很好指導輿論的機會。[32]

事實上，胡適並不是完全漠視了經濟的問題。他有一個從他留美時代就已經開始服膺的一個社會立法的理念。這個理念，他在 1914 年 7 月 28 日的日記裡第一次揭櫫出來。他在該月 25 日遊覽活鏗谷（Watkins Glen）。他讚嘆紐約州政府把它「收為公園，依山開徑，跨壑通梁，其險處皆護以鐵欄。」這就可以讓「婦孺叟孩皆可享登臨之樂，遊觀之美，不亦均乎！」他讚賞英美國家能夠「以人事之仁，補天行之不仁」，用社會立法的方式來補救人生而良莠不齊的缺憾。這個西方「以人事之仁，補天行之不仁」的社會立法的理念，他更進一步地在 1926 年所寫的〈我們對西洋文明的態度〉一文裡把它禮讚為近代西洋文明所展現出來的「新宗教」：「自己要爭自由……並且還進一步要要求絕大多數人的自由。自己要享受幸福，同時便想到人的幸福……的『最大多數的最大幸福』。」

諷刺的是，胡適一輩子禮讚英美國家社會立法的理念，卻從來沒有花過一點心思去思索如何讓這個西洋近代文明裡的「新宗教」實現在自己的國家裡。難不成這是因為他被他所犯的「歷史進化定律」的謬誤所囿的結果？這也就是說，中國連民主的「幼稚園」都還沒進去，怎麼可能有資格去得享已經進入了民主的「研究院」的西方國家的社會立法的果實！

蔣廷黻則不然。同樣是歸國留學生，同樣知曉英美、甚至德國的社會立法政策，蔣廷黻可以著眼當時的中國，提出當時中國所需要的解藥。他知道共產黨的問題不只是一個政治的問題，而且是一個經濟的問題；不只是一個經濟的問題，而且特別是一個農村經濟破產的問題。這個農村經濟破產的問題一天不解決，中國就不會有救贖之道：

幾年以前，我們還以為中國的問題是個軍閥問題，是個工商業不發達的問題。現在我們知道了中國整個的鄉村經濟已到崩潰的程度。這是中國的

32　蔣廷黻致胡適，1934 年 12 月 28 日，「胡適檔案」，1826-011。

致命之傷……倘若我們不從今日起集中全國的力量來挽救鄉村的經濟，就是日本不來攻，我們的都市全要變為死城，而我們這個國家就自然而然的亡了。

國民政府在對江西的蘇維埃政府從事圍剿戰爭的時候，蔣廷黻就建議國民政府不要在收復區恢復地主的權益，以免坐實了共產黨說國民政府剿共是在維護地主階級的宣傳：

我們以為現狀必須承認，原狀必不可恢復。第一、原狀無從恢復了。共黨占據以前的土地所有權的證據完全沒有了。勉強來恢復必至引起鄉間的紛亂。第二、以往中國蘇維埃與國民政府的戰爭，在共黨的宣傳中，完全是個階級戰爭，是工農階級和地主資本家的戰爭。國民政府以往剿共的政策就給了這種宣傳頂好的證據。以往官軍是與所謂鄉紳——就是地主——合作的。官軍依鄉紳為嚮導。官軍收復一區之後，鄉紳就假官軍的威風來圖報復，來收回土地……現在對共政治策略的第一步非打破這個信仰不可。政府必須設法使農民知道政府的戰爭不是為地主而反農民的。最好的方法就是承認土地分派的現狀。

蔣廷黻不但認為國民政府應該承認共產黨在蘇維埃區已經造成的改變，他甚至建議國民政府應該以蘇維埃區已經造成的事實作為基礎，進一步地把國民黨黨綱裡的耕者有其田、平均地權的理想貫徹到其他的省份去：

我以為承認現狀不但應作為對共的政治策略，且當作為全國鄉村改革的初步。耕者有其地是國民黨的黨綱，也是國家的安寧及人民的生計所必須的。共產主義的土地政策實在是土地共有，不是耕者有其地。在蘇維埃區域內，共黨不過替國民黨實行了國民黨的黨綱，而國民黨不過落後了。在江西、湖北、安徽諸省國民黨即已落後，在他省就該挺身前進。論者多說承認現狀是很危險的，因為共區以外的農民也要效尤。我承認這個危險是實在的，且是不能避免的。唯一的問題是遲早和方法的問題……政府應在

共黨勢力未發展的省份趁早組織土地研究委員會，妥籌耕者有其地的實施方案。總而言之，農村問題不解決，中國的政治經濟是不能上軌道的；平均地權終久是要實行的。我所說的不過指出不流血的、有計畫的改革勝過流血的、無計畫的改革。[33]

在經濟政策上中間偏左的蔣廷黻，在《獨立評論》時代還只有理念而沒有政策。他一直要到 1940 年代中動念組織「中國社會黨」以後才發展出他自己一套的經濟政策。然而，他一直是服膺耕者有其田、節制資本、平均地權、國有企業的理念。也許就是因為這個原因，他傾向於國民黨，甚至加入國民政府。

蔣廷黻在《口述自傳》裡所勾勒出來的第三個他與胡適及其他《獨立評論》成員異同的所在在於對日和戰的問題：

由於《獨立評論》是「九一八事變」以後創刊的，它自然有許多討論到和戰問題以及中國是否可以依賴國聯的文章。同仁中沒有人一個主張立即對日抗戰。在這一點上，大家的主張是一致的。當時天津《益世報》編輯羅隆基，發表了一篇題目響亮的文章，〈槍口對外不對內〉。那當然是呼籲停止內戰，一致抗日的文章。我在《獨立評論》上答覆他的文章說：隨時隨意對日本開槍是不會給我們什麼好處的。現代化的戰爭需要長期準備，然後是動員全國的所有資源。同仁對我的主張沒有任何異議。

然而，丁文江走得更遠。他認為中國需要〔跟日本簽一個類似列寧與希特勒簽的〕《布列斯特—立陶夫斯克》（Brest-Litovsk Treaty）的條約……丁文江的主張等於就是說是為了和平不惜任何代價……當時中國的悲劇是：大家在理智上都知道不能打，但在情緒上大多數都主張早日抗戰。戰爭的氣氛一面倒。胡適博士所一再說的「和比戰難」，針對的就是這種氣氛……我現在回顧《獨立評論》發行的整個歷史，我認為丁文江呼

---

33 蔣廷黻，〈對共產黨必需的政治策略〉，《獨立評論》，第 11 號，1932 年 7 月 31 日，頁 6-8。

籲中國需要簽訂一個類似《布列斯特—立陶夫斯克》的條約那篇文章，其
所展現的是最大的勇氣以及最理智的誠實。我也認為胡適博士對和平的困
難展現了一個真正政治家的了解。

　　回憶不可靠，蔣廷黻這一段話又是一個明證。胡適的名言：「和比戰
難」、「和比戰難百倍」，不是他主和的語言；恰恰相反，那是他開始主戰，
特別是到美國去當大使以後才說的話。更重要的是，就像我在《國師策士》裡
所分析的，他說「和比戰難」的時候，他的目的已經不是要力挽大家要抗戰的
狂瀾，而是要阻擋蔣介石要他力促美國出面調停中日戰爭的壓力。換句話說，
他到美國以後所鼓吹的「和比戰難」，目的不是要主和，而是要蔣介石「苦撐
待變」到美國出師擊敗日本的一天。同樣重要，但不是蔣廷黻所可能知道的
是，從「九一八事變」開始，到 1937 年 9 月初，胡適對日的策略在和與戰之
間經歷了八次的改變。

　　「九一八」以後的兩年之間，胡適確實是主張跟日本單獨談和。在這點
上，蔣廷黻與胡適看法一致。胡適在 1933 年 4 月 11 日所寫的〈我的意見也不
過如此〉一文裡說：

　　我在前年（1931）11 月曾主張政府當局應該接受日本政府在國聯提出
的五個基本原則，開始交涉。
　　我在去年（1932）6 月曾公開作文主張政府應該表示願意依據上述五項
原則，進行與日本交涉（本刊第 5 期，〈論對日外交方針〉）。我當時
說，「交涉的目標要在取消滿洲偽國，恢復領土及行政主權的完整。」[34]

這所謂「五個基本原則」是日本外相幣原喜重郎所提出的：
一、否認相互侵略政策及行動；
二、尊重中國領土之保全；
三、徹底的取締妨礙相互之通商自由以及煽動國際的憎惡之念之有組織的

34　胡適，〈我的意見也不過如此〉，《胡適全集》，21.616-617。

運動；

　　四、對於滿洲各地之日本帝國臣民之一切和平的業務予以有效的保護；

　　五、尊重日本帝國在滿洲之條約上的權益。

　　跟胡適一樣，蔣廷黻認為幣原喜重郎所提出的這「五個基本原則」是對中國友好的表現。他在《口述自傳》裡說：

　　當時是日本民主派的民政黨主政。我和華盛頓的國務卿史汀生（Henry Stimson）一樣，把信心寄望於民政黨。1927 年夏天我在東京作研究的時候，我訪問日本外相幣原爵士。我在 1921 年的「華盛頓會議」中見過他。他給我的印象是：他和其內閣決心要與中國保持和平，不干涉中國的統一。1931 年冬，有一位朋友告訴我說，幣原在該年夏天要當時中國駐日公使汪榮寶回南京向政府報告：「告訴貴國政府，一個大風暴就要發生了。如果我們不小心，日本和中國都將會被摧毀。盡速跟我解決爭端。我一定要得到一些好處。如果貴國政府不讓步，我的政府會垮台。繼任者的價碼會比我的嚴酷許多。」事實上，7、8 月間，幣原急於談判，而南京和瀋陽都急於逃避。我對雙方在該年夏天所用的策略的了解，讓我認為我們的政府措置失當，而且也越發使我相信如果是民政黨政府的話，它是會竭力把爭端局部化的。

　　事實上，胡適和蔣廷黻都有所不知。他們都一直相信幣原喜重郎的「五個基本原則」，是日本給予中國最優厚的談判基礎，渾然不知日本在「國聯」的代表，早在一年前就已經宣布：這「五個基本原則」只不過是作為討論的大綱而已，並不是日本最後的要求。

　　在《獨立社》的成員裡，胡適、丁文江、蔣廷黻在對日的主張上是最低調的。一如我在上文裡所指出的，在《獨立評論》發刊以前，蔣廷黻 1932 年 1 月 28 日對「獨立社」成員所提出「大政方針」裡就主張：「二、三十年內，中國需以親日為用，自強為體。仇日派只可在野活動，且不可過烈。」胡適說他所擬的對日方案比蔣廷黻的更為溫和：

　　「九一八」事件發生之後不久，我們一、二十個朋友曾幾次聚會，討論東三省的問題。我們公推蔣廷黻先生起草一個方案，我個人也起了一個方案。廷黻的方案已夠溫和了，我的方案更溫和。大家討論了許久，兩個方案都不能通過；又公推兩位去整理我們的草案，想合併修正作一個方案。結果是整理的方案始終沒出現。[35]

　　胡適不但會變，而且總共變了八次，從「九一八」以後的單獨跟日本談判，經過不談判，又回到妥協，到「和」、「戰」由蔣介石決定，到用區域性的和平機制來抵抗日本的侵略，到用放棄滿洲來與日本談和，到他 1937 年 9 月赴美前夕開始的「和比戰難」、「苦撐待變」。

　　蔣廷黻對日本低調的態度，除了我在下文會提到的一次例外以外，始終如一。他駐任蘇聯大使的時候，在 1937 年 6 月 8 日給胡適的信裡說：

　　在我這四十多歲之中，憾事雖多，其最大者即「九一八」以前，我當局及人民對東北問題的態度錯了。我的膽子不夠，未曾努力糾正當時的錯誤。假使努力而無成，我的良心還過得出〔去〕。民十七〔1928〕，我在東北考察了一個月。三省都到了。三省的當局都見了，連楊宇霆在內。彼時我覺得我國在東北的主權雖不完整，大致我們尚可有為，且自然趨勢有利於我。在那種狀況之下，我們應該忍耐，應該避免衝突。等到關內能給東北強有力的援助的時候，再與日本算賬不遲。民十九〔1930〕冬，我在北大講演的時候，曾表示此意。學生亦不反對，可見那時尚可以理喻。那時我們如與幣原〔喜重郎〕合作，我們的損失不知可減少到什麼程度。[36]

　　蔣廷黻這個對日低調、尋求機會跟日本談和的態度幾乎始終不變。我在下文會提到 1938 年秋天日本首相近衛文麿發表和平聲明以後，蔣廷黻為孔祥熙擬稿接受的情形。事實上，一直到他的晚年，蔣廷黻仍然錯誤地相信早在

35　胡適，〈又大一歲了〉，《胡適全集》，22.293。
36　蔣廷黻致胡適，1937 年 6 月 8 日，「胡適檔案」，1826-10。

1931 年就應該接受幣原喜重郎的條件跟日本談和，他的《口述自傳》就是一個明證。

蔣廷黻在《口述自傳》裡所勾勒出來的第四個他與胡適等人異同的所在在於他們對國聯以及是否可能得到外援的態度：

> 雖然我們都支持國聯，但在 1932 年我們沒有一個人真正寄望國聯能採取有效的行動。如果它曾經有過維持和平的意願，也在 1932 年日內瓦會議中消失殆盡了。由於胡適尊重國聯所代表的崇高的理想，希望我們避免用難堪的語言批評國聯處理東北爭端的作法。傅斯年對「李頓調查團」姑息的作法極為憤慨，因為那種姑息犧牲了原則而於實際一無所獲。我則覺得已經有足夠的國家想要摧毀國聯。如果「李頓調查團」願意把臉頰湊上去再挨日本一記耳光，中國何苦去阻止它呢！
>
> 我們當中沒有一個人夢想中國會得到外國的援助來抵抗日本的侵略。我們知道有些國家的一些團體是給予我們道義上的支持的，但我們也知道我們所需要的不只是道義上的支持。有些中國人認為蘇聯可能會和中國結盟。為了要與蘇聯結盟，他們要求與莫斯科恢復外交關係。《獨立評論》贊成這個主張，但並不幻想蘇聯軍隊會跟日本作戰。我們只是認為維持外交關係是一件正常的事。很奇特的是，中國，特別是在《獨立評論》同仁中，沒有一個人認為美國或英國會武裝干涉的。我們認為美國已下了決心不再打仗。英國也同樣地希望和平。此外，〔英國〕保守黨裡有人認為年輕氣盛的國民政府是該被狠狠地打一下屁股的。

胡適支持國聯確實是不餘遺力。《李頓調查團報告書》（*Report of the Lytton Commission*）在 1932 年 10 月 2 日公布以後，他立即寫了〈一個代表世界公論的報告〉一文，先責備中國自己：「二千五百年前，有位古人對他的國君說：『既不能強，又不能弱，所以斃也。』在那個時代，有一位二等強國的君主也說：『既不能令，又不受命，是絕物也。』」換句話說，中國應該先自省：如果自己「能強」，自然我們可以命令人，還怕誰的侵略？自己既然「不能強」，而必須求助於國聯，就要應該「能弱」。他說：

　　依我個人的觀察，這個報告書在大體上是很公平的。其中提出的方案雖
然未免有牽就事實的地方，大致都是慎重考慮的結論。當作國際調處的方
案，我認為是可以接受的。其中當然有應該保留之點，例如東三省自治新
制應該規定試行年限及將來改變的手續。[37]

　　即使在日本拒絕接受國聯以《李頓調查團報告書》作為基礎的〈建議
案〉，甚至推出國聯以後，胡適仍然呼籲中國不要辜負了美國與「國際聯盟」
仗義直言的作為。他強調：

　　在國聯給了我們這種種援助之後，我們至少的限度的義務，是必須做一
個忠實的國聯會員國。這就是說，我們必須遵守去年 3 月 11 日國聯大會
通過不承認用暴力造成的任何局面的決議；必須遵守本年 2 月 24 日大會
通過的報告書與建議案的規定，解決爭執的辦法必須不違反李頓報告書第
九章的十項原則，必須與其他會員國一致在法律上或在事實上繼續不承認
滿洲偽政權。[38]

　　至於蔣廷黻自己對國聯以及《李頓調查團報告書》的態度，其實並不像他
在《口述自傳》裡說的那樣可有可無的冷淡、甚至是冷嘲熱諷的態度：「如果
『李頓調查團』願意把臉頰湊上去再挨日本一記耳光，中國何苦去阻止它
呢！」他對國聯以及《李頓調查團報告書》其實是頗有期許的。比如說，他在
〈熱河失守以後〉一文裡說：

　　無論國聯做何處置，即使有令我們失望的處置，我們絕不可放鬆它。黎
頓〔李頓〕報告書豈不是替我們做了無價的宣傳？國聯大會所通過的報告
書豈不是為我們做了聯合世界一致對日的預備工作？最低限度，國聯不但

37　胡適，〈序文：胡適之先生對於《國聯調查團報告書》之簡評〉，《外交月報》，第 1 卷第4
　　期，1932。

38　胡適，〈我們可以等候五十年〉，《胡適全集》，21.606-609。

是我們的代表宣傳的好講壇，且是最有效的宣傳工具。倘兩個報告書不是
出自國聯，是出自中國政府，或美國政府，或俄國政府，其效力能有如此
之大嗎？對國聯，如同對蘇俄，我們不可期望收穫太早，我們尚須繼續做
培植的功夫。[39]

在〈長期抵抗中如何運用國聯與國際〉一文裡，他跟胡適一樣，把國聯稱
許為國際和平與福祉之所依賴：

> 國聯在現今的國際上有兩種重要。第一，它是世界的公安局。在歐戰以
> 前，各國是各自圖安全的保障的。各國各自圖安全好像各人各自圖安全一
> 樣——一樣的不經濟，一樣的危險……你我現在不帶槍，不各自圖安全，
> 因為我們有公安局。
> 　第二，國聯是現代世界的公益局。有許多事業是各國的公益而非一國所
> 能單獨舉行的，如勞工待遇的改良、麻醉品的取締。還有許多問題雖發生
> 在一國而其影響則牽連許多國，如數年之前奧國的經濟破產。實際上，現
> 代一國的貧窮能使全世界均減富，所謂局部的問題都是全世界的問題。
> 　第三，國際的形勢大部分在國聯之內表演。國聯和國際已到了一個不可
> 分離的狀態，日本除外，其他列強均將假國聯的名義以貫徹其政策。當然
> 各國的外交都以維護自己的利益為第一目標，但其主要的活動場是日內
> 瓦。
> 　遠東問題，歸根起來，就是中國的無力，而無力的根由就是中國欠缺現
> 代化。國聯及國際對日本不能施行制裁大部分可說是心有餘而力不足，但
> 是國聯及國際如有機會來幫助中國改造，這是心有餘而力亦有餘的事情。
> 一個強有力的中國是當今國際形勢的一個必需品，這是我們千載一時的機
> 會。近幾十年來，與中國有邦交的列強可分兩種：一種是以通商為目的
> 的，如英美；一種是在遠東有土地野心的，如日俄。通商的國家唯恐中國
> 自己不富強，因為中國一富強，他們的商業就可以進步。有土地野心的則

唯恐中國富強，當宣統末年英美德法組織四國銀行團的時候，日俄即起而反對之。現在我們從法國外部所發表的祕密公文，我們知道日俄反對的理由。他們說如果中國能大借外債來修鐵路，興實業，中國就能自強起來，這是與他們的希望相反的。華府會議以後，在華只圖通商的國家切望中國的自強更加熱烈，有時比中國人只有過而無不及。我們以往沒有利用這種國際形勢，以致有今日，一誤不可再誤了。一個富強的中國出世之日就是遠東問題終止之日，此外別無出路。我們是這樣想，國聯及美國也是這樣想。從這方面看，國聯及國際的利益完全是與中國的利益相同的。[40]

「中國，特別是在《獨立評論》同仁中，沒有一個人認為美國或英國會武裝干涉的。」這句話固然說出了大家理智上的認知，但並不真正反映了大家在心裡的企盼。就以蔣廷黻自己所寫的〈又一個羅斯福進白宮〉一文為例。他在一開始說：「我們總管說，胡佛也好，羅斯福也好，美國的遠東政策是不會變的。我們總管自己勉勵自己，說，靠人不如靠己，外援不如自助。」然而，他話鋒一轉，又說：「我們雖不願明認，心中總覺得美國這次總統選舉的結果與東北問題的前途有不少的關係。無論我們自己如何努力，我們很明白的知道在數年內東北的收復非有外援是作不到的。」

當時的蔣廷黻提醒大家說，民主黨的羅斯福進白宮並不見得會改變美國的外交政策，因為民主黨一向是比較主張孤立的。然而，他話鋒一轉，又以同樣是民主黨的威爾遜總統為例。他說威爾遜在 1916 年競選連任的時候，「仍以避免捲入歐戰漩渦為其大功」。結果，他在次年就加入歐戰了。他說更重要的是，歐戰以後，美國的經濟已經與整個世界的經濟結合在一起了。「國外商場以先是可有可無的，歐戰以後變為必須的。換言之，美國亦不能經濟自足了。無論美國人願意不願意，國外投資及國外商場這兩件事使美國與歐洲、與世界同禍福了。」因此：

40　蔣廷黻，〈長期抵抗中如何運用國聯與國際〉，《獨立評論》，第 45 號，1933 年 4 月 9 日，頁 2-5。

　　現在羅斯福一進白宮，他雖不能使美國加入國聯，他的顧忌就少多了。
與歐洲合作，盡力的督促歐洲問題的解決，既是前任政府已經進行的事
業，又是他本黨的傳統，他可大膽的前進。加之上下議院都在民主黨的手
裡。他的政策不得像威爾遜第二任的政策，遭國會的掣肘。所以最後結
果，世界諸大問題（遠東問題在內）的發展都更加聯成一片（成敗當然另
是一問題）。並且這遠東問題比以前更加離不了國聯。美國的單獨行動比
以前更加要少。

　　美國與國聯的聯合，蔣廷黻認為對中國是利害參半的。這是因為「美國反
日比國聯反日的程度要深刻。同時，美國不積極與國聯合作，則美國不能單獨
行動，而國聯亦不能單獨行動。其結果全問題只有擱置。」所以，中國如果要
訴諸國際，就必須訴諸美國與國聯，因為國聯與國際已經是打成一片了。[41]
　　事實上，要了解蔣廷黻的政治思想，他在《獨立評論》上所發表的文章反
而不是最好的依據。一方面，因為那些文章多半是政論性的文章，有針對性，
很難看出他全盤的看法。另一方面，他在《獨立評論》上所發表的文章反映的
並不只是他加入了「獨立社」以後才有的想法，而是他從南開時期就已經開始
醞釀、淬鍊、漸次成形的主張。其中，最明顯的就是他從西洋近代民族國家形
成的歷史裡所汲取出來的可資中國的統一作借鑑的主張。「專制建國論」並不
是他在《獨立評論》時期才形成的。早在他 1926 年發表在《現代評論》上的
〈統一方法的討論〉一文裡，他就已經以德國以及義大利統一的歷史，來揭櫫
他國家的統一必須武力與政策交相並用的主旨。
　　幸運的是，我們有一篇蔣廷黻清華休假歐遊的時候在英國所作的演講。那
是蔣廷黻一生當中發揮他統一建國論最為淋漓盡致的一篇。這篇演講是蔣廷黻
在英國「皇家國際事務協會」（the Royal Institute of International Affairs）所在
的「凱登樓」（Catham House）所作的演講。我們雖然不知道演講的日期，但
時間應該是在他 3 月初抵達英國不久以後的事。它發表在該協會 1935 年 7、8
月號的《國際事務》（*The International Affairs*）上，題目是：〈中國的現況：

41　蔣廷黻，〈又一個羅斯福進白宮〉，《獨立評論》，第 27 號，1932 年 11 月 20 日，頁 2-6。

一個批判的分析〉（The Present Situation in China: A Critical Analysis）。主持這個演講的主席就是建議美國漢學家費正清（John King Fairbank）研究中國的英國外交史家韋伯斯特（Charles Webster）。

蔣廷黻在《口述自傳》裡提到了他在「凱登樓」所作的這篇演講。他說韋伯斯特邀請他到倫敦大學和「凱登樓」演講。有趣的是，他自己覺得他在「凱登樓」的演講講得不好：「我提出了我對中國統一以及蔣委員長所扮演的角色一貫的看法。我講得不好，但擔任主席的韋伯斯特教授用了五分鐘把我四十分鐘的演講作了一個扼要的總結，讓聽眾明瞭我想說的意思。我非常感激他為我所作的詮釋。」

不管蔣廷黻在《口述自傳》裡是自謙，還是他的演講真的是說得不好，以出版的文字來說，那是一篇氣勢磅礡的演講。蔣廷黻在演講一開始就先破題：

　　一個國家的問題通常是糾纏交錯到似乎像是一塊緊密織好的布。我們不可能去牽一線，而不至於直接或間接地牽動到其他的線。我們若想要充分地分析中國的任何一個問題，就必須去檢視一系列其他的問題。雖然如此，我今天所選擇討論的那一條線是中國統一的完成。我之所以會選擇這個問題的原因，是因為我深信解決了這個中心問題以後，所有其他問題都會迎刃而解。很多關注著敝國各方面的改革的外國朋友對改革緩慢的速率深感失望，這些改革包括教育、公共衛生、鐵路建設、廣播、地主與軍閥的革除、婦女的解放、中文拉丁化，等等。我知道很多企盼看到這些改革的熱心人士、崇高的熱心人士，常常忽略了由於國家沒有統一所滋生的內戰對所有這些改革所造成的破壞性的影響。我認為我有理由說統一是中國的中心問題。然而，在我演講結束以前，我保證我會討論許多其他的問題，以便讓諸位對中國當前的情況有一個全盤的了解。

接著，蔣廷黻就作了一個中國歷史的鳥瞰，勾勒出中國歷史上的分合之勢及統一之道。他說在中國兩千一百年歷史裡，有十五個世紀是「合」，六個世紀是「分」；合與分的階段各有九個。秦始皇的中央集權制度奠定了統一的基礎。官僚所握有的權柄完全是皇恩所賜的。漢武帝獨尊儒家，締造了以皇帝為

中心的政治道德體系。後來所逐漸形成的科舉制度一方面能為社會拔擢英才，另一方面又養成學而優則仕的心態。其所造成的傳統哲學是：合為治世、分為亂世。

中國歷史上統一的模式有四個進程：一、所有統一者都像十九世紀統一德國的普魯士一樣，是從一個核心區的統一著手。在這個核心區裡推行其意欲推行於全國的民政與軍事組織。二、統一者用武力以及外交的手段駕馭競爭的對手。中國歷史上從來沒有一個統一者能一戰而取天下。他們都是一方面用武力以及外交的手段掌控大部分的省份，取得共主的地位，另一方面讓邊陲的省份留在某些對手的手裡維持半獨立的地位。三、統一者總是會為民眾謀些福利，例如降賦稅、去苛政、肅軍紀、勒官僚。四、統一者必須符合士人──亦即讀書人──的期望。他修繕孔廟、崇儒尚學、嚴科舉之防。他會──至少會佯裝──向天下的碩儒請益。這個四進程的模式，可以用一個公式來一言以蔽之，亦即，歷史上能一統中國者，就是能在武力與政策之間的分際調配得最好的人。他反問聽眾說：衡諸古今東西歷史，這不也就是各國統一的模式嗎？

在勾勒出中國歷史上的分合之勢及統一之道以後，蔣廷黻就接著分析了中國近代史的幾個特點。從清朝曾國藩、李鴻章組織湘軍與淮軍式的子弟兵打太平天國以後，私有軍隊就興起了。從袁世凱到民國時期的軍閥，就是這個傳統的延續。這私有軍隊的來源是占了中國 85％ 人口比率的農民。他們不但源源不絕，而且由於不識字，不知有國，只知有家。誰給錢，他們就為誰打仗。

如果近代中國的問題只是私有軍隊以及不識字的農民，則問題還容易解決。更大的問題是，辛亥革命意味著傳統的斷裂。帝制一去不復返，取而代之的是民國。作為傳統中國的精神支柱的儒家，在帝制崩潰以後，失去了其所依附的基礎。如果新的知識階級能有一個新的共識，則民國也許可以找到一個新的精神基礎。只是，民國以後的知識分子從西方汲取了各式各樣，從極左到極右的光譜之下的政治信條，莫衷一是。從遙遠的倫敦反思中國，蔣廷黻覺得他可以清楚地看到了他所屬的知識階級所犯的錯誤：

　　我自己屬於這個階級，而且積極參與了該階級內部的論辯。我自然是相信我這個階級是中國的棟梁。我們在塑造現在，更要創造未來。然而，這

麼多年來，我總覺得情況不妙。從遙遠的倫敦回望中國的情況，我可以比較清楚得看出我們錯在什麼地方。我們不但自己內鬥、消弭了彼此在社會上的影響力，而且與群眾脫離。我們住在舒適的都市裡、讀外國書、醉心於群眾對之一點興趣都沒有的東西。農民要多一點土地、少一點賦稅；我們則想像他們要的是言論、出版、結社的自由、階級鬥爭、世界革命、數理經濟學、政治多元化、選舉、國會、汽車、或者現代建築。我們在教室裡、在上海、北平的出版物上可以侃侃而談，甚至可以來到「凱登樓」（Catham House）演講，展現我們的才智。然而，我們卻無法讓中國鄉下的村眾聽懂我們的話，更不用說要讓農民選我們當他們的領袖了。歷史讓知識階級作中國人的領袖。我們也沒有讓位的想法。然而，領袖與群眾在當下是活在不同的國家與世紀裡。這就好比一個軍隊，軍官在一個營地，而士兵卻在另外一個營地，而兩個營地之間還隔著層層的戰壕。

然而，蔣廷黻說知識階級與農民是活在兩個不同的世界與世紀裡的這個比喻，並不能完全捕捉到情況嚴重的程度。這是因為：

軍閥已經潛入了士兵的營地，據士兵為己有，讓知識階級失去了追隨者。從某個角度來說，中國真正的競爭是在兩個陣營之間：一邊是傳統陣營裡的軍閥和人民；另一邊是現代陣營裡的知識分子。然而，情形比這個更複雜，因為這兩個陣營裡的人也常自己打自己，而不是槍口朝外。

最後，蔣廷黻說到蔣介石的南京政府，他說南京的工作主要在兩個方面：一是滌蕩過去；一是締造未來。滌蕩過去，是蔣介石的工作。他說蔣介石所遵循的，完全是他在演講的前半段所勾勒出來的傳統中國統一的模式：先從長江下游的核心區下手，然後再以武力與外交的手腕，一省一省地增加他的版圖。截至當時為止，除了三、四省還有些問題以外，統一已經在望。

蔣廷黻承認如果我們用現代政治的標準來衡量蔣介石，他是不及格的。他太權謀、太黷武、太攬權在身。然而，蔣廷黻認為那是不可避免的。蔣介石不夠民主，但其他軍閥更專斷、更不負責任。他說：「中央民主，地方專權，其

結果就是中央權力的喪失；各省自行其是，擴張武力，肆行內戰，豎立經濟壁壘，其結果就會讓中國倒退回中古時代。」

　　蔣廷黻認為蔣介石統一中國是遲早的事情。那有問題的三、四省，特別是廣東和廣西不是問題。唯一比較棘手的是共產黨。然而，他認為共產黨也不是問題。他認為中國共產黨跟蘇聯的共產黨不一樣。江西蘇區既沒有由政府壟斷商業，也沒有把土地公有，而是減稅分田。他說蔣介石七分經濟、三分軍事的剿匪策略是正確的。蔣廷黻在倫敦作這個演講的時候，蔣介石第五次的剿匪戰爭已經看似勝利，逼使共產黨放棄江西蘇區進行「長征」。蔣廷黻說蔣介石追擊「長征」的意義有兩個。第一、共產黨竄入了中央還迄未能直接控制的貴州、雲南、四川。第二、蔣介石追擊的結果，使得中央得以藉機消滅共產黨以及當地的軍閥，特別是貴州。蔣廷黻下結論說：「作為一個軍事的問題，中國共產黨的解決已經指日可待。作為一個社會經濟的問題，農民的不滿則還沒有解決，因為這個問題即使在沒有共產組織的省份裡也存在著，而且目前所採取的因應措施完全不足以解決問題。」

　　最後，他更特意用中國必須用中國的方法來統一中國作為理由來為蔣介石辯護：

　　　南京所用的方法也許不容易解釋，或者用西方的經驗來理解，甚至從西方某些理想主義者的角度來看是令人反感的。然而，那是中國的方法。如果那些方法失敗，就不會有其他中國的方法。外國的方法——刺刀之下逼迫中國接受的方法——也許在外人的眼中會比中國的方法好。然而，我敢說那種方法是會被中國老百姓所拒絕的。[42]

42　T.F. Tsiang, "The Present Situation in China: A Critical Analysis," *The International Affairs*, 14.4 (July-August, 1935), pp. 496-513.

行政院政務處長

對留美時期野心就在政界的蔣廷黻而言，那學而優則仕的一線曙光終於向他照射過來了。蔣廷黻在《口述自傳》裡說，他在《獨立評論》和《大公報》上所發表的文章一定引起很多人的注意，包括蔣介石。1933 年夏天，蔣介石約蔣廷黻和南開經濟研究所的何廉去牯嶺晉見他。蔣廷黻認為這件事是《大公報》發行人吳鼎昌和蔣介石的親信錢昌照促成的。蔣廷黻和何廉在牯嶺停留了一個星期的時間。在那一週裡，蔣介石接見了他們幾次。最重要的是第二次的接見。蔣介石要蔣廷黻談他對國事的意見。蔣廷黻用了二十分鐘談他對中國統一問題的看法。首先，他提出了他政策和武力交相並用的論旨。其次，中國疆域遼闊又各地不同，統一必須分段進行。第一個階段是要建立一個核心地區，在行政治理上要優於其他不直接屬於中央政府控制的區。這個條陳所說的，就是他從南開時期醞釀、淬鍊、漸次成形，以及他在倫敦「凱登樓」所作的〈中國的現況：一個批判的分析〉的演講裡的主張。蔣廷黻又說，由於日本不懂得節制，中國遲早必須準備一戰。中國能拖得越久越好。然後，在戰爭到來的時候，乘機完成中國的統一。

蔣介石在 1934 年初又電召蔣廷黻到南昌行營晉見。晉見結束之前，蔣介石問蔣廷黻未來的計畫。蔣廷黻說他接下來休假的一年要去歐洲，特別是英國和德國，因為他需要去看倫敦外交部以及普魯士與德國的檔案，以便寫書。蔣介石要他在行前再去見他一次。有趣的是，蔣廷黻在《口述自傳》裡說由於他對政治沒興趣，因此，在晉見以後就盡速地離開南昌了。

蔣廷黻說他在 1934 年 6 月中清華學期結束以後訂了西伯利亞的火車票赴歐。他記得蔣介石要他行前再去晉見的話。然而，他猶豫著，因為他不知道蔣介石是否只是說說而已，而且他不願意讓蔣介石覺得他有所企求。他說他是在行前五天接到電報，要他去牯嶺晉見。他於是把行期延後一個星期。在牯嶺晉見的時候，蔣介石要蔣廷黻盡可能在蘇聯停留久一點的時間。他要蔣廷黻向蘇聯政府試探中蘇兩國合作的可能性。此外，他要蔣廷黻研究蘇聯的情況。蔣廷黻猶豫著。他覺得這麼機密的一個任務，應該讓一個比他有經驗、比他更得信任的人去擔任。他擔心他不會得到實際效果，因為那不是在作學術研究。蔣介

石告訴他，說會和蘇聯大使鮑格莫洛夫（Dmitry Bogomolov）聯絡，讓蘇聯政府知道蔣廷黻是他特別派去的。

　　蔣廷黻這個祕密任務，他到了莫斯科以後立即進行。他是在 8 月底抵達莫斯科的。透過駐蘇聯代理大使吳南如的聯繫，他和蘇聯外交次長史托莫尼亞可夫（B.S. Stomoniakov）會了面。蔣廷黻先詢問蘇聯是否有意願跟中國建立一個更密切的關係。史托莫尼亞可夫回答說蘇聯政府早已表達了這個意願。問題是在中國。蔣廷黻接著問說中蘇過去不愉快的經驗是否會成為兩國建立關係的障礙。史托莫尼亞可夫回答說：蘇聯方面認為過去的已經過去了。他說蘇聯所關切的是現在和未來。蔣廷黻說蘇聯有蘇聯的既定計畫，但中國希望蘇聯政府能同意中國有權依據其自己的方式發展其政治經濟組織。史托莫尼亞可夫回答說那是自然的。蘇聯跟非共產國家，如法國、土耳其等維持友好的外交關係。他接著說，當蘇聯政府表達它要跟中國建立密切的關係的意願的時候，那個中國指的就是蔣介石的中國。他在會談結束的時候說：「我們是現實主義者。我們要中國強大、統一，而且那個中國必須是蔣介石的中國。」

　　蔣廷黻說他扼要地把會談的經過打電報報告給蔣介石。這篇報告幸好找得到，是 9 月 28 日發出的：

　　　抵蘇俄已一月。調查所得如下：一、蘇近來經濟軍備確大進步。國力及國際地位與列強等。二、蘇望中蘇關係能如蘇、土〔耳其〕友誼。三、中國統一有利於蘇，故對鈞座事業無反對必要。四、蘇有抵抗任何侵略之決心及準備。五、蘇英關係近轉好。愚意中蘇之間目前雖不必訂特殊條約或作形式友好表示，然利害既相同，友誼亟宜培養互信，亟宜樹立。果如此，一則我國外交可添一路線以備緊急；二則世界對等陣線可望維持；三則新疆問題可免複雜化。如密告駐華蘇使黻有鈞座之信任，則在此可與當局接談以立互信基礎。是否可行，請電示由使館轉。

　　蔣介石批覆說：「所見甚佩。已電孔庸之密告駐華俄使示以兄與中正有深

密關係，極為信賴。請即與彼方當局準備接談可也。」[43]

有趣的是，蔣廷黻後來會成為孔祥熙的心腹。然而，這個時候孔祥熙還完全不知道蔣廷黻是何許人也。孔祥熙在接到蔣介石的指示以後回電蔣介石：「當密告俄使俾利進行。但蔣是何人？是否所派往？盼便示。」蔣介石批覆：「蔣係北大〔應為清華〕教授。與達銓〔吳鼎昌〕、〔張〕季鸞諸兄皆稔交。常於《獨立評論》及《大公報》著論。極能主持正義。此次遊俄原屬私人資格，然事前固得弟之同意也。」[44]

蔣廷黻雖然在莫斯科停留了將近三個月的時間，但他的祕密任務顯然沒有進一步的發展。他離開蘇聯以後，繼續西行，先到了德國，後來又去了英國，繼續他看檔案的計畫。他在《口述自傳》裡說他是在 1935 年 9 月回到清華大學的。清華開學不久，蔣廷黻接到二伯的電報說他祖母去世。就在他要回家奔喪之際，他接到蔣介石電報要他去南京晉見。蔣廷黻先趕到南京向蔣介石報告他在歐洲一年的情形，然後返家奔喪。這第四次的召見也許本來就在蔣介石的意中，但翁文灝的穿針引線可能還是促因。翁文灝在 8 月 10 日致電蔣介石說：「清華大學教授蔣廷黻研究中國外交史頗有成績。近自俄德法英考察歸來，觀感益為深切。鈞座似可請其入川一談。」蔣介石復電要翁文灝約蔣廷黻到南京晉見。[45]

祖母喪事辦完以後，蔣廷黻回到清華上課。蔣廷黻在《口述自傳》裡說，11 月間，蔣介石透過翁文灝電召他到南京。事實上，這一次的召見除了又有朋友幫他作穿針引線的工作以外，也有他亟欲報效的因素在內。錢昌照在 10 月 4 日致電蔣介石：「職定於灰日〔10 日〕北上〔去北平〕，哿日〔20 日〕可返京。再廷黻兄現在清華。如欲約其南下報告國際情形，當為面達！」[46]錢昌照在返回南京以後，在 22 日向蔣介石作了報告：「職此次北上，與平津一帶經濟學者均有接洽。一切俟鈞座返京後面陳。再蔣廷黻兄擬來京晉謁。未知

43　蔣廷黻致蔣介石，1934 年 9 月 28 日，「國史館：蔣中正總統文物」，002-080200-00183-007。

44　孔祥熙致蔣介石，1934 年 10 月 3 日，「國史館：蔣中正總統文物」，002-080200-00184-074。

45　翁文灝致蔣介石，1935 年 8 月 10 日，「國史館：蔣中正總統文物」，002-080200-00244-042。

46　錢昌照致蔣介石，1935 年 10 月 4 日，「國史館：蔣中正總統文物」，002-080200-00253-090。

何日為便？乞示。又張伯苓先生之弟張彭春，極精幹。對於國際情形，更有深切研究。鈞座如願與約談，亦乞電示。」蔣介石批覆：「均可。約其下月初來京相晤。」[47]

　　因此，蔣廷黻應當是在 11 月初奉召。他抵達的時候，翁文灝對他私下透露說蔣介石即將出任行政院院長，要蔣廷黻擔任他的政務處長。蔣廷黻說當翁文灝帶他去蔣介石在南京郊外湯山官邸的時候，他還沒決定是否接受。結果，蔣介石根本沒給他選擇，而是給他一個命令。他們一坐下，蔣介石說：「我想翁博士已經把我的計畫告訴你了。你意下如何？」蔣廷黻答說：「我沒有經驗，不知道怎麼當政務處長。」「你可以從工作中得到經驗。不作就不會有經驗。」蔣介石一邊說，一邊拿起筆來寫了一道手諭：「派蔣廷黻為行政院政務處長。」蔣廷黻說，那他就先回清華把那邊的工作結束。「不！我這次上任要帶所有人員一同上任。清華方面，我會打電報告訴校長。」

　　蔣介石這一道手諭，把蔣廷黻在一夕之間從學界調進入了政界。清華如何處理他教了一半的課和學生？蔣廷黻沒有告訴我們。他在《口述自傳》比較有興趣去談的，是新聞發表以後輿論界的反應。翁文灝被任命為行政院祕書長、蔣廷黻為政務處長。他說：「中國一般的反應是：學者從政。」他顯然非常自豪他是 1935 年新政府的成員之一，他說 1935 年冬天這個新內閣，輿論界賦予好幾個不同的稱號。有的稱之為「行動內閣」，因為它包括了好幾個經驗豐富的人才，例如：精於理財的吳鼎昌是實業部長；傑出的中國銀行總經理張嘉璈是鐵道部長。有的稱之為「政學系內閣」，因為吳鼎昌、張嘉璈是政學系的。政學系的首領是張群，時任外交部長。也有人稱之為「人才內閣」，因為張群、吳鼎昌、張嘉璈，以及教育部長王世杰，都是人才。蔣廷黻在《口述自傳》裡描述他成為政務處長這一章的章名也反映出了他自豪的所在：〈在全國最高的行政機構，1935-1936〉。

　　蔣廷黻一定很自豪他一躍而身居全國最高行政機構的處長。然而，像許多傳統讀書人一樣，他還是不可自已地非作澹泊明志的表示不可。這種讀書人在

47　錢昌照致蔣介石，1935 年 10 月 22 日，「國史館：蔣中正總統文物」，002-070100-00042-035。

傳統文化制約、形塑之下的「自我」的「扮相」（performativity），即使是像胡適、蔣廷黻這些喝過洋水的過渡期的讀書人，還是不能自免。胡適被任命為駐美大使以後，總是要一再地以學術的「逃兵」自況，來為「予不得已也」的自己作辯解，而且是對洋人作辯解。這不難理解。他不需要對中國人辯解，因為中國讀書人有跟他一樣的傳統文化制約形塑之下的「自我的扮相」，大家可以不言而喻。胡適如此，蔣廷黻也是如此。他 1935 年 12 月 21 日給費正清（John Fairbank）的一封長信，就是這種澹泊明志的「自我的扮相」最好的體現：

> 你也許會驚訝我換了工作。我離開北平到南京的時候完全沒有想到會換工作。但是，當我發現這是一個重要的職位，可以做許多事的時候，我決定接受。那是一個法國人會稱之為「政治總長」（chef de cabinet politique）的職位，在內閣會議裡有一個席次。工作很雜。有些是例行公事，有些則非常重要。擔任祕書長的地質學家翁〔文灝〕博士和我是作為行政院長的〔蔣〕將軍的兩個在政治上的看門官（watch-dogs）。
>
> 以生涯的選擇來說，我寧願當教授。每當我想到教書生涯裡的悠閒、書本，以及寫作，我有時都會掉下眼淚。在這裡是從早忙到晚。有很多不替別人著想的人，說話沒有要點，平白浪費我的時間。求職者讓我發瘋。一天早上七點，有一個人衝進我的房間，對我大喊大叫說：「我終於找到你了！我有二十年沒看見你了！」原來他是我的小學同學。湖南同鄉、我在中國、美國的同學、南開、清華、北大的學生，大家都認為我欠他們一個工作。但是，我辦公室已經有著太多的職員。裁汰掉一半會更好。可是我的老闆反對隨便裁員。他希望給所有辦事認真的公務員工作的保障。在這方面他比美國的總統還更現代化。
>
> 我很擔心不能在你和費太太回美國以前再見一次面。請不要讓地理以及職業上的差別來阻隔我們之間的關係。我希望我們能永遠是好朋友。[48]

---

[48] John King Fairbank, *China Bound: A Fifty-Year Memoir* (New York: Harper & Row, Publishers, 1982), pp. 90-91.

圖 1　應攝於行政院政務處長時期。蔣居仁先生提供。

　　然而，即使傳統文化的制約機制讓蔣廷黻、胡適等人覺得他們有作澹泊明志的宣言的必要，這傳統文化裡學而優則仕的嚮往也同時為他們的從政提供了最理直氣壯的藉口。胡適1935 年 12 月 12 日的日記是這種傳統的理想與心態最淋漓盡致的寫照：「今天吳景超來。他得詠霓的信，要他去做他的助手。詠霓已允作行政院祕書長。廷黻已南下，不是外交次長，就是行政院政務處長。《獨立》社員有三人入政府，雖是為國家盡義務，於《獨立》卻有大損失。」[49]

　　在近代西方思想的影響之下，這種傳統學而優則仕的嚮往與心態又進一步地被詮釋成為學者的使命與志業（vocation），而且常常是被詮釋為個人為社會或國家所作的犧牲。胡適的「雖是為國家盡義務，於《獨立》卻有大損失」之說，就是這種現代新詮釋的產物。在這個意義之下，《獨立評論》的學者從政，就儼然是犧牲了「小我」來造就國家的「大我」。所以，胡適在 1936 年 1 月 26 日寫給翁文灝、蔣廷黻、和吳景超的信裡，就可以以大義凜然的姿態，鼓勵他們秉持著「學優」的氣節去「出仕」：

　　　　我對於你們幾個朋友（包括寄梅先生〔周貽春，時任實業部次長〕與季高兄〔顧翊群，時任行政院參事〕等），絕對相信你們「出山要比在山清」。但私意總覺得此時更需要的是一班「面折廷爭」的諍友諍臣，故私意總期望諸兄要努力做 educate the chief〔輔佐領袖〕的事業，鍥而不捨，終有效果。行政院的兩處應該變成一個「幕府」，兄等皆當以賓師自處。遇事要敢言，不得已時以去就爭之。[50]

49　《胡適日記全集》，7.279。
50　胡適致翁文灝、蔣廷黻、吳景超，1936 年 1 月 26 日，《胡適全集》，24.289。

作為全國最高行政機構的首長，行政院長之下設有兩組龐大的祕書人員。一組以祕書長為首，下有祕書十名。另一組以政務處長為首，下有參事十名。理論上，祕書長協助院長執行政務，而政務處長則關注行政院決策在政治上的考量。實際上，這兩組是互相配合的。

新官上任的蔣廷黻，在宣誓就職前一晚的晚餐會上就力求表現，提出了一個建設計畫。結果出乎他意料之外，所有的人都反對他。他說他們在跟蔣介石會餐的時候討論新內閣的政策。最重要的議題自然是對日和戰的問題。結論是必需要得到有尊嚴的和平。大家都同意不可輕易開戰，應該繼續為和平努力。然而，蔣介石跟其他一些閣員都認為和平是要有限度的。必要的時候，政府必須領導國民作最大的犧牲。蔣廷黻提議應該從事一項建設或者有計畫的建設，以作為戰爭的準備，或者說，等同於作戰的精神表現（moral equivalent）。他說如果老百姓看到政府從事大規模的鐵路建設、工業發展、農業改良，他們會覺得有了一個可資信賴的政府。負責財政的閣員認為他的建議會像開了閘門一樣，使開支暴增，造成通貨膨脹。而且，還可能刺激人們的胃口，提出政府不可能去滿足的想望和要求。蔣廷黻說他想不到最直言反對他的提議的，是鐵道部長張嘉璈。財政部長孔祥熙立即向第一個開砲的張嘉璈致謝。他說他只應付一般的預算開支，就已經焦頭爛額了。超過那一般的預算開支，財政部不可能負擔。實業部長吳鼎昌也表示同樣的看法。蔣廷黻在《口述自傳》裡嘲諷說：「行動內閣」不敢行動！令人匪夷所思。這些身處政治激流中的人，居然想用例行公事的方法去避免戰爭！他們不曉得全國主戰的情緒已經達到了極高點。不用非常的方法，戰爭是無法避免的。這些反對的人都是主和反戰的。然而，他們的行動證明了他們並沒有準備好要用非常的方法來引導國家去避免戰爭。

蔣廷黻一開始擔任政務處長，蔣介石就交給他一個最重要的任務，去檢討中央政府的機構。蔣廷黻說蔣介石在該年第二次院會中，交下命令要檢討政府的各級機構以便加強其管理的機制。翁文灝負責檢討省、市、縣的機構；蔣廷黻則負責檢討中央政府的機構。於是蔣廷黻把他開始從政的三個月的時間，用來研究中央政府的機構，並擬訂一套改革的計畫。

蔣廷黻所發現的第一個問題是中央政府機構疊床架屋。先以部會為例，「全國經濟委員會」和「建設委員會」不僅彼此之間職掌重複，而且也與其他

部會的執掌有重複之處。然而，最顯著的疊床架屋的例子是鐵道部和交通部。這兩個部都管公路。此外，「經濟委員會」也負責築路。蔣廷黻發現許多計畫要興建的道路，有些與鐵路平行，有些與河川平行，完全沒有整體的計畫。由於鐵路、輪船、公路都欠缺經費，整個運輸體系的統合是絕對必要的。當時沒有一個部會對空運有太大的興趣。由於交通部管郵政，對空運算是勉強有興趣。蔣廷黻建議把鐵道部改為運輸部，主管鐵路、輪船、道路、和空運，而交通部則主管郵政、電話、和電報。

這個疊床架屋的問題衍生出一些頗讓人不可思議的其他問題。比如說，鐵道部長張嘉璈說他需要一筆款項買一批快船，航行於上海、漢口之間。他想用那個方法把平漢鐵路與粵漢鐵路銜接起來。蔣廷黻問他為什麼不就接辦原有的招商局？他回答說：首先，這會和交通部起衝突，因為招商局屬交通部。其次，就算他成功地把招商局改隸鐵道部，他就勢必要接收一批老舊的輪船和一個老大臃腫的機構。他寧願另起爐灶。

蔣廷黻所發現的第二個問題是：當時 85％的人口是農民的中國，卻沒有農業部。中央政府為農民所作的微乎其微的事業是來自於實業部。他認為中國農民應該得到政府更多的幫助。因此，他特別花了好幾個星期的時間研究這個問題。問題五花八門，而且都必須同時面對，舉凡農作物及畜類的改良、灌溉、水土保持、造林、改良農具、肥料、租佃制度、病蟲害的防治等等。蔣廷黻知道那需要一大筆經費，但他認為那是一個很好的投資。即便是從狹義的財政角度來看都會是有收益的，因為投資到農民身上會增加土地的稅收。他認為現代科學和技術可以幫助農民增加生產並改善他們的生活。因此，他建議成立農林部。

蔣廷黻說蔣介石要他盡快地提出改革中央政府的報告。他先向他作了口頭報告。蔣介石很滿意，要他提出正式的建議。蔣廷黻在擬具他的建議的時候，各種不同的傳言在南京流傳著。開始有人向蔣廷黻施壓。比如說，吳鼎昌不希望把農業從他的實業部中分出去。張嘉璈請他不要把招商局變成他的包袱。「全國經濟委員會」的祕書長秦汾說該委員會做了很多事，不該被裁撤。「建設委員會」說該會是張靜江——孫中山的親信、蔣介石的好友——的主意。最後，連翁文灝都勸蔣廷黻要循序漸進。顯然連翁文灝都受到了壓力。蔣廷黻說

他面對這些壓力的方法，就是告訴大家說等他把建議上呈以後，蔣介石一定會傾聽大家的意見。由於壓力越來越大，蔣廷黻決定盡速完成他的報告，在1936年2月底呈遞上去。

把報告呈遞上去以後的蔣廷黻翹首以待蔣介石的反應。結果完全是出乎他意料之外。3月底，蔣介石命令他和翁文灝把工作對調過來。翁文灝改為負責中央政府改組的工作，蔣廷黻則負責地方行政的改革。這個震驚太大了。他覺得蔣介石是虧欠了他。他如果要拒絕他的建議也罷了，但連給他解釋的機會都沒有。然而，在《口述自傳》裡，蔣廷黻又似乎替蔣介石緩頰。他說一年以後他在莫斯科當駐蘇聯大使的時候，聽說鐵道和交通兩部合併，「經濟委員會」和「建設委員會」也裁撤了：

> 這些變動有些讓人難以捉摸。我並不真正知道其中的底細。這些變動並不是依照我當初的構想而行的。比如說，新成立的農業部〔應該是農林部〕實際上是一個空殼部。其幾任部長都是軍人，都是被解除軍權以後換來酬庸他們的閒缺。他們哪懂得農業。我真希望我當時沒提出這個建議。當初反對我的人實在比我有遠見。

事實上，蔣廷黻說的都不對。這些部會合併、裁撤的時間是在1938年，是在他從駐蘇聯大使卸任以後，不是在他當駐蘇聯大使的時候。農林部則是在1940年成立的。他說得好像蔣介石最後還是採納了他的建議，即使是精神盡失。事實上當然不是如此。就以鐵道部為例，中日戰爭爆發一年之間，沿海鐵路所在地區都落入了日軍手裡。鐵道部所管轄的鐵路極速消失，於是在1938年1月併入交通部的路政司。蔣廷黻建議的是把疊床架屋的鐵道部和交通部的職權作合理化的劃分：把鐵道部改為運輸部，主管鐵路、輪船、道路、和空運，而由交通部主管郵政、電話、和電報。1938年1月的改組並不是把鐵道部改為運輸部，而是把它裁撤併入交通部。換句話說，與其說是蔣介石在兩年以後遲延反應地聽了蔣廷黻的建議，不如說是因為抗戰形勢的改變使然。

蔣介石沒給任何反饋、沒給任何理由，指令蔣廷黻跟翁文灝交換研究的任務。蔣廷黻在氣餒之餘，對他研究改善地方行政的新任務採取了消極的態度。

他不想再一次徒勞無功了。然而，敬業的蔣廷黻終究還是把它當成是一個學習的機會，讓他能夠了解省、市、縣的行政機制。他決定把他的任務交給熟悉地方行政的人員去研究。在 1936 年 5、6 月間，他物色了一些對地方行政有經驗的人或曾發表過有關地方行政的學者。他計畫用六個月的時間編制出一系列根據取樣的研究所寫成的報告。在該年夏天，有二十多名學者和有地方行政經驗人員到各省市去進行研究調查工作。只可惜蔣廷黻沒告訴我們他對地方行政改革所作的研究的結果如何。

政務處長的職位讓蔣廷黻有機會觀察最高行政機構決策的過程及其幕僚的作業程序。在國民黨的黨治之下，行政院是執行國民黨中央政治會議所制定的政策。行政院週二院會中所作的重要的決定，都需要由中央政治會議在週三的會議中通過。一個星期二晚上，蔣廷黻接到蔣介石的電話，要他出席次日中央政治會議討論內蒙半自治政府的問題。這又是一個人治的例子。蔣介石明知蔣廷黻不是國民黨員，更不是中央政治會議的成員，就是要他出席。出席這個會議，讓蔣廷黻目睹中央政治會議的會議過程：

> 出席會議的大約有二十五人到三十人。蔣院長擔任主席。議程很長：三分之二的議程都已經在行政院院會中討論過。蔣院長桌上有一大疊文件。他逐頁宣讀，與會人員逐案討論。有關在綏遠、察哈爾省政府裡增加蒙古代表的議題，討論了很長的時間。有些人談到康熙、乾隆皇帝跟蒙古人所作的協定；有些人談到日本煽動蒙古人的情形，以及蒙古領袖與派系的態度；又有一些人高論孫博士對少數民族的權利的遺教。整個討論雜亂無章。意見很多，但沒有具體的主張。我聽了半天，完全不清楚與會人員究竟是同意還是不同意行政院所通過的政策。十二鐘響，蔣院長宣布：「本案議定交由行政院斟酌辦理。」

蔣廷黻說了他參加那次中央政治會議的感想如下：

> 儘管我有作為一個政壇新鮮人對這個國家最高決策機構所有的敬意，但還是不免要為這種像扮家家酒一樣的會議而失笑。首先，在處理的事務

上，中央政治會議與行政院大致上是重複的。其次，中央政治會議的成員
對問題的了解，遠不如行政院。其所具有的經驗很差。第三，擬具提案的
行政院人員泰半不是中央政治會議的成員，不能出席中央政治會議，因此
無法對提案提出說明和辯護。中央政治會議與行政院的關係應該調整。

　　我想用最溫和、最委婉的方法提出建議，讓中央政治會議與行政院祕書
保持密切聯繫，並讓提案部會的首長在討論時出席中央政治會議。然而，
朋友都勸我不要闖入這個險區。

　　蔣廷黻在擔任政務處長期間所觀察到的是中國官場的公文文化。當時行政
院院長辦公廳的人員約有三百名。其中，超過三分之二都是辦事員
（clerks）；六十位是半辦事員半科員（professional）；二十名是科員，具有
提供決策的知識與經驗。辦公廳每天平均收文九百件，發文約五百件。蔣廷黻
說他所過目的公文大約占 5%。在這 5%中，大約只有三分之一需要斟酌，有
他個人的影響。其他需要他簽名蓋章的，都由一位掌印的主任祕書
（counsellor）代為蓋章。他說翁文灝看的公文比例比他稍微高一點。行政院
長所需要定奪的公文，大概只有蔣廷黻和翁文灝所處理的五分之一。

　　蔣廷黻說他剛從政的時候相當看不起這些科員。可是，在進了官場以後，
他發現這些科員們能以清楚、扼要的文字，把極複雜的問題用幾句話就點了出
來。他們謹慎任事，遵循成規，很少有不按照成例辦理的。他說他很感謝他
們，因為他看他們所寫的簽條，就可以知道過去類似的事務是如何處理的。從
他在行政院的經驗，他能公平地說中國有足夠的人才去推行一個有效率的文官
制度。

　　當然，蔣廷黻對中國的官場文化也有他批評的所在。第一，中國的文字使
用不便。在他那個時代，沒有複印的技術和機器。所有的文件都必須用手繕
寫。第二，辦事的方式是寶塔式的。一個辦公室裡，只有主任可以對外交涉。
其結果是，每件公文都必須由寶塔的最下一層，一層層地往上送。在有些層級
裡，由於有掌印代簽的作法，也許可以少掉在一兩層裡延宕的時間。可是，理
論上說來，所有的公文都必須從底層一直到寶塔的最高層。然後，再一層層地
回到寶塔的第一層——這就是一般所詬病的公文旅行。

駐蘇聯大使

從某個角度來說，蔣介石會在 1936 年夏天任命沒有外交背景的蔣廷黻為駐蘇聯大使是有跡可循的。他在 1934 年休假經由西伯利亞到歐洲去作研究以前到牯嶺去晉見蔣介石。蔣介石給他一個祕密任務，要他向蘇聯政府試探中蘇兩國合作的可能性，並研究蘇聯的情況。他在《口述自傳》裡說他在擔任政務處長期間，蔣介石要他和蘇聯大使館保持密切聯繫，注意中蘇兩國關係的發展。可惜，究竟是在他擔任政務處長的什麼階段，他沒明確地說明時間點。

除了這個先前在莫斯科的祕密任務以外，他的朋友的穿針引線，在蔣介石面前一再稱許他在外交史、國際關係方面的知識也一定產生了促成的作用。這些朋友裡，除了吳鼎昌、錢昌照、與翁文灝以外，還有胡適。胡適在 1935 年 11 月間到南京去晉見蔣介石以後，在 11 月 12 日夜寫了一封長信為蔣介石獻了三個策：一、「國防設計委員會」；二、憲政實施的綱領；三、華北問題。這三策裡的第一策，就是建議蔣介石組織一個「智囊團」。這個「智囊團」的人選，他建議至多不得過七、八人。只是，他自己想了半天卻只能舉出四個：「丁在君（專作地理上的國防設計……）、翁詠霓（地理、資源）、俞大維（兵工）、蔣廷黻（外交）。」[51]胡適到南京去晉見蔣介石跟他寫這封信的時間，大概就在蔣廷黻去南京晉見蔣介石之後。雖然蔣介石派給蔣廷黻的任命是政務處長，但那只是時候未到而已。

蔣廷黻在《口述自傳》裡說，1936 年 6 月間，外交部長張群報告駐蘇大使顏惠慶堅決請辭。他說行政院院會是在週二上午舉行，而院會前的非正式的會議——堪稱「小內閣」——是在週五下午在蔣介石官邸舉行的。參加這個「小內閣」會議的只有孔祥熙、張群、吳鼎昌、張嘉璈、王世杰、何應欽、翁文灝、和蔣廷黻。在 6 月底的某次會議中，對繼任顏惠慶的人選，張群建議了下列的名單：吳鼎昌、顧維鈞、徐謨。孔祥熙建議王正廷。討論了一陣子以後，蔣介石轉身對蔣廷黻說：「廷黻，你願意去莫斯科嗎？」他沒等蔣廷黻回

---

51 胡適致蔣介石，1935 年 11 月 12 日夜，「國史館：蔣中正總統文物」，002-020200-00023-020。

答就接著說：「你考慮一下，三天內答覆我。」蔣介石既然已經提出了他屬意的人選，與會者當然一個個表示贊成。蔣廷黻說最熱烈贊成的是吳鼎昌。幾天以後，翁文灝去看蔣廷黻，說蔣介石很希望他會接受任命。作為朋友，翁文灝說那是個吃力不討好的工作，但勸蔣廷黻接受。蔣廷黻回答說對政府或他自己而言，最好還是多給一些時間思考一下。如果蔣廷黻在回憶裡所說的時間點是正確的，蔣介石和蔣廷黻思考了兩個月的時間。8 月 26 日，他被任命為駐蘇聯大使。[52]

　　在中日戰爭爆發不到一年之前被任命為駐蘇聯大使，這是一個肩負著重要使命的任務。蔣廷黻在《口述自傳》裡說：

　　　　我出使蘇聯的消息公布以後，大家所給予的，是最高、最亢奮的期望。我的朋友跟許多公私團體為我舉行了一連串的宴會。在每次宴會裡，我可以感覺到大家都希望、祈禱我能促使蘇軍與中國並肩作戰抵抗日本的侵略。有些人相信我能成功地完成這項任務；有些人雖然希望，但不認為那是可能的。這些宴會所傳達的情緒反映了輿論。大家已經越來越主戰，而且認為蘇聯很有可能會幫助我們抗日。

　　蔣廷黻說他自己的看法不同：「我並不認同大家這種認為蘇聯會援助中國的樂觀想法。蘇聯政府會盡可能維持和平，因為只有和平它才可能完成它的大建設計畫。我 1934 年訪蘇所得的感想是：維持和平對蘇聯更為有利。」其實這是蔣廷黻一貫的看法。1932 年間，有人倡議從中俄復交到結為同盟。他就在《獨立評論》上發表過一篇文章提醒大家不要寄予厚望：

　　　　復交不是聯盟。這是很顯明的，我們不應誤會的。聯絡邦交是常態，斷絕邦交是變態。由變態復為常態本不值得大書特書……其實中俄復交所以備受國人的歡迎還有一個理由。我們雖知道復交不是聯盟，我們心中都在

52　「國史館：國民政府，駐外使領人員任免（十一）」，1936 年 8 月 26 日，001-032133-00011-024。

那裡推測和希望這個復交或是聯盟的初步……第一、日本占據東三省不但是我們的大患禍，也是蘇俄的大患禍。日本此舉直接危害蘇俄在東三省北部的權利……第二、我們看得很清楚蘇俄目前無能為力。在過去這一年中，不但我們在東北抱不抵抗主義，蘇俄也是抱不抵抗主義……兩國的不抵抗均因無能力抵抗……如以上的分析不錯，那麼，從中俄復交到中俄合作以抗日是可能的，但非短期內所能實現的……我們現在根本要放棄短期內的解決的希望，而咬住牙根作長期——五年或十年——抵抗的計畫。在此計畫之中，蘇俄的合作必須占一重要地位。成功與否，一方面要看我國政府及人民的努力，一方面要看國際形勢。[53]

到了 1936 年，蔣廷黻在《口述自傳》裡說他有了更進一步的觀察。他認為蘇聯不會輕易跟日本開戰：

蘇聯在東西兩方都受到威脅。在 1936 年間，是德國還是日本比較可能進攻蘇聯，我不知道。我認為史達林一定覺得德國的威脅甚於日本，因為歐洲部分的蘇聯比亞洲部分重要。即使日本能占領西伯利亞一直到烏拉爾山脈，蘇聯還仍然是一個強國；但是，一旦德國占領了歐洲部分的蘇聯，蘇聯就會失去其存在的價值。我們從蘇聯駐軍的部署，就可以看出這兩個戰線的比重。其比例是三比一：三在歐洲、一在亞洲。

基於上述種種觀察和分析，蔣廷黻說他出使蘇聯之初就抱定了一個信念，亦即，中國一定不能妄想蘇聯會不顧自身的利益而幫助中國。他把希望寄託在蘇俄自身利益的基礎上。他說他在出使之前呈給蔣介石一個祕密的說帖，其主旨在成立一個由多國認購其股份的反日公司：

成立一個諸國聯盟——包括中國和蘇聯在內——的可能性比中蘇聯盟要大。我們在考慮中國的需要時，也必須考慮到蘇聯的需要。否則就沒有外

53　蔣廷黻，〈中俄復交〉，《獨立評論》，第 32 號，1932 年 12 月 25 日，頁 6-8。

交可言。實際上，我對委員長所提的建議是成立一個反日股份公司。

　　對日本作戰是中國的生死戰。我建議中國應該把所有的資源都投入這個公司。根據我的估計，蘇聯最多只可能認購百分之三十的股份。而且，只有在英美認購的條件之下，蘇聯才可能認購。我之所以沒把法國計算在內，並不是我不希望法國的幫助，而是因為我認為法國會把它所有的資源都放在歐洲。

　　蔣廷黻說他沒有笨到認為中國，遑論是他自己一個人，有辦法去組織一個反日股份公司。他承認即使所有相關的國家都願意而且支持，還是會困難重重的。然而，即使這個想法有點異想天開，想要組成中蘇同盟是更不可能的一件事。這個他說只有蔣介石和翁文灝看過的祕帖，可能並沒有保留下來，「國史館」的檔案裡沒有。

　　在《口述自傳》裡，蔣廷黻說他是在 1936 年 10 月 21 日離開上海，25 日夜抵達海參崴的。然而，這個記憶顯然是錯誤的。根據當時幾個報章的報導，他 10 月 22 日還接受了上海各團體的歡送會。23 日中午還應《大公報》和「中國青年會」的邀宴。當天下午五點也由王正廷及清華同學會為他舉行了歡送茶會。蔣廷黻是在 24 日搭乘蘇聯輪船「北方號」離開上海的。隨行的有他的眷屬，使館祕書十餘人。[54]這所謂的眷屬指的應該是夫人唐玉瑞、長子懷仁、與幼子居仁，因為他在《口述自傳》寫到他從莫斯科卸任回國那一章裡，說他在出使期間把兩個女兒留在湖南老家跟他大哥一起住。

54　〈蔣廷黻臨別談外交〉，《立報》，1936 年 10 月 24 日，第 2 版；〈特訊：歡送聲中蔣廷黻大使在本會之演講〉，《上海青年》，第 36 卷第 37 期，1936，頁 3；〈時事述評：我駐俄大使蔣廷黻赴任〉，《中心評論》，第 29 期，1936，頁 32。

圖 2　蔣廷黻與家人、幕僚 1936 年 10 月 24 日從上海啟程出任駐蘇聯
大使。前排：三保（懷仁）、蔣廷黻、唐玉瑞、四保（居仁）。《東方
雜誌》，第33 卷 22 期，1936，頁 1。

　　蔣廷黻原來的計畫是在搭乘橫貫西伯利亞鐵路西行的時候，先在海蘭泡
（Blagoveshchensk）稍作勾留，以便親自把蔣介石的簽名照片轉送給蘇聯遠東
軍區司令布魯轍（V.K. Blyukher；加倫將軍）。然而，蘇聯駐海參崴的外交部
代表告訴他說，蘇聯政府希望他能及時趕到莫斯科出席在紅場舉行的國慶慶
典。只是，雖然蔣廷黻兼程趕路，但他 11 月 7 日抵莫斯科車站的時候，還是
趕不及參加當天在紅場舉行的閱兵。他在當晚去參加外交部長李維諾夫所主持
的盛大舞會。10 日，他去造訪蘇聯外交委員長等人，並訂定 11 日下午一時到
克里姆林宮呈遞國書。呈遞國書的典禮是由主席加里寧（Mikhail Kalinin）、
外長李維諾夫（Maxim Litvinov）等人主持。典禮很簡單，因為蘇聯當時已經
廢除了頌答詞之外交儀式。典禮過後，加里寧接見蔣廷黻，由李維諾夫用英文
擔任翻譯。雙方又禮貌客套了一番。蔣廷黻在結束的時候說：「鄙人第一次出
使貴國，負此重大責任。正因為駐在國與敝國為極友誼之邦，敝國先哲孔子曾
言：言忠信，行篤敬，任何異國，均可前往。鄙人願恪守此言，以為圭臬。」

加里寧回答說：「吾輩皆平民，不得已而參預外交，實皆平常人。」[55]蔣廷黻在《口述自傳》裡說加里寧在革命以前是一個銅匠。他說的這句話，蔣廷黻在給外交部的報告裡翻譯得不好。幸好他在《口述自傳》裡又重述了一次。中譯本翻譯不確。茲重譯如下：「請不用擔心。我們都不是職業外交家。如果我們作外交，那是因為事實的需要。我個人寧可作我的本行。」

莫斯科的外交生活沒有想像中的風光。蔣廷黻在莫斯科的一年一定是受夠了。無怪乎他 1944 年到美國華盛頓去開「聯合國善後救濟總署」成立大會，聽到了謠傳說他可能會被任命為駐美大使的時候，會在日記裡驚呼說：「如果我重回外交生涯！那會多無聊啊！」等他後來到美國當駐聯合國大使以後，他愛上了紐約，愛上了在美國的外交生涯，他整個想法就會徹底地改變。

如果蘇聯像是一個大海，蔣廷黻形容駐在莫斯科的外交使節團就彷彿是住在那大海中的一個孤島上一樣。蘇聯嚴禁人民與外國外交人員來往。其結果是使外交人員彼此間建立了親密的關係，像一個大家庭一樣。他很驚訝外交使節團裡強烈反蘇的情緒。對蘇聯的情況和政策，沒有一個人有好話說。如果蘇聯政府擺場面招待，大家會說：「何必那麼浪費。」如果屋頂漏水，水龍頭滴水，大家就會說：這就是蘇聯的行政效率。在沙皇時代就出使俄國的外交官會描述給蔣廷黻聽舊俄時代的繁榮和福祉。他們一再警告他不要被共產黨的假象給騙了。

在莫斯科的外交使節團不只是生活在孤島上，他們還是隨時被監聽的。蔣廷黻說他到莫斯科不久，戴維斯（Joseph Davis）成為美國新任駐蘇聯大使。他們兩人成為好朋友。有一天他去拜訪的時候，他發現談話中，戴維斯不停地用他手中的鉛筆敲著桌面，就像中國的和尚敲木魚念經一樣。戴維斯看到了蔣廷黻丈二金剛的表情，就解釋說那是打亂蘇聯特務「格別烏」錄音的好辦法。儘管戴維斯已經請了美國電訊專家檢查過美國大使館，但他仍不敢確信牆壁後面沒有錄音設備。戴維斯和蔣廷黻希望能在不受特務及竊聽設備干擾的情形下自由交談。開始的時候，他們想可以坐在汽車裡談。但他們不敢確定司機是否

55　〈駐蘇聯大使蔣廷黻呈報赴任呈遞國書情形〉，「國史館：國民政府，駐外使領人員任免（十一）」，1937 年 2 月 10 日，001-032133-00013-000。

是特務。最後，他們決定去郊區談。但他們才一下車，就有四個特務跟著。蔣廷黻說他自己決定不讓蘇聯的特務去影響他的心情，因為他覺得他沒有資格去批評蘇聯的社會和經濟情況。第一，他對蘇聯的了解不夠；第二，中國自己的情況也半斤八兩。

由於蔣廷黻出使莫斯科有非常明確的目的，他說他一到莫斯科就亟欲開始工作。他對李維諾夫說他受命談判中蘇兩國能有進一步的關係。李維諾夫說必需要等駐華大使鮑格莫洛夫回莫斯科才可以開始進行。談判一直要到 12 月初才開始。而且，根據他 1937 年 4 月給外交部的報告，他跟鮑格莫洛夫、李維諾夫的談判一定一度還因為「西安事變」而中斷，一直到「西安事變」解決以後才繼續。[56]蔣廷黻對鮑格莫洛夫說中國要的不是互不侵犯條約，而是積極的攻守同盟條約。鮑格莫洛夫說蘇聯政府會願意跟中國各讓一步的。蔣廷黻問說如果有德國侵略的危險，那是否會阻止蘇聯在遠東用兵。鮑格莫洛夫認為不會。蔣廷黻又問：蘇法聯盟是否會迫使蘇聯將全力放在歐洲。鮑格莫洛夫說法蘇條約對蘇聯在遠東的行動並無限制。

可是，當蔣廷黻開始跟李維諾夫談判以後，他發現後者對情勢的看法就與鮑格莫洛夫不同。如果中日開戰，蘇聯不能對中國作任何軍事援助的承諾。第一，蘇聯必須把絕對的優先放在西線上；第二，蘇聯援助中國會引起西歐的猜疑。那會使蘇聯的情況更加困難。他認為遠東的局勢需要英美的合作。蘇聯對中日衝突表示積極，就會消減英美對中國的同情。蘇聯一步都不可能走在英美的前頭。不過，李維諾夫強調，如果其他列強同意，蘇聯也決不落於人後。蔣廷黻說李維諾夫對局勢的分析幾乎跟他自己的不謀而合。李維諾夫最多只願意締結一個互不侵犯條約，由蘇聯貸款給中國購買蘇聯的軍事裝備。談判的地點，他提議在南京。

在蔣廷黻了解蘇聯不可能會跟中國締結攻守同盟條約以後，他就把結果報告給蔣介石，同時再次建議蔣介石採行他先前所提出的反日股份公司的策略。由於他擔心國內不了解情勢的人會繼續相信蘇聯已經準備好要對日作戰，他建

---

56 中國第二歷史檔案館，〈蔣廷黻關於蘇聯概況、外交政策、及中蘇關係問題致外交部報告〉，1937 年 4 月，《民國檔案史料》，1989 年第 1 期，頁 25-31、50。

議蔣介石派其他官員，特別是孫科，到莫斯科去，以便讓他們了解跟蘇聯締結軍事聯盟是毫無可能的。

　　1936 年 12 月 12 日，蔣廷黻和大使館館員及其夫人們晚餐過後在客廳閒聊並聽廣播的時候，突然有人要大家靜下來聽廣播。那就是西安事變的消息。將近午夜的時候，祕書送來外交部電報，內容與廣播相同，新的消息是張學良要求停止剿共立即對日宣戰。次晨，蔣廷黻又接到了代理行政院長孔祥熙和翁文灝連署的一封內容更詳細的電報。該電報說，根據空軍的偵察，張學良在西安各處升起了紅旗。最重要的是，那封電報要蔣廷黻敦請蘇聯出面協助釋放蔣介石。

　　《消息報》（Izvestia）和《真理報》（Pravda）都在頭版的社論發表了西安事變的消息。蔣廷黻說這兩篇都對中國很友善，說中國一定要團結起來面對其在國際上所面臨的危險，而且只有在蔣介石的領導之下才可能團結。問題是在結尾。社論說西安事變是張學良和汪精衛合作的結果。蔣廷黻說張學良和汪精衛在對日政策上截然相反。前者主戰，後者主和。他認為莫斯科沒有必要對西安事變作詮釋。那樣做，不但減低了該社論的可信度，而且引人猜疑。蔣廷黻把這兩個社論的內容詳細地向南京報告，但把汪精衛是幕後策動者的部分刪去。他請外交部把他的電報廣為流傳，藉以讓張學良等人知道他們的行動得不到莫斯科的支持。蔣廷黻說「塔斯社」也將這兩篇社論全文發到中國。目的顯然跟他的一樣，是要讓張學良、統一戰線，以及共產黨知道他們不能傷害蔣介石。然而，他說南京當局未能體察莫斯科的用意。他們懷疑有關汪精衛那一段是另有目的，因此不准發布「塔斯社」的電訊。

　　在接下去的幾天裡，蔣廷黻接到一連串的命令，要他竭盡所能請莫斯科協助釋放蔣介石。蔣廷黻去晉見李維諾夫，請蘇聯對張學良施壓。李維諾夫回答說蘇聯政府跟張學良一點關係也沒有。李維諾夫反過來抱怨說蘇聯的善意不但沒被中國政府接受，反招其猜疑。他說他已經訓令蘇聯代理駐華大使向中國外交部提出強硬抗議。幾天過後，蔣廷黻又接到南京的命令，要他再去見李維諾夫。李維諾夫大發脾氣，因為京滬一帶謠傳西安事變的發生是蘇聯煽動共產黨，共產黨又煽動張學良。等他知道蔣廷黻當天去見他的目的是要請蘇聯出面協助釋放蔣介石以後，他立即提出抗議，譴責中國政府的假定。他堅稱蘇聯政

府跟張學良之間一點關係也沒有。蔣廷黻說張學良是統一戰線的一分子，而統一戰線是第三國際所主導的。李維諾夫咆哮說：「我們不是第三國際的主人。」這次的會見就演變成蘇聯是否跟第三國際有關的辯論。

　　蔣廷黻在《口述自傳》裡對他晉見李維諾夫的描述，跟他當年向孔祥熙、翁文灝所作的報告符合。唯一略有不同的所在有兩點：一、他的報告清楚地顯示了這次的晉見是不歡而散；二、蔣廷黻認為中國不可能從蘇聯方面得到釋放蔣介石的幫助：

> 彼云：唯一協助方法在使中國共產黨知道蘇聯政府態度。今中國政府反禁止登載。我無他法。如提他法即表示你疑蘇聯政府與叛變有關。我即向你嚴重抗議。你來是否奉政府之令。職云：是。彼云：我即訓令代辦向你政府抗議。職云：事變非常，影響甚大。我不願辯論以往，只願研究將來之解決。為整個亞洲前途計，望你努力於善後。彼云我不願聽任何方法。此事與我們無關。職即辭退。目前此間無進展可能。[57]

　　不管西安事變是不是蘇聯主使的，蘇聯是最大的受益者。蔣廷黻在《口述自傳》裡說他對事變解決的內幕一無所知。然而，他說他在當時就作了兩個結論：

> 第一，西安事變的解決使得中日戰爭提早爆發。不論南京官員如何解釋，日本不會相信如果張學良沒有達到他要求統一抗日的目的，他會釋放委員長的。第二，西安事變的解決，就意味著中國必須獨自抗日。蘇聯希望遠東戰爭的爆發越早越好。這個戰爭會使日本陷入泥淖，使蘇聯免於受到日本的進攻。這個目標達成以後，蘇聯的外交策略，就是只給予中國足夠的援助讓它能繼續抗戰。換句話說，不管西安事變發生的原因如何，它讓蘇聯達成它所要的目的。我必須強調，我並沒有證據證明蘇聯策畫參與

57　蔣廷黻致孔祥熙、翁文灝，1936 年 12 月 14 日，「國史館：蔣中正總統文物」，002-080114-00013-002。

西安事變。

在中日戰爭爆發之前，蔣廷黻經手完成了送蔣經國從蘇聯回中國的任務。他在《口述自傳》裡說，在他赴莫斯科上任之前，宋美齡告訴他說蔣介石希望蔣經國能回國。蔣經國在 1925 年赴蘇。國共在 1927 年分裂以後，他發表了一篇聲明控訴他的父親。從那以後他便一直留在蘇聯。宋美齡說蔣經國有一個童年的好友願意跟蔣廷黻一起到蘇聯去勸蔣經國回國。蔣廷黻建議他先試探情況以後再決定是否派那個朋友去。到了莫斯科以後，蔣廷黻和蘇聯外交部次長史脫莫尼亞可夫（B.S. Stomoniakov）有過幾次的會談。有一次他提起蔣經國，希望他知道其下落。史脫莫尼亞可夫認為有困難，但答應一試。

他描寫蔣經國出現在大使館的一段就像小說一樣：

1937 年某天晚上我跟祕書在閒談著。有人報告我說有一個訪客，在見到我本人之前不願透露姓名。他是從後門進來的。僕傭以為他不是一個乞丐就是一個刺客。我接見他時，他立即告訴我他是蔣經國。我非常高興。在我還沒來得及問他的計畫和想法以前，他說：「你認為我父親會希望我回國嗎？」我告訴他說他父親渴望他能回國。他說他沒有護照，沒有錢。我請他不必擔心，說我會安排一切讓他回國。他接著說他已經跟一位俄國小姐結婚，而且有一個孩子。我告訴他說他父親會歡迎這位媳婦與孫子的。他問是否應該給委員長及夫人帶一些禮物。我後來幫他選了一套烏拉爾黑色大理石作的辦公桌小裝飾品送給委員長，一件波斯羊毛外套送給夫人。

幾天過後，蔣經國夫婦到大使館來和我共進晚餐。蔣夫人金髮、嫵媚，但非常害羞。蔣先生告訴我他改造中國的計畫。我勸他在回國後一年內把那些計畫放在心裡。盡量先了解中國的問題及其原因，然後再提出解決的辦法。

蔣經國出現在大使館的時間應該是在 3 月下旬。蔣廷黻在 3 月 25 日給蔣介石的電報裡報告說：「經國兄昨夜來見，與談甚久。彼甚關心國事及鈞座健

康，決於即日偕其夫人及公子起程回國。夫人係俄籍女士，廿一歲，曾學工程。公子一歲。約於下月中抵滬，行期確定後再報。」根據他後來繼續作的報告，蔣經國一家人是在 3 月 26 日離開莫斯科，4 月 5 日抵海參崴，12 日搭「北方號」郵輪赴滬，然後在 17 日抵達上海。[58]

　　「七七事變」發生以後，中日戰爭終於爆發。諷刺的是，戰爭的爆發對蔣廷黻最大的挑戰不在戰爭本身，而是如何讓蔣介石理解他認為蘇聯會和中國並肩打日本是一廂情願的想法。蔣廷黻說他出使蘇聯的時候，歡送他的朋友與民間團體對他一致的期望，是促使蘇聯與中國並肩作戰抵抗日本的侵略。然而，朋友與民間團體對他沒有壓力。真正的壓力，他在《口述自傳》裡雖然沒有明說，但一再迂迴暗示是來自蔣介石。他說西安事變過後，他派了一個專人帶著一個密呈返國給蔣介石，請他派孫科到莫斯科，藉以證實蔣廷黻說戰爭爆發以後蘇聯會竭力避免被捲入的報告。只可惜：「委員長有他自己的考量，沒有接納我的建議。」

　　蔣介石有他自己的考量。對日抗戰是蔣介石被日本逼到牆角，不得不爾的一個決定。這個「拖」字訣固然是不得已的，因為中國沒有抵抗的能力。然而，蔣介石使這個「拖」字訣還有他另外一個更重要的目的，那就是拖到列強出面干涉。換句話說，就是用「拖」字訣的「長期抗戰」來等待列強出面干涉。這種借列強之力來打敗日本的策略，就是日本最痛恨的「以夷制夷」的手法。事實上，從日本開始蠶食鯨吞中國到中日戰爭爆發以後，日本政府就一再抨擊蔣介石所玩弄的，就是中國從滿清末年以來的「以夷制夷」的手法。到今天，許多日本學者還仍然持這個看法。[59]早在 1929 年 7 月 9 日在北平陸軍大學的演講裡，蔣介石就說：

　　　我們之所以革命，乃是革帝國主義者的命。所以革命的對象，即為外國
　　帝國主義者。但外國帝國主義者，不只一個，乃是連帶的。勢不能一一將
　　其打倒，更不能同時都打倒。必須利用機會，始能成功。孫子兵法上說，

58　「國史館：國民政府，國人出國考察留學」，1937 年 3 月 25 日，001-062220-00002-002。
59　家近亮子，《蔣介石の外交戰略と日中戰爭》（東京：岩波書店，2012）。

不戰而屈人之兵，戰之善者也。這句話於中國軍事學上最有價值……

　　大家知道帝國主義者之在東方，或者在中國，其衝突均隨時可以發生。他們的利害，無一時不相衝突。英美之於日，日之於俄，其衝突尤覺顯然。衝突之焦點，必在中國……第二次國際大戰的時候就是我國興亡的關鍵，關係極大……蓋遠則不出十五年，近則隨時均可發生……所以斷定彼等衝突之期，尚須十五年的原故。因為 1944 年，為英美日三國，5：5：3 海軍比例完成之時〔不正確。日本在 1930 年倫敦海軍裁軍會議的時候，就已經達到 10：10：7 的比例。1936 年日本退出裁軍會議，不再受比例的限制〕。在其時之前後，國際戰爭，必將發現。1944 年，距離現在正是十五年……當彼帝國主義者互相殘殺之時，即我中國獨立奮發之日。將來形勢如何，不能預定。或即行參加，或嚴守中立。不戰而屈人之兵，到了時候。要斟酌國家地位、國內經濟、國民程度，再為決定。[60]

　　蔣介石這種如意算盤誰都會打。「以夷制夷」的觀念不是中國專有的。西洋也有，叫做「分化再各個擊破」（divide and rule）的策略。問題是，不管是「以夷制夷」也好，或者是「分化再各個擊破」也好，甚至是蔣介石在這篇演講裡所說的「不戰而屈人之兵」也好。這都是只有強者才能施展的策略。弱國東施效顰，只會落到「制夷」不成，反為「諸夷」聯手共制的命運。滿清政權在其末葉就備嘗了這個苦果。

　　蔣介石為什麼一直有癡人說夢似的「以夷制夷」的幻想呢？這是因為在戰爭一開始的時候，他以為蘇聯進攻日本是指日可待的事。其實，不只是蔣介石。當時有不少心存這種幻想的人。比如說，傅斯年在 1937 年 11 月 9 日給胡適和錢端升的信裡就說：「自開戰以來，至於二、三星期以前，可以說是盼望俄國如大旱望雨一般。然而又不敢得罪德國，而求與之敷衍。汪〔精衛〕似乎

60　蔣介石，〈中國前途與軍人責任〉，《蔣公言論總集》（中正文教基金會網路版），10.417-418。

尤其重視德意交情。」[61]這句話驚人的所在，在於當時許多包括蔣介石在內的中國人，真心相信蘇聯是中國的救星。因此，他們只好在表面上「敷衍」德國大使斡旋中日談和的好意。內心裡，他們像「等待果陀」一樣，在等待蘇聯出兵，一舉打敗日本。

　　中國在「七七事變」以後，就立即向美、英、法、蘇等國控訴日本違反了「九國公約」以及「國際聯盟」的盟約。當時的蘇聯是最積極表態支持中國的國家。中國與蘇聯在 1937 年 8 月簽訂「中蘇互不侵犯條約」。蘇俄答應提供軍火的援助。此外，就像蔣廷黻在《口述自傳》裡所說的，蘇聯外長李維諾夫不論是在日內瓦的「國聯聯盟」、還是在布魯塞爾所舉行的「九國公約會議」裡，都支持中國呼籲國際採取一致的行動制裁日本的要求：

　　問題是出在英國的代表，其次是美國的代表。英國、美國究竟願意支持中國對日本的存亡戰爭到什麼地步？這當然是要視許多條件來決定的。我當時並沒有譴責它們對中國袖手旁觀。但讓我最困惑的是，它們一直不要蘇聯介入。英國和美國似乎不歡迎蘇聯在日內瓦及布魯塞爾的行為。這真是非常沒有遠見。

　　蔣廷黻這句話是關鍵：李維諾夫支持的，是「國際採取一致的行動制裁日本」。換句話說，蘇聯不會單獨對日採取行動。

　　蘇聯的態度是一致的。那一致的態度不但反映在蔣廷黻晚年所作的《口述自傳》裡，而且也反映蔣廷黻當年對政府所作的報告。比如說，1937 年 7 月 15 日，蔣廷黻致何廉報告他與李維諾夫有關盧溝橋事變的談話。蔣廷黻問蘇聯是否可以調停。李維諾夫答說：蘇日關係不佳，單獨調停不可能，但與他國共同調停則有可能，但須與政府當局接洽。蔣廷黻續問如果中國根據盟約第十七條提出國際聯盟，蘇聯是否願意協助。答云：蘇聯必力助，惟緊要關鍵在英國。中國應先得英國協助之允諾。蔣廷黻告以局勢緊急，萬一戰事發生，蘇聯

61　傅斯年致胡適、錢端升，1937 年 11 月 9 日，《傅斯年遺札》（台北：中研院史語所，2011），2.833。

能助我乎？答：此問非彼所能隨時報告答覆。所以蔣廷黻在報告結尾強調說：
「弟意吾人絕不可期望蘇俄之實力助我。目前外交活動應注重英美之合
作。」[62]

　　不幸的是，蔣介石對蘇聯的信心是建立在錯誤的情報之上。1937 年 9 月 1
日，蔣介石在國防最高會議上，預言蘇聯會加入對日戰爭。[63]10 月 22 日，蔣
介石致電當時在莫斯科的中國軍事代表團團長楊杰，詢問他如果「九國公約會
議」失敗，中國決心軍事抵抗到底，蘇俄是否有參戰之決心及其日期。根據蔣
介石的情報，11 月 10 日，蘇聯國防部長伏羅希洛夫（Kliment E. Voroshilov）
在宴別中國代表張沖時，要張沖歸國轉告：在中國抗戰到達生死關頭時，蘇俄
當出兵，決不坐視。楊杰在 11 月 12 日給蔣介石兩個電報。第一個電報說史達
林答應「蘇聯對日本之開戰，等待時機之到來。」第二個電報說伏羅希洛夫表
示蘇聯的作戰準備「會很快」。

　　蔣廷黻在《口述自傳》裡說的完全相反：

　　　　在戰爭爆發蘇聯答應供應武器後，楊杰將軍被任命為採購團團長到莫斯
　　科商談購買武器的事宜。蘇聯政府把他安置在離莫斯科有一段距離的郊外
　　一所軍官俱樂部裡，目的就在保密楊杰在莫斯科的事實。楊杰將軍不但自
　　認為是一個大戰略家，而且也是一個外交方面的魔術師。有一次〔1937
　　年 5 月〕，我去倫敦拜見代表中國參加英皇〔喬治六世〕加冕典禮的孔祥
　　熙。楊將軍要我對路透社發表聲明，說蘇軍將在兩週內對日開戰。我告訴
　　他我不能作這種毫無根據的聲明，並且問他發表這個聲明有什麼好處呢？
　　他認為我笨到無法了解他的計謀。他說，日本看到這個聲明以後就會打蘇

62　蔣廷黻致何廉，1937 年 7 月 15 日，「國史館：國民政府，日本侵華情報（四）」，001-
　　070550-00009-019。

63　以下的分析，除了蔣介石日記以外，是根據 John Garver, *Chinese-Soviet Relations, 1937-1945:
　　The Diplomacy of Chinese Nationalism* (New York: Oxford University Press, 1988), pp. 24-25；楊
　　天石，〈蔣介石與 1937 年的淞滬、南京之戰〉，《中國社會科學院學術委員會集刊》，
　　http://www.people.com.cn/BIG5/198221/198974/199955/12501359.html，2016 年 10 月 16 日上
　　網。

聯。蘇聯就必須為了自衛而開打了。

　　從他與蘇聯國防部長伏羅希洛夫元帥的談話，楊杰將軍得到了（或許是他的想像）蘇聯的承諾，說日本一占領南京，蘇軍就會對日作戰。他說他已經把他這個外交上的大斬獲電告委員長。他想像力之豐富讓我震驚。我打電報給委員長，說楊杰的報告必須打折扣。

　　然而，蔣介石顯然仍然選擇相信楊杰跟張沖。他真的是望眼欲穿地等待著。11 月 23 日的日記：「注意：二、俄態無變化。」24 日：「注意：二、蘇俄待我生死關頭必出兵攻倭之諾言。」29 日，按捺不住的他，打電報給蔣廷黻：「刻德大使在漢，奉其政府命令傳達敵方希望言和之意……如其來時，必嚴辭拒絕。但南京防禦工事殊嫌薄弱，恐難久持。未知友邦究能何日出兵？十日內能否實現？」[64] 30 日，蔣介石忍不住了。他致電伏羅希洛夫及史達林：「中國今為民族生存與國際義務已竭盡其最後、最大之力量矣，且已至不得已退守南京，惟待友邦蘇俄實力之應援，甚望先生當機立斷，仗義興師。」

　　然而，蔣介石失望了。12 月 5 日，史達林、伏羅希洛夫回電稱：必須在《九國公約》簽字國或其中大部分國家同意「共同應付日本侵略時」，蘇聯才可以出兵。同時還必須經過最高蘇維埃會議批准。蔣介石在收到電報以後，在當天的日記裡震驚地說：「注意：一、對史大林覆電之研究。蘇俄出兵已絕望……本日接史大林覆電。與楊、張所報者完全相反。」12 月 7 日：「預定：一、對倭政策惟有抗戰到底，此外並無其他辦法。注意：只有硬撐，決無退休餘地。」

　　根據蔣廷黻 1951 年 6 月 21 日給胡適的備忘錄，蘇聯的外交部長李維諾夫在 1937 年 11 月或 12 月的時候（12 月 5 日）召見他。李維諾夫給他看史達林回蔣介石的電稿。那個電稿說，蘇聯從來就沒有對任何中國人作過蘇聯會對日本開戰的承諾。蔣廷黻這個備忘錄的敘述是正確的。最有力的證據是，他所說的跟蔣介石日記裡所記的完全吻合。蔣廷黻從來沒見過蔣介石的日記。他在這

64　蔣中正電蔣廷黻，1937 年 11 月 29 日，「國史館：蔣中正總統文物」，002-090106-00012-305。

個備忘錄裡說，李維諾夫雖然沒給他看蔣介石給史達林的電報，但他告訴蔣廷黻說：

> 蔣介石的電報開宗明義地說，蘇聯承諾只要南京一陷落，蘇聯就會對日宣戰。蔣介石於是在電報裡說，現在蘇聯所開出的這個條件已經符合了，他預期蘇聯會即刻對日宣戰。[65]

李維諾夫要蔣廷黻傳達史達林的回電，等於是要他把燙手的山芋遞給蔣介石。蔣廷黻在《口述自傳》裡說：

> 在南京即將陷落以前，委員長在情急之下，親自致電史達林請他立即出兵協助。他所根據的就是楊杰將軍說伏羅希洛夫元帥給他的承諾。一直到李維諾夫交給我史達林的回電以前，我完全不知情，而且不知道有這個電報。我說由於有關軍援的這些來往電報都一直是經由另一條路線聯絡的，現在最好還是用那一條路線不要經過我。李維諾夫堅持要我傳遞，因為另一條路線不可信任。史達林在回電中否認他或者其他蘇聯官員曾經作過那種承諾。他並且指出了許多蘇聯不能對日作戰的理由。

雖然蔣廷黻只是把燙手山芋遞給蔣介石的人，但西洋有一句俗話，怪罪信使，亦即，把所有的氣都發洩在信使身上。蔣廷黻在《口述自傳》裡說：

> 1937 年冬天是我一生經驗裡最困難的一個冬天。楊杰將軍給委員長充滿著希望和信心的電報，而我的則是失望。
>
> 在南京陷落以前，德國駐華大使陶德曼（Oskar Trautmann）出面斡旋。孔祥熙把日本談和的條件電告華盛頓的王正廷、倫敦的顧維鈞，以及我，徵求我們的意見。我回答說：和平必須考慮多方面的因素，只有中央政府

65　"Memorandum" from Tsiang Tingfu to Hu Shih, June 21, 1951,「胡適紀念館」，HS-NK05-301-013。

才有判斷的能力。作為駐蘇聯大使，我只能從蘇聯角度來看。中國政府決定要和還是戰，必須考慮到我可以保證的一個事實：蘇聯不會跟日本開戰，除非日本先動手。

外交部長王寵惠在國防最高會議一次祕密的會議裡宣讀我的電報。後來有人告訴我說孫科在會上譴責我失敗，而且誤判蘇聯的意圖。由於這個原因，也許還有其他原因，我被召回。

根據蔣廷黻《口述自傳》，他是在 1938 年 1 月離開莫斯科的。同樣根據他的《口述自傳》，孫科以特使的身分出使莫斯科。一直要到 1938 年 5 月 11 日，國民政府才宣布任命楊杰為駐蘇聯大使，蔣廷黻另免。[66]

蔣介石 1937 年 12 月 5 日的日記：「注意：一、對史大林覆電之研究。蘇俄出兵已絕望……本日接史大林覆電。與楊、張所報者完全相反。」我們根據常識判斷，楊杰既然如此嚴重地誤導了他，撤職應該是最低限度的懲處。然而，他居然任命楊杰為繼任的駐蘇聯大使！這就是蔣介石的作風——聽話重於一切。

復任行政院政務處長

蔣廷黻一家人在 1938 年 1 月離開莫斯科，經巴黎、馬賽、地中海、紅海、印度洋、新加坡、西貢、回到昆明。他在 1946 年的日記裡說他們所搭的郵輪叫「Aramus」。可能是拼錯了。以他所描述的航線來看，那應該是法國的「亞拉米斯」號（*Aramis*）。這艘郵輪的航線是從馬賽出發，在進入太平洋以後，經由檳城、新加坡、到西貢，然後再繼續航行經香港、上海、到神戶。他們應該是搭到西貢以後，到海防換乘火車到昆明。「亞拉米斯」號在 1942 年 4 月被日本扣押，改名為「帝亞丸」，並改裝為客貨兩用，1944 年 8 月被美國海軍擊沉。蔣廷黻說他抵達昆明以後，就隨即轉往當時的首都漢口，時間

66　「國史館：國民政府，駐外使領人員任免（十三）」，1938 年 5 月 11 日，001-032133-00011-041。

在 2 月底。

　　蔣廷黻才到漢口，當時出任行政院長的孔祥熙就立刻請他回任政務處長，說是虛位以待。蔣廷黻認為那是客氣話，他於是就先回湖南老家去了。他在《口述自傳》裡說，他當時回湖南老家，是因為他急於去看他留在那兒的兩個女兒。我在下文會提到他當年 8 月 20 日給胡適的一封信。他在那封信裡說他 2 月底趕回湖南，是去參加他弟弟的葬禮。[67] 當然，這兩個回鄉的理由並不互相排斥。他說他還在湖南旅行的時候接到了時任經濟部次長何廉的電報。他說孔祥熙要他到湖南「三顧草廬」勸蔣廷黻接受政務處長的職位。為了不讓何廉跑一趟，蔣廷黻說他立即回到漢口。他在《口述自傳》裡說他在 5 月復任行政院政務處長。

　　蔣廷黻在《口述自傳》裡說他是在 1938 年 5 月復任行政院政務處長。然而，這跟他在《中國近代史大綱》〈小序〉裡所寫的時間點不符：「這本《中國近代史大綱》是民國二十七年（1938）五、六兩月起草的。那時我已辭去駐蘇大使的任務，還未恢復行政院政務處的職掌，在漢口有幾個月的安逸，於是趁機寫這本小書。」這個〈小序〉是 1949 年寫的，跟他的《口述自傳》一樣都是事過境遷以後的回憶。如果以時間的先後來看，《口述自傳》第一稿是在 1947 年寫成的，還比 1949 年所寫的〈小序〉早兩年的時間。記憶可能還比較正確。

　　根據張朋園與沈懷玉所合編的《國民政府職官表》裡的考據，蔣廷黻是在該年 5 月 12 日復任行政院政務處長。 有意味的是，蔣廷黻為什麼在復任政務處長以後卻還有閒暇寫書？他在《口述自傳》裡有一段話也許可以用來說明：

　　當時的行政院祕書長是魏道明，翁文灝已轉任經濟部長。我雖然從來沒有見過魏道明先生，但我的工作必須要跟他密切配合；我們如果不能協調後果就會很嚴重。我當時仍然認為孔博士請我只不過是政治上的客氣。那就意味著說我不該有所作為。我決定無為（avoid responsibility），同時另找工作。

67　Tsiang Tingfu to Hu Shih, August 20, 1938,「胡適外文檔案」，E395-1。

　　然而，蔣廷黻在漢口「無為」的時間並不長。就像他在《中國近代史大綱》〈小序〉裡所說的，只「有幾個月的安逸」。他在《口述自傳》裡說，武漢會戰開始以後，他就在 7 月 22 日離開漢口飛到重慶。在接下去的兩個月裡，政府機構和人員相繼撤離漢口。由於孔祥熙和魏道明還留在漢口，他變成了行政院在重慶最高的行政首長。因此，雖然這違背了他復任政務處長的初衷，但許多工作和責任就落在他的身上。

　　蔣廷黻沒有明確地舉例說明哪些工作和責任落在他的身上。然而，就在他復任政務處長半年，他就替孔祥熙正面地回應了日本首相近衛文麿所發表的第二次對話和平聲明。近衛文麿在武漢陷落以後，在 1938 年 11 月 3 日發表了第二次聲明。這個聲明修改了第一次聲明裡不以國民政府為和談對手的立場，而改為倡議由日本、滿洲國、中國根據友好、共同防共、經濟提攜的原則，建立一個東亞的新秩序。

　　由於蔣廷黻在戰前主和的態度是大家所熟悉的，如果不加解釋，很容易讓人以為這只不過是蔣廷黻一貫主和立場的延伸。事實並非如此簡單。跟他的好友胡適相比，蔣廷黻對日本主和的立場確實是一貫多了。不像胡適，從「九一八」到中日戰爭爆發，他對日本究竟應該是和、還是戰之間，來回搖擺了八次。蔣廷黻一向是主和的。然而，在他一貫主和的立場中，蔣廷黻曾經有過一個不為人所知的主戰的階段，雖然那個時間並不長。

　　先釐清他一直延伸到抗戰開始為止的主和的立場。甚至到了「七七事變」的前夕，當時在蘇聯擔任大使的他仍然認為中國必須避戰。

　　1937 年 1 月，胡適在《外交季刊》（*Foreign Affairs*）上發表了〈太平洋的新均勢〉（The Changing Balance of Forces in the Pacific）。在這篇文章裡，他建議美國、俄國、英國及其在太平洋的大英聯邦成員、加上日本和中國，在太平洋區組織一個區域性的和平機制。[68]這個用區域性的和平機制來抵抗日本侵略的策略，我在《國師策士》裡稱之為胡適對日政策第六次的轉變。當時的胡適對這篇文章非常自豪。他在 1937 年 4 月 25 日夜寫了一封信託一位勾先生帶給在莫斯科的蔣廷黻，附上了他這篇論文及其他文章。他在信上說：「我的

68　Hu Shih, "The Changing Balance of Forces in the Pacific," 《胡適全集》，37.365-374。

〈東亞新均勢〉的說法，你大概會同意的。我實在看不出，除了太平洋區域安全保障一條路之外，還有什麼國際好戲可唱（送上拙作，乞指正）。」[69]

蔣廷黻 6 月 8 日的回信，我在前文徵引了一段。現在徵引其他跟此處的分析相關的段落。他用了很長的篇幅以及雄辯的言辭說明了為什麼他認為中國必須避戰的理由：

您的信和大著都由勾先生帶來了。那幾篇文章及您在 *Foreign Affairs* 〔《外交季刊》〕發表的，我早已拜讀了。近幾年來，日本的地位逐漸降低，太平洋沿岸其他國家的地位，比「九一八」以後的二、三年逐漸提高。這是毫無疑問的。並且在當前公開的、大規模的軍備競爭之中，日、德、意三國更要吃虧。然而我並不樂觀。我以為您有點過於樂觀。現在的軍備是必須包括一切的：軍械以外要有工業，工業要有資本和技術人員；軍隊以外必須有民眾：受過教育的、體格強健的、國家主義之精神深入的、經濟略有餘力的民眾。軍備是全體人民方方面面的預備。我們近幾年來固有進步，但狹義的軍備已感不夠，廣義的軍備更差得遠。以蘇聯物產之富、西歐化歷史之久，又加上兩個五年計畫，尚以避戰為其外交的最後目的。我們更不要說了。

國內講抗日者奢談民眾力量。這是最不可靠的了。我還記得日本炮擊山海關的時候，北平的學生曾要求校長擔保生命的安全。此外華北走私、冀東自治等何嘗不是我們自己的人為外人奔走，與外人合夥呢？我們知識階級、統治階級的人，既沒有為民眾謀福利，任他們繼續過他們的牛馬生活，我們哪可以把對外作戰的重擔加在他們身上？如果全國合作，人人埋頭苦幹，卅年後再談作戰還不遲。所以我總想我們的出路在於我們未失的疆土，恐怕還是我們唯一的出路。

現在中日關係的前途，大部分在日人之手。他們要和就和、要戰就戰。我們的態度還是蔣先生那句話：不輕言戰，然抱定犧牲的決心。雖然，我只說「大部分」在日人之手，那就是說，還有一小部分在我們的手裡。關

69　胡適致蔣廷黻，1937 年 4 月 25 日夜，《胡適全集》，24.343-344。

於這一小部分，我們要盡我們的責任，要顧慮到萬全，要不為我們的敵人遺任何口實，要不給我們的子孫留任何責備我們的機會。

從根本上說來，蔣廷黻認為中國的問題在於它還不是現代的國家。無論是從政治、社會、經濟、文化各方面來說，它根本就都沒有跟已經現代化了的日本匹敵的條件。接著，他才說他四十多年來最大的憾事，是沒有足夠的膽子在「九一八」以前或以後呼籲政府及民眾要臥薪嘗膽爭萬年而不是爭一時。

更值得指出的是，蔣廷黻在這封信裡很委婉地指出了胡適把太平洋區域性的和平機制的想法想得太簡單和樂觀了。原因很簡單，所有區域性的和平機制都是妥協的結果。而且這個妥協通常都是以弱國付出代價來達成的。胡適是否想過為了成立這個太平洋區的和平機制，中國願意付出什麼樣的代價？他以澳洲總理李昂斯（Joseph Lyons）所提出的一個類似的理念作類比，委婉但鞭辟入裡地點出了胡適所沒有想到的問題：

最近澳洲總理 Lyons〔李昂斯〕提議太平洋安全公約〔Pacific Pact〕。蘇聯極端贊成此舉。將來成敗如何，固難樂觀。然而此中就有屬於在我們手裡的一小部分。在該約成立以前，中日問題必須清算，因為公約是以某種「合法的現狀」（legal status quo）為其擔保對象的。那種合法的現狀總不能就是「目前事實的現狀」（factual status quo）──「滿洲國」、冀東、冀察。日本輿論似乎也了解事實的現狀非我們所能接收〔受〕。此中有講傳的必要。無論我們是走「中日調整邦交」那條路，或是走太平洋公約那條路──其實兩路並行不悖──中日之間的問題必須解決。冀東必須歸併冀察。我想這是無異議的。冀察轄區之完整（察北問題）與手冀察政委本身問題就複雜了。此外，「滿洲國」問題更難了。假使日本對太平洋各國說：如果 Pacific Locarno〔太平洋的洛迦諾公約〕也擔保「滿洲國」的安全。我們怎樣回答？這個問題我們不能不切實想想。[70]

　　換句話說，蔣廷黻提醒胡適，要倡議組織一個太平洋區的和平機制不是不可能。問題是，那個和平機制是他想像中可以用來抵抗日本侵略的機制？還是以承認日本在華的「目前事實的現狀」為先決條件的機制？在這個問題解決以前——不管是「合法的現狀」、還是「目前事實的現狀」——這個太平洋區的和平機制是不可能組成的。

　　然而，三個月以後，蔣廷黻對抗戰的態度丕變。他在 1937 年 9 月 24 日從莫斯科寫了一封英文信給當時奉蔣介石之命到美國去作宣傳的胡適。胡適是在 9 月 13 日從漢口搭飛機到香港的。在香港盤旋了一個星期以後，他從香港起飛，經馬尼拉、關島、威克島、中途島、到檀香山。然後，在 25 日從檀香山起飛，在 26 日抵達舊金山。這也就是說，蔣廷黻寫這封信的時候，胡適人其實還沒抵達美國大陸。

　　這一封信在一開頭是給胡適如何作宣傳的建議，建議他要用什麼方法去打動抱持著孤立主義的美國人，讓他們能見義勇為挺身而出幫助中國抵抗日本（粗體字為原文強調）：

　　　我很高興聽說你去了美國。以我對美國情況的了解，美國的輿論是一面倒地要求孤立，不計代價只要和平。這種氛圍強固一如水泥，外加鋼筋——美國清教徒的鋼筋。除非我們想辦法學會如何役使那被鋼筋強化了的水泥，我們是不可能期待美國會對建立一個更好的世界秩序作出太大的貢獻的。不幸的是，在這個人類歷史上的危機時刻裡，只有美國有能力來作這個貢獻。作為代表中國老百姓去和美國人民交流的特使，你可以作很多事。

　　　我認為我們必須**一個個地**去打動**每一個**美國人的良心。美國人愛和平，但他也愛正義。在他對那以戰止戰的第一次世界大戰的結果灰心以後，他的正義感被要和平的想望遮蔽了。我們必須為他們指出一條和平與正義互不衝突的道路。讓他知道為中國，或者為捍衛他在遠東的權益，都不需要他流血。我們只要求他不要直接地或間接地、精神上或物質上，去幫助、滿足那侵略者、那踐踏了國際法律與條約的國家。至少，他可以譴責日本；至少，他可以不要去買日貨、搭日本郵輪、賣日本軍火、供給日本貸

款。日本不會因為這種消極的支持和平與正義的作法而攻擊美國的。我們有權期待個別的美國人去行使這種消極的支持。

這是每一個美國人都可以身體力行的作法。沒有提出一個讓個人可以具體實行的方法的呼籲是徒勞無功的。讓個別的行動開始，讓其個人的良心給予其行為激勵與動力。這樣作下去，我們也許可以得到相當大的效果。

在說完了他給胡適的建議以後，他一方面對蘇聯作了一個罕見的禮讚，禮讚它有理想、有實幹的精神；另一方面批判英美國家是站在人類理想的對立面：

俄國的態度是百分之百的支持我們。在此處，沒有人在計較什麼「遠東和平的維持」或者什麼虛構的東京的空襲。政府也引領了其他國家的政府。然而，我們必須不要期待俄國會走在其他國家之前。俄國所面對的是一個世界的問題，而不單只是一個遠東的問題。它在東西兩邊都有敵人。現在處心積慮在顛覆俄國用理想與實幹的精神去建立一個更好的世界秩序的不是別人，就是西方的民主國家。

這封信最後的一段，就是蔣廷黻唯一一次楬櫫抗戰到底的主張的所在：

對我們來說，戰爭來得太早了。然而，戰爭已經來了。我們必須打到底。我們有我們的困難，但日本一樣有它的困難。它當然有它占有優勢的陸、海、空軍，但我們也有日本所沒有的行動能力。你知道我主張妥協有多長的時間。現在，我完全主張抗戰到底。這是我冷靜思索所得到的結論：我們還是有打贏的機會的。[71]

一個一向主和的人，會突然間作一百八十度的轉變，主張抗戰到底。這雖然似乎有點不可思議，但並不是完全不能理解的。我認為空間上的距離，那身

---

71 Tsiang Tingfu to Hu Shih, September 24, 1937,「胡適外文檔案」，E155-4。

不在戰火威脅之下的安全感，是一個非常最要的因素。蔣廷黻是在 1936 年 11 月 7 日抵達莫斯科的。那時候的他當然是主和的。七個月以後，1937 年 6 月 8 日，他在給胡適的信裡仍然以悲憫的語氣說明所以要避戰的原因：「我們知識階級、統治階級的人，既沒有為民眾謀福利，任他們繼續過他們的牛馬生活，我們哪可以把對外作戰的重擔加在他們身上？」他義正辭嚴地曉諭那些主戰的人：「要不為我們的敵人遺任何口實，要不給我們的子孫留任何責備我們的機會。」然而，才三個多月，他就完全主張抗戰到底，因為：「我們還是有打贏的機會的。」他已經不計較還沒近代化的中國要用什麼代價去換取這個打得贏的機會了。

蔣廷黻並不是一個特例。我在《國師策士》裡也分析了胡適類似的轉變。1933 年 4 月 11 日，胡適在〈我的意見也不過如此〉一文裡以無比悲憫的心懷說：

> 我不能昧著我的良心出來主張作戰。我不是說凡主戰的都是昧著良心。這只是說，我自己的理智與訓練都不許我主張作戰。我極端敬仰那些曾為祖國冒死拚命作戰的英雄，但我的良心不許我用我的筆鋒來責備人人都得用他的血和肉，去和那最慘酷殘忍的現代武器拚命。

針對董時進在《大公報》裡主張「利用『無組織』和『非現代』」、「拉夫」、拿大刀打日本的極端言論，胡適義憤填膺地反唇相稽：

> 老實說，我讀了這種議論，真很生氣。我要很誠懇的對董先生說：如果這才是救國，亡國又是什麼？董先生的「我們」究竟是誰？董先生是不是「我們」的一個？「他們」又是誰？董先生又是不是「他們」的一個？這樣無心肝的「我們」牽著「好對付，能吃苦，肯服從」的「他們」「上前線去死」——如果這叫做「作戰」，我情願亡國，決不願學著這種壯語主張作戰！[72]

72　胡適，〈我的意見也不過如此〉，《胡適全集》，21.617-618。

　　然而，四年以後，1937 年 9 月 26 日，胡適抵達美國舊金山，開始從事對日宣傳。當天下午三點，他在「旅美華僑統一義捐救國總會」在「大中華戲院」的大會裡演講〈中國抗戰的前途〉。[73]胡適在這個演講裡描述了中國戰士在上海寶山死守、全體犧牲的一個例子：

　　　　國內無論前方或後方，現在都已得到一種新的經驗，新的訓練；這種新的經驗、新的訓練，是國家民族生存〔所〕不可少的。是由慘痛困苦和巨大犧牲得來的，有幾個例子可以證明：第一，前線上的痛苦犧牲，真是悲壯極了，往往整團整營的犧牲，沒有一個後退的……這種精神是以前所沒有的，是由痛苦犧牲中得來的民族生存精神，可以教全世界知道我們是有決心求生存的精神，這是前線的故事。

　　四年前，胡適說他的「理智與訓練」與「良心」都不許他主張人「用他的血和肉，去和那最慘酷殘忍的現代武器拚命。」現在，到美國去作宣傳的他，則把這種用「血和肉」去和「現代武器」拚命的血淋淋的慘烈，美其名為「一種新的經驗，新的訓練；這種新的經驗、新的訓練，是國家民族生存所不可少的。」

　　胡適從 1937 年 9 月 26 日抵達美國，先是從事一年的宣傳工作，接著在 1938 年 10 月成為駐美大使，一直到 1942 年 9 月 18 日大使卸任滯留紐約。在這五年的歲月裡，胡適再也沒有提出主和的意見。取代的是「苦撐待變」。那中古式的、還沒進入現代的中國並沒有改變。改變的是胡適所處的空間。那用「血和肉」去和「現代武器」拚命的血淋淋的慘烈的事實他當然還是可以去想像、甚至悲憫。然而，他已經沒有身歷其境的感受。一切都變得非常抽象，抽象到可以概括為「一種新的經驗，新的訓練」，以便讓國家可以「苦撐待變」到美國參戰打敗日本、解救中國為止。

　　1937 年 9 月 24 日還在莫斯科信誓旦旦要抗戰到底的蔣廷黻在 1938 年 2 月底回到漢口。剛回到中國的蔣廷黻的想法如何我們不知道。即使他在 5 月復

73　胡適，〈中國抗戰的前途〉，《胡適研究通訊》，2015 年第 2 期，頁 1-2。

任政務處長以後的想法為何，我們也不知道。他在漢口這段時間顯然跟胡適有信件來往，可惜現都已不存。然而，從胡適 8 月 13 日的日記看來，回到漢口的蔣廷黻顯然已經又回到了主和的立場：

> 擬一長電報，與布雷……大部分論國際形勢。蔣廷黻前有信來，其意似欲令孔肩負和議。此事是妄想。我故有長電，說我六載主和。然十個月來觀察國際形勢，深信和比戰更難百倍。歐戰時，威爾遜謀調解。三年不成，而參戰反易做到，可為明鑑。西班牙事也是和比戰難。適信蘇、美兩國均不欲我議和。英人雖有調解，亦決不敢提。英首相廿六日明說英政府不能獨立調解，可證。故我惟有咬牙苦撐。[74]

當時胡適已經接受了蔣介石派他為駐美大使的任命。8 月 17 日，蔣廷黻寫了一封信回覆胡適 7 月 27 日給他的信。可惜胡適那封信現已不存。蔣廷黻這封英文信說（粗體字為原文強調）：

> 你 7 月 27 日的來信今天早上到。讓我先祝你在華盛頓馬到成功。你具備著所有的條件作為我國在美利堅民主國最佳的代言人。我唯一的遺憾是這個任命拖了那麼久。
> 我不想跟你繼續辯論。首先，由於我前信沒有留底，我已經不記得你 7 月 27 日的來信裡所要辯駁的觀點。其次，我們在北平的時候每週都作辯論，但誰都沒說服誰。第三，我同意你的看法，眼前看不到有斡旋的可能性。只有武力的干預才可能使日本屈服。而眼前看不到有哪一個第三國願意出面用武力作干預。
> 在列舉了蘇俄、英國、法國、美國給予我們的援助以後，你說：「他們現在都理解我們是在為他們作戰。他們都不希望我們在這個時候停戰，拱手送給日本它所要的和平。」我的看法是：他們也許有了你說他們現在有的聖智的理解，但他們並沒有表現在行動上。我們申請貸款一再失敗，讓

我們非常失望。而且會讓我們不相信你的說法。至於你第二部分的說法，我的看法是：他們不想日本得到**所有**它所想要有的，但他們也不想完全拒絕它所想要的。 民主陣營（這個「民主」，我用大寫，以尊重大使閣下對民主國家的偏愛）裡有人認為日本並不是完全沒有道理，只是它用的方法不對而已。蘇聯例外，但它不算是一個「民主國家」。

民主陣營裡的理想主義者和左翼同情我們，所以也對我們有向心力。我們傾向於他們，也相信他們說的話。然而，政策並不是完全由他們決定的。當你上任以後，你會遇到一些你認為是憤世嫉俗或者反動派的人，但他們自以為具有成熟的智慧。根據我在莫斯科短暫的經驗以及外交史的研究，我傾向於**不看重**（discount）（不是否定）理想主義的力量。

你說武力干涉不是不可能的。我同意。但那必須付出代價。你應該記得1895年俄德法〔甲午戰爭後三國干涉還遼〕開我們的玩笑。因為他們的干涉，我們拿回了遼東半島，但付給日本三千萬兩的贖金。三年以後，俄國從我們手中拿走遼東，外加「南滿鐵道」（SMR）〔誤，「南滿鐵道」是沙俄所建的。「日俄戰爭」以後，轉讓與戰勝的日本，改名為「南滿鐵道」〕，但並沒有補償我們三千萬兩。德國、法國也從我們手中得到了他們對我們的友好幫助所得的代價。在這個例子裡，至少法國算是一個民主國家吧。

他們，特別是蘇聯，都希望我們打下去。這點是真的。但他們這樣做，並不是為了我們好。

當然，我應該讓你以樂觀的心情上任。王正廷一直畫大貸款的大餅給我們看。我希望你不會在大使報告裡餵我們「仙丹」（mana）……[75]

胡適在蔣廷黻說到「三國干涉還遼」那一段旁加了用英文寫的眉批：「不及格的外交史家！美國在1918年〔第一次世界大戰結束〕從歐洲得到了什麼好處？美國和英國1922年〔「華盛頓會議」〕從中國得到了什麼好處？」事實上，蔣廷黻對歷史的判斷平實，對時局的理解實際，完全沒有幻想。可是胡

75　Tsiang Tingfu to Hu Shih, August 17, 1938,「胡適外文檔案」，E254-2。

適愛美國，一點都聽不進去。

武力干涉，更正確地說，美國出面用武力干涉，是胡適從 1937 年到美國去作宣傳工作開始所夢寐以求的結果。用他 1938 年 10 月 25 日日記裡的話來說，是他已經作了「十二個月的好夢」。這就是他「苦撐待變」的真諦。蔣廷黻並不是不同意中國的希望在於美國出面干涉的看法。他的老問題是：武力干涉的代價是什麼？鍾愛美國的胡適認為美國如果出面用武力干涉，是不會計較美國本身的利益，而是會基於人道主義的立場以及維護世界秩序與和平的原則的。

然而，蔣廷黻的重點其實還不是在於代價，而是在於等到美國出面干涉的時候，中國是否還存在的問題。這才是蔣廷黻從莫斯科回到中國以後，又回到了主和的立場最重要的原因。我們沒看到他跟胡適之前來往的信件，自然無法很清楚地知道胡適在 7 月 27 日的來信裡辯駁他的問題。幸好，我們有他緊接著在 8 月 20 日寫的另外一封英文信。這第二封信就清楚地顯示出為什麼他又主和的理由：

我寫前封信的時候忘了告訴你一些資訊。那些資訊可能比我的意見對你更有用。「賑濟委員會」職員最近從河南省回來報告說，該省的成年農民跟政府兵役司職員玩捉迷藏的遊戲。徵兵就意味著抓壯丁，用的方法類似當年在非洲西海岸抓黑奴。在重慶，我每天都可以看到一群群各個雙手被綁在背後，然後再用繩索把整群人都捆在一起的壯丁。這樣的情形也發生在敝省。湖南西部的農民組成了一個抵抗抓伕的「湘西青年團」。我的家鄉從前在內戰最壞的日子裡並沒有盜匪，現在是盜匪充斥。今年 2 月底我回家鄉參加我弟弟的葬禮。為了躲避盜匪，葬禮是在別處舉行的。我的親戚告訴我，年輕人加入「湘西青年團」一方面可以抵抗抓伕，一方面可以自保。敝省每個月要提供國防部 32,000 名壯丁。根據這個數字，現在已經欠了 102,000 名。國防部催逼得非常凌厲。兩個月以前，政府組織工作作得最好的廣西省西部的農民暴動，原因主要就是反抗抓壯丁。

在缺乏地方組織以及欠缺教育的情況之下，要執行徵兵無論如何都是非常困難的一件事。嚴酷的抓伕的方法更是增加我們的困難。抓伕的人把他

們綑綁來，也不問他們是不是家庭裡唯一的經濟支柱。根據法律，他們是豁免的。抓伕的人怕他們逃走。在走到訓練營的途中，他們是睡在被反鎖的房子裡。在湖南的一個案子裡，有二十多個農民窒息而死。他們在經過四個月的訓練以後就被送上前線。軍方人士告訴我說光是訓練如何使用步槍就需要六個月的時間。他們上了前線以後，拿到的是更複雜的武器。其結果是，敵人一出現，他們就棄械而逃。傷亡數字高得可怕。農村裡的人眼看著他們的人一去不回，或者音訊全無。依法他們是應該會得到撫恤金的。然而，即使心意是有的，那些家庭常常是拿不到撫恤金的。

由於鄭州西邊潰堤〔蔣介石為了減緩日軍進逼的速度，在 6 月初在花園口炸毀堤防造成決堤〕，河南中部有七縣被淹沒。這些縣的難民不准往西邊逃難，因為軍方害怕會有奸細與漢奸混在裡邊。行政院的「服務團」造了一些木船去災區載出難民。軍方拒絕讓那些船回來，說難民裡有奸細和漢奸。

因為缺乏醫療，許多受傷的人死去。非常高比例的人沒有得到任何救助。有些餓死、渴死。情況非常慘。委員長身邊的人只告訴他好的消息。我不認為他知道實際的情況。

我們必需要避免新聞記者知道這些事實。這點，我們作得很成功。當然，外國人一定不能知道這些事，因為那對我們抗戰的大業（cause）會損傷很大。

如果戰爭再持續六個月，我們可能會淪落到被敵人和憤怒的百姓夾擊的地步。當然，日本害怕其經濟結構會崩潰。我們不怕，因為我們根本連那個結構都沒有。中國經濟崩潰，就會是以傳統流寇（banditism）的現象來顯現。

那些高喊抗戰的人是躲在後方的人。他們根本就不知道真正在戰場上的人所吃的苦。

今年有很多想出國留學的年輕人沒有得到教育部的批准，主要是因為外匯短缺，但一部分是因為擔心外國人批評我們讓年輕人逃避兵役。在當兵的人裡，即使是只有初中學歷的人所占的比例也是微乎其微。打仗的責任主要是由農民肩負的。

　　這個抗戰的面向，是我們不應該忽視的。[76]

　　這封信讓我們了解為什麼蔣廷黻在莫斯科的時候信誓旦旦地力倡抗戰到底，回到中國以後，卻又轉回去從前主和的立場。原因無它，因為他又再次目睹了中國還沒有進入現代，根本不可能跟現代化了的日本打仗的事實。

　　諷刺的是，蔣廷黻說他與其給胡適意見，不如提供他資訊。問題是，提供的資訊如果不符別人的需要，常常是不會被採用的。胡適在 1937 年 9 月 26 日剛抵舊金山作宣傳的時候，在華埠的「大中華戲院」演講了〈中國抗戰的前途〉。在演講裡他信口開河，把中國用抓壯丁的方法抓來的兵，形容為專業軍隊，並以其作為理由說中國的兵士優於日本：

　　　　以兵士來說，數量質量和日本不同。日本的軍隊是採用徵兵制，每一個兵士，都是社會上各階層有職業的人，是社會重要的組織分子。多徵一兵，社會上便少一組織分子；中國的軍隊，係募兵制，現在才開始徵兵制。中國兵士因為大多數是由招募而來，是社會上過剩的人口。與社會上各種職業和日常生活，不發生什麼大影響。日本多一兵士作戰，社會上即少一個生產分子，社會上即多一分影響；中國士兵縱調多少萬上前線作戰，社會上並不直接覺得有什麼重大影響，和日本的情形完全兩樣。所以從人力兵士的素質上說，中國遠勝日本。[77]

　　當然，這個演講是在胡適收到蔣廷黻 1938 年 8 月 20 日的信一年以前的事。然而，在他收到了蔣廷黻那封信以後，他仍然還是沒採用蔣廷黻所提供他的資訊。比如說，他在 1950 年 1 月 19 日接受《美國新聞與世界報導》（*U.S. News and World Report*）週刊的專訪裡，用徵兵的方法來形容中國共產黨專制的效率和恐怖。他說共產黨徵兵的方法很簡單。他們每到一個村，就立即徵用了該村的糧食，並進行戶口調查，徵調壯丁。記者問他說蔣介石不也是這樣作

76　Tsiang Tingfu to Hu Shih, August 20, 1938,「胡適外文檔案」，E395-1。

77　胡適，〈中國抗戰的前途〉，《胡適研究通訊》，2015 年第 2 期，頁 3-4。

的嗎？胡適回答說：

> 不！在國民黨治下，徵兵從來就不是很有效的。這就是一個有法治的政府才有的問題——有許多辦不到的事。他們要村子送壯丁。結果村子送來的是連他們自己都不要、而且想擺脫掉的——病夫（invalids）。[78]

當然，胡適有胡適的苦衷：他必需要為蔣介石和國民黨圓謊。蔣廷黻說得好，抓壯丁的事一定不能讓外國的新聞記者知道：「我們必需要避免新聞記者知道這些事實。這點，我們作得很成功。當然，外國人一定不能知道這些事，因為那對我們抗戰的大業會損傷很大。」換句話說，蔣廷黻是在抗戰的大業的前提之下，而胡適則是在反攻大陸的大業的前提之下，選擇向家醜不可外揚的苦衷低頭。

回到 1938 年又回到主和立場的蔣廷黻。胡適在 8 月 13 日日記裡說蔣廷黻「前有信來，其意似欲令孔肩負和議。」這個和議的曙光很快就出現了。蔣廷黻在《口述自傳》裡說：

> 當日本在 1938 年秋天拿下武漢的時候，日本首相近衛文麿發表了一個和平聲明，對中國人民和日本軍閥都算合理。我覺得中國政界應該要有一個要人出面作出回應，讓日本人知道我們中國人是和平的。跟日本打戰除了是自衛以外，沒有其他的目的。我建議孔博士應該作出一個回應。他說只要委員長同意他就作。我起草了一個聲明用電報打給在前線的委員長。我們的計畫是由孔博士在週一行政院所要舉行的紀念週裡讀那個聲明。時間到了的時候，委員長的回音還沒到。孔博士於是就按照原訂計畫讀了那個聲明。當天下午兩點，委員長的回答到了，說不要讀那個聲明。
>
> 過後，委員長發表了一個聲明奚落近衛文麿，並提出要日本全部撤出中國的談判條件。我認為這個聲明太過嚴厲。過後不久，在一個午餐的會報

78　"Why the Main War Will be Fought in Asia—Not Europe," *U.S. News and World Report*, 30.3 (January 19, 1951), pp. 34-37.

裡，委員長要大家對他的聲明表示意見。我照實說了我的想法。現在回想
起來，我認為我的批評在細節上是對的，但在全盤的政策上，他是對的。
委員長的聲明的用意是在提高士氣。他認為在那時刻，軍事的情勢對中國
不利。如果談和只是說說而已，那對士氣不好。如果是真要談和，我們只
能拿到對中國非常不利的和平條件。

蔣廷黻的回憶相當正確，我們可以從當時的經濟部長翁文灝給胡適的信以
及日記得到佐證。翁文灝在 10 月 21 日給胡適的信上說：

　　日來為國家大事十分焦灼。言和之事不但孔、王二公對合眾社記者談話
盼美總統調停而已。且聞某要員（文官）已派人在上海與日人板西談判。
板西秉承西尾阪垣提議中日誠意合作，共建亞東新秩序。社會上望和人
多，故某要員推進頗力。另一方面，又聞上述工作迄未得介公同意，致成
一時和戰並進之現象。如果繼此不改，甚恐軍事進行而蘇聯關係日益重
要，因文官之和議進行（非正式！）而美國懷疑，英、法變化，皆甚可
慮。又聞英相張伯倫仍主張團結美、法、意、德反對蘇聯，至相當時間或
且聯絡日本，勢必使中國吃虧。在此形勢之下，弟以為在國內，政權必須
統一。介公不宜允許其他職員在未得介公允許以前自由言和或對外發表意
見。在國外，惟望美國早日實行對日之經濟制裁，在日本甚受壓迫情形之
下，由美政府召開會議，解決遠東問題。如此則時局可得解決。蓋目前僅
賴「抗戰必勝」之信念實猶不足。國內意志既不免分歧，而安南、香港運
輸時有問題，世界政局變化莫測，如不積極尋覓出路，則人人有河清難俟
之感，而實際困難確又層出不窮。實際出路，似又莫如由美國嚴重壓迫日
本，聯絡英、法，召開會議，共圖解決。國命存亡，關係至鉅。兄能否與
美國要人面商具體辦法，以達救國目的。[79]

10 月 24 日，翁文灝又致信胡適：

79　翁文灝致胡適，1938 年 10 月 21 日，「胡適檔案」，1689-8。

　　廣州不戰而失，武漢守至明日為止。和不可能，戰無可戰。政府中人，毫無挽救辦法。介公至今猶留武漢，孤忠可憫。但大局如此，如何可免亡國之痛。實不能不望美國方面即有負責態度，否則我國已盡其力，只有淪胥以沒耳。美國方面對於中國經濟事業未知有無何種祈望？如有談及，極所願聞。[80]

　　即使蔣介石本人仍然傾向於抵抗，主和派的勢力已經洶湧澎湃。翁文灝在 11 月 4 日日記：「孔宅談話，聞日本首相近衞（明治節）廣播詞內言：日本願消滅蔣政權下之反日共產力量，不拒與建立東亞和平之國府和平。陳立夫、蔣雨岩〔作賓〕等皆主中國亦應有所表示，請孔發言。孔囑魏伯聰、蔣廷黻起草，實係由廷黻起草。」[81]

　　蔣廷黻的回憶，正確到時間點都無誤。翁文灝 11 月 5 日日記：「孔宅午餐。到者孔、陳立夫、張公權、王亮疇、蔣廷黻、魏伯聰〔道明〕、蔣雨岩及余，談商廷黻所擬孔談話稿，擬在下星期一〔7 日〕紀念週發表。」[82]11 月 7 日，翁文灝日記：「行政院擴大紀念週，孔講話，有答覆近衞廣播之意。」[83]11 月 10 日，翁文灝日記：「聞蔣電孔：勿發表星期一談話；又電令研究對日宣戰。」[84]綜合翁文灝的日記跟蔣廷黻在《口述自傳》裡的敘述，我們可以整理出這個事件發生的時間順序：孔祥熙是在 11 月 7 日在行政院紀念週上宣讀了蔣廷黻幫他所擬的回應近衞文麿的聲明。蔣介石要不要宣讀那個聲明的電報則是當天下午兩點才到的。

　　蔣廷黻在《口述自傳》裡語焉不詳的是，他幫孔祥熙所擬的聲明並不是一個單一的事件，而是一個主和的運動的一部分。更重要的是，這個主和運動並沒有因為蔣介石 11 月 7 日下午才到的電報而停止。胡適 11 月 8 日日記：「晚

80　翁文灝致胡適，1938 年 10 月 24 日，《胡適來往書信選》，II.386。

81　《翁文灝日記》（北京：中華書局，2010），1938 年 11 月 4 日，頁 281。

82　《翁文灝日記》，1938 年 11 月 5 日，頁 282。

83　《翁文灝日記》，1938 年 11 月 7 日，頁 282。

84　《翁文灝日記》，1938 年 11 月 10 日，頁 282。

上詠霓來一電，說國內有『一部〔份〕人鑑於實力難久持，願乘此媾和。』擬長電答詠霓，致介公，又致復初。」[85] 翁文灝在接到胡適這封現已不存的長電以後，馬上轉呈汪精衛、孔祥熙等人。翁文灝 11 月 11 日日記：

> 胡適來佳〔9 日〕電言：和比戰更難百倍，除苦撐待變，別無路走。國際形勢正好轉，密呈汪、孔諸位，須立定腳跟。汪言：盼美、英、法有決心，或迫日言和滿足中國，或迫華遷就日方，或如英對捷克問題，由第三者定辦法，迫中日照行。要以美英法能切實表示決心，為必備條例。美不必引蘇聯為同調。孔言：日方私自表示和平條件並不惡。但中方切盼美作切實調停，庶較可信。[86]

次日，11 月 12 日，翁文灝覆電胡適，日記：「覆胡適之文電，告以汪、孔對和戰意見。孔仍力主和。」[87] 在華盛頓時差慢十二個小時的胡適，在同樣 11 月 12 日的日記裡記：

> 回寓時已十二點四十五。建文給我一電，寫著「親譯」，是詠霓來的文電。我譯出全文，已兩點多鐘了。是答我的佳〔9 日〕電，說汪、孔甚主和，蔣「尚未為所動」。文中有使我甚著急之消息。故譯完後，我擬長電覆他。[88]

胡適在 11 月 12 日半夜所擬的這個長電用了很重的字眼來譴責主和的人。11 月 13 日日記：「覆詠霓文電，有云：『六年之中，時時可和。但事至今日已不能和。六年中，主戰是誤國，不肯負責主和是誤國。但今日屈服更是誤

85　《胡適日記全集》，7.618。

86　《翁文灝日記》，1938 年 11 月 11 日，頁 282-283。

87　《翁文灝日記》，1938 年 11 月 12 日，頁 283。

88　《胡適日記全集》，7.619。

國。』」[89]值得指出的是，他這個電報擬好以後，大使館裡的祕書都不敢發出。11 月 14 日日記：「昨電，游〔建文〕、崔〔存璘〕二君皆以為我負責任太大。我對他們說：『這是我給翁詠霓的私電，不是使館官電。』此電終於發了。」[90]

翁文灝在收到胡適這封電報以後，轉呈給孔祥熙看。11 月 17 日翁文灝日記：「胡適之來電……與孔談。英大使明日面談，並送閱胡電。」[91]胡適這個電報顯然沒有得到預期的效果。翁文灝 12 月 2 日日記：「孔宅晚餐談話。多數主速和。孔及陳立夫尤力。」[92]翁文灝一直要到 12 月 5 日才把胡適的電報轉給蔣介石：「電蔣，轉陳胡適之電：請繼續抗戰，苦撐待變。」[93]

可惜胡適這封電報現已不存。幸好我們今天可以在「蔣介石檔案」裡看到翁文灝在 12 月 5 日轉給蔣介石的摘要。只是，翁文灝的摘要去掉了胡適許多重話，例如：「六年中，主戰是誤國，不肯負責主和是誤國。但今日屈服更是誤國。」

近接駐美胡大使來電，內云：「六年來向不敢輕言主戰。但今日戰端既開，則除忍苦堅持外，無他路可走。美國力持《九國公約》有效，不僅主利益均霑，亦甚重中國獨立完整。廿二日美外長對報界談話，正有此意。我國前途必恃國際援助，而美實為關鍵。美之方針又以爭《九國公約》為主腦。國際局面俱在驟變。以胡大使觀察，如果此約推翻，美必嚴屬手段。中國不可功虧一簣，以致全盤皆錯。務乞面陳蔣、汪、孔三公云云。」胡大使此論實恐我國苟且求和，故深切勸告。竊思國家大計，最高當局自應權衡利害，因時制宜。高級長官如有意見，亦宜逕向鈞座竭誠建議。但戰事未經行政工作，皆應一意以增強抗戰力量為主。認真推進，不

89　《胡適日記全集》，7.619-620。
90　《胡適日記全集》，7.620。
91　《翁文灝日記》，1938 年 11 月 17 日，頁 284。
92　《翁文灝日記》，1938 年 12 月 2 日，頁 288。
93　《翁文灝日記》，1938 年 12 月 5 日，頁 289。

宜因循觀望。甚且會議談話，昌言和平，以致紊亂中外觀聽。似應統籌善作，以免貽誤。[94]

胡適為什麼要用重話譴責主和是誤國呢？因為主和派的行動可以挫傷他和陳光甫在美國所進行的桐油貸款的談判。根據國務院國際經濟事務顧問的報告，雙方在 10 月 21 日廣州陷落前一天已經達成協議。廣州陷落的消息一到，美國財政部長摩根韜（Henry Morgenthau, Jr.）立刻中止協議，以待事態進一步的發展。摩根韜在與羅斯福會商以後，得到羅斯福的訓令，要陳光甫向蔣介石報告，說如果蔣介石能夠保證會繼續抗戰，他就能得到桐油貸款。[95]為了要得到這筆貸款，外交部與孔祥熙在 11 月初相繼打電報保證中國會繼續抗戰。然而，一直要到胡適把孔祥熙 11 月 9 日的電報改寫，用蔣介石的名義送出，保證中國會繼續抗戰的電報以後，美國方才認為貸款的條件已經符合。

孔祥熙玩的是兩面手法。一面向美國保證中國將繼續抗戰；一面仍然強力主和。蔣介石、孔祥熙一面信誓旦旦地向美國保證中國會繼續抗戰，但又一面要跟日本談和。我們注意到這兩面手法的施展是同時進行的，都是在 11 月初。這是胡適所面臨的一個難局。這個難局所牽涉到的是一個基本誠信的問題：意欲談和是一件事，在都已經向美國政府保證要繼續抗戰以後，卻又想談和就是另外一件事了。

幸運的是，美國政府在收到胡適所改寫的 11 月 9 日電報，保證中國會繼續抗戰以後，認為貸款的條件已經符合。美國政府在 12 月 25 日正式宣布提供中國桐油貸款。雖然四天以後，從重慶遁走越南河內的汪精衛通電接受日本談和的條件，但貸款已經宣布，不受影響。其實，中國政府在貸款宣布的一個星期以前已經知道了好消息。翁文灝在 12 月 16 日的日記記：「美借款成功。由美國 Universal Trading Co.〔環球貿易公司，中國在紐約登記註冊的公司，陳光甫是執行長之一〕借 U.S.$25,000,000 於中國復興公司。此公司由陳光甫代

94　翁文灝電蔣介石，1938 年 12 月 5 日，「國史館：蔣中正總統文物」，002-090103-00003-181。

95　"Memorandum by the Adviser on International Economic Affairs (Feis) to the Secretary of State," November 12, 1938, *FRUS*, 1938, Vol. III: The Far East, p. 568.

表。」[96]蔣介石在 12 月 18 日致電胡適與陳光甫：「借款告成，全國興奮。從此抗戰精神必益堅強，民族前途實利賴之。」[97]這個桐油貸款的成功，把主和運動壓了下去。

蔣廷黻 1938 年 11 月初幫孔祥熙擬回應近衛文麿的聲明，是他在抗戰期間的主和運動裡所扮演的角色的絕響。從那以後，他回歸他政務處長的行政官僚的角色。有關他這個行政官僚的角色，他在《口述自傳》裡花了比較大的篇幅描述兩個例子。在第一個例子裡，他批評了抗戰期間有名無實的「新縣制」：

> 抗戰期間在〔地方〕行政上所推行的一個最大的改革，是政府花了許多精力所規畫的「新縣制」。在理論上這個制度有許多優點。它要求在鄉村設立衛生所、學校，並增加縣政府的工作人員。我請財政部精算出經費會增加多少。我發現「新縣制」所需要的經費是過去的制度的兩倍。最熱心推動「新縣制」的，是「國防最高會議」的祕書長兼行政院副院長張群將軍。我告訴他說，戰時的財政不可能支持這樣的制度。而且，即使我們能夠籌到經費，我們也找不到這些新增職位所需的人才。在一次討論會上，作為行政院代表的我，跟起草這個制度的人討論。我懇求他們把經費和人力集中用在抗戰。他們充耳不聞。我知道說服不了他們，於是我建議把改革分五年推行，每一年在五分之一的縣裡推行。委員會堅持立即而且全面推行。他們贏了，但只是在紙面上贏了，因為中央政府從來就沒有為這個新制度撥款。結果只是增設了許多沒有工作的新職位。在許多地方上，就是在舊有的辦公室外釘上一個新牌子，給舊有的官員加上新的職稱。
>
> 我花了這麼多篇幅來談「新縣制」，因為它有代表性，代表了許多政府行政上的問題。在立法的階段，大家都很嚴肅對待。立法完成以後，大家就把它忘了。在政府裡，大家很能紙上談兵，能作詳細規畫的人很少，能努力執行改革的更是鳳毛麟角。

96　《翁文灝日記》，1938 年 12 月 16 日，頁 292。

97　蔣介石電胡適、陳光甫，1938 年 12 月 18 日，「國史館：蔣中正總統文物」，002-020300-00030-015。

　　為了了解地方的情況，蔣廷黻說他在 1940 年春，帶著吳景超、李銳、倪渭卿，坐著一輛雪佛蘭的轎車到湖南、江西、浙江、廣東、和廣西去作了視察。他在《口述自傳》裡描述了三個主要的視察所得。第一、工資和物價的上揚刺激了生存邊緣的經濟（subsistence economy）。舊的手工業復甦，廢耕的土地復耕。鄉鎮窮困的現象改善不少。他舉了一個小例子。從前每十天殺一隻豬的時候還要鳴鑼，讓大家知道有豬肉可買。現在每天都殺豬，已經沒有鳴鑼的必要了。第二、普遍的抱怨是抓壯丁。他聽到了許多令人髮指的作法。如果每一個村子損失了 100 個生產者，國防部頂多只得到了 25 個兵。被抓去的壯丁會盡其所能從營房或到營房途中逃走。他說他回到重慶以後，建議兵額減半、薪餉加倍。國防部長何應欽認為他神經不正常。第三、中央政府的改革泰半是具文。地方政府沒錢又沒人。衛生所不是關著，就是沒人、沒設備。在一個新縣制的模範縣的模範學校有一間教室，只有一個窗子。窗子是用一個黑板封著的。我問老師說為什麼那黑板不在牆上而是在窗子上。那位老師當著省主席的面回答說：那黑板一直是在窗子上的。

　　蔣廷黻在用英文寫的《口述自傳》裡可以在「家醜不可外揚」的限度之內說得比較坦白。當年，在回答新聞記者的採訪的時候，他就說得含蓄多了。原來蔣廷黻在《口述自傳》裡所描述的視察之旅是蔣介石命令組織的。而且這視察團有三個。蔣廷黻的是其中的一個：

> 　　蔣〔介石〕兼院長要明瞭各地情形及近年來中央所頒政令，各省縣是否執行，以及某種政令未能貫徹之癥結究在何處，所以蔣兼院長特令組織該團……限於時間與人力，他們的任務，側重於當前急迫需要的役政、鹽政、及新縣制三方面。巡視團分三組。一組由陳立夫先生率領，巡視甘肅、青海、寧夏；另一組由蔣作賓先生率領，巡視山西、陝西、河北、河南。蔣氏所率領的一組，巡視的地區為湘、贛、粵、桂等省〔實際上是七省：湘、黔、贛、閩、浙、粵、桂。〕於上〔5〕月 15 日離渝出發，預定三個月內視察完畢。[98]

98　〈政務巡視團團長：蔣廷黻先生訪問記〉，《立報》，1940 年 6 月 20 日，第 1 版。

　　當時採訪蔣廷黻的報導有好幾篇。其中，報導得最為詳盡的，是香港《大公報》7 月 15 日從桂林所發出的報導。這篇採訪報導也剛好提到了蔣廷黻在《口述自傳》裡所列出來的三個視察所得。我們可以看出他含蓄的程度：

　　　現在兄弟向各位報告些視察所得的好現象。關於第一點，據兄弟視察所得，各地人民的生活，尤其農工的生活，確乎比抗戰以前好轉了。農村經濟能力比較過去優裕得多……各地屠宰稅的增加，即宰豬的數量增加，證明人民吃肉的機會多，購買力是增加了。第二方面，在各省省政府方面，兄弟所見到的沒有一個省政府不在勵精圖治，盡量改善，替人民想辦法，謀幸福。社會風氣也大大地為之改變。其次我在各地視察結果，老百姓毫無厭戰心理。我問他們：仗要不要打？他們回答：「一定要打。」並且說：「非把□□〔日寇〕趕出去不可。要趕□□，所以人民應該當兵。」固然，在兵役辦理不善的地方，人民對辦理役政者的不公允，不免有所批評。但人民的應服兵役卻一致認為應該的義務。由此可見人民抗戰心理極為堅決。[99]

　　蔣廷黻在《口述自傳》裡所著墨較多的第二件大事，是他負責編製了1942 年的總預算：

　　　我萬萬都沒想到我會參預戰時財政的工作。1941 年政府決定所有稅收均由中央政府徵收。同時，田賦改為實物徵收。這個改變使各省失去了財政上的自主權，由中央編列其預算。中國自然是希望從美國和英國得到大批的貸款。「英國銀行」總裁尼美爾爵士（Sir Otto Niemeyer）和葛瑞德先生（Henry Grady），代表英、美政府到中國來研究中國的財政狀況。他們表示：除非中國能編出一個可行的 1942 年的預算，中國得不到貸款。許多中央機關一向都會爭取編預算的權利；但在 1941 年，在體認到困難以後，大家都互相推讓。結果，是我受命起草預算。

99　〈蔣廷黻巡視抵桂〉，《大公報》（香港），1940 年 7 月 15 日，第 5 版。

　　葛瑞德先生只在重慶停留很短的時間，但尼美爾爵士一直等到預算完成並付諸實施以後才離開。是年冬天，尼美爾爵士和我幾乎每天協商。我認為他是一位稱職的財政專家、睿智，一位好朋友。

　　在一開始，尼美爾爵士鄭重地告訴我，預算的總數不能超過一百二十億法幣。如果我能把預算控制在這個限度之內，他就會建議英、美政府給予大量的貸款。我立刻告訴他說，即使他成為中國的財經獨裁者，他也不可能編出一個在這種限度之內的預算。我說我可以在帳面上編出這樣的預算。然而，我要編出一個政府在戰時的情況之下能遵行的真正的預算。我估計 1942 年的支出會在一百六十至一百七十億法幣之間。雖然尼美爾爵士沒有跟我爭論我的預估，但他堅持我必須盡可能不讓它超過一百二十億。

　　然而，我編預算所遇到的困難並不是來自於尼美爾爵士。我們是一起把一個部門、一個部門的預算編列出來的。等我們把整個預算編出來，總數是超過一百六十億多一點。尼美爾爵士說我是盡了力了，他會實現諾言建議貸款給中國。

　　蔣廷黻說他編列這個預算所遇到的困難不是來自於尼美爾。他所預留的伏筆是最大的困難。這最大的困難不言可喻，就是那失去了編列預算之權的各省以及預算被刪減的中央部會。然而，這些困難都因為蔣介石的支持而一一迎刃而解。蔣介石會支持蔣廷黻的原因很簡單，就是尼美爾說他會實現諾言建議貸款給中國那句話。

　　不幸的是，尼美爾的那塊大餅結果變成了畫餅。這並不是因為尼美爾騙了蔣介石和蔣廷黻。他接受英國政府任命到重慶去的時候，確實是以提供貸款作為最終的目的。只是，從一開始，英美兩國對貸款的數目與用途本來就沒有一致的看法。最重要的是「珍珠港事變」發生。事變發生以後，英美在太平洋區自保都成了問題，當然沒有餘力討論提供中國貸款的問題了。

　　然而，大餅雖然變成畫餅，但在畫餅的過程中還是有一個小的收穫的。尼美爾之所以會注重預算的編製是有原因的，因為這是給予貸款之前的一個先決條件。中國的物價從 1937 年以後增加的幅度是在 10 到 30 倍之間，而以 1940

年 6 月以後加速最快。他認為中國政府必須增加其稅收、緊縮支出、控制物價。在稅收方面，他改用徵收稻米的方式，要政府盡可能把所徵收的稻米在市場上出售，一方面藉以提高政府的歲入，另一方面迫使投機者拋售其囤積的稻米以平抑物價。就像蔣廷黻在《口述自傳》裡所說的，尼美爾監督 1942 年預算的編製。他敦促中國政府減少開支，並建議哪些開支是可以刪除的。他在 1942 年 3 月回倫敦以後，英國在華的外交官在報告裡說，蔣廷黻在跟他的談話裡極力稱讚尼美爾，稱他是「第一流的財政專家、中國的好友。」蔣廷黻說尼美爾幫助他擋下了許多極為愚蠢的幣制改革的想法。同時，也由於尼美爾的建議，中國政府編列出抗戰開始以來數額最低的一個預算。[100]

作為一個學而優則仕的人，蔣廷黻復任行政院政務處長並沒有使他完全割捨了他對學術或言論的興趣。然而，一個已經學而優則仕的人，即使他仍然對學術有興趣，他的視野以及心態已經改變了。儘管所有的學術與言論都不可能是超然的，亦即，不可能超越作者自身所屬的種族、階級、性別的藩籬，但對於一個學而優則仕的人，那又加上他以個人的形象與命運作為賭注而為一個政權效忠的因素。在這種情況之下，這個學而優則仕的人所寫的書與言論，自然反應了他所作的政治抉擇、利益，外加上他個人所屬的種族、階級、性別上的立場。

蔣廷黻在他復任政務處長之前所寫的《中國近代史》就是一個最好的例子。我在第一章裡，已經舉例說明這本《中國近代史》的立論基礎、史料根據，特別是從鴉片戰爭到甲午戰爭的階段，就是蔣廷黻在南開與清華十二年的沉潛的結晶。他在南開、清華所發展出來的非西方國家用現代化來締造富強的國家的理論，就是他《中國近代史》立論的基礎。我們看他在〈總論〉裡所說的一段話：

近百年的中華民族根本只有一個問題，那就是：中國人能近代化嗎？能

---

100 Philip Richardson, "'Plucking the China Brand from the Burning': Britain's Economic Assistance to China and Sir Otto Niemeyer's Mission, 1940-42," *The China Quarterly*, 125 (Mar., 1991), pp. 86-108.

趕上西洋人嗎？能利用科學和機械嗎？能廢除我們家族和家鄉觀念而組織一個近代的民族國家嗎？能的話我們民族的前途是光明的；不能的話，我們這個民族是沒有前途的。因為在世界上，一切的國家能接受近代文化者必致富強，不能者必遭慘敗，毫無例外。並且接受得愈早愈速就愈好。

蔣廷黻在這一段話裡所歸納出來的締造富強的國家的定律有三：近代化、科學和機械，以及民族主義。他舉例用來證明他的定律的國家也有三：日本、俄國、土耳其：

> 日本、俄國、土耳其……這三國接受了近代的科學、機械及民族主義，於是復興了，富強了。現在我們要研究我們的近代史。我們要注意帝國主義如何壓迫我們。我們要仔細研究每一個時期內的抵抗方案。我們尤其要分析每一個方案成敗的程度和原因。我們如果能找出我國近代史的教訓，我們對於抗戰建國就更能有所貢獻了。

如果近代化、科學和機械，以及民族主義是造成日本、俄國、土耳其復興、富強的三個定律，這三個定律也就成為蔣廷黻用來詮釋中國近代史的標準。依據蔣廷黻對中國近代史的鳥瞰，除了第一個階段以外，中國在每一個階段都有兩派在角逐著：一派是要近代化的，另一派是保守反動的。第一個階段，從鴉片戰爭到英法聯軍，中國的士紳階級沒有救國的方案。只有主和的撫夷派跟主戰的剿夷派。剿夷派的獲勝是中國的悲劇：「可惜道光、咸豐年間的人沒有領受軍事失敗的教訓。戰後與戰前完全一樣，麻木不仁，妄自尊大。直到咸豐末年英法聯軍攻進了北京，然後有少數人覺悟了，知道非學西洋不可。所以我們說，中華民族喪失了二十年的寶貴光陰。」

中國近代史的第二個階段是洪秀全的太平天國與弭平太平天國的曾國藩。當時雖然還是沒有救國的方案，但新舊之間的角逐已經開始浮現。洪秀全空有社會革命的理想，但用的是過了時的傳統的民間運動的方法：

> 洪秀全想打倒清朝，恢復漢族的自由，這當然是我們應該佩服的。他想

平均地權，雖未實行，也足表現他有相當政治家的眼光。他的運動無疑的
是起自民間，連他的宗教，也是迎合民眾心理的。但是他的人格上及才能
上的缺點很多而且很大。倘若他成了功，他也不能為我民族造幸福。總而
言之，太平天國的失敗，證明我國舊式的民間運動是不能救國救民族的。

打敗太平天國的曾國藩所代表的則是新舊的綜合：「在維持清朝作為政治
中心的大前提之下，曾國藩的工作分兩方面進行。一方面他要革新，那就是
說，他要接受西洋文化的一部分；另一方面他要守舊，那就是說，恢復我國固
有的美德。革新守舊，同時舉行，這是曾國藩對我國近代史的大貢獻。我們至
今還佩服曾文正公就是因為他有這種偉大的眼光。」

中國近代史的第三個階段是自強運動。這是蔣廷黻眼中中國近代化的開
始。換句話說，就是近代中國人開始提出救國方案的開始。英法聯軍以後，中
國終於在中央與地方都出現了體認到中國必須學習西洋方能自強的領袖。在中
央的是恭親王及文祥，在地方的是曾國藩、左宗棠、胡林翼。他們所建設的事
業泰半集中在軍事工業上。可惜的是，由於他們眼光不夠，因此做得不夠徹
底：

自強運動的領袖們並不是事前預料到各種需要而定一個建設計畫。他們
起初只知道國防近代化的必要。但是他們在這條路上前進一步以後，就發
現必須再進一步；再進一步以後，又必須更進一步。其實必須走到盡頭然
後能生效。近代化的國防不但需要近代化的交通、教育、經濟，並且需要
近代化的政治和國民。半新半舊是不中用的。換句話說：我國到了近代要
圖生存非全盤接受西洋文化不可。曾國藩諸人雖向近代化方面走了好幾
步，但是他們不徹底，仍不能救國救民族。

為什麼自強運動的領袖會眼光不夠、做得不夠徹底呢：

恭親王奕訢、文祥、曾國藩、李鴻章、左宗棠這五個大領袖都出身於舊
社會，受的是舊教育。他們沒有一個人能讀外國書，除李鴻章以外，沒有

一個人到過外國……他們自己毫無科學機械的常識……覺得中國的政治制
度及立國精神是至善至美，無須學西洋的。

　　然而，自強運動之所以不能做得徹底，很重要的一個原因，是因為它受到
了守舊派的阻礙。首先，就是不了解世界大勢的士大夫階級：「同〔治〕、光
〔緒〕時代的士大夫完全不了解時代的危險及國際關係的運用。他們只知道破
壞李鴻章諸人所提倡的自強運動。同時他們又好多事，倘若政府聽他們的話，
中國幾無年無日不與外國打仗。」以中法戰爭為例，中國打敗：「越南沒有保
存，我們的國防力量反大受了損失。左宗棠苦心創辦的福州船廠就在此時被法
國毀了。」再以甲午戰爭為例：「李鴻章與伊藤訂《馬關和約》。中國承允高
麗獨立，割台灣及遼東半島，賠款二萬萬兩。近代的戰爭固不是兒戲。不戰而
求和當然要吃虧，這一次要吃虧的是高麗的共管。但戰敗以後而求和，吃虧之
大遠過於不戰而和。同治、光緒年間的政治領袖如曾、左、李及恭親王、文祥
諸人原想一面避戰，一面竭力以圖自強。不幸，時人不許他們，對自強事業則
多方掣肘，對邦交則好輕舉妄動，結果就是誤國。」
　　當時的守舊派，除了士大夫階級以外，也有廣大的無知的民眾：

　　同、光時代的士大夫階級的守舊既然如此，民眾是否比較開通？其實民
眾和士大夫階級是同鼻孔出氣的。我們近六十年來的新政都是自上而下，
並非由下而上。一切新的事業都是由少數先知先覺者提倡，費盡苦心，慢
慢的奮鬥出來的。在甲午以前這少數先知先覺者都是在朝的人。甲午以
後，革新的領袖權慢慢的轉到在野的人的手裡，卻是這些在野的領袖都是
知識分子，不是民眾。嚴格說來，民眾的迷信是我民族近代接受西洋文化
大阻礙之一。

　　中國近代史的第四個階段，從戊戌變法的失敗到義和團，就是頑固守舊勢
力對進步派先後兩次的反撲。第一次的反撲是慈禧太后取消戊戌變法。第二次
的反撲，就是蔣廷黻稱之為全國頑固勢力的總動員的義和團：「西太后及想實
行廢立的親貴，頑固的士大夫及頑固愛國志士都與義和團打成一片，精誠團結

去滅洋，以為滅了洋人他們各派的公私目的都能達到。庚子年拳匪之亂是我國頑固勢力的總動員。」

蔣廷黻說到了義和團的時代，中國近代史上已經出現了三個救國方案：第一個是自強運動；第二個是戊戌變法；第三個是義和團。第一個方案是進步的，但不夠徹底。他對比第二、第三個方案說：

> 康有為所領導的變法運動是我國近代史上救國救民第二個方案。這個方案的主旨是要變更政治制度，其最後目的是要改君主立憲，以期民族精神及維新事業得在立憲政體之下充分發揮和推進。變法運動無疑的是比自強運動更加西洋化近代化。康有為雖托孔子之名，及皇帝的威嚴去變法，他依舊失敗，因為西太后甘心作頑固勢力的中心。滿清皇室及士大夫階級和民間的頑固勢力本極雄厚，加上西太后的支助，遂成了一種不可抑遏的反潮。嚴格說來，拳匪運動可說是我國近代史上第三個救國救民的方案，不過這個方案是反對西洋化、近代化的，與第一、第二兩個方案是背道而馳的。拳匪的慘敗是極自然的。慘敗代價之大足證我民族要圖生存絕不可以開倒車。

蔣廷黻在《中國近代史》裡所鳥瞰的最後一個階段，從辛亥革命、軍閥割據、到國民黨北伐，依然是進步與反動勢力的對決。辛亥革命的貢獻非常有限：「辛亥革命打倒了清朝，這是革命唯一的成績。清朝打倒了以後，我們固然掃除了一種民族復興的障礙，但是等到我們要建設新國家的時候，我們又與民族內在的各種障礙面對面了。」

這些民族內在的各種障礙是哪些呢？首先，軍隊不忠於國家，不擁護憲法。這是因為國民的程度太低，只知道小忠，忠於長官、同鄉、或同族的領袖而沒有忠於國家和主義的大忠。其次，工商界與學界也不過在五十步與百步之間：「他們在專制政體下作了幾千年的順民，不知道什麼是民權。」知識階級之所以不能成為新國民的模範，原因有二：

> 第一，他們的知識都偏於文字方面。古書愈讀的多，思想就愈腐舊，愈

糊塗。留學生分散到各國各校各學派，回國以後，他們把萬國的學說都帶回來了，五花八門，彼此爭辯，於是軍閥的割據之上又加了思想的分裂。第二，中國的讀書人，素以作官為唯一的出路。民國以來，他們中間有不少的人惟恐天下不亂，因為小朝廷愈多，他們作官的機會就愈多。所以知識階級不但不能制止軍閥，有的時候，反助桀為虐。

面對著這種種頑固守舊的民族內部的障礙，孫中山用他的《三民主義》和《革命方略》，指出了「我民族唯一復興的路徑」。《三民主義》和《革命方略》是「中山先生的愛國熱忱和科學訓練所創作的救國方案。其思想的偉大是古今無比的」；是他歷經了辛亥革命、軍閥割據、到研究蘇聯革命成功的經驗所發明出來的：

　　中山先生在辛亥革命以前宣布了他的革命方略，分革命的過程為軍政、訓政、憲政三個階段。用不著說，軍政是一個信服三民主義的革命軍對封建勢力的掃蕩和肅清；訓政是一個信服三民主義的革命黨猛進的締造憲政所必須的物質及精神條件。民國初年，這樣的革命軍和革命黨都不存在，軍閥得乘機而起，陷民國於長期的內亂，人民所受的痛苦，反過於在清朝專制之下所受的。中山先生於是更信他的革命方略是對的。民國三年〔1914〕，他制定革命黨黨章的時候，他把一黨專政及服從黨魁的精神大大的加強。民國七年〔應該是六年，1917〕，俄國革命，雖遇著國內國外反動勢力的夾攻，終成功了。中山先生考察俄國革命黨的組織，發現其根本綱領竟與他多年所提倡的大同小異。原來俄國也是個政治經濟落後的國家，俄國的問題也是火速的近代化。在十九世紀，俄國沒有趕上時代的潮流，因此在上次的歐洲大戰，俄國以二十倍德國的領土，兩倍德國的人口，尚不能對付德國二分之一的武力。俄國的革命方略，在這種狀況之下當然可供我們的參考。難怪中山先生雖知道中山主義與列寧主義有大不同之點，早就承認列寧是他的同志。

這個與蘇聯共同攜手抵抗帝國主義的政策，更進一步地在 1923 年體現在

聯俄容共的政策裡：「十二年〔1923〕夏，中山先生派蔣介石赴俄，考察紅軍和共產黨的組織。是年冬，蘇聯派遣鮑羅廷來華作顧問。十三年〔1924〕初，中山先生召開全國代表大會於廣州，徹底的改組國民黨，並決定聯俄容共。同時蔣介石從俄回國。中山先生就請他創辦黃埔軍官學校。」蔣廷黻在《中國近代史》的最後一句話是：「目前的困難是一切民族在建國的過程中所不能避免的。只要我們謹守中山先生的遺教，我們必能找到光明的出路。」

蔣廷黻這本《中國近代史》不是學術體例下的一本學術著作；完全沒有注釋。篇幅很小，只有五萬字，但從乾隆年間馬戛爾尼使華一直敘述到 1923年。以結構來說，頭重腳輕。全書一共四章二十三節，只有兩節敘述民國史：〈軍閥割據十五年〉、〈貫徹總理的遺教〉。

蔣廷黻這本小書所反映出來的，是幾個極具意味的問題。首先，那是蔣廷黻學而優則仕以後的產物。那是他 1938 年 2 月底從駐蘇聯大使卸任回到漢口，到 5 月間復任行政院政務處長期間，在沒有多少參考書籍可用的情況之下所寫出來的一本通俗讀本。其次，蔣廷黻在南開、清華沉潛十二年的研究是在中國外交史，而非中國近代史。雖然他認為研究外交史就是研究歷史，但兩者實際上只有重疊的關係，而不是完全相疊的關係。換句話說，中國近代史不是他的本行。這可以解釋為什麼全書二十三節裡，只有第二章〈洪秀全與曾國藩〉裡的四節，第三章〈自強及其失敗〉五節裡面的兩節，第四章〈瓜分及民族之復興〉七節裡的三節，可以算是近代史，而且是非常狹隘的定義下、非常浮光掠影式的政治史。第三，那是一個宣誓效忠政權的產物。說到孫中山及其思想，必稱「先生」、「總理」、「遺教」，以及「偉大」。

最最重要、也最別具意味的，是這本《中國近代史》為了要效忠政權而避開不談的問題。我們注意到這本小書只敘述到 1923 年。1923 年以後的發展，蔣廷黻全都不表了。而 1923 年以後的發展，蔣廷黻在學而優則仕以前已經發表過許多政論文章分析過。他可以把他從前研究鴉片戰爭到甲午戰爭之間的歷史的成果寫到《中國近代史》裡。同樣地，他應該也可以在《中國近代史》裡引用他發表過的政論文章裡的觀察與分析。他在《獨立評論》裡所發表的觀點，例如：民主與獨裁、經濟政策、剿共、對日和戰的問題等等，不但是分析民國史的好問題，而且也符合他用近代化、科學、民族主義三個定律，以及進

步與保守勢力對決的中國近代史發展模式的敘述。

更有趣的一個例子，是我在第一章已經分析過的，他在南開時候發表在1926年的《現代評論》上的〈統一方法的討論〉。他在那篇文章提到了中國所已經試驗過或還未經試驗的三種統一的方法：武力、召開國民會議、少數黨專制。用少數黨專制統一的方法要有三個條件：黨軍、宗教式的狂熱、切中時弊的改革。當時國民黨雖然已經成立了黨軍，但蔣廷黻認為還欠第二、三條件的東風。以第二個條件來說，中國人只有跟鬼神談交易的宗教迷信，而欠缺為理想獻身的狂熱。以第三個條件來說，國民黨並沒有足夠的眼光起而平內亂、禦外侮。現在，在《中國近代史》的最後一節裡，蔣廷黻說孫中山在「聯俄容共」以前就已經加強了一黨專政及服從黨魁的精神，在「聯俄容共」以後，更吸收了列寧主義的黨組織與綱領。同樣是1923年以前的變化，他在1926年的時候認為國民黨還欠東風，為什麼在1938年寫《中國近代史》的時候都具備了？

所有這些問題，他都避而不談。原因無它，因為那些文章都是在他學而優則仕以前所寫的。現在，他一旦加入政府成為其中的一員。他的視野、心態、立場已經改變。

最赤裸裸地因為學而優則仕而甘為政權的喉舌的一篇文章是蔣廷黻一年以後在《新經濟》上所發表的〈百年的外交〉。[101]我在第一章裡，已經分析了〈百年的外交〉著墨最多的有關清末，特別是李鴻章的部分。他把從清末到民國主持外交的人一概尊為政治家，而把百般掣肘這些政治家的士大夫階級貶抑為愛國不得其法的誤國者。在文章的結尾，蔣廷黻把他百年外交史的鳥瞰延伸到了抗戰的階段。延續他政治家與誤國者的二分法，他說：

> 政府因負實際政治責任，說話行事比較謹慎。反對政府的人因不負責任可以隨便給政府出難題，對社會唱高調。因之，一般人民很容易發生誤會，以為官僚不努力，太消極，甚至於不愛國。反之，反對政的人因言論激昂，好像是特別愛國，特別有作為。

---

101 蔣廷黻，〈百年的外交〉，《新經濟》，第1卷第4期，1939，頁2-7。

幸運的是，蔣廷黻說拜英明領袖蔣介石之賜。他堅忍避戰的政策為中國多爭取了幾年準備的時間。在這避戰期間，他戮力建設，為國家立下了統一的基礎，讓中國得以有更堅強的實力來抵抗日本：

> 抗戰以前的數年，我們在最高領袖指導之下，把統一基礎打好了。於是改革法幣，建設公路鐵路，推進國防等等自力更生的事業，得有一日千里的進步。假使政府於九一八的冬天就聽從一般士大夫的浮議而開始抗戰，那我們就不能有自九一八到八一三那個階段的積極建設和統一完成。沒有那一個階段，我們哪能有今日的抗戰力量？

這種學而優則仕以後，視野、心態、立場的改變，不只是反映在《中國近代史》一書以及〈百年的外交〉一文的寫作，它也反映在蔣廷黻在重慶所寫的政論文章。他從前在《獨立評論》上的文章針砭時弊，分析政治、經濟、外交上的問題。現在則完全是一個行政官僚在宣揚抗戰的政策。他在這段時間所寫的文章，光是標題就道盡了一切：〈論國力的元素〉；[102]〈青年的力量〉；[103]〈經濟戰〉；[104]〈知識階級與國防建設〉。[105]

蔣廷黻不只在政論文章裡專注於宣揚抗戰的國策，他連在書評文章裡也是如此。就以他在《新經濟》上所發表的三篇英文書的書評為例。這三篇書評評的都是美國討論國策、國防、與外交的書籍。然而，雖然那些著作所分析討論的都是美國的問題，蔣廷黻都把結論拉回到中國抗戰所需的外交政策與展望。〈美國國防與國策〉評的是伊利特（George Eliot）所著的《我們所守護的堡壘：美國國防問題的研究》（*The Ramparts We Watch: A Study of the Problems of American National Defense*）。美國一向重歐輕亞。這本書的著重點自然是在

102 蔣廷黻，〈論國力的元素〉，《新經濟》，第 1 卷第 1 期，1938，頁 4-7。
103 蔣廷黻，〈青年的力量〉，《公餘半月刊》，復刊第 10 期，1939，頁 9-10。
104 蔣廷黻，〈經濟戰〉，《星期評論》（重慶），第 3 期，1940，頁 3-6；〈經濟戰（續完）〉，《星期評論》（重慶），第 4 期，1940，頁 7-10。
105 蔣廷黻，〈論文：知識階級與國防建設〉，《新經濟》，第 6 卷第 10 期，1941，頁 1-3。

歐洲，特別是德國。美國在亞洲的唯一敵人是日本。作者認為美國對付日本的唯一方法是武力封鎖日本。由於蔣廷黻知道要美國用武力干預的方式來幫助中國的機率非常低，中國必須退而求其次，呼籲美國用經濟制裁的方法來對付日本。因此，這本書的主旨對中國不利。所以蔣廷黻認為他有駁斥的必要：

> 著者不免自相矛盾，因為美國主持正義的人士並不要求政府對日宣戰，不過要美國對日本加以經濟制裁並給予中國經濟援助。這是輕而易舉的事而且收效宏大的。著者以為惟有用武力始能封鎖日本，惟有封鎖日本始能制日本的死命。這種看法未免忽視了國際貿易在日本經濟上所占地位的重要和日美貿易在日本國際貿易總額中所占百分數之大。美對日除軍事制裁外，尚有商戰的工具。討論美國對日的國策和國防而忽略了這一點不能不算這書的大缺憾。[106]

〈美國究將到哪裡去？〉評的是兩本書：畢爾德夫婦（Charles and Mary Beard）所合著的《美國在中流》（*America in Midpassage*）和格里斯瓦德（Whitney Griswold）所著的《美國的遠東政策》（*The Far-Eastern Policy of the United States*）。這兩本書都是孤立主義的作品。畢爾德夫婦主張美國不要介入世界上的戰爭。美國應該善用大西洋與太平洋所賦予的天然的屏障，為人類保存一塊乾淨土，為文化留下一線生機。同樣也是孤立主義者的格里斯瓦德，認為美國在遠東的政策並不代表民意，而是極少數的一些政治與思想領袖所主導的。而這些政治與思想界的領袖又常是受到英國影響的。因此，美國的遠東政策與其說是為了美國的利益，不如說是在維護大英帝國的利益。

蔣廷黻憂心這種孤立主義的論點將會使美國置身事外，無視於世界弱小國家遭受強權的侵略，以至於致中國於死地。因此他在結論裡譴責說：

> 我們讀了這兩本新書以後，不免感覺失望。以美國的政治經濟的優越地位，難道美國只能退守嗎？據我的看法，美國不能退守，只能前進。美國

的經濟機構和美國人的民族性都迫著美國向前進。不過前進必須得法。以往各帝國的覆轍是不必重蹈的。國際所急需的是組織。而組織必須有重心，有領導者。美國如能以大無畏的精神，領導世界向法治和自由的路上去，成功的希望是有的。美國如放棄這種歷史所賦予的使命，不但世界文化將沉淪，久之美國亦將無法獨善其身。[107]

〈1939 年美國與世界〉評的是薛普德森與斯格爾格斯（W.H. Shepardson and W.O. Scroggs）所合著的《世界情勢下的美國：1939 年的美國外交關係》（*The United States in World Affairs: An Account of American Foreign Relations, 1939*）。這本書的主旨也是讓蔣廷黻憂心的，特別是它對第二次世界大戰戰局的展望完全不符合蔣廷黻的想望。這本書說，美國人不喜歡納粹德國，但也反對參戰。德國戰勝的可能性很大。德國的勝利對美國的危害一定很大。在歐洲方面，它會打擊美國的商業利益，甚至會跟美國在拉丁美洲競爭。在亞洲方面，它會跟日本分贓，從而排斥美國在亞洲的商業利益。蔣廷黻在書評裡提出了他自己對戰後世界的展望：

　　這次大戰或將另有一種結果，非著者們所想像的。在這種結果之下，戰後的世界大致如下：一、日義崩潰。二、英國保存原有的帝國，加上義屬北非。三、德國稱霸大陸，但須承認蘇聯在東歐的優越地位。德國在海外的商業將受更嚴格的限制。四、美國仍為南北美的盟主，其地位比戰前更為鞏固。五、英美的海軍將為安定世界的中心實力。不過美國在太平洋，英國在地中海將比戰前更有威力。六、蘇聯在遠東將無後顧之憂，他的國防將完全以德國為對象。八、中國復興。這樣的一個世界，或者也可以滿足美國人的志願。[108]

至於蔣廷黻如何得出德國稱霸歐洲大陸，而跟它結為「三國同盟」的日

---

107 蔣廷黻，〈美國究將到哪裡去？〉，《新經濟》，第 2 卷第 10 期，1939，頁 244-248。
108 蔣廷黻，〈1939 年美國與世界〉，《新經濟》，第 4 卷第 7 期，1940，頁 159-161。

本、義大利卻崩潰，而中國戰勝復興這樣的結論，他則完全沒有解釋。

　　蔣廷黻從 1938 年 5 月復任行政院政務處長，一直到 1945 年 4 月正式辭職，長達將近七年的時間。在這七年當中，根據他在《口述自傳》裡的描述，他還曾經當過行政院的發言人。同時，根據報紙上報導的描述，他至少在 1941 年秋天擔任過代理行政院祕書長。

　　俗話說，路是人走出來的。俗話也說，因緣際會。1943 年 10 月底，蔣廷黻奉派到美國去出席「聯合國善後救濟總署」的成立大會。會後他在美國勾留了一年的時間。他在 1944 年底回國以後，出任「行政院善後救濟總署」署長，一直到他 1946 年 10 月被解職為止。當時的蔣廷黻一定完全沒有想到這是他的仕途與人生的轉捩點。從出席「聯合國善後救濟總署」到出任「行政院善後救濟總署」署長，這接二連三的因緣際會將會引領他成為中國駐聯合國大使，最後又成為中國駐美大使。不但他的仕途改道，從行政官僚轉變成為外交官，他的人生也質變，在美國度過了他人生最後絢爛的十八年的大使生涯。

第三章

「聯總」與「行總」，1944-1946

　　蔣廷黻在 1943 年 10 月 21 日離開重慶。他所搭乘的飛機飛越喜馬拉雅山到印度，再經由中東、北非、然後進入大西洋、掠過巴西一角、抵達佛羅里達州，最後再轉赴紐約。[1]他此行的目的是到美國參加「聯合國善後救濟總署」（United Nations Relief and Rehabilitation Administration, UNRRA）簽署、成立大會、暨第一屆理事會（Council）會議。這個「聯合國善後救濟總署」名稱裡的「聯合國」，並不是在 1945 年成立的聯合國。這個善後救濟總署所冠的「聯合國」，指的是以 1942 年元旦在美國華盛頓集會的二十六個國家作為核心的「聯合國」。它們集會的目的除了是要宣誓一致對抗軸心國一直到取得最後的勝利的決心以外，並承諾支持美國總統羅斯福和英國首相邱吉爾在 1941年 8 月所發表的《大西洋憲章》（the Atlantic Charter）裡所揭櫫的在戰後建立世界和平的理念。

　　這個成立大會有四十四個國家的代表出席。11 月 9 日中午在白宮的「東廳」（East Room）舉行簽署儀式。美國總統羅斯福坐在一個長桌前的椅子上，他背後的牆上一列成排懸掛著四十四個與會代表國家的國旗。司儀按照英文字母的順序次第宣唱派代表出席的國家的名字。被宣唱到的國家的代表就從會眾群裡走出來到羅斯福座位之前，先鞠一躬以後，再跟羅斯福握手。然後，在羅斯福旁邊的椅子上坐下，在簽署書上簽名。簽完名以後，代表起立，跟羅

1　根據蔣廷黻 1957 年 8 月 6 日日記。

斯福再握一次手以後，退回其原來所站的位置。在握完了八十八次的手以後，羅斯福作了一個廣播演說，宣布成立「聯合國善後救濟總署」。

在白宮簽署典禮的次日，大會安排了一列火車專車。載著與會兩百四十位代表到紐澤西州的大西洋城（Atlantic City）召開第一次會議。會期從 11 月 10 日到 12 月 1 日。11 日，大會第二天的會議要選舉聯總的署長（Director-General）。紐約州長李門（Herbert Lehman）被提名為署長人選，需要有人提出動議。提出這個動議的人就是蔣廷黻。投票結果，李門當選為第一任署長。[2]

聯總成立暨第一屆「理事會」（Council）召開的地點是在大西洋城的「克拉瑞芝飯店」（Claridge）。這間今天還在的飯店，用蔣廷黻在家信裡的描述：「共二十層。我住在第十一層。開會也就在旅館裡。我們窗戶前面是塊大草地，草地前面就是海。我日夜可以聽見海上的風波聲。」[3]

開會、演講、與閒雲野鶴之樂

蔣廷黻在會期當中並不是一直待在會場。他在 11 月 20 日到華盛頓去，因為他次日晚有一個很大的演講，他聽說觀眾會有四千人之多。這時候的蔣廷黻對演講已經開始駕輕就熟。到美國才一個月，他已經作了五次的廣播。12 月 4 日，他又在紐約「外交協會」演講。大會結束以後，他顯然來回於華盛頓與紐約之間。接著，他就開始橫渡美洲大陸。他在 19 日跟他在日記裡稱之為祕書的羅伯特（Robert）一起坐火車到位於俄亥俄州的母校「歐柏林學院」（Oberlin College）。他們在歐柏林住了一天。蔣廷黻在次日作了一個演講。

離開了歐柏林以後，蔣廷黻兩人在 21 日抵芝加哥。當晚，他出席「中國新聞社」（China News Service）的晚宴。與宴者包括各國報界主筆、專欄作

2　Allan Nevins, *Herbert H. Lehman and His Era* (New York: Charles Scribner's Sons, 1963), pp. 234-235.

3　蔣廷黻致唐玉瑞與寶寶們，1943 年 11 月 20 日，趙家銘提供、張愛平選編，〈蔣廷黻家書〉，《傳記文學》，第 57 卷第 3 期，1990 年 9 月，頁 22。

家、評論家、與教授。[4]在芝加哥的演說裡，他認為由於地緣的關係，中國將是同盟國與日本決戰的最後戰場。這是因為：第一、同盟國要轟炸日本，中國將是最接近的空軍基地；第二、要擊敗日本的陸軍，其決戰點就在中國。[5]次日，他先與芝加哥中國總領事午餐，然後對中國留學生作了一個演講。

雖然他在 11 月 20 日的家信裡說他會從芝加哥直接前往舊金山，但他的計畫顯然作了改變。他們兩人在 12 月 23 日所坐的火車是前往洛杉磯。[6]在這兩天的車程裡，第一天經過伊利諾州和堪薩斯州，第二天經過新墨西哥州、俄克拉荷馬州、亞利桑那州。沿途所見，前一天是「大平原，沿途都是大田莊。」第二天則「多半是沙漠，天高氣爽。」他家信裡說他們到了美國、墨西哥交界的地方，但沒說城市的名字。他說他們住在一間很別致的西班牙式建築的旅館裡：「一座一座的小房子。我和我的祕書租了一座，共三間，兩間睡房，一間客廳，極舒適。我們住三天，就要到 Los Angeles〔洛杉磯〕去。」幸好他在信裡說：「住在旅館旁邊的有位國際著名的 Mrs. Sanger〔桑格夫人，節育運動首倡者〕。今天中午我在她家裡吃飯。我們談了幾個鐘頭的政治。」[7]桑格夫人晚年住在亞利桑那州的土桑（Tucson）。我們因此知道蔣廷黻在土桑停留了三天。這麼說來，他應該是在 28 日抵達洛杉磯。

蔣廷黻的英文日記是從 1944 年 1 月 1 日開始記起的。他當天的日記：「住舊金山的聖法蘭西斯飯店。早上 8:45 醒來，在房間裡吃早餐。下雨。11:30，羅伯特（Robert）跟我走去中國城。街道比我 1912 年經過這裡的時候寬廣乾淨多了。商店大多了，櫥窗的擺設相當美國化。男女在街上牽著手或交臂走著。中國城在過去三十年來已經相當美國化了。」這則日記透露的是剛到舊金山的口氣。看來他是在除夕晚從洛杉磯抵達舊金山的。

在舊金山的三天裡，第一天，蔣廷黻在舊金山總領事馮執正的陪伴下，去

4　〈蔣廷黻在芝加哥參與盛宴〉，《大公報》（桂林），1943 年 12 月 23 日，第 3 版。

5　〈蔣廷黻在美談話〉，《大公報》（重慶），1943 年 12 月 22 日，第 2 版。

6　〈蔣廷黻在芝加哥參與盛宴〉，《大公報》（桂林），1943 年 12 月 23 日，第 3 版。

7　蔣廷黻致唐玉瑞與寶寶們，1943 年 12 月 26 日，〈蔣廷黻家書〉，《傳記文學》，第 57 卷第 3 期，頁 23。

參觀了「金門公園」以及「雙峰」（Twin Peaks），並驅車駛過當時世界上最長的吊橋金門大橋。第二天在華埠跟華埠的領袖午餐，並報告「聯總」的組織以及他對中國戰後工業化的展望。餐會過後，他跟領事館的館員交談。過後，就由李卓敏、李卓皓兩兄弟陪伴他到加州大學柏克萊分校參觀。3 日上午十點鐘，蔣廷黻作了一個鐘頭的記者招待會，回答了記者有關太平洋戰爭、如何處置日本、共產黨、以及中蘇關係等等問題。接著，他就到「美國戰時情報局」（United States Office of War Information, OWI）作了兩個廣播錄音，一個中文，一個英文：中文的錄音長十二分鐘，有關「聯合國善後救濟總署」以及蔣廷黻對美國的印象；英文的錄音長四分鐘，有關中國憲政的發展。中午，參加「中國新聞社」為他舉辦的餐會，並作簡短的演講。午餐過後，拜會「美國銀行」。然後就趕到奧克蘭（Oakland），搭 4:34 的火車去俄勒岡州（Oregon）。

蔣廷黻兩人在 4 日下午 1:05 抵波特蘭（Portland）。在與波特蘭「中華會館」的會長午餐以後，他在下榻的飯店接受記者的訪問。下午六點，他先在華埠演講，然後到安領事家晚餐。次日，他們去參觀「凱撒船塢」（Kaiser Shipbuilding）。「凱撒船塢」有三萬五千個員工。它仿效汽車工業大量生產的作法，在一年半的時間裡造了 350 艘軍用的「自由貨輪」（Liberty ships）。美國的十八個船塢在 1941 到 1945 年之間總共造了 2,710 艘「自由貨輪」。為了補充被德國潛艇擊沉的「自由貨輪」，美國從 1943 年開始建造比「自由貨輪」更大的「勝利貨輪」（Victory ships）。蔣廷黻去參觀的時候，「凱撒船塢」已經開始在造「勝利貨輪」。到戰爭結束的時候，美國已經造好了 531 艘的「勝利貨輪」。蔣廷黻在跟華埠領袖午餐以後，坐 1:40 的火車赴西雅圖。

火車在下午 6:25 抵達西雅圖。江領事跟五位僑領在車站迎接他們，接著晚餐。6 日中午，蔣廷黻到「瑞尼爾俱樂部」（Rainier Club）參加餐會。州長、代市長等三十人出席。作了一個二十分鐘的演說，談中國的工業化、民主，以及外交關係。當晚出席華埠領袖在中國餐館的宴席。7 日參觀華盛頓大學。中午與政治、歷史、經濟系教授午餐。下午四點搭飛機東行。8 日晨抵達芝加哥，隨即換機繼續東行赴華盛頓。大使館的劉鍇、崔存璘到車站來接。住

進「瓦德門公園飯店」（Wardman Park Hotel）。這次西行的費用，蔣廷黻覺得很合理。他在回到華盛頓當天的日記說：「西行到西海岸（far west），兩個人總共的費用是 1,500 美金，相當合理。」

蔣廷黻原來以為他這次的美國之行會在他西行回來以後就會結束的。他在 1943 年 12 月上旬即將西行以前的家信裡說：「正月初我將回到華盛頓。希望到了那個時候政府許我回國。」[8]然而，蔣廷黻這個願望並沒有達成。他在 1944 年 1 月 26 日的家信裡說他已經接到了唐玉瑞以及孩子們給他的第四封信了。他接著說：「昨天就是舊曆新年。原來我希望回來過年，殊不知我至今還不能離開。」他仍然抱著希望說：「你們接到這封信的時候，你們〔會〕已經知道究竟是我回中國，還是你們來美國。我希望是我回國，因為我不要作外交官。」[9]

蔣廷黻這句「我不要作外交官」的話看似突兀，卻是其來有自的。他 1 月 9 日的日記記：「五點去拜望魏道明〔駐美大使〕。他說他 15 日回國，問我要帶什麼。我很尷尬，因為謠傳我會當大使。我避免問他問題……奇怪的是：我一點都不想當大使，更希望留在中國工作。然而，看來我必須留在華盛頓。四、五年前，我會很想當大使。現在我覺得我在中國可以作得更多，而且國內的政治要遠比外交重要多了。更何況從事外交並不符合我的生活習慣（habits of life）。」他 1 月 15 日更舉例說明為什麼從事外交不符合他的生活習慣：「與李門在『五月花』（Mayflower）晚餐。出席者包括：康納利（Connally）參議員、布倫（Blum）眾議員、萊西（Leahy）上將……等人。第一次穿上漿燙過了的襯衫。我渾身不對勁。坐在薩爾特女爵（Lady Salter）旁邊，非常友善。只是交談非常吃力。想想看！如果我重回外交生涯！那會多無聊啊！」

然而，蔣廷黻希望能夠早日回國、不留在美國作外交官的心願注定是暫時

8　蔣廷黻致唐玉瑞與寶寶們，1943 年 11 月 20 日、12 月 9 日，〈蔣廷黻家書〉，《傳記文學》，第 57 卷第 3 期，頁 22。

9　蔣廷黻致唐玉瑞與寶寶們，1944 年 1 月 26 日，〈蔣廷黻家書〉，《傳記文學》，第 57 卷第 3 期，頁 23。

無法如願的。他在 2 月 7 日的家信裡說：「我現在不知道什麼時候回來或作什
麼事。上次寫給姆媽的英文信應該保留。萬一用得著，就照辦。」[10]這封英文
信現已不存，很可能就是他在 1 月 15 日日記裡所說的：「下午寫信給妻子，
給她一些必要的資訊，以備她如果要帶孩子來美國的話。」等他在 2 月 26 日
提筆寫信給「親愛的玉瑞和寶寶們」的時候，他已經接受了必須暫時滯留美國
的事實：「你們一定常想為什麼爹爹還不回來。我也掛念你們，想早回來，卻
是蔣〔介石〕兼院長和孔〔祥熙〕副院長要我在美國多住一些時間。」[11]這
「多住一些時間」的結果，是整整一年。

　　事實上，如果不是因為當時的中國沒有自己的航空運輸系統與能力，因而
必須倚賴美國，蔣廷黻並沒有必要在美國整整待上一年的時間，在開完了聯總
的成立大會以後就可以回國了。聯總原來計畫 6 月底在加拿大召開的第二屆
「理事會」，也已經在 5 月初就已經開始討論延期，並在 5 月 15 日「中央委
員會」的會議裡通過延期的動議。蔣廷黻在當天就用電報向政府報告。18
日，他在家信裡說：「加拿大第二次大會已經延期。將來什麼時候開會，尚不
知道。我本來可以回國，卻是〔蔣〕主席前有命令，囑留在美國，所以我回國
的事情簡直無期。」[12]

　　結果，第二屆「理事會」一直要到 1944 年 9 月中旬才在加拿大的蒙特婁
（Montreal）召開。由於蔣廷黻實在沒事可做，他必須擠出事情來做。1 月 11
日，他與李門署長等人開了一個很長的會。蔣廷黻提議派送五十個醫生、五十
個農業技術人員、五十個其他方面的技術人員來受訓。李門說這恐怕超過了
「聯總」的工作範圍。蔣廷黻說那符合「理事會」的決議。而且如果不這麼
作，1944 年等於無事可做。其他人都支持蔣廷黻的看法。李門終於答應會再
考慮。結果，不到一個月，蔣廷黻這個提議就被打了折扣。2 月 4 日上午他去

10　蔣廷黻致唐玉瑞與寶寶們，1944 年 2 月 7 日，〈蔣廷黻家書〉，《傳記文學》，第 57 卷第 3
　　期，頁 23。

11　蔣廷黻致唐玉瑞與寶寶們，1944 年 2 月 26 日，〈蔣廷黻家書〉，《傳記文學》，第 57 卷第
　　3 期，頁 23。

12　蔣廷黻致唐玉瑞與寶寶們，1944 年 5 月 18 日，〈蔣廷黻家書〉，《傳記文學》，第 57 卷第
　　3 期，頁 26。

見李門，討論訓練班的事：「他要從五十個人開始。至於其他一百人就等將來再決定。我雖然不同意，但接受了。」除了這個訓練班以外，蔣廷黻在華盛頓幾個月的時間裡就是開了幾次「中央委員會」的會議以及跟「聯總」的一些官員商討事務。所有這些，都是可以由中國在華盛頓的官員代理，或者用通信討論的。然而，這就是威權統治；蔣介石作的決定，即使不符合經濟效益，就是決定。

圖 3　蔣廷黻 1944 年在華盛頓開「聯合國善後救濟總署」會議。Library of Congress, Prints & Photographs Division, FSA/OWI Collection, Reproduction Number, LC-USW3-055357-C.

從他在 1943 年 11 月到美國以後，整整有四個月，蔣廷黻是住在飯店裡。由於他在華盛頓常住的是「瓦德門公園飯店」（Wardman Park Hotel）和「肖漢姆飯店」（Shoreham Hotel），因此，他 1944 年 1 月 8 日西行回到華盛頓時才會說：「回到了老『瓦德門公園飯店』。」1、2 月間，他風塵僕僕來回於華盛頓、紐約兩地開會、演說。1 月 16 日，他又到了紐約。晚餐過後，將近半夜，住進「大使飯店」。他悶悶不樂地抱怨說：「從一間飯店到另一間飯店。這樣子的生活！」用他 2 月 18 日日記的話來說：「憂鬱莫名：旅店生涯讓人定不了心（unsettling）。」三天以後，21 日，他請大使館的參事劉鍇晚

餐，請他向大使館用優先項目請款買一輛汽車，並長期租下一間飯店套房作為辦公室。26 日，他責成幕僚壽景偉去找一間房子作為辦公室。在看了幾處地方都不滿意以後，他決定把住處和辦公室分開。他在 3 月 10 日搬進「白羅德穆爾」公寓（Broadmoor）。12 日，他試開了一輛 1942 年的「別克」牌（Buick）汽車，覺得滿意，就以 1,950 美金成交，先付了 300 元的訂金。次日，他就跟大使館的崔存璘午餐，填好申請用優先項目請款買汽車。由於蔣廷黻有色盲應該是不能開車，不知道他是否雇了司機。至於辦公室，我們不知道辦公室是什麼時候開始租的。根據他 8 月 18 日日記，地址是「麻州大道」（Massachusetts Avenue）2311 號。

　　蔣廷黻對「白羅德穆爾」飯店公寓相當滿意。他在家信裡說：

　　　　這裡很清淨。旅館旁邊就是石濱公園（Rock Creek Park）和動物園。這裡房間大而多：一間大客廳、一間小客廳、一間臥室、一間小飯廳、一間小廚房內有電氣冰箱、還有一間洗澡房。錢比以先所住的 Wardman Park & Shoreham〔「瓦德門公園飯店」和「肖漢姆飯店」〕兩個旅館都便宜。以先照天算，現在論月，每月 300 元，以先每天 15 元。我不用雇人，因為一切都由旅館照拂。我現在有二個祕書：一個是施其南，一個是壽景偉。我租了一所房子辦公，每月 175 元。他們就住在辦公室的樓上，離這裡走十分鐘就到了。[13]

　　住進飯店公寓以後，蔣廷黻的日子過得非常愜意。除了偶爾出外開會、演說以外，就是看書、聽音樂、跟朋友綜論天下國家大事、臧否人物、或一起逛博物館、美術館、郊遊。他 5 月 20 日日記說：「整天在公寓裡，讀桑德堡（Sandburg）〔Carl Sandburg，《林肯傳》〕、聽收音機。既然政府把我閒置在這裡，我不妨就當起閒雲野鶴來。」

　　在近代中國的知識分子裡，蔣廷黻是一個罕見的具有西方人文素養的個

13　蔣廷黻致唐玉瑞與寶寶們，1944 年 3 月 10 日，〈蔣廷黻家書〉，《傳記文學》，第 57 卷第 3 期，頁 24。

例。他閱讀的範圍極廣。《紐約時報》、《華盛頓郵報》、重要的政論性雜誌等等固不待言。他 1944 年在美國閒雲野鶴的這一年裡所讀的名作家，包括海明威、桑德堡、托爾斯泰、屠格涅夫、陀思妥耶夫斯基、威廉・華茲渥斯（William Wordsworth）、夏綠蒂・勃朗特（Charlotte Bronte）、羅曼羅蘭。他喜歡聽古典音樂：交響樂、歌劇、貝多芬、莫札特，都是他所喜愛的。4 月 6 日，他還花了 200 元美金買了一個「飛歌」（Philco）牌的收音機，專門用來聽古典音樂。他 8 月 21 日寫給四個孩子的家信裡，最生動地描述了他從這個收音機所得到的快樂：

> 現在我一個人在這裡聽音樂。剛才聽 Heifetz〔海菲茲〕獨奏提琴。現在聽 Mozart〔莫札特〕：The Marriage of Figaro〔《費加羅的婚禮》〕。這是一齣大戲，最好玩，開始即令人快樂。可惜你們不在這裡。[14]

他來往的也不是酒肉朋友，而是願意跟他一起從事智性上交流的友朋。他們談古典希臘、十八世紀的哲學、法國革命、美國開國元勛、美國的民主、馬克思主義、蘇聯、極權政治等等。他們出遊不是去名勝古蹟，例如，「華盛頓故居」、「林肯紀念堂」、「傑佛遜紀念堂」；就是去博物館，例如，「國家美術館」（National Gallery of Art）、「佛利爾美術館」（Freer Gallery of Art）、「佛爾格莎士比亞圖書館」（Folger Shakespeare Library）等等。

事實上，蔣廷黻這一年在美國並不真正是閒雲野鶴；他除了四處演講以外，也常常寫文章。比如說，他 1 月 18 日在紐約為「工業合作社」（Chinese Industrial Cooperatives）在「謝爾頓飯店」（Shelton Hotel）所舉行的晚宴裡演講。這個「工合」的晚餐有 120 個人出席。蔣廷黻演講的大要是：俄國、美國的發展方式並不沒有窮盡人類發展的可能性。中國很有可能發展出一種完全不同的社會形態。

一個場合特別的演講是在 1 月 29 日。當天中午，他去「大都會歌劇院」

14　蔣廷黻致大、二、三、四寶，1944 年 8 月 21 日，〈蔣廷黻家書〉，《傳記文學》，第 57 卷第 3 期，頁 26-27。

（Metropolitan Opera House）午餐。午餐過後，他被帶去包廂，聽莫札特的歌劇《費加羅的婚禮》。他讚歎說：「是我所聽過的最歡愉、抒情的歌劇。」在第二、三幕之間，主持人介紹蔣廷黻，接著就由蔣廷黻作了一個廣播。歌劇結束以後，蔣廷黻留下來參加雞尾酒會，跟當天表演的歌劇明星見面。

演講多次以後，蔣廷黻開始有點掉以輕心，但他很快的就學到了一個教訓。2 月 9 日，他受邀為「中美工商業促進會」（China-America Council of Commerce and Industry, Inc.）的晚宴演講。前一天，主持人跟他要演講的稿子，蔣廷黻說他會作即席演說。他一直到當天早上起床以後才寫出演講的要點。當晚七點，他抵達「華爾道夫─阿斯托里亞飯店」（the Waldorf Astoria）。先是雞尾酒會。八點，他被帶到「玉廳」（Jade Room）。眼看著可以坐 80 個人的大桌子，他方才了解這是一個大場面。當晚蔣廷黻不是唯一一個演講者。他在日記裡沒有提到他演說的主旨，但批評當晚演講的每一個人，包括他自己。第一個演講者是美國前駐德大使，他說他老態畢露。第二位講者是羅斯福總統的經濟顧問克里（Lauchlin Currie）。蔣廷黻說：「他在大企業家前的自卑錯綜讓他賣力地演出，裝出一副實事求是的樣子。他說〔中國〕政治不穩定讓我極為生氣，但我克制著，簡單坦白地說出我要說的話。我看清了 Currie〔克里〕，知道此後該如何對付他。晚餐跟演講過後，胃痛而且疲憊不堪，深感我今晚的演出不夠好。」

根據《紐約時報》的報導，蔣廷黻當晚演講的主旨是：中國在前一個世紀，因為盲目排斥西方，又因為政治上紊亂，以至於阻礙了工業的發展。然而，中國的老百姓在戰後會迎接西方的科技：「雖然我們認識到在工業化上，中國永遠不會發展到美國、英國、或蘇聯所發展到的程度，但我們可以運用科學和技術來使我們的工業生產力倍數地增長。中國未來的經濟組織，將會是介於美國與蘇聯的兩者之間。」[15]

這時候的蔣廷黻對中國的發展充滿信心。次日中午，他跟「洛克斐勒基金會」的會長傅斯迪克（Raymond Fosdick）及其幕僚午餐。他在餐會中談中國的經濟發展、民主的展望，以及洛克斐勒基金會在中國可作的事業等等。他說

15　"China Seen Ready for Industrial Era," *The New York Times*, February 10, 1944, p. 4.

傅斯迪克很高興聽他說中國不會複製美國經濟發展的模式。蔣廷黻所謂的中國
不會複製美國經濟發展模式的說法,用他 3 月 8 日為「中國工程師學會」
(the Chinese Engineers Society)演講的主旨來說,就是:「一、政府不會放
棄其在經濟領域裡的關鍵地位;二、農業與工業必須同時發展。」他對中國的
信心,表現在他 4 月 14 日想寫的一篇有關〈中國自由民主政治的展望〉的文
章,其主題是:「一、自由主義,1895-1919;二、共產主義,1917-1926;
三、法西斯主義,1933-1941。結論:除了大西洋地區以外,中國是最有希望
成為一個自由民主的國家,條件是戰後有一長段和平的時間。」

　　蔣廷黻跟當時住在紐約的胡適一樣,認為美國的輿論,特別是自由派的輿
論,都在惡意中傷國民政府、偏袒中國共產黨。2 月 1 日,他跟美國國務院的
傑賽普(Philip Jessup)午餐。由於傑賽普當時也是「太平洋學會」(Institute
of Pacific Relations)理事會的主席,他抱怨中國代表在該學會前一個月在大西
洋城所召開的會議裡,反對討論中國內政的態度。蔣廷黻告訴他說:「一、
Bissel 的文章的鬼魂在作祟。一個國際研究人員居然會發表如此不科學的文章
抨擊中國。中國有理由不高興;二、此後會議也許可以自由討論,但國際研究
部應該廢除,讓各國各自從事研究和出版;三、 此後參加會議的應該是一般
人,而不是政府官員。他認為我的第二點將會大大地減少 IPR 的活動。他辯
護說 IPR 在過去為中國作了很多貢獻。」蔣廷黻在這則日記裡所說的 Bissel 可
能是畢松(T.A. Bisson)的筆誤。畢松在 1943 年的一篇文章裡,說國民黨代
表了「封建」的中國,而中國共產黨則代表了「民主」的中國。[16]

　　其實抨擊國民黨的美國輿論,並不全是蔣廷黻、胡適眼中的所謂自由派的
報刊雜誌。國民黨的失政與腐敗是有目共睹的,連親蔣介石的魯斯(Henry
Luce)所發行的《時代》(Time)雜誌也出現了抨擊國民黨的文章。蔣廷黻在
3 月 7 日的日記裡說:

　　　　早在我來美國之前,在重慶的時候,我就對魯斯的出版品——《時

16　T.A. Bisson, "China's Part in a Coalition War," *Far Eastern Survey*, XII (July 14, 1943), pp. 135-
　　141.

代》、《生活》（*Life*）、《財富》（*Fortune*）——相當刮目相看。他的
紙質、印刷、編排、流暢的文筆、大膽的觀念，都令人激賞。《時代》的
記者白修德（Teddy White）常來找我，非常友善。但有一次，我發現
《時代》有一篇有關中國的小文章，事實全是錯的。那使我開竅，發現
《時代》雜誌並不像我從前所想的那樣完美。白修德的文章很生動，但很
膚淺。《財富》雜誌所提出的在東南亞設立一個新國家的提議，在在地說
明了其編輯、記者是活在一個幻想的世界裡；對國際政治、對亞洲的實際
一點概念也沒有。還有，《時代》對聯總的態度極差。我去年 12 月在一
個午餐會上遇到了魯斯的一個部屬，我很嚴厲地批評了他們。我對他說，
現代社會最大的危險，是它充斥了太多文筆比腦筋好的人。我推測我說的
話冒犯了魯斯。

在魯斯方面，他則把我貶為孔祥熙的嘍囉、一個聰明的小官。他偏袒宋
子文、抨擊羅斯福太小氣、太黨同伐異。這是 2 月 29 日我們在「華爾道
夫—阿斯托里亞飯店」晚餐會坐在一起談話以前的關係。我對他說中美對
彼此的態度就像是一家人一樣，因此在美國才會有一群批評的人，以及對
重慶某些夫人的偏愛。我們談到俄國。我提到韓國在政治以及戰略上極端
的重要性。我們談得投入到忘卻了周遭的一切。3 月初，他寫了一封信給
我，稱讚我的小演講像顆「晶鑽」一樣〔亦即蔣廷黻「深感我今晚的演出
不夠好」的那一個演講〕，謝謝我對韓國的建議，並表示希望能再有交談
的機會。我立即回信。他的刊物對重慶的領袖有很大的影響力。我希望把
我對情況的了解轉告他，讓他有好的影響。我會勸他不要談〔國民黨裡〕
家閱閱牆之事；把中共的策略視為蘇聯陰謀布局的一部分；鼓吹現代化。

蔣廷黻跟魯斯在 3 月初通了信以後，顯然魯斯就約他見面。3 月 23 日：

七點，去「華爾道夫套房樓」（Waldorf Towers）見魯斯，談到十點。
一、中共。告訴他我主要反對的是：（a）中共是蘇聯政策的一個工具；
（b）中共是〔中國〕統一主要的障礙。他同情我的觀點。他問我說為什
麼自由派的知識分子不能在中國政治上具有影響力。告訴他說，他們的失

敗在於：一、書呆子；二、缺乏政治手腕。我們接著談人物。他說他從
重慶回來以後，本來有一期要以孔祥熙作為封面人物。封面都印好了。最
後決定不用。他認為宋子文是一個行政人才。我回答說：「雖然我對中國
的政治深感興趣，而且也跟許多領袖過從，但我不捲入家閥閱牆之事，而
且拒絕讓我的名字或職位跟任何貴婦扯上關係。」

最值得注意的是，蔣廷黻、胡適等人應政府之請，想要用「中國人的觀
點」改變白修德對中共的看法。蔣廷黻 3 月 24 日的日記記：

> 跟游建文、剛從重慶回來的白修德、魯斯的副手格羅佛（Allen
> Grover），以及胡適午餐。游建文收到外交部的電報，要我們阻止白修德
> 發表有關共產黨的文章。在座的人一致用中國人的觀點來表達我們對中共
> 問題的看法。遺憾的是，我們並沒有改變他多少。

蔣廷黻再接再厲，在 3 月 27 日寫信給白修德，力勸他要從正確
（proper）的角度來看中國的問題。4 月 4 日：「一整個早上跟白修德辯論他
的一篇文章，我認為太過親共。他的理由是：他的文章一向都是在為政府說
話，現在他必需要平衡一下。」

4 月 5 日，《紐約時報》發表社論，說哈佛大學的一群教授發表了一個決
議，向中國政府抗議其控制留學生的規定。根據這個規定，中國學生要出國留
學必須先得到政府的許可。學習的科目必須在出國前就批准。不管他們的美國
教授如何建議，任何改變都必須得到政府的許可。出國以前，他們必須先受訓
灌輸他們國民黨的黨義。他們在美國期間必須固定向中國政府派駐美國監督他
們的官員報告。那個官員不但有權報告他們的成績，而且有權報告他們的「思
想和行為」。《紐約時報》社論說這種集權措施讓美國人想到的就是思想控
制。它呼籲中國政府收回成命。[17]

13 日，《紐約時報》刊載了其駐中國特派員艾金森（Brooks Atkinson）的

---

17 "Chinese Students," *The New York Times*, April 5, 1944, p. 18.

報導，說國民政府強調是翻譯不正確的問題。正確的翻譯應該是「引導留學生的思想、管制其行為」，而不是「引導及控制思想和行為」。國民政府的新聞局局長表示他將請教育部長陳立夫修訂第十四條管制思想的規定：「所有自費留學生的思想和行為絕對必須接受留學生監督以及大使館的管理和控制。如果他們的言論違反了三民主義或者行為不當，他們將立即失去留學的資格並立時遣送回國。」然而，這篇報導暗示陳立夫拒絕了這個建議，因為他在當天發給《中央日報》的聲明裡強調：「《五五憲草》規定三民主義是中華民國教育的基本宗旨；這就像民主是美國教育的基本宗旨不得牴觸一樣。任何違反了三民主義的中國人，就是違反了抗戰的目標；學生不得例外。」[18]

　　蔣廷黻在 13 日當天的日記裡提到了艾金森這篇報導，並且說他收到了一些美國學者，包括杜威、美國史權威史列辛格（Arthur Schlesinger, Jr.）等人表示關切的信。蔣廷黻說他立刻回信「謝謝他們對中國的關心，並保證會把他們的信轉給政府。」當晚，蔣廷黻邀請了一些人晚餐，包括哈佛的費正清夫婦。在席間，這個問題自然是一個話題。蔣廷黻在日記裡沉思說：

　　個人自由在大西洋沿岸的國家裡被推崇至極。然而，即使在這些國家裡也存在著嚴重的限制：一、天主教會；二、種族偏見；三、歧視婦女的餘風不散。奇怪的是，柏拉圖贊成國家控制思想。我告訴晚餐的客人說陳立夫的主張有三：一、頭頭掌控一切；二、以共產黨之道還治共產黨徒；三、用宣揚歷史人物與國粹的方式來提升民族自尊心。

兩天以後，蔣廷黻收到從中國來的兩個長電：

　　一個來自孔祥熙，要我向美國人解釋政府改組中國銀行的理由；另外一個是陳立夫打來的，把他用留美學生規章來作「思想控制」一事搪塞過去。這兩個電報都是在給我添麻煩。我為什麼要替他們文過飾非呢？難道

18　"Chungking Denies Curb on Students: Officials Say Criticisms Are Based on Poor Translation of Chinese Regulation," *The New York Times*, April 13, p. 8.

他們此後把我留在美國，就是要我對美國人解釋說中國官員所犯的錯都不是錯？那將會是殘酷至極。

蔣廷黻當然了解陳立夫要控制學生的思想，其所要貫徹的就是蔣介石的政策。5 月 2 日，他和駐美大使魏道明聊天。魏道明告訴他說：「一、孔祥熙和宋子文到昆明去慶祝蔣夫人的生日；二、老蔣〔蔣廷黻在日記裡用「C.」指蔣介石，我翻成「老蔣」〕氣哈佛大學抗議政府控制思想，要停止派送學生到美國；三、宋子文以為他會失去外交部長的職位，結果他失去的是中國銀行。名義上他是外交部長，但所有重要以及一些並不重要的事務事情都是直接報告老蔣，宋子文只不過是一個傀儡；四、老蔣要魏道明集中統御在美國的外交機構。」

蔣廷黻雖然處處要為國民政府說話，但他還是有原則的人；不能把錯的說成是對的。6 月 8 日下午四點，他去「雙橡園」參加在美宣傳會議：「我力促兩點：一、重慶必須善用美國的特派員，提供他們資訊；二、政府必須避免所有可能被美國人視為法西斯主義的行為或發言。魏道明同意我的第二點，但對第一點抱持懷疑的態度，因為他認為政府中人不懂得現代歐美政治的玩法。他強調透過美國人來作宣傳，我則建議成立一個演說部。」

蔣介石把蔣廷黻閒置在美國。六個月後，蔣廷黻終於派上用場了。這就是1944 年 7 月在美國新罕布夏州（New Hampshire）的「布雷頓森林」（Bretton Woods）所召開的「聯合國貨幣金融會議」（United Nations Monetary & Financial Conference），亦即，歷史上所稱的「布雷頓森林會議」（Bretton Woods Conference）。這個大會的重要性在於其議決成立了「國際貨幣基金會」（the International Monetary Fund）以及「國際復興開發銀行」（the International Bank for Reconstruction and Development）。

蔣廷黻在 6 月 19 日從華盛頓坐火車到大西洋城去參加籌備會議。中國被分派的任務是主持「第一委員會」，蔣廷黻擔任主席。第一天，20 日上午的會議所討論的幸好不是專門的問題。然而，當天下午所討論的問題就太過專門了。22 日，代表團的幾個成員到華盛頓去迎接孔祥熙，蔣廷黻單獨留下來開會。他要團員們跟孔祥熙建議說他不需要接著跟去新罕布夏州開會，因為他畢

竟不是專家。等 25 日蔣廷黻回到華盛頓跟孔祥熙見面的時候，孔祥熙還是任命他為代表團員。孔祥熙會任命蔣廷黻不是沒有原因的，因為他信任蔣廷黻的文筆。孔祥熙在這次會議開幕式裡回應羅斯福的歡迎詞的講稿，是由國民政府的財政顧問楊格（Arthur Young）所草擬的。大家看了以後都不滿意，郭秉文尤甚。蔣廷黻於是請郭秉文重寫。6 月 29 日，蔣廷黻看了以後覺得「文筆差、觀念平庸」。次日，孔祥熙在與蔣廷黻討論以後，請蔣廷黻重寫。

6 月 30 日，「聯合國貨幣金融會議」的會議專車從華盛頓啟程，在次日早上八點抵達新罕布夏州的「布雷頓森林」。會議在當天下午三點舉行開幕式。除了羅斯福總統的歡迎詞以外，有七個人演說，包括孔祥熙。有趣的是，蔣廷黻對每一個人的演說都不滿意，包括他為孔祥熙所寫的講稿：「羅斯福的歡迎詞並沒特別承諾了什麼。對羅斯福歡迎詞的回應，包括孔祥熙的，也都平淡無味。在七個演講者裡，沒有一個人顯露出一點熱力與激情。這個會議，我擔心會完全失敗。」

圖 4　1944 年布雷頓森林會議，孔祥熙（左）、蔣廷黻（右）。commons.wikimedia.

這個會議當然不會失敗，因為美國、英國在會前已經把「國際貨幣基金會」的組織結構都大體訂定出來了。這個會議從 7 月 1 日開到 22 日。會議最大的爭執點是基金會總資金的分配。決定這個配額最重要的因素自然是一個國家的經濟力量，但不可避免地也牽涉到政治方面的考量。這個配額的重要性是不言而喻的。一國的配額越高，它在「國際貨幣基金會」裡的票數就越多。同時，其可以從「國際貨幣基金會」貸款的金額也越高。因此，很多國家在開會的時候，都要爭取較高的配額。「國際貨幣基金會」在籌畫階段所規畫的總基金是 80 億美元。所謂「四強」的配額依次是：美國 27.5 億美元；英國 13 億美元；蘇聯 8 億美元；中國 6 億美元。由於這個配額是會前就已經商定的，而且中國也對自己的配額滿意，因此，中國代表團一直認為中國的配額是 6 億美元。沒想到到了會場以後，聽說中國的配額已經被減為 5.5 億美元。如果說「四強」都降低配額，把多餘的配額讓給其他國家，中國也就沒話可說了。然而，蘇聯的配額不但不減，而且暴增到 12 億美元。

中國代表團在 7 月 9 日得到中國配額被降低的消息以後群情激憤。蔣廷黻是被推派去跟這個會議的首腦懷特（Harry White）談判的三個代表之一。當天下午 3:45，他們三人依約會見懷特：「我們有一個爭論激烈的會議。懷特否認他曾經說過 6 億元的數字。我對他說：『你把中國的配額降低 5,000 萬，好讓其他國家可以多得到幾億元的配額。中國代表團絕對不會接受低於 6 億元的配額。』懷特說：『你是在給我下最後通牒。』」15 日，大會正式宣布中國的配額是 5.5 億美元，蘇俄則增為 12 億美元。下午，委員會開會的時候，蔣廷黻說這個仗他要打。伊朗是第一個提反對意見的國家，中國第二。其他依次是法國、紐西蘭、印度等等，一共有十個國家。結果懷特訴諸表決，得到多數票通過。蔣廷黻氣得說：「美國可以幫蘇聯多找到 3 億美元，卻沒辦法幫中國找 5,000 萬。」他決定這個仗非繼續打不可。他這樣告訴孔祥熙，也這樣告訴每一個中國代表團的成員。

16 日午餐過後，蔣廷黻獨自坐在走廊上休息。美國代表團副團長文森（Fred Vinson；後來任財政部長、聯邦大法官）過去跟他聊天。蔣廷黻說他感謝美國承諾要給中國第四大的配額，但他不能了解為什麼美國可以多給蘇聯 3 億美元，卻不能給中國 5,000 萬。文森解釋說蘇聯給美國找了很多麻煩，要減

少黃金的支付。美國不得不在其他方面讓步。蔣廷黻聽到他這樣說以後，覺得再爭也沒有用了。於是他說他會盡力舒緩中國方面的失望，但這種失望是誰也無法去除的。文森說，就好像爬山要一步一步來，不能一蹴而就山頂一樣。蔣廷黻說：「我受不了他這種規勸的方式，因此我保持沉默。」

蔣廷黻所不知道的是，蘇聯要的不只是「四強」，而且要在「四強」之頭，即使是在美國之後；它要求其配額相等於英國的配額。此外，「國際貨幣基金會」規定配額的 25% 必須用黃金支付，蘇聯要求它可以減半。為了不要造成「四強」之一退會的結局，美國同意把蘇聯的配額提高到 12 億美元，但堅持蘇聯必須遵守配額的 25% 必須用黃金支付的規定。[19]同時，蔣廷黻也不知道美國其實也是力挺了中國。比如說，法國覺得它的配額比中國小是羞辱法國。然而，由於羅斯福已經對中國承諾會給中國第四大的配額，法國最後只有接受美國分配給它的第五個最高的配額，亦即，4.5 億美元。[20]

蔣廷黻在 10 日的日記裡，抱怨中國代表團太過軟弱：「我一直覺得代表團在會議裡給人家的印象不好；太過消極、又對美國太過恭順。」事實上，連他自己最後還是只有接受 5.5 億美元的配額。

這就是所謂的形勢比人強。「聯合國貨幣金融會議」是由英美主導的。有四十二個國家派代表團去參加這個會議。美國代表團人數最多，有 45 個人。中國代表團次之，33 人，比英國 15 人代表團還多一倍以上。如果不是因為羅斯福總統把中國提升到「四強」的地位，無論是從政治、軍事、或經濟的實力來說，當時的中國忝列「四強」，根本名不副實。中國會派那麼大的代表團，自然也是想要充它當「四強」之一的面子。然而，面子是換不了裡子的。英國代表羅賓斯（Lionel Robbins）就在日記裡說：「中國在這次會議裡的地位當然大體上是假的（bogus）。美國的外交政策之所以會給予其那麼高的位置是建立在一個幻象（illusion）之上──至少在目前是如此，不管五十年以後會如

19 Benn Steil, *The Battle of Bretton Woods: John Maynard Keynes, Harry Dexter White, and the Making of a New World Order* (Princeton University Press, 2013), pp. 233-234.

20 Raymond Mikesell, "The Bretton Woods Debates: A Memoir," *Essays in International Finance*, No. 192, Department of Economics, Princeton University (March 1994), p. 37.

何。」[21]

　　蔣廷黻 1943 年底到美國來的目的，終於在十個月以後完成。這就是參加聯總 1944 年 9 月 15 日到 26 日在加拿大蒙特婁召開的第一屆「理事會」。蔣廷黻在 9 月 12 日下午從華盛頓坐火車啟程，在次日中午過後抵達加拿大的首都渥太華。14 日，他在「加拿大俱樂部」（Canadian Club）的午餐會上演講〈中國的政治〉。他說他講了半個鐘頭，「自由發揮、直率。我自己講得很高興，只恐怕我可能沒有說得很清楚。」15 日上午，他搭火車從渥太華出發，在中午前抵達蒙特婁。本來會議是在當天下午開始的。然而，由於颶風損壞了鐵道，從紐約來的會議專車延遲了十四個小時。因此，會議改由 16 日開始。

　　這種國際會議都是在會前就已經把所有重要的議案都安排疏通底定了；會議只不過是把已經布置好的議案在檯面上演練一遍的儀式罷了。就以蔣廷黻自己為例，他在 9 月 26 日會議最後一天的日記裡說：「對我個人而言，參加這屆『理事會』，主要是要處理英國希望把『遠東區委員會』（Far Eastern Regional Committee）設在雪梨的要求。」英國注定是要失望的，因為蔣廷黻在會前已經跟聯總的策畫者，亦即，美國助理國務卿艾奇遜（Dean Acheson）取得了協議。這場在會前就已經安排好結局的戲就在 22 日上演：

　　　　下午 4:45 去艾奇遜的套房討論遠東區的問題：荷蘭、澳大利亞希望把「遠東區委員會」移到雪梨。由於艾奇遜和我早已經對這個問題達成協議，話都由他去說；他說得比我自己說要好得太多了。他說他的看法是：「遠東區委員會」暫時留在華盛頓；聯總在重慶、雪梨設立辦事處；辦事處處理和政府聯繫的事務。

　　由於英國一直堅持要把「遠東區委員會」設在雪梨，蔣廷黻於是跟美國官員在次日擬出了一個決議：「一、該委員會的地點將會是在中國一個方便的地方；二、該委員會最遲在下一次『理事會』召開前一個月在雪梨集會討論東南

21　Eric Helleiner and Bessma Momani, *The Hidden History China and the IMF* (Cornell University Press, 2014), pp. 47-57.

太平洋區迫切的問題。」換句話說，一如蔣廷黻和艾奇遜在會前所已經協議好的，「遠東區委員會」將會設在中國。

行總署長

　　蔣廷黻在美國滯留一年，目的就是為聯總在中國的工作作籌備的工作。這個籌備工作的成果就是後來所成立的「行政院善後救濟總署」。行總成立以後，蔣廷黻在 1945 年寫了一篇文章，說行總成立時有三派的意見：一、由當時兼任行政院長的蔣介石擔任以便統一指揮。反對的人說由國家元首親自主持，與體制不合，而且元首不可能事必躬親，勢必委任。二、設立委員會。缺點是委員會適於用來制定政策，不適於執行業務。三、設部。缺點是中央部會是常設機構，不適合為聯合國善後救濟這種有期限的業務設立一個臨時的部會。[22]其實這段話是檯面上的漂亮話。早在蔣廷黻還在美國的時候，他就已經把這個工作視為己任。他 1944 年 8 月 31 日的日記說：

> 　　想著未來：戰後的救濟與善後，如果好好籌畫與執行，會對中國經濟的復興有極大的幫助。我要這樣作：10 月回國；成立執行機構；1945 年 2 月回美國跟聯總商議細節；1945 年秋天返國；機構開始運行；1946、47 年全力進行；到 1948 年夏天結束業務。

　　蔣廷黻在 1945 年那篇文章接下去所說的話就比較接近事實了：「見了兼院長，報告了接洽的經過以後，我就建議政府應該設立執行的機構，並且簡略的說明這種機構應該具備的條件。當時奉命起草組織法。」蔣廷黻是在 1944 年 11 月 1 日回到重慶的。3 日，他就到蔣介石官邸晉見並午餐。蔣廷黻報告了他這一年來的工作：聯總的組織、中國所要求的援助，以及凱石（Benjamin Kizer）將會是聯總駐中國代表等等。蔣廷黻建議中國應該成立一個賦予全權的新機構來處理戰後的善後與救濟。蔣介石接受這個建議並責成蔣廷黻草擬其

22　蔣廷黻，〈善後救濟總署之性質與任務〉，《東方雜誌》，第 41 卷第 20 期，1945，頁 4。

組織條例。蔣介石接著問他美國的輿論。蔣廷黻回答說：「一、一般的美國人非常同情中國；二、批評的人是以下三群人：1、共產黨；2、自由主義者；3、從中國回美的文職與軍事人員。總體來說，我認為美國是希望與中國友好。我並且問他我明年 2 月是否應該去澳洲開〔聯總的〕會，他回說是。」

蔣廷黻在次日就去找他從前在行政院政務處的同事端木愷律師，請他草擬一個「善後救濟部」的組織法，並告訴他幾個要點：一、明訂其期限為三年；二、有設立地區辦事處的權力；三、有與其他部會、省市從事合作事業的權力。端木愷在 6 日就把他草擬好的組織法送來。蔣廷黻在聽了一些人的建議以後，在 9 日擬好組織法初稿。13 日，他草擬好一個備忘錄給蔣介石，呈遞出這個組織法。由於蔣介石嫌其組織太大，蔣廷黻於是擬了一個新的報告，把員工限於五十人，主要作研究的工作。12 月 7 日，宋子文出任代行政院長。9 日，蔣廷黻把善後救濟機構的組織條例呈遞給宋子文。宋子文在 12 日批准。17 日，立法院通過了行總的組織法。唯一重要的修訂，是副署長從五個減成一個。21 日，行總組織法公布，同時宣布蔣廷黻為署長、鄭道儒為副署長。

在蔣介石的治下，法治只是人治的門面。行總當然不例外。1945 年 1 月 23 日，行政院祕書長張厲生幫蔣廷黻出點子，告訴他向蔣介石要祕密費用。1 月 29 日，蔣廷黻就趁他跟蔣介石午餐的機會提出了四個請求：一、請蔣介石幫忙支付行總的營運費用。蔣介石答應，要蔣廷黻跟宋子文談數目。二、因為通貨膨脹的關係，蔣廷黻擔心如果員工收入不夠，就不可能嚴格要求他們清廉，因此請蔣介石給予祕密費用。根據蔣廷黻該年 6 月 16 日的日記，陳布雷告訴他說蔣介石批准了 1,500 萬元的特支費。三、建議李卓敏當另外一個副署長。蔣介石答應。四、蔣廷黻指出行總跟「賑濟委員會」以及行總跟「社會部」之間可能會有因為在職權方面重疊而產生衝突的問題。蔣介石說屆時他會調解。於是，行總的組織法才公布一個星期，副署長就已經因為蔣介石的一句話而從一個增加為兩個。職權重疊的問題也不需要由立法來釐清，而是出了問題才由蔣介石自己出面調解。營運經費也不是由國家編預算來統籌分配，而是由蔣廷黻跟宋子文私下要價，外加蔣介石所給的祕密特支費。

這個人治、沒有正式預算、不透明的治理方式，就是蔣廷黻一年九個月以後被辭職的背景。

　　蔣廷黻所要面對的,不只是一個人治、沒有正式預算、不透明的治理系統,他還要面對給錢的美國政府。聯總從成立以後所受到的最嚴厲的批評,就是說它是由英美兩國控制的。這也就是說,英國的「外交部」和美國的「國務院」制定政策、控制華盛頓「總部」和倫敦「歐洲區辦公室」的委員會、任命重要的官員。因此,它雖然名為「聯合國」,但其實是英美的善後救濟總署。[23]

　　聯總是一個英美控制的「善後救濟總署」的事實是其來有自的。首先是它的歷史背景。英國首相邱吉爾在 1940 年 8 月法國淪陷以後,就已經開始倡議在戰後以剩餘的糧食與物資救濟歐洲被解放的國家與地區。英國在次年 9 月與八個歐洲國家、法國流亡政府,以及英屬自治領議決設立了一個「同盟國戰後所需委員會」(Inter-Allied Committee on Post-War Requirements)開始從事調查與估算的工作。美國除了支持英國政府這個計畫以外,也在 1941 年 7 月邀請阿根廷、澳洲、加拿大、英國的官員到華盛頓商議成立一個組織來管理小麥的生產、輸出、與儲存,以備戰後救濟之需。日本偷襲「珍珠港」以後,美國參戰,同時也開始成立委員會研究制定戰後的外交政策。羅斯福總統在 1942 年 11 月,任命紐約州長李門(Herbert Lehman)為「外國善後救濟行動辦公室」(Office of Foreign Relief and Rehabilitation Operation)的主任。[24]羅斯福當時就告訴李門這只是一個暫時的安排。他要李門出掌將來會成立的一個國際善後救濟機構。[25]無怪乎在聯總舉行成立大會的時候,李門就被提名為署長(Director-General)人選。提名需要有人提出動議。提出這個動議的人就是蔣廷黻。投票結果,李門全票當選為第一任署長。[26]蔣廷黻提出提名李門為署長的動議一定也是事先就安排好的。

23　Fred Hoehler, "Review of *UNRRA: The History of the United Nations Relief and Rehabilitation Administration*," *Social Service Review*, 25.1 (March, 1951), p. 112.

24　以下有關這個歷史背景的敘述,請參見 Grace Fox, "The Origins of UNRRA," *Political Science Quarterly*, 65.4 (December, 1950), pp. 561-584.

25　Allan Nevins, *Herbert H. Lehman and His Era*, p. 222.

26　Allan Nevins, *Herbert H. Lehman and His Era* (New York: Charles Scribner's Sons, 1963), pp. 234-235.

其次，聯總的組織條例、規章的訂定過程也是由英美兩國所掌控的。首先，擬訂這個組織條例、規章的，是當時還是美國助理國務卿的艾奇遜及其幕僚。在擬定的過程中，英美兩國來回磋商。接著再經過與美國參議院領袖磋商修改以後，才開始透過蘇聯、中國駐美的大使徵詢兩國政府的意見。最後，再進一步徵詢其他國家政府的意見。根據這個組織條例，「理事會」（Council）是聯總制定政策的機構，各會員國占有一席次。雖然在規章裡，「理事會」一年至少應該開兩次會，然而結果是一年才開一次會。執行並被賦予便宜行事的權力是「中央委員會」（Central Committee），其成員即當時所謂的「四強」：美國、英國、蘇聯、與中國。兩年以後加拿大與法國加入。毫不足奇的，「理事會」第一任主席就是美國助理國務卿艾奇遜。

第三，在經費上，聯總根本是英美，特別是美國所贊助的。理論上，聯總的經費是由會員國按照國力分擔。其分擔的比率，最大的是美國：40%；最少的是一些小國：1.5%。在營運經費方面，原先的建議是由沒遭受軸心國占領過的會員國各依其國力按一定的比例分擔，亦即，其 1943 年 6 月 30 日為止的該年度的總收入的 1%。其總數估計在 25 億美金。[27]這個建議當然沒有成為事實。從 1943 年 11 月成立到 1948 年 9 月解散，聯總的經費的總額是 37 億美金。其中，美國提供了 27 億美金，占全部經費的 73%；英國提供了 6 億2,500 萬美金，占 17%；第三名是加拿大，提供了 1 億 3,900 萬美金，占3.8%。第四名是澳大利亞，提供了 1,200 萬澳幣（2,688 萬美金），占0.73%。

聯總受惠國一共有十六個。其中，中國是最大的受惠國，總共得到價值 5 億 1,800 萬美金的物資。所得物資次於中國的四個受惠國依次是：波蘭，4 億7,700 萬美金；義大利，4 億 1,800 萬美金；南斯拉夫，4 億 1,600 萬美金；希臘，3 億 4,700 萬美金。[28]當然，如果以國家以及人口的大小來計算，中國的所獲得物資是小得不成比例。

27　Philip Jessup, "The First Session of the Council of UNRRA," *The American Journal of International Law*, 38.1 (January, 1944), p. 105.

28　"United Nations Relief and Rehabilitation Administration," 維基百科。

　　然而，重點是，出錢的聲音大，拿錢的看人臉色。中國就是一個最突出的例子。聯總的總部在華盛頓。歐洲部分有設在倫敦的「理事會歐洲區委員會」（Committee of the Council for Europe）；亞洲、紐西蘭、澳大利亞部分則有設在中國的「理事會遠東區委員會」（Committee of the Council for the Far East）。由於「理事會歐洲區委員會」是蘇聯以及英美的勢力範圍，而且「歐洲區」在冷戰浮現以前就已經把救濟物資分配完成了，發錢的「理事會歐洲區委員會」，等於就是出錢的華盛頓總部在歐洲的分部；雙方配合無間。反之，聯總在中國統御則疊床架屋。「理事會遠東區委員會」以外，還設有「中國分署」（China Office）。「理事會遠東區委員會」名為遠東，實則專注於中國的救濟。由於中國拿人家的錢，就必須完全看出錢的總部的臉色。在 1946 年以後所浮現的國共內戰、通貨膨脹，以及各式各樣的貪腐問題，使得中國的地位每下愈況。「中國分署」和「理事會遠東區委員會」儼然成為總部的代理機構，挾制行總。不但如此，它而且積極扮演起批判中國政府處理救濟物資不力與不當的角色。[29]

　　米特（Rana Mitter）所寫的〈國難後建國：蔣廷黻與二戰後中國的重建，1943-1949〉（State-Building After Disaster: Jiang Tingfu and the Reconstruction of Post-World War II China, 1943-1949）是西方漢學界民國史研究翻案潮流下的一個產物。這個潮流的優點是從世界、時代的大格局來看歷史，打破了從政黨、人物作為主軸的研究方向，並強調歷史思潮、時代、人物之間的複雜、互動、與連續性。米特這篇論文展現了這些優點，從蔣廷黻所處的時代的脈絡，並輔以亞洲後殖民時代建國的路徑與理念的視野，來分析蔣廷黻所主持的行總的成就、局限，及其現代的意義。[30]

　　然而，米特這篇文章最致命的問題，是他用來分析蔣廷黻在行總時期的理

29　Robert Johnson, "International Politics and The Structure of International Organization: The Case of UNRRA," *World Politics*, 3.4 (July, 1951), pp. 533-534. 請注意：我的看法跟 Johnson 略有不同。Johnson 說：「理事會遠東區委員會」儼然成為總部的代理機構。它給聯總的「中國分署」的行文形同指令。我認為他過分強調了「理事會遠東區委員會」的權力。

30　Rana Mitter, "State-Building After Disaster: Jiang Tingfu and the Reconstruction of Post-World War II China, 1943-1949," *Comparative Studies in Society and History*, 2019; 61 (1), pp. 176-206.

念與作為的證據，不是蔣廷黻在行總時期的言論，而是 1949 年以後他在駐聯合國大使任內的言論。他徵引得最為頻繁的有兩篇：1949 年 1 月 14 日在「共和黨俱樂部」（Republican Club）所講的〈中國的情況〉（The Situation in China）[31]，以及 1949 年 10 月 21 日在「海軍國防大學」（Naval War College）所講的〈中國的問題〉（The Problems of China）[32]。他說蔣廷黻強調國民黨失敗的根本原因在於中國實在是太貧窮了。國民黨有心從事現代化，但日本的侵略不但中斷了這個努力，而且把整個中國都打得糜爛了。米特說蔣廷黻所說的話不是沒有道理，但他為蔣介石的政權所作的辯護是片面的，因為他是蔣介石手下的官員。他說蔣廷黻的目的是要轉移聽眾的注意力，要他們不要去注意蔣介石治下的紊亂與腐敗的政府組織。[33]

　　身為蔣介石派駐聯合國的大使，蔣廷黻會為蔣介石辯護是想當然耳的事。米特的問題，在於他用蔣廷黻 1949 年的言論去詮釋他三年前的立場。米特說得對，1949 年以後的蔣廷黻是一個「冷戰自由主義鬥士」（Cold War liberal）。然而，正由於 1949 年以後的蔣廷黻是一個「冷戰鬥士」，用他「冷戰鬥士」的論述來詮釋他變成「冷戰鬥士」以前在行總時期的立場，其所犯的就是「時代錯誤」的謬誤。米特會犯這個時代錯誤的謬誤，因為他不知道蔣廷黻在三年以前還不是一個「冷戰鬥士」。米特不但犯了「時代錯誤」的謬誤，他還在結論裡作了一個斷章取義、望文生義的歷史想像。他用蔣廷黻在 1950 年 2 月 16 日在西雅圖的「華盛頓州立大學」（University of Washington）所講的〈亞洲那一半的世界〉（The Asian Half of the World）的講稿裡所刪掉的一句話，來想像那是蔣廷黻在作慨嘆，慨嘆聯總、行總的實驗因為走在時代之前而失敗。蔣廷黻刪掉的那句話說：「到了那個時候，你們將會回顧你們在中國的經驗而對自己說，你們在中國所得到的中國政府與老百姓的合作，要遠超過你們現在所得到的。」[34]米特於是下結論說：

31　Tsiang Tingfu, "The Situation in China,"《蔣廷黻資料》，21.505-514。

32　Tsiang Tingfu, "The Problems of China,"《蔣廷黻資料》，21.526-537。

33　Rana Mitter, "State-Building After Disaster," pp. 190-191.

34　Tsiang Tingfu, "The Asian Half of the World,"《蔣廷黻資料》，21.544。

我們可以在這一段話裡讀出蔣廷黻的怨懟（weary anger）。他試圖用聯總與行總之間的合作來作為建立一個主權獨立的中國的基石、與美國結盟，從而以那個模式作為亞洲其他國家的典範。所有這些努力對那個時代來說是太前進了。[35]

米特在此處所犯的，是一個匪夷所思的時代錯誤的謬誤。蔣廷黻作〈亞洲那一半的世界〉的演講是在韓戰爆發前，是蔣介石被美國放棄、在國際的處境上最黯淡的時候。那是一篇警告蘇聯即將鯨吞全亞洲的冷戰文獻；那是他懇求美國要支持蔣介石的呼籲，壓根兒跟聯總與行總一點關係也沒有。蔣廷黻贊同美國封鎖中國，不讓共產主義逾越到亞洲其他國家的政策。然而，他強調美國在亞洲用經濟援助的方式來遏阻共產主義滲透的政策是緩不濟急的。他說，要把亞洲國家提升到西歐國家的經濟水準，至少需要幾十年的時間。不但如此，這些亞洲國家不但落後，而且在政治清明、行政效率上都無法跟 1949 年以前蔣介石治下的中國相比。因此，蔣廷黻在講稿裡用筆刪掉的那句話，如果有「怨懟」的意思，那並不是怨懟美國沒有把聯總與行總之間的合作作為建立一個主權獨立的中國的基石、並與美國結盟，而是怨懟美國遺棄了蔣介石，以至於使他失去了中國大陸。所以，他才會「怨懟」地說，等它要幫助亞洲國家政府從事經濟現代化的工作的時候，它就會嚐到苦頭了：「到了那個時候，你們將會回顧你們在中國的經驗而對自己說，你們在中國所得到的中國政府與老百姓的合作，要遠超過你們現在所得到的。」

要正確地了解蔣廷黻主持行總的理念以及他與聯總及其在中國代理機構之間的折衝，我們必須根據蔣廷黻當時所留下來的文獻，而不是他後來到了美國、成為冷戰鬥士以後的演說。

先談他與聯總之間的折衝。首先，從中國所分配到的配額，我們就可以看出給錢與拿錢之間權力不平衡的關係。蔣廷黻在 1944 年 8 月 8 日日記提到他在華盛頓住處研究《行政院善後救濟調查設計委員會報告》：「看來每一個設計部門都希望能從聯總拿到 10 億美金，忘了聯總總共只有 20 億美金。收到老

35　Rana Mitter, "State-Building After Disaster," p. 205.

蔣的電報，命令各部門大幅減低所需的估計。」8 月 11 日晚，蔣廷黻去見來
美國開「聯合國貨幣金融會議」的孔祥熙：「我告訴他說我們要給聯總的估計
達 30 億美金，是一個天文數字。他認為應該調降。我問他說多少，他不願意
說。我建議 8 億美金。郭秉文說有人告訴他說遠東應該得到聯總三分之一到二
分之一的配額。我立刻說二分之一是不可能的。孔祥熙於是說我們應該要 10
億美金。」結果中國在蒙特婁第二屆理事會議裡所提出的請求是$945,000,000
的資助。[36]

然而，中國要多少錢，並不表示聯總就會給多少錢。聯總還要評估接受救
濟國家的負擔能力。蔣廷黻在 1945 年 1 月 8 日給宋子文的報告裡，認為中國
應該主動表示願意負擔向聯總請求的$945,000,000 的配額裡的 30%。然而，等
蔣廷黻知道聯總一再表示要刪減中國的配額以後，他的態度就改變了。用他
1946 年 1 月 7 日所說的抱怨的話來說：「這所謂中國所能負擔能力也者，就
是想要減低中國的配額的伎倆罷了。」為了防止中國的配額被減低，蔣廷黻跟
各部會要資料，作成一個報告。1945 年 7 月，蔣廷黻再回到美國開第三屆
「理事會」。結果，蔣廷黻是過慮了。雖然美國財政部估計當時中國在美國有
8 億 3,000 萬美金的外匯存底，但聯總決定中國在善後救濟上可以不用負擔一
分錢。然而，聯總給中國的配額已經調降到 8 億美金了。

事情的發展證明了 8 億美金也只是一個畫餅。1945 年 11 月初，「聯總供
應部副部長」（Deputy Director General, Bureau of Supply）韓雷生（Roy
Hendrickson）到中國來作視察。韓雷生所帶來的信息是中國的配額已經降到
了 6 億 5,000 萬美金。11 月 11 日晚餐的時候，韓雷生說聯總想給中國的配額
是 6 億美金加上運輸費，李門希望能降到 5 億美金。蔣廷黻抗議說那太低、太
不公平：「你們在歐洲所花的是人均 10 到 30 元，而你們在中國還想要把它降
到人均 2 到 1.5 元。」他說為了執行聯總的工作，他一定需要 9 億美金，包括
運輸費在內。結果，蔣廷黻在 11 月 12 日跟韓雷生等人會談的時候：「當我看
到$549,000,000 的數字的時候，我憤怒得無法控制我的脾氣。」蔣廷黻在次年
1 月 15 日還寫了一封信給李門抗議。然而，不管蔣廷黻如何的不服，聯總在

36　Savilla Simons, "U.N.R.R.A. on the Threshold of Action," *Social Service Review* 18.4 (1944), p. 434.

日內瓦所召開的第五屆「理事會」決定給中國的配額是$562,000,000。中國最終從聯總所得到的物資的總金額是$517,846,700，是中國所請求金額的55%。

中國不但在配額上必須接受美國所一再刪減的數目，而且在聯總業務的截止日期上也只有聽命於美國。由於運輸系統的破壞、國共內戰等種種因素，行總的業務進行緩慢。1946年7月4日，蔣廷黻跟「理事會遠東區委員會」商討延展聯總在中國的業務截止的日期。這個從下午四點就開始開的會，由於蔣廷黻：「堅持定1947年9月31日〔30日的筆誤〕為聯總在中國業務的截止日期，陷入僵局。爭執到晚上7:10。」8月7日，蔣廷黻致電在日內瓦代表行總開第五屆「理事會」的李卓敏副署長，要他堅持1947年9月的截止日期。結果，還是形勢比人強，李卓敏在8月17日的電報裡，報告說截止日期可以展延到3月31日以後。

蔣廷黻與聯總之間的關係是另外一個有意味的問題。聯總是一個策畫、統籌並分配經費的中樞組織。其與受惠國之間的關係自然是一個複雜的問題。在聯總成立的當初，蘇聯跟中國特別擔心主權受損。中國要求如果聯總在執行善後救濟政策的時候，跟中國政府意見不同的時候，中國可以向「中央委員會」陳情。蘇聯則認為最後的裁決權在於受惠國的政府。艾奇遜最後提供了一個「四強」都可以接受的妥協方案，亦即，聯總所採行的善後救濟的方式及其執行的權責，都必須與在地國政府諮商並徵得其同意。[37]這就是中國成立行總的背景。

然而，聯總在中國的機構疊床架屋。其中一個原因是蔣廷黻自己選擇的。聯總在蒙特婁所召開的第一屆「理事會」裡，蔣廷黻力排英國希望把「理事會遠東區委員會」設在澳洲雪梨的建議，而取得美國的同意，在日本投降以後設在中國。「中國分署」的設立則是他被迫接受的。「中國分署」第一任署長就是他回國以後向蔣介石報告的凱石。雖然我們不知道「中國分署」設立的確切時間，但1944年10月18日蔣廷黻還在華盛頓的時候，就已經抱怨說：「『聯總遠東部部長』（chief of Far Eastern Division of UNRRA）阿諾德（Edwin Arnold）帶來一封設置凱石代表團的規章草稿。我告訴他說聯總這樣

37　Grace Fox, "The Origins of UNRRA," pp. 582-583.

做相當不替我們著想。」1945 年 3 月 24 日，他請當時要從重慶回美國的阿諾德告訴署長李門說：「雖然我不喜歡他設立『中國分署』的訓令，但我有信心可以跟凱石及其幕僚充分合作。」

蔣廷黻說他聽說凱石是在 1945 年 1 月 27 日抵達重慶的。[38]在凱石抵達以前，蔣廷黻在 1944 年 12 月 14 日告訴已經抵達重慶的聯總的官員貝赫奕（Harry Price）說：「我會把凱石及其同事視為朋友而不是競爭者。」等凱石抵達以後，蔣廷黻跟他商談劃定聯總與行總的權限。蔣廷黻說在 1945 年 2 月 1 日的會議裡，凱石同意聯總的人員將不捲入政治的活動。根據凱石 2 月 7 日的報告，蔣廷黻要求在條文上規定聯總的人員將不「批評中國政府的任何部門，或以任何的方法……干涉中國的政治」。凱石拒絕在文字上提出這樣的保證，但答應用其他字句向蔣廷黻保證聯總不會那樣作。[39]

凱石和蔣廷黻之間的合作關係並不都是平順的。蔣廷黻在日記裡常用「爭執激烈」（stormy）這個字來形容他們幾次開會的情形。最別有意味的一個爭執，是凱石堅持要雇用一個法國人的事件。1945 年 5 月 5 日：凱石想要雇法國人布列第安（Brediam）負責工業善後工作。布列第安曾經在上海法租界和摩洛哥工作過。蔣廷黻不喜歡他的背景。8 日，蔣廷黻打電話給凱石，希望他不要雇用布列第安，因為他曾經在法租界做過事。次日，凱石跟蔣廷黻開會的時候，還是建議要雇他。蔣廷黻就坦白地告訴他說，他無法接受一個曾經在租界工作過的外國人。他說他不要任何曾經在印度、緬甸、或越南等殖民地政府工作過的人。然而，凱石還是不死心。11 日，他寫了一封信給蔣廷黻說，他希望每一個人都有依其個人的能力而找到工作的權利，不因他從前雇主是誰而受到歧視。蔣廷黻回信反唇相稽：「那最鄙陋的違背了這種權利的，是那些所謂的民主國家〔排斥有色人種〕的移民法。」他忿忿然地說，凱石最好不要自

---

38 米特根據凱石的報告說他是 1944 年 12 月底抵達的。參見 Rana Mitter, "Imperialism, Transnationalism, and the Reconstruction of Post-war China: UNRRA in China, 1944-7," *Past and Present* (2013), Supplement 8, p. 51.

39 Rana Mitter, "State-Building After Disaster: Jiang Tingfu and the Reconstruction of Post-World War II China, 1943-1949," p. 189. 請注意：Mitter 說會議的日期是 2 月 7 日，誤；那是報告的日期。2 月 7 日，蔣廷黻已經到澳洲去開會了。

以為他是在作正義之吼。蔣廷黻以為凱石被他以「己所不欲勿施於人」正義凜然的教訓給震懾住了。他說次日凱石等人來開會的時候：「布列第安的問題解決了以後，討論就平順了。」蔣廷黻以為他懾服了凱石，其實不然。凱石在 5 月 14 日聯總所刊行的《週報》裡就對蔣廷黻堅持不讓的態度表示失望與遺憾。不只如此，凱石甚至在 5 月 9 日給聯總的報告裡指摘蔣廷黻「遇事拖延」、「尸位素餐（do nothing）」。[40]

「遇事拖延」、「尸位素餐」是很嚴厲的指摘。而這還只是聯總、行總之間的合作在重慶開始的階段。等日本投降，聯總、行總的辦公室遷移到南京、上海，善後救濟的事業遍布全國以後，貪污、無能、囤積、黑市、盜賣等等，就會變成系統性的指摘，與行總同終始。然而，就像米特的翻案史學所強調的，即使所有這些指摘都是事實，我們必須把這些病態的現象放在一個被戰爭以及通貨膨脹推擠到崩潰邊緣的國家體系的脈絡之下來作詮釋。

更重要的，是凱石的「遇事拖延」、「尸位素餐」的指摘有其特定的脈絡。其所反映的是他對善後救濟的宗旨與方針與蔣廷黻有歧異。聯總成立的宗旨在於：

> 規畫、協調、執行或籌備為「聯合國」控制區戰禍災民的救濟。這些救濟包括：提供糧食、燃料、衣服、住所及其他必要設備、醫療暨其他必要的服務，以及——如果為了救濟而有必要的話——在這些地區幫助生產、運輸這些物品以及提供這些服務。[41]

這個宗旨允許在救濟「地區幫助生產、運輸這些物品以及提供這些服務」的工業，但其條件是：「如果為了救濟而有必要的話」。為了精確地釐清所可

40　轉引自 Rana Mitter, "Imperialism, Transnationalism, and the Reconstruction of Post-war China: UNRRA in China, 1944-7," p. 61.

41　"The Agreement for the United Nations Relief and Rehabilitation Administration, Article I, 2 (a)," George Woodbridge, *UNRRA: The History of the United Nations Relief and Rehabilitation Administration* (New York: Columbia University, 1950), Vol. III, "Appendix Three," pp. 23-24.

以善後的工業的範圍與程度，聯總又作出了決議第十二條：公共事業——水、電、運輸、與通訊——的善後僅限於把它們修復到足以應付基本民生必需。這些可以善後的救濟工業，例如：可以提供食品、住屋、衣物，以及醫療用品的工業。[42]

我們可以看出蔣廷黻的善後救濟的理念逾越了這個聯總所限定的宗旨。他在 1945 年 10 月所發表的〈善後救濟總署之性質與任務〉一文裡，就提出了「寓救濟於善後」的理論。[43]他完全同意行總必須立即為難民提供以下三種緊急的救濟：一、糧食、住所、與醫療；二、老弱殘障；三、幫助難民返鄉。然而，他反問說，即使把這三種救濟都辦好了：「我們的問題就解決了嗎？絕對沒有。」他因此提出了「根本之圖在寓救濟於善後」的理念：

我們的出路不在救濟而在建設。在未建設新的以前，我們必須恢復原有的。等到我們恢復了原有的鐵路、公路、航運、電報、電話、工廠、礦場、水利、醫院，然後可以建設新的……所以在行總籌備的物資之中，救濟物資僅占三分之一，善後物資反占三分之二。我們相信善後就是救濟，而且是最好的救濟。

蔣廷黻當然知道他這個「寓救濟於善後」的理念違背了聯總善後救濟的宗旨，在執行上是會有困難的。他在〈善後救濟總署之性質與任務〉一文裡有一個小節的標題是：「我們能趁機工業化嗎？」他自問自答地說：「這種希望頗難達到。」因為：「聯總大會鑑於經費的限制，曾通過議決案，把善後的範圍加上兩層的緊縮：一、善後限於恢復原有的；二、原有工業生產救濟物資者始能取得聯總的援助。所謂救濟物資即生活必需品。」蔣廷黻所謂的聯總所加的

42　"Resolution 12: Policies with Respect to the Rehabilitation of Such Industries, Transport, and Other Services as Are Essential Relief," George Woodbridge, *UNRRA: The History of the United Nations Relief and Rehabilitation Administration*, Vol. III, "Appendix Four: Resolutions," p. 54.

43　以下的分析是根據：蔣廷黻，〈善後救濟總署之性質與任務〉，《東方雜誌》，第 41 卷第 20 期，1945 年 10 月，頁 1-11。請注意，這一篇文章有題目不同但內容相同的文章：〈善後救濟總署：幹什麼？怎樣幹？〉以及〈幹什麼？怎樣幹？〉。

「兩種緊縮」，就是上文所提到的聯總決議第十二條。

除了聯總善後救濟的宗旨與決議所加以的限制以外，還有西方國家的工業保護主義。蔣廷黻說：「十餘年以前，工業先進的國家頗不願意農業的國家工業化。」原因是因為它們要保有海外的市場來購買其產品。雖然「開明的學者承認農業的國家不能握有大的購買力，因此無法輸入大量外國的貨品。假若工業化，購買力可以提高。」然而，西方仍然有不少的人希望中國不要工業化。他說：「我們的善後計畫中注重鄉村工業、家庭工業、手工業，不要注重機械工業、大工業。」問題是，發展鄉村工業非常不容易：「原來這種鄉村工業規模很小、單位很多、分布的區域又很廣，而內部的各種技術問題，又包含許多是我們知識階級所不了解的。縱使我們有最賢明的推動方法，必須經年累月始能收宏大的效果。這種工作似不宜於有期限的、求速效的行總。」

蔣廷黻所想出來的既不違反聯總的規定，又可以實現他「寓救濟於善後」的理念，用他對重慶《大公報》記者所說的話來說，就是：

> 中國所採方針，經長時間檢討後，決定盡量緊縮救濟及免費分配之工作。吾人將運用之主要方策均為公共事宜。中國將設法使救濟與善後併為一談……吾人擬利用善後款項辦理鐵道、公路、水關碼頭、船塢等公共事業。吾人將以遭受戰禍各難民之救濟工作置於此公共事業內。吾人深盼運用此種方法窮苦無依之人民可獲得其所需之幫助，同時中國經濟至少與日常必需物品之生產發生直接關係，而能恢復原狀。[44]

蔣廷黻在聯總規定的範圍內實現他「寓救濟於善後」理念的作法，在聯總1950年所出版的《聯總史》裡得到了證實：「聯總給予中國從事善後的經費要多於大多數歐洲的國家，這是因為中國政府認為要讓中國從戰禍之下復原，最有效的方法是恢復其交通、生產、貿易的工業，並為戰禍受難者提供緊急的

44　〈我善後救濟方針〉，《大公報》（重慶），1945 年 8 月 12 日，第 3 版。

救濟。」[45]中國向聯總所申請的總經費裡，「善後」與「救濟」，前者的比重占 55%。[46]

　　蔣廷黻知道聯總對行總牛步的速率不滿。比如說，他 6 月 29 日的日記記：

　　　　接到貝赫奕（Harry Price）的一封信，全是對行總、中國政府、聯總——雖然在末節方面——的失敗與延遲的失望與抱怨。當我開始讀這封信的時候，我覺得我的血管要爆裂了。雖然我有我的苦難與失望，但我不抱怨任何人，也不會垂頭喪氣或對未來感到悲觀。中國政府和老百姓沒有足夠的資源來面對眼前的問題。我不會責怪它沒有撥出資源來作戰後的善後與救濟。那是事實……無論如何，我是盡了力了。如果我有與生俱來的先見之明的異稟，我也許可以作得更好。可惜我沒有，也沒有人能給我。

　　蔣廷黻這則日記就在在地說明了米特所強調的理想與現實之間的距離。空有理想，但沒有實現這個理想的條件，則只是在畫餅。在日本投降以前，聯總所提供的物資必須從滇緬公路或空運進來。這個運輸的瓶頸是蔣廷黻擔任行總署長任期內無法解決的問題。蔣廷黻 4 月 16 日的日記記他和交通部幕僚談判行總所能得到的空運的噸數：「討價還價以後，我們協議如下：5 月：三噸種籽；6 月：十噸衛生訓練器材；7 月：十五噸如上；8 月：如 7 月；9 月：半噸的器材、四噸的獸醫器材；10 月：四噸醫療器材。我希望能增加到一個月二十噸，但他就是不同意。」

　　這個運輸的瓶頸並沒有因為日本投降、海口復通而舒緩。1946 年 2 月，湖南饑荒擴大。由於調配飛機或貨車困難又費時，蔣廷黻動念要向美國海軍借調兩艘「登陸運輸艦」（LSM），運送麵粉到湖南去。2 月 14 日，鄭寶南在

45　George Woodbridge, *UNRRA: The History of the United Nations Relief and Rehabilitation Administration*, I.377. 轉引自 Rana Mitter, "State-Building After Disaster: Jiang Tingfu and the Reconstruction of Post-World War II China, 1943-1949," p. 186.

46　Franklin Ray, *UNRRA in China*, p. 29.

幕僚會議裡報告湖南飢民已經開始吃草。焦急之下，蔣廷黻藉著他在次日晉見宋美齡的機會，請她出面向美國海軍提出請求。15 日，宋美齡打電話來說美國海軍上將庫克（Cooke）願意幫忙。雖然蔣廷黻後來在日記裡沒說這個計畫是否執行了，但從他該年 7 月 6 日的日記來看，美軍是施了援手：「晚上6:45 去拜訪庫克上將，謝謝他證明了『坦克登陸艦』（LST）跟『登陸運輸艦』（LSM）能在長江上游航行。也跟〔海軍部長〕詹姆斯・福萊斯特（James Forrestal）謝謝美國海軍提供了這個服務。」

造成這運輸的瓶頸的癥結，蔣廷黻在 1945 年 12 月 19 日的日記裡說明了：「戰爭破壞了一切：如果一個國家在經過戰爭之後交通運輸仍然完好，那個國家就不會需要聯總的幫助。當然，在設立了全世界最大的救濟組織以後，才向世界宣示說它發現中國根本沒有交通運輸設施，這未免太難堪了。」行總的經費是來自於出售聯總運到中國去的物資。蔣廷黻在 12 月 29 日日記驚呼：「最要命的是。運輸費占聯總物資售出所得的一半。」這還是通貨膨脹之前的情況。

在國共內戰、軍費無限膨脹所造成的通貨膨脹壓力之下，蔣廷黻又要雪上加霜一般地面對了天文數字一樣的運輸費用。他在 1946 年 5 月接受《大公報》記者訪問的時候描述說：

> 從上海運一噸糧食到河南或湖南，運輸費竟需十萬元。從西南各地輸送難胞返籍，行總每月竟需負擔十億元交通費。而把一隻外國輪船的救濟物資搬運到倉庫裡，竟也需款一億元之多。[47]

聯總以理想要求行總，行總以現實回覆聯總。雙方很自然越發不能體諒對方。蔣廷黻自己也控制不了他的火氣。1945 年 9 月 8 日，午餐會中：「凱石談行總的缺點：還有許多單位沒成立，許多人太弱了，等等。我告訴他說這些我都知道，會盡力。」他抱怨凱石簡直像是一個女人，嘮嘮叨叨的。9 月 14日：「收到凱石的信，抱怨中國政府不注重行總。貝赫奕來引申了凱石的意

47　周雨，〈蔣廷黻談「行總」〉，《大公報》，1946 年 5 月 9 日，第 4 版。

思。我要他滾出去。這些美國人自以為是。」9 月 15 日：「凱石等人來。告訴他們如果中國能夠從聯總拿到 9 億美元，國內的支出就會等同於戰前 6 億法幣，或者〔現在幣值的〕6,000 億。把聯總物資出售的所得只夠付 35%，其他的 3,900 億元必須由政府撥款。而這個數目比今年的中國總預算還大。」9 月 21 日：「收到凱石的一批信。這個人已經退化成一個嘮叨的老婦人。美國人給 300 萬，到處張揚好似他們給了 1,000 萬一樣。中國政府在新近收復區投入了 5 億元作緊急救濟，但連一分錢的宣傳都沒作。」

　　事實上，問題不只在理想與現實之間的落差。即使是針對現實，聯總或行總也常常不能從現實出發來設計最經濟、最有效率的實現理想的方法。重慶在 1945 年 6 月間出現霍亂。聯總在 6 月 23 日向「衛生署」施壓。「衛生署」同意由聯總從美國在三個星期內派七名醫生、兩名衛生專家去重慶。蔣廷黻在 7 月 1 日的日記裡抱怨說問題不在缺人，而是：「我們現有的醫療人員沒有汽車可用。只要一點小錢就可以解決問題。然而，他們不是撥一點經費〔提供汽車〕，而是從美國請更多的人來中國。」

　　最令人嘆惋的理想與現實之間的落差，是聯總所運來的器材太過先進，超乎了中國當時的技術與經濟的水準。比如說，中國的道路亟需修復，聯總運到了大量的運土機、平路機，以及鋪路機。由於中國沒有能夠駕駛這些機械的技工，汽油費又太過昂貴，中國寧願用榔頭、畚箕等等便宜的土法修路。結果，這些機械都堆置在上海的碼頭。[48]另外一個令人不禁莞爾的例子，是蔣廷黻在《大公報》那篇訪問裡提到的耕耘機：「聯總送中國耕田機兩千架。已運到四十架。其中二十架運到河南，因為沒有人會使用而擺起來，等外國駕駛員來教練。」[49]

　　現實的困難除外，蔣廷黻真正的問題是在國內，特別是宋子文。宋子文在 1944 年 12 月 7 日正式代理行政院長當天對蔣廷黻說：「讓我們合作。你知道我坦白、直率。如果我作得不對，就請坦白告訴我。」在一開始的時候，蔣廷

48　Franklin Ray, *UNRRA in China: A Case Study of the Interpay of Interests in a Program of International Aid to an Undeveloped Country* (New York: Institute of Pacific Relations, 1947), p. 14.

49　周雨，〈蔣廷黻談「行總」〉，《大公報》，1946 年 5 月 9 日，第 4 版。

黻不但覺得宋子文作得不錯，而且是支持自己的。次年 3 月 9 日宋子文在行政院院會大刀闊斧地廢除了許多毫無用處的機構的時候，蔣廷黻稱讚說：「宋子文顯示出了他的政治才能（statesmanship）。」4 月 9 日，《時代》雜誌的白修德跟蔣廷黻午餐：「他說他是宋子文的支持者，但對他失望。我告訴他宋子文作得不錯：對老蔣、對同事都能作得更圓通，迫使陳誠等人裁汰冗員，等等。」

然而，蔣廷黻說得太快了。他們兩人幾乎是從一開始就互相猜疑的了。蔣廷黻在 1944 年 12 月 27 日想從宋子文那兒借調黃憲儒擔任行總的調查處處長。宋子文在三天以後告訴蔣廷黻說他不能讓黃憲儒借調。然而，次年 1 月 16 日，有人告訴蔣廷黻說，宋子文告訴黃憲儒不要加入行總。他還說他不要任何他手下的人幫蔣廷黻做事。5 月 21 日，蔣廷黻在跟熊式輝聊天的時候，甚至用「蓄意破壞行總」這樣的字眼來形容宋子文。7 月 9 日，蔣廷黻跟他的副署長李卓敏聊天：「他告訴我一些事，讓我可以更加清楚宋子文對我的看法。有一次施肇基想要告訴宋子文我的優點，宋子文不願意聽。宋子文勸卓敏不要加入行總，因為他說聯總不會給中國任何東西的。有東西〔應該是『有人』的筆誤〕叫宋子文抓行總。他回說：『我有的已經讓我夠忙了。』」

半年以後，這個互相猜疑就檯面化了。12 月 18 日行政院院會，蔣廷黻因為前一晚沒睡好，請副署長浦薛鳳代他去開。蔣廷黻到了辦公室不久就接到了翁文灝的電話，說宋子文要召開「善後救濟審議委員會」，要蔣廷黻作有關行總分署的報告。蔣廷黻覺得奇怪。等浦薛鳳回到辦公室以後，告訴他說他提議在分署設立運輸隊的提案沒過。浦薛鳳沒有時間告訴他詳情，但暗示蔣廷黻說他錯在先斬後奏。蔣廷黻 20 日的日記：

> 今天是政治風暴日。我不知道如何解釋。在「善後救濟審議委員會」裡，宋子文要我作報告。我報告了成立運輸隊的緣由。他說他不反對成立運輸隊，但反對在政府還沒批准以前就上了報。我說上了報並不是我的責任，報紙不是我控制的。他強調說：「任何有關行總的消息，你必須對其負責。」

蔣廷黻知道宋子文是在發脾氣。在當下他並沒領悟到宋子文其實是在借題發揮：

他接著說他在中國一天，就從來沒有讓事情延誤。我解釋說我並沒有抱怨延誤的問題。「你的代表說延誤是我造成的。」他要知道我收到了多少的物資、手中可用的資金有多少。他要我告訴聯總：所有聯總在運送鐵道物資與糧食的延誤都要由行總負責。

被宋子文罵得狗血淋頭的蔣廷黻忿忿然在 12 月 22 日的日記裡寫著：

這星期我看清楚了宋子文：是一隻猛禽，在一方面很強，但在所有其他方面都很弱；沒有人情、不能讓人為其效忠、在政治人生方面沒有人的成分、沒有文化、沒有眼光，只有美國商人那種唯利是圖的衝力。他如果生在美國也許可以成為一個洛克斐勒、或范德比爾特（Vanderbilt）〔航運、鐵路大王〕。我從前以為他是一個精明的財政專家，但他其實一點都不精明。

1946 年 2 月 7 日中午，宋子文召見蔣廷黻，劈頭就對他說他對行總的表現不滿。他說他兩次出面介入運輸的問題，但是問題還是沒解決。他說就像聯總在中國有一個「署長」、一個「執行長」一樣，行總也應該在「署長」以外要有一個「執行長」：「你應該像凱石一樣，把執行的工作交給『執行長』。辦業務是要有經驗的，而你沒有這方面的經驗。」蔣廷黻強調說運輸以及棉花延誤的問題跟行總的組織一點關係都沒有，而是聯總總部的問題。宋子文回說：「但我們必須加強我們的組織，然後再要求聯總改進。我欽佩你的政治能力，但你沒有辦業務的經驗。你可以找貝赫奕、因尼斯上校（Col. Innes）、或者劉鴻生〔當『執行長』〕。」

蔣廷黻當然知道宋子文是要找一個親信來架空他。這個親信就是劉鴻生。他提到貝赫奕以及因尼斯上校只是點綴而已。蔣廷黻當然不要被劉鴻生架空。這就剩下了貝赫奕以及因尼斯上校兩個人。由於蔣廷黻不認識因尼斯上校，他

當天下午就去見凱石。凱石說他會選貝赫奕。於是蔣廷黻決定如果宋子文硬要在行總裡設一個「執行長」的話，他就選擇貝赫奕。宋子文既然要架空蔣廷黻，他安插的當然是他的親信，是由不得蔣廷黻作選擇的。他在次日就告訴蔣廷黻說他要劉鴻生當行總的「執行長」。在上海有「煤炭大王」、「火柴大王」之稱的劉鴻生是從前宋子文在聖約翰大學的同學，也是他的親信。

2月15日蔣介石召見蔣廷黻。他要蔣廷黻跟「社會部」合作，才會改善他與黨的關係。蔣廷黻在日記裡說，蔣介石的意思就是要他與CC派維持好關係。當晚晚餐以後，蔣廷黻看到桌上一封浦薛鳳的信附宋子文建議行總增加一個「執行長」的提議。蔣廷黻忿然地說：「這意味著行總有兩個頭，都對行政院負責；一個是精神上的頭，一個是實際上的。我於是草擬一個立即辭職的電報。」蔣廷黻的朋友都勸他不要辭職，因為誰知道宋子文能當多久的行政院長呢！蔣廷黻於是在19日作了一個決定：「幫忙劉鴻生熟悉業務。如果到了3月，宋子文仍然在位，我就辭職；如果他垮台，我就留任。」

蔣廷黻還寫信把他作的這個決定告訴了凱石，並請他不要介入。他說他之所以會作這樣的決定，是希望讓行總免於一個政治的風暴，並避免跟宋子文公開決裂。結果，當天中午他就接到浦薛鳳從重慶打給他的電報，說宋子文要派蔣廷黻去英國商議從暹羅緊急進口稻米以救濟糧荒的問題。蔣廷黻一看就知道宋子文已經不只是要架空他，而根本就是要支開他：

　　這看起來是要用把我充軍的方式，來讓劉鴻生一攬大權。我會要求他不要派我去。如果他堅持，我就辭職。他明明知道印度有饑荒，英國一定不會輕易讓暹羅的米出口的。如果需要談判，〔駐英大使〕顧維鈞大可以處理得很好。

這一場攻防戰蔣廷黻打贏了，宋子文同意蔣廷黻只要去美國開聯總第四屆「理事會」就可以了，不需要再繞道到英國。進口暹羅米的談判就由顧維鈞就近在英國進行。3月11日，蔣廷黻從上海出發，到美國去開會，一直到4月22日才回到上海。

宋子文都已經用劉鴻生這個「執行長」把蔣廷黻架空了，但他仍然對蔣廷

黻嫉視著。5 月 16 日，蔣廷黻聽人說，宋子文對聯總一個美國官員說：「行
總想要把自己締造成一個帝國。」事實上，這個宋子文眼中的「帝國」是一個
空頭的帝國。雖然行政院在 1945 年 12 月 4 日通過行總 1946 年份 4,320 億元
的預算，但這個預算如果沒撥給，就只是天空中的一個畫餅。行總的經費靠著
出售聯總運到中國的物資來維持根本不夠。4 月 29 日，蔣廷黻向中央銀行總
裁貝祖詒申請 50 億元的貸款。5 月 7 日，行總的財務廳長董承道估計，5 月份
出售物資的收入是 140 億元、6 月 190 億元，連支付開支都不夠。5 月 24 日，
董承道報告說行總手頭上只有 15 億元。如果要在 5 月底償還跟中央銀行所借
的 50 億元貸款，行總就必須在 6 月初再跟中央銀行借貸 50 億元。

　　就在行總寅吃卯糧的節骨眼上，宋子文進一步架空蔣廷黻。他先用攻心的
戰術來解除蔣廷黻的戒心。6 月 17 日：

> 　　與宋子文長談。他說他要把所有的牌都攤開來跟我明說。他對我的人格
> 有信心，也希望我對他的人格有信心。我們如果開始互相詆毀對方，個人
> 之失事小，政府之失事大。他要行總成功，所以他需要對物資分配有更大
> 的控制權。如果是為了個人的逸樂，他寧願離開政治。別人攻擊他，他會
> 反擊。我告訴他如果能讓我處理跟聯總的關係，我會樂意執行他的政策。
> 聯總對中國的善意很重要。在過去兩年，我作了很大的努力去建立這個聯
> 總對中國的善意。為了中國，這必須維護。我告訴他說，聯總在政策與政
> 治方面的介入沒有他所想像的那麼多。所有的規定都必須有正當的理由；
> 救濟的對象為何必須事先載明。如果他要，我可以任命他指定的人擔任物
> 資分配委員會的委員。

　　蔣廷黻不知道他這一讓步，他所拱手讓出的並不只是物資分配權。聯總的
「執行長」奧姆斯代德（George Olmstead）這時已經成為宋子文的心腹，後
來還會在他被聯總解職以後成為宋子文的洋客卿。宋子文在 6 月中旬責成奧姆
斯代德草擬行總改組的條例。這時候，寅吃卯糧的蔣廷黻請宋子文命令中央銀
行的貝祖詒給行總 800 億元的貸款。在 6 月 29 日的會議裡，宋子文就以給予

800 億元的貸款為條件，要蔣廷黻交出更多的職權：

　　整個上午跟宋子文開會……後來劉鴻生、貝赫奕、奧姆斯代德加入，討
論如何改組行總。我同意把儲運廳、財務廳、分配廳都由「執行長」直接
管理，但我聲明我仍然要繼續積極關注財務以及分配。宋子文同意命令中
央銀行立即給予 100 億元的貸款，並安排給予總額 800 億元的新貸款。他
當下就打電話給貝祖詒。他也同意設立一個新的漁業廳，並要陳誠給我一
個在上海附近的島嶼以從事漁業業務。

　　行總一共只有四個廳，現在蔣廷黻把最重要的儲運廳、財務廳、分配廳都
讓給了劉鴻生「執行長」了，作為「署長」的他就只剩下賑恤廳，以及宋子文
說要給他的一個島嶼——簡直像極了被放逐的拿破崙——來辦理的漁業。

　　1948 年所發表的〈蔣廷黻丟官記〉以「杯酒釋兵權」生動地描寫了這一
幕架空蔣廷黻的戲。這篇文章雖然在時間、金額、參與人等等方面說得不很正
確，但對這個「杯酒釋兵權」的來龍去脈瞭如指掌，顯然是知曉內幕的人所寫
的：

　　這期間行總發生了最大的困難，每月開支數百億而收入毫無，尤其是中
央銀行老闆由友好俞鴻鈞換了素昧平生的貝祖詒，這 4,320 億的空頭支票
〔這是行總預算的數目〕，自然無從承押。於是經費方面無法籌集。眼看
滿坑滿谷的聯總物資無法處理，這可逼得他走頭無路。5 月間，宋看準了
這個弱點，利用時機，來了套杯酒釋兵權。客客氣氣請蔣和聯總中國分署
長凱士〔凱石〕到南京去談判。結果，蔣交出了財務、分配、儲運三廳給
劉鴻生；自己保留了有名無實的賑恤廳和工礦漁農衛生等委員會，道地的
善後和救濟工作，而物資則全部轉移到劉的手裡去了。相對的條件好像是
取得中央銀行的借款。實際上有人想由多財善賈的劉先生來處理物資，撥
一個零頭也可維持行總職員的薪水了！[50]

50　〈蔣廷黻丟官記〉，《中國政治內幕》，第 1 期，1948，頁 9。

這篇〈蔣廷黻丟官記〉鞭辟入裡的所在，就是它直指蔣廷黻丟官的原因在於巧婦難為無米之炊。行總從一開始的經費就不是來自國庫，而是來自中央銀行的貸款。宋子文這個如意算盤的打法是：行總可以不需要由政府撥給經費，而用無本得來的聯總物資在市場拋售。這不但可以支持行總，而且可以把盈餘挹注國庫。宋子文在打無本生意的算盤，蔣廷黻則在作寓救濟於善後、並趁機工業化的美夢。儘管他們兩個人在道德與愛國心方面高下立判，但他們都沒有預想到通貨膨脹會打破宋子文的經濟算盤與蔣廷黻的救國美夢。眼看著無本生意作不成，行總靠借債維持，宋子文責怪蔣廷黻沒有業務的經驗。他強迫蔣廷黻接受劉鴻生擔任行總執行長，是搶救他無本生意的第一招。蔣廷黻最後之所以還是被解職，而由中國銀行副總裁霍寶樹取代，就是因為宋子文想找一個懂得賺錢的人來幫助行總轉虧為盈。[51]

蔣廷黻雖然在日記裡沒說，但他顯然事後越想越懊惱，無法接受他被杯酒釋兵權的事實。他在 7 月 1 日對草擬重組行總條例的奧姆斯代德說（粗體字為原文強調）：「我不能放棄我對『分署』直接的管理權；〔物資的〕分配必須向立法院**報告**，而不是**報備**；『**執行長**』必須對行總的署長負責。這幾點都是他所草擬的條例所沒有考慮到或違反的。」7 月 8 日，他告訴貝赫奕說他必須搞政治了，否則行總絕對辦不好。貝赫奕說他擔心聯總和行總會捲入宋子文、蔣廷黻控制行總之爭。

蔣廷黻才說要反擊，卻因為行總遭受了一個前所未有的國際信譽危機而停火。7 月 9 日的英文晚報出現了聳人聽聞的標題的報導：「聯總三百名職員批評中國政府濫用聯總資源」。蔣廷黻說歸根究柢這批評分兩方面：「一、中國政府在餓殺（starves）行總：行總業務為經費不足所困；二、中共沒有得到其應得的配額。前者是真的，後者則是錯的。看來聯總選擇介入中國的政治了。」換句話說，蔣廷黻認為他們批評行總就是干涉內政。

根據《新華日報》的報導，這三百名職員的控訴是寫給聯總署長拉加底亞（Fiorello LaGuardia）的一封公開信。其譯文如下：

51　Franklin Ray, *UNRRA in China*, p. 32.

中國政府未曾撥款給行總，致使內地很多地區的救濟工作無法實施。這就是大量物資堆積在倉庫內而未能分配給飢民的主要原因；這也是致使行總不顧聯總政策，不加控制地出售聯總提供的救濟糧食，卻坐視許多飢民活活餓死而不救的內在原因。中國政府不遵守聯總關於分配救濟物資的第二決議案、及第七決議案的第一節。雖屢經聯總駐華辦事處的抗議，救濟物資仍因政治的理由並未分配及於許多地區內。其所以不分配給這些地區的人民，只是因為他們政治信仰的不同。聯總物資被用作政爭工具。[52]

彷如雪上加霜一般，「路透社」（Reuters）的一個記者在次日來告訴蔣廷黻說聯總署長拉加底亞下了命令停運所有物資到中國。7 月 11 日，這個消息出現在所有的報紙上。蔣廷黻把他要發表的一個聲明的主旨告訴聯總的汀培理（Harold Timperley）跟他的執行助理主任巴杰（Evert Barger），請他們幫他起草。12 日上午，蔣廷黻看了這個聲明的中譯，覺得翻得很好。可是，越接近了記者招待會的時間，他越對那個聲明不滿意。一方面，那個聲明假定那三百名連署的職員的批評是善意的，而且說到他們的地方很節制；在另一方面又說得太嫌空泛而且過於文謅謅的。然而，要改也來不及了。

當天下午三點鐘，他到「都城飯店」（Metropole）舉行記者招待會。根據報導，當天參加這個記者招待會的聯總、行總職員，以及中外記者多達百餘人，外國記者幾占半數以上。蔣廷黻先分發中文書面聲明，然後再用英文對外國記者詳加解釋並回答問題。他首先強調聯總三百名職員的公開信不是拉加底亞發出停運命令的原因。他說行總在三個星期以前就收到聯總的公文，說如果堆積在上海的物資不出清的話，聯總將停止運送救濟物資到中國。他的聲明主要是在回答這三百名職員的指控。有關救濟物資堆積在上海碼頭這一指控，他說這既是誤解也是對中國情況不了解。他說中國跟歐洲受侵略的國家不同。歐洲國家的鐵路交通系統破壞不大，在修復以後就可以讓貨物運輸暢通。中國的交通系統則幾乎完全破壞。然而，即使在這種情況之下，截至 1946 年 7 月 3

52　〈聯總駐華全體外籍職員致書拉加底亞〉，《新華日報》，1946 年 7 月 13 日，轉引自張玉龍，《蔣廷黻社會政治思想研究》（北京：中國社會科學出版社，2008），頁 255-256。

日為止，聯總所卸下來的 559,040 噸的物資，行總已經把其中的 480,140 噸分配運送到各省。剩下來的 79,000 噸物資，行總固然不能推諉卸責，但也有其困難的所在，因為這些物資都必須開箱以後再作分配的工作。至於利用物資作為政治工具、分配未能一視同仁這第二個指控，蔣廷黻說這完全是誤解。第一、機車、鐵路、河防器材等等既不分配給任何一個區域，也不分配給人民。完全是依據救濟工作的需要而給予。第二，聯總運抵中國的物資，80%為各種食糧。而大部分中共控制的地區，均為產量之區，而且收成尚佳。他深信聯總在了解中國工作的實況以後很快就會恢復運輸。行總也會虛心接受建議以貫徹其任務。[53]

蔣廷黻的辯解自然有其言之成理的所在。行總沒有經費是事實，因為政府在一開始作了預算但並沒撥款。這就是典型的巧婦難為無米之炊。然而，聯總三百名職員指責物資堆積在上海的碼頭也是事實。8 月 1 日，蔣廷黻自己去作了視察：「去看碼頭和倉庫。確實是滿滿的物資。許多聯總所運來的重型機械在中國不可能使用。大量的棉花堆積在室外。有四十一艘運載著聯總物資的輪船在卸貨。其中，有十六艘載的全是聯總的物資。黃浦江已經九年沒有疏濬了。許多行總水運大隊的船隻綁在港口。整個景象讓人看了心痛。」

蔣廷黻在 1 月初就已經搬到上海辦公了。如果他要等到聯總三百名職員公開提出指責以後，才在 8 月 1 日去碼頭視察，發現物資確實是在碼頭堆積如山，則說他督導不周，他難辭其咎。

至於把聯總的物資變成政治武器歧視中共的指控，蔣廷黻的辯解也不是完全不能自圓其說的。他確實在 1 月間嘗試用「坦克登陸艦」以及其他船隻運送物資給山東曲阜的中共。然而，他這樣做顯然又有其政治宣傳的目的。比如說，他在 1 月 22 日就指示幕僚發表船隻載運物資去給山東的中共的消息。同時，蔣廷黻也確實相信中共控制區沒有缺糧的問題。6 月 11 日：「跟河南的馬〔分署長〕長談。由於糧食無法運到黃河，由於中共有足夠的糧食，我建議

---

53 〈蔣廷黻昨招待記者解釋物資分配之困難〉，《大公報》，1946 年 7 月 13 日，第 2 版；〈蔣廷黻答覆責難〉，《大公報》（天津），1946 年 7 月 14 日，第 2 版；〈蔣廷黻招待記者說明工作困難〉，《僑聲報》，1946 年 7 月 13 日，第 3 版。

發給他們票據（promissory notes），讓他們在將來用來兌換醫療用品與衣物。」6 月 20 日：「向中共〔代表〕建議：一、行總在山東設立一個分署，專門為其區域服務；二、既然中共不缺錢，也不缺糧，他們應該把錢糧留給行總，換取其他等值的物資。他們對我的建議很滿意。」然而，毫無疑問地，聯總三百名職員的指控逼使蔣廷黻立即跟周恩來進行談判。[54] 總之，雖然蔣廷黻在主觀上認為他對中共一視同仁，但聯總的記錄說明了只有大約 4%到 5%價值的物資是送到中共控制的區域。[55]

　　蔣廷黻要挽救行總的國際聲譽，他所付出的代價是蔣介石對他的信任。8 月 6 日，蔣廷黻聽說《申報》要刊載抨擊行總的文章：「潘公展所編輯的《申報》是隱在其後的 CC 派的喉舌。CC 派認為我給了中共太多。」9 月 16 日：「老蔣有一個把我免職的理由，那就是我沒給 CC 兄弟更多在政治上利用行總物資的機會。我答應給中共 150 億元遷徙黃河舊河道上居民的費用，這是宋子文和 CC 兄弟可以利用來〔攻擊我〕的。」

　　宋子文終究是要把蔣廷黻解職的，只是時候未到。聯總三百名職員發表那封公開信的時候，受到這個危機直接打擊到的固然是蔣廷黻，因為他是行總署長，但整個中國政府的信譽也受到了打擊。作為行政院長，宋子文自然必須從事危機處理的工作。在報紙報導三百名聯總職員指責聯總的物資堆積在上海碼頭的公開信的次日，他對貝赫奕說的話是：「他會用他的方式來幫助行總，『但那不是因為我愛蔣廷黻』。」等他在 7 月 13 日把蔣廷黻叫到南京去見他的時候，他說的是漂亮的話：「我們要同舟共濟。」他問蔣廷黻解決行總財政困難的方案。蔣廷黻說他有三個選擇：一、由政府撥款；二、向中央銀行貸款，從 1946 年 10 月到 1947 年 6 月之間償還；三、辭職。毫不意外地，宋子文選擇第二個方案，但要蔣廷黻在 1946 年 10、11、12 三個月內償還。蔣廷

54　見蔣廷黻 7 月 18 日、22 日日記，以及〈周恩來、蔣廷黻共商全部工程經費〉，《僑聲報》，1946 年 7 月 19 日，第 3 版；〈周恩來昨與蔣廷黻商黃河堵口復堤問題〉，《僑聲報》，1946 年 7 月 16 日，第 3 版；〈周恩來、蔣廷黻等會議撥款十五億〉，《僑聲報》，1946 年 7 月 23 日，第 3 版。

55　Rana Mitter, "State-Building After Disaster: Jiang Tingfu and the Reconstruction of Post-World War II China, 1943-1949," p. 186.

黻回說那作不到。最後，宋子文告訴中央銀行總裁貝祖詒直接轉 200 億元給蔣廷黻。這說明了兩件事：一、行總的經費一直不是由政府從預算裡撥款，而是由中央銀行貸款方式維持的，完全不是一個正常政府運作的方式；二、中央銀行的貸款可以由宋子文一句話定奪。整個中央政府從蔣介石到宋子文就是人治。

這時已經到了宋子文要把蔣廷黻解職的前夕了。9 月 11 日的晚報已經放出了蔣廷黻因病要辭職的消息。16 日，行總華盛頓辦公室主任鄭寶南打電報告訴蔣廷黻說宋子文請施肇基當行總署長，但施肇基不要。蔣廷黻意識到他行總的生涯即將結束，他人生的下一步會是如何呢：

> 這是我人生的岔口。政府會給我職位，但不會給我權力。老蔣也許會給我一些權力，但其他人是絕對不會願意讓我施展權力的。有什麼方法能拿到權力呢？有！但代價太大。我就要五十一歲了。還有十到十五年可以積極做事的人生。轉走外交的路，我可以成為一個專家、過好日子、有機會演說、上報出名。轉走教書的路，我可以成為一個傑出的學者、在公共事務上有些許影響力、但沒有真正的權力。看來這就是我人生最後一程的兩個選擇了。那能讓人榮譽地從事公職以贏得權力的時機還沒有成熟。

然而，蔣廷黻還存著一線希望。9 月 21 日，他跟李卓敏聊天的時候還說：「我自己的想法是：如果宋子文和 CC 兄弟都想要趕我下台，我是沒辦法抵抗的；如果只是宋子文，我認為他是動不了我的汗毛的。」諷刺的是，一直堅持聯總不應該介入中國內政的蔣廷黻，現在居然轉過頭來希望他們能為他而介入。當晚，他跟聯總中國分署署長艾傑頓（Glen Egerton）吃晚餐：「我告訴他我會離開我的崗位。他表示遺憾，但沒有表示他可以幫我的意思。」不知道是因為他太樂觀，還是因為他覺得那一天不會那麼快到來，他在次日還寫著：「10 月初我一定要去廣州視察其分署，然後再去福建看廈門周遭饑荒的情況。」就在當天，他自己按捺不住了，決定在次日去南京看一下情勢。他在南京對他的副署長鄭道儒訴說宋子文對他的種種刁難。鄭道儒建議他去跟蔣介石說。事實上，那個方法蔣廷黻早就試過了，但是無效。早在三個月前，6 月

24 日，他當天在南京：「『紀念週』儀式結束以後，我按照約定去見老蔣。
我告訴他這一年半來我最大的困難在行政院：宋子文一味刁難，以及衛生與漁
業方面的問題等等。老蔣面露同情之色，但什麼話都沒說。」總之，他 9 月
24 日在南京看不出有什麼變化，就在當晚搭機回到上海。

　　六天以後，9 月 30 日晚上七點，他接到浦薛鳳從南京打來的電話，說宋
子文要他去南京見他。10 月 1 日一早蔣廷黻搭飛機去南京。他先去行總辦公
室看浦薛鳳。浦薛鳳說他完全不知道宋子文要見他的目的。他立刻就到行政院
去。一見面宋子文對他說：

　　「你對我說過你想辭職。我現在就接受你辭職。坦白說，我們處得不
　　好。我欽佩你能跟外國人的交道，但你對國內事務的處理不好。老蔣說可
　　以准你辭職。他說他要派給你另外一個工作。」我頭也不回地走出他的辦
　　公室。在當天的行政院院會裡，他提出一個臨時動議，說我辭職已照准，
　　由霍寶樹接任。我搭下午 1:30 的飛機回上海。我到辦公室告訴卓敏當天
　　發生的事情，清理打包我辦公桌上的東西。4:30 去 Hilda〔沈恩欽〕那
　　兒。她是我的希望、我的慰藉。

何去何從？

　　如果蔣廷黻以為他 1946 年 10 月 1 日被解職是宋子文獨斷獨行、蔣介石不
與焉的結果，三天以後，他就知道那其實就是蔣介石的意思。10 月 4 日，他
陪同聯總的中國分署署長艾傑頓去南京晉見蔣介石。蔣介石在晉見結束以後告
訴蔣廷黻說，他沒事先告知蔣廷黻要讓他辭職的事情，他希望蔣廷黻到印度或
土耳其去當大使。蔣廷黻向蔣介石致謝，但請求他不要把他留在政府裡。在接
下去的兩年，他想回去教書和作研究。蔣介石說不可以，王世杰會跟他談。當
天傍晚，王世杰去見蔣廷黻，力促他出使，但沒說是哪一個國家。蔣廷黻告訴
他說他想離開政府一段時間。王世杰會意，但對他說：「政府不是一個人的；
人會上，也會下的。」蔣廷黻請王世杰幫他跟蔣介石解釋以免他誤會。

10 月 9 日，王世杰派親信送任命蔣廷黻為駐印度大使的信到上海給他。蔣廷黻請那位親信打電話給王世杰說他不會接受。12 日，蔣廷黻接到南京來的電報，要他在 14 日上午晉見蔣介石。他和李卓敏長談。他們談到蔣介石要他出使印度一事。李卓敏說印度不適合他。他建議蔣廷黻應該離開政界一段時間，甚至不要回去教書。他說他已經打電報給他在加州大學柏克萊校區任教的哥哥李卓皓，問加大是否有機會給蔣廷黻。14 日當天蔣廷黻去南京晉見蔣介石的時候，蔣介石問他對王世杰轉達給他的任命的想法。蔣廷黻說他想休息一陣子以後回去教書。蔣介石說：「你既然現在不想出國，那當南京或北平市長如何呢？」蔣廷黻仍然拒絕，說在一兩年以後他會樂意為蔣介石效力。蔣介石說：「國家缺人。我會馬上宣布。如果你要，你可以先請假。」蔣廷黻再請求蔣介石不要那樣作。蔣介石於是要蔣廷黻考慮以後再給他答案。蔣廷黻自己在日記裡分析蔣介石的心理和動機：「一、他需要應付輿論；二、他需要安撫自由主義者；三、他需要照顧他的擁護者。對我而言，我無法接受他的任何任命：一、我必需要表示我的怨氣以及我對宋子文的厭惡；二、只要宋子文在位一天，不管我的職位為何，他一定會處處刁難我。」

只可惜李卓敏透過他哥哥打聽加州柏克萊校區教職的這條路不通。10 月 30 日：「〔柏克萊歷史系的〕柯納（Robert Kerner）回說加大暫時沒有缺。」11 月 3 日晚上，蔣廷黻跟李卓敏閒聊到下一次政府改組時候內閣的人選。蔣廷黻認為王世杰會續任外交部長，李卓敏則認為張群一定會把外交部長的位置給蔣廷黻，因為他的朋友都認為蔣廷黻是最適任的人選。另外一個可能是讓蔣廷黻回掌行總。蔣廷黻說他是想當湖南省主席，李卓敏則認為他對外的關係在內陸的省份沒有用武之地。蔣廷黻說他也認為如果張群出任行政院長的話，也許會找他當行政院祕書長。[56]

到了 1947 年初，有關蔣廷黻的行止的傳言極多。翁文灝在 1 月 5 日來訪的時候，就勸蔣廷黻接受省主席的位置。他要蔣廷黻不用擔心宋子文會箝制

[56] 蔣廷黻這句話寫的是：「I also thought that Chang Chun, if made premier, might make secretary general of the cabinet.」我認為他漏寫了「me」，亦即「might make [me] secretary general of the cabinet.」

他，因為蔣介石是親自監督省主席的，而且省主席的權力很大。2 月 10 日，蔣廷黻接到戴德華（George Taylor）的電報，邀請他到西雅圖的華盛頓大學當客座教授。一年 8,000 美金外加旅費。這是一個非常豐潤的條件。蔣廷黻在次日回信：「很榮幸給我這麼一個好的條件的職位，但要到 4 月上半月才能給你答覆。」蔣廷黻回信以後，讓沈恩欽很是擔心。她不希望他去美國。他整天安慰她。告訴她說，如果政府給他一個省主席的職位，他就留下來，否則他會去美國。當天，他去看他住院的哥哥，談到了美國這個工作。他說離開中國好像是棄船而逃一樣。然而，留下來又似乎是繼續閒散下去，或者是徒勞無功。

　　3 月 1 日，宋子文辭職。各大報認為張群和翁文灝會當行政院副院長。謠傳：一、駐美大使魏道明和外交部長王世杰會對調；二、王寵惠掌司法院；三、蔣廷黻出任行政院祕書長。蔣廷黻認為這三個謠傳都相當中的。問題是，如果他真的被任命為行政院祕書長，那還真會是一件尷尬的事：「為我個人的幸福與未來，我寧願去美國，因為我恐怕新內閣不夠強到有辦法走出一條新路線。」幾天以後，傳聞更多。3 月 3 日，馬路新聞說蔣廷黻會當外交部長。3 月 6 日的晚報說他會當駐美大使。3 月 10 日，《新聞報》和《中央日報》的記者還特別訪問了蔣廷黻，問他有關他將出任駐美大使的傳聞以及他對時局的看法。

　　3 月 16 日上午九點蔣介石召見：

　　　老蔣問我的計畫。我說我想回去教書，先在美國然後在中國。他說國家需要我，這不是教書的時候。我說我已經在政府工作了十一年了，儘管我很努力，卻沒有什麼成績。我認為我教書可以有更好的結果。我可以在教書的時候說出一些可能對政府有用的東西。他說他同意。他說我很剛直。他喜歡我的精神，認為我長於外交。他接著問我對政治的看法。我請他不要擔心蘇聯或共產黨，因為世界的潮流是反他們的。政府亟需要注重的是服務的部門，例如農業、水利、醫療衛生。其次是提高生產以遏止通貨膨脹。最後，他說張群和王世杰會來找我談。

　　這時候蔣廷黻從行總卸任已經半年了。蔣介石三次的召見，從駐印度、土

耳其大使，到上海、北平市長，都因為蔣廷黻婉拒而沒成。也許就因為蔣介石認為蔣廷黻之所長在外交，他一直沒考慮給他一直躍躍欲試的省主席的位置。1947 年 4 月 20 日，《新聞報》主編趙敏恆的太太謝蘭郁告訴蔣廷黻說，趙敏恆聽說蔣廷黻可能會是台灣省主席。結果，蔣廷黻次日日記：「晚報報導魏道明被任命為台灣省主席。這意味著說我對那個職位的希望已經烏有了。」

　　眼看著他想當省主席的野心化為泡影，蔣廷黻最後的希望就只剩下了傳聞中的行政院祕書長的位置。4 月 19 日，他去南京的時候，翁文灝說張群說要給蔣廷黻當「最高經濟委員會」的祕書長。過後，行政院長張群還見了蔣廷黻，要他不要執意想去美國。可是，蔣廷黻對這個位置沒興趣。他對翁文灝說他需要時間考慮，政府應該另覓他人。結果，23 日，甘乃光為行政院祕書長的新聞發表。蔣廷黻這個最後的希望也成泡影。28 日，他寫信給翁文灝接受「最高經濟委員會」祕書長的位置。5 月 2 日，立法院通過把「最高經濟委員會」擴大改組成為「全國經濟委員會」的組織條例。

　　其實蔣廷黻並沒有放棄他當省主席的想望。「全國經濟委員會」祕書長的位置對他而言是一個雞肋。5 月 10 日他去見翁文灝的時候，翁文灝告訴他說陳立夫想當「全國經濟委員會」的副委員長，而且還有他屬意的祕書長：「我很高興聽到這個消息，因為我不想接這個位置。他知道我有外交部的位置，我也可能出掌『黃河水利委員會』。他也說老蔣在找文人出任省主席，有可能會找上我。」外交部的位置是什麼，他在日記裡並沒提起。至於他可能出掌「黃河水利委員會」，他在日記裡也不曾提起。最接近的是他在 5 月 3 日的日記裡說李卓敏告訴他那是行總裡一些人的希望。當然，蔣廷黻在日記裡沒提，並不表示沒有那些位置在等著他。然而，這段話的重點在於蔣介石有可能找蔣廷黻當省主席。這是蔣廷黻最後希望的所在。

　　由於行政院祕書長的位置已經沒有了，而且省主席的位置也好似畫餅一樣，蔣廷黻又開始動念到國外教書。5 月 2 日，他接到戴德華的電報，說他 2 月間請蔣廷黻到西雅圖華盛頓大學擔任客座教授的邀請，蔣廷黻可以在任何方便的時候回覆。5 月 25 日，他又接到澳大利亞部長邀請他到澳洲國立大學演講的邀請。蔣廷黻在兩天以後就寫信去問細節。一時間，他有了美國和澳洲兩地的邀請。然而，事情急轉直下。6 月 7 日傍晚，蔣介石召見：

他要我不要出國教書，因為國家需要我。即使只是到澳洲講學三個月也
被他否決了。他問我〔對局勢〕的看法。我說政府必須在不得人心的戰事
以外有其他的作為。沒有一個政府可以單靠軍事力量來治理國家；它必需
要有道德上的威信。眼前政府之所以不能得民心，一方面是因為宣傳作得
不好。雜亂的新聞公報、對〔輿論〕批評的反駁等等，都效力有限。政府
必需要提出能振奮人心的政綱與論點。他記下了我說的話，並承認政府的
新聞部門確實笨拙。

蔣介石既然否決了他去澳洲講學的想法，蔣廷黻於是在兩天以後寫信婉拒
了去澳洲國立大學講學的邀請。西雅圖華盛頓大學的邀請，毋庸贅言也就不用
回覆了。

就在蔣廷黻還在舉棋不定，究竟是靜待蔣介石欽點為朝臣，還是到國外教
書講學的時候，一個暫時的任命卻注定了他餘生的事業。這就是他在 5 月 22
日被任命為中國的首席代表，出席聯合國為了促進亞洲遠東地區戰後經濟的重
建與發展，在上海所召開的「亞洲暨遠東經濟委員會」（Economic
Commission for Asia & the Far East）的第一屆大會。有意味的是，蔣廷黻從中
外人士所打聽來的消息，發現聯合國會成立「亞洲暨遠東經濟委員會」是中國
外交部為了撐門面爭取得來的。他在 5 月 29 日跟「亞洲暨遠東經濟委員會」
的執行祕書以及英國代表午餐過後說：「我聽他們說主要是因為中國的壓力而
成立的。因此其他的會員國都等著中國提出重要的議案。這整件事反映的就是
『中國作風』（Chinoiserie），因為除了給人家嘲笑中國的機會以外，中國能
從中得到什麼呢？『委員會』除了作調查以外，什麼事都作不了。而中國並不
希望外國人作太多的調查。」當晚，他請中央銀行的李榦晚餐談，李榦認為：
「外交部門犯了一個致命的錯誤。」蔣廷黻在 5 月 31 日日記裡說，「亞洲暨
遠東經濟委員會」是張彭春等人在美國爭取來的。他們之所以會這麼作的動
機，是因為聯合國在歐洲成立了「歐洲經濟委員會」（Economic Commission
for Europe）。他們要跟歐洲平起平坐，讓中國在世界上占有一席之地。他感
嘆說：「彭春和外交部完全沒先想想這樣作的好處何在。這是外交幼稚病
（diplomatic infantilism）的一個典型。」

　　不管中國鼓吹成立「亞洲暨遠東經濟委員會」是一個致命的錯誤也好，外交幼稚病也好，蔣廷黻是其首席代表。這時候的蔣廷黻已經不是一個參加國際會議的新手。他 1944 年在美國參加了「聯合國善後救濟總署」以及「國際貨幣基金會」的成立大會，又在加拿大參加了聯總所召開的第一屆「理事會」。他知道國際會議的東道主都是在會前就已經跟盟國商定好了會議的細節。大會是從 6 月 16 日開始召開的。他在 6 月 14 日就跟「聯合國副祕書長」歐文（David Owen）以及「亞洲暨遠東經濟委員會」的執行祕書羅森伯（Rosenberg）商議好了整個會程。15 日上午，他又和李榦去跟歐文以及羅森伯開會。當天傍晚去參加加拿大駐華大使戴維斯（Thomas Davis）所舉辦的雞尾酒會裡，又跟其他代表商談，訂定了次日開幕大會的程序。最重要的是，他們講好了由印度代表尼赫魯（Jawaharlal Nehru）提名蔣廷黻為大會主席，由戴維斯附議。第一副主席則由法國代表提名菲律賓部長，然後由暹羅代表附議。蔣廷黻在日記裡赤裸裸地說：「戲都排好了，就等著上演。老實說，這真的是無事找事忙。」

　　6 月 16 日，大會在華懋飯店（Cathay Hotel）舉行開幕典禮。雖然蘇聯代表一再地牽制，大會在開幕當天下午與次日成功地按照會前的安排選舉蔣廷黻為大會主席、菲律賓代表為副主席。大會在 25 日閉幕。24 日，蔣廷黻在日記裡說各報，特別是《大公報》，稱讚他主席當得有板有眼。他說：「他們都只看到了檯面上的表演，而忘卻了許多關鍵是在後台裡演練的。我們在這個會議裡的策略是：一、刻意迴避政治；二、著重於可行的經濟重建；三、不要求作不到的，因此贏得了英、美、澳、荷、法國代表的信心；四、善待每一個代表。」

　　6 月 27 日一早，蔣廷黻與大會代表坐火車抵達南京。在「國際聯歡社」（International Club）用過早餐以後，由浩浩蕩蕩的車隊載他們一行到蔣介石的官邸晉見，然後再回到「國際聯歡社」參加外交部長王世杰所主持的午餐會。下午四點，蔣廷黻去見張群：「張群不樂意地說他是希望我留在中國，但王世杰要我出國。他想我是需要出去，然後接著到倫敦。我告訴他說我會在 8 月間回國。」蔣廷黻知道他會去美國一趟，因為他要到聯合國去出席「亞洲暨遠東經濟委員會」所召開的「全會委員會」（the Committee of the Whole）會

議。

　　次日上午，蔣廷黻去外交部的時候，方才知道除了去紐約出席「亞洲暨遠東經濟委員會」的「全會委員會」會議以外，他可能會有另外一個更重要的任命。他在向王世杰報告「亞洲暨遠東經濟委員會」第一屆大會的成果及其接下去的工作以後，王世杰暗示說他可能會有其他的任務給他，只是還不能說出來。過後，他去見當時還是外交部參事兼歐洲司司長的葉公超。葉公超就明白地暗示他郭泰祺駐聯合國安全理事會的位置可能會給他。7 月 4 日，王世杰從南京打長途電話給蔣廷黻，要他在紐約留下來參加聯合國大會。他又說他在進一步了解得了心臟病的郭泰祺的病情以後，會任命蔣廷黻為中國駐聯合國安理會的代表。次日清晨，蔣廷黻去上海機場搭乘泛美航空公司的班機赴美。這是蔣廷黻踏上他外交生涯的開始。

　　就在蔣廷黻徘徊在何去何從的難局之際，也是他組黨的願望第一次攀升的時候。蔣廷黻萌生組黨的念頭是在 1945 年 6 月 1 日。當時，他才在重慶擔任行總署長半年：

　　　　昨晚，讀毛澤東的政綱演講：有些地方不錯，通篇頭頭是道，但根本上囿於見識（very limited in understanding）。為蘇聯一黨專制所作的辯護薄弱。說中國的政策一直反蘇，只不過是呼應莫斯科無稽的調調。這個演講主張中國在過渡階段實行混合經濟。這倒是很驚人，跟我在〔紐約〕華爾道夫—阿斯托里亞酒店（Waldorf-Astoria）的演講裡所作的主張一樣。

　　　　想促成一個名為「新自由主義者」（the New Liberals）的新政黨，來配合一個「新啟蒙運動」（New Enlightenment Movement）。成員來自於教授、記者、工程師、醫師、中產階級的商人等等知識階級。

　　該年 7 月，蔣廷黻到紐約去開聯總會議的時候跟胡適見了面。這是他第一次對胡適提起他想組黨的意念。7 月 27 日的日記：「晚上跟胡適長談：他非常不信任宋子文；必要的話，贊成使用武力以排除蘇聯在滿洲的勢力；不願意組織新的政黨，但願意參加『新啟蒙運動』。」

　　然而，一直要到兩年過後，他從行總下台賦閒在上海以後，蔣廷黻才開始

把這個想要組黨的意念付諸文字並與朋友討論。1947 年 3 月 13 日，當時已經回到中國的胡適在日記裡記：「早車與周寄梅、蔣廷黻兩兄同去南京。」15日，胡適日記沒記，但蔣廷黻記了：

> 晚上與吳景超晚餐，胡適也在場。他描述了國民黨的長處。接著我們就談起了組織一個新政黨的事。我問說該稱之為「新自由黨」（the New Liberal Party）還是「社會黨」（the Socialist Party）。胡適喜歡「民主黨」（the Democratic Party），因為他說社會主義必定走向極權。張純明同意。我說一個只建立在政治民主之上的政黨，無法因應國家的需要，也不會引起人的興趣。至於極權主義，我堅持主張混合經濟是可能而且也是所需的。吳景超贊同我的看法。最後，我建議中文名字就稱為「社會黨」，簡單俐落。胡適承認他是個傳統的自由主義者。這傅斯年和我早就猜出了。

這年的 3 月到 4 月初，是蔣廷黻最密集談組黨的時候。3 月 17 日：「寫信給傅斯年，談組黨並呼籲請胡適出來當領袖。」23 日：「想到我想組的新政黨。目標：用民主的程序達成的社會主義。方法：一、先從大學及其所在的城市著手；二、不參加政府，全力參與議會政治和媒體的討論；三、與共產黨的極權和國民黨在社會、經濟上的反動搏鬥。」24 日：「試圖寫出新社會黨的黨綱，發現我很難把我所有散漫的想法寫在紙上。」25 日：「寫黨綱。有點進展……〔國民黨〕第三全會昨天閉幕。其所作的宣言與決議還頗前進的。老蔣確實相當有彈性。顯示出他在新的情況之下能接受新的觀念。」29 日：「請一群行總的同事吃晚飯。談到新的政黨。整個說來他們的反應都很熱烈……他們都認為坦率地主張社會主義會讓這個政黨大受歡迎。」31 日：「寫完黨綱的初稿，寄給胡適批評……哥哥說我的黨綱跟國民黨的很像。」當然很像，因為蔣廷黻的社會主義的經濟政策類似於孫中山平均地權、節制資本的主張。4 月 1 日：「把黨綱寄給吳景超、傅斯年、張純明，請他們讓我知道他們的反應。」2 日：「寄黨綱給任鴻雋，請他批評。」4 日：「任鴻雋認為有關科學方面的黨綱應該改寫得更有包含性。何廉則敦促我刪除暴利稅。」5

日：「傅斯年來信，反對黨綱裡的『社會主義』，寧可要『新自由主義』。」
9 日：「吳景超回信說我們應該著手的，是去成立一個類似『費邊社』
（Fabian Society）的團體，而不是一個政黨。這是膽怯、還是識時務
（timidity or prudence）？」

　　蔣廷黻才訕笑吳景超「膽怯、還是識時務」，沒想到才一個星期，那句話
就回過頭來打到他自己。4 月 16 日：「一家晚報報導說我在組織『中國社會
黨』。《中央日報》打電話來詢問。我只得否認。」4 月 20 日，蔣廷黻在往
南京的火車上被朋友問到組黨的事，他尷尬地回答說：「我想把這個問題擱個
一陣子再說。」從這以後蔣廷黻雖然還有幾次跟朋友談起組黨的事情，但他組
黨的勁兒已經消失了。等他在 4 月 28 日接受「最高經濟委員會」祕書長的位
置以後，組黨的想法就跟著束之高閣了。

　　蔣廷黻從「行政院善後救濟總署」署長卸任以後，回到他在法租界建國西
路 570 號原汪精衛的邸宅，賦閒了八個月的時間。他在下台以後，除了開始跟
沈恩欽同居、出雙入對以外，他用來養心的方法是臨摹、寫毛筆字。1946 年
12 月 17 日：「下午，瀏覽汪精衛留在屋子裡的乾隆朝刻的《三希堂法帖》。
雖然這是一個極精的版本，但可惜有四分之一被偷走了。」除了《三希堂法
帖》以外，他也臨摹褚遂良的字。

　　除了練字、約朋友打橋牌以外，蔣廷黻看書、聽古典音樂。英文書自然是
他閱讀的重點。他閱讀的範圍極廣，文學、歷史、傳記，以及美國記者、漢學
家寫的有關中國的書。文學方面，最重要的是莎士比亞的劇本；傳記方面，最
重要的是桑德堡（Carl Sandberg）所寫的《林肯傳》。中文方面，他看得最多
的是《資治通鑑》與詩詞，特別是蘇東坡、白居易等人的詩。

　　然而，蔣廷黻在上海賦閒八個月裡最重要、最有意味的工作是寫自傳。蔣
廷黻跟胡適一樣，在青壯年的時候就對自己在歷史上的地位充滿信心，立意要
為自己在歷史上定位。胡適寫了他沒寫完的〈四十自述〉，蔣廷黻也有他沒寫
完的〈四十二自述〉。他們不一樣的地方有兩點。第一、蔣廷黻的自述是用英
文口述的；第二、蔣廷黻的自述是一個二十年、甚至可以說是三十年未完的工
程。有關這點，本章以及〈幕落〉一章會有詳盡的分析。他在 1938 年 10 月
31 日所立的遺囑裡說：

　　我的《使俄記》祇寫了三分之一。未完部分，應請蕭公權兄就使俄文件（如電報、報告等）中擇其關重要者作為《使俄記》之附錄，合起來勉強成書，於十年後出版……《使俄記》是用英文起草的。將來成書應有中英文兩版。此事我全拜託公權兄。[57]

　　作為自傳，這個《使俄記》自然不是從幼年，而是從中年開始寫起的。可能由於戰亂、遷徙的關係，蔣廷黻後來居然把《使俄記》的稿子給搞丟了。1946年10月18日，他從行總卸任才兩個星期，他就已經開始計畫從頭寫他的自傳：

　　想我的自傳。第一部分：家鄉。第二部分：在中國上的學校。第三部分：在美國上的學校。第四部分：在大學教書。第五部分：為蔣介石做事。這一部分是我1938年1、2月從俄國回來的時候在「亞拉米斯」（*Aramis*）號郵輪上開始寫的。原稿現在不知道在哪兒。

　　次日，蔣廷黻就把他近年來所寫的日記找出來以作為他寫自傳的準備。他這次再寫自傳的方法在近代中國獨一無二。除了依舊是用英文以外，他用的方法是口授，由打字小姐打出。打字的小姐不只是一個人。在一開始的時候是一位坎貝兒（Campbell）小姐。但他在10月29日把第一章的修訂稿交付打字的時候，打字的小姐是威爾遜（Wilson）。11月16日，因為威爾遜小姐去了杭州，他的自傳無法進行。到了12月31日，他已經講到他在行政院當政務處處長的時代了。1947年1月15日，他繼續口授自傳給 Gladys Cheng（鄭小姐）打字。威爾遜和鄭小姐可能是幫他打自傳口授稿最多的兩個人。比如說，2月10日下午一點半：「Gladys Cheng 來打我口授的修訂以後的第十七章。」2月14日：「校對 Wilson 小姐打的第十六章。有些地方，她改我的英文改得好；有些地方，反而弄砸了。」
　　蔣廷黻在寫自傳顯然是廣為人知的事情。1947年《新上海》雜誌上的一篇文章，報導說他寫了十章，寫到他從政到出使蘇聯的階段：

57　〈遺囑〉，1938年10月31日，《蔣廷黻資料》，1.270-271。

其所著者為本人之自傳，係以英文寫成，書共十章，首述其童年在湖平鄉里時之生涯、在外省讀書之經過、在美留學時之經驗、學成回國後任教授之多年生涯，以及出任行政外交上之種種追述等。現此書已大略完成，祇須再略加修改後，就可以售於美國某公司在美出版。[58]

《新上海》這篇報導並不正確。蔣廷黻這個自傳不是十章，而是十七章。蔣廷黻口授自傳的速度極快；短短三個半月的時間就口授完了十七章，口授到抗戰的階段。他從 10 月 22 日開始，到 23 日，他已經口授到第二章，講他的父母和親戚。從這個時候開始，他的自傳持續進行著。到了 10 月 25 日，他已經口授完第四章，開始第五章。這第五章的題目他暫定為〈改革與革命〉，講的是他在長沙與湘潭的學校生活。10 月 30 日，他開始口授第六章：〈從用毛筆寫字到密蘇里騾子〉（From Brush Pens to Missouri Mules）。11 月 1 日口授完第六章。11 月 2 日，開始口授第七章：〈淺嚐美國人文素養教育〉（A Dose of American Liberal Arts）。11 月 6 日，口授完第七章，開始〈在法國一年〉，覺得進行得不順利。到了 12 月 31 日，他已經講到他在行政院當政務處處長的時代了。1947 年 1 月 15 日，他繼續口授自傳給 Gladys Cheng 打字。次日，他又口授了一個半鐘頭。1 月 20 日，從早上八點口授到下午五點，講他使俄的階段。1 月 23 日，口授完第十六章：〈出使莫斯科〉。1 月 24 日，開始口授第十七章：〈在自由中國的堡壘〉。1 月 28 日，又口授了兩個鐘頭。1 月 29 日：「修訂第十六章。可以作最後的打字。」1 月 30 日：「再看一遍第十六章。送出去打字。決定寫到日本投降，把『行政院善後救濟總署』留到第二冊，否則這本稿子就得封存十年。口授兩個鐘頭，完成第十七章。」2 月 2 日，修訂第十七章。2 月 3 日，加寫了第十七章的新的一節。2 月 5 日，徹底地修訂了第十七章。2 月 6 日：「重讀幾章我的自傳，覺得值得出版。前幾個禮拜，我還隱然覺得這恐怕會是空忙一場。」2 月 23 日：「準備第十七章定稿。」到了 4 月 29 日，蔣廷黻已經在作最後的校對。他說曾經有一段時間，他自己都看膩了。現在把它擱在一旁三個月以後再拾回來看，連他自己都覺得

58　〈蔣廷黻著英文自傳〉，《新上海》，第 59 期，1947，頁 8。

故事說得有趣。次日，他作完校對，還用打字機打出目錄。

表 3.1 口授自傳與《口述自傳》篇名對照表

口授自傳篇名	《口述自傳》篇名
第 一 章　〔無章名〕	吾鄉吾民
第 二 章　父母和親戚	家族與鄰居
第 三 章　教育的初階	攀升教育的初階，1901-1905
第 四 章　改變的初波	〔無相應的篇章；疑後來併入第四章〕
第 五 章　改革與革命：長沙與湘潭的學校生活	第四章：新學校與新世界，1905-1906
第 六 章　從用毛筆寫字到密蘇里騾子	密蘇里騾子和美國的基層
第 七 章　淺嘗美國人文素養教育	四年的美國人文素養教育，1914-1918
第 八 章　在法國一年	法國小佇
第 九 章　哥大研究所	哥大研究所與 1921 年華盛頓會議
第 十 章　無止的革命	無止的革命
第十一章　中國境內旅行	中國境內旅行，1923-1929
第十二章　清華，1929-34	清華，1929-34
第十三章　九一八事變與《獨立評論》	九一八事變與《獨立評論》
第十四章　在歐洲國家首都	歐洲休假一年，1934-1935
第十五章　在最高行政機構	在最高行政機構，1935-1936
第十六章　出使莫斯科	出使莫斯科，1936-1937
第十七章　在自由中國的堡壘	戰爭的歷練：人民與政府

可惜這個目錄現在已經不存。然而，我們有以下三個理由相信他這個在

1946、47 年所作的口授自傳，就是他後來在哥倫比亞大學所作的《口述自傳》的雛形。第一，口授自傳與《口述自傳》都是十七章。第二、兩者的起訖點完全符合，從家鄉、家人、出生，到抗日戰爭。第三、一如表 3.1 所顯示，他當年日記所列出的這十七章的篇名與內容，幾乎完全與《口述自傳》吻合。

除了讀書、寫字養性，作口授自傳以外，蔣廷黻還為報刊雜誌寫文章。在中國近代有名的知識分子裡，蔣廷黻一生在文字上的產量自然不能跟梁啟超、胡適相比擬。然而，自視極高的他，自認為他與他們是在伯仲之間。比如說，1947 年 5 月 19 日，他在寫〈漫談知識分子的時代使命〉的時候，就在日記裡自問自答地說：

> 知識分子所必須從事的事業自然包括了寫文章與演說。為什麼不從我自己開始呢？為什麼不就去作第二個梁啟超或胡適呢？我雖然不具備他們所有的有關中國文化方面的知識背景，但我比他們有更多在政治以及勞力方面（the world of labour）的經驗。我了解掙錢餬口的滋味是什麼。那是梁啟超和胡適所不知的。然而，我必需要多讀點中西文學。

當天，謝蘭郁送來 33 萬元，是蔣廷黻在《新聞報》上所發表的一篇兩千一百字文章的稿費。這讓蔣廷黻躊躇滿志地說：「這大概是當今中國稿酬最高的一篇文章。」

也正由於蔣廷黻是一個自視極高的人，他對自己的要求也極高。他臧否人物最愛用的字眼是「平庸」（mediocre）。然而，這也是他深自戒懼的所在。他對自己的文章要求很高。像所有的作者一樣，他敝帚自珍；但他也願意說出他遇到了瓶頸，並指出自己有力不從心的時候。比如說，他 1947 年 4 月間寫〈政治自由與經濟自由〉的時候，11 日說：「有進度，但論述有點混亂。」次日：「快要寫完〈政治自由與經濟自由〉了。覺得相當平淡無味。」又如他5 月下旬寫〈漫談知識分子的時代使命〉的時候也經過了類似的掙扎的過程。5 月 19 日：「很努力地寫中國知識分子在目前階段的歷史使命。進度很慢，只寫了一個段落。」次日：「覺得寫不下去中國知識分子這篇文章。」21日：「花了幾天的時間寫這篇文章。決定停筆，因為我講不出其論旨。」28

口：「重新拾起知識分子的寫作。」6 月 2 日：「寫成知識分子一文，寄給南京的張純明。覺得是獻醜了。」

蔣廷黻賦閒在上海這幾個月裡所寫的文章全部都發表在張純明所編的《世紀評論》以及趙敏恆所編的《新聞報》上。他這時期所寫的文章，加上他1944 年 12 月上旬在重慶《大公報》所發表的長文〈觀美國並回觀祖國〉，主要環繞在三個主題上：一、中美兩國在政治、經濟理念上有匯流的趨向；二、自由主義是當今世界的潮流；三、中國不要被捲入美蘇之間的衝突，必須採取獨立不依傍美國或者蘇聯的政策。

〈觀美國並回觀祖國〉，是蔣廷黻 1944 年從美國回到中國以後第一篇重要的文章。他認為中美在政治、經濟的理念上有匯流的趨向。這種匯流反映在三個方面。第一，他說他在留學歸國二十年後再回到美國，發現美國有了很大的改變。首先，大學教授已經不再被視為是不食人間煙火的一群。他說他從前在美國讀書的時候，美國的工商界和學界簡直就像是不同種的動物一樣。大學教授被認為是「不懂人情世故，不切實際，甚至他們的近視和健忘都是笑話的好材料。」自從羅斯福總統推行「新政」吸收許多學者專家作為智囊團、並引進許多工商界人士進入政府以後，這一切已經改觀了：

> 這次我發現美國政工商學各界是一樣的美國人，說一樣的笑話，有一樣的嗜好、抱一樣的人生觀。在美國，學校與社會是打成一片的。在這二十年內，政府及社會對學校裡面的理論家和科學家的尊敬加增多了。而在校裡工作的人對政府及社會的實際問題也注意多了。美國社會是流動的：階級間及職業間的流動是無阻礙的。美國這種尊重學人的趨勢可說是踏上了中國文明的路線，而中國學人注意國際問題的趨勢又可說是踏上了美國文明的路線。[59]

第二個中美國情匯流的趨向就是國營企業。蔣廷黻以 1933 年成立的「田

59 蔣廷黻，〈觀美國並回觀祖國（一）〉，《大公報》（重慶），1944 年 12 月 11 日，第 3版。

納西河谷管理局」（Tennessee Valley Authority）作為例子。他說「田納西河谷管理局」的成立，把美國一個本來經濟落伍、工業不發達、水患連連、人民窮困、疾病率高、教育水準落後的地區整個改觀：

> 　　根本事業是水力發電。電的成本很低，出售價格當然也低。於是全區域的工業動力及居民電都是便宜的。因為要用水力發電，工程師趁機整理河道，不但水災可免，航運也暢通了。其他副業很多：如衛生的提倡、肥料的製造、土壤的保存。這是一種新區域開發的新方式。在這種方式之下，天然資源及近代科學的恩賜可以為全體人民所享受，不必浪費，也不必為少數人所把持。同時政府所撥的資本，因經營得法，可由公司的收入按期還本付息。人民的政治自由絲毫不受影響，而經濟自由則確有希望了。這種方式正合乎我們的三民主義。[60]

　　第三個中美政治、社會、經濟理念匯流的趨向，在於美國已經從狹義的自由主義走向廣義的自由主義。首先，美國在第一、第二次世界大戰之間對自由主義作過自我的批判：

> 　　在兩戰之間的那一階段，這種自我檢討之風曾盛極一時。有些注意民意如何被少數政客、黨棍子、出版界大王操縱，以致民主政治的機構反被反民主所利用。有些注意政治的自由平等如何掩飾，甚至促進經濟的不平等和不自由。我的留學時代正是自由主義的自我批評最盛的時代。我那時最愛讀的刊物就是這派的代表刊物，如紐約的《民族》〔The Nation〕及《新共和國》〔The New Republic〕兩種雜誌。因此我對自由主義自始不抱盲目的崇拜態度。我以為為中國人民謀自由還不是單靠頒布憲法、開國會、辦選舉所能達到目的的。「訓政」及「民生」兩個觀念可以避免許多自由主義的流弊。雖然，三民主義不是反對自由主義的；三民主義的範圍較廣，包括自由主義在內。

60　蔣廷黻，〈觀美國並回觀祖國（二）〉，《大公報》（重慶），1944 年 12 月 14 日，第 3 版。

這種在兩次大戰之間對自由主義的反省與自我批判，終於導致了美國從狹義的自由主義走向了蔣廷黻稱之為對社會負責的自由主義：

> 二十年前，美國人民的自由主義好作狹義的個人主義解。其中最要緊的元素是個人資產之完全自主，所謂「我的財產，我有全權處理運用。」在美國這種社會裡，資產界的大王原可以作社會的實際大王。其支配社會的力量雖為無形的，可為決定性的。現在握有大量資金者，一方面要顧到法律的限制，一方面又要顧到輿論的向背，漸漸的發生了對社會負責的道德觀念。並且在羅斯福總統領導之下，聯邦及各邦政府立了各種社會保險法，使失業者、疾病者、老而退業者均能有經濟的保障，絕對不能為飢寒所壓迫。[61]

在勾勒出蔣廷黻所謂的中美在政治、經濟的理念上有三個匯流的趨向以後，我們可以把他這個匯流說放在他的政治、社會、經濟思想的脈絡之下來作進一步的分析。先談第一個匯流。蔣廷黻說：「美國這種尊重學人的趨勢可說是踏上了中國文明的路線。」這句話必須放在他當時思想的脈絡之下來理解。最能夠釐清他這個匯流的論點的，就是他 1947 年 5、6 月間寫的〈漫談知識分子的時代使命〉一文。他在這篇文章裡說：實際政治是利益集團鬥爭的場域。在英美社會裡，知識分子並不獨立自成一個階級。他們不但隸屬於社會上的其他階級，而且常被鄙視為「不切實際的書蟲」。中國的情況不同，傳統社會尊重知識分子的遺風到現在仍然存在著。然而，隨著中國社會的工商業化，中國的知識分子也會被各工商業階級吸收進去。其結果就是中國也會像英美一樣，「各種利益集團必會有組織的企圖把握國家的大政」。他的結論是：「目前的一、二十年，或者是知識分子左右政治的最後的一個機會。」

中國知識分子「恥言利」、「學而優則仕」的傳統的優點，在於它是一種「事業的人生觀」。用蔣廷黻在這篇文章裡的話來說，是一種「匠心」（Instinct of Workmanship），是一種中西歷史上皆有的為創造而創造、不計金

61　蔣廷黻，〈觀美國並回觀祖國（二）〉，《大公報》（重慶），1944 年 12 月 14 日，第 3 版。

錢的心態：「樂聖裴蒂歐文〔貝多芬〕應內心的驅使而編樂譜、巴斯德的研究
細菌、居禮夫婦的研究鐳質，都是匠心和工作慾的發揮，與金錢慾沒有關係；
孫中山的革命、羅斯福的新政是想治國平天下，不是想個人發財。」與中國知
識分子「恥言利」、「學而優則仕」的傳統，以及這種「匠心」所驅使的事業
的人生觀相對比的，就是蔣廷黻稱之為「商而富則仕」，[62]或者是他引英國史
家陶尼（R.H. Tawney）所稱的「尚利的社會」（the Acquisitive Society）。這
就是近代西洋工商業社會的產物，一切以金錢的多寡來作為衡量個人成敗的尺
度的社會。幸運的是，美國人自己也開始發覺他們是走過了頭，而開始回到由
「匠心」出發的人生觀：

　　循尚利的路線走到盡頭以後，西洋的社會已經有人發現前面是死胡同。
　　近二三十年來，不僅有些科學家和工程師覺得自由爭利不能充作高尚文化
　　的基本動力。就是企業界的巨頭也有人覺悟。現在英美社會的聰明才智之
　　士走事業的路線者逐漸加多，走金錢路線者日形減少。三年前我參觀
　　T.V.A.〔田納西河谷管理局〕的時候，發現其中有不少的技術專家及管理
　　員情願接受較低的薪津而繼續為佃列西河流域的開發努力，不願改就私公
　　司的職務，縱使公司可以給他們數倍的金錢報酬〔這是霧裡看花、相當天
　　真的觀察〕。他們覺得工作的愉快及工作的社會意義是他們最大的收穫。
　　至於金錢，T.V.A.雖不能使他們成為富翁，一切合理的慾望也都能滿足。

這就是蔣廷黻說中美兩國在政治、經濟理念上有匯流的趨向的論據。在這
個論據的基礎上，蔣廷黻就為中國知識分子指出其時代使命：

　　如果知識分子能保存士大夫傳統的氣節，我們可能超度〔越〕西洋近三
　　百年的歷史。孫中山之所以堅持民族、民權、民生三種革命要同時並進，
　　就是要縮短歷史的過程。現在工程師在國內所幹的事業都帶幾分縮短歷史
　　的性質。在制度及機械方面能作的事，我們在道德方面應該也能作。何況

62　蔣廷黻，〈觀美國並回觀祖國（一）〉，《大公報》（重慶），1944 年 12 月 11 日，第 3 版。

事業的人生觀是中國書生的本來面目呢？[63]

　　蔣廷黻所謂的第二個中美發展趨向——國營企業——的匯流，其實是要以美國「田納西河谷管理局」的例子來澆他自己混合經濟、國家社會主義的塊壘。這個「田納西河谷管理局」的例子，他在 1947 年 5 月 11 日《新聞週報》所發表的〈美國近年的新革命〉裡有進一步的發揮：

　　　我在美國留學的時候，常聽美國朋友講「窮苦南方」的故事，說那裡疾病如何的普遍、不識字的人如何的多、山村的人如何喜歡格鬥。過了二十年，我因為善後救濟的事業重遊美國，發現人們不講「窮苦的南方」，而在講佃列西公署（T.V.A.）的偉大的建設事業。他們說這樁事業簡直是革命，而且比一般民族革命或階級革命更能造福於平民，因為全流域的人民，不分貧富，都實際受到了佃列西公署事業的恩惠。不但人民受到了實惠，全區域的天地都改換面目了。[64]

　　蔣廷黻用「新革命」來禮讚「田納西河谷管理局」，跟胡適對美國的看法有異曲同工的所在。胡適在 1927 年歐遊歸國以後所寫的〈漫遊的感想〉裡說：「我可以武斷地說：美國是不會有社會革命的，因為美國天天在社會革命之中。這種革命是漸進的，天天有進步，故天天是革命。」胡適這個漸進的革命所指的，就是用社會立法的方式來未雨綢繆地預防階級革命的發生。他在〈東西方文明的比較〉（The Civilizations of the East and the West）一文裡說：「社會主義的理想，只是在補足早期比較個人主義的民主主義，從歷史看來，是屬於整個偉大的民主運動的一部分……社會主義運動……只不過是意味著用社會集體、或政府的力量，以求取最大多數的最大幸福。」換句話說，現代西方民主國家：「為了避免階級鬥爭所造成的浪費，都積極地用先發制人（forestall）的方式，接納了許多社會主義的想法，例如：遺產稅、累進稅、

63　蔣廷黻，〈漫談知識分子的時代使命〉，《世紀評論》，第 1 卷第 24 期，1947，頁 5-7。
64　蔣廷黻，〈美國近年的新革命〉，《新聞週報》，1947 年 5 月 11 日，第 1 版。

工人的意外險、退休保險、限制工作時間、制定最低工資等等。」[65]

胡適跟蔣廷黻一樣，認為美國已經從狹義的自由主義走向廣義的自由主義——蔣廷黻所謂的第三個中美發展趨向的匯流。然而，胡適所措意的只是社會立法；他認為近代西洋文明「用組織與立法的方式把幸福的生活推廣給於社會上最大多數的人」，[66]已經是達到了文明之極致，他美其名曰是一種「新宗教」、一種「空前的社會化的新道德」。蔣廷黻則比他更上一層樓。他也稱讚社會立法。就像他在〈政治自由與經濟自由〉一文裡所說的，工人從工礦的安全與福利法規裡所得到的，「是百年前的工人所夢想不到的。」再以累進的所得稅、遺產稅等等立法為例，「我們幾乎可以說：民主的國家雖沒有執行階級的革命，卻高度的把政權分給平民了。」然而，蔣廷黻並不以此為滿足：「今天英美的社會離理想境遇甚遠，應該而且可以改良的地方很多。這是英美自由主義者自己所承認的。以後資產階級必盡力之所能以阻礙各種社會主義的設施。這也是我們所能預料的。」

他當時的理想不是美國，而是英國：「今天英國的工黨，用自由民主的方法取得政權。於是運用合法的政權，把英格蘭銀行及全英的煤礦收歸國有。此刻英國的國會正辯論運輸事業，包括全英的鐵路，收歸國有。」英國工黨的取得政權，美國「田納西河谷管理局」的成功，使蔣廷黻滿懷希望，希望這是西方民主國家從狹義的自由主義走向廣義的自由主義，從消極的自由主義邁向積極的自由主義的第一步。當然，他也同時完全體認到反動的勢力是不會罷休的：消極的自由主義可以被資本家利用來作為理論基礎，一方面讓他們繼續霸占、竊據社會富源；另一方面，用來阻礙國營事業的發展：

　　自由主義的消極解釋，今天尚在英美社會中作怪。現在最普遍的反對論調，就是國營事業不及私營事業效率之高。根據這種論調，資本家把國家的富源霸占，把經濟的樞紐竊據，使民眾依民主政治所得的權利不能充分發揮其效能。國人不察，也有墮入這種論調的陷阱中者。殊不知私營事業

65　Hu Shih, "The Civilizations of the East and the West,"《胡適全集》，36:344-345。

66　Hu Shih, "The Civilizations of the East and the West,"《胡適全集》，36:346。

之浪費及失敗在在皆是。何況國營方法的改善並不是一件不可能的事！[67]

蔣廷黻在賦閒這幾個月裡所發表的文章所討論的第二個主題是：自由主義是當今世界的潮流。自由主義是當今世界的潮流這個結論，是建立在美國打贏了第二次世界大戰這個基礎上的。美國的勝利並不只是在戰場上的勝利，而是在意識形態上的勝利，亦即，打敗了蔣廷黻稱之為提倡「全能主義」的國家。

雖然蔣廷黻沒有附原文，但他所謂的「全能主義」顯然是從「totalism」翻譯過來的。「Totalism」比較達意的中譯是「極權主義」。在西方，「totalism」跟「totalitarianism」（極權主義）常是被混用的。所謂「極權主義」這個在 1930 年開始被使用的名詞，顧名思義，就意味著說，所有的領域，不管是政治或是社會，或著說，「公」的領域以及傳統被視為是「私」的領域，都是在政權的管控之下。因此，才會謂之為「極權主義」。[68]

這個「極權主義」的興起是在第一次與第二次世界大戰之間，左有蘇聯，右有德國和義大利，再加上蔣廷黻貶抑為「在尾巴後面吶喊」的日本軍閥：「蘇、德、義、日之間雖有共產主義與法西斯主義的大區別，及種種國家利害的大衝突，其反對自由主義，而圖以國家全能主義替代之，則是一致的，而且都是不遺餘力的。」為什麼列寧、史達林、墨索里尼、希特勒都反對自由主義呢？他們攻擊自由主義說：

一、在自由主義之下，民眾縱使得著局部的政治自由，真正的經濟自由是絕對得不到的。

二、在自由主義之下，富者益富，貧者益貧。

三、在自由主義之下，少數人有剩餘糧食、布疋、及其他生活必需品，愁著無法出售。於是設法限制生產、瓜分市場、抬高市價；多數人則愁著無飯吃、無衣穿。這種過剩與貧乏面對面的矛盾是自由主義不能克服的。

四、在自由主義之下不景氣的風波一起，工廠忽然關門，已開的礦忽然

67　蔣廷黻，〈政治自由與經濟自由〉，《世紀評論》，第 1 卷第 17 期，1947，頁 5-7。

68　Goetz Briefs, "The Roots of Totalism," *Review of Social Economy*, 41.3 (1983), pp. 300-316.

停開，已種而又可種的田地忽然荒廢，同時幾千萬的勞力者忽然失業。這種經濟盛衰的循環，和這種一面生產工具失用，而另一面無數生產工人失業的矛盾，也是自由主義所不能克服的。

五、在自由主義之下，儘管人民有言論自由、結社自由、信教自由；儘管人民可以選舉行政和立法長官，有幾個學府、教堂、報館不是資本家的御用機關呢？法庭不是他們用以保護資產的？道德還不是他們用以控制民眾的嗎？

六、到了成熟的階段，自由主義的花樣更多了。富翁可以拿出一部分的不義之財，辦點慈善事業，藉以表示階級衝突的不存在。至於牢籠聰明才智之士，使自由職業者及文藝作家不能逃出金錢的網羅。這種伎倆，在資產階級手裡，已經練習到絕頂的精明了。

蔣廷黻承認「極權主義」對自由主義的批判不是完全憑空捏造的：

西洋近代史充分證明政治的自由絕對不會自然的，不費力的變為經濟自由。一個民族可以享受政治的自由，而同時遭遇經濟的壓迫。就是在自由主義發動最早、成績最優的英美，民眾把握了政治自由以後，還須繼續不斷的奮鬥，始能取得幾成的經濟自由。

蔣廷黻認為「自由主義發動最早、成績最優的英美」已經在經濟自由方面獲得了很大的成就。除了英美國家的社會立法以外，他最為推崇的就是美國總統羅斯福所推行的「新政」：

羅斯福總統的新政實行以後，美國的勞工覺得為謀社會福利，大可以不必行共產主義，而資產階級也覺得為預防社會革命，大可以不必行法西斯主義。所以今天在美國，各國的全能主義均退潮，自由主義正上潮。羅斯福是自由主義的復興者，也可以說是自由主義的修正者。

這個修正的、積極的自由主義是絕大多數美國人所珍視的：「現在美國人

重新重視他們祖先所遺留的自由主義是其立國的至寶。現在 95％的美國人無條件的擁護自由主義，其餘那 5％對傳統的自由主義雖心非不敢不口是。」這個理由，蔣廷黻說有三個：

> 第一，美國人今天感覺自由主義能發揮極大的保衛國家的力量。他們相信自由、自動的協助政府勝過被動的人、被動的服從政府。他們以為聯合國在第二次世界大戰中所得的勝利是自由主義的勝利。這種以成敗論英雄的邏輯當然是哲學家所不能承認的。不過人類的習性是以成敗論英雄的。經過此次大戰，無疑地全世界多數人士將信自由主義優於任何派的全能主義。
>
> 第二，現在美國人認識清楚了在全能主義政府下人民生活的實況。歐洲各國的政治犯在這二十年內逃到美國者甚多。他們發表了不少的報告。美國人現在想：一個有政治自由的國家固然不能說就是天堂，一個無政治自由的國家確是地獄了。
>
> 第三，現在美國人知道為達到經濟自由，我們不能夠、也不應該廢除政治自由⋯⋯他們覺得人類的進步是一代一代的積累起來的。一代有一代的貢獻和成績，一代也有一代的欠缺。譬如築牆，我們在前人的工作上加層，不可以把前人的成績都毀了。我們可以在政治自由上加經濟自由，不可以毀政治自由以求經濟自由。否則前功盡棄，我們又要回到中古了。[69]

對蔣廷黻而言，政治自由與經濟自由是相輔相成、缺一不可的。就像他在〈政治自由與經濟自由〉的結論裡所強調的：「我以為近代的人類史，證明政治的自由與經濟的自由是相輔而行的。我們如得其一而失其二，我們要發現生活是悲慘的。我們如雙管齊下，我們的奮鬥可以事半功倍。」[70]

政治自由與經濟自由孰重？可否魚與熊掌兼得？是否互相排斥？蔣廷黻這些設問所開啟的，就是在 1946、1947 年演變成為「一碗飯」與「一張票」孰

69　蔣廷黻，〈觀美國並回觀祖國（二）〉，《大公報》（重慶），1944 年 12 月 14 日，第 3 版。

70　蔣廷黻，〈政治自由與經濟自由〉，《世紀評論》，第 1 卷第 17 期，1947，頁 7。

重的論戰。[71]這場「一碗飯」與「一張選票」孰重的論戰，事實上就是親美、嚮往自由主義者跟馬克思主義者，跟親左的知識分子之間在為日益升高的國共內戰所進行的一場外圍戰。蔣廷黻不是這場論戰的要角。這個論戰真正展開以後，他所直接參與的文章只有一篇，就是他在 1947 年發表的〈政治自由與經濟自由〉。然而，他提出這個設問的文章〈觀美國並回觀祖國〉早在 1944 年就發表了，堪稱這個論戰的第一槍。

　　事實上，何止政治自由與經濟自由孰重這場論戰是國共內戰的外圍戰？蔣廷黻以及他的朋友胡適說自由主義代表當時世界潮流的論述，亦何嘗不是國共內戰的外圍戰？在這兩場外圍戰裡，蔣廷黻與胡適所參與的方式有其微妙的歧異。胡適完全沒有參加政治自由與經濟自由孰重這場論戰。理由很簡單。一參與這個論戰，除非騎牆，就很難不表露出自己的政治立場。這不是當時刻意要營造他超然形象的胡適所願意付出的代價。對於蔣廷黻而言，政治自由與經濟自由孰重根本就是一個詭辯的命題。對於當時想要組社會黨的他而言，政治自由與經濟自由是相輔相成、缺一不可、必須雙管齊下的。

　　胡適雖然沒有參加這個論戰，但我們可以推斷他的答案是政治自由重於經濟自由。證據有兩個。第一個證據是他在 1948 年給蔣廷黻的一封信：

　　　　有一天，陶孟和（沒有看過你的信）說，「自由是有閒階級的奢侈品。」他雖然不是對你的信說的，但此語在今日中國不是沒有贊成的人。今日大多數人當然不看重自由，即所謂「少數」智識分子，也不見得有多少人重視自由的價值。我在北平時，親自聽見所謂「前進教授」說的論調與陶孟和說的很相似！（友人中如吳景超此次一定不肯離開北平。他來看我，說，我們應該給中國共產黨一個表演的機會，不可但憑成見就判斷他們沒有希望。）[72]

71　有關這個「一碗飯」與「一張票」的論戰的背景與綜述，請參閱鄧麗蘭主編，《中國政治思想通史（現代卷）》（北京：中國人民大學出版社，2014），頁 172-202。

72　胡適致蔣廷黻，1948 年 3 月 10 日，鄒新明，〈哈佛燕京圖書館藏胡適給蔣廷黻的一封信〉，《胡適研究通訊》，2013 年第 4 期，2013 年 12 月 25 日，頁 3-4。

第二個證據是他 1956 年 2 月 9 日在芝加哥的「馬歇爾‧菲爾德百貨公司」（Marshall Field & Company）午餐會上所作的〈中國給自由的教訓〉（China's Lesson for Freedom）的演講：

就在中國大陸淪陷以前，天津的一個「自由主義」的報紙〔天津《大公報》〕寫了一篇題名為〈經濟民主對政治民主〉的社論。在這篇社論裡，主編說：「美國的民主給其人民一張選票；蘇俄的民主給其人民一條麵包。」一個貧窮國家的人民應該知道在這兩種民主裡，他們所該選的是哪一種。[73]

我在《舍我其誰：胡適，第四部：國師策士，1932-1962》裡指出胡適說謊。[74]這不是《大公報》那篇社論的結論。那篇社論的題名是：〈世界需要中道而行〉。顧名思義，該社論的結論是：在理想的社會裡，兩者都應該兼顧。胡適的英譯漏掉了《大公報》社論立論的脈絡，而且扭曲了其結論：

由人類的慾望想，每個人對政治所要求的不外一張選舉票、一碗飯。美國給人民一張選舉票，蘇俄給人民一碗飯。聰明的人類應該選擇美蘇的中道，有票且有飯。就是說，給一張空虛的選舉票，人不會滿足；單給一碗飯，人也不會滿足。理想社會須兼有美蘇之長。[75]

換句話說，《大公報》的社論所楬櫫的理想跟蔣廷黻一樣，是要求「理想社會須兼有美蘇之長」；既要有政治自由，也要有經濟自由。然而，由於當時的胡適已經一面倒的支持蔣介石，不管是「前進教授」，還是「前進報刊」，從他的角度來看，都是共產黨的同路人。他們既然都是胡適眼中的共產黨的同

73　Hu Shih, "China's Lesson for Freedom," February 9, 1956,「胡適紀念館」，HS-NK05-203-003。
74　江勇振，《舍我其誰：胡適，第四部：國師策士，1932-1962》（台北：聯經出版公司，2018），頁 716-718。
75　〈社評：世界需要中道而行〉，《大公報》，1946 年 10 月 5 日。

路人，自然就是應該打擊的對象，即使必須說謊栽贓，也在所不惜。

政治自由與經濟自由的論戰，蔣廷黻參與而胡適迴避。有意味的是，等他們在闡述自由主義是當今世界潮流的時候，他們兩個人卻對調了位置：蔣廷黻變得諱言蘇聯的不是，而胡適則直指蘇聯的政治、經濟制度是反時代的潮流。蔣廷黻跟胡適一樣是反共的，而且他也非常注意蘇聯的發展。他在 1947 年 2 月 16 日的日記記：「謝子敦從莫斯科回來。他告訴我說：俄國現在的物價是戰前的五倍，可是工人的工資只有戰前的三倍；拜德軍空襲時防火組織完善之賜，莫斯科大致完好如初；祕密警察猖獗、恐怖一如既往；戰時的將軍退居幕後，有些已經被清算掉了。」然而，他在 4 月 12 日即將寫完〈政治自由與經濟自由〉的當天說：「快要寫完〈政治自由與經濟自由〉了。覺得相當平淡無味。不能決定是否加寫對蘇聯政權的批判。」結果，他在次日完稿的文章裡確實沒有批判蘇聯的政權。雖然他在文中提到了列寧和史達林，但那是在闡述兩次世界大戰之間左右兩派的「極權主義」的脈絡之下。即使他在文章結尾的時候提到了馬克思主義，但也只是述而不評：「馬克思的學說大部分是馬克思以前的進步分子。內中主要人士還是自由主義者已經宣傳過的。馬克思對於政治理論的最大貢獻，是勞工階級專政。那就是說，放棄個人的自由、政治的自由，以取得勞工階級的經濟自由。」[76]

胡適則反之。他 1947 年 8 月 1 日在北平廣播電台所作的廣播〈眼前世界文化的趨向〉裡，就把批判的矛頭直指蘇聯。他用類似我們今天「地球村」的觀念，說由於文化的交流，世界文化已經產生了。這個世界文化有三個共同的理想目標：

第一，用科學的成績解除人類的痛苦，增進人生的幸福。

第二，用社會化的經濟制度來提高人類的生活，提高人類生活的程度。

第三，用民主的政治制度來解放人類的思想，發展人類的才能，造成自由的獨立的人格。

76　蔣廷黻，〈政治自由與經濟自由〉，《世紀評論》，第 1 卷第 17 期，1947，頁 7。

這三個理想目標裡，前兩個是舊瓶新酒，裝的就是他 1926 年歐遊之際所禮讚的，以英美兩國為代表的近代西洋文明用社會立法的方式「把幸福的生活推廣給於社會上最大多數的人」的「新宗教」、「新道德」。與英美兩國所用的方式相比，他認為蘇聯是失敗的：

> 俄國的大革命，在經濟方面要爭取勞農大眾的利益，那是我們同情的。可是階級鬥爭的方法，造成了一種不容忍，反自由的政治制度，我認為那是歷史上的一件大不幸的事。這種反自由，不民主的政治制度是不好的，所以必須依靠暴力強力來維持他，結果是三十年很殘忍的壓迫與消滅反對黨，終於從一黨的專制走上一個人的專制。三十年的苦鬥，人民所得到的經濟利益，還遠不如民主國家從自由企業與社會立法得來的經濟利益那麼多。這是很可惋惜的。

從第二次世界大戰，軸心國家一個個被打倒的歷史看來，胡適認為整個世界是朝著爭民主，爭自由的大方向走的。於是，他就加入了世界文化的第三個理想目標：「爭取民主，爭取更多、更合理的民主。」他呼籲中國人必需要認清這個世界文化的方向：「盡可以放大膽子，放開腳步，努力建立我們自己的民主自由的政治制度。我們要解放我們自己，我們要自由，我們要造成自由獨立的國民人格，只有民主的政治可以滿足我們的要求。」[77]

胡適所謂的「爭取民主，爭取更多、更合理的民主」的世界文化的方向，其實只不過是重述了他在二十年前所禮讚的這個「把幸福的生活推廣給於社會上最大多數的人」的「新宗教」、「新道德」。

有趣的是，就在胡適作〈眼前世界文化的趨向〉這個廣播的前一個月，他在〈兩種根本不同的政黨〉一文裡突兀地提到了「一碗飯」與「一張票」的論戰。他說：

> 前些日子有人討論美國與蘇俄對峙的兩個世界的區別，曾說：「美國給

---

77 胡適，〈眼前世界文化的趨向〉，《胡適全集》，22.693-694。

人民一張選舉票，蘇俄給人民一塊麵包。」這似乎不是公允的比較論。美國人民未嘗沒有麵包，蘇俄人民也未嘗沒有一張選舉票，但這兩個世界的根本不同，正在那兩張選舉票的使用方式的根本不同。蘇俄因為沒有反對黨，故 1936 年新憲法之下的選舉結果認為百分之一百，或是百分之九十九。美國因為容許反對黨自由競爭，所以羅斯福最大的勝利總不過人民投票總數之百分之六十。（此指 1936 年大選的結果。1932 年他只得百分之五十七，1940 年他只得百分之五十四。）這百分之六十的大勝利，代表自由的政治，代表獨立的思想與行動，代表容忍異黨的雅量。所謂「兩個世界」的劃分正在這自由與不自由，獨立與不獨立，容忍與不容忍的劃分。[78]

「這似乎不是公允的比較論。」這是客氣話。他真正的意思是說：這是謬誤的比較，因為麵包並不是蘇聯所專有，選票也不是美國所獨享。重點是在選票的使用方式的根本不同。前者因為沒有反對黨，選票由專政者獨得；後者因為有反對黨的競爭，選票是分散的。

胡適批判選票與麵包是謬誤的二分法，完全言之成理。問題是，不管這種二分法是如何謬誤，「一碗飯」與「一張票」的論戰的主題並不在於美國只給人民選票、而蘇聯只給人民麵包。論戰的主題是在於兩者是否是魚與熊掌？可否兼得？哪一種政治制度比較能讓其實現？胡適挪用論戰的主題，卻把它拿來澆他美國民主、蘇聯專政的塊壘。他這種作法難逃轉移主題、答非所問之譏。重點是，胡適對「一碗飯」與「一張票」的論戰並不是沒有他的看法。他在〈眼前世界文化的趨向〉裡說得很清楚：蘇聯「三十年的苦鬥，人民所得到的經濟利益，還遠不如民主國家從自由企業與社會立法得來的經濟利益那麼多。」因此，他在結論裡說：「只有民主的政治可以滿足我們的要求。」這也就是說，只有從政治自由入手，我們方才可以有經濟自由。

胡適在 1947、1948 年間所發表的政論文章，都是劍指蘇聯。〈眼前世界文化的趨向〉、〈兩種根本不同的政黨〉，以及次年在北平電台所作的〈自由

78　胡適，〈兩種根本不同的政黨〉，《胡適全集》，22.684-685。

主義〉的廣播亦是如此。事實上，〈自由主義〉以及〈兩種根本不同的政黨〉，就是他 1941 年在美國密西根大學所作的〈意識形態之間的衝突〉（Conflict of Ideologies）演講的中文版。他在〈兩種根本不同的政黨〉裡，把西方世界的政黨分成甲、乙兩式：前者為英、美、西歐式的政黨；後者為二次戰前蘇俄、義大利、德國的政黨。甲式政黨沒有黨籍、紀律、多黨、容忍反對黨、政權轉移和平；乙式政黨組織嚴密、嚴行紀律、不容許反對黨、一黨專政。[79]

胡適劍指蘇聯，因為當時新從美國回國的他已經成為一個「冷戰鬥士」——雖然他當時還沒意識到「冷戰」的概念。[80]蔣廷黻則不然。蔣廷黻要等到他自己到美國出任駐聯合國大使以後，才會變成一個「冷戰鬥士」。由於當時的蔣廷黻還沒成為一個「冷戰鬥士」，因此他才會在 1947 年 1 月 12 日對朋友說中國一定要避免被捲入美蘇兩強之間的衝突。朋友問：

「有體制之間的衝突嗎」？我回答說：「當然。不只如此，還有帝國之間的衝突。當這兩種衝突同時發生時，劫難就會發生。」「中國會成為戰場嗎？」「可能！除非戰爭在別處爆發。因為希臘和中東比較靠近它們，而且攸關某些帝國的利害，所以有那麼一丁點希望戰爭會在別處爆發。中國必須竭力保持中立。這也就是說，必須逃避劫難。這就要看天意了。」

次日，他就開始寫〈意識形態與帝國的衝突〉。在這篇文章裡，他呼籲中國必須保持獨立。用他 1947 年 1 月 15 日日記裡的話來說：「中國要做自己，不要依傍美國或蘇聯，不要混水摸魚。」

也正由於蔣廷黻當時還不是一個「冷戰鬥士」，所以他當時不但極為讚許馬歇爾，而且贊同他調停國共內戰的作法。1947 年 1 月 7 日，回美國出任國務卿的馬歇爾發表了他的〈個人聲明〉（Personal Statement），指出他調停國

79　胡適，〈兩種根本不同的政黨〉，《胡適全集》，22.683-684。
80　有關作為「冷戰鬥士」的胡適的所思所行，請參閱《舍我其誰：胡適，第四部：國師策士，1932-1962》，頁 550-645。

共內戰之所以失敗的根本原因。蔣廷黻在次日的日記裡記：

> 晚報刊載了馬歇爾對中國情況的聲明。在聲明裡，他把未能取得和平的原因，怪罪於國民黨與共產黨裡的極端分子。由於他即將繼貝爾納斯（James Byrnes）為國務卿，這個聲明的分量就更為可觀。這個聲明根本上反映了一個樂觀的看法，而且是極為睿智的。除非我們採取一個新的態度，我們是沒有希望的，或至少是會要付出極慘痛的代價的。他在這個時候發表這個聲明，為我們帶來了新希望。

蔣廷黻說馬歇爾「睿智」、說「除非我們採取一個新的態度，我們是沒有希望的」。他指的很可能就是馬歇爾在聲明裡所說的一段話：

> 依我的看法，要挽救目前的局面，就必需要由政府裡以及小黨裡的自由分子——這傑出的一群在目前仍然欠缺政治力量來發揮一個支配性的影響力——起來領導。我相信在他們發揮力量以後，在蔣介石將軍的領導之下，好好治理，必能取得舉國的團結。

馬歇爾接著說，現在憲法已經制定而且頒布，接下來的考驗就是執行：「我們要看政府是否能夠以真誠歡迎各黨各派積極參與政府的作法來讓它名副其實」：

> 第一步就是改組「國民政府委員會」與行政部門以便執行憲法。重點是：這個改組如何進行，它給予自由分子以及非國民黨員多少名額。我們也希望在這個過渡期間，如果共產黨以及其他團體願意為中國的未來肩任他們的責任，政府會為他們把門開著。[81]

---

81 George Marshall, "Personal Statement," *Papers of George Catlett Marshall*, Vol. 5: *The Finest Soldier*, https://www.marshallfoundation.org/library/digital-archive/personal-statement1/，2017 年 11 月 22 日上網。

2 月 19 日，蔣廷黻去看他住院的哥哥：

> 哥哥叫我注意桃樂絲・湯姆森（Dorothy Thompson）〔美國有名的專欄作家〕對馬歇爾報告的批評：馬歇爾的錯誤是讓共產黨加入聯合政府，因為他們最終都駕凌了所有其他黨派，這都是在波蘭、南斯拉夫所發生的。這話有些道理。
>
> 我在思索以下的想法是否有一丁點兒成功的希望：一、停戰；二、雙方軍隊撤退二十英里，而且遠離鐵路；三、爭奪的省份的主席由第三黨出任；四、由多黨的委員會來處理所有爭執的問題。卓敏認為一丁點兒希望都沒有。

蔣廷黻的哥哥告訴他桃樂絲・湯姆森對馬歇爾的批評，說聯合政府只是會讓共產黨漁翁得利。當時的蔣廷黻只認為「這話有些道理」。然而，他在說完這句話以後，卻自己緊接著依循馬歇爾的思路思索如何防止國共雙方的武裝衝突。換句話說，當時的他仍然認為馬歇爾的調停，走的是正確的方向。最重要的是，他完全認同馬歇爾要國民黨接納自由分子的呼籲。

這兩則日記是最雄辯的證據，說明了蔣廷黻當時還不是一個「冷戰鬥士」。等他到美國出任駐聯合國代表，戮力為蔣介石爭取美國的援助打內戰、阻止中共席捲中國以後，他對馬歇爾的評價就會丕然改觀。對馬歇爾個人，他會仍然尊重。然而，他會加入比他早幾年就已經成為「冷戰鬥士」的胡適的陣營，怪罪馬歇爾的錯誤讓中共贏了內戰。

蔣廷黻在賦閒這幾個月裡所發表的文章所討論的第三個主題是：中國不要被捲入美蘇之間的衝突，必須採取獨立不依傍美國或者蘇聯的政策。蔣廷黻這個獨立不依傍美國或者蘇聯的主張，在一方面是建立在他混合經濟、國家社會主義的理念之上的。他在〈美國人對於中國的了解與誤會〉裡，強調中國「經濟的發展不能步美國的後塵。換句話說，不能完全採取民營政策。」有些事業，例如：兵工業、水利、鐵路、電信、鋼鐵、與電力等等，在經濟落後的中國必須由政府來興辦。整體上說來，中國要發展經濟與工業，其國營與民營的比重與分際必須介於美國與蘇聯之間：「國營與民營的界線勢必隨潮流而左

右。極左的時候必與蘇聯的經濟制度保留相當的距離；極右的時候亦不能與美國過於接近。中國經濟制度必在美蘇之間採取中庸路線。」[82]

蔣廷黻借用孫中山說民生主義就是社會主義的話來為他的國家社會主義張目：

> 孫中山最初在東京向留日學生討論社會改革的時候，他所標榜的不是民生主義，〔而〕是社會主義。以後他改用「民生主義」是為宣傳的方便，不是因為他的思想或主張有任何變更。中山要中國走社會主義的路線，這是毫無疑問的，也正是他的偉大的表現。為使旗幟鮮明化，並為避免友邦人士的誤會起見，我以為我們這般信徒應該直截了當的說，民生主義就是社會主義。

蔣廷黻這個獨立不依傍美國或者蘇聯的主張，在另一方面是建立在他認為中國必須避免捲入美蘇之間的意識形態與帝國爭霸戰的理念之上。他在〈主義戰與帝國戰〉一文裡說當時的國際形勢「有嚴重的主義衝突，同時也有嚴重的帝國衝突」：

> 為中國打算，我們必須找自己的出路。任何投機都不是辦法。此刻我們可以斷定有兩點。第三次世界大戰必是很殘酷的。此外，如果我們不小心，中國很可變為第三次大戰的戰場。我們唯一的外交政策是要努力避免當作國際的戰場。

由於當時的蔣廷黻認為美蘇之間的意識形態與帝國爭霸戰，並不攸關中國的利益，他主張中國自處之道在於明哲保身：「我們如作別國的附庸，我們將成為別人的魚肉。我們如下決心作獨立自主的民族，我們的負擔倒可減輕許多。」中國可以保持獨立自主的立場，因為它可以同時跟美國、蘇聯保持友好

82　泉清〔蔣廷黻〕，〈美國人對於中國的了解與誤會〉，《世紀評論》，第 1 卷第 9 期，1947，頁 5-8。

的關係。蔣廷黻說：「誰都知道美國是中國頂好的朋友。」然而，與此同時，
他也說：

> 中蘇之間並無大利害的衝突。如有的話，其起端不在兩國本身，而在全
> 盤國際政治。我們如以中國本身的利害為出發點，我們與蘇聯或英美衝突
> 可以減少。我們如以蘇聯或英美的利害為國策的出發點，則我們絕無出路
> 了。[83]

蔣廷黻何止認為「中蘇之間並無大利害的衝突」，他甚至認為：「實行共
產主義的蘇聯實實在在的把地主階級及資本階級剷除了。蘇聯今天的社會確實
是無階級的社會了。蘇聯革命成績的偉大是任何人不能、也不應該否認
的。」[84]這個時候的蔣廷黻還沒有成為一個「冷戰鬥士」的事實，這是一個再
雄辯也不過的證據了。

83　泉清〔蔣廷黻〕，〈主義戰與帝國戰〉，《世紀評論》，第 1 卷第 5 期，1947 年 2 月 1 日，
　　頁 5-6。

84　泉清〔蔣廷黻〕，〈美國人對於中國的了解與誤會〉，《世紀評論》，第 1 卷第 9 期，1947
　　年 2 月 29 日，頁 7。

第四章

婚變，1944-1965

　　蔣廷黻自詡他是一個把愛情擺在第一位的人。為了事業可以拋棄愛情的說法，他認為是不可思議的。他敢愛，也願意為愛情而犧牲事業。1957 年 2 月 7 日，他請代表團幕僚張純明午餐的時候談到胡適。談到胡適媒妁之言的婚姻，他說：「在解決他的婚姻問題方面，他刻意地從眾（conformity）、隨俗（orthodoxy），而不是選擇愛情與幸福。他贏得了人們的尊敬，但換來的是一個枯槁、甚至閹割了的人生。」

　　蔣廷黻會用這麼重的字眼來說胡適，就是因為不了解真正的胡適。胡適雙贏：他不但贏得了「舊道德的楷模」的尊號，而且還在這個尊號的光環之下得享他作為情聖的實際。在當時的社會氛圍之下，胡適能夠雙贏，就是因為他「從眾」、「隨俗」，所以他能面子、裡子都有，裡外通吃，清譽與愛慾雙雙入手。蔣廷黻反是。多少朋友勸他為了顧忌社會的觀感，保持有名無實的婚姻而行同居之實。如此，他就可以同時得到社會的面子與愛情的裡子，魚與熊掌兼得，何樂而不為。然而，蔣廷黻就是不肯「從眾」、「隨俗」。他的婚變鬧得滿城風雨、中外喧譁。到頭來落得了薄倖郎之名，得到的只是一個 Hilda。不像胡適，外有道德楷模之名，裡有三月相伴、星空點點之實。

　　不像胡適和江冬秀，蔣廷黻跟唐玉瑞是戀愛結婚的。他們兩人都是留美學生，在美國相識、相戀、打電報向在回國的郵輪上的唐玉瑞求婚、在她抵達日本的時候結婚。由於蔣廷黻早年所記的日記現已不存，我們不知道他們的婚姻從什麼時候開始出現問題。他是在 1946 年積極開始向唐玉瑞提出離婚的要求

的。他在 5 月 26 日給唐玉瑞的信裡說：「我們從莫斯科回來以後就已經實質上是離婚的了。打從 1938 年開始，我們就已經過各自的生活了。」

蔣廷黻在 1946 年開始積極要離婚的時候，他已經有了一個他急於想要跟她再婚的對象，那就是沈恩欽（Hilda）。然而，Hilda 並不是第一個進入他的情感世界裡的女性。雖然蔣廷黻早年的日記已經不存，但他從 1944 年開始記了二十二年之久的英文日記是一個寶藏，相當率真地記錄了即使只是在他內心裡激起了漣漪的交會。

蔣廷黻是一個容易動情的人。不幸的是，他面對的是到死都不放手的唐玉瑞。蔣廷黻雖然跟 Hilda 在 1948 年 7 月 21 日結婚，但唐玉瑞始終就是拒絕跟他離婚，或承認他跟 Hilda 的婚姻。她繼續死纏活鬥下去。蔣廷黻不知道的是，最後的勝利還是屬於唐玉瑞：唐玉瑞以髮妻的身分出現在紐約的蔣廷黻的告別式。

交會的漣漪

1943 年 10 月 21 日，蔣廷黻離開重慶到美國參加「聯合國善後救濟總署」的簽署、成立、暨第一屆理事會會議。會議在 12 月就開完了。然而，由於蔣介石要他留在美國，蔣廷黻也就在美國當起閒雲野鶴來了。他一直要到 1944 年 10 月 24 日，才從紐約啟程回國。

蔣廷黻在美國閒雲野鶴這一年的高潮是在感情方面。他從 1944 年開始記到 1965 年他過世前四個月才停止的英文日記，一開始就透露了當時讓他心動的兩位女性。第一位是凱薩琳·薩爾特（Katherine H. Salter）；第二位是許亞芬。兩位都是有夫之婦。

凱薩琳跟蔣廷黻同樣是 1918 年從歐柏林學院畢業的。他們顯然是在大學時代就認識。凱薩琳大學主修英國文學。接著，她在 1920 年又得到歐柏林學院的碩士學位。今天，歐柏林學院藏有她的檔案。她是一個頗有文采，同時也是一個具有強烈政治立場的女性。她積極在報章雜誌上發表反對法西斯主義以及天主教會的言論，並與具有同樣政治傾向的名人學者通信，爭取他們的支

持。舉個例來說，愛因斯坦檔案裡就有十一件愛因斯坦跟她的來往信件。[1]她在 1942 年就計畫要把她致各報編輯的反法西斯主義的信件結集出版，只苦於找不到有興趣的出版社。[2]

蔣廷黻寫英文日記，一出手就引人遐思。1944 年 1 月 2 日日記：「昨天寫了信給凱薩琳。一直不知道該如何下筆。初稿雖然詳盡，但我不滿意，因為一點都不可能會安慰她。次稿比較簡單，也比較不落感情，我把它寄出去了。然而，我還是不覺得我說對了話、用對了口氣。」

蔣廷黻顯然也認得凱薩琳的先生約翰・薩爾特（John Salter）。約翰也是歐柏林學院畢業的，是 1921 級，比蔣廷黻和凱薩琳晚三年畢業。蔣廷黻 1944 年 1 月 27 日日記：「收到傑克・薩爾特（Jack Salter）的來信，極盡客套與恭維。」接著他就摘述了凱薩琳同樣當天來信的大要：「凱薩琳的來信通篇在為我操心以及擔憂軸心國的宣傳。兩三年前，軸心國的宣傳一定是與美國國內的法西斯分子串通在一起的。現在，這個危險已經沒有了。」

1944 年 1 月到 5 月間，蔣廷黻與凱薩琳通信頻繁。凱薩琳不但送他書，而且寫十四行詩給他。只是，蔣廷黻逐漸受不了她的政治立場，特別是她極端反天主教會的態度。比如說，2 月 7 日，一天當中，蔣廷黻收到了凱薩琳的兩封信，談的全是天主教會的事。蔣廷黻說他「極為生氣，寫了一封信請她不要再用這個問題來煩他。」然而，信寄出以後，蔣廷黻就馬上後悔了：「我想我不該寫那麼嚴酷的信。」蔣廷黻不但在次日就再寫一封信給凱薩琳，而且在 15 日電匯 400 美金給她，因為「她就要在克里夫蘭（Cleveland）動手術。」凱薩琳住在紐約，為什麼要去俄亥俄州（Ohio）的克里夫蘭動手術，而且蔣廷黻還為這個手術匯錢給她。他倆的關係一定不尋常。只是，不管他倆的關係如何再不尋常，蔣廷黻決定跟她分手。他 2 月 21 日日記：「寫信給 K. ——揮別

1　「愛因斯坦檔案」（Einstein Archives Online），http://alberteinstein.info/vufind1/Author/Home?author=Salter%2C%20Katharine%20Shepard%20Hayden%20（Receiver），2019 年 4 月 15 日上網。

2　Dorothy Fisher to Albert Einstein, February 20, 1943, Mark Madigan, ed., *Keeping Fires Night and Day: Selected Letters of Dorothy Canfield Fisher* (Columbia, MO: University of Missouri Press, 1993), p. 219.

愛情。」

　　凱薩琳變本加厲。3月9日，她「寫給我一封大放厥詞（outrageous）的信批評她所謂的『美國軸心勢力』（the American Axis），亦即，任何不同意她的意見的人以及任何拒絕出版她的書稿的出版社。」然而，蔣廷黻說要斬斷情絲，但凱薩琳卻無意。3月24日，蔣廷黻趕到凱薩琳在紐約市183街的療養院去探望她：「她手術成功，心情快樂，只是，就不忘她抨擊天主教會的老調。她想要來華盛頓看我，讓我極為反感。真不知道要如何勸她不來。」回到華盛頓以後，蔣廷黻在27日寫信給凱薩琳，告訴她很難安排她去華盛頓看他。次日，凱薩琳從紐約打電話問蔣廷黻她華盛頓之行。蔣廷黻不鼓勵她。結果，凱薩琳還是在5月3日去了華盛頓。蔣廷黻還在當天下午六點到車站去接她。凱薩琳在華盛頓整整待了八天。11日，蔣廷黻招待了她一整天：帶她去看戲，並邀了幾個朋友跟她請吃晚餐，算是為她餞別，一直到晚上十一點才離開。蔣廷黻回到住處以後，不開心地在日記裡記：「聽催眠音樂到十二點半。這段時間過得最不踏實。」

　　10月初，蔣廷黻的美國行到了尾聲。他開始打理行裝。10月7日晚，他清理桌子裡的舊信，把所有凱薩琳給他的東西都毀了。他在日記裡對她以及他倆的關係作了一個總結：

> 　　她有她美麗的一面——有著深邃、優美的感情，只可惜她選擇了政治活動。我曾經深愛著她，只是由於許多的理由，我從來就沒讓她知道。這次，我有了機會跟她重逢。雖然我有許多理由去愛她，但我很高興我把它藏在心裡，為她、為我都免去了痛苦。

　　蔣廷黻能夠一斬他對凱薩琳單戀的情絲，除了是他受不了凱薩琳對政治的狂熱與偏執以外，最重要的是因為他當時也已經愛上了許亞芬。許亞芬是蔣廷黻從前清華歷史系1934級的學生，而且是他另外一個清華歷史系1933級學生楊紹震的妻子。胡適在1938年6月25日日記，記他當天在「大使飯店」的住處幫楊紹震與許亞芬證婚。簽字過後，在飯店的餐廳請新郎、新娘喝了一杯酒。楊紹震在1935年考取公費，取得哈佛大學的碩士學位。許亞芬1940年得

到麻省史密斯女子學院（Smith College）的碩士學位，論文的題目是「試評胡適的著作與影響，1917-1927」（An Attempt at An Evaluation of Hu Shih's Work and Influence, 1917-1927）。她在論文的〈謝辭〉裡感謝胡適給她意見。胡適在 1940 年 4 月 10 日日記裡，也記了許亞芬當天送論文的初稿給他看。

　　蔣廷黻在 1944 年 3 月的家信裡，說楊紹震、許亞芬夫婦「倆都在『美國經濟作戰部』〔Board of Economic Warfare〕充研究員，每月可得美金四百餘元。租了一所新的 apartment〔公寓〕，雖然很小，卻極精緻。」[3] 蔣廷黻 1944 年的日記裡，提到許亞芬的次數多達 140 次，楊紹震則只有 77 次。他會那麼多次提到楊紹震，是因為在開始的時候，許亞芬都是跟楊紹震同時出現的。蔣廷黻第一次提到許亞芬是在 1 月 4 日，當時他剛從舊金山到了俄勒岡州的波特蘭：「寫了一封短信給亞芬。」他在 8 日抵達華盛頓當晚，就跟楊紹震、許亞芬，及幾位當時在美的聯總的成員晚餐。他稱呼他們為「我在此地的公務家庭（official family）的成員」。從那天以後，蔣廷黻提到他跟楊紹震、許亞芬過從的次數不勝枚舉。他們一起吃飯、聊天、出遊、談中國的問題、美國的政治、談文學、論政治、話哲學、玩填字遊戲、看戲劇、聽音樂、看電影、看博物館、打橋牌。

　　一般說來，楊紹震和許亞芬都是同進同出的。然而，有時候許亞芬會有跟蔣廷黻獨處的時候。比如說，2 月 26 日傍晚，許亞芬自己先到了蔣廷黻的住處。他們打了好幾回的「蜜月橋牌」，楊紹震後到。從 3 月開始，蔣廷黻跟許亞芬獨處的次數增加。比如說，3 月 7 日，許亞芬到蔣廷黻住處跟他午餐。22 日，她又單獨到蔣廷黻住處午餐，「相處極歡」。31 日，許亞芬和蔣廷黻往遊華盛頓的故居「維農山莊」（Mount Vernon）。4 月 1 日，他們一起去看了一個電影。5 月 3 日，許亞芬來跟他聽了一齣歌劇，然後又到上城去看了一個電影。

　　1944 年初的蔣廷黻是寂寞的。他在華盛頓，凱薩琳住在紐約，而且已經跟她漸行漸遠。雖然他跟楊紹震、許亞芬、聯總的幕僚，以及其他朋友常相往

3　蔣廷黻致唐玉瑞與寶寶們，1944 年 3 月 10 日，趙家銘提供、張愛平選編，〈蔣廷黻家書〉，《傳記文學》，第 57 卷第 3 期，1990 年 9 月，頁 24。

來。然而，人有時候在朋友群裡反而倍感寂寞，特別是看到別人成雙成對的時候。比如說，2 月 6 日當天，蔣廷黻和幾位聯總的屬僚出遊。其中，有兩對夫婦，包括楊紹震與許亞芬。他們早上去了林肯、傑佛遜紀念堂，午餐過後去動物園。四點，蔣廷黻去許亞芬家裡跟她一起聽她最喜愛的舒伯特的《未完成交響曲》。五點，吳景超來了。他們打了兩盤的「盤式橋牌」。過後，蔣廷黻請他們到他當時下榻的「瓦德門公園飯店」（Wardman Park Hotel）晚餐。嬉遊了一整天過後，他在日記裡記：「憂鬱莫名：一種無根的感覺。友朋的幫忙有限；只能獨自奮鬥。這麼多年來沒有像現在感覺到那麼空虛。」「瓦德門公園飯店」雖然華麗，但畢竟不是家。他在 2 月 18 日的日記記：「憂鬱莫名：旅店生涯不是人過的（unsettling）。」無怪乎他在 26 日就責成幕僚壽景偉去找辦公室以及公寓。他在 3 月 10 日搬進「白羅德穆爾」公寓（Broadmoor）。

　　蔣廷黻在這以前就已經開始對許亞芬動心了。2 月 27 日他要赴紐約開會。楊紹震、許亞芬跟另外一對夫婦陪他到火車站搭火車。他在當天日記記：「害相思病：極端渴盼 Y.〔許亞芬〕的陪伴。我這一輩子從來沒有過這樣的感覺。」

　　這時的蔣廷黻所害的很可能是單相思病。三天以後，他從紐約回來，一切彷彿都沒改變一樣。在接下來的幾個月裡，許亞芬跟他見面的時候，仍然泰半是夫婦同進同出。蔣廷黻這麼頻繁地跟他們夫婦見面，也許就是為了得著跟許亞芬在一起的機會。

　　蔣廷黻已經到了每天都必須見到許亞芬的地步。5 月 28 日，他要離開華盛頓五天去參觀「田納西河谷管理局」（the Tennessee Valley Authority, TVA）。火車是下午四點半開的。然而，他還是先去了許亞芬家裡吃晚餐。6 月 2 日下午，參觀的一行人坐飛機回到了此行的起點——田納西州的諾克斯維爾（Knoxville）。他們在當晚十點半搭夜車回華盛頓。火車在次日下午一點四十分回到華盛頓。蔣廷黻在車站與其他人道別以後，就直奔許亞芬的住處。

　　7 月 1 日到 22 日，蔣廷黻作為中國代表團的一員，到新罕布夏州（New Hampshire）的「布雷頓森林」（Bretton Woods）參加「聯合國貨幣金融會議」（United Nations Monetary & Financial Conference），亦即，歷史上所稱的「布雷頓森林會議」（Bretton Woods Conference）。這個大會的重要性在於

其議決成立了「國際貨幣基金會」（the International Monetary Fund）以及「國際復興開發銀行」（the International Bank for Reconstruction and Development）。25 日，會議結束兩天以後，蔣廷黻到車站去接從華盛頓上來跟他會合度假的楊紹震、許亞芬。在八天的假期裡，除了雨天以外，他們出去遊湖、爬山。7 月 31 日下午，楊紹震跟許亞芬吵了一架。楊紹震當場吵著要回華盛頓。當晚，蔣廷黻「陪他們一起散步並坦白地數說了紹震的缺點。雖然我試著說得很圓通，但我想他並不完全同意我說的話。」

　　蔣廷黻和事佬扮演成功。他們一直在布雷頓森林待到 8 月 3 日：「整天幾乎都待在飯店裡，跟亞芬聊大大小小的事情。午餐以後午睡。接著又繼續聊。晚上七點搭『山嶺號』火車往波士頓。火車經過美麗的鄉間。又多了四個鐘頭跟亞芬聊天的時間。」

　　8 月中，許亞芬住院。因為她失血過多，曾經有輸血的準備。17 日的情況最危急。楊紹震還打電話要蔣廷黻到醫院驗血型，看他是否適合捐血。蔣廷黻下午兩點半去看她的時候，本來想要摘述給她聽他昨晚看得很感動的賽珍珠小說改編的電影《龍牙》（Dragon Teeth）。看到她虛弱無力，他慌得說不出話來。到了三點四十分，她看起來更虛弱。七點的時候，她氣若游絲地對蔣廷黻說：「不要離開我。」然而，由於蔣廷黻事先已經約好跟人晚餐，還是只好離開。由於蔣廷黻一心都在許亞芬，晚餐後，蔣廷黻跟朋友打橋牌，「一點興致也沒有」。

　　所幸的是，許亞芬的情況在次日就開始好轉，也不需要輸血。在她住院期間，蔣廷黻常去探望她。9 月 1 日午餐過後，蔣廷黻去探望許亞芬。他說：「跟亞芬愉快地在一起幾個鐘頭。我們商定好了未來的計畫。」

　　這個商定好了的未來的計畫究竟如何？蔣廷黻沒說明。然而，他一定覺得他跟許亞芬的關係已經進了一步。9 月 6 日日記：

　　　　我在大學的時候花了很多時間讀維多利亞詩人，丁尼生（Tennyson）、布朗寧夫婦（Robert & Elizabeth Browning）等等。從那以後我就沒再去接觸他們了。前天亞芬說她想多了解一下伊莉莎白·布朗寧。昨天我去買了一本劍橋大學版的詩集帶去給她。今天我們在她那兒一起讀了一些十四

行詩。我舊日的情懷倏然間都復甦了。我很惋惜我這麼多年來的時光都是虛度的。我心中油然升起了一個新的希望與夢想。今天下午我帶她去看電影《馬克吐溫傳》（*The Adventures of Mark Twain*）。這是她病後第一次出門。

　　只可惜這時已經到了蔣廷黻在美一年的尾聲。9 月 12 日，蔣廷黻當天就要離開華盛頓去加拿大開會。他說他「極不情願、極不開心，彷彿有什麼厄運會在加拿大的荒野裡等待著我一樣。」他去跟許亞芬道別，結果只弄得兩個人都極不開心。他怎麼想辦法把自己從那樣的心情裡解脫出來都不可得。當天他做什麼事都不對勁。去衛生局打預防針覺得討厭透頂；壽景偉拿文件來給他簽，他覺得他蠢得令人生厭；施其南在從華盛頓開往加拿大的火車上試著跟他聊天，他就是呆坐在位子上，一話不說。入夜以後，他拿起本來送給了許亞芬、但不知道為什麼又還給他的夏綠蒂‧勃朗特（Charlotte Brontë）所著的《簡‧愛》（*Jane Eyre*）讀著。讀著、讀著，他覺得好多了。他喜歡作者的洞察力和獨特的文風。

　　蔣廷黻是帶著極端不情願的態度上路的。他的心還留在華盛頓。14 日，他從加拿大的渥太華（Ottawa）打長途電話給許亞芬：「她很驚喜在長途電話上聽到我的聲音。我很高興醫生說她身體康復到可以出門的地步。」16 日，已經到了蒙特婁（Montreal），又開了一整天的會的蔣廷黻收到了許亞芬的信：「很貼心。」他於是又打了一通長途電話給她。很高興她體力恢復得很快。18 日，他又打了一通電話。20 日寫了一封信，23 日又再打了一通電話。29 日中午回到華盛頓。午餐過後就趕著去見許亞芬。

　　從接下來的日記裡看來，蔣廷黻幾乎是每天都跟許亞芬見面。他們一起吃午餐、歡愉地聊天、散步、一起去買要送給兩個女兒的禮物、幫忙打點行李。比如說，10 月 15 日下午他回到住處，想到需要打點行李，就暗自神傷起來。他於是就坐下來聽紐約交響樂團演奏的廣播。三點十五分，許亞芬過來幫他打點行李。兩個人邊說邊笑，在一個鐘頭之內就打點完畢。最有意味的是，楊紹震的名字幾乎全不見了。唯一的例外有兩個。第一次是 10 月 1 日日記：「到亞芬住處，帶他們來『白羅德穆爾』公寓晚餐。」用「他們」來包括了楊紹

震。第二次是 10 月 12 日日記：「五點，出席亞芬與紹震為我辦的雞尾酒會。」

　　沒想到 10 月 18 日，許亞芬過來午餐的時候，他們發生了齟齬：許亞芬說了一些「深深刺傷了我的話」，弄得蔣廷黻一直到那天晚上都「因為與亞芬的歧異而悶悶不樂」。幸好他們在次日散步的時候「澄清了一切」。19 日早上，蔣廷黻才收到通知說 31 日以前走不了。然而，當天下午就收到通知說必須在 21 日下午兩點半以前抵達紐約。離別的時間提前雖然讓他難過，但他已經急著想要回去。

　　楊紹震驀然出現在 20 日的日記裡。蔣廷黻說一早楊紹震來。他以為是有什麼要事，結果是一個禮貌性的拜訪：「我們坐了二十分鐘，沒有什麼話可談。」十一點半，蔣廷黻去「五月花號」飯店作了一個演講。他沒有留下來午餐。在回程的路上，他去接許亞芬到他的住處午餐。然後，「互道珍重。再送她回去她的辦公室。」

　　次日，蔣廷黻坐火車到紐約。送行的朋友裡有楊紹震，但沒有許亞芬。當天日記的最後一行：「離別，黯然。」23 日，蔣廷黻在起飛的前夕，寫了一封跟許亞芬道別的信。26 日，飛機抵達北非的卡薩布蘭卡（Casablanca）。當晚，他所思所想就是許亞芬：「想像她是否能夠承受得了這樣的長途飛行。」28 日晚飛抵克拉蚩（Karachi）。當晚，他睡不著，起身坐在旅館的前廊上乘涼望月。在回想他所經過的沙漠裡沒有受到戰爭波及的城市以後，蔣廷黻說：「我的腦子回到只要戰爭存在一天就沒有解決之道的我的個人問題。上個星期在華盛頓的一切歷歷在目。如果亞芬和我能夠成家該有多好！」蔣廷黻一直到天亮了才上床去睡，沉睡到下午三點，才被旅館的工作人員叫醒去登機。飛機一直到五點才起飛：「整個晚上，靠著機窗，望著星星、月亮，以及偶爾瞥見的陸地，腦子裡編織著與亞芬共譜的生活。」

　　蔣廷黻抵達印度的時候寫了一封信給許亞芬。11 月 1 日抵達重慶。一個星期以後，他又寫了一封信。回到重慶才兩個星期，蔣廷黻就收到了許亞芬 10 月 26 日寫給他的信，讓他欣喜萬分。更讓他高興的是許亞芬一直陸續來信。沉醉在對許亞芬迷戀當中的蔣廷黻，決定要斬斷他與另外一位在重慶的女士的關係。11 月 5 日晚餐以後：「Hsun 來看我。我對她說為了她、為了我，

這種私訪必須停止，否則會有謠言。」這位 Hsun 女士，就是他九個月前在美國還沒戀上許亞芬以前在 2 月 13 日日記裡提到的：「寫了一封長信給 Hsun。」這位 Hsun 女士在 12 月 6 日還帶禮物去給蔣廷黻慶祝他第二天的生日。

11 月 24 日，他同時收到許亞芬 1 日、3 日、9 日寫的三封信：「九日的信特別甜蜜。」回頭去看所有許亞芬給他的信，他說：「是一種甜在心頭的享受（delicious luxury）。」他當天寫了好幾封信，其中一封是給許亞芬的，都託一個朋友帶到美國去。11 月 28 日的日記記許亞芬 10 月 21 日他離開華盛頓當天所寫的信，說她：「真希望我能夠每天跟她在一起，即使只有半小時也好。」12 月 9 日，他收到了許亞芬祝他生日快樂的電報。

如果人生的悲歡離合可以歸罪是造化弄人，人遠情疏、見異思遷則是人心的一個特質，只有自己可以怪罪。分別才幾個月，蔣廷黻對許亞芬的思念就已經逐漸淡化。

後來成為蔣廷黻第二任妻子、當時是沈惟泰妻子的 Hilda（沈恩欽），已經從 1945 年 3 月開始，以夫婦橋牌搭檔的身分出現在蔣廷黻的日記裡了。等蔣廷黻在 7 月間再回到華盛頓然後轉赴倫敦開聯總第三屆「理事會」的時候，他對許亞芬的柔情也許還有，但熱情已經不再。7 月 8 日蔣廷黻抵達當天，楊紹震與許亞芬就去蔣廷黻下榻的飯店跟他見面。在華盛頓的二十天裡，他跟他們夫婦見了五次的面。9 日，許亞芬來午餐：「有一個愉快的談話。」24 日，楊紹震央請蔣廷黻幫他在聯總、或「中國物資供應委員會」（C.S.C.）、或者蔣廷黻的「行政院善後救濟總署」在華盛頓的辦公室找一個工作。26 日跟許亞芬聊天。許亞芬還在 28 日他赴倫敦前一天去幫他打點行李。然而，蔣廷黻日記裡已經沒有一絲絲九個月前那種難捨難分之情。

等蔣廷黻在 1946 年 3 月再度回到華盛頓開聯總第四屆「理事會」的時候，他已經開始跟 Hilda 約會了。許亞芬只在他日記裡出現了一次。4 月 5 日，蔣廷黻在午餐以後去看許亞芬夫婦。日記裡只有一句話：「紹震要我給他一個工作。」1947 年 7 月，由於中國駐聯合國大使郭泰祺生病，蔣廷黻暫代他到紐約開聯合國安全理事會會議。這時的他跟許亞芬已經是活在兩個一尊一卑完全沒有交集的世界裡。7 月 9 日，楊紹震到飯店去見蔣廷黻，希望能受雇

於他。蔣廷黻勸他回國。楊紹震以生活條件太差為理由婉拒。蔣廷黻教訓他說：「有四億人住在中國。其中，四萬人是大學教師。」22日：「九點半去看亞芬。她的孩子一歲多了，讓她日子過得很沮喪（miserable）。」幾天後，他們還見過一次面、吃過一次早餐。兩個月以後，蔣廷黻就以正氣凜然的姿態教訓她不愛國滯留國外。9月6日日記：

> 　　早上八點，亞芬打電話來說她人在火車站，剛從波士頓來。我匆匆穿上衣服到〔飯店〕大廳去見她。她告訴我說，她聽說從事教職的工作很清苦，要我幫她先生在「聯合國」或「國際貨幣基金會」裡找個工作。我告訴她說，像她和她先生這樣在國外滯留了那麼久的人，沒有資格（claim）在這裡討工作。由於她一再地要求，我答應我會寫信給顧維鈞〔中國駐美大使〕和顧翊群〔「國際貨幣基金會」執行幹事〕。

這是蔣廷黻最後一次在日記裡提到許亞芬。

值得指出的是，蔣廷黻確實曾經幫楊紹震在行總撤銷以前在華盛頓的辦公室裡安插了一個工作。他也沒有敷衍許亞芬。他確實在1947年9月9日寫了一封信給顧維鈞，問他所參與的制定盟軍占領日本政策的「遠東委員會」（Far Eastern Commission）是否有缺：

> 　　楊先生十二年前在清華是一個優秀的學生。他在哈佛的研究所就讀了兩年。戰爭期間，他在美國政府「國外經濟署」（Foreign Economic Administration）擔任專家分析師。他的上司很賞識他的工作。去年他在「行政院善後救濟總署」在華盛頓的辦公室負責航運的統計。他是一個安靜、負責任、聰穎的職員。[4]

4　Tsiang Tingfu to Wellington Koo, September 9, 1947,《蔣廷黻資料》，18.121。

序曲

　　許亞芬可能是蔣廷黻動念要跟唐玉瑞離婚的人。他 1944 年 10 月下旬回中國的時候，在旅途上想念許亞芬的程度，簡直就像是一個愛戀得失魂落魄的少年一樣。一直到他次年 2 月到澳洲去開「聯總遠東區委員會」的時候，他仍然愛戀著許亞芬。他 2 月 19 日日記：「思念著亞芬。」23 日，他還收到許亞芬寄到雪梨給他的信。可見他們親密到連在旅途當中都要表達思念之情的程度。

　　造化弄人。他跟許亞芬固然在 1944 年有過那麼一段短暫的交會。然而，隨著他回到中國，天時、地利、人和就再也湊不在一起了。人既遠，情漸疏。就真是此情可待成追憶了。

　　沈恩欽（Hilda）是蔣廷黻擔任行總署長一個意外的收穫。我在前文提到 1946 年 10 月 1 日蔣廷黻到南京去見宋子文，結果被他解除了行總署長的職位。他在當天的日記裡說：「我搭下午 1:30 的飛機回上海。我到辦公室告訴卓敏當天發生的事情，清理打包我辦公桌上的東西。4:30 去 Hilda 那兒。她是我的希望、我的慰藉。」然而，蔣廷黻這個意外的收穫不但來得曲折，而且還有他的髮妻唐玉瑞拒絕跟他離婚的障礙。唐玉瑞拒絕跟他離婚的這個故事的高潮是在紐約，從戲劇性的纏鬥，到長期的冷戰，一直到蔣廷黻死而後已。

　　蔣廷黻在 1946 年 5 月 26 日給唐玉瑞的信裡說出了他們婚姻破裂的時間點：「我們從莫斯科回來以後就已經實質上是離婚的了。打從 1938 年開始，我們就已經過各自的生活了。」這個 1938 年的時間點，跟《蔣廷黻資料》裡一份英文打字的〈私領域的我〉（My Private Life）所說的時間點吻合：

　　　　我的第一個婚姻不美滿。我在 1938 年決心要離婚。我的朋友勸我不要，理由是孩子還小，在戰爭當中離婚會給他們帶來額外的困難。雖然我在當時沒有採取離婚的行動，但我的前妻跟我實際上是分居了。[5]

　　雖然蔣廷黻在 1946 年 5 月 26 日寫給唐玉瑞的信以及他這篇〈私領域的

5　Tsiang Tingfu, "My Private Life," 《蔣廷黻資料》，1.33。

我〉都說他在 1938 年就想要離婚，但這都是事情已經到了覆水難收以後所說的話。〈私領域的我〉寫的時間更晚。雖然〈私領域的我〉沒有註明日期，但它跟另外一篇〈我的政治生涯〉（My Political Career）是用同一架打字機打的。從內證來看，這兩篇至遲是 1952 年間的產物，因為〈私領域的我〉提到二保、四保跟他與 Hilda 住在一起，四保在 1952 年秋天離家上大學；〈我的政治生涯〉談到的時間下限是 1951 年。我在第六章提到他 1952 年 9 月請布魯諾‧蕭（Bruno Shaw）為他寫一篇宣傳用的文字。這兩篇很可能就是他當時提供的資料。無論如何，不管是蔣廷黻 1946 年 5 月 26 日的信或者是〈私領域的我〉都是將近十年以及十年以後的文件。一個人想要離婚以後，很有可能是會把婚姻破裂的時間點往前推移的。

這個 1938 年的時間點是很可令人質疑的。第一個比較不算堅實的證據是蔣廷黻所說的：「我的前妻跟我實際上是分居了」這句不能讓人信服的話。從他 1944 年的日記來看，他跟唐玉瑞並不是分居，而是他們有兩個家：一個在重慶市裡，一個在鄉下。蔣廷黻常住市裡是要上班；蔣廷黻的幼子 Donald 在訪問中告訴我他跟母親住在鄉下是為了躲空襲。更值得參考的是，蔣廷黻的長女 Lillian 和 Donald 都說他們不記得他們父母的婚姻那麼早就已經有問題了。[6]

第二個反證比較堅實，是蔣廷黻 1938 年 10 月 31 日在重慶所立的遺囑。在那個短短幾句的遺囑裡，他兩次用「愛妻」稱呼唐玉瑞。在財產方面，在唐玉瑞名下的自然屬於她。同時，他把在他名下的所有地產、存款都留給唐玉瑞，由她全權分配處置。當然，蔣廷黻可以不愛唐玉瑞了，但他還有四個孩子需要唐玉瑞養育。他在遺囑裡把所有財產留給她，不見得就意味著說他還是深愛著她，儘管他仍然以「愛妻」稱之。

蔣廷黻 1944 年在美國所開始寫的英文日記，也從來沒有提起他的婚姻有問題。事實上，他當時寫的家信，都是用「親愛的姆媽」來稱呼唐玉瑞。當然，這「親愛的」三字，很有可能就是英文書信裡所慣用的「Dear」，沒有任何情愫在內。他 11 月 1 日抵達重慶的時候，接機的人除了行政院的要員以

6　2020 年 8 月 4 日，Lillian Mark 在電話訪問；2020 年 8 月 4 日，Donald Tsiang 來電中的回憶。

外，他說他很驚訝還包括了妻子唐玉瑞和四保居仁（Donald）：「孩子長高了一點，只是太瘦、太沒有我希望看到的精神。」離別了一年以後，他在日記裡描述了兒子的模樣，但完全沒有一個字形容妻子。

也許是由於他對許亞芬的思戀，他很快地就跟唐玉瑞攤牌了。11 月 4 日中午，他跟唐玉瑞及四保到鄉間的家去。在路上碰見了三保：「十五歲了，比我還高。」進了屋子：「除了冷與濕以外，就是感覺亂七八糟的。」他第一次顯示出他對唐玉瑞的不耐與漠不關心是在次日的日記：「午餐時，妻子抱怨其他人的太太都可以去美國。她希望在美國找到一個工作，帶四保一道去。我按捺不住自己，對她說她可以想辦法去美國。如果她覺得當我的妻子對她來說是一個障礙，我可以給她自由。」12 日，他又從重慶回到鄉間的家：「妻子一心就是要去美國，我沒給她任何鼓勵。」25 日：「晚餐以後，寫出我明天要向玉瑞提出的離婚的條件。」28 日，唐玉瑞回信拒絕。12 月 3 日，蔣廷黻回到鄉間的家，想跟唐玉瑞談離婚的事，她拒絕談。當天，他帶四保一起到重慶市裡。然而，離婚談歸談，生活還是要過下去。10 日，他派車去鄉間的家接唐玉瑞去重慶住。值得指出的是，Donald 在 2020 年 8 月 21 日的電話裡說，在重慶他父母是分房睡的。

雖然蔣廷黻說他對唐玉瑞要去美國的想望不予鼓勵，但他顯然是按照計畫在安排著。1945 年 1 月 21 日：「下午三點半，四保和我出去買他要帶去美國的毛筆和墨。」3 月 23 日：「跟玉瑞長談。她希望能到美國去，越快越好。對我而言，她可以去。只是她可能必須在印度等很久。那兒的氣候比重慶更糟，對四保的氣喘不好。」3 月 27 日：「與玉瑞長談。坦白告訴她，說她的堅持〔不離婚〕與她的作法只有增加她與我之間的距離。」

由於當時日本還沒戰敗，在日本封鎖整個海岸線的情況之下，從重慶到美國去都是先飛到印度，然後再從印度搭飛機或坐船到美國。在軍事優先的情況之下，一般的平民是一票難求。輪船運輸亦然。唐玉瑞堅持越早離開重慶越好，即使必須在印度排班等船。蔣廷黻顯然順從了她的意思。4 月 5 日一早五點：「帶玉瑞和四保去機場。飛機 6:15 起飛。很難過讓孩子走。不過那是為他好。希望兩年以後，他的氣喘病會治好，一生健壯。」5 月 31 日：「妻子來信：她和四保將在 6 月 6 日去孟買搭船。」結果，由於船期延後，唐玉瑞和

四保一直在加爾各達住到 7 月 2 日，才啟程去孟買搭船。造化弄人，要經由美國赴倫敦開聯總第三屆「理事會」的蔣廷黻就在次日抵達加爾各達。就差那麼一天，他們沒見到面：「鄺副領事來接機，告訴我說妻子和四保昨天去孟買搭『葛利浦雄』（*Gripsholm*）號船。到『中國樓』（China House），就住在玉瑞和四保住了兩個月的房間。」等蔣廷黻在 7 月 29 日赴倫敦開會的時候，搭輪船的唐玉瑞和四保還沒抵達美國。他們所搭乘的「葛利浦雄」號郵輪，是一艘當時由美國政府租借用來輸送美國與盟國外交官員、居民，以及與軸心國戰俘交換之用。「葛利浦雄」號郵輪在 8 月 2 日抵達美國紐澤西州的澤西市（Jersey City）。

　　唐玉瑞和四保離開以後，蔣廷黻幾乎等於是回到了單身的生活。大保志仁（Lillian）在成都的金陵大學，二保壽仁（Marie）在昆明的西南聯大，三保懷仁在 4 月初從他念的住宿學校休學，但在 11 月進海軍學校。如果蔣廷黻到了 1945 年 2 月間仍然思念著許亞芬，這個遠水已經救不了近火了。遠在天邊的許亞芬很快地就被近水樓台的 Hilda 取代了。然而，Hilda 跟許亞芬一樣，是有夫之婦。這個進程是迂迴的，是需要時間的。

　　在蔣廷黻與 Hilda 真正開始以前，還有一個神祕的女性。她在蔣廷黻的日記裡倏忽出現，也迅即消失。這個神祕的女性，蔣廷黻以「X」作為代號稱之。1946 年 1 月 19 日：

　　　X 是我所見過最美麗的中國女性。但是我從來就不知道她是為什麼而活著的。有時候我懷疑她是否有靈魂。我被她附身（haunts），或者是被她的美麗附身？她的影像常常鮮豔、悸動（poignant）無比地出現在我的心海裡。然而，當我們在一起的時候，我們卻無話可說。我當然像所有的男人一樣，頂禮膜拜著她的美豔。但她很是冷漠。我真不能相信她愛了我十年了，就好像我不能相信她真正能愛、或曾經愛過任何人一樣。她舞跳得好、橋牌打得好、穿著漂亮、交際（entertains）一流。但是她的內在美、內在質（worth）如何？我還沒發現。她是一個謎。

1 月 22 日：

　　去買了巴金的《家》、《春》、《秋》、《愛情三部曲》、老舍的《駱駝祥子》。另外又多買了一本《憩園》給 X。跟她閒聊，帶她去吃晚餐。她先拒絕了我，說我沒請其他人。最後她答應了。吃飯的時候，我們沒什麼話可說。然後，我們跟〔李〕卓敏和 Sylvia〔盧志文〕〔夫婦〕一起打橋牌。她似乎還滿有興致的。可是當我說要陪她上車的時候，她又表示要自己走。我真不了解她的脾氣（moods）。

　　這兩個場景都發生在上海，時間已經是蔣廷黻與 Hilda 墜入愛河的前夕。此外，蔣廷黻在多年以前還有一個英文名字叫做 Vera 的女朋友。在他們開始戀愛以後，Hilda 對蔣廷黻與 Vera 的關係仍然耿耿於懷。1946 年 7 月 28 日日記：「有時候她會抱怨我很久以前跟 Vera 的關係。謝蘭郁說 Vera 到現在仍然愛著我。」

　　蔣廷黻在日記裡第一次提到 Hilda 是在 1945 年 3 月 10 日：「Victor and Hilda Shen〔沈惟泰和沈恩欽〕晚上來打橋牌。」Hilda 的先生沈惟泰則早在一個半月以前就出現了。1 月 31 日：「沈惟泰來訪。戰前他在外交部工作。後來他加入高宗武、陶希聖，留在上海法租界五年。去年夏天逃出來，到廈門大學教書，最近來到重慶。我給他一個職位，他接受了。希望讓他當我的私人祕書。」

　　沈惟泰，[7] 1906 年生，1927 年清華畢業以後留美，1929 年拿到哥倫比亞大學的學士、1930 年碩士、1932 年博士。他回國以後在南京的中華郵政總局擔任祕書。1936 年間，他在《獨立評論》發表了三篇有關外交、特別是中日外交的文章。[8]他在戰前成為外交部專員，進入高宗武、陶希聖的圈子。由於沈惟泰這個政治背景，他進入行總工作還得經過調查。1945 年 5 月 1 日：「九點鐘，行政院院會，老蔣主持。當他看到任命名單的時候，他停在沈惟泰

7　大家都把沈惟泰的名字誤寫成「沈維泰」。沈惟泰才是正確的。

8　〈中國的外交政策〉，《獨立評論》，第 187 號，1936 年 2 月 9 日，頁 4-7；〈調整中日關係〉，《獨立評論》，第 192 號，1936 年 3 月 15 日，頁 7-9；〈解除中日問題的途徑〉，《獨立評論》，第 203 號，1936 年 5 月 31 日，頁 5-10。

的名字，問說是誰建議他的。我回答說他曾經受雇於外交部。祕書念了沈的簡歷。老蔣說好。徐道鄰說沈曾經在上海受雇於高宗武。沈的任命擱置，待進一步的調查。」沈惟泰通過調查以後，正式進入行總。9 月 20 日：「沈惟泰希望能擔任『編譯處』處長。我答應了。」11 月 14 日，蔣廷黻陪同「聯總供應部副部長」韓雷生、凱石等人到柳州、廣州、衡陽、武漢、天津、北平、上海視察。沈惟泰同行。視察團在 11 月 28 日飛回重慶，沈惟泰則留在上海。

　　Hilda 的身世我們所知不多。她是浙江人。有關她的生年，蔣廷黻說她比他小十六歲。換算下來，她應該是 1911 年 7 月 30 日出生的。然而，根據美國國會在 1965 年立專法授予她居留權的記錄，她的生日是 1913 年 7 月 30 日。[9]所以，除非她出生晚報或者是戶政機關筆誤，她應該比蔣廷黻小十八歲。她是上海有名的貴族女校「中西女塾」（McTyeire School for Girls）畢業的。1965年 1 月，蔣廷黻到紐奧良去演講，Hilda 同行。她在那兒跟一個從前的同學會面。她在過後所寫的一封信裡回憶說：

　　雖然都已經是三十多年前的事了，但我仍然記得那些在校園裡的美好的日子。妳是班上最漂亮的女孩子之一。妳很安靜，但也很用功。我們班上 32 名女孩子的命非常不同。妳是最幸運的一個。上個星期五，我在杜蘭大學（Tulane University）的電腦室碰到了一個羅伯（Roberts）先生。他在一個石油公司工作，來用我們的電腦處理資料。他說他去聽了大使的演講。他說：「他的演講很好。他的夫人說英文就像美國人一樣。」[10]

　　沈惟泰在 1945 年 1 月 31 日就去見了蔣廷黻，為什麼他和 Hilda 一直要到3 月 10 日才第一次去蔣廷黻家打橋牌。這是因為蔣廷黻 2 月 4 日從重慶起飛到澳大利亞去開會，一直要到 3 月 6 日下午才回到重慶。3 月 10 日是蔣廷黻

9　"Memorandum of Information from Immigration and Naturalization Service Files Re S. 2363," *Senate Reports, Vol. 2-2, Miscellaneous Reports on Private Bills, II* (Washington: United States Government Printing Office, 1965), 89th Congress, 1st Session, Report No. 853, p. 2.

10　Lu-wei to Hilda, February 1, 1965,《蔣廷黻資料》，21.354-356。

回到重慶四天以後，不可謂不快。這年春天，沈惟泰夫婦去蔣廷黻家的次數不多，一次橋局、一次橋局兼飯局、一次飯局。比較特別的是 4 月 20 日：「晚上，沈惟泰和 Hilda 開一個舞會，慶祝他們結婚十週年，極為歡樂。」7 月 3 日，蔣廷黻又啟程到美國去，在華盛頓開完會以後，再赴倫敦開聯總第三屆「理事會」，一直要到 9 月 7 日才回到重慶。從 9 月到 11 月初蔣廷黻率同沈惟泰等人陪同聯總的韓雷生等人到收復區視察之間，蔣廷黻和沈惟泰夫婦等人打了四次的橋牌。等蔣廷黻在 11 月 28 日回到重慶，沈惟泰留在上海，到蔣廷黻在 1946 年 1 月 4 日離開重慶到南京，一個月之間，Hilda 就跟其他朋友到蔣廷黻家參加了四次的橋局。很顯然地，這沈惟泰不在重慶的一個月是一個關鍵。他們兩人之間迸出了火花。

蔣廷黻在 1 月 4 日離開重慶去上海。也許 Hilda 就是跟他搭同一班飛機去的。蔣廷黻在一年以後的日記裡透露他們定情之日是 1 月 16 日：「晚上，帶 Hilda 去『雪園』吃晚餐。那是我們去年第一次約會的所在。我們雀躍地慶祝這個日子。」次日，他們彷彿若無其事一樣地和沈惟泰一起出去看芭蕾舞：「晚上和 Hilda & Victor 到『蘭心大戲院』（the Lyceum）去看俄國芭蕾舞團表演《睡美人》：有一些很美的舞蹈。」從這個時候到 6 月初，蔣廷黻在日記裡提起他們三個人——有幾次是他們兩個人、或其他的朋友——在一起的次數多達 25 次。他們在一起，大多是晚餐和橋局。2 月 1 日，則是在晚餐以後去「逸園跑狗場」（Canidrome）所附設的舞廳跳舞。

李卓敏夫婦當時是跟蔣廷黻住在同一棟洋房裡。他們一定是第一對知道蔣廷黻跟 Hilda 的關係的朋友。李卓敏夫人盧志文（Sylvia）很可能不贊同這個關係，所以發生了 2 月 6 日的一個插曲：

> 回來午餐，睡了一個長的午覺。整個下午都覺得精力充沛。決定要去看電影。晚餐時 Hilda 打電話給 Sylvia，說她自己一個人在家，Victor 去了一個橋局，不知道她是否可以過來。Sylvia 說不方便因為我們要去看電影。從整個晚餐到看電影的時候我都渾身不對勁，一直在想像她如何單獨過這個晚上。我內心裡驚訝一個女性怎麼有辦法對另外一個女性這麼殘酷。

　　蔣廷黻在 1946 年 1 月初從重慶搬到南京、上海的時候顯然在兩地都有住處。他 1 月 4 日抵達南京的時候住在「國際聯歡社」（International Club）。他說雖然設施跟戰前一樣豪華，但沒有暖氣，也沒有熱水，因為煤要 65,000 元一噸。他當天晚上的洗澡水是工人擔進來的。房間裡因為有一個炭爐，還受得了。他在給在美國的唐玉瑞和四保的家信裡說：「我暫住在『國際聯歡社』。我租到了寧夏路 22 號，但是還沒有布置好，不能搬進去。」[11]

　　蔣廷黻在上海的住處，上海一個雜誌在他從行總卸任以後說是他下台以後，因為一時找不到房子，宋子文就下令把汪精衛在法租界建國西路 570 號的公館撥給他。[12]宋子文把汪精衛的公館撥給蔣廷黻住是可能的，但絕對不會是在他下台以後。蔣廷黻因為跟宋子文鬧翻而下台，宋子文是不可能給他的政敵好處的。因此，這棟房子一定是蔣廷黻還在重慶、或者是剛到南京的時候就撥給他的。在搬進去以前他跟行總副署長李卓敏住在「新皇家飯店」（New Royal Hotel）。蔣廷黻在 1946 年 1 月 29 日的日記裡唯妙唯肖地描述了他們搬進這個破敗失修的「新居」的點滴：

　　　早上九點，轟用兩輛汽車、一輛貨車把我和卓敏的行李從「新皇家飯店」，搬到我們在法租界福履理路〔今建國西路〕的新居。[13]

　　　庭院四周種著筆直、細挑、濃綠葉的數木，初看之下像是一種特別的竹子。大門沒開。我們從廚房進去。從灰塵和破敗的樣子看來，工人還沒作多少整修的工作。所有的門都是厚重的鐵門。看管的人找不到一把可以對得上鎖的鑰匙。房間很大，家具大都是會讓廣東人看起來舒服的紅木家具。土耳其浴室的裝置，是新加進去的現代衛生裝置。房子已經空著了一段時間。很冷。

　　蔣廷黻像逃難一樣地逃離了那個「新居」，到辦公室去上班：「選擇忘

11　蔣廷黻致唐玉瑞、四保，1946 年 1 月 7 日，《蔣廷黻資料》，1.275。

12　〈蔣廷黻接收汪逆公館〉，《泰山》，革新第 10 期，1946，頁 10。

13　蔣廷黻寫成「Rue Flusie」。誤，應為「Route Frelupt」。

掉，不去想。」當晚，他一直拖到跟堂妹晚餐以後，才在：「10:15 回到汪的『監獄』：沒有暖氣，沒有水。我才打開電燈，一下子就壞了。我怒氣不可遏地要聶明天一早就要回我在『新皇家飯店』的房間。」李卓敏過來，洩氣得不得了：「我越安慰著他，也就越說服我自己，說家就是這個樣子。」

蔣廷黻在半個月以後給唐玉瑞和四保的家信裡描述他住在這棟洋房裡的安排：「我現在在福履理路 570 號租到房子。地方很大。李卓敏伯伯、伯母，和李家小弟住第二層。我住第三層。第一層是客廳和飯廳，是我們公用的。第三層有四間臥房、一間書房、二間洗澡房。這所房子是汪精衛住過的。門窗上都加了鋼板，連洗澡間都有避難鋼棚。黃海山和步青已經到了，所以有人照拂我。」[14]作為行總署長、副署長的公館，住在這棟洋房裡一定很派頭。蔣廷黻的姪兒 1950 年在《人民日報》所發表的跟蔣廷黻劃清界線的文章裡指摘說：「建國西路 570 號房子，是汪精衛的『公館』。你接過來大加修飾，住的人經常只有六、七人，可是工友卻有二十餘人之多。汽車一叫〔到〕，工友們便一哄而出來排隊迎接！」[15]

一直到蔣廷黻從行總署長下任以前，Hilda 沒有搬進這個署長官邸。在她跟沈惟泰離婚以前，她名義上還是他的妻子，當然不能公然同居。在離婚以後，她還是沒搬去，一定是顧慮到風評的問題。

沈惟泰一定很快就知道妻子已經成為上司的情人。一直到 1946 年 2 月 19日，沈惟泰都是跟 Hilda 成雙入對地到蔣廷黻的官邸晚餐、打橋牌。從那天以後一直到 3 月 11 日蔣廷黻去美國開聯總第四屆「理事會」為止，參加橋局的就只有 Hilda。最奇特的是，蔣廷黻 4 月 22 日下午從美國回到上海的時候，沈惟泰跟幾個其他行總的幕僚在停機坪迎接他，可是：「Hilda 在車子裡等我。卓敏和 Hilda 跟我一起回到法租界的家。隨後，胡可時把行李拿進來，我發禮物。」

妻子跟自己去機場接上司，然後跟自己分道揚鑣，跟上司回到他家並領禮

14　蔣廷黻致唐玉瑞、四保，1946 年 2 月 12 日，《蔣廷黻資料》，1.277。

15　蔣濟南，〈致蔣廷黻的一封公開信〉，《人民日報》，1950 年 1 月，http://bbs.tianya.cn/post-no01-295518-1.shtml。

物。這已經是相當奇特的事情了。然而，更奇特的是，沈惟泰接著又跟 Hilda 成雙入對地跟蔣廷黻晚餐、打橋牌，甚至在 5 月 20 日到南京去，住在蔣廷黻在南京寧夏路的官邸。這也許是為了要準備聯總在南京召開的「理事會遠東區委員會」。沈惟泰是編譯處處長負責公關宣傳。蔣廷黻在日記裡提到沈惟泰夫婦到，但接下來兩天出遊的記錄裡，就只有 Hilda 等人，卻沒有沈惟泰。6 月初，他有幾次與 Hilda 單獨在官邸相處的記錄。6 月 6 日：「晚上，跟 Hilda 閒聊得很好。」6 月 7 日：「晚上，跟 Hilda 在花園裡散步得很愉快。」

　　6 月 8 日的發展更加離奇：「沈惟泰來問我說可否即刻派他到美國去，因為 Hilda 堅持要跟他離婚。我告訴他說我必需要有時間考慮一下。」離婚的事情都已經談開了。可是，當天晚餐過後，蔣廷黻帶去鄉間過夜的人裡有大學畢業等著出國的大保、放暑假的二保、和 Hilda 當然是不奇怪的。奇怪的是，沈惟泰居然也一起去。Hilda 在當晚告訴蔣廷黻她要離婚這件事發展的來龍去脈。她說這些話的時候，不知道沈惟泰人在哪裡。蔣廷黻說，過後他跟大保、二保坐在廊道上聊天。她們都同意 Hilda 可以讓蔣廷黻得到快樂。第二天，蔣廷黻說大保沒先跟他商量，就自己邀請 Hilda 留下來多住兩天，等下週二晚跟蔣廷黻一家三人一起回上海。然而，Hilda 覺得她最好還是在當晚就跟沈惟泰回上海。

　　沈惟泰把事情攤開來以後，情勢就立時明朗化了。蔣廷黻在 6 月 12 日從南京回到上海以後，就在當天傍晚帶 Hilda 到他的官邸：「我們在草地上聊天。晚上，我們在花園裡散步了很長的時間。過後我們坐在客廳裡盡情地作愛侶之談。我現在知道她是多麼地愛著我。」15 日晚，Hilda 過來晚餐並閒聊：「Sylvia〔盧志文，李卓敏夫人〕請吃冰淇淋，並對我們非常友善。Hilda 決定跟我、大保、二保一起到南京去。她想在沈惟泰到美國去之前留在南京。我非常高興她作的這個決定。我們在皎潔的月光之下在花園裡作愛侶之談。我們的憂慮與困難即將成為過去。我們可以安定下來快樂地過活。」次日星期天，蔣廷黻整個上午在官邸裡無事可做，非常後悔他沒有要 Hilda 一早就過來：「十二點，她打電話過來，要我在吃過午餐以後就馬上過去。我中飯沒吃完就過去了。我們親密地談了半個鐘頭：沈惟泰告訴她說她已經自由了，她可以在一兩天內就拿到離婚的文件。」過後，謝蘭郁（Dorothy）、跟她的兒子趙維

承（Sonny）到了 Hilda 的公寓。他們閒聊了一陣子以後，蔣廷黻帶了他們到他的官邸：「喝威士忌；在花園裡散步、跳舞。晚上，在廊道裡散步。十點，一起搭火車赴南京。」蔣廷黻、Hilda、大保、二保一直到 6 月 25 日才搭夜車回上海。顯然，沈惟泰當時已經去了美國。蔣廷黻在 7 月 8 日的日記裡，提到他跟聯總的汀培理談誰要接沈惟泰的位置。這進一步證實了沈惟泰當時已經去了美國。

　　值得一提的是，雖然 Hilda 離沈惟泰而就蔣廷黻，但他們這三角關係，並不見得一定是如當時人所傳的，是一齣長官搶下屬之妻的濫權荒淫戲。1949年 2 月 4 日，當時蔣廷黻正因為唐玉瑞拒絕承認他跟 Hilda 再婚的合法性，而被她死纏活鬥得焦頭爛額。他在當天的日記裡記：「Hilda 的前夫 Victor，寫了一封很好的信（a fine letter）給我。」

　　蔣廷黻、Hilda、沈惟泰這個三角關係聽起來非常奇特，但在那個戰亂拆散了許多家庭與夫妻、也促成了許多露水姻緣的時代，這也許並不是特別奇特的。蔣廷黻在 6 月 16 日日記裡所提到的謝蘭郁（Dorothy）、他的先生趙敏恆（Tommy Chao），以及《紐約時報》駐中國特派員艾金森（Brooks Atkinson）的三角關係就是另外一個奇特的例子。

　　趙敏恆的英文名字是「Thomas Ming-Heng Chao」。他在 1923 年從清華學堂畢業以後到美國留學；1924 年拿到科羅拉多學院（Colorado College）的英國文學學位；1925 年又拿到密蘇里大學的新聞學位；1926 年拿到哥倫比亞大學的碩士學位。1926 到 1927 年，他擔任「全美中國留學生聯合會」（The Chinese Students' Alliance of America）所出版的《中國留美學生月報》（*The Chinese Students' Monthly*）的總編輯。

　　趙敏恆是一個奇才，中英文文筆俱優。他除了在《中國留美學生月報》發表許多篇社論評論美國的政治、外交、對華政策，以及對中國人的歧視以外，最有意味的是他用「無名氏」（Anonymous）在《留美學生月報》上連載的一篇短篇小說〈陰影之形：一個留美中國學生的回憶錄〉（Shadow Shapes: Memoirs of a Chinese Student in America）。這篇小說所描寫的是種族歧視拆散了一個中國留學生和一位白人女性戀愛的故事。男主人翁的名字是湯姆斯・李（Thomas Lee）。從上海來美國留學的湯米（Tommy）到科羅拉多學院念書

的時候住在一個提供膳宿的公寓裡。在這一間公寓裡，他遇見了從紐約來「科羅拉多泉」（Colorado Springs）養病的艾迪娜（Edna Griffith）。湯米很快地就被高挑細緻，像女神般優雅、純潔的艾迪娜所吸引住了。兩人墮入了愛河。湯米從科羅拉多學院的英語系畢業以後，到密蘇里大學念新聞。

　　雖然湯米跟艾迪娜作了海誓山盟，但他總是疑心她是否真的愛他。她是否愛他愛到可以抗拒種族歧視的地步？最讓他擔心的是艾迪娜居然在飯店擔任接線生的工作。湯米有著他傳統中國仕紳階級的偏見，認為有教養家庭出身的女性是不應該在外面拋頭露面的。她會不會跟飯店裡的工作人員打情罵俏呢？懷著疑心病的湯米接二連三地在密蘇里大學跟好幾個白人女性談了戀愛：羅莎莉（Rosalie）、海倫（Helen）、和艾姐（Ada）。然而，由於他忘不了艾迪娜，他還是一一斬斷了他跟這幾位女性之間的情絲。

　　一年以後，湯米從密蘇里大學畢業。當時，艾迪娜已經隨著房東搬到丹佛。艾迪娜對他的愛與堅貞感動了湯米。他立即飛奔到丹佛，跟艾迪娜共度了一個蜜也似的夏天。夏天過後，湯米就要到紐約的哥倫比亞大學繼續念新聞。他們計畫在一年以後結婚。結果，青天霹靂，艾迪娜的父母反對。他跟艾迪娜的父母在紐約火車站一個簡短的會面裡，艾迪娜的父親斬釘截鐵地告訴湯米說他絕對不會准他們結婚：「你絕不可能跟她結婚……你是支那人。她是美國人。」[16]

　　趙敏恆的〈陰影之形〉當然可能是一篇自傳體的小說。小說主人翁湯米不但跟趙敏恆的英文名字一模一樣，而且他在美國所念的學校、科系，及其次序完全跟趙敏恆的相同。不管是虛構的還是自傳小說，這篇小說顯示出趙敏恆是當時極少數中國留學生裡對跨種族戀愛有興趣、作出想像，並把它筆之於書的。從這個意義來說，他對戀愛、婚姻的態度是走在時代之前。他回到中國以後從事新聞事業，成就非凡，作到南京路透社社長。他跟謝蘭郁的婚姻關係顯然也是走在時代之前的。他們共同育有一個兒子趙維承，但也同時維持了一個

16　〈陰影之形〉在《中國留美學生月報》分八次連載。參見 Anonymous, "Shadow Shapes: Memoirs of a Chinese Student in America," *The Chinese Students' Monthly*, XXII.1 (November, 1926) to XXII.8 (June, 1927).

用今天的話來說開放式的婚姻。

　　他們夫婦不但都是蔣廷黻橋局的牌友，而且也是極為親密的朋友，特別是謝蘭郁。謝蘭郁的英文名字是 Dorothy。她是在蔣廷黻的朋友裡最同情與支持他跟 Hilda 的關係的朋友。6 月 16 日沈惟泰告訴 Hilda 說她自由了的那天，跟蔣廷黻、Hilda 一起喝威士忌、跳舞慶祝的人就是謝蘭郁。在蔣廷黻的朋友，包括他的好朋友行總副署長李卓敏，都建議他不要因為醜聞而影響他的政治前途的時候，謝蘭郁是唯一全力支持的朋友。她在 7 月 21 日對 Hilda 說：「妳不要讓醜聞阻止妳來看廷黻。」9 月 12 日李卓敏從美國開會回來告訴蔣廷黻說唐玉瑞拒絕跟他離婚。謝蘭郁給蔣廷黻的建議是：「如果你的妻子拒絕跟你離婚，你們就同居；就那麼簡單。」

　　為了鼓勵蔣廷黻和 Hilda，謝蘭郁還特別在 7 月 5 日告訴他們她跟《紐約時報》駐中國特派記者艾金森（Brooks Atkinson）的故事：「一個非常羅曼蒂克的關係，〔雖然〕雙方都知道他們不可能結婚。」10 月 28 日，蔣廷黻進一步聽到這個故事的詳情：「當她跟艾金森戀愛的時候，她的先生湯米告訴她說，如果愛她的人能跟她結婚，他願意接受她離婚的要求。如果他不能，他也願意讓她作為那個人的情婦。艾金森非常敬佩湯米的能力。他們兩個人都是十足的紳士。Dorothy 決定留在湯米身邊當然是一個正確的決定。我從前不知道有關湯米的這個故事。現在我更加敬重他了。」11 月 18 日，謝蘭郁總結說：「光是被愛是不夠的，被愛的人也必須愛對方。當她聽說艾金森去莫斯科是帶著妻子去的時候，她對他的思念就倏然終止了。」

　　艾金森顯然只是趙敏恆和謝蘭郁開放式婚姻裡發展得最深入的關係之一。蔣廷黻在 1947 年 3 月 26 日的日記記謝蘭郁帶 18 日出版的《新聞報》來給他：「她聊到了吳景超和錢昌照（C.C. Tsien）。其中一位問她先生是否在家。當他聽說湯米不在家以後，就留下來待到半夜 12:30。另外一位當著湯米的面跟她約再次見面的時間。」

　　當蔣廷黻跟 Hilda 開始發展出戀情的關係的時候，他的一家人四散於各地，簡直像是一個無家一身輕的單身漢。他的髮妻唐玉瑞已經在 1945 年 4 月 5 日帶著四保到印度去等到美國的船了。大保志仁在成都的金陵大學，二保壽仁在昆明的西南聯大，三保懷仁在 4 月初從他念的住宿學校休學，但在 11 月

進海軍學校。大保雖然從金陵大學畢業以後在 1946 年 4 月 30 日到上海跟蔣廷黻團聚，但她在 7 月初就搭船到美國留學去了。二保則在當年秋天到北平上清華大學。在海軍服役的三保除了放假的日子以外，已經不住在家裡。大保、二保已經知道蔣廷黻和 Hilda 的關係，但三保不知道。當然，大保、二保知道的時候，蔣廷黻跟 Hilda 並還沒有開始同居。從蔣廷黻日記裡的描述看來，他是一直等到他從行總卸任以後，由於不用再擔心醜聞的影響，才跟 Hilda 開始同居的。結果，1947 年 6 月 26 日晚 9:30 三保回家的時候，不知道他撞見了什麼，蔣廷黻說：「非常尷尬，因為我一直沒告訴他我要離婚，Hilda 已經跟我住在一起了。」

問題是，唐玉瑞就是堅決不跟他離婚。蔣廷黻第一次跟唐玉瑞攤牌是在 1944 年 11 月，他們都還在重慶的時候。在唐玉瑞拒絕跟他談以後，蔣廷黻就暫時沒再提起。半年以後，唐玉瑞帶著四保離開重慶到印度等船赴美了。唐玉瑞在 1946 年 7 月寫信責問他為什麼重提兩年半前就已經不了了之（buried）的問題。蔣廷黻回詰說他從來就沒有要不了了之，而只是要讓她有時間考慮而已。唐玉瑞那封責問的信顯然是針對蔣廷黻在該年 5 月 26 日正式寫信要跟她離婚的信：

　　我們從莫斯科回來以後就已經實質上是離婚的了。打從 1938 年開始，我們就已經過各自的生活了。因此，現在離婚對我們兩個人來說都沒有損失。孩子都長大了，我們分開不會影響他們。如果妳讓社會習俗所宰制，妳就是冷酷無情，因為妳會讓我的餘生痛苦。那會讓我恨妳。

蔣廷黻急著要離婚，因為 Hilda 在 7 月 10 日就要到律師事務所簽她跟沈惟泰的離婚協議書：

　　卓敏安排好中午 11:30 到端木愷的事務所簽離婚協議書。我 9:30 到了我的辦公室以後，就派我的車子去接 Hilda & Dorothy 到端木愷的事務所。我的辦公桌上有一封玉瑞的來信，不同意離婚：「孩子跟我都需要你。」我心裡想：Hilda 就要離婚了，放棄她的先生和房子，而我卻離不

了。我是否該打電話到端木愷的事務所，即使不是要終止程序，至少能讓她有改變主意的機會？我決定不打電話，因為她已經跟沈惟泰決裂了，而且我愛她、不可能放棄她；她也愛我、也不可能放棄我。

蔣廷黻一再寫信懇求，除了曉之以理以外，也試圖動之以情。8 月 16 日：「一早寫一封信給玉瑞，懇求她作她一輩子裡一件有人情、開明、非凡的事情。」唐玉瑞的對策是因人制宜的。對蔣廷黻她曉之以理。在蔣廷黻 8 月 23 日收到的信裡，她說她擔心這個醜聞會毀了蔣廷黻的前途，並把它當作一個五十歲男人所面臨的中年危機來作心理分析。

對 Hilda，她用的策略是人身攻擊。8 月 15 日：「收到玉瑞用打字機打出來的一頁，污蔑 Hilda。這讓我非常不高興。玉瑞從來就不關心家、愛，以及伴侶之情。她對我所寫的東西和所作所為一點興趣也沒有。她只在乎物質上的支持。可是，等我提出離婚，她卻又假裝受傷，雖然我會付她很好的贍養費。」最令蔣廷黻生氣的是他在 1947 年 4 月 7 日收到的一封：「收到玉瑞的信，告訴我說 Hilda 有過一連串的情人。這就完全是人身攻擊了（hitting below the belt）。這只是會讓我低估她的人格。」

蔣廷黻說他願意付的贍養費很好。1946 年 9 月 15 日，他再度開出他所願意付出的贍養費：給唐玉瑞四分之一的薪水、四分之一的儲蓄。10 月 9 日，他提高贍養費：美金 3,000 元的頭款，每個月 200 美金，付到死。然而，唐玉瑞仍舊一再拒絕。

在這場婚變的持久戰裡，Hilda 是一個非常鎮靜的第三者。唐玉瑞說醜聞會毀了蔣廷黻的前途，她說的不是沒有道理。蔣廷黻在 1946 年 7 月 19 日的日記裡就提到上海兩個小報有關他和 Hilda 的報導。他說流言、醜聞會有是可以理解的。然而，那種無稽的報導就讓人不能忍受了。那些報導無非是說蔣廷黻在橋局當中勾引了下屬的妻子，而且為了奪妻，甚至以外調跟離婚作交換。蔣廷黻感歎說：「雖然這些事我準備沉默以對，但這些報導讓我極不快樂，讓我驚訝為什麼人性是那麼野蠻和殘酷。Hilda 表面上看起來很鎮靜，其實她也很痛苦。我們今晚見到 Dorothy，她說 Victor 到處對人說 Hilda 要的是我的地位。這顯示出 Victor 真的不珍視 Hilda，她跟他離婚是對的。」

　　像蔣廷黻這樣一個名人一定是記者爭逐獵取花邊新聞的對象。1947 年春天，他在一個月之間就出了兩次小車禍。3 月 8 日，上海一個小報報導他當晚攜女眷三人──其中兩人一定是 Hilda 和 Dorothy──去林森路「國泰大戲院」看戲。看完戲在回家的路上，在陝西南路、建國西路轉角被一輛酒醉駕車的人迎頭撞上，所幸車上的人都安好。[17]沒想到一個多月以後，他又發生了一次車禍。還好這次沒成為花邊新聞。4 月 17 日：「車子的煞車失靈。我們撞上了人行道。撞倒了一輛三輪車和一個賣花的攤子。」

　　雖然蔣廷黻沮喪不已，Hilda 一再鼓勵他。比如說，1946 年 10 月 15 日，蔣廷黻又收到唐玉瑞拒絕的信：「Hilda 很勇敢地面對這個消息。她說：『我們終究會戰勝的。』我一定要堅持打這一場神經戰。」1947 年 3 月 30 日，蔣廷黻跟 Hilda 談到他們的未來。他說如果政府以他的私德作為理由要他去職，他就會去美國教一年書賺取孩子的教育費用。然後他們就可以用他教書與寫文章的收入一起過著簡樸的生活。他說 Hilda 同意。Hilda 唯一表露出她不耐久戰的一次是在 1946 年 12 月 20 日：「這兩天 Hilda 要求我辦一個私下的婚禮（private wedding）。我則希望能再等一些時日，給玉瑞機會自動同意離婚。當然我們之間的歧見微乎其微。」就在這一天，李卓敏回到上海。李卓敏此行雖然是去美國以及日內瓦開聯總的第五屆理事會，但他也是蔣廷黻的特使，去拿唐玉瑞同意離婚的協議書。結果，李卓敏不但任務沒達成，而且被罵得狗頭噴血：「他描述他在紐約跟玉瑞的談話。她指控他影響我要離婚。她要知道為什麼我沒去美國開會。卓敏說那是他第一次看到人可以有那麼深的怨恨。他完全沒有機會傳達我的口信。我原先是希望他能勸她簽離婚書的。」12 月 25 日，蔣廷黻一天之中就收到唐玉瑞三封拒絕的信。大失所望的他回信告訴唐玉瑞說：她的選擇就是在法庭內或法庭外解決。戰場由她決定，他會迎戰的。

　　然而，蔣廷黻是在虛張聲勢。1947 年 2 月 21 日，蔣廷黻收到大保從美國寫來的一封信，說唐玉瑞要買一張船票回中國。這就讓蔣廷黻急著找朋友想辦法幫她安排住的地方。3 月 6 日，唐玉瑞來信，說她已經從「花旗銀行」（National City Bank）蔣廷黻的帳戶領走了一半的錢。蔣廷黻在 3 月 12 日寫

17　〈蔣廷黻汽車被撞毀〉，《甦報》，1947 年 3 月 9 日，第 1 版。

信給唐玉瑞，說她既然已經從銀行的帳戶領走了錢，她此後必須撙節地用。他接著說：「我們之間的關係已經死了好幾年了。如果不把它埋葬掉，是會發臭的。」

唐玉瑞在走投無路之際，決定請當時已經回到中國的胡適出面勸蔣廷黻。1947 年 3 月 7 日：「早上十一點，胡適從『國際飯店』（Park Hotel）打電話來。我立刻過去。他給我看玉瑞請他幫忙的信。我把整件事情的來龍去脈說給他聽。他覺得玉瑞有點不正常。」唐玉瑞這封給胡適的英文信是前一年 11 月 12 日寫的。她很技巧地以聽說蔣廷黻將要去北大任教作為藉口寫這封信：

> 親愛的胡博士：
>
> 　我昨晚聽到廷黻要去尊駕領導之下的北大的好消息。我非常高興他可以經由與尊駕的過從，耳濡目染尊駕——用以感化了許多人度過難關的——模範的行為與摯誠。我無需在此贅言我是戀愛結婚的，而且我的感情絲毫未變。作為廷黻的好友，尊駕深知他是一個既有操守，又有能力的人。由於工作的壓力、擔憂，以及多年的勞累，廷黻在情感生活上暫時失衡。在尊駕具有療效的影響之下，廷黻會康復，成為建設一個有體面的中國的團隊裡更睿智、更堅強的一個分子。
>
> 　尊駕可否給我建議：
>
> 　一、在目前這樣的情況之下，我是否應該立即回國，還是像廷黻所說的，等到 1947 年夏天再回國？
>
> 　二、為了大家著想，是否應該勸廷黻到美國重溫一下教學的方法與資訊，同時放緩步調以確保完全的康復？

唐玉瑞這封信最有價值的地方，在於她隨信附了一張她用英文打字機打出來的聲明：〈我所以不同意離婚的理由〉（My Reasons for Not Agreeing to A Divorce）。蔣廷黻自己不會保留唐玉瑞寫給他拒絕跟他離婚的信件是很可以理解的。唐玉瑞這個文情並茂聲明，有她用鋼筆所作的英文簽名以及 1946 年 7 月 31 日的註記，匯集了她拒絕跟蔣廷黻離婚的四大理由：

　　一、我關切廷黻的福祉。根據最新心理學研究的發現，男人在五十歲左右會經歷一種所謂的「人生的變異」（change of life）。這是一個男人在情感上有點不正常的困難階段。在極端的例子裡，他們的理智控制不了情感，完全不知謹言慎行。他們需要心理分析師的醫治以及益友的幫助讓他們在情感上回復正常。在這個階段裡，我們必須防止病人會去作出他餘生會後悔的舉措。

　　二、必須考慮到孩子。我們的四個孩子都還沒有成人。一個破裂的家庭會對他們的成長產生深遠的負面的影響。這些惡劣的影響包括：心靈的震撼、不安全感、扭曲的愛、婚姻、與家庭觀。在正常的家庭裡，要能規畫、開導、引領出孩子的本質之美，都還得在父母倆同心協力地努力之下方才可能成功。在一個破裂的家庭裡，孩子能有什麼機會呢？

　　三、為了我自己。我們不能把肉慾（passion）與愛混淆了。真正的愛是會去提升、培養、並引導出人性之美。它的仿冒品則只會使人墮落、毀滅、並引發其畜性。用個性不合為藉口，把經由自由結合、數十年在一起的婚姻夥伴硬生生地拆散。錯的一方沉耽於肉慾，而置受害一方的餘生以淚洗面。我的一生清白。我沒作錯什麼。我把我一生最好的歲月給了我的先生和孩子。我有權要求擁有一個我合力建造起來的完整的家。這完全是公平合理的。

　　最後，作為一個教授和政府的官員，廷黻的行為對他的同事和學生會造成影響的。他的行為模式能增進人類的幸福嗎？

　　只要我堅持以上的信念，我就不可能同意離婚。[18]

　　蔣廷黻和唐玉瑞各自請朋友、親人幫忙。除了李卓敏以外，蔣廷黻還請了何廉、蕭蘧。後來到了美國以後還又請出了胡適。然而，他們都低估了唐玉瑞；他們沒有一個人是她的對手。受害的唐玉瑞所能採取的自然只是守勢。在家人方面，大保、二保同樣是女性，當然同情母親，請求蔣廷黻不要離婚。作為男孩的三保、四保的想法如何，則不得而知。有趣的是，蔣廷黻、唐玉瑞的

18　Mrs. T.F. Tsiang to Hu Shih, November 12, 1946, and enclosure,「胡適外文檔案」，E-362-1。

朋友因為性別的不同，對他們離婚的問題有著兩極的看法。蔣廷黻在 3 月 29 日日記裡說：「男性大概都認為玉瑞應該不要再纏鬥下去了，而女性則反是。」

蔣廷黻完全沒有想到女性朋友的預言成真。唐玉瑞真的是纏鬥下去。他在 1946 年聖誕節給唐玉瑞的信裡說，戰場讓唐玉瑞選，無論是在法庭內或法庭外，他都會迎戰的。他真的是說得太早、太滿了。他們 1946、47 年間在書信來往上的冷言熱語戰只是先鋒戰，等他 1947 年 7 月到了紐約以後，才會認識到那法庭外的戲劇性之戰的尷尬、恐怖、與難堪。而且那戲劇性的庭外之戰會一直戰到他死而後已。

對決

在中國近代名人的離婚糾紛案子裡，其過程最戲劇性、最高潮迭起的，莫過於蔣廷黻與唐玉瑞的離婚官司與糾紛。誠然，他們的糾紛之所以是最戲劇性、最高潮迭起，也有可能是因為沒有其他的名人願意把這種可以讓人當成醜聞的資料記錄下來，只有蔣廷黻用了他的生花妙筆，把他跟唐玉瑞之間的爭執鉅細靡遺地寫在日記裡。

蔣廷黻在 1947 年 7 月初赴美的時候，他已經跟 Hilda 墜入愛河一年半，而且也已經跟她正式同居超過半年了。他的家庭也已經分成兩半。一半住在美國。唐玉瑞和四保以及大保已經先後在 1945、1946 年到了美國。當時蔣廷黻到美國算是公幹。二保要到 1947 年 10 月才到美國。三保則參加了海軍。最重要的是，蔣廷黻人到了美國，但心在中國。他恨不得在公幹期間順利地跟唐玉瑞離婚，而且公幹會很快地結束，讓他能夠盡快回去和 Hilda 結婚。在紐約，為了要見到他最疼愛的四保，他就必須跟唐玉瑞往來；為了取得唐玉瑞的同意跟他離婚，他就必須跟她虛與委蛇，直到她同意簽字為止。

蔣廷黻在 7 月 8 日半夜抵達紐約的時候，在機場接他的，除了中國駐聯合國代表團的幾個團員以外，還有唐玉瑞、大保、和四保。唐玉瑞想要跟他親熱，讓他覺得很尷尬。為了支開唐玉瑞，一行人到了中國參加聯合國第二屆大會代表團員下榻的皮爾飯店（Hotel Pierre）以後，他即刻要大家離開。可是幾

分鐘以後，唐玉瑞又回來。她藉口是要拿《讀者文摘》給蔣廷黻，其實是要跟他一起過夜。蔣廷黻對她說如果她想留下來，他就會出去。她只好離開了。過後，跟蔣廷黻一起到美國的蕭蘧過來閒聊。他很驚訝唐玉瑞為什麼要演戲，說他第二天會想辦法。

　　由於時差的關係，蔣廷黻徹夜輾轉難眠。他六點起床以後，看到了蕭蘧從門縫下塞進來的一封信，規勸蔣廷黻要對唐玉瑞寬容，說他會跟她談。蔣廷黻在當天下午到「帝國大廈」中國代表團的辦公室，然後又跟美國代表團團員商談「亞洲暨遠東經濟委員會」的事務以後，就到唐玉瑞在「晨邊大道」（Morningside Drive）90號22B的公寓跟大保、四保聊天。

　　10日上午，蔣廷黻到當時位於「成功湖」（Lake Success）的聯合國開會。傍晚他去唐玉瑞住處的時候，大保、四保都不在家。蔣廷黻對唐玉瑞說為了他們各自以及孩子們的幸福，離婚是最好作法。唐玉瑞拒絕跟他談。他於是走出去到公園的椅子上坐著。後來，大保回來，到公園找到了他，跟他吐露了她在男友取捨上的難局。蔣廷黻建議她等著自己的心告訴她該選哪一個。

　　蔣廷黻急著要離婚，唐玉瑞使的則是拖字訣。12日晚餐以後，唐玉瑞對蔣廷黻談起「我們」美滿的婚姻，[19]蔣廷黻聽得噁心，說他寧願去死。他們兩人的想法既然南轅北轍，衝突很快地就發生了。15日晚他去唐玉瑞住處的時候，他們各自用了很重的字眼說對方。唐玉瑞說了氣話：「讓我們一起去死。」「我不願意跟妳一起活，也不願意跟妳一起去死。」蔣廷黻要離婚或至少是分居；唐玉瑞則希望再挽救看看。

　　18日，蔣廷黻在下午5:30去唐玉瑞的住處。他對唐玉瑞說如果她同意離婚，他會努力工作供給她和孩子們。如果她拒絕，他會覺得沒有活下去的意義。他說跟她住在一起就像是住在監獄裡一樣。蔣廷黻說得重，唐玉瑞也回得絕：如果她必須住在地獄，她要蔣廷黻也住在地獄。她堅持要跟蔣廷黻去他的飯店。為了安撫她，蔣廷黻留下來打了一局橋牌，而且答應會帶她去參觀他在安理會開會的情形。打了橋牌、答應了帶她去聯合國參觀以後，唐玉瑞才准他

19　蔣廷黻寫的是「golden wedding」，一般指的是結婚五十週年。由於他們是1923年結婚的，
　　五十的一半都還不到，唐玉瑞說的應當是「美滿」的意思。

帶四保回飯店。蔣廷黻咬牙切齒地說：「這個女人真是可恨、卑鄙。」

　　20 日下午，蔣廷黻先帶大保、四保、和唐玉瑞去看狄斯耐出品的《幻想曲》（*Fantasia*），然後再送大保去參加夏令營。回到唐玉瑞住處以後，又是話不投機半句多。唐玉瑞認為所有蔣廷黻說他一生不快樂，或者唐玉瑞曾經說過什麼刺傷他的話等等，都是他自己的想像。更讓他受不了的是，她說她其實一直是愛著他的。蔣廷黻說：「天下有這種頑鈍不敏的女人！我真希望我能死去或從人間消失。」

　　在將近一個月的折衝以後，蔣廷黻體認到他不可能說服唐玉瑞同意跟他離婚的事實。21 日，他到華盛頓去造訪中國大使館。當晚宴會後有舞會。心情黯淡的他因為 Hilda 不在場，沒有跳舞的心情。他在次日的日記裡說，不管他在什麼地方，他都因為唐玉瑞的頑抗而沮喪。他覺得她是在宣判他死刑。

　　失望到幾盡絕望的蔣廷黻於是寄望朋友能出面勸服唐玉瑞同意離婚。對於蔣廷黻的婚變，他的朋友大致上說來分為三派：第一派認為蔣廷黻應該以他的仕途為重，為愛情而危及他的仕途極為不智；第二派贊成蔣廷黻離婚，並且認為是有可能成功的；第三派則認為唐玉瑞會纏鬥到底，蔣廷黻必須謹慎應付，甚至必須願意妥協。

　　認為蔣廷黻因為愛美人而危及其仕途殊屬不智的一派占最大多數。比如說 10 月 29 日，鄭寶南（號南生；N.S. Cheng）從中國回來。他「告訴我說，所有在上海、南京的朋友都認為為了事業，我應該忘掉 XX〔Hilda〕。真奇怪，很多人把愛這件事情看得那麼淡。」說得最為直白的是傅斯年。1948 年 2 月 2 日，當時到美國醫治高血壓的他從耶魯大學所在的紐黑文（New Haven）去蔣廷黻那兒過夜。蔣廷黻帶他去「頂好」（Ding Ho）吃午餐。午餐過後，蔣廷黻跟傅斯年談他的私人問題。傅斯年的建議是：「不要把女人當真。」次日，傅斯年又對蔣廷黻發表他對女人的看法：「所有偉人都不重視女人。」

　　贊成蔣廷黻離婚一派的朋友包括郭秉文和張彭春夫婦。比如說，1947 年 7 月 23 日，蔣廷黻還在華盛頓的時候，郭秉文建議讓唐玉瑞在心理上被訓練到願意接受離婚。蔣廷黻顯然覺得這個建議很有道理。因此，他在 31 日跟張彭春談的時候，就認為唐玉瑞一直拒絕的原因是因為她覺得沒面子。他認為大家所要作的工作，就是讓唐玉瑞在心理上被訓練到願意接受離婚。

　　張彭春夫婦想得更為樂觀。9 月 4 日，他們夫婦邀蔣廷黻到他們飯店的房間去打橋牌並談唐玉瑞的事情：「他們建議：一、不要再跟玉瑞見面；二、送四保去念寄宿學校；三、幫玉瑞在金陵女子學院找一個教書的工作；四、等六個月。他們反對用中國的方式〔跟唐玉瑞維持婚姻的名義但和 Hilda 同居〕妥協。」張彭春夫婦樂觀的分析讓蔣廷黻振奮萬分：「整個說來，他們的建議跟我原來的想法相同。」然而，這個樂觀的戰略很快地就被另一派的朋友質疑了：「蕭籧 5:30 來加入討論。他認為太危險了，玉瑞會搞得玉石俱毀。張彭春太太則認為不太可能。」當晚回到飯店的房間以後，蔣廷黻在日記裡寫：「決定要為我的自由奮鬥——死而後已！」

　　後來事實的發展會證明認為唐玉瑞會纏鬥到底的一派的判斷是正確的。那些勸告蔣廷黻必須戒慎以對的朋友包括蕭籧和何廉。

　　蔣廷黻在 7 月 25 日從華盛頓回到紐約當晚，就敦請蕭籧去勸唐玉瑞接受離婚。一心急著要離婚的蔣廷黻在 8 月 2 日又跟唐玉瑞在其住處大吵了一頓。大吵過後：「我告訴她如果她是我的妹妹，我會勸她離婚。她也許可以留住我，但只是一個行屍走肉。最後，她哭著求我。」絕望透頂的蔣廷黻在 9 日日記裡說：「週末是酷刑。玉瑞要求我〔每個週末〕跟她相處幾個鐘頭的時間。每一分鐘跟她相處都是折磨。我心裡所想的就是如何能看不見她、聽不見她的聲音。當一個男人連這一點都作不到，社會就是專制的。」

　　次日，蔣廷黻突然想到聯合國大會可能會延期。那樣，他就可以在 9 月間回國。然而，郭泰祺的健康情況可能在很長的時間內無法讓他恢復工作。在這種情況之下，政府可能就會強迫他回紐約。他想把 Hilda 帶出來。蕭籧說唐玉瑞絕不可能答應離婚。如果蔣廷黻應付得好，她可能會同意讓他跟 Hilda 同居，不張揚出去。這就是蕭籧那一派朋友所能想出來的兩全其美的妥協方式。不但蕭籧這樣認為，何廉亦復如此。

　　8 月 16 日，大保對蔣廷黻說母親還是愛他的。蔣廷黻就歷歷數說了唐玉瑞的種種不是：威脅要把他關起來、扣押錢、在重慶冷待他、清華以及重慶家的樣子、他失去了莫斯科大使職位以後唐玉瑞對他說的話等等。可惜，蔣廷黻沒舉例說唐玉瑞那些年都作了什麼、說了什麼。當天，何廉、蕭籧當蔣廷黻的特使去跟唐玉瑞談判。當晚，他們回來告訴蔣廷黻說，唐玉瑞會想盡辦法纏打

到底，要她答應離婚是不可能的。最好的方法是妥協。

　　既然妥協似乎是唯一可行之道，蔣廷黻就在次日蕭籧在半夜十二點過來他旅館的房間聊天的時候請他告訴唐玉瑞：如果她願意的話，他會以不跟 Hilda 結婚為條件跟她離婚。他說他每一分鐘跟她在一起都是痛苦的。如果他此後能夠不再見到她，任何犧牲他都願意。問題是如何妥協。蕭籧在 20 日提出了一個想法，亦即，不離婚，但要唐玉瑞答應對他跟 Hilda 同居的事實閉上眼睛。蔣廷黻告訴蕭籧說，他可以假裝說那是他的想法去試試看。蔣廷黻萬萬想不到次日的回音居然是：「蕭籧回來告訴我說玉瑞要求我應該跟她住在一起。荒謬絕倫！」當晚 10:30 何廉來的時候，蔣廷黻決定向唐玉瑞提出下列條件：「一、不離婚；二、偶爾在公共場合一起露面；三、我有私生活的自由。我請何廉和蕭籧明天就去談。」

　　9 月間，聯合國大會會期開始，蔣廷黻忙著開會，唐玉瑞也似乎沒有採取任何行動。這一個月間的沉寂讓蔣廷黻誤以為唐玉瑞軟化了。其實不然。10 月份的發展是高潮迭起。10 月 3 日蔣廷黻一整天在聯合國開會。晚上 8:30 回到旅館房間，看見唐玉瑞在他的房間裡，說要跟他好好談談。他彷彿像見到鬼一樣，衝到餐廳去吃了一餐很沒趣的晚餐。在吃飯的時候：

　　我跟自己辯論著，最後決定回去跟她談。她試著愉快地跟我談。談到大保跟二保。接著，她希望和好。我告訴她那是不可能的。她要我去看她。我說去看她是一件極其痛苦的事。說到這裡，我就帶四保下樓去念他歷史課的書。十點鐘，我們回房間，發現她還在那裡，躺在我的床上。她求我不要太無情。我告訴她我必須誠實。我要四保陪他母親回去。四保堅持要留在我這裡。我於是帶他去張彭春的房間過夜。不知道她是當下就離開還是第二天一早才離開的。

10 月 9 日：

　　點了晚餐在房間吃著。玉瑞走了進來，手裡拿著收音機。她人在房間裡讓我完全吃不下飯。我一心就想跑掉。匆匆吃完我的飯，我要她告訴我她

到底要什麼。她東說西說以後，才說到重點：為了孩子，希望和好。我告訴她跟她生活在一起就像坐監一樣。我不要她，只想離開她。她坐著哀求我。最後，我去王世杰的房間。然後，我去代表團所訂下來的空房裡等到十一點。等我確定她已經離開以後，我才回房間。這樣的人生不是人過的，我不如就死去。

10 日，蔣廷黻去機場接從中國飛到美國的二保。他先帶她到皮爾飯店，然後再送她到唐玉瑞住處。18 日，蔣廷黻跟四保回到飯店，看到唐玉瑞在他的房間裡：「她要我請她吃晚飯，說有一封信要給我看。由於我看到她就作嘔，所以就馬上往外走。她跟著。我們就在路上競走。我開始胃痛，所以走進『漢堡天堂』（Hamburger Heaven）。她跟四保也跟進去。他們吃漢堡。我走回家，他們又跟著。最後，她給我看那封信。那是一封匿名信，罵我是混蛋。我躺上床睡。過後，她終於離開了。四保跟我吃三明治、打牌。這是一個簡直是像一篇小說裡的情節的夜晚！」

10 月 30 日：

玉瑞跟著送早餐到我房間的侍者走進來。

「你不會希望讓你的妻子跟孩子挨餓吧？彭春幫張太太買了一頂 100 美金的帽子。」

「你是一個小偷！你偷了我們共有帳戶裡所有的錢。你是一個騙子。你說你會付二保的學費。結果最後是我付的。」

「拿去（100 美金）！滾出去！」

「不！我就是要當一個乞丐。我要 300 美金，我要按月給我支票，不要現金。」

我囫圇吞下食物，開始走下樓。我想到我忘了要開「小型聯大」（Little Assembly）〔亦即「大會臨時委員會」〕的資料，於是往回走。她也跟著往回走。我到二樓去找老田。她也跟著。我走進車子的時候，她也要跟著進去。我把車門關上，她爬進前座。我下車走到 61 街，碰到朱將軍，就跟他一起去上班。我回來以後問法蘭克我離開以後的情形。

> 「女士問我怎麼去『成功湖』，我說我不知道。她進去飯店。然後又出來。最後，她就離開了。」
> 我胃整天痛。喔！這是什麼命啊！

次日，10 月 31 日：

> 我回來的時候，四保在我的臥室，玉瑞在客廳。「不要激動！」她說。我說：「玉瑞，妳又來了。妳讓我胃痛、失眠。我工作忙，而妳讓我做不了事。」我問她要什麼。她說她要錢、要談大保的婚禮。我說我有晚餐的應酬，給了她 200 美金，答應明天晚上七點去她的住處。她這才答應離開，否則她要在這兒過夜。即使如此，她堅持要跟我同時出去。我事先已經告訴四保在 61 街的出口等我。我們一起走出去。我從地鐵的一個進口進去，從另外一個〔61 街〕出口出來，去跟四保會面。帶他去「皮爾燒烤屋」。我吃了一客很好的烤牛肉。過後，我們打牌。這麼多的折騰，就為了跟四保享有幾個鐘頭相處的時間。

蔣廷黻、唐玉瑞高段的地方，在於他們可以怒目相向、冷嘲熱諷，卻還可以坐下來交談。比如說，明明 10 月 31 日晚才鬥過，第二天，11 月 1 日晚，又是週末，蔣廷黻還是依約定到了唐玉瑞住處。唐玉瑞強迫他把話說開來：「告訴她說她沒有自尊心、沒有感情。更糟的是，粗魯、工心計。」可惜蔣廷黻沒說唐玉瑞如何回嘴。

就在這個時候，蔣廷黻發現了一個可以不需要唐玉瑞同意而跟她離婚的作法。11 月 3 日，蔣廷黻跟顏雅清（Hilda Yen）吃午餐。顏雅清是一個跨越中美兩國的國際、外交、飛行名媛。她有一個赫赫有名的家世。父親是有名的醫學教育家顏福慶；伯父是政治、外交名人顏惠慶。在午餐的談話裡，顏雅清告訴蔣廷黻墨西哥的離婚法很簡單。蔣廷黻聽了大喜，說：「我要打聽一下。」

11 月 5 日，蔣廷黻接到外交部的電報，要他去出席聯合國在 11 月下旬到 12 月初在菲律賓召開的「亞洲暨遠東經濟委員會」。他一方面計畫在菲律賓開完會以後回到中國一趟，另一方面也開始計畫採取繞過唐玉瑞而跟她離婚的

法律程序。8 日：

　　告訴蕭籧說我不在美國的時候要請他當我的孩子的監護人。接著我告訴他說：「我這次來美國之前，雖然我已經不喜歡玉瑞而且要跟她離婚，但是我當時還沒有像現在一樣對她的憎惡感。我已經在跟律師談在佛羅里達州、內華達州、和墨西哥辦離婚的事宜。如果她堅持，我將採取行動。」蕭籧建議我再給他一次機會去試試看能不能不要離婚，而是比較和平方式的分居。

蔣廷黻既然已經決定採取法律行動，他的態度開始強硬起來。11 月 9 日：

　　四保跟我在房間裡吃飯。然後我們演練他的演講。我們正要開始念中古英國歷史的時候，二保跟玉瑞進來。雖然我試圖平心靜氣，但我就是沒辦法。我已經是到了完全不能理解書上所印的字的意義的地步。玉瑞撥電話給蕭籧。他跟我說了話並表示願意過來。我帶四保下樓。蕭籧到的時候，我告訴他說：一、我已經寄了 1,000 美金給大保〔當結婚費用〕；二、我付了二保 950 美金的學費；三、我付了四保這學期 175 美金的費用。此後，只要我有錢，我會每個月付玉瑞 200 美金、四保 100 美金，以及其他孩子的雜費。蕭籧上樓去跟玉瑞談，我跟四保繼續念書。後來二保也下來加入。過了很長的時間以後，我要二保上去看看。她回來說玉瑞和蕭籧還在談。幾分鐘以後他們離開。我們三個人去餐廳。三點鐘，我們去賓州火車站送二保搭火車。晚上與蕭籧長談。玉瑞仍然文風不動。我告訴蕭籧：一、我完全相信 Hilda 對我的愛及其真摯；二、我會努力保有我的工作、養育孩子、繼續享有 Hilda 的愛；否則，我寧可選愛而不要工作。

11 月 10 日，Robert Huang 請蔣廷黻吃午餐，介紹他跟胡適在康乃爾的同學李格曼（Harold Riegelman）律師認識。蔣廷黻告訴李格曼一些基本資料。李格曼對蔣廷黻解釋墨西哥、內華達州、佛羅里達州，以及維爾京群島

（Virgin Islands）的一些判例，並且說他會在下週一給蔣廷黻他的建議。這一席午餐的談話裡，李格曼還告訴了蔣廷黻一件讓他鬆了一口氣的訊息：「我知道沒有法律強迫夫妻一定要同居：這讓我肩頭一輕。」

次日，蔣廷黻請顏雅清和一位紐西蘭人梅爾（John Male）午餐：「梅爾十年來想離婚。太太以宗教的理由拒絕。他現在想由墨西哥的法庭來辦離婚。他的案情跟我的完全相同。我們講好要交換我們從各自的律師那兒得到的法律資訊。」

11 月 16 日，蔣廷黻到唐玉瑞的住處。蕭籧已經比蔣廷黻早到了。晚餐過後談判。唐玉瑞宣布：「只要我活著一天，我不會同意離婚、分居、或默許跟第二個女人的關係。」蔣廷黻則宣布：「從今天開始，我會透過法庭離婚。我不會同意跟妳住在一起。」唐玉瑞要蔣廷黻看法律。蔣廷黻回說這整件事情現在已經交由律師處理。

次日，蔣廷黻跟梅爾見面。梅爾說他的律師建議由墨西哥法庭來辦離婚。當天下午 2:30，蔣廷黻去見李格曼，他的建議相同。他說他會找一個德州的律師幫蔣廷黻接洽。他跟蔣廷黻再度保證沒有一個美國法庭會強迫他有和唐玉瑞同居的義務。

這位紐西蘭的梅爾不是別人。顏雅清會介紹蔣廷黻跟梅爾認識也不意外，因為顏雅清就是梅爾想要跟元配離婚再跟她結婚的當事人。等梅爾從墨西哥法庭取得離婚以後，他就跟顏雅清在 1948 年 5 月 15 日結婚，成為她的第二任先生。諷刺的是，他們的婚姻只維持了十一年半，在 1959 年底離婚。離婚三天以後，梅爾又再婚。顏雅清自己雖然繼續交男朋友，但就沒再婚了。

蔣廷黻在菲律賓開完會以後，在 12 月 3 日飛回到上海。在中國將近一個半月的時間裡，蔣廷黻先後被畀以兩個截然不同的職位。先是王世杰給予他駐美大使的位置。蔣廷黻以他要辦離婚婉拒。他說也許四個月以後他可以考慮。也許是因為他想留在中國跟 Hilda 廝守在一起，也許是因為他認為內政比外交重要，他當時真正屬意的位置是財政部長。結果，他 12 月 22 日下午到蔣介石官邸晉見的時候，蔣介石給他的位置只是政務委員兼財政部次長。失望的他婉拒。蔣介石很顯然從他的幕僚那兒知道蔣廷黻屬意的位置是財政部長。在幾經考慮以後，蔣介石在 1948 年 1 月 7 日透過張群告訴蔣廷黻說任命他為財政部

長的時機尚未成熟。

　　儘管蔣廷黻不知道他未來的職位會是什麼、會在什麼地方，儘管他在回國一個半月的時間裡就被界以兩個位於不同地區的位置：一個在美國，一個在國內，他跟 Hilda 已經著手安排了她去美國跟他相聚的計畫。外交部在 12 月 17 日發給 Hilda 護照。[20]

　　蔣廷黻在 1948 年 1 月 17 日離開上海。他在當天的日記裡記：「希望：或者是她在幾個星期以後來跟我團圓，或者是我在兩個月以後回國。」他在 18 日下午抵舊金山。在舊金山勾留兩天、作了一個演講以後，蔣廷黻搭機返回東岸。他在 21 日清晨飛抵克里夫蘭以後，由於天候不良的關係，飛機停飛。所有飛往紐約的乘客都改乘火車。他一直要到當天夜裡才抵達紐約。

　　回到紐約的蔣廷黻不住皮爾飯店，改住在「罕布夏大廈」（Hampshire House）。他不讓唐玉瑞知道他住的飯店。1 月 23 日，他要二保去唐玉瑞住處叫四保過來。5:30，二保哭著回來。她說唐玉瑞逼她說出蔣廷黻住在什麼地方。二保不願意說。最後，在唐玉瑞答應不會去找蔣廷黻的條件之下，二保說了。當晚，蔣廷黻跟蕭籧等人打橋牌的時候，唐玉瑞打電話來，溫和甜蜜。蔣廷黻打斷她，說他的律師會跟她聯繫。9:30，唐玉瑞出現：「我們有這一輩子來最嚴重的衝突。她拒絕離開。十一點，我走出房間，二保、四保跟著出來。我們去喝了巧克力。十二點，我們回去，她還在。我下樓去等。」等到了半夜 1:30，蔣廷黻決定在飯店開另外一個房間住。

　　1 月 31 日，蔣廷黻從「罕布夏大廈」搬去「中央公園」西側的西 67 街 27 號 47W 公寓。這是蔣廷黻在美國所租住的第一間公寓。這間蔣廷黻住了將近兩年、Hilda 住了一年三個月的公寓，Hilda 在二十七年以後回憶說：

　　　結婚後我們住在紐約城西區 76〔67〕街的一所六層公寓內。我們住在四樓。廷黻的第二女壽仁（二寶）及第四子居仁（四寶）搬來與我們同住。我們的房子有二樓。樓上有臥室兩間。壽仁住一間，我們住一間。四

20　《蔣廷黻資料》，18.287。

實睡在樓下飯廳邊的沙發上。[21]

人的記憶不可靠。Hilda 這段回憶，描述的不是西 67 街 27 號 47W 公寓，因為 67 街的公寓是一層的，而比較像是他們在 1950 年 4 月 15 日搬進去的位於「西側街」（West End Avenue）290 號十六層樓高的公寓。Hilda 跟蔣廷黻結婚以後，除去了他把她金屋藏嬌了兩個月的那間公寓不算以外，她所正式住的第一間公寓確實是西 67 街 27 號 47W。76 街應該不是她說的，而是手民之誤。我們只要看蔣廷黻搬進「西側街」那間公寓當天的日記，就可以知道 Hilda 在這段回憶裡所描述的是「西側街」那間公寓：

　　大家都加入幫忙 Hilda 從 67 街 27 號搬到「西側街」290 號。當四保看到他的房間的時候，他認為對他極為不公平，而脫口說出了極為刺耳的話。我帶他看了整間公寓，看能作什麼樣的調整。最後，我們決定把一個沙發上搬到飯廳，讓他可以在那兒睡。他這才被安撫下來；可是，這就讓我不禁感覺到他是一個多麼沒有體諒心、自私的年輕人。在另一方面，那整個星期都掛著一副臭臉的二保則非常滿意，因為她有一個相當好的房間，外加屬於她自己的浴室……新公寓在每一個方面都遠勝於原來的：比較明亮、浴室的情況較好（原來的只有一間）、較好的家具、較佳的區域。

很顯然地，Hilda 在這篇回憶的文章裡所描述的公寓不是 67 街的公寓，而是「西側街」290 號的公寓。「西側街」290 號的公寓，他們只住了半年。Hilda 記得的是這間的格局，而不是她住了一年三個月的 67 街 27 號的公寓。記憶弄人，於此可見一斑。

蔣廷黻從飯店搬到公寓，除了是作了長期居住在美國的打算以外，也自然是為接 Hilda 來美國和他團聚做準備。問題是，唐玉瑞仍然拒絕同意離婚、分居、或者對蔣廷黻與 Hilda 同居睜一隻眼閉一隻眼。2 月 27 日，蕭籧來晚餐：

21　沈恩欽，〈廷黻與我〉，《傳記文學》，第 29 卷第 5 期，1976 年 11 月，頁 36。

「他給我看玉瑞的一封信，重申她拒絕離婚、分居，或非法同居。」

蔣廷黻在 3 月 1 日寫信給德州聖安東尼奧（San Antonio）的律師岡薩雷斯（Manuel Gonzales），請他啟動在墨西哥法庭申請離婚的手續。這位岡薩雷斯律師，就是胡適的朋友李格曼所推薦的。3 月 13 日，蔣廷黻寄所有離婚所須的資料以及美金 250 元的頭款給岡薩雷斯。岡薩雷斯在 4 月 15 日致信蔣廷黻，說墨西哥法庭的手續已經完成，只待蔣廷黻付清了尾款以後，就即將公告生效。墨西哥奇瓦瓦州（Chihuahua）法庭在 4 月 27 日公告宣布蔣廷黻與唐玉瑞離婚。[22]

蔣廷黻在 5 月 4 日收到這份離婚公告：「Hilda 要我用電報告訴她消息，可是我決定寫航空信。我對她解釋說：我沒辦法慶祝我是經由法律的途徑把我的意旨加諸別人身上。」5 月 21 日：「蕭籧來告訴我玉瑞收到了法庭的判決，極度憤怒。他和我會到玉瑞住處一談。我覺得我肩頭的重擔一卸。我知道她會製造麻煩，但我已經作了決定。」5 月 22 日：「晚上 8:15 回來，跟蕭籧去玉瑞住處。玉瑞說她不會妥協，不會承認離婚。我說我認為一切都結束了。我說我一看到她的樣子、聲音、寫的字就想發瘋。我們這樣一來一往一個鐘頭以後，我知道是不會有結果的，就離開了。蕭籧留下來談。」

在唐玉瑞收到墨西哥法庭的公告以前，她以配偶的身分對蔣廷黻予取予求。3 月 25 日，蔣廷黻在下午 4:45 去唐玉瑞住處：「她準備了一個單子：一、四保的暑期〔的計畫〕；二、二保的暑期〔的計畫〕；三、要錢；四、和好。告訴她為了她好，她應該同意離婚。硬是要黏著一個厭惡她、覺得她的聲音與作風都可厭的男人，是一件可恥的行為。『我死的時候，不要看見你！』」

就像她從前會自由進出蔣廷黻所住的飯店的房間一樣，唐玉瑞認為她有權利進入蔣廷黻現在所住的公寓。3 月 29 日：「玉瑞在我們都不在的時候來。當時只有管家曼利（Marie）在。她笨笨地讓她進來。我責罵她以及樓下的門房，告訴他們以後不可以再犯。」

蔣廷黻再怎麼防範，他還是防不勝防，而且衝突是變本加厲。4 月 27

22　《蔣廷黻資料》，1.218, 220, 214-215, 221-228。

日：

> 晚餐過後，〔門房打〕電話上來，說玉瑞在樓下要上來我的公寓。N.S.〔鄭寶南〕回答說我不在。她不知怎的上了樓，狂按門鈴。我們繼續打我們的「單人紙牌遊戲」（solitaire）。我打電話給蕭籧，但他不在。這樣子的冷戰進行了一個鐘頭以後，我想起叔玉〔蕭籧〕是跟凌冰在一起。他十點到，想盡辦法要勸她離開。僵持到 11:45，我答應見她，條件是她要行為正常而且盡快離開……最後，她說出了她所要的：錢。告訴她不要再勒索了。她在 12:10 離開。N.S.〔鄭寶南〕跟我出去想用散步甩掉今晚的一切；然而，我一直到凌晨三點才睡著。

結果，蔣廷黻第二天連鬧鐘響都沒聽見，一直睡到 9:50 才醒。當天是他輪值主席。他趕快打電話到聯合國，請波蘭代表代他當主席。

從這以後，蔣廷黻簡直就像是一隻驚弓之鳥，隨時擔心唐玉瑞會出現在他的公寓。

4 月 30 日傍晚下班以後：

> 當我走到 67 街跟中央公園西街街口的時候，四保在那兒等我，告訴我玉瑞在等我。我們走離開繞著街走一圈，然後打電話到公寓看她是否還在那兒。很幸運地她已經離開了。我們回去，吃了晚餐，跟蕭籧到「華美協進會」去演講。我一講完就離開。但在門口碰見玉瑞。我以為我看到了鬼。她跟著我走了一下以後，決定自己走進去「華美協進會」。

這個情形一直持續著。比如說，5 月 31 日晚他帶二保、四保去「頂好」吃晚餐然後再去看電影。回家的時候都已經半夜 12:10 了。然而，蔣廷黻擔心唐玉瑞會在公寓裡等著他們：「我叫孩子在車子裡等。我出去看看，看玉瑞是否在。為了讓我的生活還可以忍受，我曾經想過搬走，搬到一個她不知道的地方去住。」

一直到唐玉瑞收到墨西哥法庭的公告以前，她一直認為她是穩操勝券的。

5 月 8 日：「蕭蓬應我的要求去見玉瑞。他回來告訴我：一、玉瑞要求作為妻子的權利，比如說：列名在聯合國的名單上，在公寓裡有一個房間；二、如果Hilda 來，她會鬧得不可開交；三、她要錢。」

等到唐玉瑞收到墨西哥法庭的公告以後，她終於開始領悟到情況並不如她所想像的樂觀。6 月 1 日：「四點見玉瑞。她開始的時候談到法律。我告訴她我已經探究了各種法律的觀點。她告訴我一些傳言：從上海來的，說我將成為財政部長……我站起來要離開，發現門是鎖著的。我威脅她說我要從防火梯爬下去。她在門邊抱著我求我。我說我不會和解。她才打開門。」

蔣廷黻在 5 月 19 日已經收到 Hilda 的電報，說她會搭 6 月 2 日的中國民航來美國。然而，唐玉瑞說她聽說蔣廷黻將成為財政部長的傳言，使蔣廷黻一度擔心如果傳言成真，他可能必須回國。蔣廷黻在 25 日早上八點接到王世杰從南京打來的電話，說翁文灝要他當財政部長。蔣廷黻在當下就說他不接受。當天中午，他收到翁文灝的電報：「除去軍事，財政最為重要。此職需要一個有勇氣、極有能力之人……」蔣廷黻立時就打電報婉拒：「回說我跟黨與政府的關係不是屬於那種能讓我能夠勝任這個困難職務的性質。」然而，他也知道如果蔣介石堅持，他是無法拒絕的。因此，他在 26 日寫信給 Hilda，告訴她把啟程的時間延到 6 月中：「我擔心老蔣和翁文灝會逼迫我回去擔任財政部長，雖然我在第二通電報裡用比第一通更為強硬的語氣。」

幸好蔣廷黻躲過了被徵召回國的這一關。Hilda 在 6 月 16 日搭乘中國民航啟程赴美。18 日，蔣廷黻收到舊金山總領事的長途電話，告訴他說 Hilda 已經在當天清晨抵達舊金山，隨即將轉機飛紐約。當天的蔣廷黻就像新郎一樣，一刻都等不及新娘的到來：

〔晚上〕九點打電話給「聯合航空公司」，知道飛機〔延誤了〕一個鐘頭二十分鐘。[23]我很緊張，因為昨天一班 DC 6 的班機失事。十點鐘，我又打了一次電話；還是同樣的答案。我跟四保打牌。一等到他睡下去，我就立刻上路到拉瓜迪亞機場去。我先在海岸邊來回走了四十分鐘，結果還

23　原文是：「the plane was 1 hour & 20 minutes」。我推斷後面漏了「late」（延誤）一字。

是早到了半個鐘頭。我又閒逛了一陣子。12:20，有人告訴我說飛機降落了。我走了好久才走到 8 號登機門，看到了 Hilda。我們盡情地親吻著。接著，我們甜蜜蜜地乘車〔到飯店去〕。我們今後一定要長相廝守在一起。做了一整個晚上的愛。

蔣廷黻和 Hilda 在紐約的二度洞房是在「五月花飯店」（Mayflower）。他們在「五月花飯店」度過了十七個晚上的二度蜜月。在這段時間裡，蔣廷黻除了必須到聯合國開會的時間以外，就帶著 Hilda，有時候包括四保等人，去公園、博物館、動物園、紐約近郊的名勝遊玩。一直到 7 月 5 日，他們才搬出「五月花」，把 Hilda 祕密地金屋藏嬌在 55 街的一個公寓裡，祕密到連二保、四保都不知道的地步。蔣廷黻一直要到 9 月 6 日才帶他們去看這間金屋。我認為蔣廷黻會帶二保、四保去參觀這間金屋，是因為他就要退租了。蔣廷黻在 9 月 8 日帶著 Hilda 到巴黎開聯合國第三屆大會，一直要到 12 月 22 日才回到紐約。Hilda 一直要到她和蔣廷黻從巴黎回來才住進 67 街的公寓。

蔣廷黻知道他金屋藏嬌的所在必須保密，因為如果二保、四保知道，唐玉瑞一定會把他們逼供出來。如果唐玉瑞知道這間金屋在哪裡，她一定會去鬧得不可開交。蔣廷黻這一個預防措施做得好。7 月 6 日早上，蔣廷黻跟 Hilda 到 67 街的公寓的時候，門房警告他們說唐玉瑞在公寓裡等著：「我們於是過門不入：我到辦公室去，H.回去她的公寓。」7 月 9 日：「四保去看玉瑞。她這一陣子特別難搞。她問說爹地是否在家睡覺。」

然而，唐玉瑞再頑強，她也領悟到她已經輸了這場戰爭。7 月 11 日下午 4:40，蔣廷黻去和唐玉瑞談了一個鐘頭：

她作了一個提議：如果我同意維持形象的話，她可以對我的私生活閉上一隻眼。我告訴她我不能接受。我告訴她我已經離成了婚，是一個自由的人。如果情況許可，我會維持她與孩子們的生活，並同時為國效勞；如果不行，我就只能照顧我自己，讓她養育孩子。她試圖用訴諸法律所可能造成的醜聞來嚇我。我告訴她說所有這些我都考慮過了，也隨時準備對付。她給我一個星期的時間考慮她的提議。我說我連一分鐘的考慮都不需要。

7 月 12 日下午，蔣廷黻帶著 Hilda 跟鮑伯‧庫克（Bob Cook）和他的中國太太瑪麗（Mary）去紐約「白原市」（White Plains）的市政廳申請結婚執照。結果，市政廳的職員居然不接受蔣廷黻從墨西哥法庭所拿到的離婚證書。次日，蔣廷黻請顏雅清吃午餐，顯然是請教她是如何跟她也是透過墨西哥法庭離婚的第二任先生完成結婚手續。16 日，顏雅清請蔣廷黻和 Hilda 到他們家午餐。午餐過後，他們一起開車到康乃狄克州（Connecticut）辦理結婚申請手續。21 日，午餐過後，蔣廷黻、Hilda、偕同庫克夫婦到康乃狄克州的格林尼治鎮（Greenwich）結婚：「由一位名為柯林斯（Collins）的年長的『太平紳士』（Justice of the Peace）主持婚禮。鮑伯和瑪麗作為證婚人。當天早上我內心有點不安。然而，我知道回去玉瑞的身邊是不可能的；就好像沒有 Hilda 的人生是不可能的一樣。我因此決定最好就是〔跟 Hilda〕結婚。不管後果如何，就是要去接受和承擔。」

Hilda 在 1976 年回憶說她跟蔣廷黻結婚以後，二保跟四保搬來跟他們一起住。除了她把房子記錯了以外，二保、四保也不真的是搬去跟他們一起住。他們當時是輪流住在唐玉瑞與蔣廷黻的公寓裡。二保先是讀費城的「布林莫爾學院」（Bryn Mawr College），學期當中自然是住宿。從蔣廷黻日記的記錄來判斷，她放假的時候常住在蔣廷黻的公寓裡。他 1949 年 1 月 15 日的日記還說二保當天哭了兩次，說她不想跟她母親住在一起。四保雖然住在 67 街的時間比較多，但理論上他還是兩頭輪流住的。最直接的證據是蔣廷黻 1949 年 6 月 27 日日記：「Donald〔四保〕今晚跟他母親。這是一個月以來的第一次，是玉瑞一再嘮叨，我勸說、施壓的結果。我希望這不是唯一的一次。」

更重要的是，Hilda 到紐約以後，是跟蔣廷黻住在他在 55 街另外租下來的愛巢裡。67 街的公寓既然空在那裡，二保跟四保何樂而不多住在那裡呢！當然，就像唐玉瑞 1949 年 6 月 20 日在電話上抱怨四保都不過去住的時候對蔣廷黻所說的酸話：「他自然喜歡你的皇宮，而不是我的草廬；你有車，而我沒有。」

作為繼母，而且是第三者，Hilda 跟蔣廷黻的兒女相處得相當好，特別是四保。她到美國來跟蔣廷黻團聚的時候，就特別帶了許多見面禮給她第一次見的四保。6 月 19 日，蔣廷黻帶 Hilda 從「五月花飯店」到 67 街的公寓：

「Hilda 帶了許多禮物。他又高興又嫉妒。晚餐後我們打了一局橋牌。四保和跟他搭檔的 N.S.〔鄭寶南〕贏，讓他極為高興。我想此後他對 Hilda 的態度應該會較好。」

　　當然，生活在一起，小摩擦總是難免的。蔣廷黻的日記裡，有不少二保、四保跟 Hilda 嘔氣、耍性子的記錄。比如說，1950 年 5 月 30 日，蔣廷黻說二保連續兩天在早餐的時候故意把牛奶杯打翻：前一天是打翻她自己的；第二天是打翻 Hilda 的。她甚至在前一天把 Hilda 的化妝品全都丟撒在地板上。四保當時才十四歲，是反叛期的青少年，更是一觸即發。最典型的莫過於 1948 年 8 月 15 日的日記：

　　　　今天天氣非常美。Hilda 跟我到 67 街的公寓的時候，四保在大發脾氣，責怪我們遲到，懷疑我們一定是背著他去了什麼好玩的地方。早餐過後，等我們要去公園划船的時候，Hilda 拒絕去，因為她覺得跟四保去不會愉快。四保跟我去，我們玩得很愉快。等我們回來的時候，發現 Hilda 跟〔鄭寶南的女兒〕安世（An Shih）去看電影了。我們就自己去看《阿帕契要塞》（Fort Apache），一部不錯的西部片。我們都覺得很好看。然而，等我們回來的時候，發現 Hilda 很冷。晚餐吃得一點都不快樂，雖然我試著跟大家說話。晚餐後，我建議打橋牌。四保跟我從頭輸到尾。他大發脾氣，指責我把自己出賣給了 Hilda，故意讓她贏。打完了第三局，我說不打了，離開牌桌。這局牌沒有一個人打得愉快。我氣得大罵四保。他回嘴。這美好的一天就這樣結束！

　　蔣廷黻既然是透過墨西哥法庭辦理離婚，唐玉瑞反制的方法就是挑戰其有效性。她先請律師寫信給中國駐美外交高層官員。比如說，1948 年 7 月 27 日，徐淑希給蔣廷黻看了唐玉瑞的律師寄給駐美大使顧維鈞的一封信，宣稱墨西哥的離婚判決是無效的。蔣廷黻雖然告訴朋友說他不怕這種威脅，他內心其實是受到了壓力。他希望唐玉瑞能夠平和地跟他達成離婚的協議。然而，唐玉瑞已經狠下了心不讓其善了。

　　8 月 30 日傍晚 6:00，大保和她的先生來看蔣廷黻，但沒時間跟蔣廷黻他

們晚餐。過後，蔣廷黻先帶二保、四保、和 Hilda 去「頂好」晚餐，然後回到67 街的公寓：

> 十點鐘，玉瑞來了。由於門房不讓她上樓，她在樓下喧嚷。二保、四保下去安撫她。後來我也下去。她開始在街上訴苦。我才以為我終於把她背走了，她又回來等大保。於是又再次喧嚷起來。最後，是大保勸她回去。

次日下午 4:30，蔣廷黻去唐玉瑞的公寓見她。唐玉瑞先要蔣廷黻用筆寫下他會繼續給她生活費用的保證。蔣廷黻覺得那是她應得的保障，於是就寫說：只要他在國外一天，他會一個月給唐玉瑞 200 美金；如果他回國服務，他會付薪水的四分之一。唐玉瑞嫌一個月 200 美金太少。她說如果蔣廷黻不多付一些，她將不讓他出去：

> 她走到門邊把鑰匙抽出來。我爬出窗戶從防火梯下去。這時我才驚訝地發現防火梯並沒有直通到人行道上。但是，我決定要跳下去。我冒這個險，而她完全沒有阻止我。我彷彿像缺了腿一樣地跌坐在人行道上。我暈眩了片刻。接著，我站起來走去我的車子。我〔發誓〕這是我最後一次到「晨邊大道」90 號。

蔣廷黻可以逃出唐玉瑞的公寓，但他擺脫不了她的纏鬥。9 月 1 日，他要二保拿 200 美金去給唐玉瑞。當晚晚餐的時候，唐玉瑞打電話來說要幾百塊錢買一件貂皮大衣。蔣廷黻拒絕。為了怕唐玉瑞又來鬧場，他帶孩子去看電影。
9 月 3 日下午，蔣廷黻帶四保和 Hilda 去「瓊斯海灘州立公園」（Jones Beach）玩：

> 回到 67 街的時候，我注意到走廊盡頭有一個人影。我懷疑那是玉瑞。於是，就叫四保去探一下。四保回來說是。那時，玉瑞已經走到了車旁。她說她有公事要跟我談五分鐘。我下車跟她坐在廊道上。她說她要 900 美金。她先前說她需要那筆錢買一件貂皮大衣。我告訴她說她已經有一件

了。她說她這次是有其他的理由需要錢。如果我不給，她就不離開。我走出去，然後開始跑。她跟了一陣子以後就離開了。

蔣廷黻不解地在日記裡寫：「為什麼玉瑞那麼急著要 900 美金？她手邊有超過 6,000 美金的錢。最有可能的就是她是為了要錢而要錢。也有可能是律師費；說不定她是要去巴黎鬧事，或者回去中國告我。」

蔣廷黻在這則日記裡提到唐玉瑞可能是要去巴黎鬧事。這是因為聯合國第三屆大會 9 月 21 日開始要在巴黎召開。這次，蔣廷黻把一切都安排好了。首先，他要帶 Hilda 一起去。8 月 27 日，中國駐聯合國代表團已經開具證明，任命 Hilda 為中國代表團參加在巴黎第三屆大會的祕書。[24]其次，為了害怕唐玉瑞屆時會到碼頭鬧場，蔣廷黻守口如瓶。他和 Hilda 要在 9 月 8 日啟程。他一直到前一天才到 67 街的公寓整理行李：「四保第一次聽到我明天要出發。他非常失望。」最重要的是，他已經事先跟英國代表團安排好了。他和 Hilda 會比宣布集合的時間提早半個鐘頭到碼頭。而且在上了郵輪以後，就留在船艙裡一直到郵輪啟航為止。

9 月 8 日早上 11 點，蔣廷黻、Hilda、和四保到「帝國大廈」中國代表團的辦公室和英國代表團的瓊斯（Jones）先生會面。他帶他們到停泊在碼頭的「伊麗莎白女皇」（*Queen Elizabeth*）號郵輪。一位李查茲（Richards）先生帶著他們避開了所有其他乘客，從一個特別的電梯登上郵輪：

我們都被郵輪的龐大、豪華，以及我們的套房的奢華給震懾住了。四保默默地呆坐著，冥想著他要跟我們分別一陣子。他拒絕離開套房去參觀郵輪。新聞記者、工作人員簇擁著。我想把我跟群眾隔離開來都不可能。下午 3:30 啟航。Hilda 看到「自由女神」像，非常開心。

在巴黎三個月的時間裡，蔣廷黻除了開會以外，也跟 Hilda 像觀光客一樣參觀了許多博物館、購物、吃館子、郊遊、散步。大會結束以後，蔣廷黻跟

24　《蔣廷黻資料》，18.289。

Hilda 在 12 月 17 日登上「瑪麗皇后」（*Queen Mary*）郵輪返回紐約。

圖 5　Hilda 與美國代表團 Cabot Lodge 攝於 1948 年在巴黎舉行的
聯合國第三屆大會。蔣居仁先生提供。

　　在離開巴黎以前，蔣廷黻就彷彿好像有預感一樣，覺得 Hilda 入關會有問
題。他在 12 月 14 日的日記裡說 Hilda 的護照裡沒有法國的簽證，他很擔心。
中國駐美使館的人員要蔣廷黻放心，說聯合國管護照的辦公室跟美國駐巴黎大
使館都說不會有問題。結果，蔣廷黻的預感是對的，雖然理由不是他所擔心
的。22 日船抵紐約以後，移民局官員說有人告 Hilda，理由是蔣廷黻的墨西哥
離婚的判決美國不承認：「我們大為驚慌。鄭寶南打電話給移民局主管，他先
是說 Hilda 必須被解送到『埃利斯島』（Ellis Island）移民管理局。幸好，他
找到了一個國務院的代表，他剛好也是一個聯邦調查局的人。他打了電話給國
務院，國務院再打電話給移民局。結果是：假釋（paroled）。」
　　郵輪終於靠岸。蔣廷黻和 Hilda 在傍晚 5:30 回到 67 街的公寓。先到「頂
好」吃了晚餐以後，蔣廷黻打電話到唐玉瑞的住處。他和二保、四保、最後是
唐玉瑞講了電話。唐玉瑞說有事要談。蔣廷黻跟她約定星期五下午四點見面。

過後，孩子過來。四保留下來，二保則回去陪她母親。

12 月 23 日的《紐約時報》登載了蔣廷黻和 Hilda 從巴黎回來的照片，照片下寫著蔣廷黻夫婦。唐玉瑞到報社去抗議，說她才是蔣廷黻夫人。報社為了查證，打電話給大使館、鄭寶南、最後找到了蔣廷黻。蔣廷黻說他調查以後，「發現慫恿玉瑞作這一切的是一個女的，司徒太太。她父親被老蔣關過。她跟共產黨來往。」蔣廷黻在星期五下午去見唐玉瑞的時候，她又問起《紐約時報》照片的事情。蔣廷黻說並不是他要《紐約時報》拍那張照片的。唐玉瑞要求蔣廷黻去函更正，說他身邊那位不是蔣廷黻夫人。蔣廷黻拒絕，說他已經正式跟 Hilda 結婚。唐玉瑞於是不讓蔣廷黻再說下去，說一切將由她的律師處理。兩人又不歡而散。

蔣廷黻這時候所擔心的是移民局會如何處置 Hilda。12 月 27 日中午，蔣廷黻和 Hilda 去「頂好」吃午餐的時候，鄭寶南造訪未遇。他留了條子說美國代表團正在設法要移民局不啟動調查。蔣廷黻立即打電話把他跟 Hilda 結婚的資料告訴鄭寶南。五分鐘以後，鄭寶南回電話說，只要蔣廷黻能提出有關他結婚的書面聲明，移民局就不會作調查了：「問題解決了。而且，Hilda 將得到外交護照，而玉瑞失去她的。」

12 月 31 日，蔣廷黻在作 1948 年的回顧的時候，作了一個驚人之語，說他也許不該訴諸離婚：

這一年也同時值得誌記的是我的離婚。那是我的命（或者是我的個性）讓我賦予愛情很高的地位。我驚訝的是玉瑞惡毒的心。她的本性是全然負面的。她對任何人都沒有感情，包括她自己的孩子。我以為她一點都不在乎我。事實上，她不在乎我。讓我驚訝的是，她真的是在乎作為我的太太的名與地位。這當然是回到她是一個沒有尊嚴的人的問題。如果我在事前就知道這一切，我會乾脆讓 Hilda 當一個「露水寡婦」（a grass widow）〔沒有婚姻之名〕，這樣就會免去所有她現在以及未來所要承擔的痛苦。如果我那樣作的話，不管我是如何對待玉瑞，她都不會在乎，就像她不在乎我在離婚以前四年都不理她的情形一樣。

　　情況急轉直下。1949 年 1 月 6 日，蔣廷黻收到紐約高等法院的傳單。傳他回應唐玉瑞請求分居以及贍養費的要求。蔣廷黻立即把這個傳單拿去給李格曼律師。次日，蔣廷黻打電話給李格曼，告訴他是共產黨在作怪。李格曼要他找美國代表團發表聲明，說明蔣廷黻具有外交官豁免權（diplomatic immunity），並請駐美大使顧維鈞寫一封支持的信。為了增加蔣廷黻的勝算，李格曼在 18 日打電話要蔣廷黻請聯合國祕書長賴伊（Trygve Lie，挪威姓，應發音為「李」）也寫一封支持的信。蔣廷黻雖然在電話上拒絕了，但他最後還是寫信請賴伊幫忙。

　　作為外交人員的蔣廷黻是穩操勝券的。1 月 26 日，李格曼來電，說美國司法部（Department of Justice）「建議」紐約法院打回唐玉瑞的告訴。如果蔣廷黻可以用外交官豁免權來擋將唐玉瑞，他就等於將了唐玉瑞一軍，因為不管美國承不承認墨西哥法庭所判決的離婚，她等於是欲告無門了。在這樣的結果之下，她所剩下來的最後武器，就是褫奪蔣廷黻的外交官豁免權。唐玉瑞的律師立即要求法庭緩議六十天。以便他們請中國外交部撤銷蔣廷黻的外交官豁免權。李格曼律師當場拒絕。唐玉瑞的律師還是不放棄，直接打電報到南京給中國外交部。1 月 30 日，蔣廷黻說的那位跟共產黨往來、慫恿唐玉瑞的司徒太太打長途電話給蔣介石下台以後的代總統李宗仁，請他撤銷蔣廷黻的外交官豁免權。蔣廷黻氣得說這種女人根本就不可理喻。

　　唐玉瑞還是不放棄。2 月 2 日，司徒太太帶著唐玉瑞去聯合國求見祕書長賴伊。雖然她們對外放話說賴伊很客氣地接待了她們，但蔣廷黻說實情是祕書長派了一個幕僚接見她們。次日，徐淑希告訴蔣廷黻說，唐玉瑞所聘請的中國律師已經到了美國。蔣廷黻開始追蹤那位律師。在唐玉瑞的猛纏惡鬥之下，蔣廷黻和 Hilda 難免不會受到影響。當天下午：「跟 Hilda 重話相向。她要告玉瑞偷我們的信件。我說最好不要去捅這個蜂窩。」

　　這時候的蔣廷黻最關心的是，司法院雖然作了「建議」，但判決權究竟是在紐約法院。2 月 5 日，他已經等得心急如焚了。兩天以後他按捺不住，打電話問李格曼律師。律師回說法庭還未判決。幸好當天下午三點：「李格曼來電，說法庭打回了這個案子。這一關過了。接著的問題是：玉瑞會向最高法院上訴嗎？我想不會。」

　　蔣廷黻雖然憑藉著外交官豁免權在法律上贏了這場戰爭，但在社會的觀感之下，他是輸了這場戰爭。2 月 1 日，蔣廷黻看到了紐約華埠 CC 派發行的《民氣報》在社論裡：「用老朽的半儒家思想的道德標準來撻伐我和 Hilda。」事實上，不分國界，社會一般說來都是同情弱者的。3 月 24 日，蔣廷黻聽說唐玉瑞到聯合國「人權委員會」（Human Rights Commission）請求協助。次日，《每日新聞》（*Daily News*）、《每日鏡報》（*Daily Mirror*）、《世界電報》（*World Telegram*），以及蔣廷黻鄙夷為「華埠的共產黨小報」都刊登了這則新聞。不但如此，蔣廷黻在 2 月 18 日，接到他視同母親、從前在湖南湘潭的英文老師林格爾（Lingle）夫人的來信：「批評我的墨西哥離婚。我從來沒有想到社會在本質上是如此保守的。」

　　唐玉瑞既然在法律上已經奈何不了蔣廷黻，蔣廷黻的許多朋友，包括何廉、凌冰太太、紐約的唐副總領事、劉心顯、張穀筱等人，開始出面調停，希望能夠找出一個雙方都能接受的方式。然而，雙方的條件一直談不攏。蔣廷黻認為唐玉瑞獅子大開口，根本是超乎他的經濟能力。

　　1949 年 4 月 27 日，胡適抵達紐約。唐玉瑞在 1946 年蔣廷黻第一次跟她提出離婚要求的時候，曾經向胡適求助過。現在胡適到了紐約，唐玉瑞再次請胡適出面相助。5 月 23 日她寫了一封英文信給胡適：

親愛的胡大使：

　　您是中國冠群的學者政治家，也是幾十年來在公、私道德以及秉直方面的楷模。不論老少都爭相簇擁地想得到您的感召與引領。我是否能請求您協助我與廷黻處理我們現已成為社會與法律問題的家庭問題？

　　您一定已經知道了我們悲劇的故事。廷黻用郵購的方式從墨西哥取得跟我離婚的證書。那在中國與美國的法律之前是無效的。用外交官豁免權作為掩護，廷黻剝奪了我作為妻子與母親的權利，公然與 Hilda 沈恩欽太太同居。由於中國目前混亂的情況以及法律上的技術問題，我無法訴諸法庭。希望請您給我意見。

　　廷黻在國際上居於這麼高的職位，受到萬國的矚目。他的言行必然會被人視為反映其所代表的國家的政治與道德標準。同時，他的行為會成為中

國國民所依循的榜樣。因此，我們這個案子已經不再是一個可以被輕率地漠視的私人問題。

令人惋惜的是，廷黻對張彭春——那不朽的人權宣言的簽署者——凌冰、徐淑希、夏晉麟諸位博士以及許多其他摯友的規勸充耳不聞。他言聽計從的，是李卓敏、鄭寶南給他的污穢、毀滅性的伎倆。我真高興您蒞臨了。我祈禱我的先生會聽您的話。

中國正面對著自由與壓迫、正義與侵犯人權之間的生死搏鬥。我深信廷黻會竭其所能地加入您所領導的陣營，把中國帶回到一個道德上健康的狀態之下。等他矯正了他在情感上混淆的現狀以後，廷黻還是有可能成為中國的邱吉爾，對人類的弱點有悲憫之心。胡大使！您能為了中國而伸出援手嗎？

我深信您的秉直之心絕對不准您縱容任何錯誤的行為。您作為楷模的人生使您的正義之聲一直對輿論有著健康的影響。

敬祈得到您睿智的話語。[25]

胡適在禮貌上一定會回信，只是不知道是何時回的。7月6日：「幫胡適起草一封給玉瑞的信，因為她向胡適求助。胡適認為我比較了解玉瑞的心理，要我幫他起草。」如果蔣廷黻所起草的信就是胡適的回信，那封信現已不存，既不在蔣廷黻的檔案裡，也不在胡適的檔案裡。

9月23日，胡適打電話給蔣廷黻，告訴他說他在紐約的法拉盛（Flushing）碰見了唐玉瑞。他答應會去見她。胡適在27日下午去見了唐玉瑞。他回來以後，打電話告訴蔣廷黻說唐玉瑞：「非常堅決、頑強；哭訴；說她受到欺壓。」

10月13日，胡適寫了一封英文信給唐玉瑞：

妳很客氣地讓我在兩個星期以前去看妳。感謝妳的茶點招待。

就像我當天對妳說的，我無法給妳有用的意見。我告訴妳我在1933年

25　N.Z. Tsiang (Mrs. T.F. Tsiang) to Hu Shih, May 23, 1949,「胡適紀念館」，HS-NK02-010-004。

所發表的我對婚姻與離婚的看法。可惜我沒辦法送妳一本我在其中表述了這些觀點的《中國文藝復興》（*The Chinese Renaissance*），因為該書已經絕版了。我複印了我當天口頭為妳摘述的相關的幾頁。

從這幾頁的敘述，妳可以發現如果說那是偏見的話，我並不能完全擺脫我對不准人跟她離婚的中國太太的偏見。從那個意義來說，我是沒有資格給妳意見的。[26]

胡適在《中國文藝復興》這幾頁裡所發表的觀點，是研究胡適的學者一向所忽略的反女性的奇言怪語，其所反映的是胡適性別觀裡的盲點。一方面，他稱讚 1930 年所頒布的民法把女性從舊家庭的桎梏裡解放出來，讓夫妻都可以在雙方同意之下自由離婚。然而，在另一方，他又特別著墨批判女性在舊社會家庭裡所享有的淫威：

必須指出的是：女性在舊體制之下的地位，並不像是許多膚淺的評者所說的那麼低下。相反地，女性一直是家庭裡的暴君。母親與婆婆的威權是眾所周知的。丈夫一直是處在太太的淫威之下。

中國是這個世界上最怕老婆的國家，沒有一個國家能與之相比。至少，這個世界上沒有任何一個國家，像中國一樣有那麼多怕老婆的故事。

傳統中國太太這種無以倫比的地位，有時候是建立在愛之上，有時候是建立在美貌或人格之上。然而，最大多數的情形，是建立在誰也撼動不了她的位置的事實上，亦即，休妻是不可能的！

胡適承認傳統中國沒有禁止離婚的法律。那有名的「七出」之條——無子、淫佚、不事姑舅、口舌、盜竊、妒忌、惡疾——是大家耳熟能詳的。然而，他強調說到了明代以後，唯一能把妻子送出門的理由已經只剩下了淫佚一條。除非妻子犯了通姦罪，沒有一個男人能夠出妻，而不受到社會的譴責。

為了證明傳統中國的妻子是多麼的跋扈、傳統中國的丈夫是多麼的怕老

26　Hu Shih to Mrs. Tsiang, October 13, 1949,《蔣廷黻資料》，1.240。

婆，胡適以《醒世姻緣傳》裡那位可謂為中國第一悍妻的薛素姐施虐她的先生狄希陳的故事為例：

> 它敘述的是一個真正恐怖的獨眼悍妻。什麼想像得出來的罪行她都犯了：她虐待父母、公婆，特別是用最殘酷的方法凌虐她的先生，甚至有兩次要謀殺他。躲她惟恐不及的先生最後只有逃家。先到北京，後到四川去討生活。然而，他逃到哪，她就追到哪，只能繼續忍受她的暴虐。由於她沒犯有淫佚之罪，社會的習俗加上宗教的力量保護著她，任誰也不能把她修掉。

為了避免有人會以《醒世姻緣傳》是小說為辭，說那不是實證的例子，胡適又舉了一個歷史人物為證：

> 十九世紀末年，名學者汪士鐸過世以後留下了一冊非常有趣的日記。在日記裡他寫下了他受到妻子虐待的種種慘狀。他有一則日記的大意如下：「我吵不過妳，也躲不了妳。可是，由於妳不識字，看不懂我寫妳的話。而且妳也無法回嘴。我在此沉重、如實地列下妳九十項不可饒恕的罪狀……這是我唯一能為我自己報復妳的方法！」他同樣地也從來就沒想過把她休掉是一個可行之道。[27]

胡適顯然很得意他用《中國文藝復興》裡抨擊悍妻的故事，來暗示唐玉瑞不要作不可理喻的悍妻，應該答應離婚。他在寫完信的當天就打電話向蔣廷黻表功。蔣廷黻無奈地在日記裡嗟嘆：「這個人根本就是無能（ineffective）。」

蔣廷黻說得一點不錯，胡適的無能，就是因為他要當江冬秀說他的「濫好人」，不肯講直話。聰明如唐玉瑞，如何會不懂胡適是用指桑罵槐的方式來暗諷、暗示她！她假裝不懂，繼續給胡適戴道德的高帽子，逼他作社會道德的捍

27　Hu Shih, "The Chinese Renaissance,"《胡適全集》，37.154-157。

衛者。她在 10 月 16 日回信說：

> 我深深地感激您慷慨地給我的時間和精力。您的論文讓我進一步地了解
> 為什麼有遠見、有教養的中國人，會對無辜、無助的妻子所遭受的不公正
> 的待遇感到憤慨。依照中國傳統的禮俗，我是無辜的；根據 1931 年所開
> 始實施的中國民法，我也是無辜的。我常常想：英國和美國會如何處理，
> 如果他們的代表違反了其本國以及駐在國的法律，犯了通姦罪，又明目張
> 膽地濫用駐在國所給予的外交官豁免權的善意？只可惜您胡博士不是外交
> 部長，否則您早就會公正地處置我這個案子了。
>
> 我仍然希望廷黻在他英勇地對蘇聯加諸中國的禍害與不義所從事的搏鬥
> 裡〔指蔣廷黻在聯合國所提出的「控蘇案」，參見第六章〕所展現出來的
> 是非與正義感，能引導他公平地對待他的妻子。您是否覺得讓法庭依法、
> 依事實為基礎來裁斷我的案子是一個合理的要求？
>
> 我是否能夠得到您道義上的支持？我會很感激您的任何建議……[28]

　　唐玉瑞既然假裝不知道胡適是在指桑罵槐，而且還要挪用社會給予胡適的
「舊道德的楷模」的光環來幫忙她作不平之鳴，胡適只好在回信裡直話直說
了。他不說還好，一說就違背了他從前在〈介紹我自己的思想〉裡一句常常為
人激賞、徵引的話：

> 現在有人對你們說：「犧牲你們個人的自由，去求國家的自由！」我對
> 你們說：「爭你們個人的自由，便是為國家爭自由！爭你們自己的人格，
> 便是為國家爭人格！自由平等的國家不是一群奴才建造起來的。」[29]

　　胡適在 1949 年 10 月 28 日這封英文回信裡對唐玉瑞說（請注意我用粗體
字標示出來的一句）：

28　N.Z. Tsiang (Mrs. T.F.) to Hu Shih, October 16, 1949,「胡適紀念館」，HS-NK02-010-012。
29　胡適，〈介紹我自己的思想〉，《胡適全集》，4.663。

作為一個沒辦法為了取悅妳而說假話的老友，我必須對妳說我不認為妳的態度是明智的或是合理的。我不能支持妳的行為。妳自己也許不了解，但妳的行為帶給妳所有的朋友、所有我國真正的朋友哀傷，而給中國的敵人帶來不少的快意與滿足。

很不幸的是，高度聰明如妳，居然無法客觀來看事情。舉例來說，妳似乎並不了解我 1933 年那個演講的主旨。我的重點是說，舊中國不能離婚的事實，是許多真正的痛苦的根源。

妳認為因為妳沒犯什麼錯，所以妳不該被離。兩個人可以個別都是很好的人，但就是無法相處。在這種不幸的情況之下，明智、明理的人，在體會到他們不再可能像夫妻一樣生活在一起以後，就應該平靜地安排離婚，試圖仍然作為朋友。這種離婚應該被視為是一種文明、合理的紓解痛苦、維持友誼的方法。這對雙方的人格一點都沒有損傷。

我誠心地稱讚新民法，因為它對雙方同意之下的離婚採取了一個文明的態度。對於受過教育、有自尊心的人而言，離婚不應該被視為是對任何一方的懲罰，也不應該有勝負的問題，或者有惡意或報復之心。

為了妳自己、孩子、與廷黻的好，我建議妳同意離婚。妳繼續拒絕，不會對任何人帶來幸福，也不會得到妳的朋友的尊敬。**它只會繼續損害妳的名譽、廷黻〔對國家〕的用處**，以及孩子們的福祉。

由於國家所面臨的災難，我們都必須準備面對人生的困難。孩子們的教育，甚至我們每天要吃的東西都可能來之困難。如果能讓他不操心，廷黻可能除了養育你們每一個人以外，還能報效我們的國家。如果受到阻礙，他可能連餬口都會有困難。這個世界是殘酷的。許多所謂的朋友在我們需要他們的時候就不見了。我建議妳不要把這個已經很糟的情況弄得更糟。

我了解政府已經三個月沒付駐外使團薪水了。高階層的薪水已經減少了三分之一。不久以後，可能所有的薪水都會沒有了。廷黻也許必須另找工作。在正常的情況之下，找工作已經不容易；加上拖延不決的離婚，他在美國找工作的前景將會很差。

如果我寫的東西讓妳不快或生氣，請妳原諒。我覺得我們之間的友誼讓我必須說實話。妳知道在這件事情上，我並沒有任何私怨好報（no axe to

grind）。如果妳願意的話，我會很樂意幫助妳和廷黻達成一個友好的協
議。

　　以妳堅強的個性、敏銳的頭腦、所受的教育，妳可以在工作中、孩子們
的愛裡找到快樂。我誠心希望妳跟廷黻能再成為朋友，就好像賽珍珠
〔Pearl Buck〕跟教授〔她的先生卜凱（J. Lossing Buck）〕離婚以後還是
朋友一樣。[30]

　　胡適這封信石破天驚的所在，在於他提醒唐玉瑞不要「給中國的敵人帶來
不少的快意與滿足」，說唐玉瑞不同意離婚「只會繼續損害妳的名譽、廷黻
〔對國家〕的用處」。曾幾何時，在〈介紹我自己的思想〉裡義正詞嚴地叱責
「犧牲你們個人的自由，去求國家的自由！」的說法為不是的胡適，十九年以
後，卻一反其過去的原則，要唐玉瑞犧牲她個人的婚姻與幸福，以成全國民黨
反共的大業。

　　無庸贅言地，胡適這封信，蔣廷黻滿意。胡適在發信前一天給蔣廷黻看了
信稿。蔣廷黻滿意地說：「非常直截了當。」唐玉瑞自然不滿意。她在 11 月
1 日簡短地回信說：

　　寫這封信告知您我收到並感謝您 1949 年 10 月 28 日的信。我遺憾地
說，我無法同意您的觀點或建議。我對中國的感情從來沒有動搖過。我真
心相信我的行為只會對中國的國民帶來好處。[31]

　　就在唐玉瑞跟蔣廷黻從事不是你死就是我活的殊死戰時，蔣廷黻差一點又
作了爸爸。10 月 29 日，蔣廷黻在當天日記裡記 Hilda 躺在床上，說她下體流
血。次日清晨四點，Hilda 喊痛，說需要找醫生。蔣廷黻說太早了，建議八點
鐘再打電話。Hilda 睡過去以後似乎好了。可是，十一點鐘，她又喊痛。醫生
說就讓她吃藥臥床。到了下午四點半，她已經再也忍受不了。醫生要蔣廷黻把

30　Hu Shih to Mrs. Tsiang, October 28, 1949,「胡適紀念館」，HS-NK02-010-014。

31　N.Z. Tsiang (Mrs. T. F.) to Hu Shih, November 1, 1949,「胡適紀念館」，HS-NK02-010-015。

她送到醫院。醫生六點到。作了檢查以後，說要立即動手術。如果救不了胎兒，就救母親。醫院叫蔣廷黻九點鐘再回去。蔣廷黻先帶二保、四保去餐廳吃了晚餐以後，在八點半回到醫院：

> 8:45，手術完畢。醫生說胎兒已經死了。他把子宮放回原位。9:45，Hilda 開始哭：「我的孩子！孩子沒有了！我的孩子走了！」過了一會兒，她喊痛。我叫了護士。她一直有困難量她的體溫。Hilda 又哭說：「他們把我的孩子拿走了！」我不知道她那麼想要孩子。到了 9:45，她認出我了，但完全不記得她哭。等她恢復正常以後，她又再次哭要孩子。

10 月 31 日上午十點，蔣廷黻去醫院探望 Hilda：「她很好，而且也接受了她失去了孩子的事實。但她堅持要再試。」雖然 Hilda 想回家，但由於她發了燒，一直到 11 月 4 日才回到家裡。

唐玉瑞一直死纏活鬥，蔣廷黻說她精神有問題，說她該看心理醫生。這些話他在日記裡說過幾次，也對親近的朋友說過。唐玉瑞不是精神有問題，而是她頑強超過常人。最驚人的是，她在法律上已經失去了所有制裁蔣廷黻的方法以後，她還是搏鬥著。就在 Hilda 流產前五天，1949 年 10 月 24 日，當天是「聯合國日」，也是杜魯門總統到紐約主持聯合國大廈奠基典禮的日子。蔣廷黻當天日記：

> 9:30 到辦公室。發現全市都在準備迎接杜魯門總統。10:30 回家去帶 Hilda 去參觀。在聯合國工地附近，玉瑞看到我們，對我們又叫又招手。這就把我們的一天都給弄餿了；光是去想那個女人會一輩子扒著我，就已經是個夢魘了。

唐玉瑞不只在聯合國工地「弄餿了」蔣廷黻跟 Hilda 的一天，她當晚還打電話去問：「我是否帶了 Hilda 去參加市長的晚宴。」事實上沒有。蔣廷黻當晚是跟美國代表團的奧斯丁晚餐。

一直到三年以後，到了 1952 年，她還是不放過蔣廷黻和 Hilda，而且高潮

迭起。

2 月 26 日：

Hilda 告訴我玉瑞去找霍布森（Hobson）太太的麻煩，因為她鑄了一個 Hilda 的胸像，用蔣廷黻夫人的名字陳列在她的藝廊裡。玉瑞去了霍布森太太的藝廊兩次，也已經在霍布森太太公寓的入口等了她兩天。

4 月 28 日：

去「廣場飯店」（Plaza Hotel）出席「援助中國知識分子難民」（Aid Refugee Chinese Intellectuals）的成立大會餐會。胡適、〔國務卿〕魯斯克（Dean Rusk）、〔眾議員〕周以德（Walter Judd）的演說都說得很好。玉瑞也出席，用「我親愛的丈夫」招呼我。我假裝沒看見她。餐會結束以後，她又用同樣的方法招呼我。等我冷眼轉過身去，她狠狠地捏了一把我的背。她有虐待狂。

10 月 18 日：

早晨 9:50 跟 Hilda 去拉瓜迪亞機場接蔣夫人。玉瑞也在候機室。她伸出她的手，我視而不見。「你如果沒有禮貌，我懂得如何回敬。我可以大叫。」Hilda 跟我走出去。她跟著。當我們走出去進到我們的車子的時候，她不見了。我們回到聯合國總部。後來，我聽說玉瑞站在人叢裡，但夫人沒看見她。

11 月 21 日：

大家都很擔心玉瑞會在〔蔣夫人的〕招待會裡鬧場。葉公超最後決定派人在會場外面擋她。在皮爾飯店的招待會非常成功。

12 月 8 日：

> 葉公超去晉見蔣夫人，談到玉瑞。蔣夫人說某些美國的婦女團體關心過
> 這個案子。因此，她不想介入。葉公超指出玉瑞一直在鬧事。蔣夫人說，
> 作為一個女性，她不能去勸告另外一個女性放棄她所愛的男人。

宋美齡這句話說得好。有她的性別的立場，有她的原則，是所有對蔣廷黻
的婚變說過話的人裡面說得最得體的人。

12 月 9 日晚，蔣廷黻在「罕布夏大廈」舉行「華美協進會」（China
Institute）董事會的餐會：

> 葉公超是主客。玉瑞突然間在宴會開始的時候出現，拒絕離開。場面尷
> 尬、令人生氣。我主張叫警察來。但〔代表團幕僚〕江季平等人認為這會
> 把事情鬧大。最後，Grace Yung 坐在她旁邊，終於把她勸離了飯店。

到了 1955 年，唐玉瑞還是不罷休。10 月 14 日：「葉公超六點到八點為
聯合國代表舉行一個雞尾酒會。玉瑞在會前去葉公超的飯店請他帶她去，但他
把她甩開了。」

1956 年 10 月 28 日，四保結婚典禮當天，唐玉瑞不請自到，差一點演出
了一場誰才是真正的主婚母親的肉搏戰：「下午 1:55，玉瑞進來。雖然她被
帶到第二排的一個位子，但她卻走到第一排在 Hilda 旁邊坐了下來。典禮隆
重、簡約，就十分鐘。散席走出來的時候，玉瑞試圖走在我身邊，被我擠開。
一出教堂，我們即刻上路離開波士頓。」

從那以後，唐玉瑞就不再出現在蔣廷黻的日記裡了。然而，如果蔣廷黻以
為唐玉瑞終於放他一馬了，他就錯了。唐玉瑞對他的死纏活鬥是一直到他死而
後已。1965 年 10 月 12 日在紐約所舉行的告別式裡，唐玉瑞以髮妻的身分出
席：「恩欽由幼子四寶陪侍，玉瑞由兩女大寶、二寶陪侍，分作靈堂前排之左

右排座。」[32]

第五章

變局，1947-1949

　　蔣廷黻萬萬也沒想到就在他婚變的同時，國變也發生了。

　　1947 年 7 月 5 日，蔣廷黻清晨 4:30 起床。他在匆匆和 Hilda、李卓敏早餐以後，5:30，就在李卓敏的陪同下赴機場。他所搭乘的泛美航空公司 DC 4 的班機，在 7:10 從上海起飛，經琉球、威克島、中途島、夏威夷，在 6 日傍晚 6:30 抵達舊金山。在舊金山逗留一天以後，他在 8 日上午 9:30 搭乘聯合航班經由芝加哥在半夜飛抵紐約。

　　蔣廷黻這次赴美是去開聯合國「亞洲暨遠東經濟委員會」的「全會委員會」會議。在啟程前一天，外交部長王世杰從南京打長途電話給他，告訴他兩件事：一、希望他開完該會以後會留下來參加聯合國的大會；二、他在等郭泰祺健康情況的報告，以便任命蔣廷黻為中國駐聯合國安全理事會的代表。蔣廷黻此行注定是他人生改道、走入他人生最後十八年的外交生涯的開始。

　　這時候的蔣廷黻人在美國，心在中國。他恨不得在美國開會期間能順利地跟唐玉瑞離婚。然後盡快回去和 Hilda 結婚。怎奈事與願違。不但唐玉瑞拒絕跟他離婚，而且政府更在 7 月 28 日，正式任命他代理郭泰祺。8 月 8 日，外交部長王世杰要蔣廷黻參加安理會，說是蔣廷黻已經承諾過的。蔣廷黻說那並不正確。他回電說他願意留到 9 月 15 日。當天下午，他去醫院探望郭泰祺。看到了郭泰祺的健康情形以後，蔣廷黻看得出郭泰祺至少在半年內不可能恢復工作。8 月 19 日，他接到王世杰的電報，任命他為聯合國第二屆大會第三席次的代表以及常駐聯合國與安理會的代表。

　　當時聯合國還位於紐約長島（Long Island）西北角的「成功湖」（Lake Success），而中國駐聯合國代表團的辦公室則在「帝國大廈」（Empire State Building）的第 63 層。9 月間，聯合國第二屆大會會期開始。雖然蔣廷黻很認真地在安理會和大會中開會，但他這次留在美國是心不甘情不願。好在他在 11 月 5 日就接到外交部的電報，要他去出席聯合國在 11 月下旬到 12 月初在菲律賓召開的「亞洲暨遠東經濟委員會」。

　　蔣廷黻在菲律賓開完會以後，在 12 月 3 日飛回到上海。在回國將近一個半月的時間裡，蔣廷黻首先拒絕了王世杰給予他駐美大使的位置。他拒絕的原因，一方面是他想留在中國跟 Hilda 廝守在一起；在另一方面，他當時真正屬意的位置是財政部長。結果，他 12 月 22 日下午到蔣介石官邸晉見的時候，蔣介石給他的位置只是政務委員兼財政部次長。失望的他婉拒。

　　由於蔣廷黻已經安排好讓 Hilda 到美國跟他團圓，他放心地在 1948 年 1 月 17 日離開上海。18 日下午抵舊金山。在舊金山勾留兩天以後，他輾轉在 21 日夜裡抵達紐約。三個月以後，他原先所屬意的財政部長的職位居然成真。5 月 25 日一早，他接到王世杰從南京打來的電話，說翁文灝要他當財政部長。然而，此時已非彼時了。Hilda 已經就要搭飛機到美國來跟他團圓了，他這時已經沒有回中國的理由。他連續打了兩通電報回絕。

不偏不倚的獨立外交姿態

　　1948 年初回到了聯合國工作崗位的蔣廷黻所展現的姿態，是聯合國「五強」之一的國家的代表。他把中國「五強」之一的位置界定在不偏不倚、獨立於美蘇兩強之外的獨立外交姿態。從這個角度來說，這時候的蔣廷黻仍然迥異於他的好友胡適。鍾愛美國的胡適一直是以美國馬首是瞻。舉個最明顯的例子來說，他早在 1941 年 7 月 8 日在美國密西根大學演講〈意識形態之間的衝突〉（The Conflict of Ideologies）的時候，就已經開始把蘇聯跟軸心國放在獨裁的陣營裡，作為跟英美民主陣營的國家作對比。[1]然而，他在該年 12 月 31

1　Hu Shih, "The Conflict of Ideologies,"《胡適全集》，38.210-235。

日在「美國政治學會」（American Political Science Association）在紐約所舉行的年會裡所作的演講〈亞洲與全世界的秩序〉（Asia and the Universal World Order）卻仍然歌頌中蘇的關係，並期許它會更上一層樓：

　　早在俄國英勇的抵抗扭轉了歐洲的戰局以前，蘇聯就已經伸出援手幫助中國對日抗戰長達五年之久。〔蘇聯〕給予中國的友好的援助，是沒有任何先決條件的，例如在疆土上的割讓、在意識形態上的投降、或者在政治上的干擾。〔中國〕唯一用以償還的方式，是俄國所需的中國貨品與物資。當俄國與中國聯合起來對付它們在亞洲共同的敵人的時候，這種友好的關係一定會更進一步地發展成為更親密的關係，

　　我誠摯地盼望那個時間就會很快地到來，中國和蘇聯不但會肩並肩地一起和它們共同的敵人作戰，而且是會在將來也永遠如此。共有著長達幾乎5,000 英里的邊界的中國和蘇聯，應該以最近所簽訂的英蘇條約為樣本，訂立一個締造永久的和平、互不侵犯、互助、普遍安全的條約。加拿大與美國共有著 3,500 英里長的不設防的邊界的歷史榜樣，是一個可以讓中國與蘇聯雙方都得到好處的楷模。亞洲的和平與繁榮，有賴於這兩個加起來占有這個大陸四分之三幅員的大國之間的互信。[2]

　　胡適為什麼會在抨擊蘇聯跟軸心國在獨裁方面是一丘之貉以後，卻又回過頭來歌頌蘇聯對歐洲戰局、援助中國抗戰的貢獻、並從而祝禱中蘇兩國能夠攜手共同締造亞洲大陸的和平與繁榮呢？一方面，作為中國駐美大使的他，必須如實地指出：自從 1937 年中蘇簽訂〈中蘇互不侵犯條約〉以後，蘇俄是唯一提供中國軍火援助抵抗日本的國家的事實。這個援助一直要到 1941 年 4 月〈日蘇中立條約〉簽訂以後方才停止。在另一方面，而且也是更重要的原因是，從希特勒進攻蘇聯到第二次世界大戰接近尾聲為止，美國視蘇聯為共同抵抗軸心國的盟邦，給予大量的軍事援助。因此，對美國亦步亦趨的胡適也一直

2　請注意：我用的是收在《胡適全集》裡 1942 年的版本："Asia and the Universal World Order,"《胡適全集》，38.697-698。

表示他對蘇聯友好的態度。

　　然而，美國給予蘇聯援助有其在打敗軸心國的戰略上的必要。這並不改它對蘇聯在意識形態上敵對的態度。等美蘇的關係緊張，進入冷戰以後，胡適也就亦步亦趨地變成了一個冷戰鬥士。[3]

　　當時的蔣廷黻則不然。他當時楬櫫的是：中國應該不偏美國、也不倚蘇聯、保持獨立的外交政策。最具體而微地體現出他這個姿態的，是他 1948 年 4 月 24 日的日記。當天，因為新聞報導說美國跟中國商議用中國的軍隊到巴勒斯坦維持和平。鄭寶南發表否認的聲明。蔣廷黻說他個人反對中國參加巴勒斯坦的維安工作。最簡單的理由是，如果以阿雙反打起來的話，中國是支持哪一方？更重要的是：「光是中國的幅員已經足夠讓人家嫉妒了，更何況它如果展現出任何帝國的野心。它自己的問題，多到它可以用所有的精力，五十年的時間都解決不了的地步。不管是對它的近鄰或者是對在世界上遙遠地方的衝突，它都必須小心翼翼地去建立出一個愛好和平、超然、友好的名聲。」

　　蔣廷黻說這一段話的背景，是聯合國在 1947 年 11 月 29 日所通過的 181 號決議：〈巴勒斯坦分割方案〉（Partition Plan for Palestine）。這個決議案把原屬於英國委任統治的巴勒斯坦分割為三個區塊：一個猶太國；一個阿拉伯國；一個由聯合國管理的耶路撒冷國際特別政權。以色列的成立，就是根據這個決議案而來的。猶太人自然支持這個分割方案，因為他們終於可以有一個屬於自己的國家。而阿拉伯人當然反對。理由很簡單。猶太人只占當地人口的 32%，卻分得 56%的疆土；占大多數人口的阿拉伯人，只分到 42%的土地。衝突立時發生。導致了 1947 到 1948 年間的第一次中東戰爭。

　　聯合國這個〈巴勒斯坦分割方案〉有 33 票贊成、13 票反對、10 票棄權。值得指出的是，贊成的國家包括一向站在對立面的美國與蘇聯；阿拉伯國家一致投反對票；棄權的 10 票裡，包括中國。中國投棄權票是有理由的。一方面，當時美國參議院正在辯論給予中國援助。這是美國可以施壓中國投贊成票的一個武器。然而，在另一方面，中國也有許多理由讓它無法站在美國一方。這些理由可以從蔣廷黻的日記裡找到端倪。

3　請參閱我在《舍我其誰：胡適，第四部：國師策士，1932-1962》，頁 550-645 的分析。

　　蔣廷黻那次沒有在聯合國出席投票，因為他在 11 月 20 日就已經離開紐約，到菲律賓出席聯合國在該地所召開的「亞洲暨遠東經濟委員會」。然而，從聯合國第二屆大會會期開始到 10 月中，他已經對巴勒斯坦這個方案雙方的論辯的立場有了相當的了解。他在 1947 年 10 月 15 日的日記裡說：

　　　下午討論巴勒斯坦的問題。我越聽辯論，越對巴勒斯坦分割方案覺得義憤填膺。我覺得猶太人太過狡猾地利用了他們眼前在政治上的優勢。長遠來說，他們會失敗的。一個名副其實的「國家」（National Home）必須是永久的。而一個不是建立在公道的基礎上的東西是不可能永久的。阿拉伯人對巴勒斯坦所要求的所有權，跟所有現在在那塊土地上生活的人所要求的所有權，同樣是合情合理。如果猶太人用武力在那兒取得了土地，然後又在外國勢力的支撐之下把那塊土地建立成一個主權國家，他們是不可能締造出一個永久的國家的。

　　蔣廷黻的預言沒有成真。然而，他當時對阿拉伯人的同情之心是油然可見的。

　　1948 年 5 月 14 日，以色列在衝突節節高升的情況之下建國。美國在當天就承認以色列。蘇聯在 17 日承認。5 月 19 日，蔣廷黻在安理會的演講裡說：

　　　有兩種形式的和平：一、純粹的和平，對爭議的任何一方的權利、要求、與法律地位都沒有偏見；二、分割的和平。前者比較容易實現而且也比較公正，因為對建立一個獨立的國家而言，猶太人並沒有堅實的理由。美國的方案不能被接受，因為它支持一個分割的和平。而且它根據的是聯合國憲章第七章〔賦予安理會採取軍事與非軍事的方法維持和平的權力〕。在法理上不能成立。「聯合國即使有全世界最強的國家用其武力支持，都不可能增加其威信，除非它所作的決定是公道的。」

　　蔣廷黻個人一直認為解決巴勒斯坦最好的方法，是援引歷史上的「奧匈帝國」（Austrian-Hungarian Empire）二元帝國的成例，建立一個「猶太—阿拉

伯」聯邦。這真是典型的書生之見。

以色列在宣布成立以後的第二天就申請加入聯合國，但安理會在該屆會期裡沒有受理該案。以色列在 1948 年聯合國第三屆大會再度提出申請。12 月 13日，以色列代表來向蔣廷黻拉票的時候，蔣廷黻回答說：「中國有三千萬回教徒，我們無法忽視他們的感受。中國雖然並不願意阻擋以色列進入聯合國之路，但在目前礙難支持。如果〔以阿〕和解成功，或者和解不成功的理由並不是在以色列一方，中國會給予正面的考慮的。」然而，中國當然也不敢得罪美國。所以 12 月 17 日安理會投票的時候，中國投的又是棄權票：以色列的入會案被以 5 票贊成、1 票反對、5 票棄權的比數否決。

以色列再接再厲，又在 1949 年提出申請。當時已經敗退到台灣的國民黨政府，在聯合國已經完全聽命美國。台灣先在 3 月 1 日承認以色列，然後在 3月 4 日安理會的投票支持以色列進入聯合國。比數是：9 票贊成、1 票反對、1票棄權。接著，聯合國大會在 5 月 11 日以超過法定三分之二的票數，37 票贊成、12 票反對、9 票棄權通過以色列進入聯合國。

除了不偏不倚，既不偏袒美國，也不倚靠蘇聯以外，蔣廷黻是以「五強」之一的姿態來期許中國的。這個「五強」的姿態，用他 1948 年 4 月 30 日在紐約「華美協進會」演講裡的話來說：「一、如何發展跟鄰國的關係：印度、緬甸、巴基斯坦、暹羅〔1948 年再度改名為泰國〕、菲律賓，以及新獨立的印尼；二、如何在世界事務上扮演五強之一的角色。」然而，蔣廷黻自己也完全體會到中國實際上並沒有「五強」的實力。就像我在上文所舉的他 1948 年 4月 24 日日記的記載，意即，他在「華美協進會」演講前六天的話來說：中國「自己的問題，多到它可以用所有的精力，五十年的時間都解決不了的地步。」

既然如此，中國有什麼能力不偏不倚地「在世界事務上扮演五強之一的角色」呢？蔣廷黻心中的楷模不是後來在聯合國扮演不結盟國家集團領袖的印度總理尼赫魯（Jawaharlal Nehru）。他不喜歡尼赫魯。他特別討厭尼赫魯矢言東、西對峙好以亞洲國家的龍頭自居，忘卻了中國作為「五強」之一，才真正是亞洲國家的龍頭。1949 年 4 月 6 日，菲律賓駐聯合國代表羅慕洛（Carlos Romulo）在午餐的時候告訴他說：「尼赫魯急切地想要取得亞洲〔國家〕的

領導權的地位，把印度引向獨立於兩邊陣營的位置，而且非常左傾。他告訴尼赫魯說中國有一個非常經驗豐富的外交部門；把中國涼在一旁不顧的作法是不可能的。」蔣廷黻在該年 10 月 19 日的日記裡忿忿地說：

〔聯合國祕書長〕賴伊設午宴招待，尼赫魯是主客，受盡恭維。他所作的演說是屬於那種夢想家所作的那一類型的，讓我非常失望。由於美國對他們示好，印度人變得非常傲慢。去年喀什米爾的問題，我站在他們那邊，他們對我說了多少感激的話。現在，他們躲著我。他們忘了風水是會輪流轉的。

風水輪流轉，誠然！印度代表躲著蔣廷黻，因為中共政權已經成立，他們就即將承認中共。然而，蔣廷黻再怎麼討厭尼赫魯，為了阻止印度承認中共，他人在屋簷下不得不低頭。1949 年 11 月 6 日：

到尼赫魯在「華爾道夫套房樓」（Waldorf Towers）的套房去見他。他闡述他的哲學。在亞洲，只有民族主義，加上社會改革，可以抵抗共產主義和帝國主義。美國的任何幫助都不會有什麼作用，反而只會更把中共推向俄國的臂彎裡。我指出共產黨的勝利就意味著蘇聯帝國的擴張。他理解，也擔心。他說俄國完全是在作全球性（universal）〔的擴張〕。然而，救贖之道只能來自內部。我說，在中國，軍事問題壓倒了所有其他問題。中共的叛亂是從兵變開始的。在這方面，中國跟印度不同。我告訴他說，承認中共對印度一點好處也沒有。他說，印度唯一所關注的，是如何不讓東南亞赤化。他很疲倦的樣子。我們談了半個鐘頭。他的主意已經定了。

印度在 1950 年 1 月 1 日承認中共。

諷刺的是，蔣廷黻討厭的是尼赫魯，而不是他所代表的理念。尼赫魯的不偏不倚的外交政策，以及他的費邊主義（Fabianism）的社會經濟的理念，都是他所認同的。不但如此，雖然他可能覺得尼赫魯太愛用煽動性的東西方對峙

的語言，但他認同尼赫魯主張亞洲國家在聯合國裡團結起來成為一個投票集團的理念。比如說，1948 年 10 月 29 日，尼赫魯在印度代表團所舉行的午餐會上提議亞洲會員國次年在杭州召開一個會議。菲律賓跟伊朗贊成。土耳其則指出亞洲國家之間的差異性很大。泰國與寮國的代表默不作聲。蔣廷黻說：「我提出在聯合國裡合作的問題，諸如投票與政治問題。有關後者，我說當某問題直接攸關某一個國家的利益的時候，該當事國有權要求其他亞洲國家鄭重考慮其觀點。大家都同意。」

然而，理念相同是一回事，討厭其人又是另一回事。尼赫魯究竟是哪一點討蔣廷黻的厭，蔣廷黻從來沒有直接點明。然而，我們可以從他日記裡的描述窺其端倪。他從 1947 年 6 月在上海開聯合國「亞洲暨遠東經濟委員會」第一屆大會，第一次跟尼赫魯打過交道的時候就討厭他了。他認為尼赫魯跟俄國代表沆瀣一氣、好興風作浪。他在 6 月 25 日的日記裡抱怨說：「史迭曾可（Stetsenko）〔蘇聯代表〕和尼赫魯帶給所有參加這個委員會會議代表的，是非常痛苦的經驗。」

等 7 月間「亞洲暨遠東經濟委員會」的「全會委員會」在聯合國總部「成功湖」召開，尼赫魯亟亟以亞洲新興國家的代言人的姿態發言以後，蔣廷黻就更加討厭尼赫魯了。1947 年 7 月 10 日日記：「印度的尼赫魯呼籲要給錫蘭、緬甸、馬來西亞聯邦、〔法屬〕印度支那會員國的資格。菲律賓、蘇聯、暹羅的代表支持。這下子，『亞洲暨遠東經濟委員會』捲入政治漩渦裡去了。」

蔣廷黻不是亟亟於要表現出中國是「五強」之一的地位，而且要增進中國跟亞洲鄰邦的關係，並聯合亞洲國家在聯合國裡一致行動嗎？然而，為什麼尼赫魯呼籲要給錫蘭、緬甸、馬來西亞聯邦、法屬印度支那等地區會員國的資格，他卻會認為他是要把「『亞洲暨遠東經濟委員會』捲入政治漩渦裡去了」呢？原來，錫蘭、緬甸、馬來西亞聯邦、法屬印度支那（越南）當時都還是殖民地。「亞洲暨遠東經濟委員會」的「全會委員會」開會的時候，討論到是否給予這些殖民地以「準會員國」（associate membership）的資格。對於這個議案，當時一共有四個國家提出了四個不同的動議：英國、印度、蘇聯，以及菲律賓。菲律賓的動議的內容不詳。印度的動議，蔣廷黻在上則日記裡已經指出了，就是要給予這些殖民地以「準會員國」的資格；蘇聯的動議就是要由這些

殖民地自己主動提出申請；英國的動議則是要宗主國為這些殖民地提出申請。[4]以英國為首的西方殖民國家要維護其作為殖民宗主國的利益，尼赫魯則是要為這些殖民地爭取權益。結果，蔣廷黻不譴責英國，反而認為尼赫魯是在搞政治。

事實上，蔣廷黻自己的立場跟尼赫魯並沒有太大的不同。7 月 15 日的會議爭論激烈。蔣廷黻說：「尼赫魯怒氣沖沖地說這是東西方的對峙。幸好羅慕洛打圓場說不是那個樣子。這是我第一次覺得委員會遇到了一個急湍，於是宣布休會。」休會期間，蔣廷黻想向英美國家建議一個修正案，亦即，殖民地透過其宗主國提出申請。然而，英國、法國、美國都反對。在次日的表決裡，蔣廷黻的修正案被否決。西方殖民國家與美國勝利，亦即，殖民地要申請「準會員國」的資格必需要由其宗主國提出。蔣廷黻在當天的日記裡評論說：

> 亞洲國家團結一致地投票，歐洲與美國則站在相反的一面，蘇聯棄權。歐美集團在法理上站得住腳，可是輸掉了政治家的氣度。如果它們能夠稍微退一步，就不至於會演變成兩個對峙的投票集團。在另一方面，尼赫魯與羅慕洛則在辯論裡注入了太多的怨氣（resentment）。

如果蔣廷黻在不結盟，以及聯合亞洲國家的理念上，跟尼赫魯沒有太大的軒輊，為什麼他會那麼討厭他呢？尼赫魯顯然是一個親和力強，廣受歡迎的人。事實上，連蔣廷黻自己都在 1948 年 10 月 29 日的日記裡形容尼赫魯八面玲瓏（suave）。他討厭尼赫魯，當然有可能是嫉妒，因為尼赫魯的外交手腕可能比他更高明，在美國的聲望比他還高；當然也有可能是競爭，因為尼赫魯要為印度爭亞洲國家龍頭的地位，無視於中國「五強」之一的地位；當然，等尼赫魯很明顯的支持、要承認中共以後，他就根本是一個敵人了。

蔣廷黻所討厭的是尼赫魯個人，而不是他不偏不倚的外交政策。最好的證據是他在開始的時候非常欣賞尼赫魯的妹妹潘迪特（Vijaya Pandit）夫人及其

4　Victor Purcell, "The Economic Commission for Asia and the Far East," *International Affairs*, 24.2 (April, 1948), pp. 183-184.

政策。潘迪特夫人在 1947 到 1949 年間任印度駐蘇聯大使、在 1949 到 1951 年間任印度駐美國與墨西哥大使。蔣廷黻認識潘迪特夫人是在 1947 年聯合國第二屆年會。他用很有魅力（charming）一詞來形容她。比如說，他在 1948 年10 月 29 日見到巴基斯坦總理的夫人的時候說：「我很驚喜他的夫人跟潘迪特夫人一樣充滿了魅力。」在一開始的時候，蔣廷黻對印度代表的印象非常好。1947 年 10 月 2 日：「晚上 6:30，印度〔代表團〕在華爾道夫阿斯托里亞酒店舉行招待會，辦得非常成功。我越跟印度人接觸，特別是潘迪特夫人，我越發喜歡他們。」9 月 19 日：「〔大會〕整天辯論。依我的看法，潘迪特夫人作的演講最好：莊嚴而且彰顯出印度文化最好的一面。」10 月 23 日，潘迪特夫人邀請蔣廷黻、羅慕洛，以及伊朗與暹羅的代表午餐：「我們都同意我們應該在聯合國裡合作：一、遇到問題就協商，以免對任何一國認為是重大問題的討論上採取相反的立場；二、投票前作協商。」更有意味的是 11 月 10 日的日記。當天下午大會舉行投票接受新會員國：「我驚訝地發現印度代表團在開始幾輪的投票裡都跟蘇聯集團站在同一陣線。它是唯一個這樣投票的國家。很明顯的，潘迪特夫人覺得有時候站在蘇聯一邊，有時候站在美國一邊，以證明她是超然不黨的（*au-dessus de la mêlée*）。」

換句話說，不偏不倚、聯合亞洲國家的理念，是蔣廷黻、尼赫魯、和潘迪特夫人所共同持有的。由於蔣廷黻當時喜歡潘迪特夫人，當她發揮他們共同持有的理念的時候，蔣廷黻為之折服；然而，由於蔣廷黻不喜歡尼赫魯，當他展現他們共同持有的理念的時候，蔣廷黻就總覺得他是在玩政治、搞對立。

然而，即使蔣廷黻曾經欣賞潘迪特夫人，在他發現她親中共以後，就視之為敵人了。1950 年 12 月 31 日，他在「面對新聞界」（Meet the Press）的電視節目上看到潘迪特夫人發言說：「印度害怕戰爭勝於害怕共產主義；赤共之所以介入韓戰是由於害怕美國；美國對金錢的重視並非正確地反映美國人民真正的性情（feeling），但是造成了亞洲人民對美國的反感。」蔣廷黻說在主持人的追問之下，潘迪特夫人有些觀點真是幼稚，可惜他沒舉例說明。1953 年 3月間，安理會的五強在商討下一任聯合國祕書長的人選。蘇聯代表說潘迪特夫人是蘇聯可以接受的人選。3 月 19 日針對她投票的時候，蔣廷黻是唯一投反對票的人。雖然最後選上祕書長的是哈瑪紹（Dag Hammarskjöld），但潘迪特

夫人接著又成為大會主席的候選人。8 月 31 日，蔣廷黻在幕僚會議裡討論潘迪特夫人是大會主席候選人的問題。蔣廷黻擔心：「她可能會挑偏袒的人選加入『會員國代表資格審查委員會』（credentials committee）。」這個「會員國資格審查委員會」就是蘇聯可以用來挑戰蔣廷黻在聯合國代表權的一個所在。結果，潘迪特夫人在 9 月 15 日當選為聯合國大會主席。

也許因為蔣廷黻自己心裡有鬼，他覺得潘迪特夫人處處故意要和他作對。9 月 22 日，「總務委員會」開會，蔣廷黻認為潘迪特夫人是故意安排一個很晚的時間讓他發言。在幾天以前，蔣廷黻登記要在星期六發言，因為他認為在星期六發言比較有上報的機會。結果，因為星期六沒有人登記要發言，他只好作罷。9 月 22 日星期二：

> 到下午很晚的時候（5:45），潘迪特夫人才召喚我發言。我就知道她是刻意安排的，因為她就是計算好要剝奪我的演講上報的機會。然而，我認為儘管她的算計我還是有可能上報並得到賞識，所以我還是發言了。

如果真的有潘迪特夫人算計蔣廷黻這回事，蔣廷黻認為結果是潘迪特夫人贏了。蔣廷黻在次日的日記裡忿忿然說：「潘迪特夫人贏了。除了《世界電報》（World Telegram）與《紐約太陽報》（Sun）以外，我的演說幾乎沒有任何報紙提到。」

蔣廷黻對潘迪特夫人敵視的態度顯然是廣為聯合國代表所知的。當晚，美國代表團款宴尼克森。蔣廷黻坐在英國代表羅伊德（Lloyd）的對面。羅伊德用諧音的雙關語揶揄蔣廷黻說：「在幫助潘迪特選上〔大會主席〕這件事上，你可是施展了你的潘迪特術（punditry）。」蔣廷黻拼成「punditry」。這個字也可以拼成「panditry」，就是潘迪特夫人的名字的拼法。這個字本來的意思是指「梵學家」，但已被泛用來稱呼好議論、自命為權威的人。

回到蔣廷黻對尼赫魯的成見。在不偏不倚、聯合亞洲國家這個共同的理念之下，蔣廷黻和尼赫魯兩人是有一點不同的所在。蔣廷黻會認為尼赫魯在玩政治、搞對立，因為他雖然在經濟政策上跟尼赫魯一樣偏左，但在政治、外交上，他遠比尼赫魯右得多。因此，在外交政策上，蔣廷黻仍然是以西方國家馬

首是瞻，反對殖民地用革命的方式向西方爭取獨立。最典型的例子就是他對印尼用游擊戰爭的方法向荷蘭爭取獨立的態度。蔣廷黻在 1947 年 8 月 16 日跟中國代表團成員討論的結果，所得到的共識是保持中立，但避免作出任何親荷蘭的言論。19 日，蔣廷黻在安理會裡作演講。他說：「中國支持亞洲人民的自由。然而，我們希望看到自由是與歐美國家合作之下，伴隨並遵循循序漸進的原則而取得的。」他在當天的日記裡甚至說：「這應該是指導中國外交政策的中心思想。」換句話說，蔣廷黻認為亞洲殖民地的人民要爭取自由，應該是要與宗主國合作並且是要和平漸進的。蔣廷黻既然有這種殖民地應該用和平漸進的方法向宗主國爭取獨立的想法，他當然會認為尼赫魯是屬於魯莽冒進之徒了。

　　蔣廷黻之所以會楬櫫不偏不倚的外交政策的理念，還有一個非常實際的考量，亦即，他深切地體認到中國是一個弱國，它所謂的「五強」之一的地位是有名無實的。對美國或者蘇俄在全球戰略的部署上而言，中國是無關輕重的。他在 1948 年 2 月 1 日的日記裡說：

　　　美國的政策已經制定好了。圍堵蘇聯的策略已經完全擬定好了：英國、法國、義大利、希臘、土耳其、伊朗、菲律賓、日本、韓國、阿拉斯加。中國是任其選邊。美國認為中國是一個壞的投資。蘇聯也許會把中國視為一個小棋子，不得已的時候才拿來用，而且也只是拿來作為分散注意力而用。最重要的是：一、有潛力的西歐國家；二、取得阿拉伯石油的路線。如果戰爭很快就發生，美國可以依靠空軍的優勢和核子彈。如果不會，英國、法國、和義大利可以被發展成前進的基地。

　　由於蔣廷黻相信對美國或蘇聯而言，中國一點重要性都沒有，他認為即使第三次世界大戰爆發，中國不會是其戰場。同年 4 月 8 日：「跟魏博士長談有關核子能問題。我們假想中國在第三次世界大戰裡的位置。我認為第三次世界大戰不會在最近發生，因為史達林從來就不會賭。我也認為中國不會是一個主要的戰場，因為在中國所發生的不會是決定性的，而且中國打仗的潛力太低。」

中國既然不在美蘇兩國眼裡，而且又弱到不可能成為戰場，則中國就必須思索如何自處之道，以確保其自身的利益。同年 3 月 7 日：

> 冷戰變得越來越熱。蘇聯毫無疑問地會進軍低地國家〔荷蘭、比利時、盧森堡〕才能把法國跟英國拆開。同樣的理由，美國就必須防衛低地國家。這是注定的。為了達成其安全的夢想，蘇聯一定要把西歐圈過去；美國則一定要把它分離出來以作為橋頭堡。在這種情況之下，美國絕不會讓戰爭——即使是小型的——在近東發生，因為阿拉伯的石油是打第三次世界大戰所必需的……在第三次世界大戰裡，中國要怎樣作才可能最確保其利益？

蔣廷黻不偏不倚的外交姿態就印證了他當時仍然還不是一個「冷戰鬥士」的事實。當時還不是冷戰鬥士的他當然在根本上還是親美、反蘇。然而，當時的他並不是無條件的親美。比如說，1947 年 8 月 5 日，他跟哥倫比亞大學教授納桑尼爾・裴斐（Nathaniel Pfeffer）晚餐的時候對後者說：「史達林是真心害怕美國，因為他真的相信資本主義的本質是帝國主義。」

當時的蔣廷黻不只認為史達林是真心相信美國或資本主義的本質是帝國主義，他自己也會用帝國主義來抨擊美國與西方國家。1947 年 8、9 月的時候，安理會討論有關英國從埃及撤軍的問題。9 月 10 日：蔣廷黻和徐淑希草擬了一個決議案，讓英國能贏得裡子，埃及贏得面子。他以為他可以得到七個贊成票，也不會被五強之一否決。他在事前還請美國、英國代表過目。前者說可以接受，後者則反對序文裡的一段話。沒想到在辯論的時候，美國的批評比他所預期的還激烈。表決的時候，他只得到兩票：中國和哥倫比亞。他在承認「徹底失敗」以後抱怨說：「盎格魯・撒克遜和法國—比利時的集團確實很強。帝國主義者的短視令人難以置信。」

蔣廷黻認為由於帝國主義的美國短視，所以才會讓蘇聯有機可乘。9 月 23 日，李國欽邀約晚宴。蔣廷黻對坐在他旁邊的杜勒斯說：「世界上可以讓蘇聯拿來利用的，只有兩股龐大的原始力量（elementary forces）：貧窮與民族主義。俄國只有一個核子彈〔當時蘇聯還沒有發展出核子彈〕，那就是宣傳。如

果這個核子彈是丟在貧窮與／或者民族主義之上，它可以產生巨大的效果，否則不會。」

　　如果要他在美國與蘇聯之間選擇一個，蔣廷黻自然會選擇美國。然而，當時的他，認為選擇美國只不過是兩害相權取其輕而已。最有意味的例子就是1948 年 6 月間安理會辯論有關核子能控制的問題。蘇聯主張全面禁止，外加定期與特別的檢查；美國則主張國際管制。蘇聯主張全面禁止的原因很簡單，因為當時蘇聯還沒發展出核子彈。蔣廷黻在 6 月 11 日的日記裡沉思說：「中國該怎麼作呢？它自然是希望沒有一個國家有核子彈。但如果只有一個國家有，中國寧可是美國有。如果禁止核子彈的公約簽署了，我們能相信俄國嗎？在接下去的三四年間，能！因為它還造不出來〔蘇聯在 1949 年 8 月 29 日試爆成功〕。」

　　6 月 13 日，蔣廷黻準備他要在安理會有關核子能所作的演講。他自忖：

　　有時候我覺得中國應該百分之百支持美國；有時候我覺得美國自己也是帝國主義，雖然是屬於那種開明式的（benevolent）。美國人會如何作為世界首強？他們的品格會不會隨著權力而退化？這些都是未知數。我不知道其他國家的政治家是否也在問他們自己這些問題。

6 月 22 日，安理會投票：

　　雖然我投票贊成美國的提案，但我並不是完全樂意的。當然，最好的作法是讓核子武器從這個世界永遠消失。然而，究竟是讓美國或蘇聯擁有這個武器？這個選擇很容易。如果蘇聯比較像樣一點（more decent）的話，我是會樂意加入它的陣營來禁止核子武器的。將來，這個世界也許會後悔美國有這個武器。

　　也正由於蔣廷黻認為在美蘇之間作一個選擇，只是在兩害相權取其輕，因此他並不覺得作為共產國家的蘇聯，除了有點「不像樣」以外，有多可怕。比如說，他 5 月 28 日晚在俄勒岡州的波特蘭（Portland）與馬歇爾等人同台演

講。馬歇爾在演講結尾的時候即席引申了蔣廷黻的建議，亦即，尊重不同意識形態之間絕對的平等（sovereign equality of ideologies）。蔣廷黻顯然很以他這個觀點自豪。6月4日，他回到紐約以後幾天，他跟傑克森（Jackson）海軍中校午餐。傑克森中校問他說：「有否化解美國與蘇聯之間衝突的方法？」他回說：「要教導尊重不同意識形態之間絕對的平等的道理。」

由於當時的蔣廷黻到處在教導美國的要人要懂得「尊重不同意識形態之間絕對的平等」，他覺得美國沒有必要刻意地向蘇聯挑釁。在這方面，最有意味的例子，是他反對美國所領導組織的抵制蘇聯的「北大西洋公約組織」（North Atlantic Treaty Organization）。1949年3月19日：「報紙大肆宣傳『北大西洋聯盟』。莫斯科稱其具有挑釁性（aggressive）。」3月31日，蔣廷黻在日記裡省思說：

> 「北大西洋聯盟」：其具有挑釁性嗎？也許其動機並非如此。然而，這自然會造成俄國的緊張。如果把這個「聯盟」放在聯合國的憲章之下來運作，它會一點價值都沒有，因為安理會是永遠不會對蘇聯提出制裁的。我們中國是否應該支持它。很難說。

4月2日上午，中國代表團舉行幕僚會議：

> 我們討論到「北大西洋聯盟」。徐淑希提出他的看法：圍堵蘇聯跟打蘇聯是不同的：前者是要把洪泛向東堵回去；後者是要摧毀它。我指出這個「聯盟」有兩個困難：一、如果嚴格地遵照聯合國憲章，它會一點用處都沒有，因為根據憲章第五十三章，地區性聯盟必須先得到安理會的授權，方才得以採取行動；二、蘇聯主要會利用的是第五縱隊。「聯盟」對之只有遏止的作用。

4月4日，駐美大使顧維鈞來紐約跟他交換意見的時候，他們討論到「北大西洋公約組織」：「我們同意如果可能的話不要表示意見。如果不可能，我覺得我們可以避開法律方面的問題，而要求以實際的效用作為其檢驗的標準。

事實上，沒有人能預測這個聯盟的未來。」

　　蔣廷黻說了半天，只是在打高空。一直到 4 月 6 日，他才說出了他反對「北大西洋公約組織」的深層理由。當天，他和菲律賓代表羅慕洛午餐：「他不喜歡『北大西洋聯盟』，原因是它宣示了大西洋國家在歷史上的一統性。」他接著在日記裡作了按語：「『北大西洋聯盟』讓所有工業先進國家局促不安。這可能是它宰制世界的開始。」

　　不管蔣廷黻如何擔心「北大西洋公約組織」會宰制世界，1949 年 4 月 4 日，美國與西歐、北歐的十二個國家在華盛頓簽署成立「北大西洋公約組織」。

　　我之所以不惜費辭一再強調當時的蔣廷黻還不是一個冷戰鬥士是有一個重要的理由的。因為如果不點出這個事實，不知道的人就可能把蔣廷黻在成為冷戰鬥士以後的言論拿回來證明他在成為冷戰鬥士以前的立場。就舉兩個例子。第一個例子。1951 年 3 月 23 日上午，蔣廷黻回台北述職的時候，在立法院作了一個報告。他在當天的日記裡沒說他報告的內容，只簡短地記說：「很滿意：聽講的委員很多，一再給予我掌聲。」《蔣廷黻選集》註記說那是一個立法院祕密會議，報告的題目是：〈最近三年來在聯合國之工作與一般國際情勢〉，只是錯把日期誤植為 2 月 23 日。在這個報告裡，蔣廷黻談論了他三年來在聯合國裡所努力的五個問題。其中，一個問題是：「對於原子彈問題之立場」。這是蔣廷黻這個報告裡最簡短的一項，可以全部徵引：「吾人並無原子彈，所持立場則係希望世界各國不用原子彈。唯〔惟〕空洞之禁用方案無濟於事。若求徹底執行，唯有國際共管原子彈一途，此係吾人一貫主張。」[5]

　　這是蔣廷黻已經成為冷戰鬥士以後的立場，並不是他「一貫主張」。就像我在前文所分析的，1948 年 6 月間安理會辯論有關核子能控制的問題的時候，蘇聯的主張是全面禁止，美國的主張是國際管制。當時蔣廷黻雖然投票贊成美國的方案，但並不是樂意的。他說如果蘇聯的行為「比較像樣一點的話」，他是「會樂意加入它的陣營來禁止核子武器的」。

　　第二個例子是有關「北大西洋公約組織」。1953 年 1 月 28 日，蔣廷黻對

5　蔣廷黻，〈最近三年來在聯合國之工作與一般國際情勢〉，《蔣廷黻選集第四冊》，頁 782。

「紐約共和黨青年俱樂部」（New York Young Republican Club）作了一個演講：〈當民主的西方為自由與安全而奮鬥〉（When the Democratic West Strives for Freedom and Security）。在這個演講裡，蔣廷黻雖然讚揚了「北大西洋公約組織」在西歐遏阻了共產勢力的擴張，但他抨擊「北大西洋公約組織」只顧歐洲的安全，而置席捲了世界其他地區——中東、北非、特別是中國——的赤禍於不顧。他在這篇演講的第二段裡說：「我由衷讚佩地目睹了『馬歇爾計畫』（Marshall Plan）的開始及其執行。我也同樣地由衷讚佩地目睹了『北大西洋公約組織』的成立與發展。」[6]這時，已經成為冷戰鬥士的蔣廷黻抨擊「北大西洋公約組織」不但沒有盡到幫忙圍堵赤禍的道德責任，而且其組織裡的許多國家在 1950 年對「中國」落井下石，紛紛承認中共。

這真是此一時也彼一時也。曾幾何時，在 1949 年 4 月的時候，他還憂心「北大西洋公約組織」會挾其歷史上的一統性，從而以其在軍事上的優勢宰制世界呢！

崩潰

蔣廷黻作夢也沒想到他所代表的政府居然會在兩年之間摧枯拉朽式地崩潰。作為中國常駐聯合國的代表，他所念茲在茲的，是如何扮演中國在世界上作為「五強」之一角色。他萬萬沒想到禍起蕭牆。

其實，何止是蔣廷黻沒有想到過國民黨會如此迅速地崩潰。他的好友裡面，也沒有一個會有如是的想法。大家都認為共產黨跟國民黨爭權等於是以卵擊石。胡適就是一個最典型的例子。1945 年，他人還在美國的時候，在 8 月 24 日託王世杰轉毛澤東一封信。在這封信裡，胡適勸毛澤東要學英國的工黨，用和平的方法取得政權，否則可能會落得「小不忍而自致毀滅」的命運：「英國工黨五十年前僅得四萬四千票。而和平奮鬥之結果，今年得千二百萬票，成為絕大多數黨。此兩事皆足供深思。中共今日已成第二大黨。若能持之

6　Tsiang Tingfu, "When the Democratic West Strives for Freedom and Security,"《蔣廷黻資料》，22.31。

以耐心毅力，將來和平發展，前途未可限量。萬不可以小不忍而自致毀滅。」[7]1947 年 10 月間，東北的戰況已經開始膠著。然而，在普遍的悲觀聲中，胡適仍然在〈從言論自由談到當前時局〉一文裡，樂觀地堅信蔣介石可以用武力消滅共軍：「國軍的一切條件，都比對方優越。我們看事實。許多個地方，只要指揮將領得人。以優勢裝備國軍部隊，和對方作戰。立刻就可使戰局改觀。真可謂『風雲變色』。我們實無心灰氣餒的理由。」[8]

同樣是胡適、蔣廷黻的好友的傅斯年亦是如此。他在 1946 年 1 月 5 日致其妻俞大綵的信裡，說共產黨由於在軍事上慘敗，不得不去開政治協商會議：

> 政治協商會議，國外的壓力甚大，或者可有若干結果，否則必然一事無成……政治上，三國外長會對中國有責言，於共有利。但上月幾次戰爭，共皆慘敗（歸綏、包頭、臨城、棗莊、山海關，共皆慘敗），所以共黨來開會。[9]

當時在野的胡適、傅斯年如此想，在朝的國民黨更是把共產黨視為囊中物。蔣介石在 1946 年 11 月 18 日在〈綏靖區之中心工作〉的演講裡滿懷信心地說：「我相信祇要我們大家能堅定信心，確實努力，那我可以斷言，五個月之內，綏靖工作就可告一段落。如果再有五年的奮鬥，則不僅共產黨的力量可根本消滅，而且建設工作亦必能奠定相當的基礎。」[10]該年 12 月制憲大會召開的時候，蔣介石也對馬歇爾宣稱他可以在八到十個月之內摧毀共軍。[11]

行政院長的宋子文在 1946 年 12 月 9 日給駐美大使顧維鈞的一個電報裡

7　胡適致毛澤東，1945 年 8 月 24 日，《胡適全集》，25.159-160。

8　胡適，〈從言論自由談到當前時局〉，《書報精華月刊》，第 47 期，1948，頁 10。

9　傅斯年致俞大綵，1946 年 1 月 5 日，《傅斯年遺札》，3.1066-1067。

10　蔣介石，〈對綏靖區政務會議講〉，《總統蔣公思想言論總集：卷 21 演講》，1946 年 11 月 18 日，http://www.ccfd.org.tw/ccef001/index.php?option=com_content&view=article&id=2712:0041-10&catid=155:2014-06-11-05-38-30&Itemid=256，2017 年 1 月 26 日上網。

11　Jay Taylor, *The Generalissimo: Chiang Kai-shek and the Struggle for Modern China* (Cambridge, Mass.: Harvard University Press, 2009), p. 364.

說：

目前趨勢，國民大會約在聖誕節前後可告閉幕。憲法可望通過。屆時政府將派員赴延安，邀共黨參加組織政府。但決無成功之望。此項步驟辦妥後，政府對馬歇爾可謂至矣盡矣。馬之態度或可如兄電所述，贊助對我國更改方針。此絕對祕密，請勿宣。[12]

馬歇爾來中國調解國共內戰，促進中國的民主化。蔣介石之所以願意對馬歇爾虛與委蛇，是因為他有完全的信心，認為他不費吹灰之力，就可以用武力消滅共產黨。召開國民大會，制定憲法也者，不過是虛晃一招；不過是在做個樣子給馬歇爾看。在作完文戲以後，再堂堂正正地上演消滅共匪的武戲。宋子文這封電報，淋漓盡致地一語道破這個對馬歇爾虛與委蛇的伎倆。

蔣介石和宋子文在當時信心勃勃是可以理解的。這是因為蔣介石除了擁有40 師的美式裝備與訓練的軍隊，[13]以及共軍所沒有的空軍以外，他還知道美國政府無論如何，都會支持他的立場。最堅實的例證，就是美國總統杜魯門給馬歇爾的訓令。杜魯門在 1945 年 11 月任命馬歇爾作為他的特使到中國調停國共內戰。根據美國國務院的備忘錄，杜魯門在 12 月 11、12 日接見馬歇爾的時候給他的訓令是：如果拒絕讓步的是共產黨，美國支持的是蔣介石。然而，如果拒絕讓步的是蔣介石，美國支持的還是蔣介石。[14]

只是，歷史發展的軌跡常常是令人意想不到的。那些自以為穩操勝券的人，卻往往是以敗軍之將以終。

蔣廷黻跟胡適、傅斯年一樣，自始就不看好共產黨。1946 年 6 月 20 日晚，他還在擔任「行總」署長的時候，傅斯年來找他聊天。他們談到共產黨的

12　宋子文電顧維鈞，1946 年 12 月 9 日，「國史館：蔣中正總統文物」，002-020400-00004-073。

13　Charles Romanus and Riley Sunderland, *Time Runs Out in CBI: United States Army in World War II, China-Burman-India Theater* (Washington, D.C.: Center of Military History, United States Army, 1999).

14　"Memorandum of Conversation, by General Marshall," December 11, 1945, *FRUS*, 1945, Vol. VII, The Far East: China, p. 768.

時候，蔣廷黻說：「我告訴他說，如果內戰發生，我們的問題並不在於美國人喜歡共產黨，而是他們不喜歡國民黨統治的方法。問題在於如何提升國民黨在國內外的威望。」該年 9 月 14 日，納桑尼爾‧裴斐過來跟他談中國的政治和政壇人物：「我也告訴他說除非有俄國的幫助，共產黨在平地上作戰必敗，會被打到深山裡去。」1947 年 3 月，他當時已經從「行總」下台，在等待蔣介石給他一個職位。該月 16 日上午九點蔣介石召見。談話中，蔣介石問他對政治的看法：「我請他不要擔心蘇聯或共產黨，因為世界的潮流是反他們的。」

等蔣廷黻被派駐為聯合國代表以後，他就積極地在美國為國民黨政府作宣傳的工作。1948 年 1 月 20 日，他在「大同俱樂部」（the Commonwealth Club）在舊金山聖法蘭西斯飯店（Hotel St. Francis）舉行的午餐會上演講。其主旨有三：「一、中國共產黨是國際共產運動的一部分；二、其農村改革讓農民失望；三、中國必須維護其國家的統一〔，所以必須剿匪〕。」

這所謂的中共是「農村改革者」的說法，是胡適、蔣廷黻，以及所有國民黨派駐在美國的外交人員與說客所最痛恨、所最亟亟於抨擊的。這個說法的濫觴是在 1944、1945 年間，在中國的外國記者與駐華官員相對於重慶的國民黨的腐敗所塑造出來的對延安的共產黨的看法。

2 月 4 日中午，蔣廷黻在紐約「駐外記者俱樂部」（the Foreign Correspondents Club）講中國共產黨：「主旨：他們是國際運動的一部分。從前說他們是農民民主主義者的說法就已經沒有事實的根據，現在看起來根本就完全是無稽之談了。在接受發問的時段裡，只有一個問題。而且發問的人就是反共的。我的結論是，實在沒有必要作這種演講。美國人很清楚共產黨是什麼樣的東西。」

事實上，蔣廷黻如何會不知道提升國民黨在國內的威望，要遠重於提升它在國外的威望？1948 年 1 月 15 日，他要回美國繼續擔任中國常駐聯合國大使前兩天，上海四大工商業團體在「國際飯店」（Park Hotel）為他舉行餞行的酒會。他在酒會上作了一個即席的演說，主旨就是：內政遠比外交重要。

他在 1947 年 12 月初從菲律賓開完「亞洲暨遠東經濟委員會」回到中國以後，他最想拿到的職位是財政部長。只可惜蔣介石給他的職位是政務委員兼財部次長。失望的他婉拒了。然而，蔣廷黻還沒死心。1948 年 1 月初，他又奉

召去南京。他這次真的以為蔣介石會給他財政部長的位置。1月5、6日，連續兩天，他都跟熊式輝作了長談。6日上午：「我們談到了極大範圍的問題，諸如：地稅、土地改革、農村工業、水力發電等等。」蔣廷黻彷彿有預感他還是拿不到那個職位：「我告訴他說，有關我出任財政部長一事，最好是給老蔣幾個月的時間考慮。等四五個月以後，如果他仍然堅持我應該擔任那個職位，我會很樂意回來。」結果，蔣廷黻的預感沒錯。蔣介石在7日要張群告訴蔣廷黻說任命他為財政部長的時機尚未成熟。

雖然蔣廷黻自詡其經濟政策是社會主義的，但這是一個相對的概念。他1948年1月4日的日記就是極有意味的一則日記。當天，他和「行總」湖北省的副署長楊顯東長談。他說楊顯東：「對土地租佃有研究，有點左傾，有浮泛的社會主義的傾向，被政府錯誤地懷疑他是共產黨。」為了戳破楊顯東對共產黨的幻想：「我告訴他共產主義征服世界的野心、在世界各地所用的恐怖手段，以及用來摧毀目前在政府裡享有清譽的人的策略。」蔣廷黻不但試圖要矯正楊顯東的共產幼稚病，他而且要說服他說政府可以擬出一個比共產黨更好的土地改革政策。他問楊顯東說：「如果一個佃農跟政府訂約，把他37.5%的收成交給政府，政府再把這37.5%中的13%或二分之一付給地主，這樣他能不能被算成是一個自耕農？他認為這種改革可行。在這種安排之下，佃農的負擔難道不會比共產黨治下更輕嗎？他認為是。」

然而，蔣廷黻不但沒有當成財政部長，讓他有一展他在從事財政、經濟、土地、農村工業改革方面的雄心，而且他也沒能在美國提升國民黨的威望。1948年1月以後，國共內戰的情勢已經開始逆轉。在戰事越來越失利的情況之下，大家開始動起要利用外力請美國介入的腦筋起來了。

第一個想法就是在該年美國的總統大選裡支持共和黨，希冀保守的共和黨勝選的話會幫助國民黨打共產黨。6月15日晚上，當時在美國醫高血壓病的傅斯年去蔣廷黻家晚餐：「他希望中國能跟共和黨在競選期間訂立一個祕密但真切的聯盟。他也希望由美國出動空軍和海軍、中國出動陸軍的方式去打蘇聯。我告訴他說蘇聯要打的話，它會選擇在西歐，而不是遠東。」傅斯年認為蔣廷黻不夠積極。他在7月4日又寫了一封信責備蔣廷黻，力促他要：「積極行動，利用共和黨競選期間抨擊杜魯門與馬歇爾在中國的作為。」蔣廷黻回信

說：「顧維鈞與我之間的分工很清楚：影響美國對中國的政策是他的工作，不是我的。事實上，我的心不在共和黨與中國結盟。我覺得如果我們把美國的進步派推向反中國的陣營，那會是一件很讓人遺憾的事。我們必須寄望美國是在兩黨合作之下對中國提供援助的。」

　　傅斯年並不是一個特例。外交部長王世杰當年秋天領銜率領中國代表團到巴黎去參加第三屆聯合國大會。蔣廷黻 10 月 2 日的日記記下了他和王世杰的談話：「晚上跟王世杰長談。他希望蒲立德（William Bullitt）或魯斯（Henry Luce）會被任命為美國大使，取代司徒雷登（Leighton Stuart）。我告訴他說這兩人都是親中出名。他們從一開始很可能就會遇到很大的反對。艾迪生（Edison）州長〔Charles Edison，民主黨、紐澤西州州長、曾任海軍部長〕跟魯斯或者蒲立德一樣親中，可能更適合，因為他色彩不是那麼強烈。」

　　一個星期以後，10 月 13 日：「跟王世杰長談。我告訴他當共和黨贏得了大選以後，他們會給中國很大的援助，不過也同時會要求更大的控制。我們也許可以把這種控制降低一點，但不會太多。問題是：我們真的絕望到願意接受控制嗎？」

　　蔣廷黻這個要美援但不要被美國控制的說法，說得好聽一點，有民族主義的骨氣；說得難聽一點，有不要來管我家的閒事的意味。我們可以用 1949 年初所發生的一個案子來說明蔣廷黻的這種心態。匈牙利主教約熱夫·明曾蒂（József Mindszenty）在該年 2 月被匈牙利共產黨以叛國與間諜罪判無期徒刑，舉世譁然，造成了全世界的抗議。蔣廷黻 4 月 7 日的日記記：

　　　　上午，大會討論明曾蒂的案子。顧維鈞〔顧維鈞領銜率領該屆大會的中國代表團〕沒有接受我的建議，發言並贊成把該案列入大會議程。對人權這件事，所有代表發言的時候都應該有謙卑之心，因為幾乎每一個國家都患有來自於宗教、種族、或社會的偏見的毛病。我們該致力改革的地方是在自己的國家。聯合國大會處理這個問題的權力是值得懷疑的。無論如何，在這種問題上，中國代表團應該展現出其獨立於盎格魯·撒克遜集團的姿態，因為在其他問題上，我們很難跟它們有不同的看法。

　　蔣廷黻不贊成明曾蒂這個案子列入聯合國保護人權的議程裡。他的理由是天下沒有一個完美的國家。沒有一個國家可以自命清高，對其他國家指三道四。然而，更重要的是，他不希望其他國家，特別是盎格魯‧撒克遜集團的國家，以之作為先例來干涉中國的內政。

　　然而，當時的蔣廷黻就真的為了不要受到美國的控制而寧願不要美援嗎？答案當然不是。他 11 月 3 日在巴黎的日記就道盡了這個兩難：

> 　　今天，新聞一開始就是出人意外：杜魯門領先杜威。到了下午五點鐘〔巴黎與美國東部相差六個鐘頭。巴黎下午五點鐘，美國東部時間上午十一點〕，每一個人都在細語說杜威已經承認對方勝選。這個大家都期盼已久的一天就這麼過去了。我不喜歡共和黨的國內政策，但對杜魯門的巴勒斯坦政策，以及馬歇爾的中國政策失望。我原先寄望杜勒斯（John Foster Dulles）〔如果杜威當選，會是他的國務卿〕會提出一個讓接下去幾個世代都會遵循的重要的遠東政策：一、援助對抗共產黨；二、用純粹經濟的考量〔亦即，不干涉內政〕來援助經濟重建——證明一個資本主義國家可以援助一個社會主義的綱領〔蔣廷黻顯然是用三民主義裡的民生主義來澆他自己社會主義的經濟綱領〕，從而改變中國的面貌，把老百姓的生活水準提升到一個從未夢想過的高度。看來我們是必須跟民主黨賭個運氣了。
>
> 　　晚上，羅慕洛晚宴。主客是杜勒斯，原本是要慶祝勝選的。杜勒斯作了一個非常有運動員精神的演講，雖然他極為失望。他告訴我說杜威先前打電報給他，說要派一個兩人特使團去中國：一文一武。杜勒斯〔蔣廷黻原文用的是「D.」。這可以是杜威，也可以是杜勒斯〕心目中的人選是麥克阿瑟。

　　這句「一文一武」的特使團，特別是這「一武」還是麥克阿瑟的消息，真可謂道出了蔣廷黻的扼腕之嘆。他不喜歡共和黨的國內政策，因為它右傾、保守。然而，它的中國政策，特別是如果杜威當選的話會派「一文一武」的特使團到中國去的消息，不禁讓蔣廷黻感慨：如果杜威勝選，國民黨可能就會得救了。

　　其實，何止蔣廷黻在民主黨與共和黨兩者之間的選擇面臨了兩難。他的好友胡適就是另外一個典型的例子。從 1912 年的大選開始，胡適在美國經歷了七次大選。除了 1912 年他在美國留學初期是支持從共和黨退出來組進步黨的老羅斯福以外，一直到 1944 年，他都支持民主黨：1916 年的威爾遜；1936 年、1940 年、1944 年的羅斯福。1948 年的大選，是胡適轉而支持共和黨的開始：1948 年，支持杜威；1952 年、1956 年，支持艾森豪；1960 年，支持尼克森。[15]

　　蔣廷黻跟胡適不一樣的地方，是他在日記裡如實地記錄了他的兩難，而胡適不但從來沒在他的日記裡記錄下他的轉向，而且甚至還會埋下會誤導後人的迷障。比如說，他在 1948 年 1 月 18 日的日記記：

　　　　昨夜晚報載 Sol Bloom〔布倫，紐約州共和黨眾議員〕談話，說："It was necessary to kick out Chiang and his gang with him and to replace him with a strong leader behind whom China will be willing to fight."〔有必要把蔣介石及其黨羽通通趕下台，換一個中國願意在其領到之下而戰的堅強領導者。〕此頗可怪。與傳說孔祥熙、陳立夫盼望 Dewey〔杜威〕當選總統同一荒謬。[16]

　　任何人讀到胡適這則日記，都會以為胡適在 1948 年是支持杜魯門，而不是支持杜威的。當然，1 月 18 日離當年 11 月 2 日美國大選有將近十個月的時間。胡適有可能原先是支持杜魯門的，可是後來轉而支持杜威。

　　我們之所以能知道胡適 1948 年支持的是杜威，完全是有賴於蔣廷黻 1949 年 7 月 18 日日記所留下來的記錄：

　　　　十一點鐘到胡適的住所。宋子文接著就到。胡適告訴我們他和馬歇爾的談話。事實是，他們都沒有什麼話可告訴對方。馬歇爾否認他曾經力勸中

15　請參見我在《舍我其誰：胡適，第四部：國師策士，1932-1962》，頁 660-664 的分析。

16　《胡適日記全集》，8.378。

國組織聯合政府。我真的是對胡適和馬歇爾失望。

十二點鐘，我們去霍華德（Roy Howard）〔美國名報人，斯克利普—霍華德（Scripp Howard）報系的老闆〕在紐約中央車站大樓裡的辦公室。他的電梯和辦公室都是中國式的裝潢。霍華德是一個極其外向的人，極有自信，又有很多很實際的想法。他建議我們發表談話的時候，用詞和態度要囂張（blatant）。他要我們開給他一個美國諾言沒兌現的清單。

後來，宋子文有事先走。胡適和蔣廷黻留下來閒聊。胡適先說，他認為宋子文不可能留在中國的政治舞台上了。接著，胡適和蔣廷黻就當著霍華德的面抬起槓來了：

> 胡適告訴霍華德說我是社會主義者。胡適譴責英國的工黨政府。他要我小心點。我說：
> 「你支持杜威。」
> 「對！我是支持杜威。我會那樣作，主要是為中國好。我是對的。」
> 「這點我同意。可是我學到了一個教訓。」
> 胡適停下來思索著。

可惜蔣廷黻沒告訴我們他所學到的教訓是什麼。然而，重點是他跟胡適的對話裡的兩句關鍵話，亦即，胡適說：「對！我是支持杜威。我會那樣作，主要是為中國好。我是對的。」蔣廷黻回說：「這點我同意。」換句話說，到了美國 1948 年的大選，蔣廷黻和胡適一樣，都認為支持杜威是為了中國——國民黨——好。這也就是說，即使他們兩人一向都不喜歡共和黨，但就因為它主政會對國民黨有利，所以他們也就都轉向了。

杜魯門勝選。國民黨、胡適、蔣廷黻、傅斯年全都押錯了寶。形勢比人強。就像蔣廷黻說的：「看來我們是必須跟民主黨賭個運氣了。」大選過後四天，11 月 6 日，蔣廷黻當時還在巴黎開聯合國大會。他在當天的日記裡說：

> 〔上午〕9:30 去見馬歇爾。他客氣地接待了我。我告訴他說情勢很危

急。赤共可能在幾個星期以後渡江。對我所提出的要項，他不置可否。我10:15 出來，就立即把結果打電報告訴王世杰。我這一生中從來就沒有感到如此沮喪過。《美聯社》（A.P.）、《合眾國際社》（U.P.），以及收音機傳來的新聞一波波令人驚懼：山西的閻錫山已經投降了〔誤傳〕、赤共已經接近蚌埠、美國僑民從南京、上海撤退，等等……

　　晚上，N.S.〔鄭寶南〕來晚餐。我們大多數的時間裡都是沉默著。我們是否該開始發起組織讓我們未來能存活下去的什麼事呢？怎麼作呢？打了一局悶悶不樂的橋牌。

　　蔣廷黻為什麼去見國務卿馬歇爾？他到底對馬歇爾提出了什麼要項？他為什麼「這一生中從來就沒有感到如此沮喪過」？他在日記裡都沒有說明。幸好我們可以在《美國外交文書》（*Foreign Relations of the United States*）裡看到蔣廷黻到底跟馬歇爾見面的原因何在。

　　原來這時候的蔣介石已經到了黔驢技窮的境地。他決定孤注一擲，請求美國介入內戰。11 月 6 日，蔣廷黻跟馬歇爾見面，是轉達外交部長王世杰的請求：

　　一、美國可否同意任命美國軍官，假藉顧問為名，而實際上率領中國軍隊？

　　二、美國可否派一個高級將領作為特別顧問，策畫因應目前緊急的情況？

　　三、美國可否加速供應軍火？

　　四、如果中國向聯合國控訴蘇聯訓練、並裝備日本和韓國人，美國是否覺得明智？

　　馬歇爾對蔣廷黻說，第三點他可以辦到。第一點，他完全繞過。第二、第三點，他說他會向華盛頓報告，但他覺得第二點會有困難。第四點，他會問美國聯合國的代表團的意見，但他個人不贊成。馬歇爾說，蔣廷黻自己也說這第

四點他已經被問過三次了。每次被問，他都說他不贊成。[17]

　　在接下去的兩天裡，蔣廷黻都沮喪不已。7日晚，徐淑希和江季平來晚餐：「全都圍繞著同樣的問題：要怎樣作才能防止國難？在接下去的幾天裡，關鍵的問題就會有答案了：一、政府會決定繼續打嗎？二、美國會給予積極的軍事援助嗎？」8日：「心情無比沉重。中國要如何跳出目前的困境呢？」

　　除非蔣廷黻在6日跟馬歇爾見面的時候只聽進他想聽的，他在9日再去和馬歇爾見面的答案幾乎是可以預見的。根據《美國外交文書》的記錄，除了軍火一項，馬歇爾告訴蔣廷黻說已經照辦了以外，其他兩項，特派將軍以及美國軍官領軍作戰，是不可能的事。至於，中國是否向聯合國控訴蘇聯，是中國政府可以自己決定的事。只是，美國政府覺得那會是徒勞無功的。[18]

　　蔣廷黻自己的日記除了記得比較詳細以外，也加入了他的感想：

　　　〔晚上〕7:15去見馬歇爾。美國除了現在已經給的，不會作出新的承諾。他告訴我說代表團裡有一個人想要見他，問我說他是否該見。我說當然。那個人一定是〔國民黨中央宣傳部長〕彭學沛。他見馬歇爾可以省掉我不少麻煩，〔因為〕那就不會有人說我沒聽懂馬歇爾的英文。

　　　我對馬歇爾很失望。我現在可以看清楚原則的意義。

　　　在另一方面，馬歇爾拒絕窮則變通（improvise）。他認為把麥克阿瑟當傻子是不公平的，亦即，在最後一刻派他去中國〔收爛攤子〕。

　　王世杰、蔣廷黻只不過是蔣介石派去探路的卒子。11月9日，他透過駐美大使顧維鈞轉致杜魯門一封信，正式向美國提出請美國介入內戰的請求：

　　　華中的共軍已經進逼到可以進攻上海、南京的距離。如果我們不能扭轉

17　"The Secretary of State to the Acting Secretary of State," November 6, 1948, *FRUS*, 1948, Vol. VIII, The Far East: China, pp. 193.

18　"Memorandum of Conversation, by the Secretary of State," November 9, 1948, *FRUS*, 1948, Vol. VIII, The Far East: China, pp. 197-198.

局勢，民主陣營可能就會失去中國。我因此不得不直接向閣下求援。

中國軍事失勢的原因很多。但最重要的，是因為蘇聯政府不遵守《中蘇友好同盟條約》。該條約閣下一定會記得，中國是在美國政府好意建議之下簽訂的。我幾乎可以毋須指出，如果不是因為蘇聯源源不絕的援助，中國共產黨是不可能有辦法占領滿洲，並形成如此大的威脅的。

作為民主的共同捍衛者，抵抗共產黨在世界上的侵略與滲透，我懇求閣下盡速並增加軍事援助，同時並發表一個堅定的聲明，支持我國政府作戰的目標。這個聲明將會大大地增強我國軍民的士氣，並鞏固我國政府刻下在華北、華中所進行的殊死鬥。

我國政府將會極為樂意接受閣下派來一位高級將領，與我國政府共同制定一個具體的軍事協助計畫，包括由美國軍事顧問參與陣地的指揮。

由於情況緊急，閣下的同情與當機立斷，敝人翹首以待。[19]

美國早已認定蔣介石政權的崩潰指日可待，當然不可能介入這個勝負已定的內戰。杜魯門在 11 月 12 日由美國駐華大使司徒雷登轉致蔣介石的信裡說得很婉轉，但基本上，除了軍火以外，是回絕了蔣介石其他的要求。有關派高級將領指揮中國軍隊的請求，杜魯門說國務卿在給司徒雷登的訓令裡，已經說明了其困難。有關發表聲明一事，杜魯門說他在 1948 年 3 月 11 日記者會上早已聲明美國不願意見到共產黨加入中國政府。馬歇爾國務卿也在 1948 年 3 月 10 日發表共產黨現已公開叛變的談話。他說這些聲明已經清楚地表達了美國政府的立場。[20]

從美國政府的角度來說，蔣介石政權崩潰的原因不在於缺乏彈藥和武器。從 1948 年 9 月濟南失陷，到滿洲失陷，中央政府失去了 33 師的軍隊，亦即，

19　"The Acting Secretary of State to the Secretary of State," November 12, 1948, *FRUS*, 1948, Vol. VIII, The Far East: China, pp. 201-202.

20　"The Ambassador in China (Stuart) to the Secretary of State," August 2, 1948, *FRUS*, 1948, Vol. VIII, The Far East: China, p. 397.

323,000 名士兵及其配備，以及大量的軍火。[21]國務院甚至列下了這 33 師的軍隊到 1948 年 12 月 2 日為止所失去的美國武器與配備的清單：17 師擁有美國配備的部隊全部失去。剩下的部隊裡，12 師有 85%的美軍配備、兩個師有 50%的美軍配備、兩個師有 15%的美軍配備、兩個師有 10%的美軍配備。[22]

　　11 月 13 日上午，蔣廷黻奉王世杰之命面交一份〈備忘錄〉（*aide-mémoire*）給馬歇爾。這份〈備忘錄〉分兩個部分：第一個部分是向美國請求援助；第二個部分有關日本，可以在此略去不論。第一個部分在敘述了中國遭受了八年抗戰的摧殘又受到了接受蘇聯支持的共產黨的叛亂以後，就提出了美援不足的問題：「1948 年，美國給中國的援助為期一年。可是給歐洲的，是在原則上已經採納的為期四年的復甦計畫。援華的款項總數是 4 億美金。其中，很小的部分可分配作為軍事援助。」因此，這份〈備忘錄〉說：

> 　　我們建議延承〈1948 年援助法案〉，會有一個新的援華計畫，充分地考慮到以下兩個部分：
> 　　a）一個為期三年，每年有 4 億 5,000 萬美金的經濟援助。
> 　　b）一個為期三年，每年有 4 億 5,000 萬美金的軍事援助。
> 　　在軍事援助方面，希望能像在經濟援助方面在中國有一個「經濟合作總署」的代表一樣，派一個高級軍官到中國來統轄。為了避免中國民眾可能會產生的誤會以及共產黨惡意的宣傳，相信〔貴國〕懂得如何不要訂出任何會被視為是侵犯中國主權與行政完整的條文。[23]

21　"The Director of the Policy Planning Staff (Kennan) to the Secretary of State: Enclosure 1, Draft Statement Prepared in the Division of Chinese Affairs for the Secretary of State," November 26, 1948, *FRUS*, 1948, Vol. VIII, The Far East: China, pp. 218-219.

22　"Memorandum Prepared in the Department of State: Losses of American Equipment by Chinese Nationalist Forces As Of December 2, 1948," November 26, 1948, *FRUS*, 1948, Vol. VIII, The Far East: China, pp. 226-227.

23　Wang Shih-chieh, "*Aide-Mémoire* From the Chinese Minister for Foreign Affairs: Considerations on the China Situation: A New Aid Program and An Agreement Re Japan," pp. 678-680.

　　這就是典型的叫化子要錢，又要施主說是他自己主動要給錢的阿 Q 姿態。

　　12 月 1 日，這時候在巴黎召開的第三屆聯合國大會已經接近尾聲了。當天上午代表團開幕僚會議：

> 　　在結束的時候，我簡短地談到了我們在國難當頭的責任，並敦促大家思考我們能作什麼。我的想法是：中國的老百姓不知道共產主義並不是到自由之路，或者是幫中國擺脫貧窮走向經濟發展之路。這項教育的工作必需要由我們來承擔。〔現在的〕政府沒有受過現代訓練的人任其要職。其改革措施不是反動的，就是太官僚，或者烏托邦式的。我們必需要求立即而且實際的改革，並且促使其實施。在國際上，我們必須讓世界了解：一個共產的中國就意味著是一個專制的中國，而且是蘇聯的附庸。為了達成上述的任務，我們就必須在國內以及海外的華人圈裡成立委員會。

　　蔣廷黻慷慨激昂的發言引起了代表團員的共鳴。四天以後，5 日下午三點：

> 　　二十名代表團員在我的住處集會討論時局。年輕的團員急切地想要採取行動——反對共產黨和國民黨。在高層的我們認為所有會削弱政府的行動都是不智的行為。最後，我提出了我的信念。我們必須為民族主義、民主、與社會主義奮鬥。我指出走共產黨的路，中國將會成為蘇聯的附庸，沒有個人的自由，經濟發展會遲緩。共產主義不允許妥協。目前看似妥協的作法只是一種策略。如果我們坐視中國覆亡，歷史將會永遠譴責我們。我的發言，引起熱烈的反應。大家希望能立即採取行動，但我提醒大家要再進一步思考。

　　還在巴黎的時候，眼看著局勢越演越烈，蔣廷黻在 11 月 10 日對蕭蘧說：「苦日子要來了。要慎行、省錢。」14 日：「對未來感覺極為灰心，因此對每一個人都發脾氣。告訴 Hilda 說我們必需要準備過苦日子，一毛錢都不能浪費。」回到紐約以後，蔣廷黻和 Hilda 就身體力行了幾天。他在 12 月 26 日的

日記裡說：「Hilda 三餐在家裡作，省了不少錢。」12 月 31 日，蔣廷黻在日記裡作了一個歲末感言。這個感言裡最驚人的地方，是他認為國民黨已經覆亡，而且為它作了一個蓋棺論定：

今年值得誌記的是國民黨的崩潰。從它興起到滅亡總共歷時二十五年。其興起是拜民族主義以及北方軍閥的腐敗之賜。其滅亡則是由於：一、長期對日抗戰；二、食古不化（medievalism）；三、未能改善老百姓的經濟情況。造成後者的原因是由於沒有眼光，以及由個人野心所造成的長期的內戰。老蔣幾乎完成了統一的工作，引起了日本以及國內敵人的恐懼。那統一是脆弱的，是假象而不是實際。國民黨在其所存在的二十五年之間沒有出現一個真正的政治家。沒有一個人了解社會的組織特質。沒有作過任何培育的工作；只有機械式的累積。

老蔣和 CC 派都是食古不化。他們努力要把國家帶回到一個偽儒家（pseudo-Confucianism）的世界，渾然不知他們並不了解孔子的精髓，而且必需要創造性地把它與現代世界結合。CC 派的興起是用共產黨的方法來反共產黨。他們沒有屬於自己的積極的實際政策。他們所犯的錯誤在於用共產黨的方法來反共產黨。換句話說，他們試圖壟斷地控制國家的文化生活。這使他們失去了知識菁英的支持。

「政學系」的人很多是半吊子、油滑、膚淺、沉溺於日本式的政治生態。其第一個領袖楊永泰是他們當中唯一一個現實主義者。只是他早逝。

唯一對老蔣有影響力的受過西方教育的人是孔祥熙和宋子文。前者沒有任何能力，後者則是一個生錯地方的美國大亨。

蔣廷黻替蔣介石及國民黨所作的這個蓋棺論定大概是最嚴厲的。這個時候的他是對蔣介石最沒有信心的時候。1949 年 1 月 1 日：「《紐約時報》刊載了老蔣的元旦文告。我想玩味其微言大意，但事實上那只是一篇用中國士人所喜歡的故作謙遜的文字堆砌起來的東西。除此之外毫無新意。」1 月 5 日：「收音機報導說政府決定遷移到廣州。」3 月 15 日：

　　田保生一早打電話來說報紙報導我為外交部長。這就是我一直擔心的。我到了辦公室以後，田保生給我看《先鋒論壇報》（*Herald Tribune*）說我和邵力子是被考慮的人選；中文報紙說郭泰祺是另外一個人選。我希望這個任命不會到來，因為眼前欠缺把事情作好、作得有效率的條件。如果任命來的話，我會很難拒絕；人們會認為我拒絕是因為我是害怕艱困的生活條件或者對政府沒有信心。

　　一個星期以後，3 月 22 日，報紙報導了何應欽組閣，外交部長是傅秉常。蔣廷黻鬆了一口氣。然而，更迫切的問題是他所任職的政府已經行將崩潰。4 月 18 日，新任代表團顧問何浩若剛從中國抵達紐約：「他對未來非常悲觀。他認為代表團的來日不多，暗指共產黨很快就會把我和代表團掃地出門。」4 月 24 日：「收音機和報紙持續報導共產黨的勝利。人生從來就沒有像現在這樣的令人沮喪。我覺得我自己是一個完全沒有用的人。這種感覺讓我更加地沮喪。」5 月 2 日：「讀 4 月 24、25、26 日香港《大公報》描述共產黨渡江邁向上海和杭州。整個情況是既悲劇又滑稽。」

　　在國民黨全面潰敗之際，蔣廷黻仍然認為潰敗的責任不全部都在國民黨。比如說，他 5 月 28 日晚上請南開經濟學院的方顯廷及其夫人晚餐。他說方顯廷一如既往，相信所有有關政府的最壞的謠言：「他說老蔣到上海去把所有的黃金和寶石都運到台灣去；湯恩伯向上海有錢人說要不打，就得給他幾千條黃金，但上海人籌不出來，等等。我委婉地告訴他說，他所描述的這些故事都太荒誕了；打了八年仗以後，不管誰掌權，中國都一定會落到通貨膨脹的地步的。」

　　蔣廷黻所面對的不只是內部的潰敗，而且還有外援的斷絕。他在 5 月 9 日的日記裡說：「據我的分析，美國是對蘇聯作出了不介入中國內戰的承諾。如果中國人要接受共產主義，美國不會製造衝突。它已經受夠了老蔣。」5 月 15 日：「顧維鈞告訴我說杜勒斯暗示他說華盛頓可能在三個月內承認中共。報紙說共軍已經到了吳淞。結局已經可見。」

　　在內外交迫之下，蔣廷黻還要面對代表團斷炊之虞。代表團的經費一停，連薪水都發不出去了。4 月 7 日，蔣廷黻第一次在日記裡提到代表團員為了發

不出薪水而躁動。這一拖欠就是兩個月。蔣廷黻想盡辦法，甚至請宋子文斡旋，向中國銀行求救。然而，一直要到 6 月 27 日，中國銀行才匯出款項。蔣廷黻高興得在日記裡歡呼：「謝謝上帝！」次日：「打電報給外交部談聯合國憲章以及代表團經費的問題。把中國銀行所貸給的兩個月的薪資分給了團員。至少有一個月士氣會高一點。」然而，這個給外交部的電報顯然沒解決問題。兩個月以後，蔣廷黻還在為拖欠的薪水忙得焦頭爛額。8 月 22 日，他跟席德懋等人午餐，請他們借代表團錢：「他們沒有這筆經費。而且政府的法規禁止中國銀行給予這種貸款。最後，我們說好把代表團的存款從『大通國民銀行』（Chase National）轉到中國銀行。然後，再由中國銀行借我們 5 萬美金，夠付兩個月的薪水。」

在政權交替之交，欠薪不是一件小事。處理不好，可以導致叛變。10 月 10 日，蔣廷黻才在口授他要在「自由與民主中國聯盟」（League for Free & Democratic China）當天所舉辦的「雙十節」慶典的演講，消息傳來說：「巴黎大使館團員叛變，豎起新紅旗。很快地，整個辦公室充斥著消息。每一個人都很激動，彷彿世界末日到了一樣。」蔣廷黻認為代表團裡有潛伏的共黨分子。10 月 13 日：「胡慶育要回國，跟他談話，告訴他團員裡的幾個顛覆分子。」雖然他在日記裡沒寫出這些顛覆分子的名字，但他 31 日所記很可能就是其中一名：「接到外交部來電：Chen Hsi-meng 解雇。」

10 月 25 日：

9:30 到辦公室。低層團員為欠薪一事呈遞了一個措辭嚴厲的陳請書。江季平建議我跟他們談話。我發現他們很憤怒，但也提不出什麼具體的建議。我要江季平去跟中國銀行借貸一個月的薪水，並打電報給外交部立即撥付欠薪。

10 月 29 日，蔣廷黻打電話給江季平，說有幾個低層的團員在鼓動，以欠薪為名，要摧毀代表團。他要江季平去警告那些非共產黨的團員不要成為被利用的工具。他說，如果共產黨只能拉到三四個人簽名，他們的陰謀就會失敗。31 日，江季平一早又來告訴蔣廷黻，說有一批人在利用欠薪的問題運動集體

辭職。蔣廷黻要他去各個擊破，把真正生活有問題的人跟煽動者區分開。當天
下午，他自己跟低層的團員見面討論欠薪的問題。11 月 5 日下午，代表團幕
僚會議討論的幾乎就是欠薪的問題：「非常令人不快。我真希望我有 100 萬美
金，就可以把這些無賴的頭跟心都給買下來。」

結果，這些蔣廷黻口中的「無賴」居然給鎮壓下來了。鎮壓他們不是蔣廷
黻，也不是國民黨，而是美國政府。原來麥卡錫主義（McCarthyism）的先聲
已經開始。美國政府，特別是「聯邦調查局」，已經開始調查、解雇、遞解出
境共產黨及其同路人。11 月 12 日：

> 跟田保生長談。他認為團員之所以會安靜下來，搗亂的傳言也消之於無
> 形，是因為薪水發了，而且美國「聯邦調查局」在調查搗亂分子。這些懦
> 夫！

這「聯邦調查局」所帶來的威脅鎮壓住了一切。12 月 20 日，蔣廷黻跟幕
僚商討外交部減薪的規定：「高層團員在減薪 45%並放棄三個月的欠薪之
後，還要扣除兩個半月的薪水來救濟外交部在國內的工作人員。」蔣廷黻在日
記裡生氣地說：「這是壓垮駱駝的最後一根稻草。擬一封抗議的電報。」這個
減薪的規定，蔣廷黻在次日的日記裡的描述略有不同：「一、政府把薪水減掉
了 50%；二、欠薪三個月；三、強制捐出兩個月的薪水；四、團員裡，有
30%一個月的薪水不到 200 美金。」

重點是，蔣廷黻的日記裡再也沒有代表團員為了減薪或欠薪而躁動的記
載。田保生說得一點不錯，這是拜美國「聯邦調查局」在調查、遞解出境搗亂
分子之賜。

值得令人回味的是，代表團低層團員的躁動、抗議，不管是為了欠薪、為
了政治的信仰、或者是為了政治的考量，蔣廷黻是用「叛變」、「顛覆」這樣
的字眼來形容他們。然而，當代表團的高層或者他的朋友有二心，或者有過二
心的想法，他都可以為他們找到理由。比如說，6 月 3 日：

> 王蓬從中國回來以後，從倫敦寫信給我，說他要到中共那邊去。更糟的

是，李卓敏也要那樣作。卓敏在思想上沒有我那麼左。他之所以要去中共那邊完全是失敗主義或者是機會主義。他跟王蓬一定是受到錢昌照的影響。正好李卓皓，卓敏的哥哥，來紐約。我請他午餐。他很自然地談到了卓敏。卓皓很擔心。他說卓敏是一個會感情用事的人。他認為他太好逸。我告訴卓皓說卓敏在中共陣營裡很難會有合適的工作機會。更何況中共還是有可能失敗的。午餐後，我寫了一封請卓皓轉給卓敏的信，建議他休息一年，或者在美國找一個教書工作。

6 月 19 日：

　　劉瑞恆來談。拉西曼〔Ludwik J. Rajchman，二戰前「國際聯盟」派去中國的波蘭籍公共衛生顧問，也是宋子文最信賴的洋客卿〕試圖說服他到中共那邊去，而且也在巴黎告訴宋子文說劉瑞恆已經決定到中共那邊去……劉瑞恆也要我衡量情況。我告訴他並不是毫無希望。他很快就要回台灣去。

　　11 月 12 日，就在田保生告訴他說代表團員之所以會安靜下來、不搞蛋了，是因為薪水發了，而且美國「聯邦調查局」在調查搞亂分子的那一天，他接著在日記裡說：「田保生自己想要回去，因為中共逼他逼得很緊。」

　　其實，在蔣介石的政權傾覆之際，何止是他周圍的朋友以及聯合國代表團團員對未來徬徨，甚至於毅然或被迫作出政治的抉擇。即使是蔣廷黻自己也不免有他徬徨的時刻。他在日記裡最明顯地表露出來他對未來的徬徨是他的好友胡適抵達紐約之際。

　　胡適在 1949 年 4 月 6 日從上海搭乘「克利夫蘭總統號」郵輪經由日本、檀香山、在 21 日抵達舊金山。在舊金山盤旋數日以後，胡適就在 27 日到了紐約。他到了紐約當天就和蔣廷黻了見面。蔣廷黻在當天的日記裡描述了胡適對中國局面的分析：

　　胡適說去年 8 月的金圓券改革造成人民對政府的怨恨，軍事失利使蔣介

石的威信降到零。但是，蔣仍然堅決反共……胡適認為政府應該、而且可以守住長江。他很驚訝政府居然匆匆撤退了。

4 月 30 日，蔣廷黻請胡適對代表團講演：「他猶疑、閃爍其詞（non-committal）、強調〔中共〕會壓制自由、跟俄國聯盟。他講的效果不佳。他說他沒有當政治領袖的料子。這句話可能不錯。他這個人一點激情也沒有。」他接著說：「國家的局面非常險惡。今晚收音機說中共很樂意跟所有不承認國民黨而且願意平等對待中國的國家建交。我能作什麼呢？我該作什麼呢？」

更有意味的是他 5 月 29 日日記：「中共眼前迫切的問題是如何既又能在社會上公平分配，又能提高生產。要提高生產就意味著需要引進美國的資本與技術。我認為這是可行的。我所擔心的是：一、中共可能在外交政策上盲從蘇聯；二、他們在國內政策上——經濟與政治——過於教條。」

作為胡適的好友，蔣廷黻不會不知道蔣介石這次派胡適到美國是給予他特別的任務，希望能借重胡適在美國的聲望取得美國的援助。於是，蔣廷黻很快地就配合胡適，跟宋子文、顧維鈞等人在美國作了一連串最後的搶救蔣介石政權的工作。5 月 3 日：

> 晚上與胡適長談。他從華盛頓帶回一個給老蔣的有關美援的電稿。我建議下列的修訂：一、美國的情況好壞參半，既有贊成也有反對援助的；二、中國應該：甲）在長江以南促進團結。乙）新人、新政策。丙）定下一個必須死守的區域。胡適同意。

胡適在 5 月 11 日給蔣介石的報告說：「5 月 6 日顧大使曾有長電（魚電）敘述此邦對我國的態度。此電由大使館起草。後來由我完全重寫，經列名諸公審查後始發出，想已蒙鑒察。」換句話說，胡適從華盛頓帶回來的這個電稿是由顧維鈞起草的。胡適在 5 月 3 日聽了蔣廷黻的意見以後，「完全改寫」，在 5 月 6 日寄出去。

有意味的是，這個「魚電」明明是由胡適「完全重寫」的，但他在 5 月 6 日的日記卻曲筆記說：「于斌、曾琦諸人發二電：一致李德公；一致蔣介公，

邀我列名。」[24]蔣廷黻 5 月 5 日的日記則清楚地描述了胡適改寫的情形：

　　胡適草擬了一個有關美援的電報給蔣、李〔宗仁〕、何〔應欽〕。他的序言完全符合我的想法：美國的情況好壞參半。他的建議跟我的想法完全相同，只是他把蔣擺在第一〔亦即，把已經下野的蔣介石、而不是代理總統李宗仁擺在第一〕，而且特別強調。張彭春、劉師舜都同意。這將會是一個聯名的電報：大使館、聯合國代表團、加上胡適和于斌。江易生建議我應該勸孔祥熙也打一通類似的電報。

　　5 月 10 日下午 5:50，胡適又風塵僕僕地從紐約搭飛機飛到華盛頓。他在次日的日記裡就只寫了「Washington」（華盛頓）一字。然而，從他 5 月 11 日給蔣介石的報告，我們知道他是去華盛頓見魏德邁（A.C. Wedemeyer）將軍。而且是住在他家，「深談到半夜始就寢」。胡適跟魏德邁談話的重點在於兩點：第一、台灣太小、人口太少、工業不發達：「台灣是不夠做我們復興的基地的。我們必須在大陸上撐住一個自由中國的規模，維持一個世界承認的正式政府。」第二、美國即使不能即刻地派將官馳援，光是該計畫的宣布就可振奮人心：

　　魏將軍……說，我若有權，我可以派丁伯曼將軍（General Timberman）（前駐中國，曾在北平主持三人和平小組）（此人昨夜亦在座。但魏將軍的意思是指他自己）去中國。由美國籌撥 10 億美金為「周轉專款」，並授他全權。可以招集專家（包括在德國挑聘四、五千個軍事專家）為中國訓練新軍人。他說，即使國務院根本改變政策，即使此計畫可以實行，也需要半年以上，或一年以上，始可生效力。我說，如果此計畫可以實現，即此計畫的宣布已可以給我們不小的鼓勵。精神上的興奮是今日最需要的。

24　《胡適日記全集》，8.399。

　　魏德邁這個由丁伯曼將軍率領包括從德國挑聘四、五千個軍事專家為中國訓練新軍的想法，其實就是蔣介石在 1948 年底先透過蔣廷黻請馬歇爾派將領到中國率領國民黨軍隊打內戰的想法的延續。

　　胡適這封信除了在給蔣介石打氣以外，也乘機建言：

　　　關於先生的出處，我們昨夜也曾談過。因為魏將軍是敬愛先生的人，故他盼望先生將來仍能領導中國〔蔣介石當時在名義上已經「下野」〕。但他也質直的承認先生為親戚所累，為一群矮人所累，以致今日在此邦人的心目中聲望已大低落。

　　　魏將軍說話很爽直。他很老實的批評我國的重要將領實在多不懂得軍事。他很推重孫立人、俞大維。他說：「孫立人是今日唯一可用的將才；陳誠將軍是有操守的好人，但他的軍事知識很有限。」（我報告這種話，也是要先生知道一個美國朋友的見地，想先生不見怪。）[25]

蔣介石在 5 月 28 日的回信指示胡適在美國遊說的大方向：

　　　此時所缺乏而急需於美者，不在物質，而在其精神與道義之聲援。故現時對美外交之重點，應特別注意於其不承認中共政權為第一要務。至於實際援助，則尚在其次也。對於進行方法，行政與立法兩途，不妨同時進行，但仍以行政為正途，且應以此為主務。望先生協助少川大使，多加工夫為盼。[26]

　　蔣介石在嘴巴上說他所「急需於美者，不在物質，而在其精神與道義之聲援」。事實上，從「魚電」到胡適 5 月 11 日和魏德邁的談話，其所環繞的主題就是美援，而且也是胡適、顧維鈞、蔣廷黻、宋子文等人在美國籌畫、蔣介石在台灣配合的重點。宋子文 6 月 17 日給蔣介石的電報，就一語道破了他們

25　胡適電蔣介石，1949 年 5 月 11 日，「國史館：蔣中正總統文物」，002-020400-00028-113。
26　蔣介石致胡適，1949 年 5 月 28 日，「胡適紀念館」，HS-NK04-008-001。

爭取美援的謀算與設計：

> 職在巴黎時適四強開會。美代表團友人見告：美方對華政策可能轉變，並勸早日來美。抵美後晤三妹〔宋美齡〕、適之、廷黻、少川、淞蓀〔貝祖詒〕及美友如露士華德、黎達夫人等。討論結果，美援在以下條件可以獲得：一、國內外我方人士團結一致；二、美國所謂自由分子出面執政，使馬歇爾及國務院諸人得以下台〔階〕。關於第一項，適之、廷黻及職明日另電詳陳。第二項，如適之出而組閣，並以廷黻、孟餘、大維、國楨等參加，國內外影響必佳。適之現雖謙讓，但如去秋鈞座曾囑某君轉請其擔任行政院長，當時如令彼之好友傳言，彼亦可從命。現在國難日深，彼必不惜羽毛。至如何達成目的，是否請其先就外長，或即直接組閣。尚祈進賜考慮。[27]

宋子文這封電報最重要的地方，就是他從美國朋友那兒聽來的兩項爭取美援的先決條件：一、國內外人士團結一致反共；二、由美國所認可的自由分子掌政，由胡適出面組閣。

先談建議由胡適出任行政院長組閣這第二點，因為雖然宋子文在電報裡所提出來的這兩點都是胡適、顧維鈞、蔣廷黻、宋子文等人在美國籌畫、蔣介石在台灣配合的重點。然而，雖然胡適贊成由自由派出來掌政，但他自己卻堅決拒絕出頭。

6 月 12 日，新任行政院長閻錫山發表胡適為外交部長。胡適自己在 14 日日記裡說：

> 見廷黻兄。他說宋子文兄從歐洲回來後，極力主張要我出來領導救國的事業，他願從旁力助。我去看子文，途中忽發心臟病。下車後進入 Ambassador Hotel〔大使飯店〕的北面小門，在椅子上靜坐幾分鐘，「警報」才解除。與子文談，果如 T. F.〔蔣廷黻〕所說。我猜想他在歐洲必見

27　宋子文電蔣介石，1948 年 6 月 17 日，「國史館：蔣中正總統文物」，002-020400-00031-058。

了 Thomas Cochran〔柯克朗，羅斯福顧問〕，受了他的影響，故作此幻想。[28]

次日，蔣廷黻在日記裡說他們三人又見了面：

> 到胡適的公寓，宋子文已經到了。我們盡全力勸他接受外交部長的職位，以作為過渡到行政院長的準備。他遲疑不決。最後說他會緩幾天再作決定。他說無論如何他會盡全力為國作事。

6 月 21 日，胡適去電閻錫山婉拒外交部長的職位。有意味的是，他在當天的日記裡完全沒提到他發了電報以後去了宋子文的住處和他以及蔣廷黻會面，而且甚至發了脾氣，訴說宋子文在他當大使的時候對待他的不是。蔣廷黻當天的日記：

> 中午十二點應宋子文之邀到他的住處。我比胡適早到了幾分鐘。宋子文給我看他給老蔣的電報，建議任命胡適為行政院長、我為外交部長。等胡適到了以後，宋子文出示了老蔣的回電。他要胡適和我立即回國，胡適當行政院副院長，我當外交部長。胡適回答說他已經回閻錫山電，拒絕了外交部長的職位。雖然用詞委婉，但明確拒絕了。
>
> 我於是試圖提出一個更大的藍圖：一個新的內閣。不知道什麼原因，今天的胡適比平時都特別的執拗（unreasonable）。他一再地重複他的擔憂以及他是如何的力不從心。我告訴他說，他只要善保元氣就可以了，不要給朋友太多的時間，不要有外騖（curious）就行了。
>
> 他突然間大發脾氣（burst out），訴說他在華盛頓當大使的時候，宋子文對他的總總不是。最後，宋子文勸他保持一個開放的心態。胡適又說了他在 1947 年冬天婉拒蔣要他出任駐美大使；說他如何建議老蔣不要任命翁文灝當行政院長；說翁文灝的貨幣改革〔金圓券〕結果證明是一大罪狀

28　《胡適日記全集》，8.413-414。

等等。

蔣廷黻、宋子文還不放棄。次日，6 月 22 日，他們和胡適、再加上柯克朗，又見了面。根據蔣廷黻當天日記的記載：

> 宋子文打電話來，告訴我〔今天的〕《紐約時報》上瑞斯頓（Reston）有一篇文章說艾奇遜（Acheson）〔國務卿〕正在重新考慮美國對華政策。我們決定兩點四十五分在他的旅館見面。我到的時候，柯克朗已經到了。我們三個人坐下來談。柯克朗說瑞斯頓那篇文章非常重要。他主張胡適出任外交部長或駐美大使。我說我更希望胡適出任行政院長。柯克朗說艾奇遜就要提出一個新的政策。胡適應該在幾天內去見他。柯克朗說塔夫脫（Robert Taft）〔親蔣介石的俄亥俄州共和黨參議員〕也很重要。宋子文打電話給胡適。胡適正在準備今晚的一個演講。我們同意晚上十點半再見面。
>
> 幾個鐘頭以後，我們四個人舊調重彈。胡適答應他會盡快去見艾奇遜。柯克朗作了一個非常精采的陳說，說明要有新人、新政策，以便贏得國務院的信心。胡適完全同意，但拒絕承認他就是那新人。我們十一點散會。

值得指出的是，雖然宋子文為蔣介石所獻的這第二策是由胡適出面組閣，但蔣介石所願意給胡適的只是行政院副院長。他在 6 月 20 日致電宋子文、胡適、蔣廷黻：

> 巧〔18 日〕電誦悉。在此時期，中亦認為有聯合各方面領袖發表宣言之必要。俟與各方面洽商後即發表。惟為轉移友邦態度、振奮人心計，內閣人望亦至重要。適之、廷黻兩先生最好能毅然返國入閣。現時各部人事盡可再行調整，以容納其他為美國朝野所信任之人士。愚意百川與適之兄必能充分合作。如適之先生能充任副揆兼外長一席，或外長由廷黻兄專任，均極相宜。如兩先生能大體同意，中擬即與李代總統暨百川院長晤商

一切。大局已屬極嚴重關頭。見危授命為兄等之素養，如何？[29]

6月23日，蔣廷黻把顧維鈞也找來當說客：

　　與顧維鈞午餐，胡適是主客。顧維鈞用盡了他三寸不爛之舌試圖勸胡適出任行政院長。他強調時間的因素。胡適就是固執。我問他有其他人選嗎？他說王世杰、我、俞大維、蔣夢麟。我說：「你在作違心之論。」我後來告訴他說，所有他所提的那些人都會樂意當他的部屬。他還是固執著……我們談了兩個半鐘頭。除了交換一些消息以外，一無所獲。我離開的時候又疲倦又失望。

蔣廷黻鍥而不捨。6月25日，他、宋子文、和胡適又在中午見了面：

　　十二點半，去「大使飯店」見宋子文和胡適。宋子文問我說，如果胡適拒絕出任行政院長，我是不是還是願意回去出任外交部長。我說不。我們接著談到葉公超的財政需要。宋子文說他會打電報給王世杰。後來談到了美國的《白皮書》。我們沒有一個人有辦法。

　　我帶胡適回來吃午飯。我告訴他說當前是一個道德的危機：必須給中國人和美國人信心。那就是邱吉爾在敦克爾克（Dunkirk）〔二次大戰時，英法避免被德軍殲滅所作的大撤退〕時所作的貢獻。胡適說當時邱吉爾在國會具有大多數票，而且他還有艾登（Eden）〔英國外相〕的支持。我回答說：「邱吉爾當時所接下來的是一個破產的政黨。至於艾登，他到底作了些什麼可以被稱為政治家的大事？」他對我說：「廷黻！你確實很有說服力。可是我對自己的能力就是沒有信心。」「你看著那水，覺得是很可怕的樣子，拒絕跳進去。你跳進去以後，就會發現其實還不錯呢！」可是他就是寸步也不讓。

29　蔣介石電宋子文、胡適、蔣廷黻，1949 年 6 月 20 日，「國史館：蔣中正總統文物」，002-020400-00031-059。

胡適是鐵了心了。他 6 月 29 日日記：

> 昨夜見子文給介石先生電（梗＝23 日），說「廷黻兄與職商量，勸其（適之）就副院長職，留美一個月，與美政府洽商後，回國任行政院長。但不知國內情形許可此種布置否？適之昨謂李代總統始終未來電邀就外長。堪注意。」又見介石覆感（27）電：「梗電悉。甚望適之先生能先回國，再商一切也。」[30]

胡適在次日的日記裡又進一步記：「發了三個電報：一給閻百川先生，一給杭立武先〔生〕，皆堅辭外交部長事。一給蔣介石先生，則說宋子文梗電所說，我『從未贊成，亦決不贊成。』」[31]這件胡適入閣事到此終於落幕。

胡適雖然堅拒出來組閣領導，但他是全力跟蔣廷黻、宋子文合作，貫徹宋子文 6 月 17 日給蔣介石電報裡的第二個要點，亦即，向美國展示蔣介石可以團結國內外的中國要人一致團結反共。胡適在 6 月 23 日寫信，呼應了蔣介石在 5 月 28 日給他的外交方針的指示：

> 李大為君帶來先生親筆賜書，十分感慰。適來此邦，細察情形。每對美國朋友問我：「美國如何可以幫助中國？」我總說，只有三句話：第一、消極的，不承認主義（即斯汀生主義）〔即 1931 年「九一八事變」以後，當時美國國務卿斯汀生所宣布的「不承認主義」〕；第二、積極的，精神的援助。例如一種政策的宣言，使中國人知道美國人同情於中國，並沒有放棄中國；第三、倘能使精神援助有物質援助（經濟的與軍事的）作陪襯，那當然更好了。
>
> 此意與先生信上說的「現時對美外交之重點，應特別注意於其不承認中共政權為第一要務。至於實際援助，則尚在其次也」，正相符合。尊函已

30　《胡適日記全集》，8.419-420。

31　《胡適日記全集》，8.420。

與少川大使、廷黻兄、子文兄看過。以後大家步驟應可以更一致。[32]

胡適和蔣介石真的不覬覦美國的軍援和經援嗎？答案當然是否定的。他和蔣廷黻、宋子文在 6 月 18 日聯名給蔣介石的電報就說明了一切：

> 介公總統鈞鑒：美國朝野對我國軍政領袖，是否加強精誠團結，決心與共黨奮戰到底，尚多懷疑。故同情於我之有力人士，至盼我有明白表示，或可使美國政府有一個機會作轉位方向之表示。故擬請公約各方面主要領袖，發表宣言，大致如下：
> 在共黨統治之下，國家絕不能獨立，個人更難有自由，人民經濟生活亦絕無自由改進之希望。中國民族當前之危機，為有史以來最大之危機。吾人有鑑於此，決定與共黨奮鬥到底。因特相約精誠團結，通力合作。並放棄個人利害之意見，以求吾人共同目標之實現，即全國共黨毒禍之消滅。切望國人與政府團結一致，共同奮鬥到底云云。
> 再以上宣言簽署人，除國內外重要分子外，擬請將西南、西北及台灣各軍政、與在美之于斌、曾琦、及適加入。仍請卓裁。[33]

有關胡適、蔣廷黻、宋子文這個請蔣介石廣約各界領袖發表團結宣言的電報——宋子文給蔣介石的第二策——蔣廷黻日記裡說明了由他起草、再由其他兩人潤飾的經過。6 月 17 日日記：

> 中午十二點到胡適的公寓。宋子文也去了。胡適告訴我們他和一些參議員的談話，以及他和魯斯克（Rusk）〔Dean Rusk，時任副次國務卿〕、周以德（Judd）〔Walter Judd，親蔣介石的明尼蘇達州共和黨眾議員〕的

32　胡適致蔣介石電閻錫山，1949 年 6 月 23 日，「國史館：蔣中正總統文物」，002-020400-00029-006。

33　胡適、蔣廷黻、宋子文電蔣介石，1949 年 6 月 18 日，「國史館：蔣中正總統文物」，002-020400-00031-059。

談話。決定建議蔣介石、李宗仁、何應欽、白崇禧聯合發表一個宣言……
晚上，起草宣言。

6 月 18 日日記：

　　早晨十點，跟宋子文、胡適在「大使飯店」（Ambassador Hotel）商討
我起草的電報。他們兩人都給了意見：胡適給中文稿意見；宋子文給英文
稿意見。建議的都是增強感性，內容都沒有動。大旨是：為了國家的獨
立、個人的自由，以及經濟的發展，各界領袖宣誓要精誠團結以與共產黨
奮鬥到底。

　　蔣介石在接到胡適、蔣廷黻、宋子文這個電報以後，立即在 6 月 20 日把
該電轉給閻錫山，請他出面邀約各界領袖發表宣言。值得注意的是，蔣介石這
個電報後面附了一個「擬聯合宣言署名人名單」，由李宗仁領銜，包括閻錫
山、胡適、于斌等共 62 名。[34]
　　為了要爭取到美援，他立刻在 6 月 21 日責成台灣省主席陳誠、西南軍政
長張群、國民黨中央黨部代理祕書鄭彥棻約請各方面領袖聯名。[35]7 月 3 日，
他召見總裁辦公室主任黃少谷，指示他全國各黨派領袖共同簽署之反共救國宣
言要在「七七」十二週年紀念日當天發表。[36]由於時間倉促，他在次日（支
電）給鄭彥棻的指令裡，就要他根據他所開列的名單便宜行事。如果在發布之
前來不及徵詢其人同意，只要相信他們可能會同意，可以在發布後完成同意的
手續：

　　中擬於七七紀念日與德鄰、百川兩兄，及胡適之、于主教、曾琦、張君

34　蔣介石電閻錫山，1949 年 6 月 20 日，「國史館：蔣中正總統文物」，002-020400-00031-059。

35　呂芳上主編，「1949 年 6 月 21 日」，《蔣中正先生年譜長編》（台北：國史館，2015），
　　9.307。

36　《事略稿本》，1949 年 7 月 3 日，「國史館：蔣中正總統文物」，002-060100-00254-003。

勸諸先生暨本黨各元老、各軍政長官、各綏靖主任、各省主席、市長、議長、與部分文教領袖人士發表共同宣言，表示團結奮鬥反共救國之決心。請即徵詢德鄰、百川兩兄意見為荷？贊成盼立即就名單中現在長沙、廣州、桂林、及香港澳門人士，以最速方法向其徵求同意。其未能接洽但確信不致有異議者，仍可酌列其名。唯一面須完成取得其同意之手續。最好能約湘桂兩省議長、及桂大校長參加。宣言全文及英文譯文另行電告……

在這個支電裡，擬列名單已達 89 名。[37]然而，我們光從「蔣介石檔案」檢索目錄所列鄭彥棻給蔣介石的報告，就可以看出並不是所有名單上的人都同意列名。

這個宣言在 7 月 7 日發布，由蔣介石領銜。其大旨為：

共匪憑藉抗戰時期乘機坐大之武力，利用抗戰以後國力凋敝之機會，破壞和平，擴大戰禍。八年抗戰之成果，為其所摧毀無餘，而國家危難，比之十二年前更為嚴重。吾人深知，中國如為共黨所統治，國家決不能獨立，個人更難有自由，人民經濟生活絕無發展之望，民族歷史文化將有滅絕之虞。中國民族當前之危機，實為有史以來最大之危機，而中國四億五千萬人口，一旦淪入共產國際之鐵幕，遠東安全與世界和平，亦受其莫大之威脅。今日國難當前，時機迫切，吾人將共矢精誠，一致團結，為救國家爭自由而與共黨匪徒奮鬥到底。吾人生死與共，個人決無恩怨；民族之存亡所繫，黨派決無異同。國家之領土完整與主權獨立，一日不能確保，人民之政治人權與經濟人權一日不能獲致，則吾人之共同努力，即一日不能止息。[38]

我們可以看得出來，這個宣言基本上是採用了蔣廷黻起草、胡適潤飾了的字句，再加上蔣介石一向用來咒罵共產黨的慣用語。只是，胡適、蔣介石等人

---

37 蔣介石電鄭彥棻，1949 年 7 月 4 日，「國史館：蔣中正總統文物」，002-090100-06017-405。
38 呂芳上主編，「1949 年 6 月 21 日」，《蔣中正先生年譜長編》，9.316-317。

都瞎忙了。這個宣言並沒有幫蔣介石拿到美援。9 月 17 日：「晚上，收音機廣播說艾奇遜、貝文〔Ernest Bevin，英國外相〕、舒曼〔Robert Schuman，法國外長〕都同意說現時之下並不存在一個可以給予援助的國民黨的團體。」蔣廷黻在次日的日記裡憤慨地說：

> 所有報紙都刊載下述的報導：美國、英國、法國同意說現時之下沒有任何一個國民黨的團體可以被視為是可靠的盟友、並值得給予援助。這是艾奇遜、貝文、舒曼會商後的結論。這是又一個雅爾達、慕尼黑！就像希特勒可以東進一樣，蘇聯也可以東進。在聯合國大會開會的前夕發表這樣一個聲明，等於是給我們的大業敲了一個喪鐘。真是令人沮喪！

美國政府一直要等到韓戰進入停火談判以後，才開始給予在台灣的蔣介石軍援和經援。

在蔣介石政權傾頹之際，蔣廷黻對之著墨較多的另外一個問題是美國國務院在 1949 年 8 月所發表的《中美關係白皮書》（*United States Relations with China, with Special Reference to the Period 1944-1949*）。美國國務院之所以會在中國局勢尚未塵埃落定的時候就發表《白皮書》的原因，是為了要應付美國國內冷戰的鷹派，特別是共和黨親蔣介石的國會議員以及國民黨在美國所資助的「中國遊說團」（China Lobby）。為了要反駁這些鷹派、親蔣壓力團體指控美國政府對蔣介石援助不力、坐視共黨坐大，這本《白皮書》用了一千多頁的篇幅，彙集了美國在華官員的報告，並附以相關的文件，極為詳盡地分析了國民黨敗亡的政治、社會、經濟、軍事原因。

諷刺的是，這本詳盡的《白皮書》的發表，不但沒有說服美國冷戰的鷹派以及親蔣的壓力團體，反而是激怒了他們。他們怒目反撲，指控美國政府「丟了中國」（loss of China），彷彿中國是美國所有的而被弄丟了一般。作為蔣介石派駐聯合國的大使，蔣廷黻當然認為《白皮書》的出版對他以及他所代表的國民黨政府是一個沉重的打擊。他極力主張反駁。然而，在蔣廷黻連續讀了幾天以後，也不得不在 8 月 10 日的日記裡承認它的價值：

　　昨晚讀了三個鐘頭的《白皮書》。今天早上又帶到辦公室讀。我越讀，我越對這本書肅然起敬，包括戴維斯（John Davies）、謝偉思（John Service）〔兩位後來都被麥卡錫參議員誣指為共產黨的同路人，叛國、讓美國「丟了中國」。雖然他們都被法庭宣判是無辜的，他們的外交官生涯都被毀了。〕向美國國務院所作的報告。

　　《白皮書》剛出版的時候，胡適、蔣廷黻、宋子文都極為憤慨。蔣廷黻在8月8日的日記裡說：

　　打電話給胡適。他說艾奇遜〈呈遞總統《白皮書》函〉很薄弱。他正在讀，非常憤慨居然把李宗仁的密信也刊布了。宋子文從華盛頓打電話來。他說他希望胡適會寫一篇《白皮書》的批評。

　　次日，蔣廷黻又在日記裡說：

　　回家路上到胡適住處，談《白皮書》。他指出司徒雷登給國務院報告裡一些可笑的地方。我力勸他寫一系列批判《白皮書》的文章。他問我大家對馬歇爾、艾奇遜、司徒雷登的看法。我說我們必須相信他們對我們是心存善意的。但是，如果他們犯了錯誤，我們就應該直言。我們談了三個鐘頭。

　　在接下去的幾天裡，蔣廷黻接連在日記裡談到了他跟胡適、宋子文討論如何處理《白皮書》的問題。8月14日：

　　看報，然後讀《白皮書》。下午四點去看胡適，並告訴他我的結論：
　　一、《雅爾達密約》是一個錯誤，同時也一個罪過。胡適給我看兩天前柯洛克（Arthur Krock）在《紐約時報》上的一篇專欄。柯洛克說，一個一星的空軍少將飛到雅爾達，親手交給霍普金斯（Harry Hopkins）〔羅斯福重要顧問〕一個備忘錄。那個備忘錄指出日本的弱點，力促羅斯福不

要對史達林付出任何「代價」。

二、馬歇爾、杜魯門、司徒雷登在 1948 年春天都得出結論，認為跟共產黨組織聯合政府是要不得的。如果他們在兩年以前就得出這個結論，今天中國的情況就會不一樣了。

三、美國在抗戰期間對中國的經濟援助（包括支付美國在華的費用）非常慷慨。

四、馬歇爾、杜魯門、司徒雷登對中國的所作所為都是出自善意。

8 月 15 日：

下午，胡適和宋子文過來閒談。聽說司徒雷登在回到美國以後說很多人已經對共產黨開始失望──對電影裡的蔣介石拍手，對轟炸南京、上海表示歡迎。可是司徒雷登仍然幻想著，現在跟共產黨合作的自由分子，可能有機會占上風。

我也聽說艾奇遜已經認為胡適是無可救藥的了（written off），就像他已經不甩國民黨中國一樣。理由是胡適已經把自己賣給了蔣介石。這些消息最讓人氣餒。

宋子文〔在我們談話的時候〕跑去跟魯斯（Luce）〔《時代》週刊、《生活》雜誌發行人〕談了十五分鐘。他回來告訴我們說，《生活》會刊登胡適批判《白皮書》的文章。

8 月 17 日：

下午，跟宋子文、胡適去看霍華德（Roy Howard）〔名報人，斯克利普─霍華德（Scripp Howard）報系的老闆〕。他又再次要我們提出一個行動的計畫。他不贊成駐美大使館所提出的計畫。他說那個數字會把美國人嚇跑。

胡適得到一些人的暗示，要他不要寫《生活》雜誌願意發表的文章。我力勸他寫。跟他談到六點。

　　胡適、蔣廷黻、宋子文都怨恨艾奇遜。然而，他是國務卿。人在屋簷下，不得不低頭。蔣廷黻在 5 月 17 日的日記裡，就說他力促駐美大使顧維鈞幫胡適安排跟艾奇遜會面。他在 6 月 22 日的日記裡，又記說胡適當天跟他、宋子文、柯克朗見面的時候，也說他會盡快去見艾奇遜。

　　胡適 7 月 13 日的日記記：「8:00 Chinese Embassy」（上午八點，中國大使館。）[39]他沒說是什麼時候去的。但以當時的交通情況來看，他應該是在前一天坐夜車去華盛頓的。7 月 14 日：「10:00 A.M. See Gen. Marshall, 2E-844（River Entrance）」（上午 10 點，見馬歇爾將軍，2E-844〔五角大廈河面入口〕。）[40]

　　結果，我們還是要靠蔣廷黻 7 月 17 日的日記，才知道他去華盛頓見了誰，也包括見不到艾奇遜：

> 　　跟胡適在電話上長談。他說他最近這次華盛頓之行非常挫折。見不成艾奇遜，只見到了三個將軍：馬歇爾、魏德邁、陳納德（Claire Chennault）〔抗戰期間「飛虎隊」的指揮官〕。答案都是否定的。胡適聽甘介侯說，有些參議員要打電報給蔣介石，要他任命胡適為行政院副院長。他非常擔心。認為一定是宋子文，或者孔祥熙、或者蔣夫人慫恿這些參議員。他不讓我在電話上告訴他我的看法。我要告訴他，甘介侯聽錯了、誤引了那些參議員的話。

　　從爭取美援到是否對《白皮書》提出反駁，蔣廷黻、胡適，以及整個國民黨在美國的團隊等於是束手無策。這是國民黨在美國的最低潮。國民黨的轉機是在一年以後所發生的韓戰。

39　《胡適日記全集》，8.421。
40　《胡適日記全集》，8.421。

中國自由黨

蔣廷黻早在 1945 年 6 月 1 日就已經有組黨的意念。然而，當時作為行總署長的他，已身在朝，當然是身分尷尬。1946 年 10 月 1 日他被宋子文解職。意興闌珊賦閒在上海的他，一時沒有政治上的抱負是可以理解的。更重要的是，蔣廷黻在等著蔣介石給他一個合適的位置。在他行總下任之初，蔣介石幾次給予他位置，從駐印度、土耳其大使，到上海、北平市長，他都婉拒而不就。進入 1947 年以後，蔣介石即將界予重任的傳聞不斷，從台灣省主席到行政院祕書長。由於蔣廷黻對這兩個位置都怦然心動，他開始謹言慎行。4 月 16 日：「一家晚報報導說我在組織『中國社會黨』。《中央日報》打電話來詢問。我只得否認。」4 月 20 日，蔣廷黻在往南京的火車上被朋友問到組黨的事，他尷尬地回答說：「我想把這個問題擱個一陣子再說。」

結果，4 月 21 日：「晚報報導魏道明被任命為台灣省主席。」23 日，甘乃光為行政院祕書長的新聞發表。這兩個蔣廷黻最希望得到的位置都已經化為泡影。他只好 28 日接受蔣介石給他的「最高經濟委員會」祕書長這個他一直視為雞肋的位置。他組黨的念頭也就跟著束之高閣了。

蔣廷黻再次對組黨發表意見是在一年以後的事情，但並沒有顯出熱中的態度。當時，他已經在紐約出任中國駐聯合國常任代表。1948 年 4 月 22 日，他和何廉以及當時率銀行業團體到美國訪問的周作民晚餐：

> 周作民提起了組織一個新政黨的問題。他說除非大學裡的自由分子出來左右政治，局勢會毫無希望。他認為老蔣是不能不要的，但他的政權不可能脫胎換骨。我告訴他說雖然我一年以前敦促胡適出來領導一個政黨，但他不願意。周認為如果我們黃袍加身，他也許會接受。我沒進一步談這個問題，因為我不知道他〔周作民〕真正的立場是什麼，特別是他對社會主義的看法。他想要的也許是一個為資本主義的擴張與建設鋪路的政黨。對於這個問題我們必須謹慎。在貿易與輕工業方面，我可以接受讓私人企業有發展的空間；然而，我還不能接受讓私人資本經營鐵路、公路的幹線、冶鐵、煉鋼、電力、或中央銀行等等。他和他銀行業的同仁能否滿足

我們所分配給他們的配額？

　　八個月以後，12 月 15 日，在巴黎開第三屆聯合國大會的蔣廷黻仍然不覺得組黨的時機成熟：「下午，跟代表團團員有一個很長的茶點會。決定要提倡一個『中國自由運動』。〔這是蔣廷黻自己的翻譯，他用的英文字是「the Movement for Chinese Freedom」。〕在目前不採取政黨的形式：獨立，不作任何政黨的附庸；除了共產黨以外，不攻擊任何人；教導老百姓世界共產主義的邪惡。」次日，他說他寫了一封信給胡適：「請他作為『中國自由運動』的發起人之一。這個運動最終的目標是在建立一個沒有階級但自由的社會。根據我的看法，蘇聯的共產主義或者美國的資本主義都是沒有未來的。未來毫無疑問屬於自由的社會主義。」當晚，當時在巴黎參加聯合國文教組織會議的朱經農和陳源去蔣廷黻住處晚餐。他們兩位都願意作為蔣廷黻所倡導的運動的發起人。

　　別有意味的是，12 月 19 日，返回紐約的郵輪還在大西洋上的時候，蔣廷黻說他在 7 日寫了一封信給胡適。不知道 7 日這封信跟他在 16 日說他寫了一封給胡適的信是否是同一封信。不管這是一封或是兩封信，現都已不存。重點是他在 19 日日記裡說的話：「7 日那天寫了一封信給胡適，告訴他說中國的危局意味著一個世代的失敗。胡適、我，以及我們的朋友都失敗了。我從前對他的政治態度就已經不稱道了，為什麼我要一直等著他呢？」

　　蔣廷黻和 Hilda 在 12 月 22 日回到紐約。28 日：「收到朱經農的來信，說錢昌照不贊成公開發表任何評論國內局勢的聲明，因為共產黨和國民黨都不歡迎任何第三勢力。然而，我必須組織起來一個第三勢力的核心。」這是蔣廷黻第一次用第三勢力來形容他的「中國自由運動」。30 日下午，有幾位中國學生來談政局。蔣廷黻說他試著贏得他們支持「中國自由運動」。這幾位學生告訴他說：「留學生──大部分是左派的──相當活躍。從前國民黨的死忠派以及 CC 派突然間都變左了。看來有許多人都在搶搭共產黨的順風車。」

　　1949 年 1 月 2 日：「想要寫出『中國自由運動』的宣言。」3 月 20 日日記特別有意味：

　　李幹〔時任駐美技術代表團，後任中央銀行副總裁〕來訪。他也非常悲觀。他認為長江以南並不團結。去年軍事的挫敗摧毀了老蔣的威望，也打擊了他的自信。現在沒有任何一個人能把軍隊團結在一起。我提出我的論點，說現在必需要去籌畫一個掃蕩共產黨的革命。他說胡適和我都太老、太理性了；革命需要的是狂熱。我說理性的人可以作鋪路的工作，就像梁啟超為辛亥革命鋪路、啟蒙運動的哲人為十八世紀的法國革命鋪路一樣。無論如何，坐等是成不了事的。他略有所動。我告訴他說，我們今天都必須為我們過去的無所作為而抱愧。理由或藉口就像是他所說的。我們必需要超越我們的訓練以及我們的性情。

　　一直要等到胡適從上海、經舊金山，在 4 月 27 日到了紐約以後，蔣廷黻才開始又提出組黨的想法。當天，蔣廷黻和胡適見面。蔣廷黻在聽了胡適對中國局面的分析以後說：「我鼓勵他在美國要有積極的作為，領導一個新的社會主義政黨。他對社會主義沒興趣，而且認為他沒有領導政黨的才性。他鼓勵我自己組黨。這我當然不能作。」

　　蔣廷黻了解胡適有他的局限。他在 4 月 30 日請胡適對代表團講演以後，就感嘆說：「他說他沒有當政治領袖的料子。這句話可能不錯。他這個人一點激情也沒有。」次日，他又在日記裡說：「事實上，胡適無法領導一個全國性的運動。」

　　5 月 16 日，胡適去蔣廷黻家聊天。談話中，蔣廷黻說胡適給他看他為「自由中國社」所寫的宣言。這應該就是〈《自由中國》的宗旨〉：

　　　　我們在今天，眼看見共產黨的武力踏到的地方，立刻就罩下了一層十分嚴密的鐵幕。在那鐵幕底下，報紙完全沒有新聞，言論完全失去自由，其他的人民基本自由更無法存在。這是古代專制帝王不敢行的最徹底的愚民政治，這正是國際共產主義有計畫的鐵幕恐怖。我們實在不能坐視這種可怕的鐵幕普遍到全中國。因此，我們發起這個結合，作為「自由中國」運動的一個起點。

我們的宗旨，就是我們想要做的工作，有這些：

第一、我們要向全國國民宣傳自由與民主的真實價值，並要督促政府（各級的政府），切實改革政治經濟，努力建立自由民主的社會。

第二、我們要支持並督促政府用種種力量抵抗共產黨鐵幕之下剝奪一切自由的極權政治，不讓他擴張他的勢力範圍。

第三、我們要盡我們的努力，援助淪陷區域的同胞，幫助他們早日恢復自由。

第四，我們的最後目標是要使整個中華民國成為自由的中國。[41]

蔣廷黻在看了〈《自由中國》的宗旨〉的反應是：

我立刻指出這篇宗旨沒有提到任何經濟方面的政策，因此是不完整的，而且傳統自由主義是不夠的。他笑了，意思是說這是一個我們可以追溯到《獨立評論》時期的爭論。

在胡適初抵美國的幾個月之間，蔣廷黻配合他以及顧維鈞從事著搶救蔣介石要務。一直要到美援看似無望以後，也就是在該年 8 月以後，蔣廷黻才又開始積極地慫恿胡適出面領導組織一個新的政黨。蔣廷黻在 8 月 24 日的日記記：

寫信給朱經農提倡成立一個自由黨，成員取自於：a）無黨無派的自由主義者；b）現有政黨裡的自由派。目標：a）國家的獨立；b）個人的自由；c）急速現代化，以改善生活水準，但立法防止壟斷企業的形成。自由黨要在國會裡成為多數黨。下午，跟胡適討論。他認為想法很好，但拒絕出面領導。

然而，五天過後，8 月 29 日，胡適在跟蔣廷黻見面的時候，卻又幫蔣廷

---

41 胡適，〈《自由中國》的宗旨〉，《自由中國》，第 1 卷第 1 期，1949 年 11 月 20 日，頁 2。

黻擬了一個「自由黨」核心的人物名單。蔣廷黻說他擬的名單為：胡適、顧孟餘、童冠賢、翁文灝、周貽春、傅斯年、俞大維、陳光甫、郭泰祺、顧維鈞。胡適加了：蔣廷黻、梅貽琦。最後，他們又一起加進：于斌、蕭公權、張佛泉。興奮不已的蔣廷黻就在兩天以後口授給他的祕書「中國自由黨」的黨章。

胡適甚至出意見訂定黨綱。蔣廷黻9月1日的日記：

> 修訂「中國自由黨」黨綱。徐淑希和江易生作了幾個重要的建議。一個是區分文武機構，另一個是強調教育。跟胡適討論黨綱。他最重要的建議是把自由企業列為黨的一個原則，但我說服他收回。他作了另外一個建議，強調教育，特別是人文通才教育。這個建議，我欣然接受。有關組織，他建議設立一個比較大的「執行委員會」或「全國委員會」，而以一個十到十二人的小組作為「中央執行委員會」。這個建議我也接受。他反對用「封建朝貢」（feudal tribute）這個名詞來稱呼佃農付給地主的地租。他說那是一個無意義的宣傳用語。我接受。

胡適看似熱心的態度使蔣廷黻大受鼓舞。9月5日上午，他第三次修訂「自由黨」的黨章，把胡適、徐淑希、江易生的意見都吸收進去。次日，他寫信給顧維鈞和陳之邁，告訴他在籌組的「自由黨」。9月13日的日記進一步彰顯了蔣廷黻對「自由黨」的理念：

> 陳之邁在翻譯「自由黨」的黨章的時候，建議說「自由企業」應該是宗旨之一。我告訴他說我們不想要把「中國自由黨」變成美國共和黨的支部。他大笑。林咸讓〔代表團幕僚，英文名為 Roland Liem〕建議加一條有關工人的條文。我加了：「工人的福利與安全應為所有公私營工、礦、運輸業一個主要的關注點。」這個建議很好。陳之邁也反對黨證，認為那太像共產黨和國民黨的作法。我在電話上告訴他說我是模仿英國工黨的作法。

胡適在9月15日看了蔣廷黻第三次修訂的黨綱以後，也反對制訂黨證的

規定：「他認為那會使『中國自由黨』成為一個封閉式的政黨。他喜歡美國政黨的模式。我告訴他說黨證跟黨員是開放式或者封閉式的毫無關聯。沒有人會被迫要去領取或保有黨證；沒有一個擁有黨證的人會在黨部內外的會議裡被剝奪其發言的自由。有黨證可以給予行政上的方便，而且也有助於維繫黨的紀律與財務。」

10 月 12 日，蔣廷黻除了跟陳之邁談「中國自由黨」以外，並說為了想取悅胡適與陳之邁，想要寫一篇文章談論自由企業。他說陳之邁非常擔心 CC 派的反對。10 月 14 日上午，蔣廷黻用英文口授了一個有關「中國自由黨」的備忘錄給胡適。這個備忘錄展現了蔣廷黻希冀「中國自由黨」會取代國民黨而成為領導中國的雄心：

> 由於我思索要成立一個新的政黨及其在我國目前的危局裡的問題已經有將近一年的時間了，我覺得我最好把我對這個問題的一些想法寫下來。

> 我希望以「中國自由黨」的黨章及其領袖，就可以吸引大批國內進步與獨立的公民。在現有的舊政黨裡，特別是國民黨裡，也有一些一直就批判其政黨的政策，並希望能重新開始的黨員。我希望這兩批人加起來，會讓「中國自由黨」在全國以及「立法院」取得龍頭的地位。

> 如果這些願望能夠實現，國民黨自然就會退居為第二大黨。「中國自由黨」就會在目前的危局裡取得政治領導權。

> 從某個角度來說，這就是順民意所達成的革命（a revolution by consent）。

> 有一些朋友擔心國民黨會反對我們成立「中國民主黨」。我可以想見有些國民黨員會反對我們，可是我不悲觀。國民黨會繼續是一個政黨。由於我們自己相信憲政與法治，沒有人會懷疑我們會想去製造另外一個一黨專政。政黨的運命自然會隨著國家的情勢而起伏。如果國民黨的領袖能夠採取正確的政策與策略，我們沒有理由認為國民黨不會在未來再起而致勝。

> 依我的看法，委員長會繼續是國民黨的領袖。他可以運用他絕大的影響力去打共產黨。不管他的缺點如何，他有雅量把國家放在第一位，把黨與個人的利益放在其次。如果我們用適當的方法向他解釋我們的想法，他很

有可能歡迎中國有一個新的政黨。

　　根據我們的方案，我們沒有理由說李〔宗仁〕將軍不應該繼續作為代總統。目前，我們希望維持現有憲法所劃定的總統以及行政院的職權。在一方面，我們並不希望侵犯總統的職權；在另一方面，我們不願意也不能成為任何一個個人或團體的傀儡。如果我們的方案成功，我們希望根據現有的憲法在中國領導一個新的聯合政府。

　　我看不出中國現有的政權能夠得到外國的援助。雖然沒有人能夠確保「中國自由黨」能夠立即贏得足夠的國際支持以取得大量的外援，但我深信只有在一個具有新政策、新領袖的新政黨在中國取得領導的地位的情況之下，我們方才可能取得外援。

　　在國內，公眾對政府的信心已經崩潰了。我們看不到有任何可以拾回民心的根本改革的跡象。在國際上如此，在國內也是如此，一個新的政治領袖的興起是必要的。

　　談到外援，我們當然是意指軍事與經濟的援助。在目前，軍事援助遠比經濟援助還來得更迫切。根據我的看法，軍事援助端賴於在中國從事軍事改革。如果「中國自由黨」能成功地組織一個新的聯合政府，首要之務就在軍事改革。

　　我認為我們要作的第一件事是由一個文人出任國防部長。他的主要工作就在改革軍需的供應。我們必須做到由政府來供養所有的軍人，從將官到士兵。他們必須足食、足衣、配備齊全。此外，他們必需要能夠不擔心家小的生活問題。這是一個政府對願意為國犧牲的將士最起碼所應該作的事。在另一方面，我們必須根除貪污。我們必須立即根除徇私與浮報兵額。善戰的軍團應該得到獎勵。士氣低落的軍團必須改革或者裁撤。不管是個人或者是部隊，都不准徇私。

　　今天中國最大的問題就是部隊之間徇私的問題。我沒有證據來作結論，但我認為一個跟任何軍團都沒有關係的文人部長，也許能夠無私地給予所需的軍需而且贏得所有軍團的支持。光是這個問題，就足以用來支持為什麼我們需要一個新的聯合政府。這本身就是對國家的一大貢獻。

　　這個新的聯合政府當然必須練新軍。這新軍必須是國家的，而不是私人

的。在未來，整個軍隊都必須擺脫目前這種私人的關係。我們可以而且也
必需要立下一個真正國家軍隊的基礎。

我到現在為止只談到「中國自由黨」在反共的當下能為我們的國家作什
麼。假設時間已經來不及了，共產黨勢將取得中國大陸，即使在那種情況
之下，我認為我們應該由一個新的政黨來領導一個新的運動，以維持中國
的獨立以及在中國的個人的自由。這個政黨可以領導號召海外的中國人、
共產黨控制區的獨立人士、以及〔台灣〕島上的人民。這個政黨可以為未
來保持希望。

如果第三次世界大戰爆發，這個新的政黨會站在一個較佳的位置來尋找
並利用機會復興自由中國。我必須說國民黨沒能充分地利用第二次世界大
戰所提供給我們的機會。它之所以失敗，主要是因為其領袖不理解中國以
外的政策與輿論。在這方面，國民黨的領袖眼光太井蛙了（parochial）。

我們沒有發動第三次世界大戰的能力。我們也沒有能力去阻止它。我並
不是說我們應該把這種災難帶給這個世界。然而，不管戰爭是什麼時候到
來，它永遠是會在國際關係以及各國國內的政治產生絕大的變化。我認為
從現在開始，我們必須留心地研究所有可能性，為一個獨立、自由的中國
取得最大的利益。

我寫下這些想法供你參考。我還在依照你的想法修訂著「中國自由黨」
的黨章。等你看了新的黨章以後，我希望你會寫信給你在國內的朋友以贏
得他們的支持。我覺得我們已經沒有時間可以浪費了。

我另外要指出，我們的外國朋友雖然只得到了一點關於我們這個計畫的
資訊，但那已經激勵了他們在聯合國大會裡給予了我們更大的支持。[42]

最讓蔣廷黻興奮的是，胡適願意擔任自由黨的主席。蔣廷黻10月15日日
記：

42　T.F. Tsiang to Hu Shih, "Memorandum: The Chinese Liberal Party," 無日期〔1949 年 10 月 14
　　日〕，《蔣廷黻資料》，23.362-366。

胡適過來聊天。他同意擔任「自由黨」主席，條件是：一、決定自由黨什麼時候參加政府；二、如果自由黨決定參加政府，再決定他所將扮演的角色。我欣然接受他的條件。他認為自由黨目前沒有組織政府的能力，我則認為我們應該全力以赴。我們最後決定保留各自不同的看法。

蔣廷黻打鐵趁熱，在 10 月 22 日把「中國自由黨」黨章的定稿送給胡適。

然而，蔣廷黻高興得太早了。胡適才在 10 月 15 日答應出任自由黨的主席。不到兩個星期，他就澆了蔣廷黻冷水。蔣廷黻 10 月 27 日日記：「晚上去看胡適。他對『中國自由黨』非常不看好。他坦白說他之所以答應作黨的主席完全是為了我，不想讓我失望。」

從這一天開始，胡適的態度驟然轉為消極，甚至退縮。蔣廷黻 11 月 4 日日記：「晚上胡適過來聊天。我給他看我給顧孟餘、童冠賢的信。他很不高興，因為我在這麼早就談聯合政府會讓別人產生疑懼。他在這個時候仍然膽小到這個地步：他在危機當頭如何有能力領導？這個人一點勇氣也沒有。」

蔣廷黻說他終於發現胡適突然間變得消極的原因。11 月 8 日日記：「胡適在電話上告訴我《紐約校園》（*New York Campus*），一個共產黨的小報，刊載了有關他的一些流言，讓他非常不舒服，讓他幾乎想退出『自由黨』。我安慰他說，那是所有公眾人物的宿命。他必需要堅強一點。」

事實上，蔣廷黻有所不知。真正把胡適嚇跑的不會是《紐約校園》那個說了一些讓他「非常不舒服」的流言的共產黨的小報。胡適何懼流言？何況是流傳有限的紐約中文小報裡的流言！真正把胡適嚇跑的是他自己寫給胡適的那個備忘錄。蔣廷黻在那個備忘錄裡所流露出來的予可取而代之、讓蔣介石去當那淪為第二大黨的國民黨的黨魁的氣勢，才是把胡適嚇跑的真正的原因。

我在《舍我其誰：胡適，第四部：國師策士》裡詳細地分析了晚年的胡適認為反對黨、自由主義者、第三勢力，都是共產黨的同路人，都有害於他跟蔣介石有志一同反共抗俄的大目標。[43]早在國共內戰的末期，美國駐華大使司徒雷登就已經指出胡適是蔣介石當時碩果僅存的支持者。他在 1948 年 12 月 20

---

43 《舍我其誰：胡適，第四部：國師策士，1932-1962》，頁 540-782。

日給國務院的報告裡說：

> 　　現在甚至連委員長最親近的朋友也認為他下台，和平才會有希望。現在，只有胡適是他繼續抵抗政策唯一堅定的支持者。胡適跟委員長同樣認為唯一光榮的作法，就是繼續抵抗共產黨。[44]

　　1948 年 12 月 15 日，胡適夫婦搭乘蔣介石派去北平搶救學人的專機抵達南京。兩天以後，17 日，胡適就請見司徒雷登。根據司徒雷登在 21 日向國務卿所作的報告，胡適噙著眼淚問司徒雷登說美國可不可能召回「美軍三軍聯席顧問團」協助蔣介石打敗共產黨。胡適提出這個請求的立論基礎是：

> 　　中國的共產主義是那麼的僵硬、不容忍。其思想控制是那麼的惡毒、極權統治是那麼的殘酷。即使蔣介石有缺點，還是必需要支持的。這是因為蔣是唯一一個看清了共產黨的本質，而且毫不妥協地與之對抗的人。[45]

　　對於第三勢力，胡適一向嗤之以鼻。他 1952 年 5 月 7 日日記說得最為露骨：

> 　　早八點，張君勱先生來吃早飯，談了一點半。他是為了「第三勢力」問題來的。我對他說，此時只有共產國際的勢力與反共的勢力，絕無第三勢力的可能。香港的「第三勢力」只能在國務院的小鬼手裡討一把「小米」（chicken feed）吃吃罷了。這種發小米的「小鬼」，毫無力量，不能做什麼事，也不能影響政策！[46]

44　"The Ambassador in China (Stuart) to the Secretary of State," December 20, 1948, *FRUS*, 1948, Vol. VII, The Far East: China, p. 665.

45　"The Ambassador in China (Stuart) to the Secretary of State," December 21, 1948, *FRUS*, 1948, Vol. VII, The Far East: China, pp. 675-676.

46　《胡適日記全集》，8.759。

雷震在報上讀到胡適反詰張君勱有多少兵力可以反共的談話以後，不禁發出了他難以置信的喟嘆：

> 《中央日報》登載適之先生與張君勱之談話。閱之甚為悲觀。他說反共要兵力，問張有幾師、幾團兵力。好像無兵則不配反共。他完全忽視正義力量和道德力量。鴻詔謂這些話不像他說，但也不像是造假的。他不贊成反共力量反對台灣則可。如云無兵力則不能反共，簡直不成話了。[47]

晚年的胡適戮力鼓吹美國出面領導全球性的反共聖戰，以便讓蔣介石得以趁勢反攻大陸。他當然不會支持任何想要用反對黨來制衡蔣介石的作法。為了不削弱蔣介石的反共的力量，他在 1951 年 5 月 31 日獻給蔣介石的錦囊妙計是讓國民黨內的派系分化成為獨立的政黨：

> 今日似可提倡實行多黨的民主憲政。其下手方法，似可由國民黨自由分化，分成三、四個同源而獨立的政黨，略如近年立法院內的派系分野。此是最有效的改革國民黨的方法。[48]

胡適越老越不能接受反對黨的理念。最為離譜的是他 1958 年 5 月 27 日在「自由中國社」的歡迎宴會上發表〈從爭取言論自由談到反對黨〉裡的一段話：

> 你們內部可以自由分化。讓立法院中那種政治的分野，讓他們分為兩個黨、三個黨、或四個黨。後來慢慢歸併為兩個大黨。這樣等於都是自己的子女。今天我的大少爺執政，明天我的二小姐執政，結果都是自家人。這不是很好的事嗎？國民黨的黨員有政治組織的經驗，由他們分出一部分黨員出來辦黨。憑他們的政治經驗、組織經驗，也許可以比現在兩個友黨辦

47　雷震，《雷震日記》，1952 年 11 月 11 日，《雷震全集》，34.155。

48　胡適致蔣介石，1951 年 5 月 31 日，「國史館：蔣中正總統文物」，0020-802-0062-2001。

得好一點，也許比另組新黨更好一點。[49]

　　顧盼自喜鑲著自由主義光環的羽毛、自詡獨立超然的胡適，是不會對蔣廷黻表白他為什麼會退縮、不願意參加蔣廷黻的「中國自由黨」的。由於蔣廷黻不了解城府極深的胡適，他才會以為胡適純粹只是膽小、懦弱，紐約中文小報裡的流言就把他給嚇跑了！

　　蔣廷黻不但不了解胡適，他甚至天真地以為蔣介石全面潰敗，正是「中國自由黨」取而代之的時刻。1949 年 12 月 8 日上午，他在聯合國大會開會即將告一段落的時候：

　　　Tung Lin 過來對著我的耳朵悄聲地說：收音機報導國民政府從大陸撤退。十二點鐘見記者，說了一些壯語。帶了一個神父、Pan Chao yin〔潘朝英？〕、游建文、劉鍇、Pao〔包新第？〕，以及陳之邁去「維斯伯利莊園餐廳」（Westbury Manor）晚餐。神父激烈反共。他話說得極多，但因為我整個腦袋裡想的都是撤退的新聞，我沒聽也不知道他在說什麼。回程的路上，我告訴他說要提高士氣以及取得美國的援助的關鍵在於要有新的政治領袖。他同意。我沉思著未來：「自由黨」接管治理台灣；用一年和平的時間贏得島民之心；7,500 萬美金〔不清楚，但看似這個數目〕的美援；在台灣建立一個新的權力中心，等待中共內訌、傾頹。

　　1950 年元旦，蔣廷黻在看似黯淡的新年伊始繼續眺望他取蔣介石而代之的展望：

　　　曾琦和劉東海十二點過來聊天。我告訴他們我的想法：國民黨已經結束了，老蔣和李宗仁也一樣。唯一的希望在一個新的政治力量。曾琦認為我應該訂出如何轉移〔政權〕的問題。他會很樂意跟我談「自由黨」跟他的

49　胡適，〈從爭取言論自由談到反對黨〉，《自由中國》，第 18 卷第 11 期，1958 年 6 月 1 日，頁 9-10。

「青年黨」之間合作的問題……1950 年的開始是黯淡的。對我而言，工作的方案是：一、台灣的防衛、經濟發展，以及在政治上贏得當地的人心；二、在台灣建立一個有效率的政府；三、等待中共的腐化以及世界局勢的變化。

至於胡適，蔣廷黻到了 1949 年 12 月底已經是對他死心了。22 日日記：「五點去看胡適。他說他沒否認我對『中國自由黨』所發表的談話，因為他理解我的苦心。至於他自己，他寧願把它局限在一個教育運動，而不求政治力量等等。歸根究柢，這個人完全沒有政治能力，不適合當領袖。他是考據家，連作政治都如此。他不是讓運動拖著他走，就是會被運動拋在後頭。」

進入到 1950 年，蔣廷黻仍然沒有辦法原諒胡適缺乏出來力挽狂瀾的魄力。3 月 1 日：

五點見胡適，談了兩個鐘頭。我們兩人都擔心李宗仁的記者招待會。我告訴他說，以台灣有限的幅員與資源，唯一的希望在於生產與政府的現代化。他說他沒有脾胃去從事這項工作。他這個人連領導一個「自由協會」都沒辦法，遑論是「自由黨」。

又，5 月 26 日：

苦難又缺乏組織的中國人在等待人拯救。他們已經對蔣介石和國民黨失去信心。不管他怎麼試，他就是無法建立信心或希望。台灣的人民——統治階級——所想的，只是如何逃到安全的地方去。這就使我再去找胡適……我問胡適這個問題：你是否願意重新考慮不領導「自由黨」的決定？他回我他的陳腔濫調：我是朽木不可雕也。我本來還想問他下一個問題：如果旁人出來組成這個黨，你是否願意給予道義上的支持？我沒問，因為我覺得那是多此一問。

從某個角度來說，胡適從一開始若即若離的消極態度到最後拒絕，其所透

露出來的事實是：蔣廷黻這個組織自由黨的意念，從一開始就是禁不起考驗的。1949 年 11 月 16 日，一個美國新聞記者的一句話，就戳破了這個新政黨注定是不可能成功的事實：

> 「美聯社」的朋友卡平特（Frank Carpenter）一直要我給他一個專訪。我今天就給他了：有關「中國自由黨」。他的一個問題讓我震驚：這是不是意味著要與蔣介石決裂？這是一個我從來就沒有想過的角度。我退而訴諸憲法：憲法並不禁止組織新的政黨。我的回答，質言之，就是：組織新的政黨並不是非法的。沒有人能指控我犯法。

《紐約時報》在次日對「中國自由黨」所作的報導，就指出這個新的政黨具有顛覆蔣介石的政權的潛力：

> 蔣博士說：「我相信這一個政黨會得到中國知識分子與一般老百姓的支持。我敦促我的朋友發起這個運動。如果這個運動開始，其理所當然的領袖就是胡適博士。」
> 蔣博士的主張引起了推測，亦即，中國在聯合國的代表團是否會脫離國民政府的控制。然而，他說這個新的政黨不會跟國民黨——國民政府裡站在宰制地位的政黨——有衝突。
> 記者問其主張是否意味著要與蔣介石決裂。他搖頭說不會。他說中國的憲法允許成立新的政黨。

蔣廷黻這段話所透露的，是一個相當驚人的事實，亦即，這批學而優則仕、嚮往西方民主政治的知識分子，都已經到了緊鑼密鼓組織政黨的地步，都已經像蔣廷黻在給胡適的備忘錄裡使用了予可取而代之的語言以明志以後，卻駭然驚見組織政黨的目的，原來真的是要取彼而代之——主政的意思。這真的是應了傳統嘲諷秀才的說法：紙上練兵頭頭是道，一叫陣就丟盔棄甲。換句話說，蔣廷黻立意要組織一個新的政黨。然而，他從來就沒想過這個「中國自由黨」跟蔣介石可以有相生的關係，但也可能有相剋的關係。

　　顯然從一開始，蔣廷黻所想到的就是相生的關係。他在給胡適的備忘錄裡天真地認為蔣介石會歡迎反對黨的成立。他 1949 年 10 月 26 日在紐約拜見了宋美齡。如果他還有一點洞察力的話，他當天就應該可以從宋美齡的反應意識到他是挨了一記悶拳：

　　去拜見蔣夫人。她認為中國在外交上犯了兩個錯誤：一、沒有承認佛朗哥〔Francisco Franco，1939 到 1975 年之間統治西班牙的法西斯獨裁者〕；二、沒有在巴勒斯坦的問題上站在猶太人那邊。我告訴她說我不同意她的看法。我向她解釋我對組織「自由黨」的想法，並敦請她支持。她不置可否（non-committal）。

1950 年 1 月 2 日，他把他對自由黨的想法告訴來訪的董顯光，要他回台灣的時候轉告蔣介石：

　　「中國新聞社」（China News Service）的 N.C. Nyi〔倪源卿〕[50]帶董顯光過來聊天。董顯光剛從「中國」來〔台灣。為了不造成混淆，特加括弧以區別〕。他想知道我的計畫。我大要地告訴他：一、一個新的自由黨應該在行政院扮演領導的角色；二、現有政黨裡的自由分子，如王世杰、朱家驊、CC 派，以及張群應該留在國民黨裡；三、自由黨必須真正獨立，不是任何人或派系的傀儡；四、自由黨的領袖應該是胡適、顧孟餘、童冠賢、吳國楨、俞大維、杭立武、還有我；五、全力發展台灣的經濟與政治。只幫助大陸上的游擊隊，但在大陸上保有一個有效的情報系統。我請他把我的想法轉告蔣介石。

1950 年 3 月 6 日，蔣廷黻又把自由黨的宗旨告訴蔣夢麟，要他回台灣的時候轉告蔣介石：

50　感謝中央研究院台灣史研究所的蔡幸真小姐幫我辨識出 N.C. Nyi 就是倪源卿。

　　六點半，和蔣夢麟搭火車上華盛頓。他說蔣介石把過去三年的失敗都怪罪在他的部屬身上。他對未來悲觀。我告訴他我組織自由黨的背後有兩個目的：一、讓蔣介石有光榮的退路；二、讓美國國務院有轉變政策的台階。我為他解釋，有了自由黨，蔣介石仍然可以當總統，但必須遵守憲法賦予總統的權限，國民黨也可以在聯合政府裡當第二大黨。夢麟保證他回去以後會解釋給蔣介石聽。

　　蔣廷黻真是天真。「聯合政府」這個字眼，從馬歇爾調解國共內戰以後，就已經讓蔣介石聞之色變了。他還妄自使用。更不用說，他居然膽大包天要國民黨在聯合政府裡當第二大黨。1951 年 3 月 13 日，他要回台灣述職以前，胡適建議他把自由黨一事搪塞過去：

　　　跟胡適午餐。他建議我把創立新黨一事搪塞過去。胡適說俞大維跟他的看法一樣，亦即，我組新黨等於是要否定蔣介石與國民黨。幾個有國際地位的中國人，可以左右國際輿論支持或反對蔣介石——至少可以反蔣介石，因為他已經失意了（under the shadow）。他說他當時如果組一個新黨的話一定會失敗。那個失敗會把蔣介石拉下去，把中國拱手送給共產黨。
　　　胡適建議我跟蔣經國多談談，少批評，多待一段時間以加深了解。我們都覺得監察院亂得不像樣，也都覺得孫文無知倡議成立這個機構。

　　胡適這一席話，就把那一代中國知識分子的兩難的癥結所在一語道破。他們一方面嚮往西方的民主制度，希望能夠建立一個類似的制度；但在另一方面，他們體認到必須依附、庇蔭在蔣介石及其國民黨的威權體制之下。當他們必須在這兩難當中選其一的時候，他們都選擇了後者。
　　中國有一句老話，識時務者為俊傑。胡適、蔣廷黻都是這句老話的實踐者。從 1951 年開始，蔣廷黻的日記再也就沒有提起過自由黨。4 月 8 日，他在台北的時候，雷震去找他談組黨的事。蔣廷黻在日記裡所表露的，已經是一副隔岸觀火的姿態：「三點，《自由中國》的主編來談組新黨〔「中國自由

黨」〕的可能性。他比我還有興趣。他去過香港，了解那邊的政治團體。」

事實上，早在 1951 年蔣廷黻返台灣述職以前，他就已經完全放棄了組織自由黨而取蔣介石以代之的雄心了。他在該年 2 月 6 日，已經對王蓬提起了一個新的概念，「蔣介石＋改革」。這個曇花一現的「蔣介石＋改革」的概念，他 3 月 21 日在台北的時候跟張群談過。4 月 24 日，他回到紐約以後也跟胡適提起：

> 下午 4:30 見胡適。我提出我的「蔣介石＋改革」的方案。他對改革採取懷疑的態度。他提醒我說，「珍珠港事變」以後，老蔣的親戚覺得世界是他們的。就舉一個例子，宋子文免了他（胡適）的職。他又告訴我說 1949 年春天的時候，他建議老蔣不要用翁文灝當行政院長。老蔣連考慮一下都沒有就拒絕了。結論就是：「我該怎麼作才能讓他改革呢？」

然而，胡適所澆的冷水顯然並沒有讓蔣廷黻灰心。他在次日草擬了一封信給王世杰。他在這封信的第一個部分寫下了他的「蔣介石＋改革」的方案的要點：

> 一、一個國家的——而不是個人的——軍隊，由文人國防部長來組織和統帥；二、一個不為法律所限的外交政策委員會。其成員包括老蔣、王世杰、陳誠、外交部長，以及張群。把執行政策的權力集中在部長的手裡；三、致力引進民主，鼓勵組織一個有責任的反對黨。

對蔣廷黻而言，自由黨已經是不堪回首的往事。1953 年 5 月，蔣廷黻返台述職。他在 7 月 15 日給胡適的信上說：「在台北時，弟並未與當局談到組黨問題，故自不會請求許可，也請不到許可。弟對當局所再三表示的是反共抗俄聯合陣線的必要，及其實現之主要步驟。」[51] 換句話說，曾幾何時，蔣廷黻才說得信誓旦旦，彷彿自由黨一出，就可以唾手取得執政權。現在，一旦知道

51　蔣廷黻致胡適，1953 年 7 月 15 日，「胡適紀念館」，HS-US01-085-008。

組黨是不許可的，就「自不會請求許可，也請不到許可」。於是，就識相地向反共抗俄的聯合陣線歸隊。

第六章

聯合國席次保衛戰，1949-1962

1949 年 10 月 1 日，中華人民共和國成立。蔣廷黻當天的日記連提都沒提：「豔麗的一天。早上在辦公室，披閱有關滿洲的文件。下午在起草委員會。葉公超出任〔外交〕部長。蘇聯〔代表〕散播謠言要把我的代表團背走：這是神經戰。」次日：「〔從聯合國〕回到〔紐約〕市裡的時候，林咸讓來電，說蘇聯斷絕跟國民政府的關係，承認了北平政權。他問我如何答覆記者。我告訴他回答說：莫斯科會承認其孽種（offspring），再自然也不過。有個記者打電話來問同樣的問題。我給他一樣的答案。打電話給顧維鈞，問他是否會發表一個聲明。他說第一個答覆應該來自於廣東〔當時國民政府的流亡地〕。」3 日：「葉公超發表了一個強硬而且很好的聲明。」4 日：「謠言說蘇聯要在四十八小時之內背走我。」蔣廷黻說他才不信。

控蘇案

國共內戰情勢逆轉以後，國民政府給予蔣廷黻在聯合國的首要任務是控訴蘇聯違反 1945 年所簽訂的《中蘇友好同盟條約》、侵犯了中國主權、危害遠東的和平。這就是所謂的「控蘇案」。這個控蘇案在 1949 年聯合國第四屆大會中提出的時候，其目的是雙重的：對內，在把國民黨內戰失利歸罪於蘇聯扶持中共的結果；對外，在阻止國際承認中共。然而，等到「控蘇案」在 1952 年聯合國第七屆大會通過的時候，中共政權已經成立了三年了，承認的國家已

經有二十三國。國民黨唯一所得到的是阿 Q 式的精神勝利，由聯合國認證中共的勝利與建國是蘇聯扶持的結果，完全無補於實際。

蔣廷黻在一開始是反對提出「控蘇案」的。他 1948 年 7 月 10 日的日記：「回覆王世杰把中蘇衝突提交聯合國一事。我的建議是不要〔，理由是〕：一、有關大連，蘇聯可以把它交給中共；二、有關扶持中共，蘇聯可以否認，同時徵引美國人的說法來污蔑中國；三、歐洲的情況越來越糟。如果產生決裂，最好是在歐洲而不是在東方。」

聯合國第三屆大會 9 月在巴黎召開的時候，蔣廷黻奉命跟美國國務卿馬歇爾提起控蘇案的想法。在 11 月初幾次的會談裡，馬歇爾都對蔣廷黻說，此舉不但不會給中國帶來好處，而且甚至可以給蘇聯機會反將中國一軍。蔣廷黻承認說他已經接到三次的訓令，每次他都建議不要採取行動。[1]蔣廷黻自己在 11 月 9 日的日記裡說：「看來中央政府還沒有準備好要跟蘇聯對幹，而願意就這麼跟中共打下去。我們為什麼要在巴黎跟蘇聯開火呢？」

然而，11 日在「第一委員會」（當時是「政治與安全委員會」；the Political and Security Committee）上討論裁軍問題的時候，蔣廷黻譴責蘇聯以武器援助中共。他把國共內戰與美國的南北戰爭、蘇聯 1917 年的內戰拿來相類比，說這些都是在外國政府干預下的內戰。他說聯合國要裁軍，首先「應為裁撤布於希臘、朝鮮、中國，乃至全世界之第五縱隊。」[2]蔣廷黻的發言引起蘇聯代表的憤怒，要求主席裁決蔣廷黻違反議事規則。蘇聯代表維辛斯基（Andrey Vyshinsky）發言說中共是一支對抗反動政府的解放軍。蔣廷黻在次日的發言裡反駁國民黨政府是一個反動的政府的說法。可惜，他在日記裡沒說明他用的論據是什麼。

就在蔣廷黻反駁威辛斯基的這天，蔣廷黻收到王世杰的電報，說國內要求向聯合國提出控蘇案的壓力極大。蔣廷黻說：「很遺憾聽到這個消息。」兩天

---

1 "The Secretary of State to the Acting Secretary of State," November 6, 1948, *FRUS, 1948. The Far East: China*, Vol. VIII p. 193.

2 蕭道中，〈冷戰與中華民國外交：「控蘇案」研究，1945-1952〉，《輔仁歷史學報》，第 17 期，2006 年 11 月，頁 487。

以後，14 日，蔣廷黻就收到王世杰的電報，說政府決定提出控蘇案，而且決定直接向杜魯門陳情，因為馬歇爾對國民政府成見太深。蔣廷黻說：「我對這兩點都不贊同。」

　　蔣廷黻雖然不贊同政府的訓令，但作為駐聯合國的代表，他必須從命。次日一早，他就召集幕僚討論在安理會裡提出控蘇案的目標以及法律的根據。中午，他跟美國駐聯合國代表會面，請他給予建議。晚餐過後，他又跟幕僚繼續商議。他在日記裡思忖說：「〔訴諸聯合國憲章〕第六章〔即用和平的方法解決爭端〕，只會換取一個無關痛癢（innocuous）的決議；〔訴諸〕第七章〔即用經濟制裁或軍事行動維持和平〕，則會被〔蘇聯〕否決。『中國』〔指的是台灣。為了不造成混淆，特加括弧以區別。以下同〕有什麼好處可得呢？」由於蔣廷黻仍然不贊成提出控蘇案，他在 21 日寫了一封信給傅斯年，試圖讓他理解向聯合國控訴是會徒勞無功的。

　　隨著聯合國第三屆大會在 12 月 12 日閉幕，控蘇案也就在這屆會期裡不了了之了。

　　然而，控蘇案是箭在弦上，國民黨不發是不會甘休的。1949 年 5 月 20 日：「外交部來電報，要在大會上提議禁止會員國承認用武力或非民主的方式取得的政權。對這個冒險我很震驚。」當天下午，蔣廷黻去醫院看顧維鈞的時候跟他談起那個電報：「他認為這個提議不管在法律或憲章上都站不住腳。而且，美國和英國在承認方面是傾向於採取現實主義的態度。他接著思索〔政府〕是否可能在人事與政策上作出戲劇性的改變。我說在位的人是不可能讓位的。」然而，蔣廷黻必須開始思索控蘇案的進行程序。7 月 27 日：「鄭重地思索在大會提出蘇聯違反中蘇條約。」接著，他在 8 月間跟美國、英國、法國、加拿大在聯合國的代表聯繫，希望能得到他們的政府的支持。8 月 21 日午餐的時候，他也跟顧維鈞、宋子文、胡適、和貝祖詒談起向聯合國提出該案是否明智之舉的問題。他說顧維鈞、宋子文、胡適都反應冷淡。

　　顧維鈞是駐美大使，蔣廷黻是駐聯合國大使。兩個人都被責成向美國政府聯繫準備提出控蘇案；兩個人都認為那是不智之舉。然而，兩者的不同，在於蔣廷黻即使不苟同，在受命以後，積極從事；顧維鈞則顯然是傾向於虛應故事。美國駐聯合國代理大使羅斯（John Ross），在 1949 年 8 月 30 日給國務

卿的報告就一語道出了英國駐聯合國大使賈德幹（Alexander Cadogan）爵士對顧維鈞的看法：「我提起說顧維鈞去過國務院。他對提出這個議案的態度似乎不像蔣廷黻那樣明確。賈德幹說這就是顧維鈞，他會抓住機會『跳上』中共的順風車。」[3]事實上，連蔣廷黻都在 8 月 28 日日記裡批評了顧維鈞：「有關『中國』要提的案子，顧維鈞非常謹慎，甚至可以說是膽怯。」

顧維鈞是中國近代史上少數能夠得享榮華的貳臣——甚至可以說是獨一無二能貫穿三朝的「參臣」。他是袁世凱的英文祕書、駐美大使，北洋軍閥政府歷任的內閣總理、外交總長。1928 年北洋軍閥倒台以後，他是國民政府「儆奸邪而申國紀」的通緝犯之一。然而，一年以後，蔣介石就取消了對他的通緝令。他在國民黨政府裡官運亨通，歷任駐國際聯盟代表、駐法公使、駐英大使，並在 1946 到 1956 年間再度出任駐美大使。1956 到 1967 年出任海牙國際法院法官、副院長。雖然他在 1948 年被中共列為戰犯，但 1971 年中華人民共和國進入聯合國以後，他就在次年受邀訪問中國。雖然他在過世以前沒有機會訪問中國，但他在哥倫比亞大學所作的《顧維鈞回憶錄》在 1985 年就已經被翻成中文出版。在民國時期的外交官裡，他是唯一不被中共從民國史的集體記憶裡剔除的一人。

美國在蔣廷黻與顧維鈞分別與其聯繫以後，就已經決定了其對策，亦即，原則上支持，但支持到什麼程度則端賴國民黨政府所能提出的證據是否充分。蔣廷黻 8 月 26 日日記：「羅斯來告訴我說美國會支持『中國』，至於支持到什麼程度，則要看該案在大會裡的發展。」當天會面的時候，羅斯詢問蔣廷黻說「中國」所希望達成的目標是什麼。蔣廷黻在日記裡沒記，但羅斯在給國務院的報告裡臚列了出來：「一、蘇聯違反了〔中蘇友好同盟〕條約；二、要求聯合國會員國不承認中共；三、要求會員國給予國民政府道德與物質上的援助。」[4]

3　"The Acting United States Representative at the United Nations (Ross) to the Secretary of State," August 30, 1949, *FRUS, 1949. The United Nations: The Western Hemisphere*, Vol. II, p. 158.

4　"The Acting United States Representative at the United Nations (Ross) to the Secretary of State," August 26, 1949, *FRUS, 1949. The United Nations: The Western Hemisphere*, Vol. II, p. 152.

　　蔣廷黻在 9 月 1 日收到外交部電報，任命他為即將召開的聯合國第四屆大會的首席代表，主持控蘇案。9 月 13 日：「外交部所派的第一批人員抵達，帶來一整箱的文件。開始研究這個案子。我跟盛岳〔第一批人員裡懂俄文的專家〕長談，了解了國防部以及外交部專門人員都反對提出這個案子。這個想法是來自於老蔣。派程天放來也是老蔣的意思。」17 日，他請顧維鈞讓他借調陳之邁來參與控蘇案的工作。[5]

　　9 月 22 日是蔣廷黻在大會上開火的日子：

　　我要去「法拉盛草原」（Flushing Meadows）〔當時聯合國在「成功湖」以外另外一個臨時的會址〕之前有點緊張，所以就用跟孩子們玩的方法來讓自己鎮靜。在車上，我的緊張就消除了。大會十一點開始。我很驚訝我是第一個發言的人。許多代表都還沒到。空蕩蕩的席次讓我有點沮喪。然而，我想大家都會拿到書面的報告。我開始用中文作報告〔這是蔣廷黻唯一一次用中文在聯合國發言〕。會場在靜默中緊繃著。我結束的時候的掌聲中等，比我預期的多。代表們像被刺了一樣。希臘代表開隆（Kyron）是唯一走到我的席次來向我道賀的代表……〔午餐過後〕林咸讓給我看一些新聞報導，相當冗長，提到我的地方泰半是正面的。大部分的代表拒絕評論。麥克奈爾（MacNeil）〔英國代表？〕說：「是一個很好的演說。」一些蘇聯的小丑們說是：「蠢話！」、「天鵝垂死前的悲歌。」南斯拉夫代表說：「無聊！大會能作什麼呢？」

5　這點可以用陳之邁的回憶來參證。見其〈蔣廷黻的志事與生平（三）〉，《傳記文學》，第 8 卷第 5 期，1966 年 5 月，頁 44。

圖 6　記者招待會，大約攝於 1949 年。蔣居仁先生提供。

　　蔣廷黻知道他當天的聲明在聯合國裡所得到的反應是冷淡的。他不但是對一個空蕩蕩的會議廳演講，而且那並不熱烈的掌聲還是超過他的預期的。然而，最讓他欣慰的是，《紐約時報》不但在次日刊載了他的聲明，而且還發表了社論支持他。此外，還另外有一篇報導的文章。這篇以〈從中國來的直話〉（Plain Words from China）為名的社論，稱讚蔣廷黻直話直說，籲請大會嚴肅地面對問題：「他的立論基礎是：中國共產黨是一個跟莫斯科相聯的世界組織的工具。」莫斯科的政策：「雷同於沙俄對中國的帝國主義政策，而且更為成功。克里姆林宮對滿洲的控制大於沙俄時期，而且藉由卑躬屈膝的中國共產黨，取得了控制中國其他地區的方法。」這篇社論說蔣廷黻指責聯合國只顧在歐洲防堵共產主義，卻任其狂瀾在亞洲肆虐。[6]

　　《紐約時報》當天的另一篇文章，蔣廷黻在日記裡說：記者「加了他自己

6　"Plain Words from China," *The New York Times*, September 23, 1949, p. 22.

的一些推測。」這些推測裡，有兩點值得指出：第一、「中國」不太可能在安理會提出這個議案，因為蘇聯一定會使用否決權；第二、「中國」是否提出這個議案要看其他代表團的反應。而從美國與英國代表團沉默的態度來看，它們顯然不願意見到聯合國辯論這個問題。[7]

　　《紐約時報》這位記者的推測非常近於事實。雖然控蘇案在 9 月 29 日以45 比 6 的比數獲得列入議程，但蔣廷黻最大的問題是獲得美國的支持。對控蘇案，美國一直採取消極的態度。這是蔣廷黻以及蔣介石的整個國民政府所一直不理解的所在。他們不了解美國的政策是絕對不打不能穩操勝券的仗，不管是在軍事還是在外交的戰場上。然而，蔣廷黻和蔣介石會一再地誤判，然後落到失望的地步。控蘇案只不過是第一個例子而已。

　　早在蔣廷黻在聯合國大會發表聲明的當天，國務院在給美國代表團的傑賽普（Philip Jessup）的訓令裡就已經指出，國務院希望蔣廷黻能從其他代表團對他的聲明的反應知道支持度不夠而改變策略。然而，如果，蔣廷黻還是堅持要提案，則傑賽普就必須委婉地告訴蔣廷黻美國的立場。從負面來說，他必須讓蔣廷黻了解「中國」很難找出堅實的證據來控訴蘇聯；美國無法告訴「中國」它能支持什麼樣的決議；「中國」可能因為棄權票太多而無法獲得三分之二的票數。從正面來說，傑賽普可以建議蔣廷黻從 1921 到 1922 年的「華盛頓會議」所簽訂的《九國公約》裡所揭櫫的「門戶開放」的原則入手，亦即，尊重中國領土與主權的完整。那是美國所願意支持的議案。再不然，就是把蘇聯違反條約的問題訴諸國際法庭來裁決。[8]事實上，這兩個正面的建議就是傑賽普在 9 月 7 日給國務院的報告所作的建議。[9]國務院的訓令等於是批准了傑賽普的建議。

　　無怪乎蔣廷黻在 10 月 20 日跟傑賽普午餐的時候，會發現美國對控蘇案的

7　Thomas Hamilton, "Chinese in N.N. Hits at Russia As Base of Country's Woes," *The New York Times*, September 23, 1949, p. 1.

8　"The Acting Secretary of State to the Secretary of State," September 22, 1949, *FRUS, 1949. The United Nations: The Western Hemisphere*, Vol. II, pp. 189-190.

9　"Memorandum by the Ambassador at Large (Jessup) to the Deputy Under Secretary of State (Rusk)," September 7, 1949, *FRUS, 1949. The United Nations: The Western Hemisphere*, Vol. II, pp. 173-175.

立場跟他的南轅北轍：「他給我看一個決議稿，重複《九國公約》的觀點，但略去了蘇聯違約以及不予以赤共援助的條例。我非常失望，而且老實地讓傑賽普知道我很失望。他反對我的說法，但並沒有跟我爭辯。最後，我請他再考慮，他答應。」

　　這時候的蔣廷黻仍然充滿著信心，有著一股浩然之氣。11 月 9 日：「整天都花在聲明上。我要讓它流傳後世，作為一個愛國的中國人對過去四年的事件所作的證言。中國獨立的火花或許會藉著這個文件而不息。」兩天以後，他邀約傑賽普午餐，給他看他的決議稿：「他馬上問我說：『你以為這能通過嗎？』意思是那是不可能的。我說我可以靠南美洲以及阿拉伯國家的票。他說這個案子讓很多代表團都覺得很尷尬（embarrassed）。他說在他跟國務院報告以前，沒有辦法給我任何承諾。」

　　蔣廷黻不氣餒，仍然繼續寫他的聲明。11 月 19 日：「早上口授我要在『第一委員會』所作的聲明的最後兩個部分。我走進車子的時候，突然間想出了一個新的莫斯科式的化學成分——共產帝國主義（commu-imperialism）或者帝國共產主義（imp-communism）。這是當今世界所面對的現象。」兩天以後，他又改寫了他最後兩個部分的聲明。然後給「中國新聞社」的倪源卿一份，讓他轉給《紐約時報》的主編。

　　11 月 22 日，傑賽普給蔣廷黻看一份美國、巴基斯坦、墨西哥、澳大利亞、與菲律賓五國所擬的決議稿：「是一份建立在《九國公約》的基礎上的平淡無味（loveless）文件。傑賽普就是不願意加一段不給予共產黨援助的字句，也不願意答應不提該議案，以便讓我提我的。他一直說大會的氣氛不佳。其實，是美國在蓄意破壞『中國』向聯合國求助的努力。」

　　11 月 25 日下午 3:45「第一委員會」開會之初有一段小插曲。主席請蔣廷黻發言的時候，蘇聯代表維辛斯基抗議，說他不承認蔣廷黻有代表中國的資格。在來回辯論之後，主席裁決蔣廷黻有發言的權利。於是，蔣廷黻說：「我讀我的聲明。大部分的時間，我只是照章宣讀（perfunctory）。到了最後的部分，我是把我的整個靈魂都投入。讀完以後，我感覺滿意。」

　　這段蔣廷黻把他的整個靈魂都投入的部分，就是他在 11 月 19 日日記裡所說的他所鑄造的「共產帝國主義」以及「帝國共產主義」的名詞。他說：

　　莫斯科已經將世界共產主義和世界帝國主義摻合而成一個新的化學毒素。我們可以稱之為共產帝國主義（commu-imperialism），也可稱之為帝國共產主義（imp-communism）。這個新毒素含毒的成分遠較單獨的世界共產主義或單獨的世界帝國主義為高。這個毒素在政治上的破壞力量正如原子彈在物質上的破壞力量一樣。如果我們要挽救世界文明，我們就得配合起來釐定一個自衛的計畫。[10]

　　在這個聲明裡，蔣廷黻呼籲聯合國大會能作出下列四個決議：一、裁定蘇聯阻礙中國政府對東北主權之恢復，並以軍事及經濟援助供給中共；二、認定中國政治獨立和領土完整是全世界人民共同的目標；三、向所有會員國建議不得對中共援助；四、各會員國對於中共所建立的任何政府不給予外交上的承認。[11]

　　骰子既然已經擲出，蔣廷黻就在 11 月 26 日把控蘇案的決議案定稿，並把副本分送給報社。次日，《紐約時報》登出了控蘇案的決議。29 日，蔣廷黻跟傑賽普會談了一個鐘頭：

　　我對他解釋我的決議四點的必要性。他寸步不讓。他堅持說：一、他的決議不偏袒政府或者共產黨任何一方，而我的則是試圖把聯合國拉在政府一方——這點他絕對不能接受；二、我的決議不可能得到三分之二的票數。我告訴他說我估計只要美國能幫忙一點，我的可以過關。

　　到了這個時刻，陣勢已經成形：一邊是美國所主導的由美國、巴基斯坦、

10　陳之邁，〈蔣廷黻的志事與生平（三）〉，《傳記文學》，第 8 卷第 5 期，1966 年 5 月，頁 45。

11　〈蔣代表於 1949 年 11 月 25 日在第一委員會席上發表之聲明〉，《中國向聯合國控訴蘇聯》，轉引自蕭道中，〈冷戰與中華民國外交：「控蘇案」研究，1945-1952〉，頁 507；英文的字句，參見 A.M. Rosenthals, "China Asks Nations to Indict Moscow, Shun Peiping Ties," *The New York Times*, November 26, 1949, pp. 1, 3.

墨西哥、澳大利亞、與菲律賓所提出的五國決議案，只著重蔣廷黻認為不關痛癢的「門戶開放」以及尊重中國領土與行政的完整的原則；另一邊則是國民政府所主導的古巴（共產革命前的古巴）、厄瓜多、與祕魯的三國決議案，譴責蘇聯、維護中國的獨立與領土的完整、不予中共以軍事與經濟的援助、以及不承認中共。如果五國決議案通過，就是意味著三國決議案的失敗。

12 月 3 日是「第一委員會」表決五國決議案與三國決議案的日子。蔣廷黻在日記裡只簡短地記錄薩爾瓦多和智利發言支持三國決議案，巴基斯坦與菲律賓發言支持其所提出的五國決議案，英國則宣布它完全反對三國決議案。然後，在主席就要宣布表決的時候，蔣廷黻提議把表決推延到下一個星期一，亦即，12 月 5 日。蔣廷黻沒說的是，在英國代表發言以後，他知道他的三國決議案一定會被美國的五國決議案擊敗。《紐約時報》在次日的報導的副標題就一針見血地指出：〈國民政府要求延遲三天表決不予承認〔中共〕的議案以避免挫敗〉：

　　眼看著他們會遭受外交上的挫敗，「中國」代表團今天要求推延三天表決其要求聯合國不承認中共的決議。「中國」在「政治與安全委員會」提出這個要求，是在英國宣布承認中共的問題必須是建立在「事實上，而不是感情用事」。英國表明態度說它會反對任何約束聯合國會員國不得與中共建立邦交的決議。

這篇報導接著說：

　　據報導，「中國」代表團認為如果他們的決議案被擊敗，對國民政府來說，會是一個外交上的慘敗，對在會上拒絕參與辯論的蘇聯來說，會是宣傳上的大勝利。聯合國圈內認為蔣博士會撤回他的決議案，或者至少是撤回要求會員國不承認中共、不給予經濟援助的部分。[12]

為了避免挫敗並爭取美國的支持，蔣廷黻在次日跟傑賽普會商：

12　A.M. Rosenthals, "Tsiang Halts Vote in U.N. on Red Rule," *The New York Times*, December 3, 1949, p. 4.

我提出我的修訂或者說讓步：一、不譴責蘇聯，而把我們一部分的控訴交付國際法庭，一部分交付過渡委員會或專門委員會；二、不要求不准給予共產黨軍事與經濟的援助，只要求不給予軍事的援助；三、不要求不准承認〔中共〕，只要求不過早（premature）承認。我要求他在下述一點上強化他的決議，亦即，在中國能有一個自由民選、不是外國政府的附庸的政府成立以前，繼續承認國民政府。他說他會把我的要求告訴國務院以及其他連署國。下午三點，我去見他要答覆。對我的每一點，他的答覆都是否定的。他警告我說，如果我繼續堅持不承認以及不予援助，有些代表團將抨擊國民政府。他說他們之所以還沒有這樣作，是因為他們對我個人的尊重。

「第一委員會」投票的日子原本是延到 12 月 5 日。當天開會的時候，三國決議案的提案國古巴、厄瓜多和祕魯，提議把控蘇案及其決議提交聯合國會期間的「過渡委員會」——又稱「小型聯大」——研究。蔣廷黻在日記裡說他接受這個動議。接著辯論。美國、墨西哥、澳大利亞反對；智利、薩爾瓦多、伊拉克則支持。表決的時間於是又推延了一天。蔣廷黻忿忿地在當天的日記裡記說：「美國想要攆走老蔣，為承認〔中共〕鋪路，而不讓在野的共和黨有以資攻擊的口實。」

12 月 6 日下午「第一委員會」投票。三國決議案表決的結果是 23 票贊成，19 票反對，14 票棄權。有意味的是，投反對票的國家包括一向站在對立面的蘇聯和美國。五國決議案表決的結果是 43 票贊成，5 票反對，4 票棄權。這 4 票棄權票裡的 1 票是蔣廷黻投的。蔣廷黻說：「我不滿意。我擔心比數太過接近，決定要以三國決議案是屬於程序性的為由〔亦即不需要三分之二的多數〕繼續奮鬥。」

蔣廷黻這則日記太過簡略，略掉了幾個關鍵的事實。首先，《紐約時報》在次日的報導裡指出美國是要用五國決議案來取代蔣廷黻的三國決議案。從「第一委員會」表決的結果來看，五國決議案篤定會在聯合國大會通過。三國決議案則不然，不可能得到三分之二的多數。其次，三國決議案之所以會有那

麼多的國家反對，是因為它會成為它們即將承認中國的絆腳石。第三，12 月 6
日上午在表決之前的辯論極為火爆。蔣廷黻只提到了菲律賓對三國決議案提出
了一個修正案，亦即，如果有裨益於遠東的國際關係的穩定，「小型聯大」應
獲授權研究是否違反了五國決議案裡的決議。蔣廷黻只在日記裡他：「作了一
個一輩子所作的最慷慨激昂的演說。」他沒說他為什麼會慷慨激昂，也沒說他
到底說了什麼。事實上，他所抨擊的是菲律賓的修正案：

> 在午餐休會之前，蔣博士作了一個慷慨激昂的演說，抨擊菲律賓的修正
> 案只是在「逃避現實」（escapism），把「小型聯大」局限在研究〔蘇
> 聯〕是否違反了五國的決議，禁止其討論「中國」的控訴。他說如果我們
> 接受這種哲學而且推行至其極端，那就意味著是對侵略「無條件投降」，
> 那就意味著是接受「讓共產主義完全宰制這個世界」。蔣博士說，自由中
> 國並沒有滅亡，還活蹦著，還在奮鬥著。然而，如果聯合國「宣布自由中
> 國所提的動議已經死了」，則這個組織就不如就乾脆「關門了」。

第四，《紐約時報》報導說，蔣廷黻抨擊菲律賓的修正案，但歡迎烏拉圭
所提出的修正案，亦即，授權「小型聯大」把問題提交安理會。[13]只可惜，該
報導沒有提供進一步的細節。根據陳之邁的回憶，烏拉圭的修正案：要求「在
小型大會審議過程中，如認為必要，可以向安全理事會提出報告。」陳之邁說
對這個烏拉圭的修正案，美國代表傑賽普反對激烈。烏拉圭這個修正案，陳之
邁說投票結果是 21 票贊成，18 票反對，16 票棄權。[14]算是勉強通過。菲律賓
的修正案，蔣廷黻說沒通過，但沒說比數為何。

無論如何，「第一委員會」在 12 月 6 日投票過後，就接著把這兩個議案
提交大會。7 日，就在大會表決的前一天，蔣廷黻說他在走廊裡聽說傑賽普要

13　Thomas Hamilton, "U.N. Body Favors Giving China Case to Interim Group," *The New York Times*,
　　December 7, 1949, pp. 1, 16.

14　陳之邁，〈蔣廷黻的志事與生平（三）〉，《傳記文學》，第 8 卷第5 期，1966 年 5 月，頁
　　46。

見他。他們在下午 1:10 見了面。傑賽普說如果蔣廷黻投票贊成他的決議案，他會發言支持並投票贊成蔣廷黻的三國決議案——如果蔣廷黻加一段話。蔣廷黻在日記裡沒說這段話是什麼。根據《紐約時報》的報導，這段話就是菲律賓的修正案，亦即，授權「小型聯大」研究任何在未來違反中國領土完整的情事。[15]蔣廷黻說他跟傑賽普以握手為定。蔣廷黻於是修改他當天下午所要作的演說。他刪除了所有批評五國決議案的字句，表示他會支持該案，最後再呼籲聯合國譴責蘇聯、不援助中共、不予以承認。傑賽普在發言裡也接受了蔣廷黻的決議案。

12 月 8 日是投票日。主席在上午十一點宣布開會的時候，會議廳只有一半的代表到了。由於沒有人要發言，主席就把五國決議案逕付表決：23 票贊成，4 票反對，票數少得難看。這時有代表要求計算是否達到法定人數。當時已經有 29 名代表在場，是法定人數。還好主席決定再表決一次。這次結果是43 票贊成，5 票反對。接著表決三國決議案：32 票贊成，5 票反對，17 票棄權。蔣廷黻鬆了一口氣，在日記裡說：「在漫長的搏鬥之後，我作完了我的工作。」

我們如果只看蔣廷黻的日記，就無法體會出他這句「我作完了我的工作」，是蘊藏了多麼無比的無奈與沮喪。他從一開始就不贊成提控蘇案。然而，既然政府把這個任務交付給他，他就盡全力以赴。光看他在日記裡所記錄下來的表決的票數，他的三國決議案是通過了。他沒有說的事實是：美國的五國決議案取代了他的三國決議案。

雖然三國決議案所得到的票數是 32 票贊成，5 票反對，[16]但這只是把這個議案提交「小型聯大」研究。有關烏拉圭的修正案，亦即，「在小型大會審議過程中，如認為必要，可以向安全理事會提出報告。」在這個部分，聯合國大會表決的票數則降低到 29 票贊成，7 票反對，20 票棄權。根據大會主席羅

---

15 Thomas Hamilton, "U.S. in U.N. Accepts China Compromise," *The New York Times*, December 8, 1949, p. 17.

16 《紐約時報》的報導說是 33 票贊成。見 Thomas Hamilton, "U.N. Assembly Asks Nation to Respect China's Integrity," *The New York Times*, December 9, 1949, p. 3.

慕洛的裁決，這一個部分屬於「重要議題」，需要三分之二的多數方才可能通
過，這是不可能達成的。換句話說，蔣廷黻奮鬥了三個月，他所得到的成果是
美國的五國決議案取代了他的三國決議案，把控蘇案提交給「小型聯大」研
究。用《紐約時報》上的話來講：「責成『小型聯大』在 1950 年〔亦即，第
五屆〕的聯合國大會上提出其建議報告，並授權其在認為必要的情況之下訴諸
安理會。」[17]然而，訴諸安理會屬於「重要議題」，需要三分之二的多數，是
一個不可能的任務。無怪乎《紐約時報》報導說：

> 　　國民政府代表蔣廷黻博士在會後失望地表示大會沒有通過他的決議案。
> 他的決議案除了譴責蘇聯以外，還要求聯合國的會員國不得給予中共軍事
> 或經濟的援助，或者外交上的承認。

　　《紐約時報》總結說：「許多代表認為傑賽普博士把國民政府從其所犯的
錯誤裡拯救了出來。其錯誤在於將該案訴諸聯合國，外加一個不切實際的
（unrealistic）決議。」[18]
　　說得難聽一點，把議案提交「小型聯大」等於就是讓它胎死腹中。蔣廷黻
在 1950 年 2 月召開的「小型聯大」裡再度提案。然而，這個議案等於是凍結
在「小型聯大」裡。1950 年 6 月，韓戰爆發。冷戰演變成了區域性的熱戰。
蔣介石及其外交官員以為 1950 年 9 月召開的第五屆聯大會議會是提出控蘇案
大好的時機。只是事與願違，在聯合國成為世界兩大集團的爭鋒相對的戰場的
情況之下，控蘇案在該屆會期只分到了三天的時間，從 11 月 21 日到 23 日。
由於蔣廷黻體認到完全沒有勝算，只好要求不表決，而接受敘利亞的提案，把
控蘇案再次提交「小型聯大」研究。
　　聯合國第六屆大會 1951 年 11 月在巴黎召開。雖然韓戰救了台灣的蔣介石

17　Thomas Hamilton, "U.N. Assembly Asks Nation to Respect China's Integrity," *The New York Times*,
　　December 9, 1949, p. 1.
18　Thomas Hamilton, "U.N. Assembly Asks Nation to Respect China's Integrity," *The New York Times*,
　　December 9, 1949, p. 3.

政權，促使美國把台灣納入了美國在東亞的戰略部署防線裡，但它也使美國強勢地介入台灣的內政外交。美國老實不客氣地告訴蔣介石說，控蘇案裡的三個目標：一、控訴蘇聯違反條約；二、不得予中共以援助；三、不得承認中共，美國只能支持第一個，其他兩個都必須刪除。1952 年 1 月 26 日，「第一委員會」開始辯論控蘇案。29 日，辯論的最後一天，泰國代表提出修正案，把蘇聯「違反條約」的字眼改成「不履行」條約。[19] 泰國這個修正案，蔣廷黻在日記裡完全沒提。他只在日記裡記當天表決的結果：24 票贊成，9 票反對，25票棄權。2 月 1 日，大會投票：25 票贊成，9 票反對，24 票棄權。

蔣廷黻在當天的日記裡說：「仗打贏了。這是自由中國的勝利，必定讓大家都鼓舞。」果不其然。為了對內宣傳的需要，國民黨把「控蘇案」的通過形容為「自由中國的偉大勝利」；蔣廷黻被冠上「自由中國外交鬥士」的稱號，各界紛紛馳電致敬。[20] 蔣介石在 1 月 31 日的日記裡也躊躇滿志地說：

二十九日巴黎聯合國第一組政治會通過我政府控俄違約案，以二十四票對九票，殊為難得。其票數以南美洲各國為多數，除墨西哥與阿根廷棄權以外，其他幾乎皆投我贊成票。此當然為美國之力也，是亦奮鬥三年之結果耳。上帝佑華，其必不負苦心人也。

事實上，蔣介石恐怕自己都可以意識到他用的是阿 Q 精神勝利的語言。他在說了這段話以後又說：

控蘇案通過時，美代表庫珀說明我國曾作極大讓步，並始終遵守諾言及義務之句，以及俄國控制東北後，以此為侵韓之根據地等語，出之於美國代表之口，殊覺最足自慰。[21]

19 蕭道中，〈冷戰與中華民國外交：「控蘇案」研究，1945-1952〉，頁 511-512。
20 蕭道中，〈冷戰與中華民國外交：「控蘇案」研究，1945-1952〉，頁 513。
21 呂芳上主編，「聯合國通過控蘇案」條（1950 年 1 月 31 日），《蔣中正先生年譜長編》，10.13。

　　至於蔣廷黻，雖然他也說仗打贏了，但他自己應該很清楚他贏的只是面子，完全無補於國民黨輸了內戰、失去了中國大陸的事實。這場雷聲隆隆開打的仗，三年的奮鬥，從控訴蘇聯違反條約、不得予中共以援助、不得承認中共為條件開始，最後卻是落得只是指控蘇聯沒有履行《中蘇友好同盟條約》的小雨點為結局收場。

蘇聯反將一軍

　　控蘇案是蔣介石在聯合國為國共內戰所作的最後的一搏：對內把內戰失利的原因歸罪於蘇聯扶持中共；對外在阻止國際承認中共。結果，蔣介石不但輸了內戰，而且連聯合國的席次都差一點不保。中華人民共和國在 1949 年 10 月 1 日成立。蘇聯在次日承認了中共。《紐約時報》在 3 日就認為蘇聯會很快地提案由中共派新的代表團來取代蔣廷黻。雖然蔣廷黻對這些都斥之為謠言，但他 5 日一早到辦公室的時候還是未雨綢繆：「口授了一個聲明，以防蘇聯挑戰我的代表團在聯合國裡的權利。」

　　11 月 15 日，中國外交部長周恩來分別致電聯合國祕書長賴伊（Trygve Lie）以及大會主席羅慕洛（Carlos Romulo）。周恩來在給後者的電報裡，僅只否認蔣廷黻及其代表團代表中國人民的權利；他在給前者的電報裡，則正式要求聯合國立即褫奪國民政府的代表權。[22]次日，《紐約時報》記者在蔣廷黻走出聯合國會場時問他有何評論：「他譴責共產黨是一群叛兵所構成的『偽』（bogus）政權。」[23]

　　蔣廷黻並不全然是藉吹口哨來壯膽。根據聯合國的規章，非會員國不得挑戰會員國的資格。因此，如果要挑戰會員國資格，就必須是由蘇聯集團在大會裡提出。[24]此外，他在安理會還持有否決權。最重要的原因，是因為他有美國

22　"China Reds Bid U.N. Oust Nationalists," *The New York Times*, November 19, 1949, p. 6.

23　"Chinese Unit in U.N. Repudiated by Reds," *The New York Times*, November 16, 1949, p. 1.

24　"China Reds Bid U.N. Oust Nationalists," *The New York Times*, November 19, 1949, p. 6.

的支持。事實上，美國駐聯合國代表團發表聲明，說美國支持國民政府在聯合國的代表權。[25]

　　然而，即使如此，從這時候開始，蔣廷黻在聯合國的日子就不好過了。蘇聯集團不但處心積慮要把他逐出聯合國，而且用詞經常不堪已極。就舉幾個情勢才開始惡化初期的例子。蘇聯的維辛斯基在 1949 年 11 月 23 日大會會場上說：「我不想和那位先生辯論。原因很簡單，因為我不知道他在大會裡究竟是代表誰。」又說：「我們無法把這些侏儒看成是一個代表團。」[26]次年 9 月 22 日，他鄙夷控蘇案是：「被扔到歷史的垃圾堆裡的鬼魂所拋出來的。」[27]1952 年 6 月的一場更是野蠻粗暴。該月，蘇聯代表馬利克（Yakov Malik）輪值安理會主席。20 日，蔣廷黻登記發言：

　　午餐過後，我排名第一個發言。我故意把我的臉轉到另外一個方向。等馬利克叫：「你！」的時候，我假裝沒聽見。安理會代表沉寂、困惑了一下子。等到我確定所有的人都注意到馬利克的粗魯無禮以後，我把頭轉了回來看他。他又說：「你！」我的開場白是：「如果我們希望蘇聯代表能表現出客氣有禮的態度是期待過高的話，希望這個組織的主席能表現出恰如其分的態度應當不是一件期待過高的事。」

　　進入 1950 年以後，挑戰就接二連三來了。首先，蔣廷黻在該年 1 月輪值安理會的主席。當時安理會的十一個常任與非常任會員國裡，有三個已經承認了中共：蘇聯、印度、南斯拉夫。蘇聯代表公開聲明蔣廷黻除了代表他自己以外，不代表任何國家。南斯拉夫也在大會裡挑戰蔣廷黻的代表權。蘇聯代表馬利克「驅逐」蔣廷黻的提案在 1 月 13 日在安理會投票。表決的結果，以 3 票

25　"Chinese Unit in U.N. Repudiated by Reds," *The New York Times*, November 16, 1949, p. 1.

26　"Soviet Tells U.N. It Backs Ousting China's Delegates," *The New York Times*, November 24, 1949, pp. 1-2.

27　"U.S. Puts Formosa Before Assembly," *The New York Times*, September 22, 1950, p. 10.

贊成、6 票反對、2 票棄權的比數被擊敗。[28]蘇聯的提案雖然被擊敗，但蔣廷黻的地位已經岌岌可危。投棄權票的英國與挪威已經承認中共，這 2 票加贊成的 3 票就是 5 票。蘇聯在這 5 票之上再加 2 票就可以取得多數。

沒想到第一個危機才化解，第二個危機就緊接著到來。蘇聯在其提案被擊敗以後，就開始杯葛安理會以及所有有台灣代表在內的聯合國組織的會議。蘇聯的杯葛使聯合國無法運作。更棘手的是，蘇聯集團可能集體退出，另外成立一個國際組織來與聯合國對抗。

為了挽救聯合國，聯合國祕書長賴伊嘗試著要解決中國代表權的問題。《紐約時報》在 3 月 8 日刊載了賴伊給所有聯合國代表團的一個備忘錄，其最重要的要點是：「一個國家的外交承認政策，並不需要決定該國對聯合國代表權的態度。」[29]換句話說，外交承認與聯合國代表權是兩碼子事。蔣廷黻忿然地在當天日記裡說：「賴伊等於是在敦促還沒有承認中共的國家投票驅逐我的代表團。」蔣廷黻除了在當天下午跟賴伊會面抗議以外，還對新聞界發表了一個聲明。

蔣廷黻在日記裡沒摘述他聲明的內容。根據《紐約時報》次日的報導，他說賴伊的備忘錄：「在政治上拙劣，在法律上站不住腳。」他抨擊賴伊：「逾越了他作為祕書長的職權、毀損了大家對他的公正性的信心。聯合國當前的僵局是因為蘇聯代表退席而造成的。那是非法的行為。如果祕書長要發揮他的影響力，他應該是用在蘇聯代表團身上。」[30]蔣廷黻很高興紐約各大報在 10 日的社論裡都批判了賴伊的備忘錄。《紐約時報》的社論說賴伊的「妥協」根本就沒觸及到問題的關鍵。賴伊要會員國把外交承認與代表權分開。然而，問題是蘇聯不但把外交承認與代表權連在一起，而且還用杯葛不出席的方式來勒索聯合國來接受其看法：「如果賴伊先生覺得必須對蘇聯投降才可能拯救聯合

28　Thomas Hamilton, "Malik Again Quits Council As Chinese Ouster Is Beaten," *The New York Times*, January 14, 1950, p. 1. 蔣廷黻該日日記誤記為：3 票贊成、9 票反對、2 票棄權。

29　James Reston, "Lie Offers Plan to End Deadlock in U.N. on China," *The New York Times*, March 8, 1950, p. 1.

30　Thomas Hamilton, "U.S. Won't Drop Aim on Red China in U.N.," *The New York Times*, March 9, 1950, p. 16.

國，他應該就明說。美國很顯然地並不覺得有這樣作的必要。」[31]

　　受到美國輿論鼓舞的蔣廷黻在 3 月 14 日遞給賴伊的辦公室一封正式的抗議信。他在次日日記裡抱怨說紐約各報給他的版面不夠大。《紐約時報》報導說，蔣廷黻反駁賴伊的聲明針對了賴伊的兩個重點：第一、承認與代表權是兩碼子事；第二、代表權是立基於一個政府是否有效地統治其疆域並得到其人民的服從。有關第一點，蔣廷黻說國際法對承認與代表權是否相關的問題並沒有贊成或反對的看法。他指出在事實上，承認與代表權是息息相關的問題。至於一個政府是否有效地治理其疆域並得到其人民的服從，唯一的方法就是遵照聯合國憲章的原則，亦即，那政府的成立是否是經由「公平自由的選舉」。他說：「儘管表象似乎如此，中共政權並沒有得到中國人民的支持。其意識形態與政策是非華夏之道（un-Chinese）。在國際上，中共政權被中國人視為是一個傀儡政權。」[32]

　　蔣廷黻的反駁，賴伊並不接受。他認為蔣廷黻扭曲了他的立場。更讓蔣廷黻擔心的是，賴伊先前的立論基礎是中共已經有效地統治中國並得到人民的服從。這個立論基礎還容易質疑。就像駐美大使顧維鈞所說的：「如果這種建議被大多數會員國接受的話，那就會在助長用軍事與暴力來處理一國的政治，以及用國際侵略來作帝國主義擴張的傾向。」[33]然而，賴伊很快地就又提出了另外一個容易讓人接受的立論基礎：「中國四億五千萬的人民，有權要有『一個有能運用其資源並領導其人民來履行其作為會員國的義務的政府』在聯合國裡代表他們。」[34]

　　蔣廷黻有多憎恨賴伊，只要看他 5 月 25 日日記就可以領略其中的一二：

31　"China in the U.N.," *The New York Times*, March 10, 1950, p. 26.

32　Thomas Hamilton, "Tsiang Charges Lie 'Appeases' Soviet," *The New York Times*, March 15, 1950, p. 15.

33　Thomas Hamilton, "Lie Plea on China Stirs Hopes in U.N.," *The New York Times*, March 10, 1950, p. 10.

34　James Reston, "Lie Makes a Bold Attempt to End Impasse Over China," *The New York Times*, March 22, 1950, p. 12.

賴伊〔到歐洲和莫斯科轉了一圈以後〕回來。聯合國祕書處就像一堆用
錢雇來的搖旗吶喊的混混一樣，列隊歡迎。道德之墮落舉世皆然。看得令
人為民主感到絕望。在一個冗長的記者招待會裡，他可以舌粲蓮花，可是
等於什麼都沒說。他是下一個張伯倫，會小有名聲，就像慕尼黑會議以後
的張伯倫。幾年過後，他不是會被遺忘，就是會被記得是一個心地善良的
笨伯（a good intentioned fool）。

韓戰：絕處逢生

蔣廷黻才用張伯倫、慕尼黑來類比賴伊及其作為，他完全沒想到他 1950
年的第三個危機是一個更大的張伯倫、更可怕的「慕尼黑」，那就是杜魯門及
其對蔣介石政權的政策。

誰都知道蔣介石政權的命脈就操在美國手裡。雖然美國一再聲明說，由於
美國不承認中共，美國不贊成中共進入聯合國。然而，誰也都知道到了國共內
戰尾聲，美國已經放棄了蔣介石。不但如此，杜魯門總統在 1950 年 1 月 5 日
發表了一篇有關台灣的聲明。在這篇聲明裡，他說，台灣已經根據《開羅宣
言》以及《波茨坦宣言》歸還給中國。美國對台灣沒有任何領土野心，也無意
介入中國的內戰：「美國政府不會對在台灣的中國軍隊提供軍事上的援助或顧
問。美國政府認為台灣有足夠的資源去取得他們認為防衛台灣所必需要有的物
資。」[35]

有意味的是，對杜魯門這個聲明，蔣廷黻當天日記就只簡短幾個字：「杜
魯門宣布不予台灣軍援。」蔣廷黻沒有作任何的評論，也許因為他當時認為蔣
介石並還沒有被全然擊敗，仍然有旋轉乾坤的能力。

6 月 25 日，北韓對南韓發動攻擊，韓戰爆發。

韓戰爆發，蔣廷黻的反應迥異於胡適。胡適認為韓戰是上帝賜給台灣的一
個千載難逢的機會。他在抗日戰爭期間的名言「苦撐待變」，到了他 1949 年

35　"Text of Statement on Formosa," *The New York Times*, January 6, 1950, p. 3.

再度到美國去為蔣介石作宣傳以後，就進化到一個西方的俗諺：「上帝要毀滅一個人，就先叫他發瘋。」這個新口號，胡適在美國的幾個老朋友聽都聽煩了。比如說，蔣廷黻 1950 年 4 月 6 日的日記裡抱怨說：「打電話給胡適。他就在等共產黨犯錯——他的老調（old song）。」

這個等上帝讓他要毀滅的人先發瘋的「苦撐待變」之計，胡適在 6 月 24 日，也就是韓戰爆發前夕的日記裡還作了發揮。當時美國的幾個報紙都在揣測美國對中國的政策是否會有改變。胡適說：「變與不變，權不在 Acheson〔艾奇遜〕，也不在 Truman〔杜魯門〕。權在幾個瘋人手裡——在國際共產黨手裡！」[36]次日，韓戰爆發。胡適在日記驚嘆地以為他的預言中了：「昨夜十二點，我偶然聽廣播，忽然聽說：『北韓大軍進攻南韓，並且「宣戰」了！』我聽了嘆一口氣，果然不出我所料，瘋子果然發瘋了！」[37]

7 月 18 日晚，蔣廷黻邀約幾個朋友論局勢：「胡適申論他老愛掛在嘴上的逃避主義的哲學，亦即，等敵人犯錯。他忘了敵人的錯誤往往跟朋友的錯誤相互抵銷，就像《雅爾達密約》抵銷了『珍珠港』一樣。」這就是蔣廷黻與胡適不同的所在：雖然同樣是書生從政成為大使，但蔣廷黻能夠冷眼透視國際政治裡的權謀；相對的，同樣也是書生從政當過大使的胡適，卻永遠只流於書生之見。

6 月 27 日，美國聯合國代表團通知蔣廷黻說，杜魯門即將會發表一個重要的聲明。午餐過後回到安理會會場的時候，美國代表團給了蔣廷黻一份杜魯門的聲明。蔣廷黻在當天的日記裡特別點出了杜魯門這篇聲明裡最重要的部分：

> 我已經下令「第七艦隊」防止任何會攻擊台灣的行為。以這個命令，我要求在台灣的中國政府停止對大陸進行任何海空軍行動。「第七艦隊」會執行這個任務。台灣未來的地位如何，必須等待太平洋區的安全恢復、對日合約簽訂、或者聯合國商討以後才能決定。[38]

---

36 《胡適日記全集》，8.498-499。

37 《胡適日記全集》，8.499。

38 "Statement on Korea," *The New York Times*, June 28, 1950, p. 1.

　　這就是通稱為「中立化」台灣海峽的一道命令。蔣廷黻說他知道派「第七艦隊」的目的是要防止中共進攻台灣。然而，要台灣停止對中國採取軍事行動，以及說台灣的地位未定，有待對日合約簽訂或透過聯合國來決定。這兩點是他以前所不知道的。他感嘆說：「覺得杜魯門仍然對『中國』不友善；公開承認派艦隊去是為了美國的戰略部署；完全不提『中國』的反共政策，也不提『中國』政府。」蔣廷黻說他當即在安理會裡發表聲明，指出台灣對杜魯門的聲明有所保留。次日，他打電報給外交部，敦促政府發表聲明申明台灣是中國合法的領土以及反攻大陸的權利與責任。

　　在半年之間，美國對台灣的立場作了一個關鍵性的轉變。杜魯門 1950 年 1 月 5 日的聲明雖然說不給予台灣援助，但至少是說根據《開羅宣言》以及《波茨坦宣言》，台灣歸還給了中國。然而，韓戰才發生，杜魯門在 6 月 27 日的聲明則說台灣的地位未定。在對日合約簽訂以前，台灣在法律上仍然屬於日本。台灣的未來、台灣島上人民的未來，應該以符合聯合國憲章的和平方式來決定。根據《紐約時報》的分析，這個新的立場與其說是因為台灣在美國的戰略部署上占有重要的地位，不如說是因為美國不希望讓中共與蘇聯取得了台灣而以之用來威脅美國在太平洋區的防衛線。問題是，美國不能出面接管台灣，因為那會被攻擊為帝國主義的行為。如果台灣是在國民黨治下，聯合國也不可能出面。然而，如果台灣是聯合國的託管地，則這個問題就可以迎刃而解。《紐約時報》說美國所屬意的託管國是瑞典。[39]

　　這個關鍵性的轉變，從 1943 年的《開羅宣言》、1945 年《波茨坦宣言》裡要把台灣從戰敗了的日本殖民帝國剔除出去歸還給中國，到杜魯門在 1950 年 6 月 27 日的聲明裡所提出的台灣地位未定論。其所顯示的就是國際條約與協議的可塑性、可改變性。國際條約與協議是國與國之間角力之下的產物。換句話說，其所反映的是國際的現實以及相關國家對這個現實的接受與妥協。在美國作出《開羅宣言》與《波茨坦宣言》的時候，中國是美國的盟邦；在韓戰爆發以後，中國變成了美國的敵人。在美國的戰略考量之下，台灣的地位也就

39　Thomas Hamilton, "China Is Main Issue in This U.N. Assembly," *The New York Times*, September 24, 1950, p. E3.

跟著改變了。

在當時國民黨派駐美國的要人裡，只有蔣廷黻清楚地體會到這個台灣地位未定論對國民黨在台灣的權益的威脅。因此只有他體會到韓戰的爆發對台灣不見得有利。他 7 月 19 日日記：「給外交部的回電裡，指出韓戰問題處理好以後，東西方可能會尋求和平之道。那時，最可能被犧牲的就是台灣。如果艾奇遜能隨心所欲去作的話，台灣也許能享有安全，但沒有國際的地位或未來的希望。」

然而，大多數人都像胡適一樣，認為韓戰帶給了台灣一個千載難逢的機會。7 月 24 日日記：「顧維鈞邀請宋子文、胡適、和我午餐。他就要回台灣述職，希望把我們的看法帶回去。胡適提起他和魯斯克的談話。他說的大部分都算切題，但這位老先生〔胡適只比蔣廷黻大四歲，可見當時的胡適在蔣廷黻眼中的地位的一斑〕喋喋不休。宋子文認為史達林很快就會出手，因為韓國的危機讓美國警覺而整軍經武。我說美國並不希望會有世界大戰。而且即使大戰到來，台灣並不見得會得利。台灣所能作的就是改革。」到了 9 月 1 日，大家仍然作如是觀：

> 與顧維鈞、胡適、宋子文在「卡萊爾飯店」午餐。顧維鈞的看法就是等。宋子文堅定地認為第三次世界大戰就要開打了，因為史達林不會讓美國和英國有動員其工業力量的時間。他認為中共很快就會參加韓戰。這就會逼使美國幫助我們。我認為大家——俄國人、英國人、美國人、中國人——都在玩火。戰爭本身解決不了問題，也不能保證進步。如果適當地引導，戰爭也許能給世界帶來一個新的時代。那是我們的問題，但沒有人在研究。

胡適則更不用說了。一直到 10 月 15 日，他仍然不改其調：「和宋子文晚餐。胡適、徐淑希、江季平也在場。胡適一如往昔，把希望寄託在敵人會犯錯的希望上。沒有一個人有新穎的想法。」

蔣廷黻比其他人清楚，除了是因為他比別人思考得深以外，還因為他是在第一線作戰。7 月 27 日，從 1 月 13 日開始杯葛了聯合國安理會半年之久的馬

利克，通知賴伊說他 8 月會回來擔任他該月輪值的安理會主席。他 8 月 1 日回來主持會議的第一天就要驅逐蔣廷黻。他的提案以 8 比 3 被擊敗。有趣的是，明明是 8 比 3，馬利克卻宣布是 7 比 3，因為他不承認蔣廷黻的代表權。在美國代表的力爭以後，他才承認是 8 比 3。[40]值得指出的是，這次馬利克驅逐蔣廷黻失敗以後，並沒有再像半年前一樣以退席、杯葛抗議。

　　美國這次支持蔣廷黻的代表權似乎是比上次堅定了許多。然而，在 8 月底，美國就開始醞釀要在安理會提出「台灣問題」。8 月 25 日：「下午三點開安理會。美國散發一篇有關周恩來控訴美國侵略中國的文章。其中，美國贊成由聯合國來研究『台灣問題』以便找出一個和平解決的方法。我跟〔美國代表團員〕葛羅斯長談，告訴他說我不能接受把台灣列入聯合國的議程裡。」

　　從這個時候開始，蔣廷黻就深深被這個問題困擾著。8 月 27 日：「聯合國要討論台灣以及託管的謠傳困擾著我。」28 日：

　　　接到外交部來電，要我少談台灣問題。如果必要的話，就宣稱「第七艦隊」在那兒是得到了「中國」的許可〔阿 Q 又一例〕。我認為政府受到了顧維鈞的誤導，以為杜魯門 6 月 27 日的聲明沒有什麼惡意。事實上，那個聲明如果依其邏輯推展，就等於視該地〔台灣〕的政府為無物（nullity）。很難想像人們會這麼沒有脊梁。

　　「台灣問題」在 8 月 29 日被列入議程。儘管蔣廷黻演講了半個鐘頭反對，這個提案以 7 票贊成、2 票反對、1 票棄權通過。成案以後，蔣廷黻的戰術就是一再地在安理會裡要求緩議。9 月 21 日，蔣廷黻在晚宴上坐在杜勒斯旁邊。杜勒斯對他說美國的想法是組織一個委員會來研究台灣問題。這就會用去了兩三年的時間。在這期間，就是維持現狀。杜勒斯等於是在告訴蔣廷黻說美國這樣作是變相地在幫忙台灣，因為中共宣稱要在 1950 年解放台灣。杜勒斯的解釋並沒有解蔣廷黻之憂。9 月 22 日日記：「美國也許在準備作另一個『雅爾達』。『中國』一定不能屈服。這是最低限度必須作的。我已經夠猶豫

40　Thomas Hamilton, "Malik Challenged," *The New York Times*, August 2, 1950, p. 1.

不決了。我一定不能失去為『中國』的未來奮鬥的道德基礎。」10 月 1 日日記：

    遠東情勢的幾個要素如下：西方列強會繼續用聯合國的席次作為誘餌，希望毛澤東能夠脫離史達林。一直到赤共公開地採取〔南斯拉夫〕鐵托式的立場，台灣就不會交給赤共。到那時候為止，國民政府將會是一個保護領地。至於是什麼形式的保護領地則待決。

    10 月 5 日聯合國大會「總務委員會」（General Committee）是一個奇景。蔣廷黻在日記裡沒說，但《紐約時報》描述了一向站在對立面的馬利克與蔣廷黻當天站在同一陣線上，反對美國把「台灣問題」列入議程。蔣廷黻說：「這大概是在聯合國的歷史上最不尋常、前所未有的一個情況：一個會員國的政府質疑另外一個會員國的疆土。」馬利克反對的理由是：中國對台灣的所有權是「銘刻」（enshrined）在國際法裡，而且也是美國一向所接受的，[41]意指《開羅宣言》以及《波茨坦宣言》。然而，蔣廷黻與馬利克輸了。美國的提案以 10 票贊成、3 票反對、1 票棄權通過成案。

    總務委員會通過以後，「台灣問題」就在 7 日進入大會。蔣廷黻和馬利克又再次站在同一戰線，反對大會辯論美國所提的「台灣問題」。馬利克先發言，主旨相仿他在「總務委員會」上的發言，亦即，台灣屬於中國，是中國不可分割的領土的一部分。接著就是蔣廷黻。他在日記裡說，他先表示他不以有馬利克這樣一個「戰友」為榮。《紐約時報》報導蔣廷黻說：台灣是「自由中國的家園（home）」，台灣絕大多數的居民是中國人。他強調：「只要台灣存在一天，赤共就無法完成或鞏固其對大陸的征服，也就無法全力以赴地侵略韓國、印度支那、馬來西亞，以及任何鄰國。」投票結果，美國獲壓倒性勝利。蔣廷黻在日記裡說有 7 票反對。他沒說的是 42 票贊成，8 票棄權。[42]

---

41   Walter Sullivan, "U.N. Formosa Debate Voted As China and Soviet Protest," *The New York Times*, October 6, 1950, pp. 1, 7.

42   "Assembly Orders Formosa Debate," *The New York Times*, October 8, 1950, p. 12.

　　到了這步田地，蔣介石政權在聯合國裡已經接二連三挫敗。「控蘇案」在聯合國等於是胎死腹中。然後緊接著的就是中國代表權的問題。這對蔣介石來說，真可謂是可忍，孰不可忍。他在 1950 年 3 月 9 日就已經表示：「余意決定自動退出，以全國格也。」[43]陳之邁從台灣述職回來以後，在 5 月 12 日告訴蔣廷黻，蔣介石接見他時候的一句話：「他〔老蔣〕問之邁對退出聯合國的看法。他這是受到東方人心態的引導。」21 日，顧維鈞來見蔣廷黻：

> 他不贊成退出聯合國，除非是要抗議聯合國否決六十八案〔控蘇案〕。我告訴他說：不管是在什麼情況之下，我都反對退出聯合國。這是因為聯合國在世界上所有進步人士的心中占有很大的分量。而且，出走是蘇聯的行徑。

　　為了希望能影響國內的決策者，蔣廷黻在次日寫信給葉公超，敦促他要奮戰到底不要讓台灣退出聯合國。6 月 5 日，葉公超覆電：「否認陳之邁說老蔣說要退出聯合國的消息——兩個月以前有這樣的想法，但已經過去了。」事實上，葉公超說得不正確。蔣介石在 10 月 1 日日記仍然說他要退出聯合國：

> 國際形勢對我危機益深。美艾〔奇遜〕毀蔣賣華之方式雖已變更，而其陰謀更顯，所謂欲蓋彌彰。可憐我外交人員並不驚覺，殊為痛心。惟今日台灣本身力量，無論軍事、經濟皆已較前進步。第一期整理計畫告成，勉可自立自主。此時惟有準備隨時脫退聯合國，獨立自強，與萬惡之國際魔群奮鬥。仰賴天父，俾我能自力更生吧。[44]

　　很顯然地，蔣廷黻與顧維鈞在意見上並不是一致的。10 月 20 日下午，蔣廷黻去「卡萊爾飯店」見顧維鈞：「顧跟杜勒斯午餐。杜勒斯說美國會試圖中立台灣而不影響國民政府的政治地位。他希望我不要讓他的工作變得更為困

43　呂芳上主編，「1950 年 3 月 9 日」，《蔣中正先生年譜長編》，9.461-462。
44　呂芳上主編，「1950 年 3 月 9 日」，《蔣中正先生年譜長編》，9.558。

難。顧跟我交換了我們對台灣情勢的看法。」蔣廷黻沒說顧維鈞要他不要讓他的工作變得更為困難是什麼意思。可以想見的是，顧維鈞認為蔣廷黻對美國的態度太過強硬。10 月 30 日，董顯光從華盛頓去紐約跟蔣廷黻談「台灣問題」：

> 他認為老蔣會抵抗美國與聯合國，不接受聯合國的調查團。他個人認為那是「中國」唯一所能走的一條路。抵抗也許不會有結果，但他覺得與其接受第二個「雅爾達」，不如慷慨就義。我建議說，在我們採取這種殺身成仁的作法之前，我們應該向美國提出一些建設性的作法。我的想法是把台灣納入杜魯門的圍堵政策，因為它已經包括了印度支那跟菲律賓了……這樣作，我們就必須暫時不對大陸採取攻擊的行動。反正那種行動是需要長期和細心的準備的。董顯光說美國可能不會同意。我指出美國並不需要動用陸軍來防衛台灣。它只需要動用它剩餘的海軍力量就行了。從這點來說，防衛台灣要比防衛印度支那要容易多了。

蔣廷黻的想法很快就會實現了，因為中國介入韓戰，使得危機升高了。但這是後話。

11 月 2 日：「台北來了一個可悲的（pathetic）針對『台灣問題』的電報。有頑強的意味，但欠缺真正的精神，更欠缺外交手腕。整個都乾涸了。但還沒有華盛頓的顧維鈞那麼乾涸。」這個電報究竟如何可悲，只有在看到其內容方才能得以知之。然而，從蔣介石 10 月 14 日的日記可以推測出其端倪：

> 我政府方針：甲、如何確保台灣復興基地，使之鞏固不搖。乙、如何使中共不能參加聯合國，以保持我政府代表權，不退出聯合圈。丙、如甲、乙二者不能兼顧，則應以確保台灣目地為第一。與其為保持聯合國會員名義，而使台灣被攻，不能安定，則寧放棄會員之虛名，暫時退出國際社會。雖在國際上失去地位而力求自立自主，確保台灣主權，實為利多而害少。而且乙者，其權全操之於英、法，非我用能主動，而甲者則我尚有主

動領地，此為永久根本計，比較在不得已時，未始非計之得者也。[45]

蔣廷黻所夢想的情況逐漸出現。中共在 10 月 19 日介入韓戰。11 月 3
日：

> 赤共介入韓國的程度逐漸為人所體認。美國極為憂心。有些人甚至問說
> 這是不是世界大戰的前夕？我跟美國代表團的海德（Hyde）說了些話。
> 當他說最近的新聞一定讓我稍微寬心一點的時候，我回答說：「我的敵人
> 所犯的錯誤抵銷了一些我的朋友所犯的錯誤。」

蔣廷黻開始要求美國代表團暫緩提出「台灣問題」。他在 11 月 7 日下午
跟杜勒斯見面。杜勒斯告訴他說國務院無意危及台灣的國際地位。然而，美國
不允許台灣攻擊中國。如果韓戰演變成為聯合國與中共的戰爭，台灣可以出
擊，否則不可：「我敦促他以局勢的改變，而不是法律地位，來談台灣問題。
他想了一下以後說，美國必須認定中國對台灣的主權是不完全的
（incomplete）。」

然而，11 月 15 日，杜勒斯突然間在會前告訴蔣廷黻說美國要提緩議「台
灣問題」的動議，請蔣廷黻附議。11 月 30 日：杜勒斯「告訴我說美國已經決
定不提『台灣問題』了，因為『中立化一個資產』是愚蠢的事。」12 月 2 日
上午：「打電報回國報告『台灣問題』不提了。這一定會讓政府高興。」

然而，蔣廷黻樂觀得太早了。就在他向政府報告好消息當天：「聯合國軍
隊遭受了大逆轉。東岸的元山以及平壤可能會失掉。五十萬赤共的軍隊威脅著
整個韓國。」4 日上午，他去「卡萊爾飯店」見顧維鈞：

> 他從華盛頓核心人物得來的消息說「中國」在聯合國的席次會讓給赤
> 共。我相當樂觀地進去，而卻沮喪地出來。我就是不理解：如果美國守不
> 住韓國，就撤退好了；中共沒有海軍，沒有辦法到任何地方去打美國：為

45　呂芳上主編，「1950 年 10 月 14 日」，《蔣中正先生年譜長編》，9.562-563。

什麼要平白地用「中國」在聯合國的席次去交易？……下午 2:45 在「法拉盛草原」〔聯合國辦公室〕見到〔美國代表團員〕奧斯丁（Austin）。他對「中國」在聯合國的席次問題沒有任何話可說。但他那可憐地逃避我的問題的樣子讓我整個心都沉了下去。3:45 回到辦公室。接到台灣來的電報，說聯合國的席次會給赤共。老天！真讓人沮喪！

5 日的新聞似乎更糟：「收音機廣播一再重複著『撤退』、『和平』的字眼。後者必須包括給中國席次。現在是北緯 38 度的和平。」

突然間峰迴路轉。6 日下午，蔣廷黻在辦公室的時候：「《世界電訊報》（World-Telegram）報導杜魯門和〔英國首相〕艾德禮（Clement Attlee）同意不應該讓赤共進聯合國。《紐約時報》電台午夜的廣播也說杜魯門、艾德禮同意不對赤共姑息。」次日晚上，他出席「美國醫藥助華會」（ABMAC）晚宴。眾議員周以德（Walter Judd）在演講過後對他咬耳朵說，他從最高層得到消息：美國已經決定反對中共進入聯合國，並繼續防衛台灣。

從這時候開始，蔣廷黻在聯合國的壓力開始減輕。在這期間雖然還有一些小波折。其中，最戲劇性的是由伍修權所率領的中共代表團到聯合國的安理會控訴「美國侵略台灣案」。伍修權一行人在 11 月 24 日抵達紐約。29 日下午，蔣廷黻、伍修權、奧斯丁、馬利克各在安理會上作了演講。蔣廷黻當天日記只有簡短的一句話：「下午在安理會。試著教那個共產黨小學生該有的列強侵略〔中國〕的知識。」蔣廷黻在演講裡說，連小學教科書都已經清楚地說明了一個多世紀以來，美國在中國和台灣沒有取得一寸的土地、鐵路、和礦場。而且，美國在台灣也沒駐有一兵一卒。與美國在中國的情形相比較，蔣廷黻說小學教科書也清楚地描寫了帝俄對中國的侵略，以及蘇聯在《雅爾達密約》以後在東北的搜刮與清洗。伍修權用中文所作的演講很簡短。他說因為他在前一天的演講裡已經強調國民黨的代表無權代表中國，因此：「我認為完全沒有必要對他今天的發言作任何的答覆。」[46]次日，安理會對這個「美國侵略台灣

---

46 "Excerpts From Speeches by Tsiang, Wu, Austin and Malik in U.N.," *The New York Times*, November 30, 1950, p. 4.

案」進行表決。結果是 1 票贊成、9 票反對、1 票棄權而被否決。[47]

1951 年 1 月 11 日，聯合國委員會制定了一個韓戰停火的方案。蔣廷黻在日記裡說明了他反對的理由：「一、沒有要求北韓軍隊撤出南韓；二、沒有要求由聯合國監督韓國的選舉；三、承諾把台灣和聯合國的席次給予赤共。」這第三點其實說得誇張。這個停火方案並沒有承諾要把台灣和聯合國的席次給予中共，而是說要組織一個委員會來討論這兩個問題。13 日，大會對這個停火方案進行投票。蔣廷黻說他當天所作的演講是他在聯合國裡所作的最為強硬的演講。然而，表決結果是一面倒：50 票贊成，7 票反對，2 票棄權。這次，蔣廷黻又再次和蘇聯集團成為同志投反對票。[48]對投票的結果，蔣廷黻說：「我寬慰的是，我盡了全力；沮喪的是，我的目標（cause）泰半失敗。」

17 日下午，否極泰來。蔣廷黻在「美國亞洲協會」（American Asiatic Association）演講以前接到祕書的電話說中共否決了停火方案。他回到了辦公室以後，在辦公桌上看到了中共所提出的回覆方案（counter demands）：「令人震驚！」中共所要求的條件為：一、在中國召開一個由安理會的常任理事國——中國取代台灣——外加印度和埃及的七國會議；二、會議主題包括：所有外國軍隊撤出韓國、美國撤出其在台灣的防衛力量，以及其他遠東的問題；三、在會議第一天歸還中國在聯合國的席次。[49]蔣廷黻當天接下去的日記完全是慶祝的氣氛：

> 四點，聯合國的斐勒（Feller）打電話再告訴我〔對方〕的條件。他的聲音聽起來像是在跟我同慶一樣——今年來的第一次。現在他知道了應該要站在哪一邊才是對的了。見了胡適。他說：「人的愚昧是無止境的。」去出席祕魯開的雞尾酒會。〔美國代表〕奧斯丁一看到我就抓住我的手

47　Thomas Hamilton, "Malik Challenged," *The New York Times*, August 2, 1950, p. 1.

48　A.M. Rosenthal, "Asia Peace Plan Voted in U.N., 50 to 7," *The New York Times*, January 14, 1951, p. 1.

49　Shen Zhihua and Yafeng Xia, "Mao Zedong's Erroneous Decision During the Korean War: China's Rejection of the UN Cease-fire Resolution in Early 1951," *Asian Perspective*, 35.2 (Apr.-June 2011), p. 197.

說：「現在我們可以一起共同作戰了。」他向我保證他從明天下午開始就會進攻。「成功湖」的一個危機過去了，一個世界的危機才要開始。

次日下午，奧斯丁在「第一委員會」裡第一個發言，提出一個決議案譴責中共。一個國家接著一個發言批評中共的答覆。蔣廷黻說：「我最後一個發言：〔抨擊中共的〕答覆愚昧、瘋狂、非華夏之道（un-Chinese）。」美國在20 日提出譴責中共在韓國是侵略者的提案。23 日，美國參議員通過決議譴責中共侵略並阻止中共進入聯合國。這個譴責案在接受了黎巴嫩把語氣改得比較和緩的修正案以後，在 1 月 31 日以 44 票贊成、7 票反對、8 票棄權通過。

中共否決聯合國的韓戰停火方案改變了一切。美國不但立即主導在聯合國通過議案譴責中共是侵略者，而且轉而支持台灣以及台灣在聯合國的代表權。

第一道免死金牌

美國把「台灣問題」撤回、譴責中共在韓戰侵略案通過。在聯合國這一連串折衝的勝利以後，蔣廷黻奉召返國述職。也許是他自己陶醉，他覺得他在1951 年 3 月 20 日抵達台北機場的時候，是受到了英雄式的歡迎。22 日，蔣介石設午宴款待他，冠蓋雲集。蔣介石要大家舉杯祝福蔣廷黻健康，並褒揚他在聯合國的成績。宴會過後，王世杰傳達蔣介石要蔣廷黻擔任外交部長的意思。蔣廷黻在日記裡說他回來之前已經有了這個心理準備。只是他以為那時機已過，所以才敢回來。他對王世杰婉拒，說也許三個月以後可以考慮。其實，這已經是蔣廷黻用來婉拒他不想接受的職位的老套了。他在台灣有大約三星期的拜會、參觀、演講的活動。4 月 9 日王世杰陪他晉見蔣介石的時候，蔣介石問他台灣之行的觀感。蔣廷黻說他大力稱讚水力發電以及高雄工廠的情況，微讚軍隊的情況，但批評了黨務，特別是所謂的黨務改革。然而，蔣介石為其黨務改革辯護。蔣廷黻說他告辭出來的時候非常沮喪。在車上，他告訴王世杰說他原先是有要出任外交部長的決心。意思就是他現在不願意了。他說他沒有王世杰那種耐心和察言觀色的能力（psychological insight）。

圖 7　1951 年 3 月 20 日抵達台北松山機場，蔣廷黻左方為葉公超。蔣居仁先生提供。

圖 8　1951 年 3 月 20 日抵達台北松山機場為記者簇擁以及迎接盛況。蔣居仁先生提供。

　　從台灣回到紐約以後的蔣廷黻過了一整年他在聯合國任內最逍遙忘憂的日子。他跟家人一起欣賞古典音樂、看歌劇、電影、看球賽、郊遊，甚至在1952年動興跟四保做起木工，作了花架、櫥櫃、書架、酒櫃、和吧台。

　　蔣廷黻之所以能夠逍遙忘憂是有幾個理由的。除了聯合國通過了譴責中共侵略之案以外，韓戰的形勢在1951年6月間對中共逆轉，蔣廷黻不用再擔心美國會因為畏戰而讓步，也是一個重要的因素。然而，最重要的是，他知道美國對台灣的政策確實是好轉了。他1951年10月6日日記：「艾奇遜寫信個紐澤州西參議員史密斯（Smith）說：一、不承認赤共；二、不讓進聯合國；三、不放棄台灣……傑賽普證實說，國務院在1950年第一個會議就是以艾奇遜不承認赤共的決定開始的。」

　　事實上，艾奇遜在1951年春天就已經想出了一個暫行方案來處理中國代表權的問題。他在4月30日就已經致電英國外相莫里森（Herbert Morrison）說，雖然美英兩國在中國代表權的問題上看法相左，但雙方是否可以同意一個「緩議方案」（moratorium）？理由是：

　　　　當中共公然挑戰聯合國、與其聯軍從事大規模的戰爭、並否認聯合國憲章的每一個條文的時候，去討論是否讓其進入聯合國，這似乎是最具有分化我們的影響力，而且也給予他們最大的鼓勵蠻幹下去。

　　　　在本國以及所有其他派遣軍隊在韓國作戰的國家裡，要人民了解這個戰爭有其局限性，而且很難得到他們心目中所預期的那種勝利，可是又要他們接受為其犧牲的正義性以及必要性，這已經是很難的一件事了。所有這些已經夠難的了。現在還要允許這個敵人進入與其作戰的機構。這會完全把一般的老百姓困惑到危及整個聯合國在韓國的努力。[50]

這就是聯合國中國代表權「緩議方案」概念的緣起。

1951年10月31日，蔣廷黻抵達巴黎出席聯合國在巴黎召開的第六屆大

50　"The Secretary of State to the Embassy in the United Kingdom," *FRUS*, 1951, *The United Nations; The Western Hemisphere*, Vol. II, pp. 245-246.

會。11 月 5 日的日記最為關鍵：「艾奇遜和艾登〔英國外相〕討論到代表權的
問題。艾登主張用延緩（postponement）的方案，亦即，不在巴黎召開的大會
裡討論該案。」7 日，美國代表團給蔣廷黻看美國所擬的不在巴黎討論中國代
表權問題的決議案。這個決議案就在次日由泰國在「總務委員會」提出，拒絕
接受蘇聯把中共入會以及排除台灣國民黨代表權的提案列入大會議程。投票結
果：11 票贊成，2 票反對，1 票棄權。[51]蔣廷黻在當天的日記裡說：「我感覺我
肩頭上的重擔頓然卸下。」11 月 13 日，總務委員會向大會作報告，泰國緩議
中國代表權的提案以 37 票贊成、11 票反對、4 票棄權的比數通過。[52]由於篤定
壓倒性通過，蔣廷黻在日記裡連票數比例都沒提，只說：「票數是我贏。」

表 6.1 緩議方案歷年投票比數

年份	贊成	反對	棄權
1952	42	7	11
1953	44	10	2
1954	43	11	6
1955	42	12	6
1956	47	24	8
1957	47	27	7
1958	44	28	9
1959	44	29	9
1960	42	34	22

* William Boyer and Neylân Akra, "The United Nation and the Admission of Communist China,"
Political Science Quarterly, 76.3 (September, 1961), p. 336.

---

51 Thomas Hamilton, "Soviet Loses Move to Keep Red China a Live Issue in U.N.," *The New York
Times*, November 11, 1951, p. 1.

52 傅敏，《1961 年台灣圍繞聯合國中國代表權問題交涉之研究──以哈佛燕京圖書館藏〈蔣廷
黻資料〉為中心》，浙江大學博士論文，2012，頁 33。

　　使用這個「延緩」的方案的理由就是：中共在韓戰是侵略者，停火協定仍然在談判中。由於這個「延緩」的方案好用，於是美國不只在第六屆在巴黎召開的大會裡使用，而且一用就用了十年。這就是後來所通稱的「緩議」（moratorium）方案。這是美國頒給蔣介石的第一道免死金牌，使他在聯合國的代表權一直到 1960 年為止，得以一年一年的倖存下去。

　　這真的是否極泰來。曾幾何時，蔣廷黻還一直認為他在聯合國的工作是保不住的。1949 年間，他曾經想過要到印度或巴基斯坦去找工作。該年 2 月 12 日，他甚至問二保、四保說如果他到印度去，他們是跟他去還是留在紐約跟母親住。他們說要跟他去。1950 年 4 月 25 日，他跟徐淑希、江季平午餐。他們問他未來的計畫。他回說：「到印尼華人圈中工作。」

　　這一段時間也是蔣廷黻自視最高的時候。1952 年 2 月 27 日，他跟董顯光、倪源卿午餐：「我們討論國際的情勢。他〔可能指董顯光〕問我說：如果要我同時兼領聯合國大使之職話，我會願意不願意接受駐華盛頓大使的職位。我說我會。」8 月 6 日：「香港《瞭望台》（The Observatory）雜誌預測我在 12 月國民黨代表大會以後將會被任命為駐華盛頓大使。」

　　說到蔣廷黻當時對駐美大使躍躍欲試的心情，我必需要指出湯晏在《蔣廷黻與蔣介石》一書裡的一個錯誤，以避免將來以訛傳訛。他在該書說 1952 年 12 月 13 日：「蔣廷黻有一次與紐約州的杜威州長談話。州長說希望他是下一任的外交部長。蔣廷黻說如果沒有唐玉瑞找麻煩，他願意擔任駐美大使。」[53] 其實，跟蔣廷黻談這段話的不是杜威，而是葉公超。這是一個因為不注意上下文而犯的錯誤。蔣廷黻這則日記記的是他當天上午跟葉公超的長談。當時是外交部長的葉公超率領台灣的代表團到紐約參加聯合國第七屆大會。蔣廷黻先記他們談唐玉瑞要求贍養費的問題。接著，他突兀地插了一句話：「杜威建議『中國』應該對太平洋區提出一個實際的計畫。」這是寫日記常發生的問題，隨想隨記。寫下了杜威這個建議以後，蔣廷黻又回到他跟葉公超的談話：「我們閒聊到下一任的外交部長。他說他想辭，問我是否願意接任。我回說不。他說如果不是玉瑞，我是可以當駐美大使的。」

53　湯晏，《蔣廷黻與蔣介石》，頁 447。

　　無論如何，當時自視最高的蔣廷黻在 1952 年 3 月 20 日的日記裡抱怨說：
「我國人民對我更為敬重了。可是在西方，他們只看得出來我是一個幹才。前
者可以從我所說的話看到我的整個人；後者則只能看到我所舉出的事實和論點
在當下的用處。」也許為了要讓美國人了解他，9 月 23 日，他請布魯諾・蕭
（Bruno Shaw）寫一篇描寫他的文章發表在《紐約時報》或《先驅論壇報》
（*Herald Tribune*）上。他還特別口授了一些傳記資料給他。9 月 29 日，布魯
諾・蕭拿稿子來給他看：「強調我在聯合國的奮鬥。是一篇典型的美國新聞記
者的力作。事實抓得好，就是沒有把個性凸顯出來。」我不知道這篇宣傳文字
後來是否發表了。

　　這一段時間不但是蔣廷黻自視最高，而且也是他對台灣的前景最充滿信心
的時候。1953 年 1 月 6 日：

　　　下午一點鐘，拉斐斯頓（Jay Lovestone）〔前共產黨員轉變為反共尖
　　兵，「美國勞工聯合會」（AFL）要員〕走進來〔辦公室〕。他要我和
　　Lilyan〔趙荷因，蔣廷黻祕書，後來成為陳之邁的第二任夫人〕陪他去 30
　　街上一家敘利亞餐廳「麥加」（Mecca）吃飯。我要他利用他的關係：
　　一、邀請陳誠來美國作正式的訪問，並讓蔣經國作為訪問團的一分子（他
　　曾經想過要邀請蔣經國。藉邀請蔣介石之子來承認蔣委員長，同時給其子
　　機會教育；我的想法則是著重在教育）；二、〔要美國〕派政治人物而不
　　是上將之類的軍人出任〔駐台灣〕大使，因為上將們很可能會去簇擁蔣夫
　　人，徒然助長其氣勢。

　　次日傍晚，他去出席在聯合國為美國代表奧斯丁所舉辦的一個酒會的時
候，碰到了比利時代表巴勒塞克（D.J. von Balluseck）。巴勒塞克告訴他說他
聽到了一個傳言，說艾森豪要解除中立化台灣的命令。也許是因為蔣廷黻聽到
了這個消息太過於興奮了，他在走出會場的時候一頭撞上了玻璃門，把一個鏡
片給撞破了。

　　蔣廷黻會那麼興奮，是因為如果美國解除了中立台灣海峽的命令，亦即，
在台灣海峽上美國的「第七艦隊」不再防止台灣進攻大陸，那豈不等於就是開

了綠燈讓台灣可以反攻大陸！於是，蔣廷黻就在 1 月 13 日跟宋子文見面的時候作出了一個雄心勃勃的策略：

> 　　跟宋子文午餐。他要去見霍華德（Roy Howard）〔斯克利普─霍華德（Scripp Howard）報系的老闆〕見面，希望得到我的意見以便納入他〔霍華德〕給〔艾森豪〕新政府的建議書裡。我作了以下的建議：一、美國提供足以讓我們獨立反攻的軍力，就像蘇聯提供給北韓和中共的。這意指提供裝備以及幫我們訓練出最先進的空軍和海軍。二、美國運用其影響力要比利時和丹麥進行和赤共斷交的程序。在亞洲方面，美國應該要把巴基斯坦從亞洲中立集團裡抽離出來。三、美國用經濟援助來促進〔台灣〕大規模的工業化。四、如果美國不贊成上述任何政策或有關台灣的作法，在美國提出一個合理的替代方案以前，不要批評美國。宋子文覺得我的建議很好。

蔣廷黻越想越興奮，就在 1 月 17 日，把他給拉斐斯頓和宋子文的建議通通寫進他給王世杰的一封長信裡。

1 月 28 日，蔣廷黻對「紐約共和黨青年俱樂部」（New York Young Republican Club）作了一個演講：〈當民主的西方為自由與安全而奮鬥〉（When the Democratic West Strives for Freedom and Security）。在這個演講裡，蔣廷黻公開地宣揚他台灣獨立反攻大陸的構想。他在這個演講裡以「北大西洋公約組織」作為引子。他一方面讚揚「北大西洋公約組織」在西歐遏阻了共產勢力的擴張；但在另一方面批判該公約組織只知照顧前門而不顧後門已經失火了。他說「北大西洋公約組織」完全沒有吸取杜勒斯對從列寧以降的國際共產主義一針見血的分析，那就是，其策略是從側翼進攻，經由亞洲來征服西歐。他抨擊西歐國家，英國、挪威、瑞典、比利時、丹麥在 1950 年春天一個接著一個承認中共。他說這些國家的作法，無異於從背後把中國人推下懸崖。他鄙夷這些「北大西洋公約組織」國家的作法。它們要在西歐遏阻共產主義，卻又在東亞承認一個共產政權。這豈不是偽善嗎？

蔣廷黻說支持台灣的美國友人提出了不少的建議。有的主張美國應該引進

台灣的軍隊參加韓戰，有的主張美國應該用海軍封鎖中國，有的則主張台灣應該攻下海南島作為光復大陸的橋頭堡。蔣廷黻說他有不同的建議：

　　我相信真正能夠解決遠東的局勢的方法，是讓自由中國有能力獨立地反攻中國大陸的傀儡共產政權。我的計畫不是要用美國的空軍、海軍來掩護自由中國的陸軍反攻大陸。我的計畫是自由中國除了現有的陸軍以外，應該擁有足夠的海軍與空軍軍力，以便讓它能夠獨立地進攻並解放大陸。

他在用鋼筆註明演講的時候要刪掉的一段話裡說：

　　中國在遠東的地位類似德國在歐洲的地位。一旦德國陷入共產，歐洲就失去了。接受了中國的共產政權，整個遠東就會失去，不管你們如何想要在韓國、印度支那、馬來西亞有什麼作為。不光復中國大陸，就不可能在亞洲圍堵共產主義。

最後，他在結論裡說：

　　我們相信我國政府所作的獨立的反攻會得到我們在大陸的同胞的歡迎。這種反攻的性質不是台灣征服大陸，而是八百萬在台灣的中國人到大陸上去幫忙在那裡的四億五千萬中國人推翻他們自己所想推翻的共產枷鎖。當自由中國展開這個反攻大業的時候，所有「北大西洋公約組織」的會員國都應該給予它們的道義以及能力所及的物質支援。[54]

　　蔣廷黻非常以他這個演講自傲。演講當天，他發現「哥倫比亞電視台」以及幾家廣播電台在場。《世界電報》以及《紐約太陽報》也都在當天黃昏版的第一版作了報導。然而，讓他失望的是，雖然《紐約時報》派了記者參加午

54　Tsiang Tingfu, "When the Democratic West Strives for Freedom and Security,"《蔣廷黻資料》，22.31-39.

宴，但在次日的報上卻連一字都沒提。當《紐約時報》記者打電話來問他有否進一步的評論的時候，蔣廷黻質問他為什麼《紐約時報》把他的新聞給刪掉了。記者說他也覺得很詫異，但也許是因為昨天有些報紙已經作了報導了。蔣廷黻認為其中有陰謀：「我個人相信是這些大報親英的偏見所使然的。」

　　雖然蔣廷黻抱怨說「親英」的大報不給他版面，但他在「紐約共和黨青年俱樂部」那篇演講看到的人很多。他在日記裡記說許多人都稱讚他的獨立反攻大陸論。最引起許多人注意的是，他的獨立反攻大陸論是在艾森豪總統在 2 月 2 日的〈國情咨文〉裡正式聲明解除台海中立化之前發表的。艾森豪在這篇〈國情咨文〉裡說，「第七艦隊」駐航在台灣海峽的目的是防止中共進攻台灣，也同時禁止台灣對大陸採取軍事行動。他說，其結果等於是變相地保護了中共，讓中共得以侵略韓國：「我因此下令『第七艦隊』不再用來保護中共。這個命令並不代表我方有任何侵略的意圖。然而，我們當然沒有理由去保護一個跟我們在韓國作戰的國家。」[55]

　　蔣廷黻在艾森豪明令解除台海中立化以前，就提出台灣獨立反攻大陸論。許多新聞界人士都認為蔣廷黻一定有內線，事先就知道艾森豪的新政策。比如說，他 2 月 5 日的日記裡記輿論界巨擘李普曼（Walter Lippmann）認為是如此。2 月 4 日的日記也說他看了李普曼的專欄：「他認為我算好了時間點發表我的演講，而且清楚地說明了國民政府所要的是什麼。」事實上，蔣廷黻也許並不是真正有內幕消息。他的靈感來源，也許就是他 1 月 7 日撞破眼鏡那天在聯合國的酒會裡從比利時代表巴勒塞克那兒聽來的「傳言」。

　　其實，蔣廷黻的獨立反攻大陸論究竟有多少人真正贊同是值得懷疑的。我們從他 1 月 13 日為宋子文所獻的策的內容來看，其前提是由美國提供軍備，並幫助台灣訓練出最先進的海軍與空軍。這何止是是一廂情願，根本就是癡人說夢。很可能他自己都可以意識到這個問題。比如說，他 2 月 13 日日記提到他去參加一個叫做「中國視野」（Chinascope）的節目：「我所想說的就是一句話：『艾森豪總統的命令意味著我們「中國」現在有權和有機會為我們的自

55　Dwight Eisenhower, "State of the Union 1953," 2 February 1953, http://www.let.rug.nl/usa/presidents/dwight-david-eisenhower/state-of-the-union-1953.php，2020 年 3 月 30 日上網。

由而戰。我們就是要好好利用這個權利與機會。』」很顯然地，其他來賓並不見得認同他的想法：「格雷以及休姆問了一些枯燥無味的（dreary）有關補給的問題。」補給怎麼會是枯燥無味的問題？格雷以及休姆問到了裝備的問題，就點破了蔣廷黻獨立反攻大陸的核心困難──裝備、訓練、與補給都必須依賴美國。

何止格雷以及休姆不認同蔣廷黻的想法，連宋子文跟胡適都不以他的策略為然。蔣廷黻理應知道宋子文跟胡適都一直認為只有等到第三次世界大戰到來，台灣才會有反攻大陸的希望。他自己在日記裡都已經寫過。然而，他卻一直要到 2 月 10 日跟宋子文見面的時候，才「發現宋子文認為如果第三次世界不來，我們的目標是毫無希望的。」他不但是在 2 月 10 日才發現宋子文是如此想的，他而且是在兩天以後發現胡適對他的策略一點興趣也沒有：

> 胡適的看法：亞洲是史達林真正的戰場。人口數目是決定性的因素。「中國」不能只靠自己，台灣不是大陸的對手。用游擊隊突襲的方法是毫無用處的。美國必需要採取一個全球的策略……他對我的獨立反攻的策略一點興趣也沒有。

台灣不是中共的對手，必需要在美國所領導的第三次世界大戰的庇蔭之下才可能反攻大陸。這是胡適一向的看法。他 1952 年 11 月 30 日在台北總統府前的「三軍球場」所作的〈國際形勢與中國前途〉的演講，就是一個典型的敘述：

> 我們中國國家的前途，當然是繫在自由世界的前途上。整個自由世界有前途，我們也有前途；整個自由世界有力量，我們也有力量。由剛才簡單講述的國際形勢中，可以知道自 1947 年起，自由世界的形勢已經好轉。可以說，也就是我們中國國家命運的好轉。但這個話並不是希望大戰擴大，我們可以趁火打劫的回到大陸。

胡適在那個演講裡所勾勒出來的全球性的大戰略，其野心、其幅度、其所

須動員的武力與武器，是前無古人，後無來者的。他的全球性的戰略，分有五個步驟：從保衛西歐、到包圍亞洲、到北韓與中國、到解放東歐與中歐、以至於解放蘇聯。[56]換句話說，胡適的全球性的大戰略，是一直要到解放了蘇聯以後，才是凱旋班師之時。胡適在 1950 年〈在史達林戰略裡的中國〉所分析的史達林的征服世界的大戰略。兩年以後，他在〈國際形勢與中國前途〉這個演講裡所提出的全球性的大戰略，只不過是反其道而行而已。

　　胡適這個美其名曰全球性的戰略，其實是遮掩了一個難堪的事實，亦即，台灣沒有獨立反攻的能力。就像他 1953 年 1 月 1 日在〈立監兩院制憲國大代表歡迎會上講詞〉裡所說的，有人批評他在〈國際形勢與中國前途〉裡未免太長他人志氣，小看自己了。胡適反駁說：

　　　　我們應該老實不客氣的承認我們的前途聯繫在自由世界前途之上。單靠幾十萬軍隊、幾十萬黨員，想回大陸是不可能的。我們能夠努力，然後自由世界的力量，就是我們的力量。這一點，是我們住在島上的人必須具有的觀念和信念。住在島上的人氣量要放大一點，胸襟要放寬一點。[57]

　　這時候的蔣廷黻既然都已經想到要獨立反攻大陸了，他很自然地認為局勢對台灣是有利的。一直到 2 月 24 日代表團的幕僚會議裡，他仍然覺得情勢完全是在控制之下：

　　　　反覆討論一些老問題。代表權問題？美國認為那四平八穩的舊方案〔緩議方案〕比較能夠應付所有情況。台灣問題？自從中華民國跟日本簽訂合約以後，我們的情勢比以前更好。韓國？在停戰協定簽訂以前，聯合國不可能開始政治會談。除非共產黨接受遣返回國必須是自願的原則，停火協定是不可能簽訂的〔中共也就不可能會被邀請到聯合國去會談〕。

56　胡適，〈國際形勢與中國前途〉，《胡適言論集（乙編）——時事問題》，頁 1-11。

57　胡適，〈立監兩院制憲國大代表歡迎會上講詞（附答問）〉，《胡適言論集（乙編）——時事問題》，頁 53-54。

　　只是，世事難料，特別是對弱國而言是如此，因為世局不是自己所能控制的。蔣廷黻完全沒有想到他對世局樂觀的判斷，在短短兩個月的時間裡，就被一連串發生的事件所粉碎。首先，3月5日，史達林腦溢血死去。繼任的馬林科夫（Georgy Malenkov）採取和平攻勢的策略。他3月15日在「最高蘇維埃」演說，說蘇聯與美國之間沒有任何不能和平解決的問題存在。

　　馬林科夫才一展開和平攻勢，就讓一直在等待著第三次世界大戰到來以轉變國民黨的命運的宋子文驚慌失措。3月20日：

　　　　跟宋子文午餐。馬林科夫所作的和平演說讓他驚慌失措，因為他認為除非世界大戰到來，我們不會有任何出路。我告訴他說我一點都不擔心那個演說；和平攻勢沒有任何意義，除非〔他們〕至少在韓國以及／或者奧地利作出讓步。我擔心的是我們自己不能竭盡所能善用我們在台灣與國外的機會。他說他與我已經盡了全力，不可能再做得更好的了。他就是一個股票掮客的心態。

　　蔣廷黻才說他一點都不擔心馬林科夫所作的和平演說，他很快就知道勢頭不妙了。3月28日，報紙報導說板門店的停火談判可能重啟，傷兵可能交換。次日：「宋子文打電話來說要交換生病以及受傷的戰俘。他認為這會導致韓戰達成停火協定。」3月30日，報紙全部報導著周恩來有關交換戰俘的聲明。4月4日，他自己也已經開始憂心如焚了：

　　　　這是最忙亂的一個星期。日記記得零亂。大部分的晚上都累得不想寫。杜勒斯竭力地阻擋著〔蘇聯和平攻勢之下所造成的〕一窩蜂暴衝（stampede）。美國報界，除了左派的報紙以外，還能夠抱持著一定的懷疑的態度，理解這種一窩蜂暴衝的心理作用。英國政府也站穩著立場。可是英國的輿論大致上是加入了這個一窩蜂暴衝。法國則整個都捲入了這個一窩蜂暴衝裡。如果下星期一板門店的談判達成協議，這個一窩蜂暴衝會更加得勢；否則，就會減弱。

在開始的時候，蔣廷黻也許可以慶幸莫斯科的和平攻勢所直接影響到的至少不是台灣，而是世界上的其他地區。然而，他完全意想不到自家後院居然起火。4 月 8 日，《紐約時報》的漢米爾頓打電話告訴他說《紐約時報》將要刊出一篇文章報導美國將要建議託管台灣，他回說那個想法「幼稚、可笑」。次日，該文刊載在《紐約時報》的頭版，還加了蔣廷黻說那個想法「可笑到無法被考慮的地步」。當天中午，白宮發表聲明否認。然而，就在當天，拉斐斯頓的女朋友告訴蔣廷黻說，這個消息的來源就是杜勒斯本人。原來杜勒斯在 4 月 4 日的一個晚宴裡說託管台灣是美國所考慮的幾個作法之一。[58]美國聯合國代表團的葛羅斯（Ernest Gross）也證實了這個說法。這個消息對蔣廷黻而言是當頭棒喝，頓然讓他領悟到他要美國提供裝備、訓練最先進的海、空軍以便讓台灣能夠獨立反攻大陸的呼籲根本就是癡人說夢一場。

蘇聯的和平攻勢直接地影響到那已經延宕了兩年多的韓戰停火談判。陷入僵局的韓戰停火談判突現曙光。雙方在 3、4 月間達成戰俘交換的協定。4 月 16 日，聯合國大會一致通過巴西的提案，希望板門店停火協定能夠早日達成。4 月 19 日：「開始交換生病以及受傷的戰俘。收音機和電視台隨時播報抵達板門店的戰俘的名字。許多家庭一定是熬夜聽著他們親人的消息。」4 月 26 重啟停火協定的談判。

這一連串彷如排山倒海一般襲來的事件，徹底摧毀了蔣廷黻在 1953 年初樂觀，甚至可以說是狂妄的心境。他 5 月 3 日的日記就極其生動地描述了他這個新的夢魘：

最近，一種很奇怪的焦慮感籠罩著我。杜勒斯對記者說台灣也許會由聯合國託管、韓國停戰協定重啟會談、蘇聯的軟性路線、老蔣迂迴沉溺於個人統治──所有這些都讓我極為憂心。夜晚我一個人獨處的時候，每一丁點的新聞就像是鬼屋裡讓人驚悚的聲音。甚至連週末都沒有什麼樂趣可言；每一首音樂都覺得可厭；Hilda 作什麼、說什麼都不對勁。〔曾幾何

58　拉斐斯頓在 4 月 13 日跟蔣廷黻午餐的時候，說杜勒斯發言的時間是 4 月 6 日，地點在華盛頓的一間餐廳，有二十個記者在場。

時，〕共和黨贏得大選、艾森豪就職、我在「紐約共和黨青年俱樂部」所得到的反響、解除台灣中立化所帶給我的希望。而逆轉也快速地接二連三地來。

在 1953 年第八屆聯合國大會召開之前，6 月 3 日，台北「中央社」記者打電話告訴蔣廷黻說一些參議員跟艾森豪到成協議。艾森豪保證在可見的未來不會讓中共進入聯合國。這個消息使得蔣廷黻稍稍寬了心。更讓蔣廷黻寬心的，是他 6 月 9 日下午跟美國常駐聯合國代表洛奇（Cabot Lodge）的談話。洛奇告訴蔣廷黻說他當天跟英國常駐聯合國代表午餐。英國代表問他說為什麼美國可以接受蘇聯在聯合國裡，但卻不能接受中共。洛奇回答說：「因為有十萬美軍〔在韓戰中〕傷亡。」然而，即使美國因為美軍在韓戰中傷亡慘重而敵視中共，卻又願意在阻擋中共進入聯合國的方案上對英國作出部分的妥協。9 月 14 日：

> 美國、英國同意了一個方案：代表權問題在 1953 年剩下的會期內（remainder）暫緩討論。從前緩議是適用於整個會期，現在則只有三個月。我打電話給洛奇，告訴他說這比從前的方案更糟。他說這是〔國務院的〕墨菲（Robert Murphy）在華盛頓所作的決定。很顯然地，英國堅持其立場，美國只好讓步。我敦促洛奇研究一下。

這個「1953 年內」暫緩討論的字眼，遭受到蔣介石強烈的抗議。他電令蔣廷黻：「『本年內』一語『絕不可用』。」[59]雙方最後協議用「during current year」（本年）。其意思其實跟「remainder of the year」（本年剩下的會期）完全一樣，因為就像蔣廷黻說的，本年只剩下了三個月的時間。這就是阿Q。9 月 15 日，維辛斯基提案由中共取代台灣在聯合國的代表權，杜勒斯提案「在本年第八屆會期裡」暫緩討論。表決結果以 44 票贊成、10 票反對、

59　傅敏，《1961 年台灣圍繞聯合國中國代表權問題交涉之研究——以哈佛燕京圖書館藏〈蔣廷黻資料〉為中心》，頁 44。

2 票棄權通過。對這個壓倒性的勝利，台灣可能會覺得可堪告慰。然而，美國已經開始憂慮。11 月 26 日，顧維鈞從華盛頓打電話給蔣廷黻說：「杜勒斯擔心聯合國大會可能會表決讓赤共入會。他同意要研究設計出一個需要三分之二的多數票方才能夠通過的方案。」

　　1954 年的新年並沒有帶給蔣廷黻新希望。元旦當天：「1953、1954 年的交替，帶給我的是政治上的陰霾。我越來越憂心老蔣沒有能力把台灣政治民主化。這使得美國的友人失望，也失去了在台灣以及海外許多中國人當中的支持。因為這個問題，老蔣嫌惡我的立場。」最讓蔣廷黻憂心的是，美國一些知名之士在媒體上公開宣稱蔣介石不可能打回大陸。最切實際的作法，是把中共與蘇聯拆散。

　　2 月間，台灣已經在準備蔣介石的連任。蔣廷黻 2 月 17 日日記：「現在看來老蔣將會是總統候選人，陳誠副總統候選人。老蔣作了個姿態推薦胡適或者于右任給國民黨作為候選人，自己擔任三軍統帥或者行政院長。蔣─陳這個搭檔一定會當選。誰會是下一任行政院長呢？只要老蔣是總統，誰當行政院長都一樣。」事實上，蔣廷黻對掌行政院一直是有興趣的。他 1952 年 5 月返台述職的時候，陳誠在 5 月 25 日告訴他說等他退休以後，會推薦蔣廷黻擔任行政院長。蔣廷黻回說，如果陳誠續任行政院長，他會很樂意當他的副手。現在，他知道蔣介石對他很有意見。陳之邁在 1953 年奉召返台然後再回美國以後，在 11 月 13 日告訴江季平和夏晉麟說，蔣介石認為蔣廷黻「軟弱、搖擺」。蔣介石既然不喜歡他，他也對蔣介石失望。他也就暫時對行政院長的職位沒有什麼覬覦之心了。

　　1954 年 6、7 月，又是到了準備下一屆聯合國大會的時候了。7 月 8 日，蔣廷黻跟幕僚作了一個代表權投票預估的沙盤推演。他們把會員國依投票的意向分成五類：A（一定反對中共入會）：有 20 國；B（可能反對，少數不能確定）：有 12 國？；C（不大可能，但也許可以說服投反對票）：9 國？；D（也許可以說服投棄權票）：6 國？；E（一定會支持中共入會）：13 國。

　　由於這個沙盤推演的結果顯示的仍然是壓倒性的勝利，蔣廷黻有了信心，覺得美國用了兩年而且用得極為順手的緩議方案未免太過膽怯，應該理直氣壯地攤牌對決。7 月 14 日，他偕同江季平邀請美國代表團的葛羅斯午餐：「試

圖說服他不要再用緩議方案，而是用票數來擊敗所有支持要赤共進聯合國的提案。他認為緩議方案能得到最大的多數，因此會帶來好的心理效果。不過他願意考慮我的建議。」很顯然地，美國沒有接受蔣廷黻正面對決的方案。蔣廷黻退而求其次，他在 8 月 16 日跟美國代表團團長洛奇見面，敦請他提出：「大會在第九屆會議裡決定不討論中共入會的問題。」只是，蔣介石和蔣廷黻又注定要失望了。9 月 15 日，江季平回來告訴蔣廷黻說，由於英國堅持，美國仍然要使用「本年」不討論的字樣。

於是，去年的戲碼今年又照演一遍。9 月 21 日，蘇聯的維辛斯基提案讓中共入會。洛奇連發言都沒有，也提他的緩議方案。表決結果：43 票贊成，11 票反對，6 票棄權。緩議方案再度順利過關。

1954 年底最重要的一件大事是 12 月 2 日簽訂的《中美共同防禦條約》。這個協防條約顧名思義是防衛性的。它一方面是保護台灣，但在另一方面也規定台灣不在美國允准之下，不得攻擊中國大陸。針對了這個共同防禦條約，蔣廷黻在 12 月 20 日的幕僚會議裡作出了以下的引申：

> 光復大陸，百分之六十要靠大陸人，百分之四十要靠台灣及其友人，包括美國。台灣及其友人可以而且必需要運用下述的方法去影響這百分之六十的成分：A、民主的實踐；B、把所有反共的力量集結成為一個統一戰線；C、工業化；D、更好的地下工作組織。當這百分之六十的成分的條件成熟以後，台灣就可以採取行動。美國不會反對。在 A、B、C、D 等條件還沒有形成以前，美國不會幫助，不管有共同防禦條約還是沒有。赤共把飢餓線拉得越來越高，這對我們有幫助。台灣不去作這些事〔A、B、C、D〕，而老是在喧嚷著什麼時候要反攻大陸。這個把戲在簽了協防條約以後就不能再演了。

1955 年 2 月 12 日的日記，是蔣廷黻厭惡蔣介石不走民主化的道路、獨裁、任用讒佞之輩最尖銳的批判：

> 在協防條約簽署、台灣安全了以後，老蔣將會繼續扮演他導師—領袖的

角色，亦即，獨裁者——一個小島上的小獨裁者。他將永遠不會體認到他的缺點或者認清事實。俞國華是他找到的一個理想的行政院長——一個基督徒的應聲蟲；同樣地，張群是他理想的祕書長。前景黯淡。他毫無疑問地會發表一些說教式的文告來滿足他的虛榮心（amour proper）。

這個時候的蔣廷黻厭惡蔣介石的權力慾的程度，已經是到了他並不認為反攻大陸就意味著蔣介石會重掌中國政權的程度。1955 年 5 月 31 日的幕僚會議：

　　半正式地發表了我對政治策略的看法：一、只有在大陸人民起來抗暴以後，才反攻大陸；二、反攻大陸的目的是在恢復大陸人民自由，而不是為了任何一個政權。自由意味著根據現行憲法重新選舉國民代表以及立法、監察委員。國民黨當然有權在所有這些選舉裡競選；三、台灣應該立即允許公開的反對黨。很驚人的是，每一個在場的人都接受我的計畫。夏晉麟認為國民黨絕對不會接受第二點。然而，我指出說那一點就正是國民黨最佳的「競選」政綱。

這是蔣廷黻最後一次這麼大膽，以後就再也不會有了。

從 1955 到 1959 年，台灣的中國代表權案繼續年復一年安然過關。1955 年 9 月 20 日，莫洛托夫提中共入會案，洛奇則提他反制的緩議方案。蔣廷黻在日記裡連票數都懶得記下。票數是：42 票贊成，12 票反對，6 票棄權。

台灣的中國代表權雖然在 1955 年安全過關，然而卻橫生出外蒙古入會的問題，為蔣廷黻帶來了極大的挑戰。這一年，有 18 個國家申請入會：阿爾巴尼亞、奧地利、保加利亞、柬埔寨、錫蘭 、芬蘭、匈牙利、愛爾蘭、義大利、約旦、寮國、利比亞、尼泊爾、葡萄牙、羅馬尼亞、西班牙、日本，以及外蒙古。加拿大提出了一個議案，以整批的方式讓這些國家入會。加拿大這個提案，有 24 個國家連署，而且得到美國、英國，當然還有蘇聯的支持。

因為有外蒙古在內，蔣廷黻自然反對。蔣介石已經在 11 月下旬對美國大使說台灣要動用否決權。然而，蔣廷黻是處在孤立無援的狀態。美國代表團的

洛奇甚至放話給媒體說台灣如果動用否決權就等於是自殺。問題不只是美國、英國、加拿大已經棄他而去，連小國都對他施加壓力。最大的壓力是來自於拉丁美洲國家，因為多年來這些國家是投緩議方案贊成票讓台灣得以留在聯合國裡的票倉。11 月 25 日，祕魯的代表對他說：「如果你對外蒙古棄權，我可以要拉丁美洲國家在下一屆大會裡支持你〔的代表權〕。如果你否決，你會引起極大的反感。我們要西班牙入會。」

　　這次是讓蘇聯抓到了機會。12 月 10 日，蘇聯代表表明其立場，不是 18 國一起入會，就是一個都進不了。13 日的表決最為戲劇性。蔣廷黻第一次動用了否決權否決了外蒙古入會。蘇聯代表索伯列夫（Arkady Sobolev）以牙還牙，在二十分鐘內動用了 15 次的否決權。這總共 16 次的否決權動用的順序如下：蔣廷黻先否決了外蒙古；索伯列夫接著否決了台灣在最後一分鐘加提的南韓與南越，然後再一口氣否決了 18 國裡非蘇聯集團的 13 個國家。[60]

　　蘇聯代表出了一個高招，在 12 月 14 日提出了一個新的 16 國的整批入會案，扣除日本和外蒙古。蔣廷黻說：「我的整個心都沉了下去。一、此後，日本會一直以承認赤共威脅我們；二、四個歐洲的衛星國家會入會〔這會增加四個將來會反對台灣中國代表權的票〕。然而，來自拉丁美洲的壓力就會銷之無形，因為西班牙、義大利、和葡萄牙都會入會。」在討論的過程中，美國提案把日本加回去。蘇聯再次動用否決權否決。最後，這 16 國都順利入會。

　　接下去的四年，台灣在聯合國的代表權繼續安全過關。就像表 6.1 所顯示的，1956 年 11 月 16 日：47 票贊成、23 票反對、8 票棄權。1957 年 9 月 24 日：47 票贊成、27 票反對、7 票棄權。1958 年 9 月 23 日：44 票贊成、28 票反對、9 票棄權。1959 年 9 月 22 日：44 票贊成、29 票反對、9 票棄權。1960 年 10 月 8 日：42 票贊成、34 票反對、22 票棄權。值得注意的是，隨著聯合國會員國數目的增長，贊成的票數不增反減。反之，反對與棄權票節節上升。

60　Thomas Hamilton, "Entry of 18 Fails," *The New York Times*, December 14, 1955, p. 1.

圖 9　蔣廷黻、Hilda、紐約州長哈里曼（Averell Harriman），攝於 1957
年。蔣居仁先生提供。

第二道免死金牌

　　1960 年元旦，大晴天，華氏 35 度。像往年一樣，只要不下大雪，蔣廷黻
都會早上在後院練高爾夫球。然後，在電視上看許多美國人大年初一必看的節
目：加州帕薩迪納市（Pasadena）的「玫瑰花車遊行」（Rose parade），以及
美國大學美式足球在三個地區所舉行的大賽──德州的「棉花碗」（Cotton
Bowl）、佛羅里達州的「橘子碗」（Orange Bowl），以及路易斯安那州的
「砂糖碗」（Sugar Bowl）。

　　然而，即使元旦的節目不變，蔣廷黻卻有著不祥的預感：今年的一元復
始，恐怕不會是去年的翻版了。冷戰雖然繼續，但冷戰的打法已經產生了關鍵
性的轉變。美、英、法、俄四國的高峰會議訂在 5 月，日內瓦的裁軍會議則將
在 3 月召開。他很清楚不管高峰會議也好，裁軍會議也好，都是不會有結果

的。德國、柏林的問題沒有解決之道。只是，由於雙方都不想打，就只好各自稍微收斂，至少在言詞上是如此。更可慮的是，不管是高峰會還是裁軍會議，都可以因為中共是一個大國，而給予其擠入裁軍會議、甚至進入聯合國的空間。他在當天的日記裡沉思說：「『中國』必須因應這個情勢而作出一些改變：軍費必須降低；經濟發展必須加速；民主必須多一點。」這三項必須的改變都是蔣廷黻多年來所一再呼籲的。然而，這三項裡，只有經濟發展似乎有點眉目。軍費仍然高達總預算的 84%；民主則仍然是一個夢想。

　　諷刺的是，蔣廷黻才說軍費必須降低、民主必須多一點，他自己已經開始開倒車，越來越與蔣介石沆瀣一氣。他當然知道只要蔣介石要反攻大陸一天，裁減軍隊、縮減軍費就是癡人說夢的囈語。然而，他怪罪的都是蔣介石身旁的人。他唯一一次默認是蔣介石是在 1957 年 4 月 25 日。他說當他對來訪的谷正綱建議台灣應該縮減軍隊的時候，谷正綱回說：「老蔣想要增加。」他完全沒有加以批評。谷正綱是「亞洲人民反共聯盟」的理事長，是反共八股的傳聲筒。由於蔣廷黻自己就是一個反共鬥士，他引谷正綱為同道。他在 4 月 29 日邀請谷正綱對代表團報告他在「亞洲人民反共聯盟」裡的經驗。他說：「由於他的背景，他極其了解共產黨控制群眾的機制，因此他相當不信任群眾運動。」

　　蔣廷黻對雷震的態度也是一個很好的指標。雖然他對雷震從來就沒有特殊的好感，但也並不特別負面。他可能覺得沒有留學西洋背景的雷震不足以擔當編輯《自由中國》這樣具有標竿性的政論雜誌。他 1951 年 12 月 15 日日記：「杭立武主張改組《自由中國》，以他和羅家倫來取代雷震。我建議辦一個致力於走自由主義的路線來找出實際改革方案的雜誌。我會再加入議會政治的研究，亦即，不會成為貪污、反動、或欠缺效率的亂源的議會政治。」由杭立武、羅家倫來取代雷震，這段話裡的西洋歸國留學生才懂得自由民主的心態呼之欲出。

　　蔣廷黻不但對雷震並不特別負面，他還前後為《自由中國》撰寫了六篇文

章。[61]《自由中國》遭受壓迫，他還表示義憤填膺。1957 年 2 月 16 日：「雷震從台北寫信給我，說《中央日報》拒絕刊登《自由中國》的廣告。軍隊政戰部門的一份刊物批評《自由中國》，甚至煽動暴民對付它。看來作為蔣經國堡壘的政戰部在鬧事。這些人還沒搞清楚希特勒被打敗了而且也已經自殺了。」4 月 1 日：「代表團在早上十一點開例會。討論國防部出版的《國魂》。在第 140 期裡，許多作者攻擊《自由中國》，大放法西斯的厥辭。我打電報要葉公超警惕。」

　　然而，就在 4 月 25 日谷正綱告訴他蔣介石想要增加軍隊的數量那一次的談話裡，他接受了谷正綱媚蔣批雷的觀點：「跟谷正綱長談。《自由中國》在政治上有問題，原因出在其患了『民主幼稚病』（democratic infantilism）。他說老蔣主張的是逐步漸進的民主。」1958 年 10 月 27 日，他跟即將回台灣的胡適長談：「我們也同意《自由中國》的雷震應該改變其雜誌的基調，從帶有敵意轉為善意的批評。」1960 年 9 月 5 日，代表團接到外交部的電報，說雷震因為叛亂罪被捕。蔣廷黻說：「雷震是一個平庸的人（mediocre man），野心大（enormous ambitions）、膽子大（a great deal of guts）。」10 月 8 日，他又進一步地說：「雷震是一個平庸、虛榮的政客。國民黨必須借助軍法審判的方法讓他無法與之競爭。」1962 年 1 月 13 日，主管國民黨新聞宣傳的楚崧秋來訪，談到雷震和《自由中國》。蔣廷黻說：「國民黨有那麼多的資源，卻無法辦出一個比《自由中國》更能吸引人、受人歡迎的雜誌，這是很令人遺憾的一件事。我說雷震越感覺他受到迫害，他就變得越發左傾。國民黨的平庸使它覺得必需要用高壓的手段來對付一個競爭者，其結果就是使那個競爭者變得更加反政府。」蔣廷黻說雷震左傾，無怪乎他會把自由主義者視為共產黨的同路人。

　　蔣廷黻不再呼籲「民主必須多一點」最明顯的指標，就是他從反對蔣介石

61　這六篇文章如下：1951 年 4 月 1 日 4 卷 7 期的〈從聯合國看世界前途〉、1952 年 3 月 16 日 6 卷 6 期的〈巴黎聯合國大會〉、1953 年 8 月 16 日 9 卷 4 期的〈高等教育的一方面〉、1955 年 3 月 16 日 12 卷 6 期的〈聯合國憲章與鐵幕內人民的解放〉、1956 年 3 月 16 日 14 卷 6 期的〈大戰後美國對遠東與對近東政策的差別〉，以及 1958 年 2 月 16 日 18 卷 4 期的〈「和平共存」？〉。

三連任的立場退卻。蔣廷黻跟胡適一樣，在 1954 年蔣介石連任、陳誠成為副總統以後，他們就認為如果蔣介石有心走民主的道路，他就應該安排陳誠擔任下一任的總統。從那時候開始，他們兩人就以輔佐陳誠順利接班為己任。蔣廷黻 1954 年 4 月 4 日的日記，說顧維鈞告訴他當時在台灣的胡適要推遲兩星期回美國，因為他「要幫忙陳誠組閣」。1958 年 10 月 27 日，胡適要從美國搬回台灣以前，蔣廷黻說他們兩人：「都同意我們必須低調地增強陳誠的力量，以幫助他可以順利接蔣介石的班。」

　　蔣廷黻不但從內部下手，他也在美國幫陳誠作公關的工作。當年國民黨雇用「萊特公司」（Hamilton Wright）在美國為台灣作公關與宣傳的工作，其經手的人就是蔣廷黻。[62]「萊特公司」雇有一個自由撰稿作家羅賓生（Don Robinson）。1958、1959 年間，為了策畫讓他把蔣介石與陳誠包裝成民主領袖的形象在美國行銷，蔣廷黻還特別安排他到台灣訪問。然而，他在 1958 年 10 月 16 日日記裡就指出要在美國行銷蔣介石很難：「老蔣不是那種會開懷暢談的人。而不能開懷暢談或顯出一點人氣（intimacy），就讓人描繪不出有人味的（human）文章或圖像。而且，羅賓生不可能會欣賞一個嚴厲、古板（puritanical）、好作一竿子打翻一船人的論斷（sweeping generalizations）的人。我建議另外一個選擇：寫陳誠。這一方面是因為他從來就沒被宣傳過。羅賓生會是第一個把陳誠介紹到西方世界的人。」10 月 29 日，羅賓生和萊特公司老闆的兒子來見蔣廷黻。蔣廷黻又再一次：「建議他不要寫老蔣，因為有難度。我對他說了許多有關陳誠的事情。」

　　當時的蔣廷黻反對蔣介石三連任，甚至甘冒大不韙，直言不諱。8 月 5 日，外交部長黃少谷寫信問他對次年總統選舉的意見，特別問他有什麼最好的辦法讓蔣介石三連任。蔣廷黻在當天草擬了一個覆信稿。主旨是：沒有一個三連任的好方法。老蔣應該在總統以外的位置來行使他的領導權。為了慎重起見，他把這個信稿先放在一邊。次日，他把這個信稿請幕僚張純明給他意見：「他很震驚我居然這麼明確地反對三連任。他是典型的傳統讀書人：聰明、膽

62　傅敏，〈蔣廷黻與台灣當局的國際公關魅影「萊特公司」〉，《江淮論壇》，2016 年第 4 期，頁 102-106、144。

怯、狡猾（catty）。」他在 8 月 12 日把覆信寄出：「老蔣最好是在總統以外的位置發揮他的影響力。國民黨應該幫他這樣作。」

事實上，蔣廷黻自己心知肚明蔣介石三連任是勢在必行的。早在 1958 年 6 月 25 日，他就已經覺察到了端倪：「國民黨正在展開清算：規定在政府任職的黨員要重新登記，開除了一些已經登記的以及所有未登記的。登記表上有宣誓要執行黨的政策的條文。這個重新登記是否就是要為修憲以為連任〔三連任〕鋪路？這是一個疑問。陳誠必須帶隊效忠老蔣。老蔣靠的是他稱之為『護航隊』〔蔣廷黻自己加的中文，英文是「convoy」〕的死忠分子。陳誠的隊伍就是『護航隊』的『護航隊』。」

他 1959 年 3、4 月間回台述職。4 月 9 日晚他單獨與蔣介石晚宴。談到：「明年總統的選舉，老蔣說他應該讓位，陳誠應該接任。我對他說這樣作很睿智。」事實上，蔣廷黻記蔣介石所說的這句話，是一句抽離了脈絡、斷章取義的話。那個脈絡，他終於在回美國以後，在 5 月 21 日的日記裡說出來了：

> 國民黨中央執行委員會通過了一個決議，要鼓動大陸人民起義。在打冷戰這方面，台北還只是一個小孩子。起義必須至少看起來是自動自發的。李宗黃出面主導國民代表大會的一些代表散發一個決議，籲請老蔣連任以完成光復大陸的大業。老蔣在 4 月 9 日晚跟我談話的時候，也提到了光復大陸是他之所以不能離開領袖崗位的理由。我於是嘗試著說服他，說領袖的地位會一直是他的，即使他不是總統。中央執行委員會的決議裡一再強調光復大陸。這不是一個好兆頭。

等蔣廷黻在一個多月以後的日記裡把蔣介石說的那句話的脈絡說出來以後，蔣介石那句話其實只是一個條件句也就不言而喻了。「老蔣說他應該讓位，陳誠應該接任。」這句話裡的兩個「應該」，蔣廷黻用的原文是「should」。換句話說，蔣介石要說的是：他「應該」讓位，陳誠「應該」接任。可是，因為大陸還沒光復，所以他還是不能讓位，陳誠還是不能接任。

問題是，我們是應該相信蔣廷黻 4 月 9 日的日記，還是 5 月 21 日的日記？4 月 9 日的日記記：「老蔣說他應該讓位，陳誠應該接任。我對他說這樣

作很睿智。」5 月 21 日的日記記：「老蔣在 4 月 9 日晚跟我談話的時候，也提到了光復大陸是他之所以不能離開領袖崗位的理由。我於是嘗試著說服他，說領袖的地位會一直是他的，即使他不是總統。」到底蔣介石在 4 月 9 日是說了「他應該讓位，陳誠應該接任」的話？還是說了「光復大陸是他之所以不能離開領袖崗位的理由」？蔣廷黻在 4 月 9 日究竟是稱讚蔣介石「這樣作很睿智」？還是嘗試著說服他「說領袖的地位會一直是他的，即使他不是總統」？日記不可輕信，這就是一個典型的例子。

　　無論如何，不管真相如何，至少葉公超是不相信蔣介石是真心要讓位的。4 月 25 日，就在蔣廷黻回台述職返回美國兩個星期以後，葉公超從華盛頓搭飛機到紐約跟蔣廷黻會面。他們在一家中菜館吃過中飯以後，蔣廷黻帶他到紐澤西的家裡談到下午 4:30。他們長談的主題之一就是蔣介石的三連任：「George〔葉公超〕對老蔣說他要讓位、讓陳誠競選這句話抱持懷疑的態度。」

　　蔣廷黻既然知道蔣介石是要三連任的，他自然認為陳誠一定要慎言慎行，不要讓蔣介石認為他在覬覦大位。5 月 13 日：

> 〔聯合國軍事代表團的〕何世禮來。他在台北停留到 4 月 20 日，比我多十天。他認為陳誠顯露出太急切的樣子，害了他自己。陳誠和胡適在不久以前彼此互相歌頌對方，胡稱讚陳，說他有作總統的資格；陳則讚美胡為偉人。接著，陳誠在生日那天，和胡適、梅貽琦、王世杰出遊。最近一次，在陳誠官邸晚餐的時候，有人說老蔣從來就說話不算話。陳誠沒有作修正或糾正他。

　　威權統治、特務橫行的可怕，就是不只小民偶語可以棄市，連副總統在私宴裡聽到酒酣耳熱之餘不敬的笑談沒有立時表忠也會密報到案。陳誠和胡適等四人出遊，指的就是陳誠 1 月 15 日到 20 日以避壽為名，邀約胡適等四人到台灣中南部的視察之旅。這「四人幫」被附庸風雅的政評家比之為「商山四皓」。蔣介石對之的嫉恨，在在地表現在他 1 月 29 日的日記裡：「以辭修不識大體，好弄手段，又為政客策士們所包圍利用，而彼自以為是政治家風度，

且以反對本黨侮辱首領的無恥之徒反動敵人胡適密商政策，自願受其控制之言行放肆無所顧忌，不勝憂悶無法自遣。」蔣廷黻在當時當然不知道蔣介石對陳誠與胡適之間的酬酢會嫉恨如此。然而，像何世禮那樣雖然沒見到蔣介石的日記但卻能知道蔣介石的嫉恨，那更顯出威權統治的無遠弗屆、無孔不入。

蔣廷黻開始小心起來。6月4日，剛從台灣回來的羅賓生來見蔣廷黻。他說他不會寫幫蔣介石作宣傳的文章，因為沒有什麼資料：「老蔣很禮遇他，接見他許多次，但沒透露什麼，也沒說出有趣的點滴或表現。在老蔣身邊多年的人，例如張群，談的多半是他們的工作、追隨老蔣多年，以及他們對老蔣的忠誠與崇拜，對要了解老蔣這個人一點幫助也沒有。」相對地，羅賓生對陳誠很感興趣。他說他有故事可寫而且要寫。蔣廷黻說：「他說的話讓我吃驚。但我想聰明點就不要逼他寫老蔣，因為他並不想寫他。」六個月以前，蔣廷黻自己才因為蔣介石無趣，建議羅賓生不要寫他而寫陳誠。現在羅賓生從台灣回來以後想寫陳誠而不寫蔣介石，他反而吃驚起來。7月19日，蔣廷黻跟 Hilda 到住在波士頓的幼子 Donald 家玩了幾天以後，順道去羅賓生家裡小住一晚。他們又談到了羅賓生要為台灣所寫的宣傳文章：「羅賓生迷上了陳誠，但覺得老蔣沒有什麼。我跟他爭辯，但就是改變不了他的看法。」

最驚人的是，蔣廷黻現在不但幫蔣介石辯護，他而且說他雖然曾經不贊成蔣介石三連任，但那並不表示他是支持陳誠當總統。9月8日，王世杰到辦公室來找他：「他說張群說我支持陳誠當總統。我解釋說我從來沒有說過那樣的話。可是，因為我過去是反對老蔣三連任，所以我等於是贊成陳誠候選。」

雖然蔣廷黻不得不向政治的現實低頭，被迫從反對蔣介石三連任變成接受，但他在心理上是要取得補償的。他在10月11日的日記裡說：「老蔣要民族主義，不要民主或民生。他失去大陸，因為他還停留在他是一個狂熱的愛國志士的辛亥革命的時代。從那以後他就沒有提出任何一個可以帶領國家前進的政策。」10月13日：「劉鍇說徐謨在成功獲選為〔海牙〕『國際法庭』任期九年的法官以後，鬆了一口氣說：『我終於安全了，蔣介石再也奈何不了我了。』」

11月2日：「讀《資治通鑑》隋史。隋煬帝征高麗是他覆亡的主要原因，但也犯了許多其他的錯誤，例如奢靡的宮殿、築路、開運河。老百姓確實

是受苦太久了。然而，儘管皇帝犯了那麼多的罪愆，許多人卻仍然效忠到底。這我百思不解。」蔣廷黻有所不知，他這個百思不解的讀史偶感完全適用在他自己身上。向威權的現實低頭的蔣廷黻無奈地在 12 月 15 日的日記裡嗟嘆說：「我們中國人有可能學著實行民主嗎？這是我想要回答的問題。」

最令蔣廷黻氣結的是，他根本就被蔣介石耍了。11 月 19 日：「女立法委員 X〔一定是蔣廷黻那幾年間常在日記裡提到的王姓立法委員〕回到紐約治病。那是她告訴我的理由。請她去『隆禪』（Longchamps）〔曼哈頓有名的餐廳，帝國大廈裡就有一間〕吃午餐。餐中與餐後她說：5 月上半月的一個星期一，她去參加國民黨紀念週會。會中，老蔣宣布因為反共大業尚未完成，他要繼續領導。」

換句話說，蔣介石從一開始就是要三連任。他對蔣廷黻、胡適，以及所有其他人所說的話、所作的動作都只是在演戲。他們之所以都被耍了，其原因與其說是他們太天真或善良了，不如說是蔣介石是他們的希望之所繫。1930 年代，胡適在「民主與獨裁」的論戰裡嘲笑蔣廷黻、丁文江等等夢想用新式專制來建國的人，癡傻地像「五代後唐明宗的每夜焚香告天，願天早生聖人以安中國！」到了冷戰時期，胡適自己也加入了他從前所訕笑的蔣廷黻的行列，癡傻地像每天焚香的後唐明宗一樣，夢想能夠用蔣介石來反攻大陸以安中國！

2 月 1 日，國大代表周謙沖來聽蔣廷黻對他回台灣開國民代表大會的意見：「我鼓勵他回去並建議他依他的良心投票。沒有必要鼓吹什麼。」2 月 16 日：

> 接到黃少谷密電，說國民大會將修憲讓老蔣能三連任。這個電報粉碎了所有的希望。老蔣這個行為在在說明了他的思想非常傳統，他無法用現代的方法來玩政治，他要權也要名，他要傳位給他的兒子。我曾經寄望他會對中國政治的現代化作出一點貢獻。他決定不這麼作。

值得令人省思的是，蔣介石雖然已經君不君了，蔣廷黻卻沒有選擇「乘桴浮於海」。相反地，他居然想要當這個要傳位於其子的總統的宰相！3 月 28 日：

中午接到陳誠的電報，說老蔣要我去阿根廷以前去台北一趟。回電說我最遲可以在 4 月 20 日回去，問說那個日子合適嗎？

我也許會當行政院長或行政院副院長，或者是外交部長。不管是前者或者是後者都會是一賭。然而，我現在已經六十四歲了。如果我現在不放手一搏的話，就會太遲了。然而，如果張群是行政院長，我就不願意當行政院副院長，因為他是一個毫無作為的人。

3 月 31 日，蔣廷黻跟張純明長談他這次的台灣之行、他該接受哪一個職位，以及我能有什麼作為。4 月 16 日：

如果我出掌行政院，我會有以下〔幾個政策〕：

一、縮減軍隊，連帶著縮減軍費，在五年內，從目前中央政府預算的百分之八十四降成百分之七十四。退伍兵與新兵數目的比例三比二。

二、更加工業化。

三、促進工藝及其外銷以便重奪中國傳統的市場。

四、力行法治。

五、在五年內增加軍人與公務員的薪水。

六、設立一個研究大陸的機構。

有關第四項，禁止祕密警察任意逮捕；將其任務限制在調查；允許較大程度的言論自由。

4 月 10 日，蔣廷黻去參加柯爾伯（Alfred Kohlberg）的葬禮。葬禮結束以後，他和從華盛頓來參加葬禮的葉公超在「中央公園」邊散步、邊聊了一個鐘頭。最後，蔣廷黻問葉公超意見，葉公超極力反對他接受行政院長的職位。4 月 13 日，「中基會」開董事會會議。會後，他和李國欽說了幾句話。李國欽建議他不要接受行政院副院長的職位。4 月 16 日：

想著台北的情況。陳誠會繼續當行政院長嗎？如果會，我是否就當他的副院長？我想不要，因為我不會有機會用新的眼光推行新政策。也許陳誠

可以幫忙開拓一個新的方向？他可能，如果那個方向不是太前進的話。老
蔣難道不會抗拒任何新的作法嗎？陳誠難道不可能幫忙克服那種抗拒嗎？
答案是正反都有可能。胡適毫無疑問地會反對我接受行政院長或行政院副
院長的職位，因為他不會希望我支持蔣介石，也因為他認為蔣介石只是借
我的名字來充場面而已。他不是沒有道理。然而，在野對我們一點好處也
沒有。同樣地，坐在一旁自怨自艾對我們一點用處也沒有。

　　蔣廷黻並不是突發奇想作起行政院長夢來。顯然陳誠以及其他人早在
1952 年就已經提過那個想法。1955 年 10 月 1 日，蔣廷黻到華盛頓開「中基
會」董事會議的時候跟蔣夢麟長談：

　　我告訴他說近三年來，連「中國」最好的朋友，魯斯（Harry Luce）、
霍華德（Roy Howard）、諾蘭（William Knowland）、周以德（Walter
Judd）、史密斯（Lawrence Smith），都灰心到覺得蔣介石最多只配管台
灣和澎湖。該怎麼作呢？一、重新界定安全人員與政治部的職責；二、允
許、甚至鼓勵公開的、有組織的政治組織；三、改進司法機關。蔣夢麟對
這些都不樂觀。他說老蔣是聽不進去的，但張群和陳誠也許會。他勸我不
要回去台灣任職。他說陳誠曾經考慮是不是要給我行政院長的職位，他
（夢麟）建議不要，因為他認為我不到幾個月就會跟老蔣吵起來。當年宋
子文當行政院長的時候，夢麟是把不讓決裂發生視為己任。他的看法是：
不管有老蔣還是沒有，「中國」就是作不好。我告訴夢麟說三年前陳誠和
我談到我當行政院長的事——我當時覺得陳誠應該繼續當行政院長，我則
從行政院副院長做起。夢麟覺得那樣的組合也許可以。夢麟跟葉公超的看
法一樣，認為俞國華太軟弱了。他認為如果葉公超不掌外交部，沈昌煥就
會代理。他認為沈昌煥膚淺，是一個百分之百的應聲蟲，因此是老蔣理想
的外交部長。

　　一個星期以後，10 月 8 日，蔣廷黻和葉公超談話。葉公超證實：「他和
陳誠〔當年〕確實建議我當行政院副院長。老蔣沒說不，但他說廷黻不太可能

回來。俞國華之後，張群有可能是行政院長。葉公超認為張群是一個完全沒有脊梁的人；這點我同意。」

為了想要促進台灣的民主化、法治化而想當行政院長，這是要力挽狂瀾，值得佩服。然而，在蔣介石都已經要三連任了，還躍躍欲試要當他的行政院長，就未免違背了他一再苦口婆心教誨人家的民主的原則了。

總之，蔣廷黻在 4 月 20 日從紐約起飛，22 日下午從東京抵台北，住進博愛賓館。當晚他到陳誠官邸晚餐。陳誠告訴他蔣介石要他出任外交部長：「我指出『中國』在聯合國裡的特殊的問題。最後我告訴他說我寧願留在聯合國。」4 月 28 日：

> 五點晉見老蔣。他要我重新考慮外交部長的職位。我解釋說我的興趣與能力不適和那個職位，別人會作得更好或至少一樣地好。他希望我能夠不計較那個職位不及我的聲望。他問我說是否願意接考試院，我回答說那個職位是應該保留給德高望重的人的。我說他已經在升遷方面給了我許多，請他不必費神安置我。
>
> 他問我對台灣的情況有什麼意見。我建議：一、縮減軍費；二、法治；三、仔細地研究大陸的情勢；四、鼓勵中國歷史與文化的研究，讓台灣成為這種研究的中心。他說第一點他不能接受，但二、三、四很好。

4 月 29 日，蔣經國奉他父親的命再來請蔣廷黻考慮。蔣廷黻再次拒絕並請他告訴蔣介石不要再堅持了。5 月 1 日，蔣廷黻搭機離開台北。蔣廷黻每次回台述職回到美國以後都會寫下他的感想。這次例外，而且異常地低調。他只在 5 月 4 日的日記裡說了一句話：「我發現我很難跟 Hilda 解釋我為什麼拒絕了外交部長的職位。」

蔣廷黻拒絕了外交部長的職位。接任的果然是老蔣理想的外交部長、百分之百的應聲蟲——沈昌煥。

蔣廷黻選擇留在聯合國，就意味著說他選擇留在那裡繼續打阻止中國進入聯合國的硬仗。1961 年 3 月 17 日中午，美國國務卿魯斯克召見葉公超。葉公超強調台灣政府認為在找到一個更有效的方案以前，不應該輕易放棄緩議方

案。葉公超舉這屆大會投票的結果為例：42 票贊成，34 票反對，22 票棄權。上屆投票的結果是：44 票贊成，29 票反對，9 票棄權。兩屆相比，只少了兩票。其中，一票是古巴，是意料中的（卡斯楚革命，取得政權）；另外一票是衣索匹亞，前一年投的是棄權票。這一屆投棄權票的 22 個國家裡，有 14 個是非洲的國家。這表示我們要努力的話，還會有運作的空間。

　　魯斯克說他了解為什麼台灣希望繼續沿用緩議方案。然而，他說緩議方案在下一屆大會裡一定是行不通的。他說那不只是贊成票流失的問題，而是彈性疲乏（out of patience）的問題。他說這不是信口雌黃，而是經過深思熟慮的結果。他說緩議方案一旦失敗，實質討論中共加入聯合國就不可避免了。因此，我們必須設計出一個新的方案。為了讓蔣介石放心，魯斯克強調下列幾點：第一，美國會繼續承認中華民國政府。這不但因為這是美國既定的政策，而且是因為中共的行為。但聯合國是另外一個問題，因為那是一個「議會」的場次，美國已經沒有足夠的「政治資本」來控制它了。緩議方案是把中共入會的問題當成一個它缺乏入會「資格」（credentials）的問題來對待。「資格」問題只要簡單的多數就判定輸贏。換句話說，緩議方案一沒過，就必須實質討論中共取代中華民國而進入聯合國的問題。一旦到了那個田地，所有到現在為止承認中共，但在政策上決定不讓它進入聯合國的國家就只好投贊成中共的票了。美國不希望看到那樣的結果的想法，跟中華民國政府是一樣強烈的。因此，我們必須不要再把中共入會的問題視為一個「資格」或者「代表權」的問題，而是一個「重大問題」。

　　其次，魯斯克強調說，根據中共一再表明的政策，除非中華民國退出，它是不會加入的。聯合國裡有許多會員國雖然承認中共，但並不贊成讓它加入聯合國。同時，它們也希望「你們」能留在聯合國裡。如果我們能設計出一個方法，我們就會有希望讓中共入會的問題「從一個僵局換成另外一個僵局」，讓中共自己不願意加入。要這樣作，中華民國政府就必須在「不全有，就都不要」（all or nothing）的作法，以及委曲求全留在聯合國，這兩個決定裡作一個選擇。如果選擇後者，他相信只要台灣留在聯合國裡，中共是會拒絕加入的。當然，他承認這會是一個議會場次上的一個賭博，有一定的冒險程度。然而，只要是中共自己決定不進入聯合國，那責任是在它自己，親共以及中立國

家就不能怪罪美國和台灣了。

　　另外一個製造出僵局的作法，就是把中共入會的問題改成一個「重大問題」。這只要簡單的多數票就可以作得到。但在變成「重大問題」以後，就需要三分之二的多數才能通過了。這三分之二的多數票，是中共所不可能有的。問題是，要這麼作，就必須在美國還能掌控握有簡單的多數票的時候。魯斯克告訴葉公超，這件事不能再拖。他要中華民國政府審慎考慮。最重要的是，台灣要能保住聯合國的席次以及「在福爾摩沙上的家當」。[63]

　　葉公超在辭退之前，要求讓大使館祕書賴家球留下來，跟當天也在場的國務院「中國課」課長馬丁（Edwin Martin）核對談話記錄並澄清要點。賴家球在他所作的備忘錄裡主要澄清的有兩點：一、魯斯克所謂的新僵局，是否就是把中共入會的問題變成一個「重大問題」。馬丁回答說，要製造這個新僵局先要用簡單的多數票通過這個議案。然而，魯斯克所說的新僵局，意味著讓中共能夠入會卻又因為台灣還在內而拒絕入會的僵局。二、是否可以不把中共入會的問題視為中國代表權誰屬的問題，而視為一個新會員國申請入會的問題。馬丁回答說，有一個想法，但美國還沒決定是否採用。那就是：中國現在分為兩個部分，各自都不能代表全部。如果有人說我們——賴家球的口氣——不代表中國，中共同樣也沒有這個資格。這也就是說，中國的代表權是分裂的。因為我們從開始到現在都一直在聯合國裡，中共想要入會就必須自己申請。[64]

　　葉公超把美國「兩個中國」的想法帶回台灣以後，毫無疑問地，蔣介石斷然拒絕。外交部在 4 月 5 日給蔣廷黻的訓令，用的就是蔣介石的慣用語：

　　　任何以兩個中國辦法處理聯合國我國代表權問題之擬議，我均堅決反對。蓋其違反我反共復國基本國策，使我喪失大陸主權，為我憲法所不容。且使自由中國民心士氣遭受嚴重打擊，使我大陸同胞與海外僑胞失

63　"Summary Record of Conversation between Secretary of State Dean Rusk and Ambassador George K. C. Yeh at the Secretary's Request on March 17, 1961, from 11:35 a.m. to 12:15 p.m. at the Department of State,"《蔣廷黻資料》，11.141-147。

64　Chia-Chiu Lai, "Memoradum" to the Ambassador,《蔣廷黻資料》，11.148-150。

望。值此共匪遭遇重大災難之際，不當助長匪共聲勢。

外交部在這個訓令裡，仍然希望繼續使用緩議方案。雖然贊成與反對票的差距只剩下 8 票，但外交部跟蔣廷黻、葉公超等人的想法一樣，認為還有希望在非洲新興國家當中爭取贊成票。只有在緩議方案失敗以後，外交部才願意採用魯斯克所說的「重大問題」的方案。屆時：「我國及友邦堅決主張凡改變我代表權之任何提案，為憲章第十八條第二項所稱重要問題，大會必須以三分之二多數始能通過。」[65]

4 月 24 日，蔣廷黻在薛毓麒的陪同之下，拜見美國駐聯合國代表團團長史蒂文生（Adlai Stevenson）。蔣廷黻先告訴史蒂文生說他將在 5 月 2 日返國述職十天，希望知道美國對第十六屆大會，特別是中國代表權問題有什麼想法。史蒂文生回答說，就像他們在先前已經談過的，美國的政策是支持中華民國並阻止中共入會。由於緩議方案的支持已經流失，美國正在尋找一個新的方案。他知道華盛頓與台北已經在磋商這個問題，但代表團還沒有收到任何訓令。他反問蔣廷黻有否新的方案。蔣廷黻回答說，他個人以及政府仍然認為緩議方案是比較合適的。他說緩議方案在 1951 年提出來的時候，他自己是反對的。這並不意味著說，在跟緩議方案依存了十年以後，他開始愛上它了，而是他在審慎研究以後，認為在目前的情況之下，緩議方案是最能不讓人反對的方案。

史蒂文生問蔣廷黻是否估算過緩議方案在大會裡可能得到的票數的分配及其是否能得到足夠的贊成票。蔣廷黻回說，他幾乎每天都在研究。他承認今年可能會少掉幾票，但希望能從其他方面，特別是原法屬非洲國家方面補回來。他說他最近在大會以及安理會裡的所作所為，就是在爭取這些國家的友誼。蔣廷黻所謂的爭取非洲國家的友誼，亦即，爭取非洲國家支持台灣在聯合國中國代表權的選票的想法與作法，就是從 1961 年開始先由美國從提供三分之二的經費、然後到 1968 年以後提供幾乎所有經費的非洲農耕隊——「先鋒案」

---

65 外交部致紐約代表團，通字第 105 號，1961 年 4 月 5 日，《蔣廷黻資料》，11.205-206。

（Operation Vanguard）——的濫觴。[66]這個非洲農耕隊計畫的成功，今天台灣政府檔案管理處仍然津津樂道：「先鋒案的成功，使得非洲友邦對我國的支持顯著提高。在五十五年〔1966〕至五十八年〔1969〕的聯合國大會投票中，15個非洲友邦皆全數投票支持我國，可為例證。」[67]但這是後話，而且超出本傳分析討論的範圍。

　　總之，蔣廷黻估計緩議方案在下屆常會裡所能得的票數應該會與本屆相同。因此，下一屆還可以過關。美國代表團的法律顧問問蔣廷黻他對正反兩方票數的估計。蔣廷黻回說：大概 40 票出頭的贊成票，30 票出頭的反對票。法律顧問回答說，美國方面沒有那麼樂觀。

　　史蒂文生說，重點是美國與中華民國都不能冒失敗的險，而必須未雨綢繆。因為如此，才會有「兩個中國」方案的想法。蔣廷黻說，從現在到 9 月下屆常會開幕還有好幾個月的時間，只要美國和「中國」能一起努力號召友邦支持，情況應該可以改善。他強調緩議方案是第一道防線。如果這第一道防線不幸失守，中國代表權的問題就會被列入議程，在委員會裡討論。那就是第二道防線的所在。史蒂文生問蔣廷黻他在第二道防線的方案是什麼。蔣廷黻在日記裡說他拒絕入甕。但根據薛毓麒所作的記錄，蔣廷黻是提出了他的方案。只是，他的方案不外乎是用議會的方式來阻擋中共。他說代表權問題列入議程以後，先會是被擱置。由於它是重要的問題，就必需要有三分之二的多數贊同才可以把這個被擱置的議案提交討論。屆時，「中」美聯手所能號召的票數，就足夠擊敗這個動議。

　　美國代表團的另外一個顧問立刻澆蔣廷黻的冷水。他說親共的代表團會把他們的動議盡可能用程序的方法提出。他們很可能會要求大會針對中共的資格進行討論。在那種情形之下，只要簡單的多數就可以過關了。薛毓麒說，這麼

66　San-shiun Tseng, "The Republic of China's Foreign Policy towards Africa: The Case of ROC-RSA Relations," Ph.D. Thesis, University of the Witwatersrand, Johannesburg, South Africa, 2008, pp. 116-125.

67　「檔案樂活情報：沙漠奇蹟、綠洲農業——海外農耕隊」，https://www.archives.gov.tw/UserFiles/file/ALOHAS100OLD/alohas77.pdf，2020 年 8 月 26 日上網。

多年來，共產與親共代表團的作法就是要納共排我。這就意味著說，所謂中國代表權的問題是一個重大的問題。即使英國現在有困難繼續支持緩議方案，它總應該沒有問題支持這是一個重大問題吧！美國代表團的法律顧問指出，等問題到那步田地的時候，情勢就已經很難控制了。這時，蔣廷黻提出了另外一個作法。他說大會可以作出決議，但那個決議對安理會並沒有約束的能力。對中國代表權問題，安理會可以作出獨立於大會的決議。美國代表團同意這個看法。然而，這也是蔣廷黻的盲點。法律上站得住腳，並不表示它在政治上也站得住腳。

最後，蔣廷黻提起美國的「兩個中國」方案。他說這個方案一提出以後，台灣以及海外華人社區的反應極為激烈。他說有一派說出了中國「寧為玉碎，不為瓦全」的古話。他說如果那一天到來，他完全不會意外民眾激烈的反應會逼使「中國」退出聯合國。

蔣廷黻在告辭以前，問薛毓麒是否有其他意見。薛毓麒說他想知道史蒂文生對原法屬非洲國家態度的看法。鑑於中華民國政府現在非常努力地爭取它們的友誼，再加上美國的助力，「中國」是否可以爭取到一些支持票。史蒂文生回答說，那些國家是非常務實、也非常冷血（cold-blooded）。如果蘇聯給它們一些好處，誰知道它們會怎麼做呢。總之，不能把它們當成是可靠的友邦。[68]事實上，美國之所以要在中國代表權的問題上尋找一個新的替代方案，說白了，就是由於這些新成立、或新獨立的國家加入聯合國，美國已經無法像從前那樣隨心所欲地控制聯合國了。所以，還是回到那句老話，美國是不打不能穩操勝券的戰役的。

有意味的是，台灣從蔣介石以降，到外交部長及其駐美大使和駐聯合國代表，都緊緊抱著他們已經用了十年的「免死金牌」。最諷刺的是，在這第一道「免死金牌」剛頒給的時候，是他們一再抱怨，認為那是美國不全力支持台灣的敷衍政策。現在，美國一再告訴他們這道金牌的效用已經不夠了，一定要撤

68　"Summary Record of Conversation between Ambassador Tingfu F. Tsiang and Ambassador Adlai E. Stevenson at 4:00 p.m., Wednesday, 26 April 1961, at the United States Mission to the United Nations,"《蔣廷黻資料》，11.328-334。

回以後，他們卻反過來緊抱不放，堅持他們可以在 1961 年得到足夠的多數票來保住這道金牌。美國所提出的「兩個中國」的替代方案，當然也是超出他們的政治想像力之外。

美國知道要台灣讓步，就必須先說服蔣介石。甘迺迪總統於是在 7 月 14 日致信蔣介石，說他希望他們兩人能見面一談，或者在華盛頓，或者在台北。然而，由於他知道他們都有重務在身，分身乏術。他希望蔣介石能派一個親信作為他的代表，如果蔣經國能來最好。他在這封信裡明白指出緩議方案今年秋天過關的可能性很低，必須設計出另外一個方案。同時，由於蘇聯的提案把外蒙古與茅利塔尼亞入會的申請併案審查。如果台灣否決外蒙古而導致蘇聯以否決茅利塔尼亞為報復，台灣將在聯合國席次的問題上失去非洲國家的票。因此他籲請台灣不要在安理會使用否決權。[69]

蔣介石派的是陳誠。7 月 30 日下午一點半，蔣廷黻和 Hilda 從紐澤西「恩格爾伍德鎮」的家出發，由司機亞佛雷特開車赴華盛頓。他們在傍晚六點半抵達「韶涵飯店」（Shoreham Hotel）。第二天早上，他們到「雙橡園」大使館與葉公超夫婦、胡慶育會合，一起到機場去迎接陳誠。陳誠的飛機在 10:25 準時抵達。在詹森副總統的主持之下，進行了三十五分鐘的禮賓典禮。十一點鐘，陳誠一行抵達白宮。

在晉見甘迺迪以後，陳誠就遞上蔣介石致甘迺迪的信。蔣廷黻說，在整個鐘頭的會談裡，陳誠漫無目的地發言。他所舉的一些事實並不確然，他的一些立論鬆散。他說其所反映的，就是台北並沒有好好地思索問題。比如說，陳誠說中共把軍隊集中在東北和金門對岸。他抱怨說，舉這個作什麼？為什麼？他慨嘆地說，這就像參與開羅會議的人一定對蔣介石的評價不高一樣，因為他們兩個人都是同一個教育與經歷的模子裡造出來的。

白宮的記錄，也凸顯出陳誠沒抓到重點的形象。比如說，他對甘迺迪說，他非常高興在赴美途中得知美國參議院在 7 月 25 日無異議通過決議案，再度保證支持台灣，並拒絕中國進入聯合國。甘迺迪回答說：問題是要在聯合國拿

69　"Letter from President Kennedy to President Chiang," July 14, 1961, *FRUS*, 1961-1963, XXII, Northeast Asia, pp. 95-96.

到票數，在美國國會拿到票數不是問題。陳誠說由於美國與中華民國政府利益一致，一定很容易可以找到解決的方法。甘迺迪回答說：中共入會將極端危及美國的利益。在估計在聯合國所能得到票數的時候，我們必須很實際。我們不能把沒有的票數也算進去：「我們不願意以幾票之差在聯合國被打敗。這個問題的輸贏，就在幾票之間。」[70]

　　在 8 月 1 日的早餐會議裡，國務卿魯斯克把問題一一臚列出來，包括請法律專家裁決是否能引用聯合國憲章第十八條，亦即三分之二的多數票，來處理代表權的問題。魯斯克再度強調外蒙案攸關代表權問題。會後，一行人回到陳誠的賓館商討。蔣廷黻建議用美國不承認外蒙，來交換不使用否決權。葉公超贊成，但陳誠、沈昌煥不願贊同。十點鐘，一行人再度回到白宮。甘迺迪再度強調緩議方案贊成票數不夠的問題。舉例來說，巴基斯坦去年因為艾森豪總統親自出面籲請而沒投反對票，但已經聲明那是最後一次。奈及利亞雖然親美，但今年將與其他大英國協一致投反對票。巴西也已經改變態度。國務卿魯斯克接著說，蘇聯把外蒙與茅利塔尼亞併為一案的結果，就會影響到非洲國家是否支持「中國」代表權的問題。這其中的票數有 10 到 15 票之多。甘迺迪要蔣廷黻發表意見。蔣廷黻說他對政府的建議是對外蒙投棄權票，不使用否決權。他強調投棄權票跟使用否決權是不同的，但他也承認他無法估計這兩者之間的區別對票數的影響有多大。白宮預期陳誠這次赴美的主要目的是在商討外蒙案的問題。結果，蔣廷黻說陳誠把大部分的時間都拿來說明籲請美國在遠東區成立一個類似「北大西洋公約組織」的反共聯勤參謀總部的構想。可笑的是，陳誠都已經老遠跑來美國了，這個構想居然還沒翻成英文。陳誠說等翻譯好了以後，會傳送給美國國務卿。這個構想一直到 8 月 25 日才送到美國。美國在 12 月 19 日回絕。[71]

　　下午 4:15，陳誠一行又到國務院會見魯斯克。陳誠提出了他對外蒙案最後的答覆。他的答覆是用中文寫的，由沈劍虹翻譯。蔣廷黻說立論清楚、不卑

70　"Memorandum of Conversation," July 31, 1961, *FRUS*, 1961-1963, XXII, Northeast Asia, p. 103.

71　"Memorandum of Conversation," August 1, 1961, *FRUS*, 1961-1963, XXII, Northeast Asia, pp. 105-106.

不亢，但陳誠的答覆是拒絕，斬釘截鐵的拒絕，不接受美國不使用否決權的建議。

陳誠的使命完成。接下來的就純粹是社交活動。當晚是在國務院所舉行的晚宴。蔣廷黻夫婦次日中午驅車回家。他在傍晚四點半回到家裡以後，照例看了一下電視上的棒球轉播，並在後院練了一下高爾夫球。3 日，陳誠一行到了紐約。在紐約的兩天裡，陳誠拜見了紐約市長，並參觀了中國城、哥倫比亞大學、聯合國。3 日，陳誠在上機以前，交給蔣廷黻他要發給蔣介石的電稿，說：「要怎麼改都可以。」蔣廷黻在回到辦公室看了以後，發現那是報告甘迺迪、詹森、魯斯克有關外蒙案的發言。蔣廷黻受寵若驚。他認為陳誠的作法，是要讓他知道他信任蔣廷黻，而且是站在他那一邊。他決定一字不改地把那個電報發出，因為他覺得陳誠每個字都經過推敲，知道如何達到其效果：「他比我了解老蔣。這點我很清楚。這封電報顯示出他是一個政治家、一個老練的政客（shrewd politician）。」

陳誠來了又走了，但問題仍然沒有解決。接下來的就是等，看陳誠回國向蔣介石彙報以後是否有轉圜的餘地。蔣廷黻繼續討好非洲國家駐聯合國的代表。一方面告訴他們說在政府改變主意以前，他仍須使用否決權否決外蒙古；一方面強調台灣支持茅利塔尼亞入會，並且珍視非洲國家的友誼，希望他們能對台灣的代表權投贊成票。8 月 16 日，蔣廷黻和薛毓麒拜訪美國聯合國代表團的副代表和法律顧問。對方的答案不變：不再使用緩議案、設法讓代表權問題成為重要問題、成立一個委員會來討論聯合國會員資格以及中國代表權問題。他們再度堅持台灣對外蒙不使用否決權。次日，蔣廷黻打電報向政府報告一個他自己認為是兩全其美的換票方法：讓外蒙入會以免蘇聯否決茅利塔尼亞，然後，再以之交換法協非洲國家對台灣代表權的支持。他估計這樣可以拿到 10 票。

蔣廷黻以為蔣介石會為他這個妙計動容。這證明他太天真了。18 日當天，美國代表團的法律顧問給他一份複本，是甘迺迪請蔣介石不要使用否決權的信。甘迺迪這封信的複本上沒有註明日期，蔣廷黻推算是 8 月 14 日寫的。然而，蔣介石連甘迺迪親自出馬都文風不動。蔣介石在 8 月 26 日的回信裡，表示他將使用否決權。國務卿魯斯克在 9 月 6 日的回信裡表示遺憾。他再次強

調外蒙的問題牽涉到中國代表權的問題，攸關美國的利益。既然兩國無法在這一點上取得共識，他表示美國將保持獨立行使其認為符合美國的利益的作法的自由。[72]接著，魯斯克就在 13 日給美國駐聯合國常駐代表史蒂文生訓令：美國在第十六屆大會的雙重目標在阻止中共進入聯合國並保住國民黨中國的席次。有關採行的步驟的訓令裡，最重要的有兩個：一、把中國代表權問題視為「重要問題」，需要三分之二的多數票方能判定結果；二、對外蒙是使用棄權或贊成票，端賴其是否能夠確保茅利塔尼亞入會，並因而確保法協非洲國家對「中國」代表權的支持。[73]

　　8 月 25 日晚蔣廷黻在看電視棒球轉播的時候，薛毓麒來電：「根據一封才剛譯出一部分的電報，台北決定否決外蒙古。我的心一沉。」

　　9 月 12 日早晨，蔣廷黻到機場去迎接外交部長沈昌煥。他率領著從台灣來參加第十六屆聯合國大會的團員。蔣廷黻對外交部長親自出馬並沒有寄以厚望。首先，誰都知道決定權在蔣介石手上；其次，沈昌煥是蔣經國的人。蔣廷黻在 15 日代表團開會的時候指出，他在一個月前，8 月 16 日，向政府建議不要對外蒙使用否決權。這個建議沒被接受。現在情況不同了，我們只能盡力而為。沈昌煥安慰他說：那個建議，蔣介石考慮了一個星期。他沒採用是有理由的。蔣廷黻推測蔣介石擔心的是如果他讓步會影響軍心。9 月 16 日，沈昌煥夫婦到蔣廷黻家裡探視 Hilda 的時候，蔣廷黻告訴沈昌煥說，政府拒絕他的建議的時候，他曾經想過要辭職。總之，他覺得退休是此其時也。

　　9 月 18 日，就在第十六屆聯合國大會開幕前一天，聯合國祕書長哈瑪紹在剛果墜機死亡。因此，次日的開幕典禮簡化，只有四分鐘。20 日下午，各國代表發表悼頌詞。蔣廷黻覺得他自己說的最言之有物。大會開始的重頭戲是甘迺迪 25 日在聯合國大會的演講。葉公超在 22 日告訴蔣廷黻說他作了努力，請甘迺迪在演講中要提起中國代表權問題，但沒被接納。甘迺迪在演講裡提到

72　"Telegram From the Department of State to the Embassy in the Republic of China," September 6, 1961, *FRUS*, 1961-1963, XXII, Northeast Asia, p.135.

73　"Memorandum From Secretary of State Rusk to the Representative to the United Nations (Stevenson)," September 13, 1961, *FRUS*, 1961-1963, XXII, Northeast Asia, pp. 135-136.

了裁軍、柏林問題。蔣廷黻說，他最失望的地方是甘迺迪的演講裡有一節談到東南亞，可就是沒提到「中國」。

聯合國大會已經開始，新會員國入會申請的討論在即。美國大使館奉國務院命，要台灣告知最後的決定。陳誠立即在 9 月 25 日上午召集王雲五、張群等人會商，然後用電話報告蔣介石。蔣介石的指示：「堅決貫徹既定政策，不計成敗，以阻外蒙入聯合國。」[74]蔣介石還不放心，他在當天另外寫了一個訓令給沈昌煥、蔣廷黻：「否決外蒙入聯合國之決策，應遵照中央決議，貫徹實施。不計成敗得失，切勿畏任何危難或壓力有所搖撼。應知我國至此再無道路可循。請再將中央決議文切實體認為要。」[75]

蔣廷黻在 7 月 6 日的日記裡嘲諷說：「蔣介石當起他自己的外交部長來了。」一點都不錯。他的外交部長、駐美大使、駐聯合國大使都是用來擺門面的。他們在華盛頓都是在跑龍套，真正的戲是在台北上演。這是蔣介石的致命傷：他不只是不懂得授權，他所有的人都不信任。1941 年 11 月底，他成功地擋下了美日在珍珠港事變前所商議的紓解雙方緊張關係的「過渡辦法」。他躊躇滿志地在該月的「反省錄」裡說：「妻云：『無論商家與住室，若無家主與老闆娘時刻貫注全神管理業務則必不成。』」他罵當時的駐美大使胡適沒有國家觀念、凡事對美國低頭、是買辦、洋奴。然而，在他自己跟美國低頭的時候，他又很能阿 Q 地原諒自己、為自己找下台階。比如說，1949 年 12 月 11 日，他當時已經「下野」逃到台灣，正在全力爭取美國支持他反共。他在當天的日記裡寫下他看美國西太平洋海軍總司令白吉爾（Oscar Badger）所作的備忘錄的感想：「觀白之條件，全為其國務院對中國問題失敗者卸責，並欲余低頭認錯而後乃肯轉圜援助。美國外交行動無異幼童撒嬌，非得撫順善慰不可。余決將順其意而行，準備再作一次受欺與倒楣也。」

現在，蔣介石又要再「準備再作一次受欺與倒楣」了。9 月 28 日，國務卿魯斯克在參加聯合國為哈瑪紹所舉行的追思典禮以前，要蔣廷黻在典禮過後在大廳等他。一見面，魯斯克劈頭就問他台灣對外蒙入會的態度是否有所改

74　外交部 1961 年 9 月 25 日，第 18 號特急電，《蔣廷黻資料》，12.429-430。
75　蔣介石 1961 年 9 月 25 日致沈昌煥、蔣廷黻電，《蔣廷黻資料》，12.440。

變。蔣廷黻答說他所得的訓令非常明確，就是要全力阻止。魯斯克說：如果必要，使用否決權？蔣廷黻回說是。魯斯克接著發表長篇大論，強調蘇聯是要利用外蒙、茅利塔尼亞入會的問題，誘使非洲國家支持中共入聯。他說否決外蒙就意味著台灣要自殺；他了解台灣已經決定要自殺了。然而：「你們這些人不了解代表權問題的失敗會連累美國。我們不會讓你們拖我們下水的。我們必須重新考慮我們的政策。」蔣廷黻問他這政策改變意味著什麼。魯斯克在略作遲疑以後說，美國必須公開與台灣分道揚鑣：「全世界不會相信美國是盡了全力勸你們不要用否決權。這聽起來很奇怪，但是真的。」蔣廷黻說他會向政府報告。魯斯克說：「我所說的話都可以列入正式記錄。」蔣廷黻立刻與沈昌煥回辦公室討論。過後，他發電報回國。魯斯克又在次日上午召見了沈昌煥和葉公超，對他們表明了美國的立場。蔣廷黻和薛毓麒過後去見沈昌煥。薛毓麒建議讓步，沈昌煥說不。蔣廷黻知道沈昌煥一心是要使用否決權，他因此不作聲，就讓薛毓麒唱獨角戲。

台灣要自殺可以，但那會拖累美國。為了不當陪葬，美國決定不准台灣自殺。美國大使莊萊德奉魯斯克的指令，在 10 月 2 日去陽明山官邸晉見蔣介石。他可以看出來蔣介石態度已經軟化。他向莊萊德提出了七大問題。其中，最重要的是：如果台灣對外蒙行使否決權，美國是否就會跟台灣斷絕關係？如果行使了否決權，中共又進入聯合國，美國的政策是否就認為台灣消失了，成為中共的領土？魯斯克在回覆莊萊德的報告裡，稱讚他每個問題都回答得切當。他說美國是絕對不會跟台灣切斷關係的。然而，台灣一旦失去聯合國的席次，各國爭相跟中共建交的趨勢就不可遏止了。他要莊萊德強調他對蔣廷黻、沈昌煥等人所說的話，正確地表達了甘迺迪總統的看法。安理會還沒開始討論新會員國入會的問題，如果台灣要改變對外蒙的政策，只還有幾天的時間。[76]

蔣介石在跟莊萊德見了面以後就告訴外交部次長說他要改變主意。台灣跟美國有十二個小時的時差。蔣廷黻在當天一進入辦公室，薛毓麒就告訴他說他接到了華盛頓賴家球的來電說，葉公超收到外交部次長許紹昌的電話通知：

---

76 "Telegram From the Department of State to the Embassy in the Republic of China," October 2, 1961, *FRUS*, 1961-1963, XXII, Northeast Asia. 「蔣中正總統文物」所藏記錄說是六個問題。

「老頭子對否決外蒙的想法改變了。」過一會兒，沈昌煥也來告知接到許紹昌的電報（請注意我用粗體字所標示出來的阿 Q 語言）：**「如果美國需要我國的幫助以維持其領導地位，我方樂意合作不使用否決權；但如果美國用威脅的方法，則台灣必須堅持到底。」**蔣廷黻判斷蔣介石會讓步。因此他立刻要薛毓麒把這個消息通知美國代表團，建議延遲安理會討論外蒙古入會的問題。

蔣廷黻從許紹昌的電報判斷蔣介石會讓步是完全正確的，但如果我們看蔣介石本人打給沈昌煥的電報，卻又彷彿不是：「此次談話並非對我政府既定政策有所改變，乃在我否決外蒙以前為對甘乃迪總統不能不乘此時機亦表示我私人應有之情義，即盡其應盡之禮節而已。以其自就任以來對我國態度不錯，而且陳副總統訪美期間彼情禮備至。故我國此次否決外蒙案不使其認為吾人蠻不講理、不知情義者之所為也。此為余允莊談話之本意，請勿誤會。一切工作應照預定方針準備為要。」[77]

蔣廷黻是一個專業又忠於職守的外交官。雖然他知道蔣介石已經開始讓步，但在接到新的訓令以前，他必須說台灣的立場仍然是否決外蒙入會。非洲代表團來詢問的時候，他只能說還在等待訓令。日本駐聯合國代表岡崎勝男幾次提醒蔣廷黻說，根據他跟非洲國家代表接觸的結果，他們都表示如果台灣否決外蒙古，他們都會一致反對台灣的中國代表權。9 月 3 日，在他知道台灣可能改變立場以後，就主動幫忙拉非洲國家的票。當天下午，岡崎就打電話說已經拉到 3、4 票。當晚九點半，他的副手打電話說拉到了 5、6 票。次日，岡崎問說蔣廷黻是否可以安排一個雞尾酒會，讓他跟一些非洲代表見面。蔣廷黻回說他會很尷尬，因為他不能作任何承諾。岡崎說不需要說任何承諾，就算是寒暄就好。於是蔣廷黻去參加了岡崎在當天下午安排的雞尾酒會。

然而，代表團裡有死忠、死硬派，或者更正確地說，藉機表忠派。沈昌煥就是這些人的領袖。在蔣介石還沒有確切表明他的態度以前，他們一定要表示他們死忠的程度。沈昌煥在 10 月 5 日給蔣介石的電報說：「職日前已釋告高級同人〔箭指蔣廷黻〕，我促使安理會再度延擱入會案及鈞座與莊萊德大使談話，並非政府已改變原定方針。茲奉鈞電，恐時機上尚有考慮，故暫未將其內

77　蔣介石致沈昌煥，1961 年 10 月 4 日，「蔣中正總統文物」，002-010400-00033-013。

容轉知任何人。惟於今晨與蔣代表談話時，曾告以目前為一極微妙階段。在未奉政府明確訓令改變立場以前，吾人仍宜作否決外蒙之部署。」[78]

　　蔣廷黻毫不掩飾他對死忠派的不屑。代表團在 10 月 7 日的討論會裡，沈昌煥一再說他不知道蔣介石真正的意向，然後就讀了一些蔣介石的電報。蔣廷黻說：盡是些「如果這樣」、「如果那樣」。「我真是按捺不下了。下午一點，我就離開了。」兩天以後，他去找沈昌煥談。他說他對蔣介石的忠心不輸沈昌煥。他老實不客氣地說：「為了蔣介石好，『中國』不應該否決外蒙古。蔣介石最後的決定將會影響他此後與甘迺迪的關係。」

　　蔣介石就是要讓他的屬下覺得莫測高深，他在 8 日給葉公超的電報裡說：「自外傳我對外蒙有放棄否決消息後，人心惶惑，輿論激昂，而且黨政內部頓增憂慮……如果甘迺迪總統不能公開明確保證維我拒匪發出一言九鼎之力量，絕難挽回當前不利之形勢。我所提出最後之要求。曾經再三考慮，必須如此方能有利於我兩國間及在聯合國之一切合作。望其充分諒解，早作決定，不宜拖延。如果美方對我現在所處勢成騎虎之苦境不能體諒相助，則吾人亦不必有所強求，祇有依照原定計畫，作實施否決之準備為要。」[79]

　　蔣介石故作凜然不屈的姿態讓沈昌煥有更多表忠的機會。他在次日的電報裡說：「自安理會延期討論蒙案後，若干同人認為政府已放棄原定政策，心理大受影響。職已再三切告同人鈞座負國家安危之責，總綰全局，必有明智決定。同人務應鎮靜、沉著、謹慎言行，一切恪遵鈞命辦理。」[80]

　　死忠本身不是問題，問題在於他們提供蔣介石不實的資訊，以堅定他否決外蒙的決心。沈昌煥在 10 月 13 日的電報報告：「二、本月二日，安理會延會前，美代表團原已不寄望於我國改變立場，而決心於我否決外蒙後，傾力為我阻匪……四、近據新聞報導，蘇俄已向摩洛哥保證決不許茅國入會……故外蒙縱得入會，蘇俄仍可能否決茅國。」[81]這通電報扭曲事實。美國代表團知道台

78　沈昌煥致蔣介石電，1961 年 10 月 5 日，「蔣中正總統文物」，002-090103-00001-037。

79　蔣介石致葉公超電，1961 年 10 月 8 日，「蔣中正總統文物」，002-090103-00001-042。

80　沈昌煥致蔣介石電，1961 年 10 月 9 日，「蔣中正總統文物」，002-090103-00001-039。

81　沈昌煥致外交部轉呈總統副總統電，1961 年 10 月 13 日，《蔣廷黻資料》，12.469。

灣要否決外蒙的立場，但這並不意味著美國接受了這個立場。至於蘇聯無論如何會否決茅利塔尼亞，完全只是會場邊的謠言。這個電報是由條約司司長暨本屆代表團部長顧問劉藎章所擬的，蔣廷黻稱他是否決外蒙的頑固分子（a Tory for the veto）。蔣廷黻非常生氣。他不但打電話質問，而且還責成周書楷去見沈昌煥，後者答應他會更正。沈昌煥其實很可能並沒有去電更正，因為那封電報《蔣廷黻資料》、蔣介石檔案裡都沒有。

其實，說得好聽一點，蔣介石在上演的是一齣鬧劇；說得難聽一點，是一齣騙劇。不管是鬧劇或者是騙劇，他是把他在外交前線應戰的部屬蒙在鼓裡；他是在等他 8 日給葉公超電報裡所說的「最後之要求」。莊萊德在 10 月 2 日晉見他的時候，蔣介石提了七大問題。等莊萊德 6 日去士林官邸再度晉見他的時候，他只剩下了一個條件，亦即，由甘迺迪提出具體保證：「以一切方法在聯合國維我排匪，包括必要時在安理會中投〔否決權〕票反對共匪入會在內。」[82]這個聲明任何一個美國人說都不夠分量，只有甘迺迪說才算數。蔣介石要求甘迺迪公開發表這個聲明，國務卿魯斯克反對。他有兩個理由：一、那會損傷美國的形象，因為那可以被詮釋為美國在大會裡得不到足夠的票數、在安理會裡也得不到 7 票的關鍵票數；二、說要使用否決權阻擋中共入會等於自打嘴巴，因為美國才要在本屆大會提出中國代表權是一個「重要問題」，需要有三分之二的票數才能通過。現在又先說要用否決權阻止中共入會，那所謂的三分之二的多數票也者，豈不是假話？同時，這豈不也推翻了美國建議組織一個委員會來研究兩個中國的可能性的主張？[83]

蔣介石、蔣經國眼巴巴地期待甘迺迪會在 10 月 11 日召開的記者招待會裡作出這個聲明。結果當然是大失所望。為了滿足蔣介石這個「最後之要求」，美國決定另闢蹊徑。甘迺迪的國家安全特別助理彭岱（McGeorge Bundy）在 10 月 11 日致電美國中央情報局台灣站長克萊恩（Ray Cline），請他透過當時

82　〈十月六日下午總統接見莊萊德大使談話紀要〉，「蔣經國總統文物」，005-010205-00085-007。

83　"Memorandum From Secretary of State Rusk to President Kennedy," October 10, 1961, *FRUS*, 1961-1963, XXII, Northeast Asia, pp. 153-154.

人還在台灣、他所讚賞的駐美大使葉公超聯繫，看能用什麼方式私下向蔣介石保證如果必要，美國會使用否決權阻止中國進入聯合國。他告訴克萊恩使用否決權這個承諾絕對不能公開出來。彭迪說他給克萊恩這個祕密任務只有國務院知道，除非必要，暫時不要莊萊德知道。[84]

　　克萊恩跟葉公超接洽以後，就在 14 日跟蔣經國作了好幾個小時的密談。兩個情報頭子氣味相投，很快地就擬出了一份同意書草稿。他說如果甘迺迪總統能在十二小時內批准，蔣介石就會在 15 日接見他，答應以不否決外蒙古作為條件，換取甘迺迪的保證。[85]結果，克萊恩顯然在 15 日又分別跟葉公超、蔣經國進行了馬拉松式的密談。他一直要到 16 日上午才晉見了蔣介石。15 日當天馬拉松式的密談讓克萊恩大開眼界，讓他見識到了蔣介石制定政策的方式。蔣介石的意旨完全是由蔣經國轉達，葉公超完全被蒙在鼓裡；到了這一刻，葉公超還以為蔣介石仍然堅持要否決外蒙古。蔣介石要求克萊恩不能讓任何「中國人」知道這個協定是由克萊恩和蔣經國敲定的。蔣介石並要蔣經國交代克萊恩，要他在甘迺迪批准以前不要知會莊萊德，因為怕他不小心把消息透露給仍然蒙在鼓裡的台灣的外交部。蔣介石同時告訴克萊恩，說他極為讚賞這種私下跟甘迺迪的溝通管道，希望保持它的祕密性。[86]

　　魯斯克在 16 日當晚給莊萊德訓令，要他立刻晉見蔣介石傳達兩件事：一、用口頭方式，傳達我私下對蔣介石所作的保證：美國在必要時會使用否決權阻止中共進入聯合國。莊萊德必須強調這是不能公開的。如果公開了，就會迫使美國公開否認。二、魯斯克將在 10 月 18 日發表聲明，說美國只承認中華

84　"Message From the President's Special Assistant for National Security Affairs (Bundy) to the Chief of the Central Intelligence Agency Station in Taipei (Cline)," October 11, 1961, *FRUS*, 1961-1963, XXII, Northeast Asia, pp. 154-155.

85　"Message From the Chief of the Central Intelligence Agency Station in Taipei (Cline) to the President's Special Assistant for National Security Affairs (Bundy)," October 14, 1961 *FRUS*, 1961-1963, XXII, Northeast Asia.

86　"Message From the Chief of the Central Intelligence Agency Station in Taipei (Cline) to the President's Special Assistant for National Security Affairs (Bundy)," October 16, 1961, *FRUS*, 1961-1963, XXII, Northeast Asia.

民國政府是唯一代表中國的政府，一直支持其在聯合國的席次以及所有權利。因此，美國堅決反對中共進入聯合國及其所屬機構。[87]

　　即使蔣介石特意要把他的外交部長以及駐聯合國代表團蒙在鼓裡，台灣不再堅持否決外蒙的謠言已經到處傳播。沈昌煥接連在 15、16 日兩天打電報阻止。他在 15 日的電報裡，以辭職請罪反諫：「阻蒙入會，為我國一貫政策，必須貫徹始終……近聞改變阻蒙立場之說，不勝惶惑。深信鈞座必有明智決定。萬一決定改變政策，職為表明負責態度擬即啟程返國辯正請罪。」[88]他在 16 日給陳誠報告裡，譴責國際妥協氣氛，美國不顧道義，堅主政府應該「阻蒙到底」。[89]

　　沈昌煥死忠的表態，換來的是蔣介石 18 日告訴他決定不使用否決權的電報：「吾人所希望徹底消除兩個中國之陰影與鞏固我在聯合國地位之主要目標，對方於此皆照吾人所要求者誠意實施，則我以應以誠意應之。對外蒙入會問題，決改變原定計畫，不作否決之準備。」[90]

　　為了安撫沈昌煥，蔣介石又另外打了一個電報：

　　此次外蒙否決政策之變更，乃與我原有目的並不相背。以當時冀於美方兩個中國政策無法消除，且對我代表權亦無保障，並不表示合作，故不能不作我寧為玉碎與破釜沉舟之決心。今美既有徹底改變其政策之決心與行動，故我為達成國家基本目的與保持中美國交關係，乃不能不有此一改變。其對國家言，否決外蒙事小，只可作為手段，而打破兩個中國陰影，確保聯合國席位，加強我政府為代表中國之唯一合法政府的地位，乃為我之最大目的。尤其此時特別需要。請兄等了解，並積極努力奮鬥為要。

87　"Telegram From the Department of State to the Embassy in the Republic of China," October 16, 1961, *FRUS*, 1961-1963, XXII, Northeast Asia.

88　沈昌煥致蔣介石、陳誠電，1961 年 10 月 15 日，「蔣經國總統文物」，005-010100-00055-031。

89　沈昌煥致陳誠，1961 年 10 月 16 日，「陳副總統文物」，008-010109-00010-061。

90　蔣介石致沈昌煥電，1961 年 10 月 18 日，「蔣中正總統文物」，002-080200-00354-034。

蔣廷黻讀了這一段話，不禁嗤之以鼻：「這個對兩個月來事件發展的描述，其中有多少是文過飾非之辭（rationalization）？他覺得有必要為自己作辯護，因為他知道他一反其原來的立場。現在他認為他的目標達成了。」

其實，蔣廷黻並沒有看到蔣介石這封電報的全貌。這封電報還有下面幾句：「以上可抄送蔣團長與各代表。公超暫留台北協助要務。對美外交由兄在美主持，則其事當更易辦理。並請兄與廷黻密切合作。彼雖固執，但其品行可友也。」[91]

在蔣介石決定讓步以後，沈昌煥秋後算賬，向蔣廷黻射了一道暗箭。他在21日的電報裡說：「自外傳我已改變政策後，此間同仁有者悲戚異常，有者掉以輕心，以為我外交難題從此解決。職除以堅韌忍讓自勵外，自將秉承鈞座指示，盡力策勉同仁公忠體國，為復國大業協力奮鬥。」[92]

雖然蔣介石已經電告不否決外蒙古了，可是外交部的新訓令一直遲遲不來。10月25日就要討論外蒙古入會的申請了。蔣廷黻只好準備兩份聲明，等訓令到了再決定用哪一份。一直到24日下午一點鐘，薛毓麒打電話說訓令到了：「不否決。用的是立法院的決議，陳誠署名。」蔣廷黻於是把不否決外蒙古的聲明交給沈昌煥過目並請他核准。

幾個月來戲劇性的折衝、起伏，等25日這個大日子到來了，卻是一個反高潮。由於台灣已經答應不否決外蒙古，這場高潮迭起的戲就要平靜落幕了。蘇聯先前已經從議事程序上取得了一個制高點，亦即，討論的次序是外蒙古先，茅利塔尼亞後。這樣，如果台灣否決了外蒙古，蘇聯就可以接著否決茅利塔尼亞，讓非洲國家把茅利塔尼亞入聯失敗怪罪在台灣身上，從而在接下去的中國代表權案上一致對台灣投反對票。雖然現在台灣已經不投否決權票了，但蔣廷黻擔心蘇聯會在最後一刻翻臉，仍然否決茅利塔尼亞，從而危及台灣的代表權，造成台灣雙輸的慘劇。事實上，美國已經都布置好了。它已經事先取得蘇聯的承諾，要蘇聯在討論外蒙案的時候就先宣布它不會否決茅利塔尼亞。

當天下午，蘇聯代表第一個發言。他遵守了諾言，宣布蘇聯不會阻止茅利

91   蔣介石致沈昌煥，1961年10月18日，「蔣經國總統文物」，005-010100-00055-028。
92   沈昌煥致蔣介石電，1961年10月21日，「蔣中正總統文物」，002-090103-00001-040。

塔尼亞入會。蔣廷黻是第三個發言的代表。蔣廷黻的聲明稿，沈昌煥增加了一些段落，讓聲明變得更為強硬。現在，由於蘇聯代表遵守諾言，蔣廷黻就把沈昌煥所加的強硬批評的話略去不用。等要發言的代表都發言完畢以後，就進入投票。外交部為了這個投票，特別給了蔣廷黻詳細的訓令，要他必須在投票以前就離席。蔣廷黻在接到這個訓令以後提出他的顧慮：「職經詳慎考慮後，深感安理會程序變化多端，必須臨機應付。倘我退席後發生於我不利之情勢，恐有不及照顧之虞。」[93]外交部次長許紹昌回電解釋：「我退席用意，在盡量表示我與蒙案之投票絕對無關，並係強烈抗議姿態，對內對外具有必要。此項辦法，經院會決定，並先呈報總統。」[94]這個訓令最可笑的地方，還不在其阿Q的精神，因為洋鬼子根本就不了解蔣廷黻離席是台灣精神勝利的表示。表決的結果，主席宣布是「無異議通過」。[95]換句話說，由於蔣廷黻離席，連棄權票都不算，所以台灣等於不但是讓外蒙古進入聯合國，而且是全票通過，更加威風。真是賠了夫人又折兵。

　　外蒙古入聯案，與其說是1961年中國代表權案的前哨戰，不如說是其決戰場。美國政府不但情報一流，而且運籌帷幄自如。它完全正確地判斷只要台灣不否決外蒙古，美國就可以掌握足夠的票數來保住台灣在聯合國的席次。蔣廷黻以及台灣的外交部門相信緩議方案能夠至少再拖一年，雖然可能只能險勝。然而，美國的政策是不打不能穩操勝券的戰役。這就是為什麼美國決定放棄緩議方案，而改採「重要問題」方案的原因。現在，美國成功地逼使台灣放棄否決外蒙古、讓茅利塔尼亞安全入會，法協非洲國家的票數得以掌握。這些非洲國家的票，加上美國主要盟邦及其盟邦的票，再加上拉丁美洲的鐵票，就可以讓美國得到簡單的多數通過中國代表權問題屬於「重要問題」的提案。這提案一通過，所有挑戰台灣在聯合國裡代表中國的席次的提案都必須在得到三分之二的票數以後才能過關。這是美國頒給蔣介石的第二道免死金牌。我們從表6.2所臚列出來的投票比數，就可以看出這第二道免死金牌非常好用。從

93　蔣廷黻1961年10月24日致外交部第319號電，《蔣廷黻資料》，12.531。

94　許紹昌1961年10月25日致沈昌煥轉蔣廷黻第45號電，《蔣廷黻資料》，12.548。

95　蔣廷黻1961年10月27日致外交部第328號電，《蔣廷黻資料》，13.23。

1961 年一直用到 1971 年，一直到因為美國要跟中國改善關係，才把這道金牌收回，台灣被排除出聯合國。「緩議方案」跟「重要問題」這兩道免死金牌，一道各用了十年，讓蔣介石在聯合國保有中國代表權二十年。

表 6.2 重要問題方案歷年投票比數

年份	贊成	反對	棄權
1961	61	34	7
1965	56	49	11
1966	66	48	7
1967	69	48	4
1968	73	47	5
1969	71	48	4
1970	66	52	7

*　Evan Luard, "China and the United Nations," *International Affairs*, 47.4 (October, 1971), p. 732.

　　勝算在握以後，美國就開始找這個「重要問題」的提案國。這提案國最後是五個：日本、美國、義大利、澳大利亞、和哥倫比亞。12 月 1 日，中國代表權案開始舉行辯論。蘇聯代表第一個發言，言詞比往常還要強硬，從 11:37 講到 12:45。蔣廷黻接著發言，「感覺議事廳又大、人又稀少。我感覺是在爬坡一樣。我講到 1:15。我覺得我的表現平庸（mediocre）。」蔣廷黻可能對自己要求太高了；英國駐聯合國代表在大廳裡見到他的時候對他耳語說：「我也許不該說，但我覺得你講得很好。」接下去的兩個星期就是各國代表輪番上台演說。然而，所有的代表都知道這都只是表演而已，「五國提案」一定過關，問題只是比數而已。12 月 25 日是表決日。蘇聯集團一如往年，提出支持中國入會的提案，表決的結果是：36 票贊成、48 票反對、20 票棄權。「五國提案」表決的結果則是：61 票贊成、34 票反對、7 票棄權。台灣喜出望外。蔣廷黻說結果比他預期的還要好。「五國提案」他預計能拿到 57 或 58 票，結果是 61 票；俄國提案的比數差別是 12 票，他原先預計只有 6 到 8 票的差別。拉

丁美洲除了古巴以外，都留在美國陣營。至於法協非洲國家，蔣廷黻表揚它們：「行為可嘉。」蔣介石在「上星期反省錄」裡躊躇滿志地寫說：「聯合國代表權問題，本週末已告一段落。終年奮鬥，且因此放棄否決外蒙入會權，而至此略得補償，自感欣慰。無論如何，十二年來俄共孤立我國與驅我出聯合國之一貫陰謀再受一次之慘敗耳。」

　　蔣廷黻完全沒想到就在他忙著應付外蒙案的時候，蔣介石居然要他兼任駐美大使。10 月 11 日，在聯合國開始討論外蒙與茅利塔尼亞入會問題以前，葉公超從華盛頓經紐約回台北。當天傍晚，蔣廷黻送他到機場去。他說葉公超很沮喪。蔣廷黻安慰他說他已經盡了力，而且作得很好。葉公超推測蔣介石已經把否決外蒙一事交給陳誠辦理，因為召他回國述職的是陳誠。他們兩人都認為是公事。蔣廷黻第一次意識到事情不是那麼單純是在 10 月 23 日。當天，在談完公事以後，沈昌煥談到了葉公超。他說葉公超觸犯了龍顏，可能不會回華盛頓了。為了外蒙古事，葉公超寫了一封長信給宋美齡，蔣介石不高興。他還打電話給張群、王雲五，請他們勸蔣介石。沈昌煥說葉公超太多話、口無遮攔。蔣廷黻說葉公超在美國政府裡有很多朋友。沈昌煥說不然。國務院就不喜歡他，說他太過強勢（aggressive），常常直接跟白宮聯繫，跟國務院作對。

　　27 日，楊西崑告訴蔣廷黻說，沈昌煥接到了蔣介石的一封電報，要他跟蔣廷黻合作，因為他成熟、忠心，不像葉公超口無遮攔又不成熟。因此，蔣介石已經要葉公超暫時不要回華盛頓。這個消息讓蔣廷黻大吃一驚。他擔心不讓葉公超回來，會是造成台灣與美國之間的誤解的一個新因素。他認為應該讓他回來再作個一年半載再把他召回。30 日晚上 9:15，沈昌煥打電話到蔣廷黻家，說有要事要立即見他。沈昌煥在一個鐘頭以後到。他給蔣廷黻看兩封陳誠的電報。其中一封說葉公超已經辭職並已允准。正、副總統希望蔣廷黻能兼任駐美大使。蔣廷黻說兼任不是一個好的制度，而且也不是他的精力所能勝任。沈昌煥勸他要共赴政府之難。他們接著談了很多有關葉公超的事情，只可惜他沒寫在日記裡。蔣廷黻在次日回電陳誠，建議立即先讓葉公超回來，他在幾個月以後再赴任。11 月 2 日，蔣廷黻收到陳誠與張群勸駕的電報。他在次日回電陳誠：「謹遵命勉試兼任駐美大使職務。」

　　11 月 8 日，蔣廷黻接到葉公超 3 日所寫、很可能是託蔡孟堅帶到東京寄

出的信。他說他不知道為什麼不讓他回華盛頓。張群在 27 日授意他辭職的時候，只說他口無遮攔、失敗主義（defeatism）、批評國民黨、在華盛頓工作不力。所有這些都是蔣介石在日記裡罵他、怒稱之為「葉奸」、「葉逆」的話。葉公超力促蔣廷黻接受大使的職務。蔣廷黻在 14 日又收到葉公超一信，有關使館人員、僕傭，以及他的家具處理的問題。蔣廷黻回信說他會留下他的僕傭和家具。蔣廷黻這個時候顯然已經很清楚蔣介石把葉公超解職的原因。他 12 月 6 日的日記就是一個明證。當天王蓬來找他，告訴他說，由於他跟葉公超過從甚密，他最好也該辭職。蔣廷黻說不必，因為葉公超之所以辭職跟他所主張的政策一點關係也沒有。

　　我們不知道這時的蔣廷黻知道多少，因為即使蔣介石在告訴陳誠他為什麼要把葉公超解職的時候，也沒有把他作為根據的告密信全部抄寫給他。告密信是駐美大使館文化參事曹文彥在 1961 年 4 月寫的。根據蔣廷黻 1962 年 1 月初大使上任以後跟曹文彥長談的結果，他說曹文彥的辦公室：「是一個典型的黨部機構，沒效率。」教育部每個月撥給他 5,000 美金，可是現在連房租都付不起了。這封告密信裡有三點是蔣介石所最不能原諒的。一、葉公超在知道陳立夫接受哥倫比亞大學作口述史訪問的時候，說陳立夫應該把蔣介石當年在上海經營交易所失敗、在廣州嫖哪幾個妓女的事情都說進去才有意義。二、美國《民族雜誌》（*Nation*）刊載一篇一個台灣人所寫的支持台灣獨立的文章以後，曹文彥草擬了一封反駁的信。葉公超加以刪改的文字裡有一段話：「While I do not whole-heartedly support the Chiang Kai-shek government now on the island.」（我雖非全心擁護島上之蔣介石政府。）身為大使的葉公超會說這句話的真實性值得懷疑。曹文彥說葉公超居然用「蔣介石政府」這樣的字眼，他跟葉公超力爭，說這「適足助長倡台灣獨立謬說者之氣焰」。葉公超聽了怒形於色，說：「In America no one whole-heartedly support the government. Chiang Kai-shek is nobody—a dog!」（美國沒有人全心擁護〔支持〕這政府。蔣介石是什麼東西——一條狗〔一樣〕！）三、葉公超常在辦公室裡辱罵「國民黨是臭的」。這句話應該也是用英文說的：「The KMT stinks!」曹文彥可能

有意直譯，讓蔣介石暴怒。比較正確的翻譯是：「國民黨讓人討厭！」[96]葉公超被召回國以後，軟禁在台灣不准出國。一直到蔣介石死了以後，才在 1978 年獲准到美國開會。那是他被軟禁 17 年以後，第一次回美國。

96　〈葉公超案密報資料〉，無日期，「蔣經國總統文物」，005-010208-00022-002。

第七章

駐美大使，1962-1965

　　蔣廷黻在 11 月 3 日覆電陳誠接受駐美大使的職務。他在日記裡沒有透露出他自己的感受，只在 7 日的日記輕描淡寫說：「Hilda 很興奮要搬到華盛頓去。她定做了新衣服，開始規畫大使館的花園和家具。」其實，早在 1944 年他在華盛頓聽到謠傳說他可能繼魏道明為駐美大使的時候，他就已經躍躍欲試了。他的大使夢十八年後終於實現了。更有意味的是，1952 年 2 月 27 日，在蔣廷黻自視最高的時候，董顯光問他是否會願意同時兼領駐聯合國大使與駐美大使，蔣廷黻回答說：「會！」現在，他兩個願望都實現了！

　　1962 年 1 月 4 日中午，蔣廷黻夫婦在聯合國代表團主要幕僚的歡送之下從紐約「賓州車站」坐火車到華盛頓。到了華盛頓，接駕的陣仗更大，包括了許多華盛頓的華僑。在眾人的簇擁之下抵達「雙橡園」以後，他們夫婦舉行了一個即興的茶會。當晚，他們請大使館的員工晚餐，算是見面禮。蔣廷黻在當晚寫下了他初步的感想：「雙橡園是一個很大的莊園，有二十英畝大。作為大使館極為合適。每個房間都很大。主臥室是最大的。屋況良好。」

　　搬進「雙橡園」以後，蔣廷黻最先所要作的工作就是拜會國務院以及一些友邦的大使。1 月 10 日，國務院遠東司司長來拜訪他，為他說明了國務院的統御系統。他很驚訝地發現東亞司之下：「有一個『中國』課，課長是何椎吉（Holdridge）；還有一個『大陸』課，課長是格蘭特（Grant）。」蔣廷黻驚訝地發現了一個不能說的事實——「兩個中國」。12 日中午，他到白宮晉見甘迺迪總統，呈遞到任國書。他說甘迺迪帶著笑靨、沉靜、友善。他提到台灣

在聯合國代表權的問題，他認為中共大概被它好勇鬥狠的姿態（bellicosity）
砸了自己的腳。蔣廷黻說「大躍進」經濟政策的失敗，也使中共在未開發國家
當中的威信與魅力大打折扣。談話中，甘迺迪說他對中文「危機」這個詞很感
興趣，因為它是「危」和「機」聯起來用。他請蔣廷黻用中文字把它寫下。

圖 10　蔣廷黻 1962 年 1 月 12 日中午到白宮晉見甘迺迪總統呈遞國
書。蔣居仁先生提供。

　　在一開始的時候，蔣廷黻在華盛頓與紐約之間來回坐的是火車，而且停留
的時間各半。他人不在的時候，聯合國的事務責成薛毓麒，大使館則責成江易
生公使。由於聯合國的年會已經接近尾聲，蔣廷黻在華盛頓的時間逐漸增長，
到紐約常是改搭飛機，當天來回。在華盛頓的時候，當然是住在「雙橡園」，
回到紐約則是住在紐澤西州的家。然而，他都已經搬進「雙橡園」三個月以
後，卻仍然覺得在紐澤西住了將近七年的家才是家。4 月 15 日，他坐飛機到
紐約，下午 4:45 走進家門：「仍然感覺恩格爾伍德鎮栗樹街 83 號比較像是我
的家：吃的方面不差，暖氣與淋浴設備比『雙橡園』好，電視節目的選擇比華
盛頓多。」

蔣廷黻一人身兼兩職當然只是權宜之計。4 月 6 日，剛從台灣回來的王蓬已經告訴他說劉鍇很可能會是繼任的聯合國代表。24 日，新近從駐台灣大使卸任的莊萊德（Everett Drumright）來訪。莊萊德說台美關係正常，唯一讓美國擔心的，是蔣介石蠢蠢欲動想要反攻大陸。他也告訴蔣廷黻說葉公超被解職的原因是口無遮攔，語侵老蔣。他問蔣廷黻是否會長期身兼兩職。蔣廷黻回說他一直從他個人以及原則的角度反對這個作法。莊萊德說他聽來的是劉鍇會接任他在聯合國的職務。

「雙橡園」主人

有趣的是，蔣廷黻在上任大使的半年之內，就兩次身歷選美的活動。第一次是 2 月 3 日華盛頓華埠小姐選美晚會。他在當天的日記裡記：

出席華埠的選美活動。從西方的標準來看，中國女孩子只解放了四分之一。進入決賽的四位裡，有兩位的舉止簡直就像是在上主日學。即使其他兩位在美國出生的，也不能大方地展露出她們的女性魅力（sex charm）。

這不是蔣廷黻唯一一次在日記裡批評中國女性扭扭捏捏。他有一個成見，認為中國女性就是放不開，即使是在美國出生長大的都難免。他喜歡美國女性的活潑大方，特別是自知美麗而要人家看。

第二次是在 7 月 21 日在「雙橡園」舉行茶會接待得到 1962 年環球小姐第四名的「中國小姐」劉秀嫚。他在當天的日記裡說：

為邁阿密環球小姐第四名的劉小姐舉辦茶會歡迎。她很瘦、身材好、但臉蛋不是很迷人，是一個普通的女孩兒（simple girl）。她的監護人，袁太太〔魏淑娟，張艾嘉的母親〕真是一個大美人。我們也邀請了大使館館員以及華埠的高中以及大學生來參加茶會。她們大部分都舉止不佳。

　　作為台灣的靠山，美國當然不高興台灣派駐華盛頓的是一個兼任大使。該年 5 月，輪到蔣廷黻擔任安理會該月的值月主席。5 月 4 日當天，安理會辯論印度、巴基斯坦對喀什米爾的爭執。辯論當中，美國遠東事務助理國務卿哈里曼（Averell Harriman）急著召見蔣廷黻。美國駐聯合國代表打電話說蔣廷黻走不開，請哈里曼召見江易生。蔣廷黻一直要到 5 月 10 日聯合國事務告一段落以後才飛回華盛頓。6 月 2 日，他接到沈昌煥的電報，要他在駐聯合國代表與駐美大使兩個職位裡選一個。電報裡說：「最近從美國來的訪客，對老蔣透露美國希望有一個專主其事的駐美大使。」蔣廷黻心裡想著：「這會是誰呢？」兩天以後，蔣廷黻回電說他寧取華盛頓，因為聯合國的重要性已經式微。8 月 11 日，Hilda 搭 Donald 一家回波士頓的便車回紐澤西，準備賣房子的事宜。有意味的是，他在 8 月 23 日看到立法院派任參加第十七屆聯合國代表大會的名單是由劉鍇領銜。他想到他在那個職位上足足有十四年的時光，不禁悵惘起來：「我很高興我卸下了聯合國的擔子。然而，知道這個世界沒有我仍然能運行，是一個很難面對的事實。」

　　哈里曼 5 月 4 日急著要召見蔣廷黻，原因是台灣在 4 月 30 日公布要從次日開始開徵國防臨時特捐以增加軍費。美國知道這個特捐的目的就是要準備反攻大陸。美國說台灣在 1960 年承諾要控制軍費以加速經濟發展，並會提供美國詳盡的資料。美國認為台灣不得美國同意片面增加軍費是背信。

　　蔣經國檔案裡有一份〈運用中美條約展開反攻行動〉的祕密文件，充分地顯示蔣介石父子在 1961 年想鑽 1954 年《中美共同防禦條約》的縫隙反攻大陸。[1]他們的如意算盤是利用中國「大躍進」失敗以後全國饑荒的危局，以軍事行動挑起中國內部的暴動與兵變，裡應外合，一舉完成反攻大陸的目標。由於《中美共同防禦條約》規定台灣對中國採取任何軍事行動，都必須先徵得美國的許可，蔣介石父子在 1961 年提出了一個計畫：空降 200 到 300 個特種兵到中國南部的幾個地區，作刺探的工作。美國在 7 月間批准台灣可以用六組，每組 20 人的特種兵。可是，等計畫批准以後，蔣介石父子一度以人數太少為

1　〈運用中美條約展開反攻行動〉，無日期，「蔣經國總統文物」，005-010205-00001-016。

理由打了退堂鼓。[2]蔣介石父子在 1962 年 2 月間頻繁跟美國官員以及情報人員
見面，表示他反攻的計畫不需要美國參戰，只需要美國的「默許」以及後勤支
援。美國反對。他們認為蔣介石裡應外合的想法並不是基於實際的情報，而是
一廂情願的想法。[3]

　　1962 年 3 月 31 日，美國政府訓令中情局台灣站長克萊恩，授權他告訴蔣
介石父子美國可以提供兩架 C-130 運輸機，並在美國訓練機組人員。[4]這個運
輸機種後來改為 C-123。[5]蔣介石在 4 月中跟克萊恩會談以後，答應把反攻大
陸的時間從 6 月推遲到 10 月，以便給予美國時間研究台灣反攻的方案。開始
空投特種兵的時間定為 10 月 1 日。[6]

　　根據蔣經國 1963 年 9 月 11 日訪問白宮時候對甘迺迪所描述的，從 1962
年 10 月開始，台灣已經空投了 28 次的特種兵，每一組的人數在 6 到 28 人。
他沒提供總人數。這些特種兵多半是從大陳等地區撤退到台灣的難民。陣亡率
高達 85%。[7]根據中國公安局 1962 年 12 月 29 日公報的報導，有 9 組蔣介石所
派進去的特工被殲滅。[8]蔣經國雖然承認這些游擊行動的成果不大，但堅持說
達到了打亂中共、提高希望被解放的百姓的士氣等等作用。蔣經國在甘迺迪面

2　"Draft Message From President Kennedy to the Assistant Secretary of State for Far Eastern Affairs,"
　　March 9, 1962, *FRUS*, 1961-1963, XXII, Northeast Asia, p. 193.

3　"Telegram From the Embassy in the Republic of China to the Department of State," February 28,
　　1962, *FRUS*, 1961-1963, XXII, Northeast Asia, .p. 187.

4　"Memorandum to the Chief of the Central Intelligence Agency Station in Taipei (Cline)," March 31,
　　1962, *FRUS*, 1961-1963, XXII, Northeast Asia, p. 207.

5　"Message From the Assistant Secretary of State for Far Eastern Affairs (Harriman) to the Ambassador
　　to the Republic of China (Kirk)," August 8, 1962, *FRUS*, 1961-1963, XXII, Northeast Asia.

6　"Message From the President's Special Assistant for National Security Affairs (Bundy) to the Chief
　　of the Central Intelligence Agency Station in Taipei (Cline)," April 17, 1962, *FRUS*, 1961-1963,
　　XXII, Northeast Asia, p. 219.

7　"Memorandum of Conversation," September 11, 1963, *FRUS*, 1961-1963, XXII, Northeast Asia, p.
　　388.

8　"Telegram From the Embassy in the Republic of China to the Department of State," January 10,
　　1963, *FRUS*, 1961-1963, XXII, Northeast Asia, p. 337.

前必須阿 Q 是可以理解的。外交部長沈昌煥在跟美國大使柯爾克（Alan Kirk）交談的時候，就坦白多了。柯爾克說這些游擊行動的結果是中共在福建沿海集結重兵，並大作宣傳攻擊美國跟台灣政府。沈昌煥無話可說，只能坦承那些游擊行動的結果令人失望，又讓中共得到宣傳的機會。[9]

這些游擊行動，是刺探反攻大陸的可行性的序曲。根據蔣介石父子提交美國的計畫，反攻大陸的前期計畫分為三個階段：第一個階段是由空降部隊與海軍陸戰隊突襲福建、廣東海岸的一些定點，引燃當地老百姓的起義；第二個階段是在定點登陸，建立基地，擴大起義的範圍；第三個階段則是深入福建、廣東內陸。[10]

4 月間，蔣介石向美國要求提供五架 C-123 運輸機、大量七萬到十萬噸的坦克登陸艦、十六架 B-57 轟炸機。七萬噸的坦克登陸艦相當於三十五艘軍艦，每一艘可以載運一個裝甲排，或一個擴大步兵連。[11]由於美國政府根本反對蔣介石的反攻計畫，它只承諾提供兩架運輸機。

6 月初，美國中央情報局局長莫孔（John McCone）訪問台灣的時候，蔣介石再度強調原訂開始反攻大陸的時間，已經從 4、5 月延到 10 月，不能再延了。莫孔再度強調美國的立場，亦即，必需要有確切的情報。蔣介石回答說，情報的價值有其極限。反攻大陸這種革命運動是會隨著其成功而增長的。大陸人民會如何反應，只有在大量的軍隊進入、掌控了一些區域、讓大陸官兵人民知道解放在望以後才可能真正知道的。[12]

多年來在美國一再信誓旦旦要隨時反攻大陸的蔣廷黻，在知道行動終於要開始的時候感到欣慰。4 月 5 日，王蓬從台灣帶回來蔣介石和遠東事務助理國

---

9   "Telegram From the Embassy in the Republic of China to the Department of State," January 10, 1963, *FRUS*, 1961-1963, XXII, Northeast Asia, p. 338.

10   "Telegram From the Embassy in the Republic of China to the Department of State," July 27, 1962, *FRUS*, 1961-1963, XXII, Northeast Asia, p. 295.

11   "Memorandum for the Record," May 29, 1962, *FRUS*, 1961-1963, XXII, Northeast Asia, p.239-240; Memorandum for the Record, May 17, 1962, *FRUS*, 1961-1963, XXII, Northeast Asia, pp. 239-240.

12   "Telegram From the Central Intelligence Agency Station in Saigon to Director of Central Intelligence McCone," June 7, 1962, *FRUS*, 1961-1963, XXII, Northeast Asia, pp. 241-242.

務卿哈里曼在該年 3 月 14 日的談話記錄。蔣介石保證他不會採取任何會對美
國產生損害的行動，但只有一個要求：「中華民國政府所需求於美國者，為載
送空投人員之飛機。」[13]蔣廷黻的反應是：「老蔣作了一個合理的請求，先刺
探看看。」王蓬在 6 日明確地告訴他說：老蔣決心對大陸採取行動，要中央銀
行用完外匯存底，多發行 10 億台幣的紙鈔。陳誠也說一定要反攻。

　　身為駐美大使，蔣廷黻了解《中美共同防禦條約》束縛了台灣。美國政府
反對台灣反攻大陸，一方面是因為它不認為中共的統治像台灣所說的瀕臨崩潰
的邊緣；另一方面，如果台灣反攻失敗，美國總不能見死不救。但美國一出
手，蘇聯很可能就會介入。就像他在 6 月 28 日的日記裡所分析的。甘迺迪延
承了艾森豪的政策，要保持台海的和平。《中美共同防禦條約》是防禦性的。
然而，蔣廷黻認為中共政權已經瀕臨可以被摧枯拉朽的地步。如果蔣廷黻在中
共第一次五年計畫成功以後，承認中共在工業化上超過台灣，「大躍進」失敗
以後，則是他最瞧不起中共的時候。他跟蔣介石父子一樣，認為這是反攻大陸
的天賜良機。他在 7 月 20 日寫給保守反共的沃克（Richard Walker）教授的信
裡提出了他的理論：

　　　　搶糧之爭會把經濟的危機轉變成為一個政治危機。赤共會從農村榨取糧
　　食來供應黨政軍及城市。農民會反抗。赤共會把城市的人口大量地送到農
　　村去。下放的城市人與農民都會反抗：前者知道農村生活艱苦；後者知道
　　城市人是來分糧的。搶糧之爭會蔓延全國，就像寒冬籠罩了整個大地一
　　樣。

　　由於他知道美國新任大使柯爾克奉命將用強硬的態度阻止台灣反攻大陸，
他在 6 月 28 日給外交部的電報裡，就提出了五點「或可用以對付柯爾克」的
論點：

　　　　一、中美同意反攻係極端嚴重問題，成敗關係極為重大。「中國」對此

事之審慎比美國有過而無不及。我政府在利用情報上自必十分小心。二、「中國」必將履行條約義務。如反攻，必先與美國洽商。三、大陸人民生活之痛苦國際雖已開始認識，其實況遠超過於傳聞。此後必更趨惡劣。人民為飢餓所迫，將不顧一切起而抗暴。我政府在道義上不能坐視不救。國內及僑胞輿情亦不容許我坐視不救，美國不能亦不應迫我錯過機會。為自由世界計，大陸全部或局部反正，赤禍即可終止。四、為應付未來之局勢，美國應協助我國作最低限度之軍事準備。五，蘇俄心目中之構想，中國係南北兩個中國，如德國之分為東德、西德。反攻在長江流域及長江以南，不致引起蘇俄參戰。[14]

　　蔣廷黻除了向政府獻策以外，並在 7 月 6 日晉見國務卿魯斯克。他對魯斯克重申台灣不會冒進，一定會遵守條約的規定。然而，如果中國人民因為經濟情況惡化而暴動，台灣總不能坐視。他問美國對反攻大陸這個問題能否採取一個「彈性」的態度。魯斯克回答說，美國政府並沒有可靠的情報指出台灣與中共在軍力上的逆差有什麼改變，以及中共政權的控制力減弱。在這種情況之下，美國不可能採取一個彈性的立場。由於蔣廷黻在會談結束的時候，又再度提出請美國改採彈性政策的要求，魯斯克老實不客氣地對蔣廷黻說，美國政府的首要責任在於美國的人民，但美國會繼續觀察情勢的。[15]

　　台灣說要反攻大陸，人還沒下來，樓梯已經敲得震天價響了。蔣介石的文告、報刊雜誌的社論、評論，說得好不火熱。無怪乎中共開始在福建沿海集結重兵。美國中央情報局研判那可能只是要反制台灣反攻大陸，但不能排除那是要進攻金門與馬祖的可能性。[16]然而，蔣廷黻不相信這是中共為反制台灣反攻大陸所作的布置。一向把未經證實的小道消息貶斥為傳言的他，在 7 月 3 日的

14　蔣廷黻致外交部次長，1962 年 6 月 28 日，《蔣廷黻資料》，15.440-441。

15　"Telegram From the Department of State to the Embassy in the Republic of China," July 7, 1962, *FRUS*, 1961-1963, XXII, Northeast Asia, p. 292.

16　"Memorandum From the Director of the Bureau of Intelligence and Research (Hilsman) to Secretary of State Rusk," June 18, 1962, *FRUS*, 1961-1963, XXII, Northeast Asia, pp. 247-249.

日記裡，卻寧可相信薛毓麒聽來的消息，說那只不過是南北部隊調防而已。他一直相信那是美國政府用來愚弄美國人民的。他在 6 月 26 日的日記裡抱怨說：「白宮與國務院放風聲給媒體，渲染福建的集結。我認為他們的目的是要在強壓『中國』不准反攻之前，先製造輿論。政府當心美國民眾裡有很多人支持反攻。」他在次日的日記裡詰問說：「這個警報是否是為了要製造一種恐懼，以便激起要求和平的氛圍，從而達成姑息的目的？」用他 6 月 28 日給外交部的電報裡的話來說，是在「加強暗示和平之維持必須加倍努力，使贊成反攻者不敢抬頭。」事實上，中共外交部長陳毅就告訴美國在華沙會談的官員說，福建沿海的兵，是針對蔣介石反攻所布置的。[17]

蔣廷黻在美國的演講裡，一再呼籲要拯救大陸苦難的同胞。「大躍進」失敗以後的飢民更是他一再呼籲要拯救的對象。用他 1962 年 8 月 27 日在「洛杉磯國際事務協會」（Los Angeles World Affairs Council）演說裡的話來說：「眼睜睜地看著我們大陸的同胞被飢餓凌遲至死，特別是眼睜睜地看著成千上萬逃到香港卻又被遣回的飢民，對所有中國人而言是何等煎熬！」[18]蔣廷黻的悲憫之心到底有多真實，很快地就受到了考驗。早在 1961 年 1 月甘迺迪宣誓就任總統之前，他就已經知道中共糧荒情形的嚴重，美國是否提供援助與救濟已經是一個政策辯論的問題。1962 年 4 月，中共在香港邊界的守衛，開始放任難民湧入香港。兩個月間，成千上萬的難民湧入香港。美國政府在圍堵中共政策與人道主義之間來回辯論以後，終究由於中共一再拒絕，特別是在印度邊界開戰以後，就決定不對中共取消糧食禁運，也不提供救濟。[19]

蔣廷黻雖然一再地在演講與日記裡提到中國饑荒的問題，然而，他一直是從中國歷史上饑荒造成朝代滅亡的角度來看問題。最典型的是他 7 月 8 日的日記：「饑荒會如何影響大陸的政權呢？王莽新朝滅亡之日，就是飢民在盜寇首

17　"Telegram From the Department of State to the Embassy in the Republic of China," July 28, 1962, *FRUS*, 1961-1963, XXII, Northeast Asia, .p. 297.

18　"New Elements in the Problem of Chinese Communism," address at the Los Angeles World Affairs Council, August 27, 1962,《蔣廷黻資料》，22.260。

19　Jean Kang, "Food for Communist China: A U.S. Policy Dilemma, 1961-1963," *The Journal of American-East Asian Relations*, 7.1/2 (Spring-Summer 1998), p.39-72.

領的領導之下摧毀了王莽政權，在洛陽街頭殺死王莽那天。」問題是，王莽的時代的武器很簡單，軍隊的武器並不比暴民的武器好多少。他把他的希望寄託在他對沃克教授所提出的論點，亦即，搶糧之爭會把經濟的危機轉變成為一個政治危機。等到搶糧之爭遍及全國，民兵與軍隊都拒絕對飢民開槍的時候，就是中共政權滅亡的一天。

問題是，希望中共政權垮台是一回事，飢民嗷嗷待哺又是另一回事。3 月 3 日，他去國會山莊拜訪眾議院議長麥克莫克（John McCormack）。麥克莫克在問蔣廷黻有關中國的情況以後，問他是否贊同加拿大賣小麥給中國的作法。蔣廷黻回說：「這是一個人道主義與政治之間的兩難。」他說這個饑荒是中共造成的，提供救濟等於是鞏固其政權。

3 月 12 日，他去國務院與國家安全特別助理彭岱會談。會談結束的時候，彭岱提起賽珍珠寫了一封信，有關提供中國大陸糧食的問題。他問蔣廷黻說，如果中共提出這個要求，台灣政府的態度會是如何呢？蔣廷黻的回答又是那句話：台灣的政府會面對一個兩難之局。反對賣糧食給他們，會被人用人道主義的理由攻擊；如果贊同的話，那又會增強中共政權的政治與軍事力量。[20]

自己是中國人，而且一再強調人飢己飢，卻又一再讓美國人問說是否應該救濟中國的飢民，而又必須一再回說這是一個兩難。這實在是一件相當尷尬的事情。蔣廷黻於是在 3 月 19 日致電外交部：「最近美國社會有人主張出賣大宗糧食與共匪……贊成與反對均有……如我反對，在人道主義上必招致非議。如共匪能大量輸進，彼輩政權可藉以維持。究應如何應敷，乞示。」[21]

其實，蔣廷黻是不願意任何人救濟或者賣糧食給中共的。他的立論基礎是根據亞爾索普（Joseph Alsop）。他 7 月 11 日的日記寫他當天致電外交部摘述了亞爾索普一篇有關中國饑荒的文章：去年冬天，美國根據專家的研判，認為糧荒的問題不至於影響中共政權的控制力。現在美國重新研究這個問題。如果糧荒的問題會影響到其政治控制，美國就不會提供糧食給中共。蔣廷黻說他在

20　McGeorge Bundy, "Memorandum for the Record," March 12, 1962, *FRUS*, 1961-1963, XXII, Northeast Asia, p. 187.

21　蔣廷黻致外交部次長，1962 年 3 月 19 日，《蔣廷黻資料》，16.361。

電報裡，建議政府反對美國提供糧食給中共，並採取措施來實現那個目標。他在次日的日記裡，又記下亞爾索普在他的專欄裡一個重要的論點：美國商業部長胡佛（Herbert Hoover）在 1921 到 1922 年間對蘇聯提供饑荒救濟的結果，是救了蘇維埃政權。而救了那個政權的結果，是讓史達林後來屠殺、囚禁了幾百萬人。

7 月 11 日的日記，顯示了鷹派的冷戰鬥士的蔣廷黻在打擊親中人士手絕不軟的一面：

> 人住在俄亥俄州的周懋德（Thomas Tchow）寫了一封信給馮玉祥的遺孀李德全，為她策畫一個發起美國提供過剩糧食給中國大陸的運動的計畫：一、請賽珍珠、羅斯福夫人、保羅・霍夫曼〔美國汽車公司總裁、「經濟合作與發展組織」（Organisation for Economic Co-operation and Development）署長〕，以及法蘭西施・波頓（Frances Bolton）〔俄亥俄州第一位女眾議員〕出面主持。二、由「國際紅十字會」負責運輸與分配。三、赤共停止在報刊雜誌、收音機上攻擊美國。我決定請「美國聯邦調查局」調查這件事，並通知美國國務院。

8 月 23 日，「百萬人拒絕中共入聯委員會」（the Committee of One Million Against the Admission of Red China to the United Nations）的祕書李布曼（Marvin Liebman）去見蔣廷黻。這個委員會就是有名的「中國遊說團」（China Lobby）的外圍組織。從蔣廷黻日記的記載看來，其多年來由國民黨所提供的經費就是由蔣廷黻經手的。李布曼帶了一份「百萬人委員會」為中國代表權問題的聲明稿，請蔣廷黻過目：

> 我很震驚地看到他加了一段話：贊同用美國的糧食救濟大陸，儘管它作了以下的規定：必須由「國際紅十字會」負責分配；赤共不准輸出糧食；美國糧食只給老百姓，不准給軍隊。我告訴他說，赤共給軍隊的糧食是用徵稅得來的。「國際紅十字會」只是會被他們拿去當掩護而已。我告訴他周懋德的陰謀。他同意刪掉那一段。他告訴我說那段話周以德（Walter

Judd）〔親國民黨的前眾議員〕同意。我非常驚訝。

「眼睜睜地看著成千上萬逃到香港卻又被遣回的飢民，對所有中國人而言是何等煎熬！」原來這句充滿了悲憫之心的話是在檯面上說的假話！

然而，反對救濟中國難民是一回事，反對救濟組織從事救濟就未免太不人道，而且難免政治凌駕一切之譏了。最好的辦法，就是由親國民黨的人主其事。陳納德夫人陳香梅所主持的「中國難民救濟會」（China Refugee Relief），就是一個最好的例子。他在 6 月 5 日給外交部的電報裡說：「蓋美國左傾分子頗有人企圖假救濟之名推行建交之實，或假救濟以維持共匪政權。有陳納德夫人主持此事，吾人可得一層保障。」[22]

蔣廷黻在聯合國的任務是在阻擋中共進入聯合國。他後來出任駐美大使的任務是在阻止美國承認中共。事實上，他並不只是把他這雙重的任務視為任務，而毋寧是他作為冷戰鬥士的使命。1963 年 8 月 19 日，他寫信給他昔日在聯合國的幕僚鄭錫霖。當時鄭錫霖已經辭職，在哥倫比亞大學修碩士學位。蔣廷黻在信裡說：

雖然我不見得完全滿意我對某些問題的看法的立論基礎，但有時候我必須採取立場。我總是盡我的力去尋找答案。對人對事我不容易滿意。我也許在表面上看起來對自己的看法滿意，但底子裡我是一直在尋找答案。我從前在聯合國的時候如此，現在在華盛頓亦是如此。現在我作思考的時候，多半是週末在「雙橡園」的草地上練習打高爾夫球的時候。比如說，我一直在問我自己：北平與莫斯科決裂（split）的意義何在？原因何在？對我們、對美國、對全世界，其結果會如何？我不喜歡從俗、隨波逐流。我行使我獨立判斷的權利。這個習慣讓我在工作崗位上所付出的勞與憂，都遠超過一般官場上所定義的勞與憂。然而，這樣的態度才能使人生有興味、有挑戰。[23]

---

22 蔣廷黻致外交部次長，1962 年 6 月 5 日，《蔣廷黻資料》，16.368。
23 Tsiang Tingfu to Hsi-ling Cheng, August 19, 1963，《蔣廷黻資料》，21.138。

這是 1963 年。這時候的他已經願意用「決裂」這個字眼來形容中蘇的關係。才在這一年以前，他甚至只要聽到人家用比較溫和的「失和」（rift）的字眼都會對之嗤之以鼻。「失和」也好，「決裂」也好，對蔣廷黻而言，都是親共姑息分子最新的陰謀，是想要藉「敵人的敵人，就是我們的朋友」那種邏輯，讓中共進入聯合國，並進而得到美國的承認。他認為這是親共姑息分子老調新彈，毫無新意。他在 1961 年 11 月 13 日所作的〈中國共產黨〉（The Chinese Communists）的演講裡說，歷來西方左派的知識分子對中國共產黨有四個不同的理論。第一個理論說他們不是共產黨，而是「農村改革者」（agrarian reformers）。這個理論盛行於第二次世界大戰即將結束之前到戰後初期。第二個理論說毛澤東就像南斯拉夫的總統鐵托（Josip Tito），會走出自己獨立的路線，不受莫斯科的指揮。這就是所謂的「鐵托主義」（Titoism），盛行於 1950 年代。「農村改革者」和「鐵托主義」這兩個理論，就是蔣廷黻和胡適在 1950 年代共同一致撻伐的對象。

「農村改革者」這個理論我在第五章裡已經分析過。現在先說「鐵托主義」。《美國新聞與世界報導》（U.S. News and World Report）週刊在 1950 年 1 月 19 日刊載了一篇對胡適的專訪。在這篇專訪裡，胡適斬釘截鐵地否認毛澤東可能成為第二個鐵托，走出有別於莫斯科的獨立路線。他說中國共產黨是徹底地依賴莫斯科。他以解放軍為例，中共在 1950 年 8 月 1 日宣稱解放軍的數目是五百萬。這五百萬解放軍的配備必須從滿洲的工業而來。而滿洲的工業是蘇聯控制的。因此，毛澤東絕對不可能不徹底地依賴蘇聯。[24]

同為鷹派的冷戰鬥士，蔣廷黻與胡適惺惺相惜。他在一篇我判斷是他演講〈中國共產黨〉前後所寫的大綱裡，用來反駁毛澤東是鐵托的論點，幾乎跟胡適的說法雷同：一、蘇聯在 1945 到 1946 年間把日本在滿洲的軍火交給中國；二、蘇聯阻止國民政府在滿洲建立統治權；三、中國的紅軍完全倚賴蘇聯的飛機和坦克；四、中國大陸的工業化倚賴蘇聯的技術和經濟援助。蔣廷黻鄙夷

24　"Why the Main War Will be Fought in Asia—Not Europe," *U.S. News and World Report*, 30.3 (January 19, 1951), pp. 34-37.

說：「今天，毛澤東比赫魯雪夫還要反鐵托。」[25]

　　到了 1961 年，胡適已經到台灣定居，而且已經風燭殘年。蔣廷黻是他在美國繼續為反共聖戰而奮鬥的接棒者。蔣廷黻說第三個理論說中國共產黨會像波蘭、東德、匈牙利一樣走因應其國家特殊情況的共產主義的道路。他說，在中共沒有支持波蘭、更沒有支援匈牙利的起義以後，這個理論跟前兩個理論就都統統被放進博物館裡去了。只是，這些親共的知識分子就是不死心。最近又出現了第四個奇論，說莫斯科嫉妒甚至害怕中國的潛力。他以 1960 年元旦一個電視上的時論節目為例。節目上的來賓彼此問了一個問題：「在即將到來的莫斯科與北平之間的鬥爭裡，美國是應該聯合莫斯科反北平？還是應該聯合北平對付莫斯科？」[26]

　　蔣廷黻所說的這第四個理論就是所謂的中蘇「失和」論。在一開始的時候，蔣廷黻在日記裡提到這個「失和論」幾乎每次都是加了括弧，表示他並不苟同。他第一次在日記裡提到這個理論是在 1959 年 2 月 2 日。當天，他跟代表團的幕僚舉行每週的例會：「我們也討論到莫斯科與北平的關係，認為沒有決裂的可能性。」2 月 18 日：「口授完畢一篇有關北平與莫斯科失和的文章。」

　　前文提到「萊特公司」所雇用的撰稿人羅賓生。蔣廷黻因為策畫讓他把蔣介石與陳誠包裝成民主領袖的形象在美國行銷，還特別安排他到台灣訪問。蔣廷黻跟他過從甚密，時常見面交談。1959 年 7 月，他跟 Hilda 還趁他們去波士頓看幼子 Donald 及其家人之便，繞路開車到羅賓生在麻省的家去造訪。12 月 29 日，羅賓生到聯合國旁聽辯論。過後，他們交談甚久。蔣廷黻記下了他最受不了的一段話：

　　　　有關「中國」，他認為只要老蔣在位一天，就不可能為台灣打造出一個

25　《蔣廷黻資料》，22.99-103。請注意：《蔣廷黻資料》的編者把這五頁大綱放在 1955 年 5 月 19 日〈在 St. Nic[h]olas Society 前的演講〉裡。這是錯的，因為這五頁大綱提到了 1956 到 1957 年以後的變化。

26　"The Chinese Communists," November 13, 1961，《蔣廷黻資料》，22.226-227。

新的形象。陳誠可以。莫斯科與北平一定會漸行漸遠。美國一定要嘗試去
分化他們，不然就會有第三次世界大戰。當我告訴他說其成功的可能性幾
乎等於零的時候，他說美國還是必須嘗試。他很驚訝聽我說西藏的〔公
路〕建設，是莫斯科和北平一起合作的。他是那種典型的美國自由主義
者，在討論世界政治的時候很教條（dogmatize）。

「中國新聞社」（China News Service）的倪源卿在 1960 年 3 月 17 日安
排蔣廷黻跟《新聞週刊》的編輯午餐。他的感想是：「他們問的都是些美國自
由主義者愛問的問題：莫斯科與北平的失和、印度與中國的邊界衝突（國民政
府會接受麥克馬洪線嗎？）、大陸上的民怨、赤共真有核子武器嗎？等等。他
們不太聰明，但總以為他們是世界上最聰明的人。」
　　蔣廷黻對羅賓生說要分化中蘇是不可能的，他所舉的西藏的例子，他在 3
月 25 日在威斯康辛州密爾沃基（Milwaukee）的演講裡作了引申：

　　在討論世界共產主義的問題的時候，我注意到有一些作者強調所謂的蘇
　聯和中共「失和」（rift）的問題。這個「失和論」誇大其詞。北平和莫
　斯科之間的關係從過去、現在、到未來都會是非常緊密的，比美國與英國
　之間的關係還要緊密。我們甚至可以在西藏和中亞看到這兩個共產國家的
　合作。中共在西藏所開的具有戰略意義的公路都是由蘇聯提供技術協助
　的。其中一條從新疆穿過喀什米爾的一端、直達西藏西陲的噶大克、然後
　直逼尼泊爾的西北角。這條公路在軍事上的意義對蘇聯來說，遠比要對中
　共還來得重要。在世界政治的盤局上，莫斯科和北平在亞洲、歐洲、非
　洲、和南美洲現在是團結的，將來仍然還會是如此。[27]

　　到了 1962 年 2 月 19 日，當時他已經身兼駐美大使，他仍然不相信中蘇之
間有所謂「失和」的問題。當天他人在紐約，主持駐聯合國代表團的例會。張
純明在討論的時候說中蘇失和是從 1958 年中共開始推行人民公社就出現了。

27　"Communism in Asia," March 25, 1960,《蔣廷黻資料》，22.180。

其所顯示的是中共已經無法繼續倚賴蘇聯的經濟援助。蔣廷黻還是不信。他說：「我呼籲大家必須用實地的例子來作檢證（field test）：他們在古巴、非洲、中東是否合作？眼前寮國的情勢是否是他們合作的結果？」

　　然而，事實勝於雄辯。在事實之前，蔣廷黻不得不低頭。11 月 10 日，蔣廷黻夫婦請「行政院駐美採購服務團」團員包新第一家人吃晚飯。包家第三個女兒包珊珊（Jean Bao）三個月前才從中國出來。蔣廷黻在日記裡記下了包珊珊談她在中國成長的經驗。其中有兩段反映了中蘇失和的情況：一、在國外看不到的學校、報章雜誌裡，充斥著指責蘇聯欺負弱小的阿爾巴尼亞，以及咒罵赫魯雪夫的文字；二、周恩來去莫斯科參加第二十一屆「蘇聯共產黨代表大會」的時候，他去參觀所謂的用中國的米養得肥肥的豬。蔣廷黻說這個故事的真實性可疑，但它會廣為流傳，顯示中國人恨俄國人的程度。

　　12 月 6 日，他日記記他接受訪問錄音，談到了中蘇失和以及中共的未來。12 月 17 日，大使館舉行例會，討論的重點是中蘇失和。蔣廷黻記下他認為雙方失和會產生的後果：「赫魯雪夫指控毛澤東要推蘇聯跟美國開戰，自己則站在一旁。他問毛澤東如果他那麼想跟帝國主義者打仗的話，為什麼不拿回香港、澳門？毛澤東當然可以反唇相稽說如果赫魯雪夫真那麼怕美國的核子牙齒的話，他為什麼又要在古巴架設飛彈呢？雙方失和的情況會惡化，其所可能發展的方向，是莫斯科對北平祭出隱性的經濟制裁（veiled economic sanction）。」

　　12 月 30 日，他在日記裡摘述了他所敬佩的美國政治經濟理論家洛斯托（W.W. Rostov）當天在倫敦《泰晤士報》上所發表的一篇文章的幾個重點。其中一個是有關中蘇關係：「北平與莫斯科的決裂及其對國際共產運動的削弱，特別是在未發展國家裡。」次日，他就在大使館的例會裡繼續分析他對中蘇決裂後果的分析：「一、將會減弱國際共產主義的動力，轉移精力內鬥；二、蘇聯本身不會損失多少，歐洲完全不會；三、由於蘇聯不再提供武器，中共在軍力上會有所損失。同樣地，由於蘇聯不再提供經濟技術的援助，中共的工業化會遭受打擊。」

　　我們注意到蔣廷黻已經不再用「失和」這個字眼，而是改採「決裂」（split）這個字眼。中蘇決裂，蔣廷黻認為輸的一方一定是中共。然而，可慮

的是，幼稚的自由主義者可能會錯以為他們可以利用中蘇決裂的機會聯中制
蘇。這種幻想如果成為政策，就會壞了蔣介石反攻大陸的大業。因此，他
1963 年 3 月 14 日在美國「國防大學」（National War College）演講〈中華民
國的現狀與展望〉（The Republic of China: Conditions and Prospects）的時候，
就特別闢出一節來分析所謂的莫斯科與北平決裂的問題。他強調蘇聯與中共的
決裂的癥結，在於中共不滿蘇聯給的援助太少。然而，它們之間的目標是一致
的，就是要征服全世界。他呼籲自由世界不要被蘇聯與中共在意識形態上的爭
執給矇騙了。在它們意識形態的表面之爭之下，是它們在全球戰略以及共產國
際戰術上一致的事實。我們可以用它們的實際行動來作檢視。第一，它們在古
巴、非洲與中東是繼續合作的夥伴；第二，在裁軍以及聯合國在剛果的政策方
面，它們兩者也是合作的夥伴。因此，他的結論是：

> 我的愚見是：北平與莫斯科之間有嚴重與公開決裂的假設，是一個癡心
> 妄想（wishful thinking）。雖然它們在意識形態上有歧見，它們在世界上
> 所有地區以及對所有重要的問題都會繼續合作無間。到目前為止，自由世
> 界絕對不能從所謂的北平與莫斯科的失和找到救贖之道。[28]

從這時候開始一直到他從駐美大使卸任為止，蔣廷黻確實是像他對鄭錫霖
所說的，週末在「雙橡園」的草地上練習打高爾夫球時候的所思所想都是有關
中蘇決裂的問題。而這也是他任內最後兩年演講最多次的題目。比如說，1963
年 9 月 6 日，他在舊金山的「大同俱樂部」（Commonwealth Club）演講的題
目是〈莫斯科與北平在決裂前後〉（Before and After the Split Between Peiping
and Moscow）。他所說的重點是：中蘇在決裂以前的關係，在國際關係史上
是絕無僅有的。從 1949 到 1959，它們之間的關係不是一般的聯盟。中共在
政治、經濟、教育方面全面模仿蘇聯，在貿易上幾乎完全只跟蘇聯及其東歐的
附庸來往，「中蘇友好協會」遍布全國，人人謳歌蘇聯的文化與科學。世界上

28　Tsiang Tingfu, "The Republic of China: Conditions and Prospects," lecture before the National War
College, Washington, D.C., March 14, 1963, 《蔣廷黻資料》，22.237-252。

再也找不到另外一個那樣緊密、親密的聯盟，一種心神交會的聯盟。蔣廷黻說只有稱之為一種「國際的同志結義」（international comradeship），方才差可形容其特殊的關係。

然而，中蘇雙方終究還是決裂了。蔣廷黻說我們沒有理由懷疑其存在的事實以及嚴重性。他認為毛澤東在這場決裂裡一定會是失敗的一方。毛澤東希望中國的老百姓會繼續跟著他走。他不管老百姓要的是食物和衣服。他會繼續希望老百姓會把他們的注意力從國內的失敗轉移到對外的冒險侵略行動。他說毛澤東錯了。他將會發現他對國際政策的立場會使他更加失去民心，以及失去亞非國家人民的支持。然而，儘管如此，毛澤東只是會繼續壓迫中國的人民以及威脅鄰國的和平與安全。[29]

蔣廷黻對中蘇決裂分析得最為詳盡的，是他 1964 年 5 月 6 日在喬治華盛頓大學（George Washington University）的「中蘇研究所」（Institute of Sino-Soviet Studies）所作的〈北平與莫斯科的決裂〉（The Split between Peiping and Moscow）。這篇演講分成三節：第一節講的是沙俄帝國主義在中國的歷史餘燼。重點在強調雖然毛澤東在 1950 年跟蘇聯簽署《中蘇友好條約》以後拿到了美金 3 億元分五年給予的貸款，但保留了帝俄從中國東北所取得的利權。儘管雙方維持「蜜月」的表象，但毛澤東「一面倒」政策的利並不大於其弊。雖然蘇聯在 1954 年的協定裡放棄了它在《雅爾達協定》裡所取得的在東北的利權，但中國在十九世紀在東北、中亞所失去的更多、更大的疆土完全沒有聽到中共提起。因此，不管蘇聯與中共分裂的原因有多少，這個帝俄時代所留下來的歷史仍然是有待解決的。

第二節所講的是「同志情誼與麵包」（comradeship and rice）的問題。中蘇之間的問題，不只在於蘇聯所給予的貸款對中共來說是杯水車薪，兩國之間的經濟並不是互補的。蘇聯雖然高度工業化，但它並沒有多餘的機器可以輸出。中共則根本沒有什麼剩餘可以換取進口的物資。中蘇兩國在世界其他地區的競爭，使得莫斯科決定對其中國的同志在經濟上更加吝嗇一點。蔣廷黻說，

29　Tsiang Tingfu, "Before and After the Split Between Peiping and Moscow," September 6, 1963,《蔣廷黻資料》，22.340-362。

毛澤東「一面倒」的政策在經濟上沒得到好處，是他之所以會用「大躍進」企圖自力更生的原因。赫魯雪夫從蘇聯早期革命的歷史知道「土法煉鋼」與「人民公社」注定會失敗，但毛澤東不相信。蘇聯在土地、礦產，以及工業方面都遠勝於中共，中共則除了勒緊、再勒緊老百姓的褲帶以外，擠不出其他資源。

　　第三節講的是「意識形態與權力政治」。談到莫斯科與北平的分裂，西方世界談得最多的是意識形態上的分歧。他說這當然是原因之一，但並不是重要的。他說毛澤東與赫魯雪夫之間的不同，在於前者是「原始教義派」（fundamentalist）後者是「現代派」（modernist）。簡單化來說，毛澤東認為世界革命只有透過戰爭才可能達成，赫魯雪夫則認為戰爭並不是唯一的一條路；赫魯雪夫認為核子戰爭對雙方都是具有毀滅性的，毛澤東認為不敢打核子戰爭是布爾喬亞病。蔣廷黻認為蘇聯比中共有本錢打仗。中共連打大型的傳統戰爭的經濟條件都沒有，何況是核子戰爭。然而，意識形態上的爭執只是表象，權力控制才是真正的原因。蘇聯不許世界共產帝國裡有一個可以跟它競爭的對手。赫魯雪夫的問題是如何把中國留在共產陣營裡，但又不讓它成為一個對手。他必須讓中國既是共產國家，又弱小。就像東西德的分裂比統一的德國對蘇聯有利一樣，蘇聯對中國的政策，就是不讓它工業化，不給它核子武器，最好讓它分裂。蔣廷黻說，這就是莫斯科與北平決裂的根本原因。[30]

　　即使中蘇決裂吃虧的是中共，以宣傳反攻大陸的大業為使命的蔣廷黻必須強調中共殘民以逞、窮兵黷武的本質。即使中蘇決裂有其歷史、經濟，以及意識形態上諸多的原因，作為冷戰鬥士，蔣廷黻又必須強調中蘇一丘之貉的本質。1964 年 1 月 14 日，他在紐奧良的「國際關係協會」（Foreign Relations Association）演講〈中國共產黨是世界問題〉（The Chinese Communists as the World Problem）。這是他一生當中最後一次演講共產黨對世界的威脅。雖然這個演講的主旨是中國共產黨對世界和平的威脅，但他還是闢了一個專節來討論中蘇的衝突。在這一節的結論裡，他再次強調中國會是吃虧的一方。然而，他還是要再次強調，孰強孰弱並不會影響他們一致對付自由世界的本質：「在

30　Tsiang Tingfu, "The Split between Peiping and Moscow," May 6, 1964,《蔣廷黻資料》，22.450-454。

共產世界裡爭雄這方面，雙方會僵持著。這方面的衝突沒有消失的跡象。然而，共產蘇聯或者共產中國都不會攻擊對方。我們必須牢記住這兩個共產大國之間的衝突的本質、範圍、及其限度。」

蔣廷黻要提醒美國，中共不但一直視美國為其第一號大敵，在它擁有核子武器以後，它已經變成了美國的第一號大敵，甚至比蘇聯還危險：

> 　　現在，他們已經邁出了成為擁有核子武力的強權的第一步，他們會增加他們對中國老百姓的壓迫，增加他們對中國鄰邦的威脅，增加他們對美國、蘇聯的挑戰。

遺憾的是，美國居然還有人提倡要和中共貿易、交換派駐新聞記者、甚至在外交上承認他們。蔣廷黻說他只要舉一個例子就可以點出這些美國人是多麼的愚不可及。在第二次世界大戰以後，這世界上沒有一個人比印度的尼赫魯對中共更好。結果看他得到的好報是什麼：中共在 1962 年打印度！蔣廷黻呼籲美國人：

> 　　要對付中國共產黨，我們必須記住兩點：第一，姑息解決不了問題。中國共產黨今天會這麼囂張，就是因為他們是被過去一連串的姑息政策所養大的。第二，當我們試圖尋求解決中國共產黨的問題的時候，我們必須永遠記住：那被共產黨徒所慘無人道地壓迫的中國人民，是自由世界以及「中國」鄰邦友人的祕密戰友。[31]

作為一個冷戰鬥士，他一直相信西方國家擁有優勢的武力是致勝的必要條件。在 1950 年代後期，美國在核子武器方面遠勝於蘇聯的時候，他恨不得美國會用原子彈來解決冷戰的問題。匈牙利 1956 年的起義被蘇聯鎮壓。蔣廷黻在 1957 年 9 月 10 日的日記裡突發奇想：「去年 10 月匈牙利的起義其實是一

31　Tsiang Tingfu, "The Chinese Communists as the World Problem," January 14, 1964,《蔣廷黻資料》，23.27-39。

個奇蹟。〔匈牙利〕共產主義根本瓦解，所有其政權的支柱全部垮台。仗是匈牙利的老百姓和蘇聯軍隊打的。核子戰爭爆發以後，在莫斯科丟一顆，不就可以把整個東歐的老百姓都帶向起義之路嗎？」

因此，就像胡適一樣，蔣廷黻對美國提議裁軍的議案極不以為然，認為那是自縛手腳。該年 12 月 23 日，他在電視上看到艾森豪總統和杜勒斯國務卿談「北大西洋公約組織」與裁軍的問題。他嘲笑說：「兩個垂頭喪氣的人在說一些沒有人會相信的話。艾森豪只說了開頭和結論。杜勒斯說了大概二十分鐘。就一句話大家可能會記得：停止作核彈。」

同樣地，法國在非洲撒哈拉沙漠作核子試爆，蔣廷黻私下是贊成的。然而，1959 年 11 月，二十二個亞非國家提案禁止法國在撒哈拉進行核試的時候，蔣廷黻就遇到了一個難題。為了蔣介石政權在聯合國代表權的問題，法國的票和亞非國家的票他都要，雙方都不能得罪。外交部在投票前兩天的訓令說：「我對本案爭執各點，原則上應避免開罪各方。要照此原則投票。」[32]蔣廷黻選擇的「不開罪任何一方」的作法，是在 13 日「第一委員會」投票的時候投棄權票，但在發言裡「多替法國幫忙」。投票的結果是 46 票贊成、26 票反對 、10 票棄權。由於沒有得到三分之二多數，在大會裡不可能通過。所以法國等於是贏了。他在給外交部的報告裡說：「事後法代表亦來面謝。」[33]

當時擁有核子武器的國家只有三個，美國、蘇聯、和英國。蔣廷黻贊成法國核試的基本理由，在 1963 年 7 月 26 日的日記裡就表露出來了。當天他去國務院拜見遠東司助理國務卿希爾思曼（Roger Hilsman）。希爾思曼談到《部分禁止核試驗條約》（Partial Test Ban Treaty）的好處。蔣廷黻詰問他說，由於自由世界有能力擁有核子武器的國家多於蘇聯集團，這禁止核試的條約等於是不利於自由世界。他說希爾思曼迴避了他的問題。

對付共產國家一定要以殺止殺，這是蔣廷黻的信念。作為冷戰鬥士，他跟胡適有志一同。1965 年 5 月 5 日的日記記美國參眾兩院通過 7 億美金的軍費用在越南。他歡呼說詹森總統打了一個勝仗。他說：「我認為戰況已經開始好

32　外交部 1959 年 11 月 11 日致蔣廷黻第 144 號電，《蔣廷黻資料》，8.467。

33　蔣廷黻 1959 年 11 月 13 日致外交部第 197 號電，《蔣廷黻資料》，8.477。

轉。詹森勇敢地去逼視共產主義的眼睛，發現它只是一隻紙老虎。用空軍來對付游擊隊會浪費很多炸彈，因為命中的機率一定很低，但殺一個是一個。」

中共會擁有核子武力，蔣廷黻從來就不相信。1960 年 1 月 11 日，代表團的例會中討論到一篇有關中共會在 1962 年發射人造衛星的情報。蔣廷黻不採信那個情報。他說，如果真會有那回事，「那個衛星有多少是中國製造的？有多少是蘇聯製造的？該報導提到了從前在加州理工學院的錢學森是一個專家。可是，錢學森當時作的是飛機設計，而且那是在二戰期間與戰後。他在麻省理工學院與加州理工學院的時候，導彈還不發達。光是提到錢學森這一點，就讓人不相信那個報導。」

1960 年 12 月 26 日：「科學家討論中國大陸科學的進展，作了一個不錯的報告。他們說中國可能在五到十年之間趕上西方；地質學家在山西、湖南等地發現了大量的鐵礦和稀有金屬；在幾年內製造出原子彈是可能的。這些報導毫無疑問地會提高赤共在國際上的威望。」

「這些報導毫無疑問地會提高赤共在國際上的威望。」這句話就說出了蔣廷黻擔憂的所在。對作為聯合國「中國」代表的蔣廷黻而言，中共是否可能造出原子彈不只是一個軍事威脅的問題，而且是一個政治外交的問題。多年來聯合國討論裁軍的問題，他所最擔心的，就是它會提供中共一個進入國際舞台，從而加入聯合國，並得到美國承認的後門。他 1962 年 2 月 21 日的日記記他讀美國參院有關裁軍的聽證報告。他說與台灣攸關的有下列幾點：「一、一個裁軍的協定必須包括所有在軍事上重要的國家，這當然包括北平。『軍事上重要』的定義很難下。古巴對加勒比海的國家而言在軍事上重要，但對世界而言只是間接的。東西德、南北韓、南北越又如何呢？二、一個禁止核試的條約必須包括赤共，否則他們可以從事核試，或者讓蘇聯在中國的土地上核試。蘇聯可能勸北平不作嗎？也許。美國似乎太過擔心核子武器和赤共了。左派分子想要用裁軍把赤共偷渡進聯合國以及國際舞台。」

蔣廷黻就是不相信中共有能力發展出原子彈。該年 3 月 31 日，晚餐的客人裡有約翰霍普金斯大學實驗物理教授任之恭。幾年前，中共力邀任之恭回國。任之恭告訴蔣廷黻說中國有一些核子物理學家，但沒有核子技術人員。主要的問題是所費不貲。他認為說中國有四個核子反應爐的報導是有點誇張了，

兩個半還差不多。蔣廷黻提醒他說，只要看「土法煉鋼」以及用蝌蚪避孕，就可以知道中國共產黨在一般技術上有多落後了。

他 1963 年 3 月 14 日在「國防大學」演講〈中華民國的現狀與展望〉。在說完了結論之後，他說他還要補充一段話，來強調中共製造原子彈的可能性是微乎其微的。他說在技術上、在經濟財力上，中共都作不到：「四年以前，中共的一些領導者說他們可以在十五年內在工業上超英，然後在之後的十到十五年內超美。他們甚至認為他們可以在超美的期間內造出原子彈。那是他們的推算，我認為是太過樂觀了。」[34]

由於《紐約時報》在 5 月 31 日刊載了一篇文章，談到中國即將引爆原子彈及其對美國中國政策的影響，蔣廷黻在 6 月 4 日去國務院拜見希爾思曼。希爾思曼否認《紐約時報》反映了美國政府的看法。希爾思曼說：中共可能會引爆原子彈，但不會在最近；這種實驗性的引爆並不會使中共立時成為一個核子強權；其對中國鄰邦的影響將微不足道；美國不會因此改變其政策。

吃了定心丸的蔣廷黻在 6 月 17 日在電視上看到一個節目不禁嗤之以鼻：

> 晚上看第五號電視台「中國與原子彈」（China and the Bomb）的節目。純屬臆測。中國那一丁點科學家和工程師能提供足夠的人力嗎？500 億元的國民收入能承擔 4 億元的費用嗎？而節目上那些人說中國可以成為一個核子強國！

6 月 28 日，南韓的新任駐美大使來作禮貌性拜訪的時候。他一方面稱讚台灣在經濟上的成就，但在另一方面又擔心中國的核子武力。蔣廷黻就現買現賣地把希爾思曼說的話加上他自己的成見說給對方聽：實驗性的炸彈並不意味著核子武力。況且，在中國的經濟條件之下，發展費用如此昂貴的核子武器，對中共政權是福是禍還未可知呢？

一年以後，1964 年 9 月 30 日，美國國務卿魯斯克宣布中國「即將」在大

34　Tsiang Tingfu, "The Republic of China: Conditions and Prospects," lecture before the National War College, Washington, D.C., March 14, 1963,《蔣廷黻資料》，22.237-252。

氣層中試爆一顆原子彈。他私下說他認為會是在 10 月 1 日中國的國慶日。然而，蔣廷黻還是不願意採信：

> 我不知道台北對大陸核子武器發展的情形知道多少。雖然我還沒準備好去挑戰魯斯克的聲明，我傾向於懷疑。然而，魯斯克也說試爆並不等於成為一個核子國家。其所反映的一個嚴重的事實是，北平政權相信戰爭，認為戰爭是不可避免的，也是必要的，於是竭盡所能要建立一個前所未有的紅色帝國。如果北平真要發展核子武器，大陸會有很多人餓死。

10 月 5 日，大使館舉行的例會討論中國的原子彈跟魯斯克的聲明。蔣廷黻說：「有人對沈錡說，美國應該在赤共成為一個核子國家以前幫助我們反攻大陸，或者聯合蘇聯摧毀大陸的核子反應爐。我舉英國在拿破崙戰爭的時候『哥本哈根』（Copenhagen）了丹麥的船艦。」這是一個歷史典故：英國為了避免丹麥的船艦為拿破崙所用，先發制人把丹麥在哥本哈根的船艦掠為己用。這就是「哥本哈根」這個動詞的來源。蔣廷黻說了這句歷史典故以後沒有引申，但他述而不評的寓意昭然若揭：如果美國願意幫忙，台灣豈不就可以一舉兩得地完成反攻大陸的願望並「哥本哈根」中共的核子設施了嗎！

蔣廷黻 10 月 16 日的日記異常低調：「赤共宣布試爆了一顆原子彈。國外世界的偵測儀器證實了這個消息。詹森〔總統〕稱其裝置為低效力的。日本和印度同聲譴責。英國新首相威爾遜表示遺憾。」11 月 6 日，蔣廷黻說大使館的參事鄭健生告訴他說，他聽國務院的官員說蔣介石在知道了消息以後，對美國說反攻大陸「事不宜遲」（better now than later）。美國給他的回答是讓人失望的：「美國政府保證會用核子彈報復。但美國相信北平不會用原子彈打台灣的，因為它還要台灣。」

中共試爆原子彈對蔣廷黻的反攻大陸夢是否是一大打擊？他在日記裡完全沒有透露。事實上，即使在中共原子彈試爆以前，蔣廷黻就已經很清楚台灣沒有獨立反攻大陸的條件。1962 年 7 月 14 日，1958 年金門砲戰時期的副司令官張國英率領一批軍官訪問「雙橡園」。在談到反攻大陸的時候，蔣廷黻很驚訝地聽張國英對他說了好幾次：「有困難。」可惜張國英不願意說出這些困難是

什麼。

　　張國英不說，9 月 15 日來訪的財政部長嚴家淦倒是說了。嚴家淦說他對
蔣介石指出反攻有困難。這些困難，財政方面與通貨膨脹的顧慮不提，他特別
指出運輸方面。第一，我們必須先把散布在世界不同地方的所有輪船都調回
來；第二，這要花多少的時間？多少的費用？第三，調回港口的船隻要等待多
久？船員如何處置？第四，我們在基隆、高雄集結那麼多的船隻，就會失去了
突襲的可能性。蔣廷黻不接受嚴家淦的說法。他說我們難道不能把人員從大船
換到小船，再換到更小的船的方法？他在日記裡不以為然地說，嚴家淦相當懦
弱：「精神可以戰勝物質！敵人就有這種精神。」

　　如果蔣廷黻認為嚴家淦懦弱，而且又說外行話，等半年以後，台灣的國防
部長俞大維在 1963 年 4 月 9 日來訪的時候，就為蔣廷黻解惑了：一、美國從
一年前開始停止提供軍備更新方面的援助，只保留維修的援助；二、沒有空軍
的掩護，無法運輸大量的軍隊穿過台灣海峽；三、台灣的空軍太小，無法擔任
起掩護的工作。一年以後，等俞大維在 1964 年 7 月 8 日再去「雙橡園」拜訪
他的時候說得更加清楚：「要渡過台灣海峽，制空權比運輸更重要。如果有制
空權，即使是用商船運兵與物資都可以。沒有制空權，即使是用『坦克登陸
艦』也無法登陸。」

　　其實，何止是登陸的困難加上沒有制空權，蔣廷黻自己都知道台灣連最基
本的軍火都要靠美國。大使館的江易生公使在 1962 年 3 月 30 日問他說蔣介石
真的要反攻嗎？蔣廷黻回說他不知道，因為其間牽涉到的問題太多，其中一個
問題就是：我們是否囤積了足夠的美國提供的軍火及其補給？這個有關軍火以
及其他軍需的問題，蔣廷黻在 1963 年 2 月 20 日得到了答案。蔣廷黻問大使館
的海軍武官 Chih 上將：我們需要增添什麼方才可以不需要美國第七艦隊的保
護？他的回答：一、我們需要更多的驅逐艦及其他船艦；二、我們必須確保在
制空權上的優勢，否則軍艦得不到保護；三、我們必需要訓練並配備比我們現
在所有的更多的軍需以從事反潛艇戰；四、因為我們倚賴美國的軍火、軍艦的
零件，以及配備，即使我們囤積再多都不可能確保長期的獨立。當天蔣廷黻也
問 Lu 將軍，如果我們能取得大量的軍事經濟援助，我們能否在攻守方面都能
獨立呢？答案是不可能。他說海、空軍人員需要很長時間的訓練方才學會如何

駕駛軍艦與飛機。他們兩位都強調要反攻大陸，運輸是一個弱點。

　　台灣沒有獨立反攻大陸的能力，而且美國已經攤明了不會幫助，為什麼台灣還是成天嚷著要反攻大陸？原因很簡單，那是對內宣傳的需要。1963 年 10 月再訪美國的嚴家淦就一語道破了其中的奧妙。10 月 2 日，嚴家淦在去過了國務院以後，到了「雙橡園」。他說：「美國對〔我們一再宣稱要〕反攻大陸並不太惱怒，因為它知道我們缺乏後勤的能力。只是因為對內〔宣傳〕需要，而成天叫喊著而已。」

　　雖然蔣廷黻自己在 1962 年春天的時候也一直竭力地遊說美國政府幫助台灣反攻大陸，但他很快地就知道那是不可能的。雖然他也跟蔣介石一樣，認為中共「大躍進」的失敗，是反攻大陸的天賜良機。然而，如果美國就是不願意幫助，與其一再要求而惹怒美國，不如耐心等待美國回心轉意。他說他在 5 月 15 日給外交部打了一個重要的電報，提醒政府如果中美外交惡化，美國也許會停止所有軍事經濟的援助。他建議輕彈反攻大陸的調子；要大家把這個問題放在心裡，不要老是掛在嘴邊。

　　然而，蔣介石就是不死心。美國大使柯爾克一直反對他反攻大陸的計畫，他因此跟他鬧翻了，甚至拒絕跟他見面。甘迺迪在 1963 年 2 月致信蔣介石，說在他另派大使以前，會先派員跟蔣介石的代表協商他所提出的軍備要求。雖然這封信有幾句話尚未解密，但這位所謂蔣介石的代表就是蔣經國，而派去跟他協商的人很可能還是美國中情局台灣站長克萊恩。[35]蔣介石在 3 月 15 日的回信裡，強調的還是那些反攻大陸「時機稍縱即逝」的理由。[36]這一來一往的信件沈昌煥派祕書孫玉書帶到「雙橡園」給蔣廷黻。蔣廷黻在 4 月 11 日收到以後，在次日寫了一封回信由孫玉書帶回台灣。他說：

　　　孫祕書玉書帶來的總統與甘迺迪總統往來的函件，弟已仔細研讀。據弟觀察，甘迺迪目前絕對不願支持我們的反攻；不但不願支持，而且可能積

35　"Letter From President Kennedy to President Chiang," February 15, 1963, *FRUS*, 1961-1963, XXII, Northeast Asia.

36　蔣介石致甘迺迪，1963 年 3 月 15 日，《蔣廷黻資料》，16.122-133。

極阻止……昨晚弟在館中宴客。客人中適有前眾議院周以德。弟與其密談片刻。問美國輿論對反攻一舉可能有何感應。彼答云：「美國人民固反共，但他們反對戰爭的程度超過其反共。當局更是如此。」此說亦可供參考。[37]

只是，蔣廷黻認為蔣介石冥頑不靈，聽不進勸告。他在 4 月 13 日的日記裡說：「一心一意就是要反攻的老蔣，會栽得很慘（a big fall）。」孫玉書帶來的信件裡自然沒有甘迺迪 4 月 11 日回絕了蔣介石請求的回信。[38]蔣廷黻不知道的是，蔣介石不會栽得很慘，因為根據美國中情局的分析，如果蔣介石一意孤行，美國不是不可能因為內政、戰略上的諸多複雜問題而被拖下水的。對付他最好的辦法就是羈縻他。[39]

然而，身為蔣介石的大使，人在其位，必謀其政。他繼續在演講裡鼓吹反攻大陸。比如說，他 1963 年 11 月 12 日在南達科他州燕克頓學院（Yankton College）演講的結論裡說：

我們在台灣島上找到了在自由的環境之下提升我們的生活水準的方法。我們希望為我們在大陸上的同胞也贏得我們在台灣所得到的果實。因此，什麼時候我們在大陸上的兄弟姊妹決定起義爭取他們的自由，我們就會隨時出手幫忙。我們不是冒進分子（adventurists）。我們知道我們是禁不起像「豬灣事件」（Bay of Pigs）〔1964 年 4 月美國中央情報局所策動的反卡斯楚反攻行動〕那樣的失敗的。我們在準備的同時，會細心地等待最好的時機。當時機到來的時候，我可以保證我國政府與人民會一舉解放我們在大陸的同胞。[40]

37 蔣廷黻致沈昌煥，無日期〔April 12, 1963〕，《蔣廷黻資料》，16.395。

38 "Letter From President Kennedy to President Chiang," April 11, 1963, FRUS, 1961-1963, XXII, Northeast Asia, pp. 359-360.

39 "Memorandum From the Director of the Bureau of Intelligence and Research (Hilsman) to Secretary of State Rusk," May 29, 1962, FRUS, 1961-1963, XXII, Northeast Asia, pp. 233-236.

40 "Address by Dr. Tingfu F. Tsiang," November 12, 1963,《蔣廷黻資料》，22.401-428。

　　一直到他一生中最後一次的演講，1965 年 3 月 3 日在華盛頓所作的〈自由中國看東南亞〉（Free China Views Southeast Asia），他仍然彈著反攻大陸的老調：「各位都知道我國政府對這個〔中共〕問題的解決之道。那不是祕密，我們要恢復中國大陸上的中國人民的自由。換句話說，就是要推翻共產政權。」要怎麼推翻當時已經成功試爆了原子彈的中共政權呢？還是那個老調，就是等待大陸人民起來抗暴。等那個時候到來的時候：「我們在台灣島上的中國人就會和中國大陸上的人一起灑熱血。我們不需要美國出人力。不過，除了那以外，我們希望你們會給予我們其他的援助。」[41]

　　1965 年 4 月 12 日，「合眾國際社」（UPI）台北分社採訪了蔣介石。蔣廷黻在日記裡說蔣介石提出了「一個積極的政策，既可以消滅大陸上的共產政權，又可以避免與中共造成直接的軍事衝突。其大要如下：一、在亞洲組織一個反共聯盟；二、聯盟國之間協調合作；三、組織一個類似『北大西洋公約組織』的攻守同盟。」蔣廷黻憤慨地說，美國不應該把亞洲如此精銳的部隊縛住手腳，而應該把它們組織起來，組成一個反對中共的亞洲聯盟。只可惜美國不會這樣作。蔣廷黻接著說：「目前在亞洲只有自由中國和自由韓國能夠提供大量的軍隊。可是美國還是認為它們不夠強大到可以對付赤共。」

　　蔣廷黻在次日的報紙上沒看到登載採訪蔣介石的報導，他忿忿不平地說：「《紐約時報》和《華盛頓郵報》都沒有刊載「合眾國際社」訪問老蔣的報導。這真的是作得過頭了。這個採訪的對象，是擁有亞洲最精銳部隊的國家元首。為什麼這些編輯都無視其存在？白宮會感謝這些報紙把這件事當作沒發生過一樣（under the rug），但應當不至於要它們不要刊登。我想這個新聞封鎖一定是自發的。」

　　蔣廷黻並不只是人在其位，必謀其政。也許因為反攻大陸的八股說多了，他不但把假戲當成真的，而且由不得人不跟著演。1964 年 4 月他最後一次回國述職。回到美國以後，5 月上旬有一些華人到馬里蘭大學參加會議。蔣廷黻在 8 日當天宴請了幾位學人午宴。被邀來賓裡有紐約「華美協進會」會長郭秉

41　Tsiang Tingfu, "Free China Views Southeast Asia,"《蔣廷黻資料》，23.40-50。

文夫婦。宴席當中，蔣廷黻對郭秉文暗示他可能會被政府邀請參加一個反共的會議。午宴過後，郭秉文悄悄對他耳語，說他有許多親戚和朋友在大陸，他不願意因為去開一個反共的會議而危害到他們身家的安全。蔣廷黻回說他也有很多親戚和朋友在大陸。他在日記裡罵他：「懦夫！」

反共八股說得越多，蔣廷黻越能同情了解蔣介石。多少年來，他對台灣最重要的建議有兩個：一個是民主，另外一個是裁減軍隊、縮減軍費，以便讓國家有足夠的經費促進經濟、文化的發展。這兩個建議，他說的頻率已經到了像是口頭禪的地步。從前，只要有從台灣的官員、民意代表來訪，他一定不放過機會祭出他台灣務必要裁減軍隊、縮減軍費的口頭禪。現在，由於反攻大陸的需要，他已經落到了只述而不評的地步。1962 年 8 月 21 日，前財政部馬副部長來訪。他告訴蔣廷黻，中央政府的預算，80%用在軍費；中央、省、縣總預算的 52%用在軍事。軍事預算屬於國家機密，不受任何審計機構審查。國民黨、情治單位、老蔣的革命實踐研究院的經費都是從軍費裡來的。

1964 年 3 月 4 日，經濟部長楊繼曾來訪。蔣廷黻說楊繼曾在宴席上所說的話比他所預期的要悲觀，諸如：資本短缺、銀行年利率 15%、政府公債12%免稅、新的發展計畫需要更複雜的科技、人口壓力、失業率等等。他承認我們有全世界占比率最高的軍費，但想不出有什麼方法可以使它降低。5 月 31日，民社黨的蔣勻田來訪，抱怨台灣的軍費太高。蔣廷黻依然只是述而不評。唯一一次的例外，是 1965 年 2 月 22 日。當天，蔣廷黻在「雙橡園」設宴接待到華盛頓來開中美科學合作會議的代表。教育部長閻振興在跟他私下談話的時候，抱怨由於軍費所占的比重太大，使教育沒有發展的餘地。他說葉公超在府院會議裡用幽默的方法提出了這個問題。也許是因為閻振興提到了葉公超，蔣廷黻要閻振興知道他比葉公超早就看到這個問題：「告訴他我過去一再〔建議〕縮減軍費的努力。」

民主的建議自然也束之高閣了。在蔣介石要三連任以前他反對。可是等蔣介石三連任以後，他居然會想要當他的行政院長。蔣介石沒給他行政院長的職位以後，他連外交部長的職位也不要了，何況是考試院長那塊雞肋。到了1962 年，蔣廷黻已經更加能體諒蔣介石。9 月 17 日，葉公超託人捎口信給他。其中，一句話說蔣介石是他自己的外交部長。蔣廷黻說，這句話過去適

用，現在已經不再是了。他這句話兩年後會自己吞回去。1964 年 4 月，蔣廷黻回國述職。16 日，來訪的美國國務卿魯斯克晉見蔣介石。照理說，作為駐美大使，蔣廷黻應該列席。然而，在晉見以前，張群授意蔣廷黻說蔣介石只要少數幾個人列席，蔣廷黻不在內。蔣廷黻不快之餘，在日記裡說：「老蔣真的是當起他自己的外交部長來了。」其實，蔣廷黻說得不正確。當天外交部長沈昌煥是列席的。只是沈昌煥是蔣介石父子的親信，身分當然是不同的了。

　　蔣廷黻不但更能夠體諒蔣介石，他的胃口也已經小多了。1962 年 11 月 23 日，台灣內閣改組的新聞傳來。黃杰出任台灣省主席。蔣廷黻在日記裡感嘆說：「這個消息讓我覺得老蔣虧待我了（let me down）。」他說黃杰是一個無知頑強的人（ignorant determined man）。他狂熱地相信可以用軍事的力量拿回大陸。

　　1963 年 11 月 21 日，王蓬從台北回來。他的報告是：政治上垂死，經濟上繁榮，雖然有通貨膨脹的壓力；蔣經國的勢力上揚，陳誠的式微；王雲五辭行政院副院長的職位，嚴家淦或蔣經國將繼任。12 月 5 日，內閣改組的消息傳來。陳誠「辭」行政院長，嚴家淦接任。蔣廷黻認為蔣經國的政治地位上升，陳誠被淘汰了：「老蔣父子注定走向滅亡（doomed）。嚴家淦是一個小心翼翼的人；在行政上是個幹才，但缺乏勇氣與眼光。他會是一個應聲蟲。前景黯淡。」

　　等他 1964 年 4 月回台述職的時候，蔣介石要他回台灣當行政院副院長。對行政院副院長這種無權的職位，蔣廷黻當然沒有興趣，他當下就回絕了負責傳話的王世杰。4 月 23 日，蔣介石召見蔣廷黻。蔣介石問說：「張群找了你沒？」蔣廷黻回說：「沒！但他要王世杰傳了話。」「他傳了什麼話？」「說您要我回來當行政院副院長。」蔣介石於是對蔣廷黻說他明年就要七十了，是該接下重任的時候。蔣廷黻說他自從在 1934 年承蒙蔣介石召見以後，「這卅年來，總統給我的愛護〔和〕提拔是我永遠所不能忘的。」這句話蔣廷黻用英文寫了以後，又加了中文的翻譯。他接著說，他為多年來所盡的綿薄感到羞愧。他希望能在他的餘生回到台灣來繼續他的中國近代史的研究。

　　行政院長與台灣省主席的職位不可得，蔣廷黻原以為他還可以寄望於中央研究院院長的職位。只可惜這個願望也因為胡適早逝，來不及安排布置而落空

了。1960 年 4 月他返台述職的時候，4 月 27 日在南港見了胡適。他說，胡適
「讓我知道他希望我將來繼他為中研院的院長」。1962 年 2 月胡適過世。5
月，王世杰獲選為中研院院長。根據蔣廷黻 9 月 17 日聽來的消息：「中央研
究院的選舉，李濟幫朱家驊拉票，反對王世杰。張群表面上在幫我，其實是在
排擠我。這個說法讓我極為震驚〔因為蔣廷黻一直以為張群是支持他的〕。胡
適希望我當他的繼任者。只是他太早過世了。這個想法的實現是在未來。」

　　1965 年，蔣廷黻辭職獲准以後，蔣介石給予他資政的位置。4 月 5 日，他
在日記裡說：

　　　　現在，我辭職的事確定了。我必須為我的未來作計畫。這個改變是走向
　　老年生活的第一步：這個事實，我必須去面對。老蔣可能仍然希望我繼續
　　留在他父子的政權裡，因為我在國際上最知名、最受「中國」報界的歡
　　迎、也最受他所有的幕僚的歡迎。他接下去會怎麼做呢？我不知道。在美
　　國的同意之下反攻？提早提升蔣經國？他的下一步可能是當行政院長？我
　　要小心一點。我不要跟任何他所作的但我不贊同的作法有瓜葛。我要韜光
　　養晦，才不會被迫要接受任何職位。

　　我在第六章提到蔣廷黻 1959 年 11 月 2 日讀《資治通鑑》讀到隋煬帝的時
候說：「儘管皇帝有那麼多的罪過，許多人仍然對他效忠。這讓我大惑不
解。」我說這段話用來描述蔣廷黻自己完全適用。他會在日記裡批評蔣介石父
子，說台灣政治的前景黯淡，說蔣介石父子注定要走向滅亡，但他仍然對他們
效忠。原因無它。那是唯一一個他可以靠攏的政權。這就是他那一代反共知識
分子的難局。胡適如此，蔣廷黻亦是如此。

　　蔣廷黻、胡適不但不得不庇蔭在蔣介石父子的政權之下，他們兩人晚年在
政治上都趨向保守。以蔣廷黻來說，這不只反映在他對蔣介石父子的支持，也
反映在他對國際局勢的看法。從他在哥大的博士論文裡所提出的論點到抗戰初
期，他一直認為西方的自由主義者以及左派的激進分子是最可能同情中國，從
而影響西方政府給予中國援助的一批人。從抗戰末期以後，由於西方的自由主
義者和左派分子批判國民黨，他轉而疾視所有的自由主義者和左派分子，而且

是越老越極端，到了視他們為寇讎的地步。從前一向是支持英國工黨的蔣廷黻，現在作了一百八十度的轉彎，支持保守黨。在 1950 年代後期，他一直擔心保守黨會把政權拱手讓給工黨。1959 年 10 月 8 日，他一直在廣播上收聽英國大選的結果：「到了半夜，廣播說英國保守黨確定贏了。真令人快慰！」他在次日的日記作了進一步的引申：「保守黨占了多數，超過一百席。在大多數的亞非國家裡，光是『保守』這個標籤就可以讓人輸掉選舉。然而，英國的保守黨能夠援引過去的經驗來引導他們前進。有些國家的保守黨拒絕向前進。而許多歷史上的過激主義的作法不但無用而且有害；指引他們的只是理論、理想、甚或是意識形態。這就是為什麼英國的保守黨會一直在英國的社會裡扮演著重要角色的原因。」

1960 年 6 月，日本爆發了反對《日美安保條約》最大的示威運動，迫得美國艾森豪總統取消原來準備到東京去簽署這個條約之行。蔣廷黻在 6 月 17 日的日記：

> 東京街頭暴民的行徑開了世界史上一個新的篇章。赤共以及極端的民族主義者嘗到了暴民行徑的甜頭，他們會無所不用其極地使用這個武器。在利用暴民的時候，赤共會利用美國幼稚的民主、自由觀念。岸信介〔日本首相〕之所以會失敗，主要是因為美國不夠深思熟慮的占領政策所致：完全廢除了日本的軍備，使其在憲法上無法組織軍隊。這種作法削弱了警察的力量。而日本這個國家一向是倚賴強有力的警察的。日本暴民的行徑會被世界其他地方的人有樣學樣，特別是在拉丁美洲。

毫無疑問地，在美國，蔣廷黻支持的是共和黨，跟晚年的胡適完全一致。然而，他跟胡適不一樣的地方，在於晚年的胡適所來往的都是極端保守的美國人，例如索克思（George Sokolsky）、柯爾伯（Alfred Kohlberg）等人。而蔣廷黻則跟這些極端保守的美國人保持距離。比如說，他 1960 年 1 月 26 日晚上去參加柯爾伯的朋友為他在一個豪華飯店頂樓所舉辦的一個生日宴會：

> 人擠得水泄不通。索克思當主持人很成功。《國家評論》（*National*

Review）主編小威廉・巴克利（William Buckley Jr.）發表了一個演說，極
有文采，但在政治上不智。麥卡錫參議員的遺孀、羅伊・科恩（Roy
Cohn）〔麥卡錫的律師〕都作了演說。這是一個極端右派的活動。我認
為它的群眾基礎太狹窄了，很難在政治上有影響力。」

　　蔣廷黻和胡適同樣是鷹派的反共鬥士。然而胡適喜歡尼克森，甚至說自己
是尼克森的「崇拜者」；蔣廷黻則反之。1962 年，尼克森競選加州州長失
敗。蔣廷黻在 11 月 7 日的日記裡說：「今天一早聽說尼克森輸了加州的選
舉。這是他政治生命的結束〔結果尼克森東山再起，在 1969 年當上了美國總
統〕。雖然他一直堅決反共，我從來就不喜歡他這個人。他輸了並不是一個大
損失。」
　　蔣廷黻喜歡的保守人士是屬於穩健型的；堅決反共，但在政治、社會的理
念上又不極端到近於反動的地步。最典型的例子就是他對 1964 年美國共和黨
總統候選人高華德（Barry Goldwater）的看法。該年選舉，詹森取得壓倒性的
勝利，高華德落選。蔣廷黻連續在 11 月 3、4 日兩天寫下他的分析。他說民
主、共和兩黨都反共，都要在軍事上維持優勢。它們在這方面唯一不同的地
方，是共和黨認為所有共產黨都是一丘之貉，可以用同樣的方法來對付他們。
民主黨則認為應該分開對付，以便分化他們。在對付共產黨這方面，蔣廷黻喜
歡共和黨。但在內政方面，他無法接受高華德。他說：「高華德主張：一、收
支平衡是走向健全的經濟、平穩的美元之路；二、減低聯邦政府所扮演的角
色，回歸自由放任主義（laissez-faire）、強調州權、個人靠自己的努力、私人
企業靠自己的動力。這是過時的哲學。今天連企業都依賴聯邦政府。」
　　最有意味的是，菁英主義的蔣廷黻在晚年討厭美國的知識分子。他學美國
人貶抑知識分子的謔稱，稱他們為「蛋頭」（egg-heads）。他跟晚年的胡適
一樣，認為美國的知識分子多半是自由主義者，不是對共產黨太過軟弱，就是
共產黨的同路人。1962 年 11 月 8 日，他宴請即將到台灣去訪問的參議員陶爾
（John Tower）夫婦及其他保守的陪客。他說宴席中的客人全都比他還要厭惡
「蛋頭」。他們把甘迺迪總統在古巴飛彈危機時說不侵略古巴的承諾怪在「蛋
頭」顧問的頭上。這些「蛋頭」所持的是雙重標準：「當甘迺迪說要採取行動

的時候，『蛋頭』都會支持；然而，當共和黨說應該採取行動的時候，『蛋頭們』就嚎叫嗥吼（howl）。事實上，只有民主黨會把美國帶向戰爭之途。」

1964 年 3 月 25 日，他到波士頓代表政府授勛給庫遜樞機主教（Cardinal Cushing），誌謝他為台北輔仁大學募到了 100 萬美金鉅款的貢獻。他在跟庫遜主教閒聊的時候說：「我對美國的老百姓有信心。我所擔心的是那些所謂的知識分子。他回答說他跟我有一樣的憂慮：『有時候我甚至擔心甘迺迪總統。』」蔣廷黻有所不知，他對他們有信心的美國老百姓在反攻大陸上是不會跟他聞雞起舞的。就像美國保守反共的眾議員周以德在 1963 年 4 月 11 日的晚宴上對他說的：「美國雖然反共，但它反戰甚於反共。」

蔣廷黻厭惡美國的知識分子，特別是自由主義者的程度，已經是到了極端的地步。1964 年 5 月 12 日的晚宴，他坐在女主人和威廉·彭岱（William Bundy）夫人的中間。威廉·彭岱是東亞暨太平洋事務助理國務卿，也是甘迺迪國家安全特別助理彭岱（McGeorge Bundy）的哥哥。晚宴開始的時候，蔣廷黻不知道哪位是女主人？哪位是威廉·彭岱夫人？但是，他早就知道她是他所厭惡的鼎鼎大名的發表對華白皮書的前國務卿艾奇遜（Dean Acheson）的女兒。出乎他意料地：

　　她暴露她自己的身分，主動告訴我她是艾奇遜的女兒，莎拉·勞倫斯（Sarah Lawrence）大學畢業。她談鋒很健。我現在願意承認艾奇遜是一個好父親、莎拉·勞倫斯是一個好大學，因為她見多識廣、純粹的自由派、整個人都討人喜歡。當我提到「雙橡園」的樹木，特別是水杉的時候，她非常興奮——任誰都應該如此！她問了很多很深入的有關中國歷史的問題，以及水杉裡 W 跟 C 種之間的異同。我看我得修正我對「大自由派」（free L[iberals].）〔他用大寫的字母縮寫來概括他們〕的人士的成見。

蔣廷黻特別看不起美國研究中國的學者。1958 年 5 月 22 日，他跟來訪的中央研究院近代史研究所的所長郭廷以聊中國近代史研究：「我們也同意美國研究中國史的學者一般說來都很平庸、〔但〕用功、妄自尊大（self-

important）。」對從前去過清華的費正清，蔣廷黻敬而遠之。他受不了費正清
說毛澤東走的是獨立於莫斯科以外的農民革命的路線。他在 1957 年 5 月 28 日
日記裡說費正清的兩國中國論是「偽學術（pseudo-scholarship）與左派思想的
混合」。1964 年 11 月間，許多美國學者出面營救被蔣介石拘捕的彭明敏教授
的時候，蔣廷黻特別在 13 日的日記裡分析費正清：

> 費正清的來信裡所顯露出來的心理既複雜也有趣。他不提人權，不提學
> 術自由，而是抱怨少數（大陸人）欺壓多數人（台灣人）。他的動機何
> 在？很可能是混合的。他不要國民黨，也不要老蔣。他要給毛政權生存的
> 空間。這也就是說，他反對反攻大陸，或者任何形式的反攻。他有很大的
> 衝動要「救這個世界」（do good）〔蔣廷黻用正面的話形容自由主義者
> 的「婦人之仁」時候的用語〕。

晚年的蔣廷黻對民主在中國的前景是悲觀的。他一向就對中國能否實行民
主制度抱持著懷疑的態度。蔣介石不惜以修憲的方式三連任，而且緊鑼密鼓地
開始上演父傳子的戲碼。這對蔣廷黻來說是一個中國不可能走向民主的另一個
明證。1964 年 10 月 31 日，他在紐約的聖若望大學（St. John's University）演說
〈中國傳統與現代思潮〉（Chinese Tradition and Modern Currents）。他說在現代
思潮裡，科學技術在中國的發展當然是不成問題的。唯一有疑問的是民主。他
說如果借用美國總統林肯的「民有、民治、民享」的觀念來界定民主，「民
享」的觀念比較容易在中國的傳統裡找到相應的觀念。這是因為儘管傳統皇權
是絕對的，但皇權的行使理應照顧到百姓的福祉。因此，孔子的天命觀是透過
百姓來彰顯的。「民有」這個觀念就比較有問題了。牽強來說，一個「好皇帝
有」的政府可以視為一個「民有」的政府，因為那個好皇帝是老百姓的皇帝。
　　「民治」就是一個全然不同的問題了。蔣廷黻認為中國沒有民治的傳統。
要把這個來自西方的觀念在中國實行，只有從零開始。他悲觀地說：

> 把觀念從一個國家傳到另外一個國家很容易，實行則是另外一個問題。
> 就舉幾個大家所公認的民主思想權威為例，要讓少數的中國知識分子了解

法國的盧梭、美國的傑佛遜、英國的穆勒的觀念不難。然而，知識分子很容易忽略的是，治國所靠的不只是理論。更加困難的是，讓老百姓去學習如何組織政黨、評斷問題、選賢與能、或甚至只是要他們對公共事務產生興趣。換句話說，我認為實行民主是世界上最困難的一件事，遠比學會愛因斯坦的相對論、原子物理的最新發現、或者製造最犀利的飛彈還要來得困難。在這個世界大多數的國家裡，我們處處可見嘴巴上講民主，可是倒行逆施反民主的人。[42]

　　蔣廷黻這段話有兩個不合邏輯的地方。第一個是不合邏輯的類比。他說要中國知識分子了解西方的民主思想不難，難的是要老百姓去實踐。一邊是理論，一邊是實踐，兩者如何類比？而且，即使中國知識分子不難了解西方的民主思想，這並不意味著說他們能夠、而且願意實踐民主的思想。如果他把知識分子跟老百姓合在一起討論，說他們可以高談理論，但不能起而行，那就說得通了。第二個不合邏輯的地方是類比沒有完成。他說相對來說，愛因斯坦的相對論、原子物理、或者製造飛彈不難。這個所謂的不難顯然是對知識分子而言。然而，他說到這裡就打住了，就沒再跟著繼續作類比，說相對來說，相對論、原子物理、飛彈，對一般老百姓也比民主思想容易學。也許這就是記日記的問題，想到什麼就說什麼，並不是深思熟慮的成品。說不定，他的意思其實很簡單，就是要把西方的民主移植到中國，要比把相對論、原子物理、飛彈移植到中國還要難。他把知識分子扯進來，反而是混淆了他所要表達的論點。

　　蔣廷黻說有知識分子以為可以靠理論治國，他所批評的，當然就是胡適。他們在 1930 年代的「民主與專制」的辯論，誰都沒有說服誰。跟大多數的人一樣，蔣廷黻並不了解胡適的「民主政治是幼稚園的政治」是相對於「專家政治是研究院的政治」那個理念而提出的，不能獨立拿來理解。其實，從蔣廷黻這段話來看，他顯然完全了解學習民主比學習相對論還難，其癥結並不在於老百姓，而是在於掌權的人。他所說的「嘴巴上講民主，可是倒行逆施反民主的人」不就指出了禍首了嗎！他 1960 年 5 月 2 日返國述職以後經東京返美的日

42　Tsing Tingfu, "Chinese Tradition and Modern Currents,"《蔣廷黻資料》，23.22-26。

記裡的一句話，就一語道破了權力是其實、政體是其表的事實。當天中午他在
駐日大使館午餐。席間談到了日本的政治：「日本的財閥控制著日本的政治。
沒有財閥的支持，沒有一個政客負擔得起選舉的費用。在民主的表象之下，是
財閥政治的實質。」

晚年的蔣廷黻已經悲觀到認為中國及其他落後國家之所以無法實行民主是
文化，甚至是基因的問題。1960 年 8 月 12 日，美國成功地發射了一個氣球形
的人造衛星，把艾森豪總統所錄下的一段話，從加州立時播放到兩千四百英里
以外的紐澤西州。蔣廷黻說：

> 這項科學的成就標示了人類進入了掌控大自然的一個新的境界。然而，
> 我一點感覺也沒有。如果有人能夠探究出民主在亞非〔無法實行〕、在歐
> 美〔實行成功〕背後的奧祕，並提供改進的祕方，我會興奮地跳躍起來；
> 對人造衛星，我不會。畢竟，我是一個中國人。

高爾夫球迷

在蔣廷黻將近七十年的一生當中，最後的十八年是在美國度過的。跟他相
處最久也最好的幼子 Donald 認為蔣廷黻在美國的生活是快樂的。[43]我們從日記
也可以找到他快樂的痕跡。用蔣廷黻自己的話來說，1957 年夏天是他一生中最
快樂的一段時光。他在 8 月 12 日的日記說：「這個夏天是我一生當中第一次
感覺到人生是值得活的。就是空氣、陽光、一口冷水或牛奶、睡眠、綠葉，都
可以讓我覺得不但令人欣喜，而且令人雀躍。我的整個人都覺得清醒、機靈。
也許，我已經進入了人生裡的第二個童稚期。」只是，不知道原因是什麼，他
這個童稚的雀躍感注定是短暫的。半個多月以後，他在 9 月 3 日的日記裡說：
「初夏的時候，清新的空氣、陽光、綠草，就可以讓我欣喜萬分。我的整個身
體都沐浴在欣喜裡。光是活著，就讓我快活已極。這一切在夏天中期突然間改

43　湯晏，《蔣廷黻與蔣介石》，頁 448。

變。我的感官變鈍了；我的心變沉重了。我的理智告訴我擔心沒有用，可是我的心就是無法擺脫擔憂。」可惜的是，他沒有透露究竟是什麼事讓他擔心。

在這快樂的十八年的生涯裡，蔣廷黻過著的是一個非常充實的生活。工作以及與工作相關的閱讀、寫作、演講不論，他持續廣泛地涉獵中西文學、歷史、政治、哲學的作品；他喜歡參觀博物館、畫廊、歷史文物古蹟、植物園、動物園、看電影；他喜愛古典音樂、歌劇，除了在收音機上收聽以外，他會帶家人去音樂廳、歌劇院觀賞。同時，他也可能是最投入運動的近代中國知識分子。他愛看美式足球跟棒球。美式足球或棒球，他都有他支持的球隊和球員。1953 年 10 月 24 日的日記反映出一個美式足球迷幡然自省的一刻：

> 下午，看電視轉播的美式足球賽。「通用公司」贊助同時播報四場比賽的全景轉播。在一開始的時候，我抗拒著（rebelled）。要我在普林斯頓與康乃爾賽局關鍵的一刻轉開，把我的興奮與焦慮之情轉到老遠的〔田納西州〕孟斐斯（Memphis）的密西西比和阿肯色隊，以及其他地方的賽局，這真的是強人所難。後來，我領悟到所有這些都只是比賽而已，沒有必要成為任何特定的一隊的死忠球迷。看比賽，就是要有變化、換地方。

蔣廷黻顯然自己也很有運動細胞。雖然他在日記裡不常提起他打網球，但顯然他天生就是一個網球高手。Donald 說他高中的時候有一次跟蔣廷黻、Hilda 去度假一個星期，一定就是蔣廷黻 1949 年 8 月初日記記他們去紐約市北邊大約五十英里的「馬侯派克湖」（Mahopac）那一次。Donald 說他是網球校隊。結果，打了一個星期以後，他父親居然把他給打敗了。[44]

在 1952、1953 年間，蔣廷黻還對木工產生興趣，跟 Donald 一起作了花架、櫥櫃、書架、酒櫃，以及吧台。最有意味的是，在 1951 到 1953 年之間，他迷戀上看電視上轉播的職業摔角比賽的節目。他甚至在 1953 年 11 月 26 日買票帶 Hilda 和 Donald 去紐約有名的「麥迪森廣場花園」（Madison Square Garden）看職業摔角比賽。

---

44 2020 年 8 月 4 日，Donald Tsiang 在來電中的回憶。

　　在他這快樂的十八年的生涯裡，最重要的一個生活重心是打高爾夫球。事實上，在他最後十二年的日記裡，他記得最多、最詳盡的是高爾夫球。蔣廷黻第一次在日記裡提到他打高爾夫球是在 1947 年 8 月 15 日。當天，他和 Donald 跟朋友去「瓊斯海灘州立公園」（Jones Beach）。野餐以後，他們試著練習打高爾夫球。由於地太濕了，他們只好放棄。9 月 17 日，他跟 Donald 又去「瓊斯海灘州立公園」打高爾夫球。這一年，他們父子有四次打高爾夫球的記錄。等 Hilda 在 1948 年 6 月到了美國以後，打高爾夫球是他們一家的娛樂。最常跟他去打的是 Donald，其次是次女 Marie（壽仁）。Donald 對高爾夫球的興趣最高。Hilda 的興趣並不高，但蔣廷黻在 1953 年 7 月 29 日買了兩套高爾夫球桿，一套送給 Hilda 當生日禮物。在一開始的時候，蔣廷黻自己對高爾夫球似乎並不是那麼狂熱。1953 年只有 42 次打高爾夫球的記錄。然而，從該年 11 月開始，他一下子狂熱起來。1954 年，他打高爾夫球的記錄一下子飆升到 142 次。接著，1955 年，123 次；1956 年，133 次，平均不到三天就打一次；1957 年，175 次，幾乎到了每兩天打一次的頻率。

　　無怪乎蔣廷黻高爾夫球打得好，因為他肯下工夫，終年不休地苦練。他苦練的程度，是到了不分晝夜、季節、風雨無阻的地步。一年當中他打得最頻繁的時候，自然是夏天。然而，他練球是不分季節的。夏天他可以打到天黑。比如說，1954 年 7 月 5 日，他去球場跟陌生人打球，從下午四點打到九點。最後一洞，是摸黑打的。即使不去高爾夫球場，他仍然可以把家裡的草地當成球場。1956 年 6 月 23 日：「下午，試著用 9 號鐵桿把球打進一個放在 50 英尺距離的籃子裡。沒有一次成功。」

　　冬天高爾夫球場不開的時候，他就在家裡練習。他住在紐約北邊河谷鎮（Riverdale）菲爾斯頓路（Fieldston Road）5710 號的時候，是在地下室練習。厲害的是，他可以把地下室的環境假想成一個高爾夫球場。1953 年 11 月 7 日：「在地下室用塑膠高爾夫球練習打著。訂出一個記算桿數的方式。」1955 年 4 月，他們搬到紐澤西州恩格爾伍德鎮（Englewood）栗樹街（Chestnut Street）83 號。那是一棟三層樓外加地下室的大房子。住宅占地大，寬 80 英尺，長 200 英尺。由於後院特別長，他就在後院的草地上練球。1956 年 1 月 2 日，氣溫才三十度不到，他在後院的草地上用塑膠練習球揮桿

打著。他說那只能顯示右曲球與左曲球，但顯示不了距離。2 月 11 日，他在雨中練球。後來，他想出了一個辦法，把練習網和球放在車庫裡，然後把球打向車庫外的車道上。2 月 19 日星期天：「練習了三次高爾夫球：木桿打得好；鐵桿不行。用短鐵桿打低切球到 70 英尺的距離，成績不錯。」嗜打高爾夫球如癡的他，連節日都不願意放過的。1957 年 12 月 23 日，再過兩天就是聖誕節了。他一點鐘從辦公室回到家。吃了午餐以後，耐不住手癢想打球。他要司機亞佛雷特（Alfred Marjosef）載他出去。所有的球場都關了，有的甚至在賣聖誕樹。但「好景」（Fairview）的「短桿球場」開著。他們就進去打了一輪「小型高爾夫球」（pitch & putt）。

　　蔣廷黻打了多年的高爾夫球，總是覺得難以窺其堂奧。1956 年 6 月 10 日，他在電視上看到金・李特樂（Gene Littler）贏得該年「美國職業高爾夫球協會」冠軍。他讚嘆不已地說：「每個球手推球進洞的技術令人嘆為觀止。能打得這麼精準，真是令人難以置信！」到該年秋天，他終於開始覺得摸到了訣竅。10 月 26 日：「練習打高爾夫球。這是我第一次能把左臀的旋轉和手及腕的動作一氣呵成。我終於找到了正宗高爾夫球之道（way to real golf）！」他的桿數說明了一切。1957 年 5 月 7 日：「下午到『馬鞍河高爾夫球場』（Saddle River Club）打球：97 桿；第一次破百。」由於這是蔣廷黻高爾夫球史上一個重要的里程碑，駐聯合國代表團的鄭錫霖和祕書梁煥英（Gladys Moy）還特別在 5 月 16 日請他吃中飯慶祝他破百。

　　在蔣廷黻摸出了打高爾夫球的訣竅以後，他能夠剖析自己犯錯的所在並思索矯正的方法。1956 年 6 月 3 日早上他本來跟朋友約好去打球，因為大雨而取消。到了中午，天氣放晴：「推剪了前院的草地。上、下午都練了很久的球。我主要的問題是：右手老是想要多助那麼一點力。」同時，他也用心觀察模仿高手的姿勢、揮桿的動作。同年 8 月 11 日，他在練習場打高爾夫球的時候：「注意到一個年長者鐵桿擊球，既輕鬆自如、優美，又很能打出距離。我試著模仿他，可就是打不好。他於是過來教我，要我把身軀保持不動，把重量放在左腳，讓手臂和手腕能自由地揮桿擊球。一個人的習慣養成以後，要改很不容易。但幾次以後，我開始能把重量放在左腳，讓我的手臂自由地揮桿，打出了距離。最重要的是，我沒再削球打出右曲球了。」蔣廷黻現買現賣。當天

下午四點，他駐聯合國代表團團員劉毓棠（Daniel Lew）跟他的兒子安東尼（Tony）來找他。他們又去了高爾夫球場。他告訴劉毓棠那個年長者教他的方法。他說劉毓棠照著作有用，安東尼也開始摸到了訣竅。

　　蔣廷黻越打越能夠領略高爾夫球的三昧。1957 年 5 月 23 日：「必須把整個身體調教到能夠和那乾淨俐落的一揮融為一體。這點，用短鐵桿的時候還容易。然而，必須而且應該是能夠作到使用所有的球桿的時候都是如此。」除了領略、矯正以外，蔣廷黻更虛心向高手請益。5 月 25 日，他先跟司機亞佛雷特去一個球場打「小型高爾夫球」。接著，他們再去「蘇立文球場」練球：

　　　球場年輕的老闆比利‧蘇立文（Billy Sullivan）教我一些使用 5 號、7號桿的點子。他的球技真棒。他發現我右手的力道壓過了我的左手，要我不讓它使力。他還算成功地教會我，讓我的左手懂得要把球桿拿回來，亦即，在揮桿之初就採取主動。他也強調要用把桿面置於正確的角度，亦即，用與球線一致的角度來擊球。這點特別有價值，因為它幫助我把球打靠近目標。

　　次日，蔣廷黻帶「行政院駐美採購服務團」團員包新第及其家人去練球。包新第有三個女兒：大女兒包柏漪（Bette，蔣廷黻在日記裡拼為 Betty），二女兒包圭漪（Cathy，蔣廷黻在日記裡拼為 Kathy），三女兒包珊珊（Jean Bao）當時還在中國。蔣廷黻在日記裡稱讚包柏漪、包圭漪活潑大方。1957 年4 月 2 日，蔣廷黻一家人去包新第在紐澤西州提內克（Teaneck）家晚餐：「這兩個女孩子——一個念高一，一個是塔夫茲學院（Tufts College）〔當時還是學院〕二年級學生——給餐會帶來了生氣。她們顯示了在美國長大的中國女孩不再是羞答答的。小的要吃糖、運動；大的談男孩子、大方地要所有男人都注意並欣賞她的身材。」這兩位包家女兒後來都成為名作家。包柏漪（Bette）的先生是溫斯頓‧洛德（Winston Lord），1985 到 1989 年間任美國駐華大使。

　　總之，蔣廷黻在 5 月 26 日帶包新第及其家人去練球的時候，他說包圭漪打得好、自然。而包新第自己就是沒辦法讓自己的身體放鬆，老是要把高爾夫

球桿當成棒球棒來打。蔣廷黻自己則專心地按照蘇立文前一天教他的方法用 7 號、9 號的球桿練著。他對蘇立文的方法非常滿意。他用 5 號、3 號球桿練的時候，則用他自己琢磨出來的揮桿的方法，只是現在揮得更從容篤定（deliberately）。用 5 號球桿可以打出 150 碼；用 3 號球桿可以打出 160 碼。他愜意地說：「我覺得我終能一窺高爾夫球的奧祕了。」6 月 13 日，蔣廷黻的成績進步到 91 桿。他說：「第一個洞用了我 9 桿。如果我能向往常一樣 5、6 桿就進洞，我今天就可以低於 90 桿了。」6 月 26 日，他打出了 89 桿的成績。然而，他有點不相信，認為司機亞佛雷特竄改記錄，報低桿數。然而，即使亞佛雷特當天為了討好蔣廷黻而以多報少，蔣廷黻確實是進步了。7 月裡有三天，8 日、16 日、23 日，他都打出 89 桿的成績。

　　漸入佳境的蔣廷黻，從藝術、美學的角度來品味高爾夫球。6 月 22 日他去練球的時候看到了幾個高手：「一個既打得遠又控制得好。另外一個雖然打得不遠，但控制自如。前者身體、手臂、和手腕渾為一體；後者的身體與手臂如此，但手腕不夠。我用我的手臂和手腕，但身體用得不夠。用短鐵桿的時候，我把整個重心都放在左腳。用長鐵桿與木桿的時候，我只稍微變換我的重心。練習場年長的老闆很重視手腕。他認為關鍵在於在擊球區的動作，其餘的都只是準備。從前我在身體轉動的時候，會把重心大大地移向右邊。由於我移向左邊不夠快（或者是我太早擊球），我老是打出右曲球。為了增加控制，我逐漸局限我的移動。現在，我要多多練習身體的轉動。」

　　次日，蔣廷黻跟包新第去練球：「我練習把重心從左移到右，然後再從右移到左，而且只在擊球區擊球。除非我的左手在擊球以後翻轉，我打的就是高飛球。如果我翻轉，我的球就能往前飛，而且飛得頗有距離。」7 月 27 日，司機卡洛（Carlo Savino）載他去練球，並看著他打。他給我一個很好的建議：「上桿（backswing）一定要放輕鬆。我在練習場比在球場上打得自然。我引桿（take the club back）的時候，肌肉不繃緊，身體不僵硬，就會有一個漂亮的下桿（downswing）。年長的麥克（Mike）〔練習場的老闆〕也建議我練習把球從沙坑裡打出來，而且用 9 號鐵桿劈球。」

　　這位麥克七十歲。8 月 1 日，蔣廷黻和他一起去「馬鞍河高球俱樂部」打球。蔣廷黻說：「他打球不求距離，有 180 碼他就滿足了。他打得筆直。他總

是可以把球打到球道的中央。雖然這是他今年第一次打球，他的成績是 89 桿。我賣力地打，有時候我的球比他還遠 30 碼，可是我的成績是 112 桿。這讓我氣憤已極。司機卡洛跟著來。他一直對我說：『放輕鬆！』人在高爾夫球場上是很難放輕鬆的！」

雖然蔣廷黻說人在高爾夫球場上很難放輕鬆，但他覺得麥克打球的哲學值得學習。8 月 5 日下午：「練球。試著揣摩麥克『揮灑自如高爾夫球術』（effortless golf）的技巧。」8 月 16 日上午，他又說：「下午練高爾夫球。我主要的問題是在強力使桿。」17 日，他跟司機亞佛雷特去「馬鞍河高球俱樂部」打球。他們先打「小型高爾夫球」，然後再練球。他認為高手打高爾夫球，展現的是一種人體運動的美：「重點是：如何打出距離卻又不至於揮桿失態。揮桿是一個美麗的幾何圖形（figure）。有些人揮的圖形快而強勁；他們是高手。有些人揮的圖形柔和；他們發球最多只能打到 200 碼。那些揮不成圖形的人，是亂揮一把。」

蔣廷黻高爾夫球越打越順手。8 月 19 日，100 桿；22 日，94 桿。然而，就在他自己覺得球技日進的時候，另外一位高手卻又給他一個完全不同的建議。23 日下午他去練球：「遵循麥克的建議，我犧牲距離以贏取控制。練習場有一個人問我說，為什麼我下桿以後有所遲疑呢？他說：放手一揮，全力擊球。我照著作。結果我的球多飛了 15、20 碼，一點都沒亂掉。這就應驗了〔哲學裡所說的〕『正、反、合』（thesis, antithesis & syntheses）的道理。」蔣廷黻這個「正、反、合」的高爾夫球哲學，他 24 日舉例說明：「到麥克的練習場練習。現在，有了新的綜合——輕鬆地向後揮桿、全力下桿、而又不太使力揮桿——我有了好的成績。球飛得遠，特別是用 3 號、5 號鐵桿和 1 號木桿的時候。」

由於他球技日臻成熟，蔣廷黻開始以職業高爾夫球家的標準來期許自己。1961 年 4 月 23 日，他搭計程車去麥克的球場練球：「我逐漸體會出高爾夫球揮桿該是什麼樣子。我打的距離比專業高爾夫球家短少了四分之一：如果他們用發球桿可以打到 240 碼，我只有 180 碼；如果他們用 9 號鐵桿可以打到 120 碼，我只有 90 碼。我希望這個四分之一的距離可以減低到五分之一。」

全年打高爾夫球的蔣廷黻，即使冬天球場不開的時候，他也會在家裡後院

的草地上練。下雪的時候，他有時候用塑膠球打。打到雪裡，等雪融了以後再去撿。1958 年 2 月 23 日，他發明了一個用雪來作冰球的方法：「試著用不同的方法把雪作成高爾夫球。找出兩個塑膠量食材的湯匙，把它們併在一起，就可以作一個圓球。由於它們不堅實，會碎開。下午四點，我澆一點水在雪球上，希望隔夜以後它們會結成冰球。」可惜蔣廷黻沒說這個實驗的結果如何。3 月 15 日，他鏟雪之餘，廢物利用，把它們作成雪球，用球桿打進花園裡。

這個雪球的玩法，蔣廷黻有了新的發明。從 1957 年 10 月開始，最常跟蔣廷黻打高爾夫球的搭檔是「行政院駐美採購服務團」另一位團員韓朝宗少將。3 月 23 日，住在紐約市區旅館裡的韓朝宗不知道郊區下的雪有多深。他打電話約蔣廷黻去打高爾夫球。蔣廷黻告訴他球場也許沒開。韓朝宗十一點到。他們開車到「馬鞍河高球俱樂部」，看見門口掛著「不開」的牌子。他們於是開回蔣廷黻的家。蔣廷黻教他打雪球的規矩，亦即，把放在墊子上的雪團打出去，但不碰到墊子，或者不讓墊子移動。韓朝宗覺得這個玩法很新奇。他們發現如果雪團太扁的話，打起來是相當大的挑戰。他們玩得不亦樂乎，一直打到1:15。這個打雪球的遊戲，蔣廷黻自己後來還會繼續玩著。比如說，1960 年 1 月 17 日，他在前廊裡打雪球。他說：「訣竅在於把墊子上的雪塊乾淨俐落地打出去，而不觸及球網。」

除了雪球以外，蔣廷黻也發現他可以廢物利用後院裡七葉樹掉下來的果子馬栗（Horse Chestnut）。1959 年 11 月 1 日：「在後院練球，把馬栗當球打。我把馬栗打得高飛進鄰居的後院裡，大約有 50 碼的距離。」這個把馬栗當球來打的遊戲，蔣廷黻會持續玩下去。

由於他熱愛高爾夫球，不管再冷，只要球場開，他願意捱凍。1960 年 3 月 1 日：「去『美草高爾夫球場』（Fairlawn Golf Range）練球。強風直吹我的臉，有時候甚至把我吹得站不住腳。我的手指頭凍得發疼。3 月 1 日來練球，這證明了我熱愛的程度。」一年以後，1961 年 3 月 31 日，他跟「中華教育文化基金會」會計葉良才的兒子 Stephen 以及他的一個朋友去打球。他們越打越冷：「西北風增強，氣溫下降。打後邊幾個洞的時候就像酷刑一樣。下午五點打完，疲憊已極，幾乎凍僵。喝了熱咖啡。」

1962 年 1 月 4 日才住進「雙橡園」，7 日，韓朝宗就帶蔣廷黻去一個市立

的高爾夫球場打球。3 月 4 日：「在一頓晚起後慢條斯理吃完的早餐以後，到花園裡練打高爾夫球。那空間大概有 240 碼球道的長度。我來回地打著，打到我心滿意足。」由於「雙橡園」的花園就像是他自己的高爾夫球場，蔣廷黻經常就在官邸練球。然而，「雙橡園」再方便，畢竟不是高爾夫球場。在華盛頓他最常去打球的幾個地方是「東波托馬克公園高爾夫球場」（East Potomac River Park Golf Range）、「綠薔薇高爾夫球場」（Greenbriar Golf Range）、以及「貝塞斯達鄉村俱樂部」（Bethesda Country Club）。

只是，蔣廷黻的球技似乎在 1959 年就到了巔峰。那一年他練球的次數是 153 次，還不是記錄最高的一年。然而，他似乎是遇到了瓶頸。此後，即使他偶爾能夠打到他最好的 88 桿數，一般來說，都是在 90、甚至 100 桿以上。1960 年以後，他練球的次數開始下降，但仍然是每年超過 100 次的記錄。1962 年，他出任駐美大使的第一年，仍然有 97 次練球的記錄。然而，蔣廷黻的球技似乎不但不進，而且開始退步。從前他住紐澤西的時候最常一起打球的球伴是韓朝宗。等他搬到了華盛頓以後， 韓朝宗仍然是他最常一起打球的球伴。只是，到了 1962 年 8 月，韓朝宗的球技已經超過蔣廷黻，19 日，韓朝宗 88 桿，蔣廷黻 98 桿。

然而，這並不表示蔣廷黻開始鬆懈了。他一直努力地糾正自己揮桿、手腕、身體以及臀部轉動上的錯誤。到了 1963 年 3 月 28 日，他還找高爾夫球場的教練上課：「他改變我握桿的方式，教我把腳站在離開球座再遠個兩英寸的地方，然後像畫大圈圈一樣地上桿。效果不錯：我增加了大概 10 碼的距離。」該年 4 月 7 日，他仍然孜孜不倦地揣摩如何遵循職業高爾夫球明星的建議揮桿：

　　我發現山姆・史尼德（Sam Snead）的建議完全有道理。他說在下桿開始一剎那不要把球桿握得太緊。我也發現班・霍根（Ben Hogan）的建議很有道理。他說上桿是一個一連串的動作，從手開始，然後是肩膀，再到臀部；下桿的一連串動作則反其道而行，從臀部開始，然後是肩膀、手、最後是手腕。

　　他不但繼續勤於練球，他在該年 6 月 25 日還買了一整套新的球桿。1963 年以後，他練球的記錄急遽下降。1963 年，64 次；1964 年，30 次；1965 年，11 次。然而，這可能並不表示他練球的次數真正急遽減少，而是因為他已經不像從前一樣每天寫日記。1965 年，他 5 月底退休，接著就生病了，日記缺漏很多。

　　事實上，一直到 1964 年為止，他勤於練球的程度不輸於往年。即使天冷仍然不放鬆。比如說，3 月 8 日：「七點起床。想要如何能既穿得暖又能運動自如。我穿上了我在阿根廷〔1960 年 5 月，代表台灣參加阿根廷建國一百五十週年慶典〕買的羊毛內衣褲、羊毛襯衫、羊毛衣、再穿上防風夾克。」5 月 4 日，在「綠薔薇高爾夫球場」練球，發現擊球的距離平均比去年短少了 15%。他於是更加努力練球。11 月 15 日：「發現在經過整個夏天努力以後，長打的距離已經比較進步了。」

　　蔣廷黻不知道問題並不在於他練習不夠，而是他的健康情況已經亮了紅燈。1964 年 5 月 4 日，他第一次、也是唯一一次在練球的時候提到他有呼吸困難的問題：「在〔雙橡園〕草地上練球，覺得我部分克服了呼吸急促的問題。」雖然他並不知道他的肺部已經出了問題，但他的身體其實已經用著很原始的方法在暗示他了。1965 年 5 月 8 日：「我對高爾夫球的興趣已經減低了。我不再有要破九十、甚至破百的挑戰心。練一個鐘頭就覺得夠了。女人對我也不再有那麼大的誘惑力了。」

Hilda 與孩子們

　　蔣廷黻的第二次婚姻是美滿的。用 Donald 的話來說：「父親和 Hilda 相處很融洽、很愉快。」[45]他和 Hilda 是很好的搭檔，感情很好，配合無間。他會不時帶 Hilda 出去不同的餐館吃飯、看電影。1958 年 11 月 28 日：「帶她去『廚師帽』（Le Toque Blanche）〔當年紐約有名的法國餐館〕吃午餐。我倆像初戀的情人一樣，一點都不像是夫妻。」他常常陪 Hilda 玩拼字遊戲

45　湯晏，《蔣廷黻與蔣介石》，頁 448。

（scrabble）、單人紙牌遊戲（solitaire）；橋牌他們已經很少打了，除非有朋友來，或者是去朋友家的橋局。蔣廷黻在院子裡幫 Hilda 闢出了花園和菜圃。剪草、施肥、撒種、除雜草、修剪灌木叢是蔣廷黻的工作。房子裡一些簡單的修理工作，常常是他們兩人通力合作完成的。比如說，1956 年 9 月 8 日，他們兩人修補房子前廊漏水的問題。他們先用瀝青塗抹在屋頂上以防漏水。蔣廷黻把天花板上剝落的油漆刮掉，再由 Hilda 油漆。秋天落葉鋪滿了草地和院落，他們兩人一起耙掃起來，再拿去後院燒掉，兩人像孩子一樣撥火嬉戲著。冬天下雪的時候，他倆會一起鏟雪，偶爾還會一起堆雪人玩著。

　　蔣廷黻家裡一直有人幫傭、打掃、做飯。住在紐約市裡的時候，他們有一個德國女傭名字叫曼利（Marie）。搬到紐澤西州以後，他們在 1952 年夏天從香港請來了一個女傭黃鳳（Wong Fung; Ah Feng）。Hilda 說工資 50 元。[46]兩年半以後，阿鳳轉到一個美國家庭裡幫傭，工資倍增了三倍。於是，蔣廷黻夫婦在 1955 年 3 月底從台灣請來了一個幫傭李四珠（Li Sze Chu）。李四珠沒做很久。1956 年，他們又從香港請來了載蓮（Tsai Lien）。三年以後，1959 年 4 月 19 日，載蓮吐血。第二天，醫生推測載蓮很可能患有肺結核。當時，Donald 就因為妻子 Claire 得肺結核，把女兒 Tina 寄在蔣廷黻家裡。蔣廷黻說 Hilda 嚇得要馬上把載蓮辭退。1959 年 7 月底，載蓮的女兒 Ruby 從香港來蔣廷黻家裡幫傭。我們不知道 Ruby 在蔣廷黻家幫傭多久。她很可能在蔣廷黻 1962 年初成為駐美大使搬到華盛頓以後就辭掉工作了。蔣廷黻在 1963 年 4 月 6 日提到他們的女傭的時候，她的名字是 Suzy。

　　蔣廷黻雖然鍾愛 Hilda，但他在日記裡寫到她的時候，常常像小孩子一樣地描寫她。比如說，1951 年 11 月 25 日，當時蔣廷黻在巴黎出席聯合國第六屆大會。他在當天寫給 Hilda 的信裡說：「我回來的時候要檢查妳在院子裡的工作，給妳打分數。我想妳會不及格的，如果妳又是把花種成一列，或者破壞了我的那一個角落的話。」[47]又如，1958 年 1 月 17 日，Hilda 在晚餐以後上吐下瀉，昏厥過去。家庭醫生擔心是盲腸炎，要她住院檢查。幾經檢查確定不

46　沈恩欽，〈廷黻與我〉，《傳記文學》，第 29 卷第5期，1976 年 11 月，頁 37。

47　T.F. to Hilda, November 25, 1951,《蔣廷黻資料》，1.156。

是盲腸炎以後，蔣廷黻在 19 日去醫院接她回家：「早上十點去醫院接 Hilda 回家。她高興得像孩子一樣。她跟女傭講了足足半個鐘頭她在醫院的經驗。」

1961 年 9 月 8 日，Hilda 打電話到辦公室給他，說醫生擔心她有乳癌，建議她動手術。蔣廷黻大吃一驚，提前回家了解情況。Hilda 告訴他說，是不是乳癌，醫生說只有開了刀以後才能知道。他們決定讓 Hilda 星期天住院。次日星期六，平時連非週末都要出去打高爾夫球的蔣廷黻，整天留在家裡。他在日記裡說是陪 Hilda，其實大部分的時間是在後院練球、看電視轉播棒球、網球。他跟 Hilda 學了一種新的單人紙牌遊戲（solitaire），一起打了幾盤。

他們本來的安排是讓她在星期天下午住進家裡附近的一家醫院。然而，蔣廷黻說 Hilda 當天一直鬧著。一下子擔心醫生夠不夠好，一下子又想換醫院。蔣廷黻只好打了兩次電話問他們在哥大醫學院的醫生朋友。朋友說醫生很好。一直到蔣廷黻說他們可以請另外一個知名的醫生當諮詢醫生以後，Hilda 才平靜了一下下。不久，她又問：如果是不是癌症要開了刀以後才知道，而且是癌症的話，要馬上開刀，那哪有時間諮詢呢？蔣廷黻說這個問題他答不出來。最後，蔣廷黻安排讓她到週一上午才住進醫院。他說，這讓 Hilda 高興極了。安撫了 Hilda 以後，蔣廷黻就出門到高爾夫球場練球。

星期一上午十點，蔣廷黻送 Hilda 到了醫院。辦好了住院手續，看她住進單人病房以後，蔣廷黻就上班去了。下午四點，他到病房去，看她滿開心的樣子。在那之前，葉良才太太一直陪著她。陪了一個鐘頭以後，蔣廷黻回家。那幾天 T.H. Chang（他從前結婚的時候，蔣廷黻是他的男儐相，婚後生了八個孩子）來家裡住幾天。晚餐以後，蔣廷黻跟 T.H. 散步到醫院去陪 Hilda 一個鐘頭。

次日（12 日）上午，蔣廷黻在九點半到了醫院。他跟手術醫生通了電話。醫生說手術前、手術時，他可以不需要在醫院。他於是把電話號碼留給護士就上班去了。手術應該是十一點半開始的。到了十二點醫院沒打電話來，他開始擔心：心想如果開那麼久，那一定是惡性的。十二點半，葉太太打電話來說手術延遲了。一點半，葉太太來電說是良性的。蔣廷黻在兩點半到了醫院。回到了病房的 Hilda 麻醉藥還沒全消，頭暈，抱怨說她有大舌頭的感覺。蔣廷黻告訴她不是癌症，她笑了，但馬上問說：「你沒騙我吧？」既然 Hilda 沒事，蔣廷黻就在四點鐘打高爾夫球去了。六點又回去看她。

　　13 日上午，蔣廷黻再回到醫院去看 Hilda，還幫她選了午、晚餐要吃的東西。下午四點一刻，蔣廷黻從辦公室又回到醫院。醫生說她明後天就可以出院。Hilda 當下就要出院，是蔣廷黻勸住她再住一晚。當晚，蔣廷黻在家裡和客人 T.H. Chang 聊女人和性。

　　蔣廷黻日記裡的 Hilda 也有他認為她好吃醋的一面。他所提到的兩個例子都是他代表團辦公室的祕書。第一個是 Lilyan Foo（趙荷因）。她在 1954 年跟陳之邁結婚成為他的第二任夫人以後離職。1951 年 11 月到次年 2 月間，蔣廷黻去巴黎開聯合國第六屆大會的時候，Lilyan 是隨團去的。他們還曾經在宴會中一起跳過舞。1952 年 4 月 19 日，蔣廷黻邀請了鄭寶南、Lilyan 跟他和 Donald 去打高爾夫球。Hilda 本來是不去的。結果當天早上，她突然間說她也要去：「當我告訴她說五個人沒辦法一起打的時候，她生了氣。我於是說那我把我的位置讓給她，她也不願意。當然，她是在嫉妒 Lilyan。我們於是就自己去了。晚上六點鐘回來。Hilda 不在家。」

　　Hilda 所嫉妒的第二個祕書是接替 Lilyan 的 Gladys Moy（梁煥英）。1956 年 10 月 5 日，Hilda 跟蔣廷黻去辦公室，接著到聯合國去旁聽安理會的辯論。過後，蔣廷黻帶她在聯合國午餐。蔣廷黻在次日的日記裡說聽安理會辯論其實是一個藉口：「Hilda 疑心我跟 Gladys 有婚外情，所以她〔昨天〕跟我到辦公室去。」

　　Hilda 一直繼續提防著 Gladys。1957 年 2 月 1 日，Gladys 向蔣廷黻借車送要回緬甸的姊姊到機場。蔣廷黻事先說好車子一定要在當天下午 5:30 回到辦公室，因為他要回家接 Hilda 到紐約市晚餐，然後再到「國家廣播公司」（NBC）上「中國新年」的節目。結果當天下大雪，交通大亂。車子一直到 6:30 才回到辦公室。蔣廷黻只好自己留在紐約吃晚餐，由二女兒 Marie 坐蔣廷黻的車子回家。等到她到家的時候已經 8:25 了。結果，禍不單行，又出了車禍，車子壞了。當晚，蔣廷黻在上完節目以後住旅館，一直到第二天下午才回到家：「Hilda 還生著氣，說為什麼要把車子借給 Gladys 姊妹用等等。」Hilda 到了第三天還在生氣：「Hilda 整天在鬧脾氣，覺得全世界的人都在跟她作對。」這個醋勁一年半以後還沒有消。1958 年 9 月 28 日，代表團到紐約郊區出遊，蔣廷黻跟一些幕僚繞湖散步：「Hilda 怒氣沖天，就因為我跟江季平

夫婦和 Gladys 一起去散步。」

　　Hilda 還有蔣廷黻認為是孩子般任性的一面。1957 年 1 月 8 日：「早餐的時候我給 Hilda 一張 130 美金的支票。她把它撕成兩半。去年 12 月 1 日，我給她 12 月、1 月份 1,400 美金的生活費用。現在她告訴我錢用完了。130 元美金是還給她買聖誕節禮物以及買給 Claire〔準媳婦，Donald 的妻子〕的戒指的錢。」

　　很顯然地，蔣廷黻所扮演的一家之主的角色包括金錢的控制權。就像他付給前妻唐玉瑞的贍養費一樣，他給 Hilda 的生活費也是兩個月付一次。1961 年 2 月 26 日：「Hilda 突然鬧起彆扭來，說要把房子賣掉等等。我告訴她說我可以把我持有的『西屋電氣公司』（Westinghouse）四百股的股權讓渡給她，跟她交換把房子登記在我的名下。她於是滿意了。」

　　蔣廷黻在每年日記本後面所附的「備忘錄」頁裡，通常會有他該年買賣股票的記錄。這四百股「西屋電氣公司」的股票很值錢。根據蔣廷黻 1959 年 12 月 31 日的結餘記錄，他所持有的兩百股「西屋電氣公司」的股票，每一股的市值是 109.83 美金，總計值 21,875 美金，四百股等於是 43,750 美金。然而，他 1960 年 12 月 30 日的結餘記錄記他「西屋電氣公司」的股票，每一股市值 49 又 3/8 美金，四百股的總市值是 19,750 美金，比一年前少了一半以上。我不知道如何解釋為什麼蔣廷黻「西屋電氣公司」股票會掉了 50％以上的市值。我沒有找到當時股票市場有那麼大的跌幅的記載。然而，Hilda 會同意用房子來交換蔣廷黻「西屋電氣公司」四百股的股票，理應是因為它比房子值錢。這個交易顯然是完成的，因為 1961 年 3 月以後，蔣廷黻日記就不再有「西屋電氣公司」股票的記錄了。

　　「西屋電氣公司」四百股的股票固然是一個大數目，但把它讓渡給 Hilda 以後，他仍然擁有相當多的財富。蔣廷黻顯然是一個投資高手。根據他 1964 年 5 月 6 日的記錄，他所持有的股票的總額，加上 1 萬美金的存款，一共是 75,831.25 美金。這些股票裡，包括他委託前台灣銀行董事長、財政部長張茲闓幫他投資的美金 4,000 塊錢。他在 1963 年 11 月請張茲闓全權幫他買台泥、台肥、或台糖的股票。張茲闓幫他買了 4,000 美金的台泥的股票。這八千股的股票在一年半以後，已經幫蔣廷黻賺到了 16,000 台幣的股息。蔣廷黻請張茲

閹把這股息的一半寄給懷仁。[48]

　　蔣廷黻用「西屋電氣公司」的股票跟 Hilda 交換，取得恩格爾伍德鎮栗樹街 83 號的產權。我們就以 4 萬元的整數來籠統估計其價值，則蔣廷黻在過世一年半以前的資產總共將近美金 12 萬元之譜。換算成今天的幣值，大約值 100 萬美金。

　　恩格爾伍德鎮栗樹街 83 號的產權原來是歸 Hilda 的！這可能是蔣廷黻用來給予她經濟保障的作法，亦即，讓她擁有不動產。也許因為不動產屬於 Hilda，蔣廷黻每次在提到房子的時候，用的口氣都彷彿房子跟他無關一般。比如說，1954 年 Hilda 開始在看房子。蔣廷黻在 5 月 6 日日記：「Hilda 有的是母老虎一般的精力與熱切。我一整個下午在練球，她則四處巡獵。」1955 年 2 月 4 日，Hilda 看中了恩格爾伍德鎮栗樹街 83 號的房子：「Hilda 到紐澤西州的恩格爾伍德鎮看房子。她打電話告訴我說她找到了一個合適的房子希望我去看看。我同意。我很驚訝那房子確實不錯。雖然有四十年的房齡，但情況良好。位於好區，地大：長 200 英尺，寬 80 英尺。樹大又成熟。」2 月 6 日：「Hilda 去恩格爾伍德鎮看栗樹街 83 號的房子並付定金。我聽 WOR 電台所播放的《塞爾維亞的理髮師》，然後聽 WQXR 電台所播放的理查‧史特勞斯的《查拉圖斯特拉如是說》。」連 2 月 10 日買房子簽約，蔣廷黻仍然是一副事不關己的樣子：「Hilda 簽約買紐澤西州恩格爾伍德鎮栗樹街 83 號的房子。雖然她傷風，她去看房子、見她的律師。回到家以後，她整個人都沉浸在要如何蓋一個石庭（rock garden）的夢裡。」

　　在栗樹街 83 號住了三年以後，Hilda 想要搬到一幢更大的房子。那是一幢木造的房子，占地一英畝半。1958 年 10 月 19 日：「房仲太太告訴 Hilda 說萊德克街 84 號的房子，43,500 元買得下來。Hilda 必須把栗樹街 83 號的房子賣掉，才可能買另外一間房子。」蔣廷黻 11 月 2 日去看了一下房子：「走到萊德克街 84 號去看房子和地。我很驚訝地很好。草地好，沒有什麼雜草。樹和灌木叢也都很好。非常寬敞。房子內部也比我想像中的好。客廳和飯廳都頗有品味。二樓的房間不算大，但情況都很好。」

48　請參閱蔣廷黻與張茲闓（T.K. Chang）的來往信件，《蔣廷黻資料》，18.323-332。

　　由於栗樹街 83 號的房子還沒賣掉，貸款的數額大，蔣廷黻必須去簽名擔負貸款的責任。12 月 22 日：「跟 Hilda 去簽買萊德克街 84 號房子的約以及兩個貸款的約：一個是舊房子的貸款，另一個是新房子的貸款。整整花了兩個鐘頭的時間。律師收了處理八個文件的費用。房子的價錢是 42,500 元；律師費 700 元。」

　　結果，蔣廷黻一家在萊德克街 84 號住了半年以後，決定搬回栗樹街 83 號。1959 年 6 月 26 日：「Hilda 把萊德克街 84 號的房子賣掉。她沒賺也沒賠。我們發現這房子的維護費用太高：稅、油〔燒暖氣用的〕、清理、零零星星的費用。我們要搬回栗樹街 83 號，房子較小，奇怪的是，比較不容易賣。」然而，更奇怪的是，搬家好像不是蔣廷黻的事一樣。8 月 29 日日記：「搬家公司的車早上八點到。從萊德克街 84 號搬回栗樹街 83 號的行動於焉開始，一直搬到晚上七點。由於 Hilda 和搬家工人包辦了一切，我留在那兒根本就是多餘的。我於是在午餐以後就去打高爾夫球了。」

　　在養兒育女方面，蔣廷黻已經盡了他作為父親的責任了。四個孩子都結了婚。兩個女兒，用 Hilda 的話來說，都「嫁了洋博士的中國人。」大女兒志仁（Lillian）的先生是 Alex Mark（麥芝慶），是美國印第安納州普度大學（Purdue University）畢業的工程師。他在加拿大出生，父親麥錫舟是多倫多活躍的華僑。他們有三個孩子：Ernest、Gary，以及 Caroline。次女壽仁（Marie）的先生是 C.C. Hu。長男懷仁住在台灣的基隆，妻子的名字叫克英。有兩個女兒：台槿、台蘭。二男居仁（Donald），妻子是 Claire，育有三個孩子：Tina、Teddy，以及 Todd。

　　由於 Lillian 在 1947 年就已經結婚了，懷仁則住在台灣，他們在蔣廷黻的日記裡出現的次數最少。蔣廷黻不管是在中國或是在美國跟 Lillian 相處的時間本來就很少。結婚以後，Lillian 住在底特律。蔣廷黻在 1950 年 11 月 1 日日記描寫他跟 Lillian 的關係：「大保〔Lillian 的暱稱〕[49]跟她的嬰兒加中（Ernest）在星期天到了紐約。孩子看起來很聰明、好脾氣。大保已經像是一

---

[49]　有關蔣廷黻四個孩子大、二、三、四保的暱稱，「保」顯然就是「寶」。蔣廷黻在書信上用的多半是「保」，但也有用「寶」的時候。Hilda 用的是「寶」。「大保」告訴我說她也是用「保」這個字，也許是筆畫較少。有趣的是，十一歲就到美國、中文最不好的「四保」認為應該是「寶」。

個陌生人。我發現我跟她沒有什麼話可說。」無怪乎 Lillian 一家人每隔幾年才會去看蔣廷黻一次。下一次他們去的時候已經是 1954 年 7 月了。當時，Lillian 已經有三個孩子，最小的 Caroline 六個月大。蔣廷黻帶他們去「瓊斯海灘州立公園」玩沙、玩水。再下一次是 1959 年 8 月。蔣廷黻帶他們到聯合國參觀並在聯合國午餐。1962 年 6 月，Lillian 一家人到「雙橡園」住了五、六天的時間。蔣廷黻除了帶他們去打高爾夫球以外，也帶孩子們去博物館。他在 17 日的日記裡說：「很高興知道大保的婚姻美滿；有一個能幹的先生和三個好孩子。」

圖 11　蔣志仁婚紗照一，1947 年 12 月 27 日，新郎麥芝慶。《中美週報》，第 274 期，1948，頁 29。

圖 12　蔣志仁婚紗照二，1947 年 12 月 27 日，新娘右後蔣壽仁，左後麥佩賢。《中美週報》，第 274 期，1948，頁 30。

　　次女 Marie 在學業、工作上都比較不順利。1955 年 3 月 7 日：「寫信給二保〔Marie 的暱稱〕。她現在一個月有大約 300 元的收入，有一個大學的學位，也念了兩年的研究所。她還期望我每個月給她錢用。我告訴她說她的期望不合理而且不可能。我已經將近六十歲了，必須為我的餘年著想。她應該而且能夠自立。」三年以後，1958 年 7 月 3 日：「Marie 寫信告訴我說她想再多念

一年研究所。我回信告訴她說我沒辦法繼續負擔了，因為她已經念了四年的大學、四年的研究所了；是她該找個工作的時候了。我現在六十二歲，要為我的餘年作打算。」兩年以後，Marie 還在奮鬥著。1960 年 6 月 7 日：「二保從學校回來，又瘦又累。她的人生頗多掙扎。」6 月 24 日：「送二保去紐瓦克機場搭飛機去底特律。她在那兒有一個讓她攻讀數學博士學位的助教獎學金。」

在 Marie 掙扎的過程中，蔣廷黻夫婦畢竟有他們傳統的一面。眼看著她都已經過三十歲了，想要把她跟葉良才的兒子 Stephen 撮合在一起。1957 年 1 月 13 日：「Hilda、Marie 跟葉家一道去中國城，希望給 Stephen 和 Marie 有互相了解的機會。」這個安排顯然沒有成功。結果，蔣廷黻突然間在日記裡宣布 Marie 已經結婚了。1962 年 4 月 24 日：「下午三點，二保和她的先生 C.C. Hu 來。C.C.是一個不錯的人。整個下午都跟他們在一起，多半的時間是在〔雙橡園的〕花園裡。」

長男懷仁是蔣廷黻四個孩子裡唯一沒到美國來的。[50]他初中還沒畢業就從軍了。在勸阻不了以後，蔣廷黻在 1945 年 1 月 31 日還曾經動念想把他送到美國。懷仁先是當了海軍。後來從海軍退役，改跑商船。1956 年 3 月，蔣廷黻回台灣述職的時候見了懷仁一家兩次。3 月 18 日：「下午三點到五點跟懷仁一家在基隆。雖然窮，但快樂。從家裡可以看到美麗的港口。」3 月 25 日：「四點，孩子來。兩個孫女讓我們不能講話。克英總是跟我要錢。這次要的錢是要讓三歲的大女兒上幼稚園。」1959 年 1 月 6 日，蔣廷黻趁著胡慶育回台灣之便，託他帶 3,000 美金給懷仁。1962 年，懷仁要蔣廷黻出錢幫他蓋一間新房子，蔣廷黻拒絕。他 6 月 8 日日記說：

　　兩年前我給他美金 1,000 元〔不知道是否 3,000 塊以外又給了 1,000？〕讓他成為一個漁業公司的股東。我們說好那是最後一次。十年前我給他錢幫他蓋了一個房子。現在那個房子太小了。他必須學會自立，不能老是在

50　1953 年 12 月 18 日：「到機場去接三保。」這裡的「三保」是筆誤，應該是回家過聖誕節的「四保」。Donald 在 2020 年 8 月 30 日的電郵裡說三保有一個女兒住在洛杉磯。她在 1980 年代曾經安排三保到洛杉磯，讓他和他在美國的姊弟有了一個團聚的機會。

需要的時候依賴著我。他 1928 年生，現在已經三十四歲了。我把我在
《自由中國》發表的文章以及商務印書館出版的書（那兩冊去年各賣了五
十本）的稿費都歸他。

結果，心軟的蔣廷黻還是幫了懷仁。1962 年 12 月 7 日：「寫信給三保
〔懷仁的暱稱〕，告訴他我會給他一間新房子，要 3,400 美金。今年春天，颱
風把他被白蟻吃掉泰半的房子差不多給吹倒了。修也修不好了。從前那間房子
我付了 1,000 美金。新的這一間是水泥造的，比舊的大。」

蔣廷黻每次回台灣見到懷仁的兩個女兒的時候，都會說她們營養不良。
1964 年 4 月他跟 Hilda 一起回國述職的時候，他還是這樣說。4 月 19 日：

> 早上十點孩子來了。兩個孩子一直吵著說她們餓。過了好一段時間我才
> 知道原來她們沒吃早餐。我給她們糖果和橘子汁。十二點鐘，我們去吃午
> 餐。她們吃得狼吞虎嚥。她們營養不良。她們在兩點回家。大女兒台槿在
> 她母親的鼓勵下，一再說她要跟我到美國去。我沒給她任何鼓勵。

圖 13　1964 年 4 月 24 日，返台述職結束回美前在松山機場攝。左起懷仁、台槿、
Hilda、 克英、蔣廷黻、台蘭。「聯合知識庫：新聞圖庫」授權使用。

蔣廷黻夫婦在回到美國以後，收到了懷仁的妻子克英向他要錢的信。他在
6月9日的回信裡就一口回絕了：

> 妳好像有兩種誤會。第一，子女長大以後，應該自立，不應該靠父母。
> 這一點妳應該知道，不應該不知道。第二，我也是政府的公務人員，不是
> 在工商界的富翁。我的收入有限。並且我快要到退休的時期，什麼收入都
> 將沒有。我幫你們買了第一所房子、買了漁船、買了第二所房子。今年年
> 初，我以為懷仁即刻要進醫院施行手術，所以趕快寄了醫院費用。以後妳
> 不要問我要錢。[51]

蔣廷黻四個孩子裡，他用心最多的是幼子居仁（Donald）。1952 年，
Donald 高中畢業以後，進匹茲堡的「卡內基理工學院」（Carnegie Tech），亦
即現在的卡內基・梅隆大學。他的成績一定很好，因為他兩年就畢業了。接
著，他進了麻省理工學院，在 1956 年得到建築的碩士學位。他在畢業前幾個
月告訴蔣廷黻說他想去賓州大學作研究生，可是又說作研究生並不重要，因為
他志不在教書。後來，蔣廷黻發現原來 Donald 是想結婚了。

　　Donald 心儀的對象是 Claire。Claire 姓葉（Yip），在波士頓附近的布魯
克萊恩（Brookline）出生長大。她 6 月 22 日從波士頓到蔣廷黻家來接受
Donald 求婚的鑽戒。次日，蔣廷黻在家裡為他們舉行了一個慶祝訂婚的茶
會。6 月 24 日，Donald 跟 Claire 回波士頓。蔣廷黻在日記沉思：

> 他們的訂婚與結婚將會決定性地影響他的一生。Claire 雖然是中國人，
> 但她是一個美國女性。她不會說中文，不喜歡吃中國菜。不像大多數的美
> 國女性，她安靜、害羞。她會把 Donald 綁在美國。她會否決一切有風險
> 的作為。Donald 會成為一個成功的工程師，也許還會在他的行業裡出類
> 拔萃。在這種情形之下，我理應像大多數的父親一樣會感到滿意才對。然
> 而我並不。我的哥哥跟我在美國留學多年以後回國工作。我們都覺得回國

51　蔣廷黻致克英，〔1964 年〕6 月 9 日，《蔣廷黻資料》，1.195。

是唯一的選擇。現在，我四個孩子裡有三個在美國受教育，也都會留在美國工作。

9月3日，Donald 告訴蔣廷黻說他們的婚期訂在 10 月 21 日。他們已經找好了住的地方，開始布置新居。在婚禮以前，Donald 和 Claire 固定會從波士頓來家裡住個幾天。蔣廷黻會跟他們一起去打高爾夫球。10 月 14 日，他們要回波士頓的時候，蔣廷黻給 Donald 300 元美金作為蜜月旅行的費用。10 月 17 日，Marie 打電話來，說唐玉瑞要去參加婚禮。蔣廷黻生氣地說那他就不去參加了。他打電話告訴 Donald 說他不參加婚禮。這件事弄得 Donald 不高興，Hilda 也不高興。21 日，蔣廷黻寫信給 Donald，警告他說唐玉瑞可能會在婚禮的時候攪局。

也許蔣廷黻在日記裡把 Donald 跟 Claire 結婚的日期寫錯了，也許他們後來延期了一個星期。他們實際結婚的日期是 10 月 28 日。[52]蔣廷黻夫婦在 27 日由司機開車，從紐澤西的家去波士頓。他們先到 Donald 的住處，然後再去旅館。接著就到 Claire 家拜訪：「Claire 有兩個兄弟，Charles 和 Jimmy，兩個姊妹，一個結了婚，另一個還沒。她的父母都健在，老實、好心，屬於中產殷實的家庭，不管從美國或中國的標準來看都是如此。他們先招待茶點，然後雞尾酒。我們到教堂去排練婚禮的儀式。牧師很慈祥。八點鐘，我們去中國城的『太平洋餐廳』（Pacific Restaurant）用餐。九點半結束。」

10 月 28 日，蔣廷黻打電話給 Donald，要他到旅館來跟他們一起吃早餐。過後，Hilda 留在房間裡，讓他們父子有一段單獨相處的時間，以便父親傳授給兒子夫婦相處之道。他們開車逛波士頓，到了碼頭，然後過橋到劍橋市去看哈佛大學和麻省理工學院，最後再繞回波士頓：「在車上，我告訴四保：即使夫婦都是好人，也有可能由於欠缺共同的興趣與了解而逐漸疏離。告訴他對日常生活有共同的興趣，跟對人生大事有共同的興趣同樣重要。」

下午 1:50，蔣廷黻夫婦到了教堂：「1:55，玉瑞進來。雖然她被帶到第二

52　Donald Tsiang 在 2020 年 8 月 4 日電話的訪問裡，說他不記得究竟是蔣廷黻寫錯了，還是他的婚期延遲了一週。

排的一個位子，但她卻走到第一排在 Hilda 旁邊坐了下來。典禮隆重、簡約，就十分鐘。散席走出來的時候，玉瑞試圖走在我身邊，被我擠開。一出教堂，我們即刻上路離開波士頓。」當晚將近半夜的時候，葉良才的兒子 Charles 打電話報告唐玉瑞的情況：「我們離開以後，他們把玉瑞送到機場。他稱她為『沒被邀請的客人』。」

次日，蔣廷黻買了一輛敞篷車：「為 Donald 和 Claire 來訪而準備的。」可惜，蔣廷黻在後來的日記裡再也沒提起這輛敞篷車，不知道是不是給了 Donald。11 月 11 日，親家來訪：「1:20，葉良才一家到了。Claire 的家人：爸媽、兩個兄弟、兩個姊妹、一個姊夫、還有一個姪兒。午餐吃到三點鐘。接著就放四保婚禮的影片。他們照了許多照片。五點鐘，他們離開。」

Donald 跟 Claire 每隔幾個禮拜都會從波士頓到紐澤西州的家小住幾天。他們的餘興節目就是打高爾夫球、玩拼字遊戲、打橋牌以及其他紙牌。1957年 5 月底，Donald 一個人回來，因為 Claire 肚子太大了。6 月 29 日一早，Donald 打電話來說他要到醫院去。Hilda 興奮不已，盼望他們第一個孫子的到來。9:30，Donald 打電話來說是女兒。Hilda 說她想要去波士頓。蔣廷黻不作聲，因為他當天不想去。

四天以後，7 月 3 日中午，蔣廷黻夫婦搭火車到波士頓去看 Donald、Claire、跟孫女。Donald 在接到他們以後，就一起搭計程車去中國城吃晚餐，再去醫院看孫女 Tina。當晚，他們就住在 Donald 在比肯街（Beacon Street）的公寓。第二天，他們在早餐以後，Donald 先載他們去參觀麻省理工學院的建築，再去醫院看 Claire 和 Tina。中午，Donald 和蔣廷黻各吃了一隻龍蝦，Hilda 則吃蟹。當晚，他們再回去醫院。然後，在晚餐以後去拜望親家。7 月 5 日，Donald 去醫院把 Claire 和 Tina 接回家。蔣廷黻夫婦在中午搭計程車到火車站去搭火車回紐約。

有了 Tina 以後，Donald 和 Claire 還是跟從前一樣，每隔一段時間就會回家看父母。1958 年 5 月 31 日，從來沒帶過小孩的蔣廷黻終於有了他的第一次：

Hilda、Claire、Don 出去買東西，我照顧 Tina。她健康活潑。她玩了一

陣子的塑膠高爾夫球：把玩著、轉著、拿著它敲著桌子跟椅子的扶手。玩膩了，就把球丟掉。接著，我就給她一根雪茄的菸斗。她先是把玩著，然後拿它敲著茶几上的玻璃。她很得意她能製造噪音。過了一陣子，她玩膩了，就把菸斗丟了，開始抓玻璃茶灰缸。她必須出力才弄得動它。當她把它翻倒過來的時候，她〔被那咚的一聲〕嚇了一跳。在這之後，除了抱著她走來走去以外，她怎麼都不開心。由於她太重了，我抱不久。我於是把她放在沙發上。她來回地拉著沙發旁邊的茶几。這讓她玩了一陣子。然後就又哭鬧起來。還好，就在這個時候 Claire 回來了。

該年聖誕節前，由於醫生懷疑 Claire 得了肺結核，他們決定讓 Tina 到蔣廷黻家住一段時間。他們約好在紐約機場碰面，把 Tina 交給蔣廷黻夫婦帶回家。沒想到四個月以後，1959 年 4 月 19 日，蔣廷黻家的女傭載蓮吐血。次日，Hilda 帶她去給醫生看。醫生推測載蓮很可能患有肺結核，嚇得 Hilda 馬上把載蓮辭退。他們原先的計畫是把 Tina 轉由 Claire 的母親照顧。21 日，Donald 一家人回到波士頓以後，決定還是把 Tina 留在家裡自己帶。

Donald 再一次把 Tina 寄放在蔣廷黻夫婦家是半年以後。又是聖誕節。1959 年的聖誕夜，Donald 把 Tina 帶回家裡。這次，是因為 Claire 要生產了。1960 年 2 月 13 日，蔣廷黻夫婦帶 Tina 回到她在西牛頓市（West Newton）的家，順便看他們新誕生的孫子 Teddy。

1961 年 6 月 27 日，Claire 又生了一個男孩，名叫 Todd。五年不到，Donald 和 Claire 有了三個孩子。他們還是固定每隔一段時間就回家看蔣廷黻夫婦並小住幾天。1961 年聖誕節，Donald 一家照例回家。聖誕節當天，蔣廷黻品評他的三個孫兒女：

　　Tina 善感。Teddy 完全不在乎別人怎麼看他、說他。他愛拿什麼就拿什麼、愛吃什麼就吃什麼、愛爬哪就爬哪，管它世界如何。六個月大的 Todd 偶爾出現。他總是讓人驚喜：偶爾一笑、偶爾一動、偶爾大哭。我認為 Todd 會是最聰明的，因為他有跟我一樣狹長型的頭顱，其他兩個孩子都是圓頭型的。

　　等蔣廷黻擔任駐美大使搬到「雙橡園」以後，Donald 一家仍然跟往常一樣，固定每隔一段時間到蔣廷黻夫婦家小住幾天。因為現在距離遠多了，他們一家跟蔣廷黻夫婦團聚的時候就搭飛機了。例外的一次之一是 1962 年 8 月。那次，Donald 是開車去的。Hilda 在 8 月 11 日搭他們的便車回去紐澤西州的家，因為要準備賣栗樹街 83 號的房子。

　　1964 年 9 月初，美國的「勞動節」（Labor Day）有長假。Lillian 在 8 月 23 日就跟三個孩子從底特律開車到了「雙橡園」。蔣廷黻說，三個孩子「很可愛。Lillian 現在是一個成熟、有經驗的媽媽、家庭主婦、並在圖書館工作。」Donald 一家則在 5 日到。當天是蔣廷黻倍感欣慰的日子：「Alex、Lillian、Ernest、Gary 和 Caroline 在晚上 7:20 到，參加家庭的團圓：一個女兒、一個兒子、一個媳婦、一個女婿、六個孫兒女。」

圖 14　1964 年 Donald、Tina、Teddy、蔣廷黻抱 Todd、Hilda、Claire 攝於「雙橡園」。蔣居仁先生提供。

　　1965 年 4 月 16 日，Donald 一家到「雙橡園」來過「復活節」的假日。這時蔣廷黻已經辭去了駐美大使之職。4 月 23 日，在 Donald 一家回西牛頓市的前一天，他們父子有一段談話：

　　他這一次來，我們彼此都體認到這是最後一次在「雙橡園」了。我們作了一些長談。看來他事業很成功。我告訴他我每個月要付 300 百美元的贍養費。我的經濟雖然緊，但還夠用。我請他一年給他在基隆的哥哥 200 元美金。他立時答應。他希望我跟 Hilda 會搬去跟他們住。他說他要把空間挺大的閣樓裝修成一個舒適的臥室給我們。我說我死了以後，Hilda 可能會想跟他們一起住，有孫兒女們在膝旁。他說當然，媽媽應該跟他們一起住。

　　次日上午，蔣廷黻夫婦目送著 Donald 一家的旅行車（station wagon）駛離「雙橡園」，傷感之情油然而生。

幕落

　　蔣廷黻一輩子立下了三次的遺囑。第一次是在 1938 年 10 月 31 日，地點在重慶，見證人是張純明。有關財產分配，祖產不計，他交代如下：

　　　　我在長沙買的兩塊地，我盼望四哥把一切契據轉交給我的愛妻玉瑞。
　　　　我在重慶的中國銀行及新華儲蓄銀行各存了一筆款子。存摺在我的皮包內。這些我留給我的愛妻玉瑞。
　　　　此外別的財產都在玉瑞手裡。我都留給她，作為她的和子女的生活費、及子女的教育費。將來如不足，玉瑞應該設法；如有餘，大保志仁及二保壽仁出嫁的時候，玉瑞應酌量予以配嫁。志仁及壽仁不得爭執。[1]

　　蔣廷黻第二次立遺囑是在 1950 年 1 月 24 日。時過境遷，他先前在長沙的地產不知道後來是否處理掉了。他出任行政院政務處長以後在南京買過地產。他在 1947 年 3 月 21 日的日記說他提了一整袋的錢去付了尾款：「一整袋的錢，2,700,000 法幣。」不知道付的是不是我在〈序幕〉裡所提到的，訪問他的記者所說的「中華門」那十幾畝地？無論如何，這些地產在共產革命以後，當然是沒有了。唐玉瑞也已經愛妻不再。這次立遺囑的地點是在紐約，執行人是李格曼（Harold Riegelman）。他是胡適從前康乃爾大學的同學、國民黨政府在美國的委託律師、也是蔣廷黻私人的律師。他在當天的日記裡記：

1　蔣廷黻，〈遺囑〉，《蔣廷黻資料》，1.269-270。

　　午餐過後見李格曼，立下我的遺囑：大保、三保各得 500 美金；二保得
3,000 美金，以便她讀完大學；四保得 7,000 美金，以便他讀完高中和大
學；剩下的錢由 Hilda 和玉瑞平分——大約各 7,000 美金。

　　這個 1950 年的遺囑可能是蔣廷黻過世以後說他把遺產平分給唐玉瑞與
Hilda 的傳言的來源。當時的蔣廷黻在美國還沒擁有不動產。他唯一的資產就
是存款。這總數 2 萬 5,000 美金的存款，他把超過一半以上的部分平分給唐玉
瑞與 Hilda，不可不謂公平。然而，我們不能忘了，當時蔣廷黻還沒有用訴諸
墨西哥法庭的方法跟唐玉瑞離婚。當時的他還在想盡辦法要透過朋友的斡旋跟
唐玉瑞協議離婚或分居。換句話說，他當時還沒跟唐玉瑞撕破臉，還沒有到視
對方如寇讎的地步。

　　蔣廷黻第三次修訂他的遺囑是在 1964 年 10 月 1 日：

　　給 Hilda 看我的遺囑。她既沒有欣慰也沒有不快的表示。她要我注意有
關子女的第三款。我很驚訝地發現：我留給 Donald 7,000 美金，Marie
3,000 美金，而只留給懷仁和 Lillian 各 500 美金。這第三款是九年前〔十
四年前〕立的 。我決定修訂如下：留給懷仁 7,000 美金，其他三人各得
1,000 美金。現在 Marie 已經結婚了，Donald 事業已經又了苗頭。他們能
夠照顧自己。只有懷仁需要幫忙。

　　這份修訂過後的遺囑，李格曼在一個星期以後，10 月 8 日，送到「雙橡
園」。

　　如果蔣廷黻把他的財產分 1 萬美金給他的四個子女，Hilda 應該是最大的
受益人。蔣廷黻在過世以前的資產——包括不動產——大約有 12 萬美金。
1965 年 3 月 17 日，李格曼約蔣廷黻午餐：

　　Hilda 認為他是要來談玉瑞的事情，因為她一定已經聽說我要離開美
國，而想要確保她的收入來源。我的想法是給她 3 萬美金作為兩不相欠的
尾款；再不然就是繼續一個月付給她 300 美金。

　　結果，李格曼那天來的目的，是要請「中華教育文化基金會」撥款資助「胡適獎學金」，因為蔣廷黻是「中基會」的會長。由於蔣廷黻在日記裡沒再談到他最後留了多少給唐玉瑞，由於蔣廷黻在日記裡提到他第三次的遺囑的現金分配只及於子女，我們不知道唐玉瑞所得的部分是多少。然而，從 Hilda 看到第二次遺囑的時候，「既沒有欣慰也沒有不快的表示」這句話看來，唐玉瑞一定也是分到了一部分。只是，我認為她不太可能還可以跟 Hilda 對分蔣廷黻所遺留下來的財產。我在下文會提到蔣廷黻對 Hilda 說的話：「保證我不會虧待她的」。因此，我雖然沒有根據，但我推測蔣廷黻最後的遺囑應該是給了唐玉瑞「3 萬美金作為兩不相欠的尾款，再不然就是繼續一個月付給她 300 美金」。蔣廷黻的大女兒 Lillian 告訴我說她母親晚年沒有經濟上匱乏的問題；她有一個律師幫她爭取權益；而且她父親負責任，是不會讓她的母親受罪的。[2]

　　我們不知道蔣廷黻是什麼時候提出辭呈的。他在 1965 年 1 月的日記裡有幾次提到他的幕僚希望他不要退休，他都沒表示異議。李濟在他紀念蔣廷黻的文章裡說，他 1965 年 2 月中到華盛頓去開會的時候，蔣廷黻曾經對他說，如果有必要的話，他預備在華盛頓再留一年。[3]蔣廷黻在 1964 年 10 月 11 日給趙元任的信裡說他「計畫在 1965 年春天退休」。[4]無論如何，3 月 20 日，他接到外交部和張群的電報，說蔣介石批准他辭職。他當天的日記說：

　　　這是我人生的轉捩點。Hilda 擔心錢的問題以及她的未來。她比我年輕十六歲〔也許應該是十八歲——參見第四章〕。我死了以後她要靠什麼呢？我也擔心錢的問題，但我也問我自己是否還有作研究的能力。我想寫一部《秦漢朝代的中國史》〔蔣廷黻自加的中譯〕。那是中國第一個大一統的階段。中央如何治理中國呢？中國如何擴張？擴張到什麼程度呢？中國人是怎麼的生活的呢——經濟和社會？

2　2020 年 8 月 6 日，Lillian 在電話訪問中所說。

3　李濟，〈回憶中的蔣廷黻先生〉，《傳記文學》，第 8 卷第 1 期，1966 年 1 月，頁 30。

4　Tsiang Tingfu to Y.R. Chao, October 11, 1964,《蔣廷黻資料》，21.339。

圖 15　應攝於大使卸任前。蔣居仁先生提供。

Hilda 跟我都睡不著覺。我們談到房子、車子、帶什麼回去、買些什麼東西等等問題。我對她保證我不會虧待她的（let her down）。

蔣廷黻確實是不會虧待 Hilda 的。經濟上如何不虧待她我們不知道，因為我們看不到他的遺囑。然而，眼前最實際的是 Hilda 在美國居留的問題。在他獲准辭職三天以後，23 日，他就去了國務院：

> 下午四點去威廉‧彭岱的辦公室見他，沒有第三者在場。我告訴他我就要退休了，要回台灣住並研究中國史。我說 Hilda 在美國住了十七年，在這裡的朋友遠多於台灣。此外，她所愛的四保跟他三個孩子都在美國。我覺得我死了以後，她住在美國會比住在台灣快樂。她能否取得永久居留權呢？他說他會盡力辦好這件事。

4 月 16 日，蔣廷黻再去見彭岱的時候，彭岱說已經找了律師。他說他可以替 Hilda 寫一封幫她說項的信，但要立時給她居留權有點困難。5 月 27 日上午，蔣廷黻跟 Hilda 去找從前是羅斯福總統親信的名律師柯克朗（Thomas Corcoran），請他立刻幫 Hilda 辦永久居留權。柯克朗先看彭岱幫 Hilda 寫的信，然後拿起電話打給他的朋友——移民局局長。移民局長的建議是請國會通過一個私人專法授予 Hilda 永久居留權。這就是美國國會在 1965 年 10 月 31 日，當時蔣廷黻已經過世，為 Hilda 所通過的專法「Private Law 89-190」。[5]

1965 年 5 月 19 日，蔣廷黻夫婦在「雙橡園」舉辦了一個惜別酒會。場面非常盛大，有五百賓客參加。很奇特的是，蔣廷黻當天的日記就一句話：「『雙橡園』的惜別酒會。」更奇特的是，6 月 23 日，在蔣廷黻離開「雙橡

5　www.gpo.gov/fdsys/pkg/STATUTE-79/pdf/STATUTE-79-Pg1406-4.pdf.

園」搬到紐約以後，《時代─生活雜誌》發行人魯斯（Henry Luce）夫婦以及
周以德（Walter Judd）眾議員夫婦在「時代生活大廈」（Time-Life Building）
為他所舉辦的「褒揚晚宴」（Testimonial Dinner），席開十八桌，冠蓋雲集。
然而，蔣廷黻完全沒寫在日記裡。他一生中最後一則日記是該年 6 月 3 日。很
顯然地，他當時的身體狀況已經很不好了。

無論如何，1965 年 5 月 29 日，在蔣廷黻下樓用早餐以前，Hilda 已經把
行李都打點好了。9:15，中美朋友、幕僚及其眷屬陸續來道別。9:45 在握完
手、拍完照片以後，蔣廷黻夫婦坐上車離開「雙橡園」。他們在下午 3:15 抵
達位於列克星敦（Lexington）街與 37 街街口的薛爾本飯店（Shelbourne
Hotel）。蔣廷黻描寫說：「是一個舊的二或三等的旅館。不過，我們的套房
很大，在西南角。晚上 7:30 去餐廳吃晚餐。菜很好，價錢也公道。」

貴為大使的蔣廷黻，搭飛機坐的是頭等艙，進出的旅館是最高級的。薛爾
本飯店自然看不在他的眼裡。這個飯店今天還在，只要上網查詢，就可以看出
那是一個精緻型的飯店。這個飯店是蔣廷黻原來在聯合國的幕僚林侔聖（Lin
Mousheng）的夫人 Helen 幫他們找的。蔣廷黻夫婦的套房是 1506 號，在五
樓。Helen 描述說：「客廳朝南，有四個窗；臥室朝西，有兩個窗，裝有冷氣
機。」Helen 還特別去餐廳試吃：「剛吃完午餐回來。菜很營養而且分量多
（相當好吃）。不過，當然比不上大使館的佳餚！」[6]

蔣廷黻完全沒有想到他已經身罹絕症。他自己知道他有支氣管炎和氣喘的
老毛病。1963 年 3 月 29 日他去海軍醫院作身體檢查，花了一整個早上的時
間。他抱怨說完全是無事忙，「因為沒有一個醫生說出了什麼有啟發性的
話。」4 月 20 日回去海軍醫院聽醫生說上次身體檢查的結果。醫生說他的心
血管輸送的血液已經不如從前。開給他一種新的藥。要他吃了一個月以後再作
一次心電圖，也要他少吃動物性脂肪。肺部方面，醫生說他應該停止吸菸，但
懷疑他有足夠的毅力戒菸。此外，醫生也開給他新的治療前列腺的藥。

他自己覺得他的健康還可以。他在該年 10 月 22 日給何廉的信裡說：「這
六七年來，我身體上有過些小麻煩。聽醫生的建議，我已經把我的體重從 155

6　Helen [Lin] to Hilda [Tsiang], May 18, [1965]，《蔣廷黻資料》，1.263-264。

磅降到了 130 磅。我的血壓幾乎正常。我有慢性的支氣管炎，偶爾會有輕度的氣喘症。我以打高爾夫球的方式固定運動著。」[7]

　　10 月 7 日，他去「綠薔薇高爾夫球場」練球的時候，球場老闆注意到他時常抽菸，就對他說他聽到「哥倫比亞廣播公司」（CBS）有名的播報員莫羅（Edward Morrow）因為肺癌動手術的消息，極為震驚。蔣廷黻說他見過莫羅，說他的問題就是太愛吸菸。蔣廷黻說他自己知道不該吸那麼多的菸，但就是作不到。老闆說戒菸其實不那麼難。蔣廷黻說他想了想，決定要試著戒菸。兩天以後，蔣廷黻說他試著要少吸菸：「今天我吸了五根香菸、兩隻雪茄。這算是有節制的了。希望我能維持下去，並不困難。」

　　1964 年 1 月 11 日，蔣廷黻看到美國政府發表的有關吸菸的害處的報告：「不但證實了這個習慣和肺癌的關聯，而且證實了香菸與支氣管炎——我的老毛病——之間的關聯。」次日，蔣廷黻就下定決心：「我從今天開始杯葛香菸，把我對香菸的效忠轉移到雪茄和菸斗。並不太困難。」他在 1 月 27 日的信上告訴何廉：「我已經停止吸菸，但沒戒掉雪茄和菸斗。我發現這個改變對我有幫助。」[8]

　　蔣廷黻最後一次在日記裡提到他去作身體檢查是在他離開「雙橡園」三個星期以前。5 月 7 日，他去醫院照胸部以及胃部的 X 光片檢查。不知道他的肺癌是否在這次檢查的時候發現的。Hilda 在 1976 年所作的回憶裡說蔣廷黻在 1965 年春天已經骨瘦如柴。她說他有一天去作了身體檢查——應該就是 5 月 7 日的檢查——回來以後突兀地對她說：「以後妳不要再管我吃什麼、穿什麼，隨便我好了。」她把他這句話詮釋為：「我不久就快死了，妳也不必再擔心我了。」她自忖：莫非醫生已經查出他有癌症，只是為了不讓她傷心而不告訴她罷了。為了不說穿它，她也就假裝不知道。[9]

7　"Chinese Oral History Project Collection, 1914-1989, Series 2, Interview Files, 1914-1989," Box 24, Tsiang Tingfu, "Correspondence, 1963-1974" folder.

8　"Chinese Oral History Project Collection, 1914-1989, Series 2, Interview Files, 1914-1989," Box 24, Tsiang Tingfu, "Correspondence, 1963-1974" folder.

9　沈恩欽，〈廷黻與我〉，《傳記文學》，第 29 卷第 5 期，1976 年 11 月，頁 39。

這個可能性不大，因為即使當天照了胸部的 X 光片，沒有切片檢查，醫生是不會作出那樣決斷的診斷的。然而，如果醫生真的只從 X 光片就作出那樣的診斷，蔣廷黻對 Hilda、對旁人都掩飾得很成功。5 月 19 日，他去醫院檢查回來將近兩個星期以後，他給當時在香港中文大學當創校校長的李卓敏的信裡，寫下了他退休以後的計畫：

> 9 月間「中基會」的年會我會去參加。會議在 9 月 24 日結束以後，我們會回去台灣。在台灣，我們計畫住在南港中央研究院的學人招待所。我會四處看看。我們會蓋或買一間房子永久居留下來。我會把一些時間拿來研究中國近代史。我也偶爾會為報章雜誌寫文章。《中央日報》要我寫一個專欄，我還沒決定。我需要賺一點錢貼補我的存款，但我不擔心會有問題。[10]

最能夠證明蔣廷黻到 6 月初還不知道他得了癌症、或者知道但仍然佯作不知的證據，是他要到加州大學講學一事。1964 年秋天，趙元任幫蔣廷黻安排，讓他到加州大學柏克萊校區擔任「大學理事會特聘教授」（Regents' Professor）。[11] 蔣廷黻說如果他能步胡適的後塵到柏克萊擔任「大學理事會特聘教授」，那會是他的榮幸。由於競爭激烈，再加上蔣廷黻退休與否還沒確定，趙元任說「大學理事會特聘教授」可以為期一學期，也可以是一個月。蔣廷黻在 1965 年 5 月 24 日，也就是說，在他身體檢查過了兩個星期以後還說：「趙元任從柏克萊寫信來，告知加州大學要聘我擔任為期一個月的『大學理事會特聘教授』。我就等正式的邀請。」該年 7 月，已經到了蔣廷黻病倒的前夕，蔣廷黻還接受了加州大學的聘書，擔任 1965 年 10 月份的「大學理事會特聘講師」（Regents' Lecturer）。作兩到三個公開演講，以及跟研究生上四到六次的研討課，討論中國史，特別是中國近代史。[12] 這不是單獨的一個例子。

10　Tsiang Tingfu to C. M. Li, May 19, 1965,《蔣廷黻資料》，18.114。

11　有關趙元任與蔣廷黻對這件安排的通信，請參閱《蔣廷黻資料》，21.333-340。

12　Cyril Birch to Tsiang Tingfu, July 28, 1965,《蔣廷黻資料》，21.483。

科羅拉多大學（University of Colorado）校長在 5 月 28 日致信蔣廷黻邀請他 7 月上半月到該大學演講。蔣廷黻 6 月 17 日回信說那個時段他不方便，但 9 月下半月或 10 月上半月可以。[13]換句話說，即使蔣廷黻知道他得了癌症，他仍然以平常心計畫著他的未來。

蔣廷黻在 1959 年 11 月 28 日寫下他兩個未完成的願望：「有兩件事情在我死去以前必須完成：寫一部中國近代史以及寫我的自傳。」這個自傳，他在 1946、1947 年間就已經口授完成從出生到抗戰時期，十七章的自傳的初稿。等他到美國出任中國駐聯合國常任代表的初期，他還把自傳稿送給了麥克米倫公司（MacMillan）審查。1947 年 11 月 3 日，他跟該公司的一個編輯晚餐。對方作了兩大建議：一、開始的幾章必須擴大改寫，以便給予美國讀者多一些有關中國農村生活的背景；二、最後一章必須擴充，加寫外交的問題。

只是，他已經是心有餘而力不足了。1949 年 1 月 16 日：「想改寫我的自傳，把它變成一個時代的歷史。」2 月 2 日，麥克米倫公司還寫信問蔣廷黻是否仍然有出版他自傳的計畫。2 月 23 日，他甚至雄心萬丈地說：「決定重寫我的自傳，把它寫成一本向西方展示現代中國內在意義的作品。如果有一個像荷馬一樣的詩人，一定能夠用我所提供的材料寫成一部偉大的史詩。」3 月 2 日，他在改寫完第一章以後，交給他的祕書 Gladys 打字。他持續改寫他的自傳。雖然他在 1952 年 2 月 10 日還提到他想改寫他的自傳，但 1949 年 5 月 20 日，是他在聯合國代表任內最後一次提到改寫他的自傳。當天，他說他改寫到第四章。

1960 年 12 月，美國哥倫比亞大學委任蔣廷黻在聯合國代表團的部屬張純明寫一份蔣廷黻傳略。張純明在 12 月 27 日跟蔣廷黻談他的生平，從出生一直到他離開學術界進入政界。次年 2 月 10 日，張純明把傳略的初稿請蔣廷黻過目。蔣廷黻說：「除了一些末節以外，相當正確。然而，我看得出來他並不真正了解我的一生。這個略傳比較像是一張照片，而不是一幅畫。」[14]

蔣廷黻終於有機會夫子自道。1963 年秋天，他答應哥倫比亞大學「中國

13　Tsiang Tingfu to J.R. Smiley, June 17, 1965,《蔣廷黻資料》，21.428。

14　這個傳略可以在《蔣廷黻資料》，1.16-28 看到。

口述史計畫」的邀請開始作口述史。[15]由於哥大的「中國口述史計畫」沒有足夠的經費派人常駐華盛頓訪問蔣廷黻，計畫的負責人之一的何廉想出了一個折衷的辦法，提供了一個錄音機與空白的錄音帶。蔣廷黻每星期用一個到一個半鐘頭的時間作口述自傳錄音，每星期送一個錄好了音的帶子到紐約，由「中國口述史計畫」請專人打字整理出來以後，再寄回去給蔣廷黻過目。結果，不知道是錄音機公司的技術人員沒解釋清楚，或者是蔣廷黻不會操縱。等「中國口述史計畫」在 1964 年 1 月收到第一個錄音帶的時候，它完全沒有錄音的記錄。

　　由於蔣廷黻還沒退休，口述自傳的工作不是急務，蔣廷黻說他真的找不到時間來做。1964 年 6 月 1 日，蔣廷黻寫信建議改由他口授，由他的祕書打字的方式來作口述自傳。哥大非常高興，馬上接受了這個建議。然而，蔣廷黻似乎並沒有開始著手。1965 年 2 月 4 日，計畫負責人韋慕廷（Martin Wilbur）寫信給蔣廷黻說他要申請下年度的經費，問是否把蔣廷黻的口述自傳列在申請項目裡。蔣廷黻在 2 月 16 日回信說不必，因為由於太多事情的干擾，他根本就還沒開始。

　　1965 年 3 月 31 日，大使館祕書處的雇員王湧源（Y.Y. Wang）致信韋慕廷，告訴他說蔣廷黻在十天以前開始口授自傳。根據他 4 月 20 日所報的工作時數，蔣廷黻從 3 月 23 日到 4 月 19 日，一共口授了 144 個小時。蔣廷黻自己的日記則說是從 3 月 22 日開始：「開始口授我的回憶錄。第一章講〈我的族人及其房子〉，他們是純粹的傳統的中國人——人和房子都是。就光是這個理由，這個回憶錄對未來的史家有其價值。」到了 4 月 8 日：「努力地作回憶錄，現在已經到了我在派克鎮（Parkerville）的階段。」

　　3 月 20 日，蔣廷黻收到外交部以及張群來電，說蔣介石接受他辭駐美大使之職。4 月 16 日，他寫信給韋慕廷：

15　以下有關蔣廷黻參與哥大口述史的經過，是根據"Chinese Oral History Project Collection, 1914-1989, Series 2, Interview Files, 1914-1989," Box 24, Tsiang Tingfu, "Correspondence, 1963-1974" folder.

　　敝國政府和我已經同意我會在今年夏天從公職退休。這是我希望加速寫我的回憶錄真正的原因。如果我拖延這個工作，我不知道我回到台北以後會如何。事實上，我的想法是這個夏天留在美國，全心投入，以便一鼓作氣地完成這個工作。問題是，敝國政府沒有退休金的制度。我如果留在紐約，我就必須用我自己的儲蓄。閣下是否有可能支付我四個月、一個月500美金的生活費？如果可以的話，我會來紐約，到閣下的辦公室使用口授與打字的設備。

　　對於蔣廷黻的這個建議，哥倫比亞大學再高興也不過。哥大從6月開始聘請蔣廷黻為哥大「東亞研究院」（East Asian Institute）的「高級研究員」（Senior Fellow），每個月的研究費是500美金。幫蔣廷黻作口述史的助手是克莉絲特‧羅琦（Crystal Lorch）。蔣廷黻一生中最後一則日記，寫的就是他當天去哥大安排作口述史的記錄：

　　6月3日：早上9:30，從列克星敦（Lexington）街與37街的街口走到42街，搭百老匯104號公車到百老匯與116街口。走去肯特樓（Kent Hall），到何廉在六樓的辦公室去看他。他帶我到我夏天期間要用的辦公室，並介紹我給克莉絲特‧羅琦。她是哥大的畢業生，是我口述史的助手。何廉跟我談他已經讀了的我的回憶錄的前八章。我的回憶裡所說的一些事情，他覺得有趣、好笑、難忘。他覺得我對歐柏林（Oberlin）學院說得太少，希望能說些比較重要的東西。12:30回到旅館。Hilda作了一個好吃的午餐。重讀我在哥大研究所早期的稿子。

　　蔣廷黻開始在哥大作口述史以後，Hilda也曾經去了辦公室看他作口述。我們從哥倫比亞大學檔案館所提供的三張照片裡，還可以看到他們夫婦的合照一張，以及蔣廷黻在作錄音訪問的情形。

圖 16　蔣廷黻、何廉、克莉絲特‧羅琦（Crystal Lorch Seidman；Seidman 是結婚以後所冠的夫姓）攝於口述史辦公室，1965 年。Chinese oral history project collection; Box 24 Folder 7, Rare Book and Manuscript Library, Columbia University Library.

圖 17　蔣廷黻與 Hilda 攝於口述史辦公室，1965 年。Chinese oral history project collection; Box 24 Folder 7, Rare Book and Manuscript Library, Columbia University Library.

圖 18　蔣廷黻攝於口述史辦公室，1965 年。Chinese oral history project collection; Box 24 Folder 7, Rare Book and Manuscript Library, Columbia University Library.

遺憾的是，蔣廷黻的口述自傳才作了兩個月就被診斷出得了癌症。韋慕廷在 8 月 11 日給「國際事務學院」院長的信裡說：

> 我很遺憾要告訴你有關蔣廷黻博士一個不好的消息。在經過仔細的檢查以後，發現他得了癌症而且不會很久。目前蔣博士自己並不知道他真正的病情，但蔣夫人已經用電報通知了「中國」的外交部。這個消息也許很快地就會走漏。蔣博士有心繼續作他在「東亞研究所」協助之下的回憶錄。只要他能而且願意，我們會派人到他家裡去訪問他。回憶錄目前作了一半，非常有趣而且作得很好。

我們不知道蔣廷黻 1946、1947 年間所作的口授自傳，跟他 1965 年口授、王湧源打字的回憶錄有什麼不同。然而，從我在第三章所作的對照表來看，他 1946、1947 年間所作的口授自傳跟他在哥大所作的口述史不但都是十七章，而且這十七章的篇名與內容幾乎完全相同。我們幾乎可以下結論說他 1946、1947 年間所作的口授自傳就是他在哥大所作的口述史的雛形。韋慕廷在蔣廷黻過世不久以後，說他的回憶錄：「是我們目前所得到最好回憶錄之一，不管是從結構組織、敘述的精闢、或者文采來說。只可惜它沒有完成。」從哥大「中國口述史計畫」的檔案所保存的資料看來，羅琦的訪問作得非常仔細與專業。她除了錄下了蔣廷黻的口述以外，並一再問問題請蔣廷黻作澄清與補充。她並且在文字與組織結構上都作了修訂與調整。由於蔣廷黻在 10 月 9 日過世，這個口述自傳是一個未完成的工程。這個稿子一直到 1974 年，才由艾妮塔・歐布萊恩（Anita O'Brien）潤飾修訂完成。這就是我們現在所能看到的《蔣廷黻回憶錄》（*The Reminiscences of Tsiang T'ing-fu*；口述自傳）。[16]

蔣廷黻夫婦在薛爾本飯店住了大概兩個月。不知道什麼原因，也許是因為比較靠近哥倫比亞大學作口述自傳比較方便，也許因為比較靠近他的醫生赫伯特・柯汀（Herbert Koteen）的診所，他們搬到「中央公園」西邊 72 街 27 號

---

16 "The Reminiscences of Tsiang T'ing-fu (1895-1965)," Chinese Oral History Project, East Asian Institute of Columbia University, 1974.

的阿爾考特飯店（Hotel Olcott），房號 1111。他們搬家的時間應該是在 7 月底或甚至是 8 月初，因為大使館到 7 月底轉信給蔣廷黻的時候，在信封上寫的轉寄地址仍然是薛爾本飯店。

蔣廷黻的情況惡化得很快。在醫院切片確定是肺癌而且已經擴散，大概只有一個月存活的時間以後，柯汀醫生建議他們回家照顧，由他定期到家裡診視。我們可以在《蔣廷黻資料》裡看到柯汀醫生診所開給 Hilda 的 9 月份的帳單。[17]10 月 5 日，蔣廷黻病情加劇，醫生要蔣廷黻住院。8 日，蔣廷黻進入彌留狀態。Hilda 打電話通知三個在美國的兒女。他們都在當天下午趕到。9 日清晨 3 點 23 分，蔣廷黻在四個家人圍繞之下平靜地過去。

蔣廷黻在病危期間收到了一些問候的信。其中一封是費正清在 10 月 8 日寫的。那封信在次日寄到的時候，蔣廷黻已經過去了。不管他們兩人在政治上的分歧有多大，特別是有關中國與台灣的問題，這封由一個歷史學家寫給另外一個從政了的歷史學家的信，其所流露出來的不只是他對前輩在學術貢獻上的肯定以及提攜上的感謝，而且是他對蔣廷黻一生的奮鬥——不管他是否同意他所為之奮鬥的目標與主子——所作的禮讚。

親愛的 T.F.：

聽到你生病的消息，使我想起許多往事：諸如，三十三年前在清華，你給了我第一次教學的機會，後來在戰時在重慶見到你，以及其他時期的種種。我發現年歲漸大的一個好處，是讓我們在回顧中珍視過去。

我認為你的成就讓你有資格——我希望你確實是那樣覺得——為你在公僕生涯裡所作的貢獻有著無比的成就感。在你從政以後，現代中國毫無疑問地失去了它最有能力的歷史家。我知道在政府工作可以讓人很挫折，因為不像寫一部歷史，政府有否建樹不是操之在個人。當一個政府遇到困難甚至遭遇挫敗的時候，作為官員的人可以是灰心喪頂的。

然而，即使如此，我知道作為史家的你，會有史家的視野來意識到你傑出的貢獻。這是無法用文字來形容的。當學者研究這過去三十年的歷史的

17　《蔣廷黻資料》，21.490-493。

時候，他們會發現如果沒有你的話，重慶以及戰後政府所遭遇的困難會更
加嚴峻；如果不是你在〔聯合國〕安理會裡的話，其運作不會那麼平順。
當然，我並不知道你所詳知的其中的詳情，但研究這一段歷史的歷史家終
究會探究出其底蘊的。

　　我最近才知道四保就住在波士頓地區。希望會見到他。[18]

　　費正清在蔣廷黻過世以前就已經知道四保就住在波士頓附近。這個事實打
破了一個美麗的傳言。根據這個傳言，費正清在退休以後，「費正清東亞研究
中心」有一位華裔的祕書。她在尋根的過程中發現她的姨丈原來就是四保。這
個傳言說費正清是透過這位祕書才喜出望外地跟四保聯繫上，因而為哈佛大學
爭取到四保所保存的蔣廷黻的資料。[19]這個傳言美麗，可惜並不正確。

　　作為一個批判美國的中國政策——支持流亡在台灣的國民黨政權，拒絕承
認中共政權——的批判者，費正清不會樂見蔣廷黻在聯合國所奮鬥的目標——
為蔣介石保住席次、阻擋中國進入聯合國。他與蔣廷黻在政治立場上相左，但
能訴諸「史家的視野」，強調要讓未來的史家去探究蔣廷黻在聯合國所作的貢
獻的底蘊。其所反映的不只是費正清本人所具有的史家的素養，同時也是他對
蔣廷黻個人最高的禮敬。

　　在蔣介石派駐美國的外交使節裡，蔣廷黻是官運最好的一個。美國所頒給
的第一道「免死金牌」——「緩議方案」——雖然在他駐聯合國代表最後一年
就撤回了，但美國接著所頒給的第二道「免死金牌」——「重要問題」——又
用了十年。到了 1971 年這第二道「免死金牌」撤回的時候，蔣廷黻已經早在
六年以前就從駐美大使卸任，而且緊接著就辭世了。費正清所說的蔣廷黻在聯
合國所作的貢獻的底蘊，說穿了就是拜美國兩道免死金牌之賜的結果。

　　蔣廷黻不只在公職上是幸運的，他晚年在家庭生活上也是極其幸運的。湯
晏 2016 年訪問蔣廷黻的幼子 Donald 的時候，問說蔣廷黻第二次的婚姻是否愉
快？Donald 回答說：「父親與 Hilda 相處很融洽、很愉快。」作為父親，

18　John Fairbank to Tsiang Tingfu, October 8, 1965, 《蔣廷黻資料》, 21.445。
19　陳紅民，〈前言〉，《蔣廷黻資料》，1.13。

Donald 說：「他是一個好父親。我們是他的子女，我們有資格說這句話。」湯晏問 Donald 他跟 Hilda 的感情似乎比他跟自己的生母唐玉瑞的感情還要深。Donald 回說：「是！」而且准許湯晏把這個事實筆之於書。[20]

唐玉瑞自始至終拒絕與蔣廷黻離婚。她訴諸美國法庭否認蔣廷黻經由墨西哥法庭所取得的離婚。然而，由於蔣廷黻是中國駐聯合國大使，享有外交官豁免權（diplomatic immunity），不受駐在國法律的制裁。只要他身為大使一天，唐玉瑞就奈何他不得。在唐玉瑞籲請中國外交部褫奪蔣廷黻的外交官豁免權的請求失敗以後，她最後制裁蔣廷黻的希望就是等待蔣廷黻從大使卸任。沒想到蔣廷黻有他的大使命，幾乎是一直當到他死為止。他從 1947 年 7 月代理郭泰祺成為中國駐聯合國大使。然後，就接著真除。1962 年 1 月，他除了擔任駐聯合國大使以外，又兼任駐美大使。半年以後，他專任駐美大使，一直到他 1965 年辭職獲准，在 5 月 29 日離開「雙橡園」。緊接著，他就在 10 月 9 日過世。

諷刺的是，蔣廷黻可以在生前憑藉著外交官豁免權甩掉唐玉瑞。他人死後，就無法阻止唐玉瑞回來爭取她的名份了。唐玉瑞在阻止不了蔣廷黻再婚以後，只能用盡一切方法試圖訴求保留她髮妻的地位。10 月 12 日在紐約為蔣廷黻所舉行的告別式裡，沒有人能不讓唐玉瑞以髮妻的身分出席告別式：「恩欽由幼子四寶陪侍，玉瑞由兩女大寶、二寶陪侍，分作靈堂前排之左右排座。」[21]蔣廷黻雖然贏得了他再婚的戰爭，但是最後勝利的微笑還是屬於唐玉瑞的。

比蔣廷黻大四個月的唐玉瑞比蔣廷黻多活了十四年，1979 年在紐約過世。

Hilda 則比較曲折。我們記得 Donald 一家在 1965 年 4 月下旬最後一次到「雙橡園」去看望蔣廷黻與 Hilda 的時候，Donald 告訴蔣廷黻說他要把他位於波士頓郊區的家的閣樓裝修成一個臥室給蔣廷黻夫婦退休以後住。蔣廷黻在日記裡記：「我死了以後，Hilda 可能會想跟他們一起住，有孫兒女們在膝旁。

20　湯晏，《蔣廷黻與蔣介石》，頁 448-450。
21　浦薛鳳，〈十年永別憶廷黻〉，《傳記文學》，第 29 卷第 5 期，1976 年 11 月，頁 19。

他說當然，媽媽應該跟他們一起住。」

　　蔣廷黻過世以後，Donald 確實是接 Hilda 去住，但不是住在閣樓上，而是樓下的一間臥室，為了方便她無須上下樓梯。然而，Donald 說 Hilda 只在他們家住了一、兩個月的時間。[22]我第一次跟 Donald 在電話中訪談的時候覺得這牽涉到他家庭的隱私，就是無法啟齒問 Donald 原因為何。這個問題，湯晏在他的訪問裡問了。他說 Donald 說：「她與我妻子不睦。」他說 Donald 告訴他說 Claire 是美國出生長大的，不喜歡吃中餐，不會說中國話。[23]

　　我很感謝 Donald 一再打電話給我回答我用電子郵件問他的問題。8 月 21日承蒙 Donald 又打電話給我，說我由於哈佛燕京圖書館持續關門取不到他贈予的照片，他在想辦法幫我找其他的照片。談了許久以後，我終於鼓起勇氣問他是否在意我把湯晏說 Hilda 為什麼搬去台灣住的原因口譯給他聽。他回答說沒問題。我口譯給他聽以後，他說他並沒有告訴湯晏說 Hilda 與他的妻子不睦。他說事實剛好相反。癥結在於她們兩人都太客氣了。Claire 以客人來對待Hilda，Hilda 則一心想要能幫忙做家事。比如說，Hilda 建議她們輪流做飯，一個星期讓她作三次。Claire 當然是不會讓她的婆婆做飯的。互相太過客氣的結果，使得 Hilda 住得不是那麼自在。此外，還有語言溝通上的障礙。Hilda雖然會說英語，但英語畢竟不是她的母語；英語以外，Claire 會說台山話，但Hilda 聽不懂。由於 Hilda 有親戚住在洛杉磯，她於是決定搬去洛杉磯住。

　　總之，如果 Hilda 只在 Donald 和 Claire 家住了一、兩個月的時間，她應該在 1966 年初就搬到了洛杉磯。我在電話訪問中跟 Donald 確認了兩次。兩次他都回說我說的時間點應該是正確的，只是他已經不記得 Hilda 是住在洛杉磯的什麼地方。浦薛鳳夫婦在 1974 年移民到洛杉磯。有一天他們意外地在超級市場遇到了 Hilda。由於他們發現彼此住的地方相距不遠，於是就常相往來。浦薛鳳說他聽說 Hilda 曾經在附近一家銀行任職。1975 年，Hilda 移居台北。移居台北以後，偶爾還是會到加州，住在她外甥蘇醫師家中。浦薛鳳說他在1979 年 6 月間，還曾與當時到加州小住的 Hilda 見過面。1982 年 6 月間，

22　2020 年 8 月 4 日，Donald Tsiang 來電中的回憶。

23　湯晏，《蔣廷黻與蔣介石》，頁 447-448。

Hilda 等著她新購的忠孝東路五段的「金帝大廈」裝修完成要搬進去。結果，不知道她是否搬進去了？她在 8 月 28 日過世。[24]Hilda 病重的時候，Donald 趕到了台北。可惜，由於申請簽證需要時間，等他到的時候，Hilda 已經過世。處理完後事以後，他把 Hilda 的骨灰帶回美國跟蔣廷黻合葬。[25]

24　浦薛鳳，〈適應境遇享受生活：記沈恩欽女士〉，《音容宛在》，頁 206。
25　湯晏，《蔣廷黻與蔣介石》，頁 448。

蔣廷黻：從史學家到聯合國席次保衛戰的外交官

2021年2月初版　　　　　　　　　　　　　　　　　　　定價：新臺幣750元
2021年9月初版第二刷
有著作權・翻印必究
Printed in Taiwan.

著　　　者	江	勇	振
叢書編輯	林	月	先
校　　對	吳	淑	芳
內文排版	菩	薩	蠻
封面設計	兒		日

出　版　者	聯經出版事業股份有限公司	副總編輯	陳	逸	華
地　　　址	新北市汐止區大同路一段369號1樓	總編輯	涂	豐	恩
叢書編輯電話	(02)86925588轉5388	總經理	陳	芝	宇
台北聯經書房	台北市新生南路三段94號	社　長	羅	國	俊
電　　　話	(02)23620308	發行人	林	載	爵
台中分公司	台中市北區崇德路一段198號				
暨門市電話	(04)22312023				
台中電子信箱	e-mail：linking2@ms42.hinet.net				
郵政劃撥帳戶第0100559-3號					
郵撥電話	(02)23620308				
印　刷　者	世和印製企業有限公司				
總　經　銷	聯合發行股份有限公司				
發　行　所	新北市新店區寶橋路235巷6弄6號2樓				
電　　　話	(02)29178022				

行政院新聞局出版事業登記證局版臺業字第0130號

本書如有缺頁，破損，倒裝請寄回台北聯經書房更換。　　ISBN　978-957-08-5680-4 (精裝)
聯經網址：www.linkingbooks.com.tw
電子信箱：linking@udngroup.com

國家圖書館出版品預行編目資料

蔣廷黻：從史學家到聯合國席次保衛戰的外交官/江勇振著 .
初版 . 新北市 . 聯經 . 2021年2月 . 600面 . 17×23公分
ISBN 978-957-08-5680-4（精裝）
[2021年9月初版第二刷]

1.蔣廷黻 2.外交人員 3.台灣傳記

783.3886   109020333